天下文化

BELIEVE IN READING

獻給我的妻子艾秀慈

和那些決心幫助一個外國人理解中國的中國朋友們

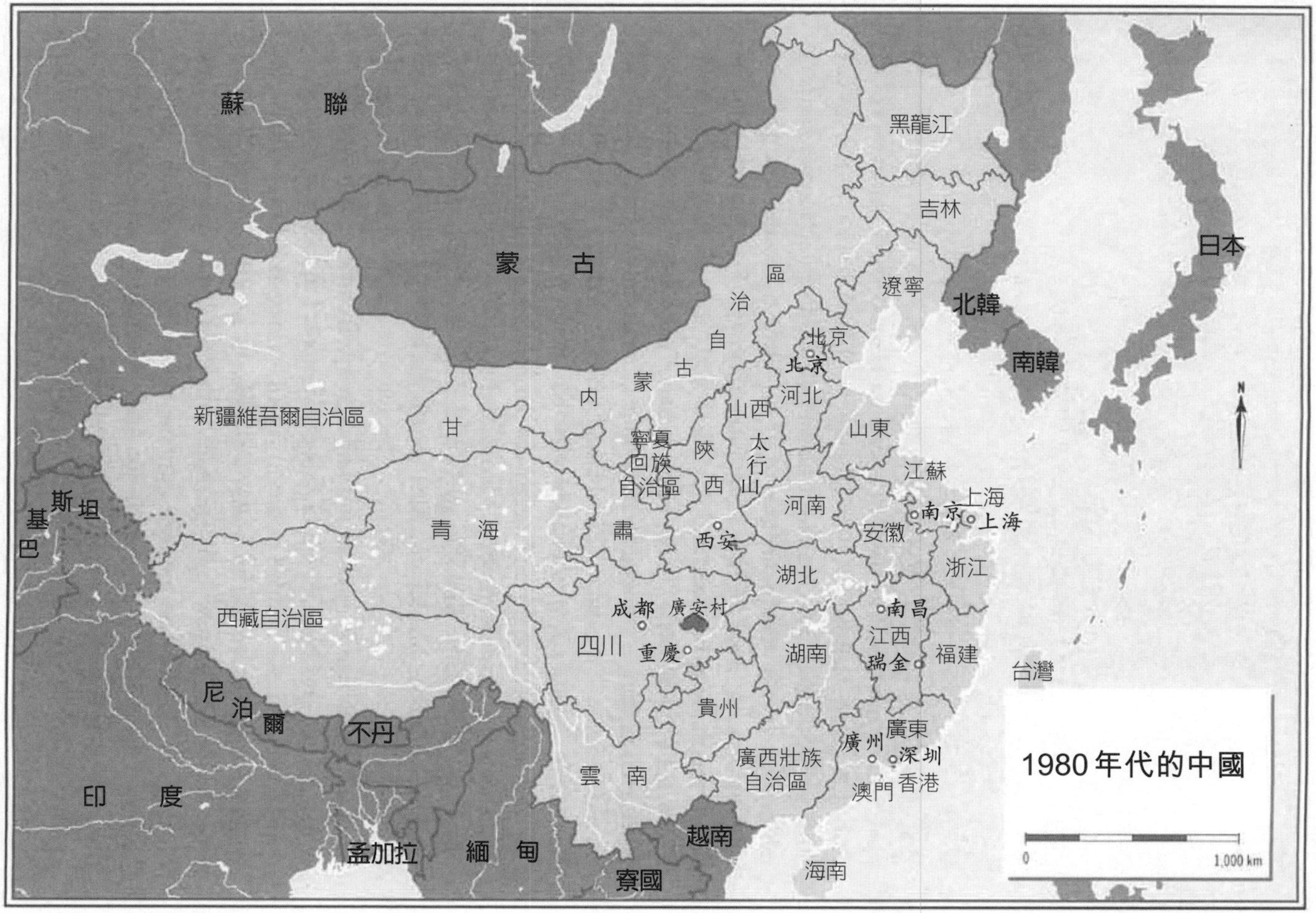
1980年代的中國
蘇聯
蒙古
黑龍江
吉林
遼寧
日本
北韓
南韓
內蒙古自治區
北京
河北
山西
太行山
山東
江蘇
上海
南京
新疆維吾爾自治區
甘肅
寧夏回族自治區
陝西
青海
西安
河南
安徽
浙江
湖北
西藏自治區
成都
廣安村
四川
重慶
南昌
江西
瑞金
福建
湖南
台灣
貴州
廣東
廣州
深圳
廣西壯族自治區
澳門
香港
雲南
海南
越南
寮國
緬甸
孟加拉
不丹
尼泊爾
印度
巴基斯坦
0
1,000 km
N

目錄

出版者的話

鄧小平改變中國

——傅高義在「天下文化」第四本著作

高希均

華文世界的讀者何其幸運，有這麼一位享譽國際的學者，窮十年之功，寫出了一本逾六十萬字，關於鄧小平的著作。鄧小平改變了中國的命運，傅高義是否改變了我們對鄧小平的評價？

二〇〇一年四月一日上午九時許，中美軍機在海南島附近發生碰撞事件，失蹤飛機與中共飛行員墜海，兩國緊張情勢升高。次日我與趙耀東先生等幾位抵達北京大學參加一個中港台三邊學術會議。在校園中巧遇傅高義教授，我以為他為這件軍機事件而來，他用純正的普通話說：「我到這兒來蒐集有關鄧小平先生的資料。我正在寫一本他的傳記。」

十年過去了，書也寫好了，著作大獎也得了。所有的讀者都要為八十一歲的傅高義教授的治學精神喝采！

這篇「出版者的話」，包括三個部分：⑴留下歷史記錄的重要性，⑵引述對「四小龍」一書的評論；(3)表達個人對鄧小平十五年前去世時的評價。

(一)為歷史留下記錄

一個時代的歷史，是由一些英雄與無數無名英雄，以血、淚、汗所共同塑造的。其中有國家命運的顛簸起伏，有社會結構的解體與重建，有經濟的停滯與飛騰，更有人間的悲歡離合。

近百年來，我們中國人的歷史，正就徘徊在絕望與希望之中、毀滅與重生之中、失敗與成功之中。

歷史是一本舊帳。但讀史的積極動機，不是在算舊帳，而是在擷取教訓，避免悲劇重演。歷史更可以是一本希望之帳，記錄這一代中國人的奮鬥與成就，鼓舞下一代，以民族自尊與驕傲，在二十一世紀開拓一個中國人的天下！

以傳播進步觀念為己任的「天下文化」，二十多年來，先後出版了重要人士的相關著作。就他們所撰述的，我們尊重，但不一定表示認同；我們的態度是：以專業水準出版他們的著述，不以自己的價值判斷來評論對錯。

*　　*　　*

此刻很難得的出現了一位外國學者，哈佛大學的傅高義教授寫了一位現代中國政治領袖鄧小平的專著。這本英文原著去年秋天出版後，立刻受到國際很高的評價，並獲得了加拿大吉爾伯圖書獎，獎金一萬五千美元。

在這本中國近代史上重要著作的中文序言中，作者指出：⑴六四已過了二十餘年，現在可以不受天安門事件影響，冷靜地思考鄧小平的歷史地位；⑵書中對鄧小平留給後世的正面貢獻：使中國人富起來，維持良好的外交關係，減少軍費支出，促進法治，給普羅大眾更多公開表達意見的機會等；可以對想改進人民生活，維持良好對外關係的人，提供助力。

天下文化曾出版他的三本英著的中譯本。其中最重要的一本《躍升中的四小龍》（*The Four Little Dragons*）是討論「四小龍」。以下摘錄我在一九九二年寫的評論。

在西方的學術世界裡，有所謂「日本通」、「中國通」，因此探討日本與中國各種層面的著作甚多，綜合討論「四小龍」的書則極為少見。這本著作正填補了這份空白。

四小龍（台灣、南韓、香港、新加坡）高度持續的經濟成長，提供了一個教科書上找不到的「例外」。經濟發展理論上所列舉的條件，四小龍幾乎全不具備。

它們缺乏自然資源、資金、技術；也缺乏民主的傳統。台灣與南韓有龐大的軍事支出與戰爭威脅；香港、新加坡兩個彈丸之地沒有腹地。然而在一切不利的條件下，「四小龍能，為什麼我們不能？」

作者從科際整合觀點來相互比較四小龍，又以日本經驗貫穿全書，這種方法是一個重要的突破；所獲得的結論，也是一項重要的貢獻。

這位既精通中文（在台北曾中文公開演講），又精通日文的美國學者，對我們東方人來說，一點也不陌生，他的《日本第一》（*Japan as Number One*），不僅在稱讚日本，更在警惕美國。寫的《廣東改革》（*One step ahead in China*）不僅在稱讚廣東，更在警惕北京。

在「四小龍」一書中，他以兩組因素解釋它們的快速成長：五個有利的形勢因素：一，美援的提供、古老秩序的消失、政治和經濟上的迫切感、勞工階層的努力，以及日本經驗的模仿。二，四個制度上的因素：任用才俊的官僚體系、遴選人才的考試制度、強調團體意識的文化背景，以及追求自我改進。

他在結論中正確地指出，日本與四小龍正面臨三項新挑戰：廉價勞力時代結束後的調整、金融資產累積後的運用與分配，以及民眾追求民主所帶來的多元化訴求。

與其他歐美學者相比，作者的論述有值得推崇的特色。他不以西方優越感的心態來分析東方問題，也不以一種冰冷的數理架構作純理性的量性分析。兼通中文與日文，可以深入東方社會，與各階層人士交換意見，瞭解影響社會發展的各種非經濟因素。因此，他的觀點有「人味」，引證的故事有「草根性」，提出的結論有「親切感」。

他來台灣，最喜歡用中文交談，交談時又勤於筆記。對每一事物充滿好奇。他沒有名學者的傲慢態度，卻有大學者的謙虛風範。對他的著作，美國學術界的評論是「呈現一種過人的洞察力」。東方讀者不一定完全同意他的觀點，但一定會推崇他是一位洞悉東方而且熱愛東方的社會學家。

（二）鄧小平的歷史地位

近百年來，影響中國命運的政治人物，從孫逸仙、蔣介石、毛澤東到蔣經國，都已先後去世了。在二十世紀的黃昏，最後一位「元老」，鄧小平的消失，是否意味強人政治終將在中國褪色？

對鄧小平一生功過的評估，幾乎都把他定位在「中國改革功臣」。從研討一國經濟發展的過程來看，鄧小平確實在經濟改革上有深遠的影響。

在僵硬的共產體制下，三起三落的鄧小平講過不少「要殺頭」的話：如「不搞改革的開放，是死路一條。」「兩岸的統一需要時間，三十年、五十年都可以等。」「讓一些人先富起來。」

他不僅勇敢地講，更冒險地做。從深圳到上海，正是這些大膽的嘗試。所有的革命，不論有多偉大的號召，都會落空，除非真正改善了人民的生活與國家的地位。從這一層次觀察鄧小平的實事求是，有他不可磨滅的貢獻。《紐約時報》的社論評得中肯：「鄧小平的功績在經改。」

如果毛澤東建構了龐大的共產體制，那麼鄧小平在那軀殼下建構了有中國特色的市場經濟。毛澤東的共產革命，再也無法持續；鄧小平的經濟改革，則勢不可擋，走上了一條再也無法回頭的路。

沒有「六四事件」，鄧小平不會引起海外那麼嚴厲指責。對民主社會中的知識份子來說，「改革」遠比「革命」可取，「流汗」遠比「流血」可貴。一九九七之後，中國還需要另一個鄧小平，來推動比經改更困難的政治改革。

二〇一二年四月

自序

致天下文化讀者

傅高義（Ezra F. Vogel）

筆者當初撰寫這本有關鄧小平的書，主要是以西方讀者為對象，理由是我認為瞭解中國的本質很重要。以我鑽研中國事務達半世紀之久，個人深感，中西人民若能好好相處，實是全體世人之福，而這就需要雙方對彼此更加瞭解。筆者研究中國這些年，同時身兼哈佛大學教授，在教導哈佛的學生之餘，自認也負有特別責任，應協助一般大眾認識中國，因為我們也像其他美國名校的教師，一直受到社會大力支持。

二〇〇〇年筆者自哈佛退休後，便決定把研究重點，放在我認為是瞭解今日中國最重要的關鍵上：包括一九七八年後中國轉型的本質、改革與抗拒改革的力量。有千百萬的中國人親身參與一九七八年開始的改革開放。可是站在制高點上，引領變局的是鄧小平。筆者相信，認識他所面臨的問題、他如何應對來自各方的勢力，促成翻天覆地的變革，完成艱巨的任務，十分重要。不過我明白，現在的全球傳播是即時的，所以我也是為全世界而寫，為中國大陸、日本，為台灣、香港和其他地方的華人，為西方人、為開發中世界而寫。

由於鄧小平並未留下可供史家徵引的祕密文件，許多重要的決定也不曾對外公開，所以要研究他這個人，研究他的決策與作為，須耗費比許多一般傳記更多的工夫。我運用一切可以取得的資料來源：如《鄧小平年表》及作品選集等公開文件、官方報導、對高幹子女及鄧小平手下年輕幹部的訪談等，閱讀曾與他共事者的追憶，援引各國政府公布的文件。我有特別的機緣，得以訪問到其他學者見不到的中方人士，我也有機會會見某些平常未必易於接觸到的西方官員，促進人們認識鄧小平及其時代，又能出版我認為是事實的內容，不必在乎各國政治領袖的意見。

幸運的是，本書出版後頗獲好評，特別是深諳鄧小平時代的中國專家，以及認識他、曾當面見過他的人。不過也有外國評論者認為，我對鄧小平太過客氣，我應該對他在毛澤東之下的某些作為、對他一九八九年六月鎮壓示威群眾、不積極支持民主改革，提出更嚴厲的批判。筆者相信，細心的讀者會發現，這些議題我在書中均有論及，也為許多鄧小平的批評者提供事實基礎，使他們知道他當年的言行。我確實有寫到批評者對他的不滿，以及他們批評中國的理由。不過我也相信，學者在書寫傳主時，有責任努力去瞭解，舉出背後的原由。

在計畫出版本書時，我並未考慮到出版時機，只盼望定稿後能夠盡快出書。但我相信本書花費十年才完成是運氣好。它若是在六四天安門事件剛發生後那幾年出版，中、西方有許多人對鄧小平充滿敵意，他們一定不願客觀看待鄧小平對改革的歷史貢獻。一九八九年六月四日至今已過了二十多年，筆者相信大多數讀者現在可以不受天安門事件影響，冷靜地思考他的歷史地位，正如這些年來我努力想要做到的。

* * *

本書雖主要是為西方讀者而寫，但也樂見中國和各地的華文讀者有興趣一讀。我三十一歲開始學中文，自中國學人身上受益良多。他們把學問和經驗傳授給我，可惜對書中提到的事件，我缺乏身歷其境的體驗。不過正如中國俗語說「旁觀者清」，有時局外人的觀察可能比置身其中者更客觀。許多在中國有過苦難經驗的中國朋友向我承認，切身的經歷使他們難以保持客觀，他們也想知道，做研究極力維持不偏不倚的外人，對這些事件有什麼看法。很多常上網的中國朋友發現，不少在網路上一再轉貼的東西不見得可靠。但願我對一九七八至一九九二年發生於中國的事件力持客觀，盡可能去除傳聞，採用更可靠的資訊，有助於也力求客觀的海內外華人瞭解中國的發展。

鄧小平做為中國領導人，最大的遺憾恐怕就屬未能像鄭克塽在三百年前那樣，讓台灣回到中國的主權下。台灣的領導人要是肯同意，鄧小平願意給台灣很大的自主權（一國兩制）。他希望美國不再出售武器給台灣，台灣的領導人會覺得別無選擇，只能順服於中國的力量而成為大陸的一部分。所以當美國通過〈台灣關係法〉，決定繼續出售武器給台灣，他十分憤怒。

從一九七八至八二年，他持續向美國施壓，要求減少軍售。倘若雙方在一九八二年八月未能達成協議，限制對台軍售，他曾打算要降低與美國的關係。後來鄧小平請新加坡總理李光耀，去見鄧在一九二六至二七年，莫斯科中山大學的同學蔣經國，探詢他們兩人是否可見面，以謀求解決兩岸關係。蔣經國悍然拒絕，並向李光耀解釋，他不相信共產黨。

國共戰爭、毛澤東時期大饑荒、反地主、反右派的激情，甚至毛屬下的政治領袖，目前仍未完全絕跡。但是所有國家的領導者和人民能夠客觀看待歷史，並尋求可能讓全體世人受益的建設性解決辦法，這些都很重要。我希望以瞭解和客觀寫作為唯一目的的外國學者，能夠幫助仍在承受過去數十年動亂傷痛之苦的人，更深入更客觀的認識鄧小平這個人和他的作為。中國內部的條件尚未成熟到能夠讓中國學者寫一部有關鄧小平的完整客觀著作。他們當中有很多人，對鄧小平的生平知道的比我詳盡得多。我期盼在大陸學者出現這類著作之前，本書對想要客觀認識中國改革開放的中國讀者有所幫助。也願書中所述鄧小平留給後世的正面貢獻如：努力使所有中國人富起來、維持良好的外交關係、減少軍費支出、促進法治、給予普羅大眾更多公開表達意見的機會等，可對那些想要改進中國人民生活、維持中外良好關係的人提供助力。

我非常榮幸，由遠見・天下文化出版公司在台灣發行我的《鄧小平改變中國》一書。在殷允芃女士和高希均教授出版第一期《天下》雜誌時，我就認識他們兩位。感謝他們陸續為我安排訪談台灣政商領袖，其中有部分刊登在《天下》雜誌，之前我也有著作交由他們出版。筆者希望，藉由台灣的遠見・天下文化出版公司出版本書，深化台灣民眾瞭解中國大陸的政治。儘管兩岸領導人之間缺乏直接的高層關係，但是台灣民眾很清楚，他們的命運與中國大陸的命運密不可分。鄧小平擬定的許多政策成為傳統，這是其後繼者，或他在莫斯科中山大學的同學（蔣經國）的接班人所不可忽視的。我們可以想見，大陸的政策在鄧小平之後會繼續演變，正如台灣的政策在蔣經國之後也在演進中。

但願台灣讀者會覺得，這本書有助於他們對那個時代看得更深更廣、更客觀，同時這本書對和平解決兩岸問題有略盡棉薄。

前言

探尋鄧小平

二〇〇〇年夏我在南韓濟州島。一天，悠閒地用過戶外晚餐後，我心情放鬆地對我的友人、二十世紀美國最了不起的東亞事務記者之一唐・奧伯多弗（Don Oberdorfer）說，我就要退出教學工作，想寫一本書，幫助美國人瞭解亞洲的重要發展。很多人都說，我在一九七九年出版的《日本第一》有助於美國商界和政界一些領袖對一九八〇年代震撼不少西方人的日本崛起有所準備。那麼，站在二十一世紀的起點上，做點什麼最有益於幫助美國人理解亞洲未來的發展呢？唐在過去半個世紀裡一直從事亞洲事務的報導，他毫不遲疑地說：「你應該寫鄧小平。」思考了幾週後，我斷定他說得對。亞洲最大的問題是中國，而對中國的現代歷程造成最大影響的人是鄧小平。此外，深入分析鄧小平的人生和事業，可以揭示近年來塑造中國社會和經濟發展的基本力量。

寫鄧小平並非易事。一九二〇年代鄧小平在巴黎和上海從事地下工作時，就學會了完全依靠自己的記憶力——他身後沒有留下任何筆記。文革期間批判他的人想蒐集他的錯誤紀錄，但沒有找到任何書面證據。為正式會議準備的演講稿均由助手撰寫，有紀錄可查，但其餘大多數談話或會議發言都不需要講稿，因為鄧只靠記憶就能做一個小時甚至更長時間條理分明的演講。此外，一如黨的其他高層領導人，鄧小平嚴守黨紀。即使在文革期間和妻子兒女下放江西時，他也從來不跟他們談論黨內高層的事，儘管他們也是黨員。

鄧小平批評那些自吹自擂的自傳。他沒有寫自傳，並且堅持別人對他的任何評價都「不能誇大，不能太高」。[1]事實上，鄧很少在公開場合回憶過去的經歷。人們都知道他「不愛說話」，出言謹慎。因此，相較於通常情況下研究某位元國家領導人，寫鄧小平和他的時代，是一項更不尋常的挑戰。

遺憾的是，我從來無緣與鄧小平本人會面並交談。一九七三年五月，我做為美國國家科學院贊助的代表團成員初次訪問北京時，見過周恩來和其他一些高官，但沒有見到鄧小平。那次訪問給我留下的最強烈印象之一是，鄧小平剛剛結束了文革下放回到北京，高層內部正對此事議論紛紛，對於他將擔任某種重要角色並帶來重大變化抱有很高的預期。擔任什麼角色？帶來哪些變化？我們西方人都在猜測，但誰也沒有預料到後來二十年中國行將發生的巨變，以及中國的未來會有多大程度是這位非凡領導人的努力所推進的。

我最接近鄧小平的一次，是一九七九年一月在華盛頓美國國家美術館的招待會上，當時我離他只有幾步之遙。這個招待會是一次盛大的集會，來自政界、媒體、學界和商界的美國中國問題專家齊聚一堂，慶賀美中兩國正式建交。我們參加招待會的很多人已相識多年，過去常在香港見面。當中國對大多數西方人緊閉大門時，香港是中國觀察家聚會的重要地點，在那裡我們分享最新消息或傳言，力圖穿透竹幕。而我們中一些人已久未謀面，於是熱切地攀談敘舊。此外，舉行招待會的國家美術館音響效果十分糟糕，不是個適合演講的地方，從擴音器中完全聽不清鄧小平和翻譯員在說些什麼。於是我們這群聚在一起的中國觀察家同行朋友繼續自己的交談。據接近鄧小平的人說，這群嘰嘰喳喳、心不在焉的人令他懊惱。然而他給我們大多數在場的人的印象，是他如何像對著一群正襟危坐、洗耳恭聽的中國聽眾一樣唸著講稿。

因此，我要瞭解鄧小平，就像一個歷史學家要瞭解自己的研究主題一樣，只能通過研讀文字材料。而關於鄧小平一生的不同方面存在著多種不同的紀事。儘管鄧小平告誡寫作者不要吹捧，但在官方或半官方歷史寫作中，褒揚英雄、貶抑他人的傳統在中國依然流行。由於另一些官員也會有祕書或家人寫一些溢美的文字，細心的讀者便可以對這些不同的紀錄進行比較。黨史專家中也有一些出於職業責任感而秉筆直書的人。

隨著更多黨內檔案的公開，未來將有更多寫鄧小平的書。但我相信，對研究鄧小平的學者而言，沒有比現在更好的寫作時間。很多基本的年譜資料已整理和發表出來，大量回憶錄已出版，況且我還有一個以後的歷史學家無法再有的機會：我得以跟鄧小平的家人、同事以及這些同事的家人會面交談，他們為我提供了一些未必能從文字材料中獲得的見解和細節。過去幾年中，我總共花了大約十二個月的時間在中國，用中文採訪那些瞭解鄧小平及其時代的人。

就研究鄧小平事蹟的客觀紀錄而言，最基本的一部文獻是《鄧小平年譜》：二〇〇四年先出版了兩卷，共計一三八三頁，從官方角度記錄鄧小平從一九七五年直到一九九七年去世前幾乎每一天的活動；二〇〇九年又出版了三卷，共計二〇七九頁，記述一九〇四年到一九七四年鄧小平的生平。由黨史學者組成、編寫這部年譜的團隊可以接觸到大量黨內檔案，並力求做到記錄準確。年譜不提供解釋，不進行褒貶，不做揣測，沒有涉及一些最敏感的主題，也不提政治鬥爭。不過，它對於確定鄧小平曾在何時跟何人會談，以及在很多情況下他們之間說了些什麼，都大有幫助。

鄧小平的重要演講經過編纂整理後，收入官方的《鄧小平文選》，共三卷本的著作提供了關於鄧很多重大政策的有用紀錄，儘管，極為關鍵的是，仍需要參照當時國內和國際事件的大背景對之做出詮釋。有關陳雲、葉劍英和周恩來的重要演講和文章的編年資料同樣很有幫助。

深入理解鄧小平個人思想最有助益的著作，是鄧小平小女兒鄧榕（毛毛）所寫，有關復出之前的鄧小平的兩本書，是根據她的個人回憶、她對瞭解鄧小平的人採訪，以及中共檔案寫成的。一九八九年天安門事件後鄧小平的健康狀況每況愈下，鄧榕一般都會陪同父親外出。儘管鄧小平不跟家人談論高層政治，但家人既熟悉他本人，又瞭解國家形勢，所以足以領會和理解他關切問題和考慮問題的方法，有些東西也只有他們看得到。其中《我的父親鄧小平》講述了一九四九年以前鄧小平的經歷，另一部《鄧小平：文革歲月》記述一九六九年至一九七三年間她陪同父母從北京下放到江西省的歲月。她在書中明顯表露出對父親的感情和崇敬，描繪出一個十分正面的人物形象，但是她也講述了很多細節，揭示不少鄧小平的品格和態度。事實上，考慮到黨的政策限制，以及她要描繪一個正面形象的努力，她已經是驚人地坦白、開放和具體了。她在寫這些書時得到黨史學者的協助，由他們核對日期、人名和事件。她的寫作仍在繼續，正在寫建國初期鄧小平的活動，但還未寫到一九七三年之後仍很有爭議的時期。她慨然同意接受我的幾次長時間採訪，對她所寫的內容進行補充說明。

在我一頭栽進大量中文文獻之前，有些英文著作為我研究鄧小平時代提供了很好的起點，但除了孫萬國（Warren Sun）和弗利德里克・泰維斯（Frederick Teiwes）的著作，它們大多撰寫於為紀念鄧小平百歲誕辰而出版的年譜和回憶文字面世之前。以下作者的著作令我格外受益：鮑瑞嘉

（Richard Baum）、理查・伊文斯（Richard Evans）、傅士卓（Joseph Fewsmith）、梅勒・谷梅（Merle Goldman）、馬若德（麥克法誇爾，Roderick MacFarquhar）和沈邁克（Michael Schoenhals）、莫里斯・邁斯納（馬思樂，Maurice Meisner）、錢其琛、陸伯彬（Robert Ross）、阮銘、哈里森・索爾茲伯里（Harrison Salisbury）、泰維斯、孫萬國和于光遠。

理查・伊文斯大使是一位聰明幹練的英國外交官，一九八四年至一九八八年任英國駐中大使。他根據自己和鄧小平的會談以及英國政府文件，寫了*Deng Xiaoping and the Making of Modern China*。此書主要涉及鄧小平在一九七三年以前的經歷，為受過良好教育的讀者提供一個文筆極佳的概述。在西方的政治學者間，鮑瑞嘉對鄧小平時代的政治做了最詳實的研究，寫成《埋葬毛澤東》（*Burying Mao*）一書。他利用了一九九四年其著作出版之前可見的中國資料和香港分析家的著作。他慎重使用了香港的報導，我則極少使用，因為很難核實它們的資訊來源，故而很難評價其可靠性。莫里斯・邁斯納（馬思樂）是一位很有思想、熟諳馬克思主義理論的學者，他的《鄧小平時代》（*The Deng Xiaoping Era*），以馬克思主義的理論問題做為背景研究了鄧小平。我在費正清研究中心長期共事的同事梅勒・谷梅在她的《在中國播種民主：鄧小平時代的政治改革》（*Sowing the Seeds of Democracy in China: Political Reform in the Deng Xiaoping Era*）一書中，回顧了鄧小平時代不斷變化的思想潮流。她利用的材料不僅有出版物，還有她跟書中所記的許多知識份子、尤其是持不同政見者的交談。《鄧小平帝國》（*Deng Xiaoping: Chronicle of an Empire*）的作者阮銘在一九八三年被黨內保守派開除黨籍前是中央黨校的研究人員。他流亡美國後，激烈批評那些扯改革後腿的保守派意識型態宣傳家。

《外交十記》（*Ten Episodes in China's Diplomacy*）的作者錢其琛，在鄧小平時代的大多數時間擔任外交部長和副總理，他的著作對這個時期的外交政策做了中肯、資訊豐富的記錄。幫鄧小平起草過三中全會演講稿的于光遠，在《我親歷的那次歷史轉折》（*Deng Xiaoping Shakes the World*）一書中講述了這個歷史轉捩點。由於我參與過這兩本書的英譯本編輯工作，所以有機會與這兩位和鄧有密切工作關係的前官員進行補充性討論。

已故的哈里森・索爾茲伯里是一位記者，也是《新皇帝：毛鄧時代的中國》（*The New Emperors: China in the Era of Mao and Deng*）的作者。毛澤東去世不久後他有機會見到中國的幾位主要領導人。雖然他的一些描述顯示出嚴重誤解，如鄧小平和「三線工業」的關係，但較其他記者而言接觸到更多材料，並且講述了當時人所不知的新鮮觀點。

沈大偉（David Shambaugh）在鄧小平上台時擔任《中國季刊》（*The China Quarterly*）的主編，一九九二年鄧小平退出權力舞台不久後，他召集一些學者對鄧小平及其時代進行評價，並把這些評價文章收入他編的《鄧小平》（*Deng Xiaoping*）一書。

弗利德里克·泰維斯和孫萬國為編輯他們的三卷著作，較之所有西方學者閱讀了更多一九七四年至一九八二年這個時期的中文文獻。他們出版的第一卷時間跨度是一九七四年到一九七六年。他們仔細評估關於各種事件的不同解釋，旨在以極為詳實的方式釐清基本事實。孫萬國在過去二十年裡致力於探究這個時期的每一個重要事實，其堅持不懈超過我所認識的其他任何人。後來他還花了兩個多月的時間核對我手稿的不同版本，修正錯誤、建議補充說明及推薦關鍵性著作。

傅士卓所著《中國改革的困境》（*The Dilemmas of Reform in China*）是有關這個時期經濟論戰的最好英文著作。陸伯彬寫了幾本研究這個時期外交關係的傑作。窮數十年之力研究中國菁英政治和文革的馬若德（麥克法誇爾），撰寫過三卷本的*The Origins of the Cultural Revolution*，並與沈邁克合著講述文革史的《毛澤東最後的革命》（*Mao's Last Revolution*）。我認識所有這些作者，並就鄧小平及其時代與他們進行過交談。他們總是慷慨地對我補充他們書中所述，使我對其中涉及的一些重要問題有了更清晰的認識。

已經面世的中文資料浩如煙海，即使最傑出的中國學者也無法全部閱讀。從一九九〇年代開始，又可以從中文全球資訊網上獲得爆炸性成長的資訊。我一直得到許多研究助理的協助，其中尤應提到任意和竇新元。任意的祖父是前廣東省省委第一書記任仲夷，一位了不起的廣東改革派領導人。竇新元曾在廣東省經委工作多年，既有個人經驗，又具備學者從歷史文獻中探知真相的毅力。任意和竇新元兩人都花了一年以上的時間幫我蒐集大量材料，並力求深入理解不同立場的中國人之感受和行為。姚監復曾是趙紫陽領導下農村發展研究所的官員，也花了數週時間閱讀我手稿中有關經濟的章節。

中文全球資訊網是查詢人名和日期這類問題的難得資訊源，但除此之外，往往很難區分哪些是事實，哪些是臆想或趣聞。如果網路上的一些文章提供了重要資訊但沒有注明來源，我會盡量核查原始出處，或至少在採用前與另一些資料進行比較。這樣做時，我發現「China Vitae」是一個有關在世的中國官員十分有用的英文網站。

和鄧小平一起工作過的官員所寫的回憶文章可謂汗牛充棟。三卷本的《回憶鄧小平》是這類文獻最好的文集之一，類似的文集還有三卷本的《鄧小平人生紀實》。《炎黃春秋》和《百年潮》這兩本出色的雜誌發表了很多與鄧小平一起工作過的人撰寫的文章。《炎黃春秋》是由既瞭解內情又有改革意識的前任高官主辦的刊物。從保守派官員鄧力群所寫、於香港出版的《十二個春秋（一九七五—一九八七）》中，以及他在當代中國研究所未發表的演講中，可以看到另一種觀點。這個他建立的研究所，為很多研究（中共）建國後重大事件的歷史著作提供了條件。

還有很多有關這個時期的所有關鍵人物（包括陳雲、谷牧、胡耀邦、萬里、葉劍英和趙紫陽）的文獻，往往是出自優秀的記者之手，他們提供了各不相同的視角。最出色的記者所寫有關鄧小平的著作是楊繼繩的《鄧小平時代：中國改革開放二十年紀實》。官方歷史如《陳雲傳》，雖經過精心編輯，仍是以文獻資料為基礎。朱佳木談陳雲的書（朱佳木、遲愛萍、趙士剛著：《陳雲》）雖然簡略，卻得益於他為陳雲當過五年助手的經歷和他本人的細心研究。除了《鄧小平年譜》，還有一些官方為陳雲、周恩來、葉劍英以及其他一些與鄧小平有密切工作關係的高官編訂的年譜。

另一部極有價值的文獻，是有關一九四九年後中國歷史的十卷本《中華人民共和國史》（簡稱《國史》）。該書已出版七卷，仍有三卷待刊，由中國大陸的學者撰寫，包括高華（已故）、韓鋼、沈志華、蕭冬連等人。這部里程碑式的著作由香港中文大學當代中國研究中心出版，為這個時期客觀全面的學術研究樹立了新的標準。

雖然中國政府已大大放寬人們的寫作空間，但大陸一些知情的局內人所寫的東西仍被認為爭議太大，無法在大陸出版。相形之下香港的出版業開放許多，因此很多這類著作在香港出版。其中資訊最豐富的是鄧力群、胡績偉、楊繼繩、趙紫陽和宗鳳鳴的著作。在寫過回憶錄的改革派官員中，有《人民日報》前總編胡績偉，他寫了《從華國鋒下台到胡耀邦下台》一書。

中國大陸沒有出版胡耀邦的年譜，但他大陸的朋友在香港出版了兩部篇幅浩大的年譜，一部是盛平編的《胡耀邦思想年譜（一九七五—一九八九）》，另一部是鄭仲兵編的《胡耀邦年譜資料長編》。還有張黎群等人所寫的三卷《胡耀邦傳》，迄今仍未出版。胡耀邦的朋友彙編了四卷本的文集《懷念耀邦》，編者為張黎群等，在香港出版。在大陸方面，胡耀邦的女兒用「滿妹」為筆名發表了《思念依然無盡：回憶父親胡耀邦》。

趙紫陽一九八九年後被軟禁在家期間，設法記錄下他的個人經歷和觀點，以《國家的囚徒》（*Prisoner of the State: The Secret Journal of Premier Zhao Ziyang*）為書名出版，編者是鮑樸、蔣悅磊（Renee Chiang）和殷阿笛（Adi Ignatius）。一九八九年之後，趙紫陽與之交談時間最長的局外人是宗鳳鳴，他寫了《趙紫陽軟禁中的談話》一書。趙紫陽並未授權宗鳳鳴寫下這些回憶，但他授權出版並親自審閱了與記者楊繼繩進行的、三次主題集中的談話記錄，該記錄發表在《中國改革年代的政治鬥爭》一書中。這些著作包含對鄧小平一些做法的嚴厲批評，提供了有別於大陸出版文獻而富有價值的視角。

我還觀看過記錄鄧小平演講、會見、出訪以及與家人休閒的紀錄片。我的研究助理還應我要求翻譯了一些俄文文獻。

除了上述有關鄧小平時代的一般性著作，我還使用了很多與本書某些特定問題相關的專業文獻（見注釋及英文、中文和日文文獻的線上目錄 http://scholar.harvard.edu/ezravogel）。

除了多次在中國的短期訪問，我也有數次在北京較長時間居住的經歷：二〇〇六年住了五個月，二〇〇七年一個月，二〇〇八年數週，二〇〇九年一個月，二〇一〇年數週。這使我有機會採訪到三類知情人士：黨史專家、高幹子女和在鄧小平手下工作過的幹部。除了幾位熟悉英語的中國人選擇用英語交談，其他訪談都是直接使用漢語，沒有翻譯在場。具體而言，我受益於同朱佳木、程中原、陳東林和韓鋼的深談，他們都是專治黨史的傑出歷史學家。我也採訪鄧小平的兩個女兒（鄧榕和鄧林）、陳雲的子女（陳元和陳偉立）、胡耀邦的兒子（胡德平和胡德華）。此外我還採訪陳毅、紀登奎、宋任窮、萬里、葉劍英、余秋里和趙紫陽等人的子女。他們都是聰明、有頭腦的人，出言謹慎且深懷孝心。他們的具體回憶令人感受到他們的父母及父母同事的氣息。

我採訪過的前任官員中既有鄧小平的仰慕者，也有嚴厲批評者。後者認為鄧沒有充分支持胡耀邦和知識份子，悲劇性地喪失了推動政治改革的良機。有些人是曾與鄧小平共事或在鄧手下工作過的著名官員，包括前外交部長黃華、前國家主席江澤民、前中央組織部副部長李銳、前副總理錢其琛和前廣東省委第一書記任仲夷。由於這些官員皆已退休，這使我們之間的交談可以比他們在任時更為放鬆。

我還受益於一些有才華的退休官員的採訪記錄，他們曾為鄧小平工作過，其中有些人現在還在供稿《炎黃春秋》，如杜導正、馮蘭瑞、孫長江、吳明瑜、楊繼繩和已故的朱厚澤。有些人因敢言而一時受到過批評或警告，但大體上他們享有表達意見的自由。此外，我也有機會採訪中國一些研究機構和大學的學者。與那些曾在鄧小平手下工作過的黨政幹部相比，即使是身為黨員的學者一般也不太瞭解黨內的事，但他們往往有機會認識一些要人，有些人閱讀廣泛並仔細研究過可以看到的文件。

雖然有研究機構的專家學者都在研究黨史，如中央黨校、幾所大學和當代中國研究所，但是研究人員最多、文獻最豐富、接觸黨內資料最便利的部門，還是中共中央委員會轄下的中央文獻研究室。該機構大約十五名工作人員編寫了《鄧小平年譜》。此外，目前還有大約十五人正在編寫官方的鄧小平傳，預計將在未來幾年內完成。

多年來，我在哈佛有機會與諸多來訪的中國官員和學者交談，他們當中有些人十分熟悉北京的政局。其中有一批傑出的政治異見人士，他們極有才幹，富於理想主義和奉獻精神，在一九八〇年代與黨的正統發生衝突。我同陳一咨、戴晴、高文謙、阮銘、已故的劉賓雁和王若水等人的交談均使我受益匪淺。我也跟天安門「六四」事件中的學生領袖王丹交談過，還和曾因一九七八年在民主牆貼出著名的大字報〈論第五個現代化〉而被判刑十五年的魏京生交談過。我也跟較年輕的前官員，如吳國光、吳稼祥（後來回到北京）和郁奇虹談過話，他們都曾在中央機關工作過。我也在北京和哈佛結識的經濟學家那裡深受教益，尤其是樊綱、盧邁和錢穎一。

除了以上提及的這些人，我還採訪過鮑樸、儲百亮（Chris Buckley）、陳方安生、陳廣哲、陳昊蘇、陳開枝、陳偉力、陳先奎、陳小魯、陳元、陳知涯、鄭在浩、鄧英淘（已故）、杜芬（John Dolfin）、德賴斯代爾（Peter Drysdale）、杜蒲、杜瑞芝、杜潤生、高華（已故）、高尚全、高西慶、龔育之（已故）、顧汝德（Leo Goodstadt）、何方、何理良、胡曉江、黃平、黃仁偉、紀虎民、江綿恒、金沖及、劉遵義、冷溶、梁振英、李德全、李捷、李君如、李普、李盛平、李慎之（已故）、李向前、林京耀、柳述卿、劉亞偉、陸恭蕙、龍永圖、盧躍剛、羅援、馬立誠、馬沛文、馬誠禮（Charles Martin）、狄迪（Dede Nickerson）、彭定康（Chris Patten）、皮尼（Mario Pini）、沙祖康、單少傑、中再望、宋克荒、宋一平、孫剛、曾蔭權、萬淑鵬、王建、王軍濤、王雁南、王毅、吳敬璉、吳南生、蕭冬連、熊華源、嚴家其、楊成緒、楊啟先、楊天石、葉選基、葉選廉、葉劉淑儀、余曉霞、曾彥修、翟志海、章百家、張國新、張顯揚、張星星、張新生、張穎、張蘊嶺、趙樹凱、鄭必堅、鄭仲兵、周明偉、周牧之、周琪和朱啟禎。我感謝所有幫助過一個外國人理解中國的中國朋友和熟人。不過他們對我的任何觀點都不負有責任。我的看法是我本人根據所接觸的各種資料而做出最佳判斷之產物。

為了更能感受鄧小平經歷過的環境，我去鄧小平一生中的重要地點分別小住過數日，包括他的出生地四川廣安縣，他打過八年游擊戰的山西太行山，一九四九年到一九五二年他擔任西南局負責人時的基地重慶和成都，以及一九三〇年代初他生活過幾年的江西瑞金。我還走訪上海近郊陳雲的出生地青浦。每到這些地方，當地學者和幹部會向我深入講解博物館裡的資料和實物，有助我在當地環境中理解鄧小平的角色。

我曾前往新加坡與前總理李光耀交談，他對鄧小平的瞭解大概不亞於任何其他外國領導人；我也訪問了前總理吳作棟、前中國沿海經濟開發區顧問吳慶瑞和總統納丹（S. R. Nathan）等官員。我還與一些學者進行過長談，尤其是王賡武、黃朝翰和鄭永年。在香港，我會見過楊振寧和鄭維健，後者與其岳父包玉剛同往中國大陸時，曾多次見到鄧小平，而包玉剛這位香港船王跟鄧小平見面的次數多於中國大陸以外的任何人。

在澳大利亞，我有幸與前總理羅伯特・霍克（Robert Hawke）、前駐中大使羅斯・加諾特（Ross Garnaut）、前外交部官員理查・賴格比（Richard Rigby）、羅傑・尤倫（Roger Uren）等人交談。此外，我去莫斯科時會見過列夫・德留辛（Lev Deliusin），他在中國住了多年，主持莫斯科東方學研究所，寫過一本有關鄧小平的書。亞歷山大・潘索夫（Alexander Pantsov）是一位細心嚴謹的學者，目前在美國教書，熟諳有關毛澤東和鄧小平以及謝爾蓋・齊赫文斯基（Sergei Tikhvinsky）的俄語文獻。與他的討論使我尤其受益。

我還數度前往英國，尋訪對鄧小平有特別見識的人，故與前駐中大使阿蘭・唐納德爵士（Sir Alan Donald）和理查・伊文斯、前任港督衛奕信（David Wilson）進行過交談。我還在北京會見過前駐中大使安東尼・格爾斯沃齊爵士（Sir Anthony Galsworthy），與香港前行政長官董建華也有過交談，並多次與香港和北京談判小組的成員之一邵善波座談。

我在日本交談過的有前首相中曾根康弘（Nakasone Yasuhiro）；前駐中大使阿南惟茂（Anami Koreshige）、國廣道彥（Kunihiro Michihiko）、谷野作太郎（Tanino Sakutaro）；還有日本外務省的一些中國問題專家，如畠中篤（Hatakenaka Atsushi）、加藤弘一（Kato Koichi）和下荒地修二（Shimokouji Shuji）；以及十分瞭解日本外交政策的川島裕（Kawashima Yutaka）、東鄉克彥（Togo Katsuhiko）和渡邊宏二（Watanabe Koji）等博學之士。我還與日本研究中國對外關係的專家做過交談，特別是平野健一郎（Hirano Ken'ichiro）、川島真（Kawashima Shin）、國分良成（Kokubun Ryosei）、毛里和子（Mori Kazuko）、添谷芳秀（Soeya Yoshihide）、高木誠一郎（Takagi Seiichiro）、高原明生（Takahara Akio）、田中明彥（Tanaka Akihiko）、辻康吾（Tsuji Kogo）、矢吹晉（Yabuki Susumu）和山田辰雄（Yamada Tatsuo）。益尾知佐子（Masuo Chisako）和杉本孝（Sugimoto Takashi）這兩位日裔的中國問題學者使我受益尤多，同時也是本書日文版翻譯。益尾知佐子寫過一本論述鄧小平外交政策的傑作，她協助我蒐集日文文獻，其中包括日本政府的解密文件。

我有幸與一些見過鄧小平的美國官員進行過交談，包括前總統吉米・卡特（Jimmy Carter）和前副總統沃爾特・孟代爾（Walter Mondale），他們都是一九七九年與鄧小平有過關鍵性會面的人物；

還有亨利・季辛吉（Henry Kissinger）、布倫特・斯考克羅夫特（Brent Scowcroft）。我也與布里辛斯基（Zbigniew Brzezinski）和已故的奧克森伯格（Michel Oksenberg）有過交談，他們曾是負責中美關係正常化的白宮要員。尼克森的女婿、曾跟岳父一起見過鄧小平的愛德華・考克斯（Edward Cox），和我分享了他的回憶。我還與一些前美國駐中大使交談，包括恒安石（Arthur Hummel，已故）、李潔明（Jim Lilley，已故）、洛德（Winston Lord）、喬・普理赫（Joe Prueher）、桑迪・雷德（Sandy Randt）、芮孝儉（J. Stapleton Roy）、尚慕傑（Jim Sasser）和伍考克（Leonard Woodcock，已故）。伍考克大使的遺孀莎朗・伍考克（Sharon Woodcock）友好地與我分享了她丈夫的檔案。我也有幸同一些任職於白宮、國務院或美國政府其他部門的中國問題專家交談，他們是阿馬柯斯特（Mike Armacost）、克拉克（Chris Clark）、費舍爾（Richard Fisher）、傅立民（Chas Freeman）、格里斯（David Gries）、希爾（Charles Hill）、凱德磊（Don Keyser）、科雷斯伯格（Paul Kreisberg）、黎赫白（Herb Levin）、李侃如（Ken Lieberthal）、麥卡希爾（Bill McCahill）、包道格（Doug Paal）、卜勵德（Nick Platt）、容安瀾（Alan Romberg）、芮孝儉、索樂文（Richard Solomon）、斯皮爾曼（Doug Spellman）、蘇葆立（Robert Suettinger）、蘇禮文（Roger Sullivan）、沙特（Robert Sutter）、宋賀德（Harry Thayer）和湯姆森（John Thomson）。我過去的兩名學生李淑珊（Susan Lawrence）和劉美遠（Melinda Liu）曾多年在北京從事報導，十分慷慨地與我分享了他們的時間和見解。美中關係全國委員會的白麗娟（Jan Berris）一向是我獲得各種相關人事資訊的一個絕佳來源。我還訪問過鄧小平的四位翻譯：冀朝鑄、施燕華、唐聞生與已故的章含之。

我還受益於仔細閱讀過本書全部手稿的柯文（Paul Cohen）、傅士卓、谷梅、艾秀慈（Charlotte Ikels）、凱德磊、黎安友（Andrew Nathan）、賽奇（Tony Saich）和沈大偉。還有一些人細心閱讀過部分手稿，也令我感到榮幸，他們是白志昂（John Berninghausen）、葉敘理（Ashley Esaray）、坦梅・戈爾斯坦（Mel Goldstein）、凱博文（Arthur Kleinman）、藍普頓（Mike Lampton）、拉里（Diana Lary）、李淑珊、李成、林重庚和林至人（Edwin and Cyril Lim）、林培瑞（Perry Link）、麥卡希爾、芮爾登（Lawrence Reardon）、陸伯彬、芮孝儉、山繆（Richard Samuels）、索樂文、宋怡明（Mike Szonyi）、懷默霆（Martin Whyte）和賴特（Dalena Wright）。（閱讀過第十八章手稿的人見該章列表。）中國的一些黨史專家，如陳東林、程中原、韓鋼、齊衛平、沈志華、蕭延中、楊奎松和朱佳木，也閱讀過先前被譯成中文的手稿，幫助改正了一些錯訛之處。不過，只有我本人對尚未糾正或在他們閱讀後仍未發現的錯誤負責。

與哈佛大學同事的討論讓我獲益匪淺，他們是安守廉（William Alford）、包弼德（Peter Bol）、張伯賡（Julian Chang）、柯文、科爾登（Tim Colton）、溫奈良（Nara Dillon）、歐立德（Mark Elliott）、傅士卓、谷梅、戈迪溫（Steve Goldstein）、何曉清（Rowena He）、韓博天（Sebastian Heilmann）、蕭慶倫（William Hsiao）、江憶恩（Iain Johnston）、柯偉林（Bill Kirby）、凱博文、馬若德（麥克法誇爾）、奧格登（Suzanne

Ogden）、歐偉倫（Bill Overholt）、德懷特·珀金斯（Dwight Perkins）、裴宜理（Liz Perry）、陸伯彬、賽奇、宋怡明、戴胡慧心（Tam Tai）、杜維明、王甯、華琛（屈順天，James L. Watson）、瓦特夫婦（John and Anne Watt）、懷默霆、韋傑夫（Jeff Williams）、魏根深（Endymion Wilkinson）及沃爾夫（David Wolff）。我也和其他地方的學者討論過相關問題，他們包括白志昂、伯恩斯坦（Tom Bernstein）、陳廣哲、大衛斯（Deborah Davis）、杜芬、高爾德（Tom Gold）、坦梅·戈爾斯坦、桂本青、藍普頓、林培瑞、趙文詞（Richard Madsen）、戴慕珍（Jean Oi）、波拉克（Jonathan Pollack）、白魯恂（Lucian Pye，已故）、賽繆爾斯（Dick Samuels）、沈大偉、謝淑麗（Susan Shirk）、索林格（Dorie Solinger）、謝德華（Ed Steinfeld）和魏昂德（Andrew Walder）。

我還得到過以下人士的幫助：安和麗（Holly Angell）、夏滴翠（Deirdre Chetham）、埃斯帕達（Jorge Espada）、高申鵬、吉伯特（Elizabeth Gilbert）、羅索（Anna Laura Rosow）、索耶爾（Kate Sauer）、石文嬰和張燁。與在哈佛查閱一九四九年以後資料的所有學者一樣，我對費正清研究中心馮漢柱圖書館的館長南茜（Nancy Hearst）深懷感激，她一向以對資料的驚人熟悉和似乎無限的熱誠，去幫助學者找到他們所需要的資訊。她曾數次糾正我的筆記，核對我的手稿。隨著中國在二十一世紀變得日益重要，我們在哈佛享有的特殊優勢益發凸顯——我們得以利用費正清中國研究中心圖書館（Fairbank Center Collection of the Fung Library at Harvard）的特藏，它們對研究當代中國有著不可估量的價值，其中很多文獻不但在西方的其他圖書館見不到，在中國也無法見到。

我還要感謝熊景明，她以同樣幫助學者的熱誠，為香港中文大學中國服務中心蒐集並創造性地整理了中國大陸以外這一時期最完整的文獻收藏。我也有幸得到亞特蘭大卡特圖書館館員的協助，他們幫我查找和使用了卡特政府的檔案。我的編輯伊爾·哈伯特（Earl Harbert）認真仔細，逐行逐句地加工手稿，以便讓那些非中國專家的人更易於理解。我的手稿編輯茱麗葉·卡爾松（Julie Carlson）既有創意又工作投入，不辭勞苦地幫我使手稿最後成型。哈佛大學出版社的編輯凱薩琳·麥克德默特（Kathleen McDermott）也發揮其創造精神，熱情勤奮地照料著與本書出版有關的各方面。

我的妻子艾秀慈是中國人類學專家，在本書寫作過程中始終是我的思想伴侶。她以最大的耐心為一個身不由己的工作狂提供了平衡及精神支援。

雖然我在一九九三年到一九九五年擔任過與東亞事務有關的美國國家情報官員，但在本項研究過程中我沒有接觸過任何保密資料。所有關於事實的陳述、表達的意見或分析，均出自作者本人。書中提供的任何材料都不反映ＣＩＡ（中情局）或其他美國政府部門的官方立場或觀點。書中任何內容都不應被推測為表明或暗示美國政府對作者觀點進行過資訊認證或認可。這份材料已經中央情報局審核，以防保密資訊外洩。

中文版出版說明

香港中文大學出版社編輯部

本書是傅高義（Ezra F. Vogel）教授對鄧小平一生的完整回顧，也是對中國改革開放歷史的全景式描述。從鄧一九〇四年出生寫起，全書敘述重點為鄧一九七七年復出之後的政治生涯，縱貫鄧小平時代的起始、展開、挑戰和終曲，故香港中文版定名為《鄧小平時代》[1]。

馮克利先生翻譯本書，前後歷經兩稿。二〇一〇年秋作者完成英文初稿後，譯者進行第一輪翻譯，作者據該譯本延請多位中國學者專家閱讀，繼而根據反饋意見對英文原稿進一步修改。及至二〇一一年秋本書英文版由美國哈佛大學出版社出版之前，譯者再度根據英文編輯定稿進行第二輪翻譯。鑒於工程浩繁，蒙作者和譯者認可，本社編輯部承擔了本書譯校工作。譯校力求秉承作者嚴謹的學術作風，同時尊重譯者的翻譯風格。

本書的翻譯原則是在「中文化」和「陌生感」之間尋求有效平衡，即在符合中文讀者閱讀習慣的大前提下，適度保留直譯元素和翻譯色彩，以使中文讀者得以相對直接地分享作者特有的概念、分析思維和學術視野。例如：將「the radicals」直譯為「激進派」，而不採用中文特定語境中的「極左派」；將「the builders」、「the balancers」直譯為「建設派」、「平衡派」，而不譯為「改革派」、「穩健派」。

本書編輯過程中，對廣泛涉及的各類中外文獻進行了嚴格查考。對直接或間接引自中文文獻的引文，力求恢復原始文獻中的記述；對引用的外文文獻，盡可能覆核出處。對部分有中文版的外文文獻，一併提供中文版出版信息。在註釋處理方面，所引用的中文文獻全部復原為中文，英文文獻則保持原狀，其中常用英文文獻的縮寫一併保留，例如SWDXP–2，即《鄧小平文選（1975–1982）》英文版（詳見本書注釋部分的英文文獻縮寫對照表）。本書索引的頁碼從英文原著，於相應之中文段落上方以括弧數字表示，以便有研究需要的讀者查閱。

本書在翻譯、校訂、編輯、出版過程中有幸得到熊景明、陳方正、肖夢、南希（Nancy Hearst）、竇新元，以及北京三聯書店董秀玉、李昕、舒煒、葉彤等諸多人士的大力協助與支持，謹表謝忱。

本書編輯完成後，又榮幸地得到孫萬國先生的全面審讀和修訂。孫萬國先生在訂正錯訛、復原中文文獻、補充史料等方面貢獻甚巨，專此致謝。

本書在內容上完全忠實於英文原著，並經作者核實後對英文版疏漏之處有所訂正。香港中文大學出版社擁有本書中文翻譯版權，其他所有繁、簡體中文版均以此譯本為母本。

編注：台灣版以「鄧小平改變中國」為書名緣由：

1. 貼近英文原著書名。
2. 凸顯鄧小平如何影響現代中國的關鍵思維與作法。

導言

鄧小平及其使命

（1）

一九七九年三月，港英總督麥理浩爵士（Sir Murray Maclehose）飛往北京，就香港問題做出說明。麥理浩通曉漢語且廣受敬重，他事先只被告知將與一位高級官員見面，抵京之後才高興地獲悉，即將與他會面的是剛被任命為中國最高領導人的鄧小平。[1]這次不公開的會見在人民大會堂進行，麥理浩對鄧小平談到香港正面臨日益增多的困難。雙方都知道，自鴉片戰爭以來英國一直統治著香港這塊殖民地，但香港大部分土地的租約將於一九九七年到期。麥理浩總督採用外交辭令，字斟句酌地談到有必要讓港人放心，因為他們對一九九七年之後的前景深感憂慮。鄧小平仔細聽取了港督的關切。當會談結束後他們起身走向門口時，鄧小平向麥理浩做了個手勢，身高逾一米八的港督俯下身，聽到這位身材只有一米五幾的主人對他說：「你如果覺得統治香港不容易，那就來統治中國試試。」[2]

鄧小平深知當時的中國是個爛攤子。在上一個十年開始時，死了三千多萬人；國家仍因文革的混亂而步履蹣跚。在文革中，年輕人被動員起來批判高級幹部，仗恃毛澤東的支持把他們拉下馬，使這個接近十億人的國家陷入一片混亂。當時占人口總數八〇％的中國農民人均年收入只有區區四十美元，人均糧食產量還不及一九五七年的水準。

軍隊幹部和革命造反派取代了被趕下台的老幹部，但他們對自己占據的職位既無準備又缺少素養。軍隊變得臃腫不堪並疏於軍務，在地方任職的軍隊幹部享受著當官的特權卻不務正業。交通與通信設施破敗不堪。大型工廠的生產仍在採用一九五〇年代從蘇聯進口的技術，設備也處於失修狀態。

大學在過去十年裡基本上被關閉。知識青年被迫下放農村，但讓他們繼續留在那裡變得愈來愈困難。城市又無法為他們提供就業，更不用說那些想進城的千百萬農民。再者，城市居民擔心自己的飯碗，並不歡迎新來的人。

一些大膽的幹部認為，造成這些問題的真正根源正是毛澤東本人，但是鄧小平認為，過去二十年的失敗不能全歸罪於一人，用他的話說，「我們大家都有份」。毛確實犯了嚴重的錯誤，但在鄧小平看來，更大的問題是導致這些錯誤的制度缺陷。政治體系控制到每家每戶的做法搞過了頭，造成恐懼和主動精神的喪失；對經濟體系的控制也搞過了頭，導致失去活力的僵化。中國

（2）

的領導人究竟怎樣才能做到既維持國家穩定，又為社會鬆綁？

文革前的十多年裡，沒有誰比鄧小平在建設和管理這個舊體制上承擔過更多責任。一九六九年至一九七三年鄧小平下放農村的三年半裡，也沒有哪個中國高官比他更深入思考過中國的舊體制到底出了什麼問題，需要做些什麼。

一九七八年時，鄧小平對於如何做到民富國強並無清晰的藍圖，他承認只能「摸著石頭過河」，並且一再重複這句如今已廣為人知的話。[3]不過，他在思考如何開展工作時，確實有一個框架。

他要讓中國向世界各國的科學技術、管理體制和新思想敞開大門，無論那個國家屬於什麼政治制度。他很清楚，亞洲的新興經濟體（日本、南韓、台灣、香港和新加坡）正以其他任何國家未曾有過的速度快速發展。然而鄧小平也明白，不能全盤照搬國外的整個制度，因為任何外來制度都不適合中國的特殊需要——中國有著豐富的文化傳統，它幅員遼闊，各地差異很大，而且十分貧窮。他認識到一些自由市場經濟學家沒有認識到的事：單靠開放市場並不能解決問題，必須逐步建立各種制度。他要鼓勵幹部開闊視野，到各國學習成功經驗，帶回有發展前景的技術和管理方式，通過試驗來確定能在國內行之有效的辦法。他要幫助鋪平中國與其他國家發展良好關係之路，使它們願意與中國合作。

（3）

為使這項重建工作有序進行，他認為中國共產黨是唯一能夠掌控這個過程的組織。在一九七八年的中國，最有經驗的領導，是那些在一九五〇年代和一九六〇年代初就擔任領導職務的幹部，需要讓他們重回工作崗位。要派年輕人去海外學習，從世界各地帶回最好的觀念和最先進的科學技術。採用這些新做法將帶來巨大的破壞性。即使共產黨也要從根本上轉變它的目標和工作方式。

身為最高領導人，鄧小平並不認為自己的任務是提出新思想，他認為自己要負責的是設計和建立新體制這一顛覆性過程。他要承擔最後責任，做出正確判斷。他要挑選一個與他共事的核心班子，在引導這個體制的過程中能夠與他分擔責任；他必須迅速建立起一套組織，使他們能夠一起有效開展工作。他要得到有關國內真實情況和國際形勢的最佳資訊。他要給人們希望，又不能像毛澤東在一九五八年那樣使人產生不切實際的預期。他要向幹部群眾說明國情，也要調整變革的步伐，使之能夠被人民接受，使國家不至於分裂。雖然掌握著很大權力，但他知道必須敏於觀察他同事間的政治氣氛，畢竟他要依靠這些人貫徹他的指示。即使制度發生根本改變，他仍要在就業和日常生活方面維持一定程度的穩定。簡言之，鄧小平面對的是一項苛刻的、史無前例的任務：當時還沒有哪個共產黨國家成功完成了經濟體制改革，走上持續發展的道路，更不用說這個有著十億人口、處於混亂狀態的國家。

（4）

鄧小平這個人

雖然鄧小平身材矮小，但擔任最高領導人的他在房間一露面，就能展現出奪人的氣勢，自然而然成為眾人矚目的焦點。不止一位觀察家說過，他似乎能給房間帶來電流。他在解決重大問題時專注而果斷，既有戰時軍隊司令員那種天生的沉著，又有半個世紀裡接近權力中心處理重大問題養成的自信。他歷經官場沉浮，在妻子兒女和親密同事的支持下東山再起，所以對自己的處境泰然自若。如果不瞭解某事，他隨時樂於承認。吉米・卡特總統曾評論道，鄧小平與蘇聯領導人不一樣，他有一種內在的自信，這使他能直奔實質問題。他從不糾纏於過去的錯誤或誰該負責。他經常打橋牌，就像他打牌時的表現一樣，他只想把手上的牌打好。他能認識並接受權力現實，在可能的範圍內做事。一旦沒有毛澤東在背後盯著，鄧小平對自己和自己的權威十分自信，在客人面前表現得輕鬆自如，坦率而機智，並且直言不諱。在一九七九年一月的華盛頓國宴上，雪麗・麥克雷恩（Shirley McClaine）對他說，有個文革期間被下放到農村的知識份子很感激自己從那段種番茄的生活中學到的東西，鄧小平很快就失去耐性，打斷她說，「他在撒謊」，然後向她講述了文革有多可怕。

鄧小平在一九七八年時已七十四歲，但依然精力充沛，機警過人。早上起床後，他會在家裡的花園快步繞行半小時。他的辦公室就設在自己家裡。很多中國領導人與客人坐在並排的沙發上

（5）

談話時都是目光直視前方，鄧小平卻喜歡轉過身來注視著與他交談的人。他勤思好問，善於傾聽。據外國官員的描述，如果他反對外國的政策，他會表現得易怒和「咄咄逼人」。鄧小平見識過那些利用帝國主義、殖民主義和海外武力謀求私利的國家，因此他對自稱友善的外國領導人從來不抱天真的希望。但是，無論來自大國還是小國，那些有著不同社會地位、屬於不同政黨的外國客人，最後都會感到與他相處愉快，即使他們並不喜歡他說的話。他們都覺得鄧是一個能夠打交道的人。

有些西方人對鄧小平的直率和務實留有深刻印象，這使他們誤以為他骨子裡是個資本主義份子，他會將中國引向西方式民主。他一向樂於學習，但他最終認為，自己要比他們更清楚什麼對中國有利，而那不應該是資本主義和西方式民主。

到一九七八年，鄧小平右耳聽力已經很差，這妨礙了他參加人們表達不同意見的會議。他更喜歡看報，每天上午都會一個人坐著讀各種報告；他的辦公室主任每天為他拿來十五份報紙和所有重要報告，鄧小平會從中選出那些值得花時間閱讀的東西。會見外賓對他來說要更容易一些，因為翻譯員可以直接對著他的左耳說話，使他能夠與客人自如地交談。鄧小平講一口帶有濃重四川鄉音的普通話，不過會講普通話的人並不難聽懂，所以他不必放慢語速。鄧小平面對的任務令人望而生畏，但很難想像還會有什麼人比他做了更充分的準備，或者性情和習慣上更能勝任。

（6）

鄧小平有著本能的愛國主義和為黨獻身的精神，他的同事也都受到這種精神的鼓舞。鄧小平的愛國思想形成於他十四歲那年，當時就讀於廣安縣中學的他走上街頭示威並感受到民間的民族主義情緒。五年後他去了法國，分派給華人的苦力活和求學前景的落空讓他大失所望，於是他加入中國共產黨法國支部。此後，直到七十多年後去世，他一直是個堅定的共產黨人。

在法國的五年和在蘇聯的一年，使鄧小平比毛澤東更瞭解世界發展的大勢，對中國更有洞察力。他有機會觀察一個現代國家的工商業；在蘇聯的一年使他得以觀察第一個社會主義國家是如何應對現代化的。

在法國時，鄧小平加入一小群為共產主義青年運動思考整體戰略的知識份子團體。從那時起，通過和這些中國革命的大戰略家交往，鄧小平培養起一種看問題的獨特眼光，能夠從一個「統領全局」的高度思考如何將理論加以落實、如何用理論來影響社會。在法國期間，鄧小平放棄了工廠的工作，為周恩來（他比鄧小平大六歲）領導下的那個小小中共黨支部幹些雜活。他當時的工作是印刷向留法中國學生傳播左派思想的宣傳冊，所以得了一個「油印博士」的綽號。但他實際上變成周恩來的徒弟，能夠觀察這位去過日本和英國、已是圈中青年領袖的人如何建立組織。儘管鄧小平是這個團體中年齡最小的一位，但他很快就進入歐洲共產黨青年組織的執委會。

在莫斯科中山大學（蘇聯剛開始在這裡培訓中國人參加國際共產主義運動）鄧小平被編入第七組，這個組專為培養國際共運的中國最高層領導人而設。他在中山大學有機會理解蘇聯如何開創共產主義運動，並瞭解他們對在中國如何開展運動的看法。

除了短暫的中斷，鄧小平終其一生都十分接近最高權力的位置，這使他得以從內部觀察最高領導人對形勢變化的反應。一九二七年歸國後不久，他又回到周恩來手下，在上海從事地下工作。當時，他們過去的同事蔣介石正試圖將共產黨斬盡殺絕，因此他們要努力找到生存的戰略。鄧小平不但參與了籌畫城市暴動的工作，而且年僅二十五歲的他還被派往廣西領導城市暴動。當毛澤東開始在江西建立蘇維埃根據地時，鄧小平也去那裡擔任瑞金縣委書記，並學習到毛澤東是如何建立農村根據地的。在長征期間，鄧小平參加了關鍵性的遵義會議，正是在這次會議上毛澤東做為領導人脫穎而出。在長征結束前，鄧小平有幸成為毛澤東信任的人。毛在西北建立根據地後不久，便對鄧小平委以重任，讓他擔任領導部隊政治工作的政委。在後來的內戰中他又負責接管上海，領導向共產黨統治過渡的工作，之後又擔任全國六個大區之一的西南區領導人。

最重要的是，由於鄧小平從一九五二年到一九六六年一直置身於北京的權力中心，才得以和毛澤東近距離共事，思考有關中國發展和外交問題的戰略。毛把鄧小平當作自己潛在的接班人之一，讓鄧小平參加政治局會議，並在一九五六年以後與其他五位國家最高官員一起參加政治局常委會。他是籌畫和建立以農業集體化和工業國有化為特點的社會主義體制的核心人物之一，在西南區的土地改革中也發揮關鍵作用。從一九五九年到一九六一年，在大躍進失敗後的社會主義結構調整中，他也發揮重要作用。總之，一九七八年的鄧小平，在思考中國最高領導人領導國家的戰略方面已累積了五十年的經驗。

（7）

鄧小平當了十二年軍隊領導人，後來也時常自稱軍人。雖然他是政委而不是司令員，但他是黨的書記，負責批准軍事行動。他與司令員緊密合作，先是在小型游擊戰中作戰，後來又在內戰中打過大戰役。在一九四八年的淮海戰役中，他擔任總前委書記，負責指揮五十萬大軍。這是軍事史上最大的戰役，也是國共戰爭的關鍵轉捩點之一。

鄧小平一生中主要是實踐家，而不是理論派。他的責任不斷加大，在抗戰期間先是領導江西蘇（維埃）區一個小小的縣，後來領導太行山區的幾個縣，抗日戰爭勝利後則領導數省交界處的邊區，一九四九年後領導整個西南大區，直到最後領導全國。

在一九五〇年代，鄧小平負責指導中國共產黨與其他國家共產黨的關係，當時中國與西方幾乎還沒有外交。文革期間允許他恢復工作後，他擔任周恩來的助手，接手領導中國的外交工作。

有人說，鄧小平在經濟方面沒有多少經驗，但經濟活動一向是黨內通才的重要職責。此外，鄧小平在一九五三年到一九五四年擔任過財政部長，當時是中國建立社會主義經濟體制的一個關鍵階段。

（8）

宣傳向來是中共的重要工作。鄧小平在法國時就負責印發宣傳品。他在江西蘇區受到批評後，被分配管理整個蘇區的宣傳工作，在長征期間他再度分管宣傳領域。做為部隊的政委，他發現最具說服力的辦法是直截了當，為部隊提供大局眼光，把部隊工作與全局及其使命聯繫在一起。

總之，鄧小平有著在地方和中央工作的豐富經驗可資利用。半個世紀以來，他一直是中共領導層構思宏觀戰略思想的參與者。他在黨政軍都曾身居高位。一九五〇年代他參與過從蘇聯引進新工業和新技術的工作，就像他將在一九八〇年代主持引進西方新工業和新技術的工作一樣。

鄧小平十分聰明，在班級裡一向名列前茅，在一九二〇年四川廣安縣赴法考試中，他是八十四名過關的學生中年齡最小的一個。他幼年接受儒家教育時就很優秀，能背誦大段的儒家經典。從事地下工作時他學會不留下任何字跡，只把事情記在腦子裡。鄧小平不用看稿就能演講一個小時，條理分明。毛澤東曾稱他為會走路的百科全書。大事當前，鄧小平喜歡獨自一人靜靜思索，考慮他要說什麼，當時機一到，他便能做出清晰、明確的表述。

目睹過自己的同志死於戰爭和黨內清洗，鄧小平養成了一種強硬的性格。他見過許多朋友倒戈或敵人成為朋友的事例。他曾受到三次整肅：先是在江西蘇區、然後在一九六六年文革中受到猛烈批判，一九七六年又一次挨批。鄧小平養成了一種剛毅的品格，能夠做到不論憤怒還是受挫

（9）

都不形於色，不讓情緒左右自己的決策，而是把它建立在對黨和國家需要的認真分析之上。毛澤東曾經說，鄧小平是綿裡藏針，外柔內剛。但鄧小平的同事很少感到有「綿」的存在[4]。與毛澤東不同，鄧小平不喜歡報復，但是只要他斷定符合黨的利益，即使是對他忠心耿耿的人，他也會將其革職。

鄧小平之所以能挺過難關，固然是因為他和妻兒的親密關係，以及以往克服艱難險阻而形成的自信，但另一方面也是由於，直到一九七六年他都跟中國革命的領袖毛澤東有著特殊關係。毛毀了他的很多同志，但是自一九三〇年代鄧小平身為毛派第一次受到整肅時，他便跟毛有了一種特殊關係。毛澤東整過鄧小平兩次，但從沒有置他於死地。他只是讓鄧小平靠邊站，以便日後可能時再啟用他。

鄧小平的同事們知道，他認為統治中國是一件嚴肅的大事，雖然他可以很風趣，但在與同事交往時總是一本正經。他對他們的個人生活不感興趣，也不在乎雞毛蒜皮的小事，而是專注於提供大多數人認為中國最為需要的堅強領導，並使他們的共同事業有一種方向感。他頭腦清醒，做事有條理，不會反覆無常。眾所周知，他只抓大事，具體工作留給別人做。他不是那種事必躬親的人。

但是，對普通百姓來說，鄧小平要比像神一般的毛澤東更易於接近；人們在談到毛時畢恭畢敬，對鄧卻可以直呼其名「小平」。他對自己的毛病也很坦然，對客人說自己有三個壞習慣：抽菸、喝酒、吐痰，而且自得其樂。

鄧小平堅定地為黨和國家謀利益，不為自己的朋友撈好處。自十六歲離家之後，他再沒有回鄉看望過父母或親戚。他明確表示自己不代表某地、某派或某些朋友。他最親密的同事都是為共同事業一起工作的同志，而不是在組織的需要之外效忠於他的朋友。他和妻兒的關係特別親密，但他嚴守黨紀，從不向家人透露高層機密，儘管他的妻子和四個子女也都是黨員。做為嚴守軍紀的軍人，他接到命令就勇往直前，即使知道這會帶來嚴重傷亡。

並非所有中國人都喜歡鄧小平。有人認為他獨斷專行，不尊重別人的意見。知識份子對他在一九五七年反右運動中壓制大膽敢言的人很反感。有人認為他過於急躁，太想衝在前面，太強調紀律。就像任何出色的軍人一樣，他希望下屬有令必行。他歡迎別人提出能夠解決問題的建議性意見，但是外國人和政治異議人士對黨的批評則會讓他勃然大怒。他對內戰和文革的混亂記憶猶新，因此認為中國的社會秩序很脆弱；如果他斷定社稷受到威脅，就會做出強硬反應。做為最高領導人，他準備按自己的日程表大膽實行改革開放。簡言之，當他成為中國最高領導人時，他是個嚴守紀律、經驗豐富的幹部，決心為黨和國家的需要服務。

（10）

這個人的使命：建設富強中國

一九七八年以前的近兩百年間，中國的其他領袖人物和鄧小平一樣，一直試圖找到一條富民強國的道路[5]。這個與羅馬大約同時建立的帝國體制取得了不凡的成就。儘管經歷過一些中斷和調整，它不但在統治的人口之眾、延續時間之長上超過世界上任何政府，而且創造了一個偉大的文明。在這樣偌大的國度裡，從這頭到另一頭要花上一個月的時間，因而朝廷官員不可能嚴密監督每個城鎮和鄉村執行全國性法規的情況。朝廷發明了令人讚歎的科舉制度，擇優選出官員，培訓他們，並在監督的同時也賦予官員很大的地方自主權。

到十八世紀末，由於人口迅速成長和地區商業的發展，加之西方帝國主義列強已經到達中國沿海地區，帝國體制遭遇到危機。當時中國有大約一千五百個縣，各縣平均人口約二十萬，僅靠一個小小的縣衙治理。軍事、交通、製造業和運輸新技術（如火藥和船舶）的進步，促進了經濟和新興社會勢力的發展，使有限的基層政府無力應對。在過去兩三百年裡，朝廷一直限制地方經濟，盡量不使其越出帝國的控制範圍，而如今，北京的統治者卻不得不盡力使帝國體制適應這些變化。

但是中國幅員之遼闊卻給他們帶來麻煩。中國有世界上最多的人口，過去兩百年間又增加一倍，而且仍在迅速成長。在這個時期，它的版圖也向西部和東北方向擴張。在沿海一帶，甚至在內陸某些地區，中國軍隊擋不住外國人的入侵，各地官員也無法阻止商業活動的擴張。

（11）

帝國體制受到的挑戰日益嚴峻，但仍難以讓朝廷相信這個幾乎延續了兩千年的體制正面臨嚴重威脅。從一八六一到一八七五年，就在鄧小平的祖父節衣縮食擴大自己的田畝時，同治皇帝手下的一批官員則試圖平息有增無減的社會亂象。他們沒有認識到為了應付國內新興社會勢力和虎視於國門的外敵，需要進行何等深刻的變革，因此仍竭力維護傳統的威嚴：派兵平息叛亂，整飭科舉，強化儒家教育，以及大舉重修宗廟。

同治皇帝的繼任者相信傳統體制已然動搖，甲午海戰敗於蕞爾島國日本，尤其令他們震驚。一八九八年，在二十七歲的光緒皇帝支持下，有維新思想的官員迫不及待地在百日之內連下四十道變法詔書和諭旨，試圖建立新秩序。他們興辦新學，派員留洋研習西方的現代學問。但是，日本人學西洋、圖改制用了二、三十年時間，戊戌維新派卻未能建立為變法提供支持的政治或制度基礎。被變法嚇壞了的慈禧太后將光緒帝囚禁於瀛台，終止了變法。雖然後來她也廢科舉、練新軍、籌備立憲，但同樣未能建立一套有效制度。本應用於擴建海軍的銀兩，竟被她挪去建造石舫和奢華的頤和園。受制於既有的習慣和制度，錯綜複雜的帝國體制難以改變。

到鄧小平一九〇四年出生時，中國最後一個皇朝大清國已是積弱難返，面對內憂外患一籌莫展。一九一一年，一小批反叛者在武昌占領湖廣總督和第八鎮統領的官署，由此引發一系列連鎖反應，帝國體制隨之土崩瓦解。一九一一年的事件被稱為「辛亥革命」，倒不如將它稱為「崩潰」更為恰當。它不是組織有序的革命力量帶來的結果，而是對帝國體制失效做出的反應。一些有才華的朝廷要員對中國面臨的問題做了很有洞見的分析，也提出創新建議，但是從整體上說，統治者無力完成使帝國體制應對挑戰的使命。

與保留了天皇的日本和仍允許國王在位的英國不同，辛亥革命徹底廢除帝制，建立了一個名義上的共和國，但中國實際上並不存在有效取代帝國統治的政府結構。辛亥革命之後，相繼登場的領袖袁世凱、孫中山、蔣介石和毛澤東，都試圖建立一種能使中國變得富強的新體制。

袁世凱是辛亥革命時期最有威望的軍事領袖，他想以軍事手段統一中國。可是他無法贏得民間領袖的擁護，也無力克服那些在帝制衰敗之際為保一方平安而武裝起來的地方軍閥。

孫中山曾與兄長一起在檀香山求學多年，他後來成為一名出色的宣傳家和籌款人。他先是鼓動革命，後又試圖建立一個統一的政府。辛亥革命之後，他最初擔任的角色是與袁世凱合作組建政府，為此被尊為中華民國國父，但他很快就輸給袁世凱。袁世凱垮台後，孫中山於一九二三年在廣州組建政府，希望使它成為一個全國性政府。他還組建了國民黨來為國家提供政治領導，在名義上建立了一個有民主框架的國民政府。國民政府吸引了一批愛國的青年才俊，其中包括後來成為中共領袖的人物：毛澤東、周恩來、葉劍英和林彪，這些人當時也是國民黨員。孫中山強化民族主義，鼓勵年輕人出國留學，促進了大眾媒體的發展。但是，面對混亂的國情，他既缺乏組

（13）

織能力，也缺少建立有效政治體制的必要支持。最後於一九二五年懷著未竟的夢想去世。

蔣介石是一名在日本受過訓練的年輕軍官，孫中山將他帶到廣州，讓他擔任剛成立的黃埔軍校校長。蔣在這裡培養了一批新式軍官，他們將領導軍隊統一全國。蔣介石在一九二五年接過孫中山的衣鉢，但他難以控制國民黨內部的共產主義者與右翼之間日趨激烈的鬥爭。這場黨爭後來發展成雙方反目。蔣介石在一九二七年四月斷然清黨，屠殺那些拒絕放棄共產主義、拒絕宣誓效忠國民黨的人。蔣介石是個頗有才華的軍人，但是為了進行統治，他要和那些已失去普通百姓支持的大商人、地主和軍閥之流的權勢集團合作。在並不穩固的軍閥同盟支持下，他成為中國政府的首腦，可是他無力控制腐敗和通貨膨脹，從而失去民心，在後來的內戰中輸給更團結的共產黨；後者在抗戰期間建立了強大的黨和軍隊，並利用城市居民對物價飛漲的恐懼和農民想通過重新分配地主財產獲得土地的願望，贏得廣泛的支持。

毛澤東是個魅力十足、有遠見和智慧的傑出戰略家，也是個精明狡猾的權謀家。他率領中共打贏了內戰，在一九四九年統一中國，收回外國占領的大部分領土。他在內戰期間積蓄的軍隊足夠強大，加上共產黨的組織紀律和宣傳，使他得以在一九五〇年代初建立起一套政治結構，比帝制時代更深入地滲透到鄉村和城市。他建立了由共產黨領導的統一政權，並在蘇聯幫助下著手建設現代工業。到一九五六年，國家已穩定有序。毛澤東原本有機會給中國帶來富強，然而他卻把國家拖入好壞不分的烏托邦，導致嚴重的食糧短缺，致使數以百萬計的民眾死於非命。在他統治的二十七年間，毛澤東不但消滅了資本家和地主，也毀掉很多知識份子和自己手下的老幹部。一九七六年毛去世時，國家仍然處在混亂和貧窮之中。

鄧小平在一九七八年上台時，具備許多他的前輩所沒有的優勢。在十九世紀中葉，幾乎沒有人意識到新技術和沿海地區的發展給中國的體制帶來多麼嚴峻的挑戰。對落實新觀念需要怎樣的制度變革，清末的維新派也沒有清楚的認識。在袁世凱和孫中山時代，既無統一的軍隊，也沒有能把角逐權力者團結在一起的政權結構。而毛澤東沒有出國的經歷，他在掌權後由於冷戰之故也得不到西方的援助。

鄧小平上台時，毛澤東已經完成國家統一，建立強大的統治體系，引入現代工業。這些都是鄧小平可以利用的優勢。很多高層領導人認識到毛的群眾動員體系已經失效，中國的科技大大落後於外國，亟須向西方學習。整個體制需要進行根本性變革。鄧小平能夠依靠那些受過迫害的老幹部，他們曾被打倒，但逃過了劫難。這些重返工作崗位的老革命，願意團結在鄧小平和黨的領導之下，提供既有的技能和精力，為受過現代科技和行政管理教育的新生代提供有益的過渡。

一九七八年美國從越南撤軍後，蘇聯變得咄咄逼人，因此西方各國樂於幫助中國進一步疏遠蘇聯。隨著國際貿易的擴張，中國得以進入新市場，包括日本、台灣、南韓、香港和新加坡，並獲得新技術，它們也為中國提供了開發中國家迅速實現現代化的範例。與東歐各國不同，中國在一九六〇年代就徹底擺脫了蘇聯，這意味著它的領導人在決策時可以只考慮什麼對中國最有利。

但是，如果缺少一個強有力的、能夠將國家團結起來並為它提供戰略方向的領導人，中國在一九七八年具備的所有這些有利條件，仍不足以讓這個巨大而混亂的文明轉變為現代國家。相較於袁世凱、孫中山、蔣介石或毛澤東，鄧小平準備得更充分。他將完成近兩百年來其他人試圖實現的使命：為國家找到一條富強之路。

在完成這項使命的過程中，鄧小平在不同時期扮演著大不相同的角色。一九四九年以前他是革命家，建國以後他成為社會主義國家的建設者。從一九六七年到一九七三年的文革期間，他利用下放農村的時間思考改革的必要。一九七四年和一九七五年毛澤東仍然在世時，鄧被委以整頓國家的職責，為他後來的工作打下基礎。他在一九七七年成為改革家，先是在華國鋒手下工作，然後在一九七八年成為最高領導人。

鄧小平一九七四年會見一個美國的大學代表團時說：「我沒有上過大學，但我一向認為，從我出生那天起，就在上著人生這所大學。它沒有畢業的一天，直到去見上帝。」[6]鄧小平終其一生都不斷學習和解決問題。他引導著中國的轉型——一個摸著石頭過河的過程，使得這個國家和他一九七八年接手時相比，變得幾乎難以辨認。

鄧小平的背景和經歷

1. 革命者、建設者、改革者

一九〇四—一九六九

（15）

鄧小平一九〇四年生於四川省廣安縣的牌坊村。他雖然出生於一個小地主之家，但鄧家的親戚中卻有個讓全村引以為豪的人物鄧時敏。這個鄧氏族親鄧時敏曾擔任朝廷要員，位至大理寺正卿，專為皇帝和朝廷大員寫摺子。[1] 一七七四年鄧時敏告老還鄉，村裡為他立了一座牌坊，並就此更名牌坊村。鄧時敏及其兄弟確實成就不凡。當時這個三億多人口的國家中每年只有一兩千人能通過科考中舉，鄧時敏和他的兩個兄弟卻都通過了鄉試。事實上鄧時敏又連過兩關（會試和殿試）當上京城的大官。[2]

一九二六年至一九二七年鄧小平在莫斯科時，在自己的個人簡歷中說，他的父親望子成龍，盼著他同樣能當上大官。這種夢想大概又因他母親的因素而益發強烈，因為她也有親戚考取功名當上縣令。在帝制中國，很多家庭，尤其是有親戚當過官的家庭，若是有個聰明伶俐的孩子，都

（16）

願意含辛茹苦加以培養，希望他能考取功名，光耀門楣。鄧小平便是這樣一個聰明伶俐的孩子，雖然他的父親鄧文明很少跟兒子相處，卻在他讀書求學上花了不少工夫。

鄧小平的父親忙於村子以外的活動，很少照料家事。他的元配無後而死，十六歲那年他又娶了鄧小平的生母（比他大兩歲）。鄧母頭胎生了個女兒，然後生下鄧小平，接著是鄧小平的兩個弟弟，最後生的女兒在十歲夭折。鄧文明後來娶的第三個妻子，生下一子後不久就死了。他又娶了第四個妻子夏伯根，她生下三個女兒。鄧小平父親最富有時，擁有近四十畝地和幾個幫他幹農活及養蠶的長工。

鄧文明在世時家道日衰。他是村裡祕密社團哥老會的首領，但大多數時間都在離牌坊村約莫一兩公里路以外的協興鎮和十公里路之遙的縣城度過。他在一九一四年當上縣警察局局長。他在協興鎮開過一家小客棧，與一些長輩一起贊助過一所學校，他的兒子鄧小平便是在這裡唸書。但是，由於賭博輸了錢，他不得不賣掉一些田地，幾陷破產，再加上跟一位上司關係不好，便逃到了外地。不過，他仍然資助鄧小平唸書。

據鄧榕說，鄧小平的母親十分疼愛這個兒子。鄧小平後來也回憶說，他非常敬重自己的母親，父親不在家時她總是悉心照料家務；但是她在一九二六年便去世，只活了四十二歲。毛澤東反抗自己的父親，鄧小平卻沒有，他只是疏遠。鄧榕回憶說，在後來的歲月裡，爸爸從來不提自

（17）

己的父親（他死於一九三六年）。

鄧小平成長過程中，大人們並不清楚讓孩子接受哪種教育最有利於前程。科舉制在鄧小平出生第二年便廢除，鄧小平六歲時發生的辛亥革命，又讓朝廷的官僚制度壽終正寢。但是取代舊學的新式教育才剛起步，於是就像當時中國農村很多有天資的孩子一樣，鄧小平五歲那年的啟蒙教育，是在牌坊村一個有學問的親戚家中學習儒家經典。第二年他又轉入協興鎮一家較大的私塾，繼續學習那些經典，由此養成了背誦經書的能力。當時廣安縣有人口二十萬，但只有一所公立小學為有天分的孩子教授現代科目。鄧小平想必在這裡學得不錯：他在十一歲那年通過競爭激烈的考試，進入離牌坊村十公里外的廣安縣高級小學，由父親出錢成為那裡的寄宿生。十四歲時他又考入廣安縣初級中學。當鄧小平十五歲離開該校前往重慶時，他在儒家經典以及數學、科學、歷史、地理這些現代科目和寫作方面，都已打下很好的基礎。[3]

一些革新派教師提高了鄧小平的愛國覺悟，一九一九年他年僅十四歲就參加了五四青年運動相關的示威活動。這場運動的起因是西方各國領導人在凡爾賽聯手操縱第一次世界大戰後的世界格局，要把德國過去在山東占領的膠州半島轉交日本而不是歸還中國。這激怒了北京大學和燕京大學的學生，他們於一九一九年五月四日走上北平（一九四九年成為首都後改名為北京）街頭，不但抗議西方列強不尊重中國，而且抗議中國政府顢頇無能，沒有維護中國的利益。

五四示威活動的消息不脛而走，迅速傳遍全國各地的大學和一些中學校園，在中國知識青年中掀起了瞭解世界大勢的熱情，點燃了民族主義的火焰。相較於中國其他更偏遠的內地，廣安與外界有著更多的接觸，流經廣安縣城的曲江水面寬一百多米，通過另外兩條河與九十公里外的重慶相連，從重慶乘汽船五日便可到達上海。早熟的鄧小平也加入這場運動，和同學一起走上廣安街頭遊行示威。一九一九年秋天，他還參加了重慶抵制日貨的運動。鄧小平對外部世界的覺醒與中國知識青年民族意識的萌生完全同步。從這一刻起，鄧小平本人便與中國人努力擺脫洋人欺侮、恢復其偉大和強盛地位的事業分不開了。[4]

鄧小平對外部世界的初步認識，又因鄧文明給兒子找到一個留學機會而得到進一步擴展。一次大戰期間，很多法國青年上了戰場，一時造成工廠勞力短缺，於是招募了成千上萬的中國勞工赴法打工。當時西方各國幾乎沒有為中國優秀學生提供獎學金，但也有例外：一些社會賢達在戰前就成立了一個全國性組織，希望能幫助中國學生赴法「勤工儉學」，一邊打零工謀生，一邊到大學學習現代科技。當時的中國人認為法國是個文化水準很高的國家，法國便成為中國留洋學生嚮往的目的地。一名曾經留學法國的四川富商成立了一個基金，使川籍學生能夠加入赴法勤工儉學的計畫中。重慶成立了為期一年的預備學校，鄧小平參加並通過入學考試，一九一九至一九二〇學年在那裡做留學準備。這年年底，有為數不多的獎學金到位，使一些學生得以赴法。鄧小平從未接受過專門的外語訓練，未能通過法語考試。但父親鄧文明花錢通融使他過了關。一個比鄧小平大三歲的叔伯是他的同學，與他一起動身，在法國的頭幾個月裡一直與他為伴。

（19）

革命家的誕生——法國和蘇聯：一九二〇—一九二七

一九二〇年，當十六歲的鄧小平登上一艘從重慶開往上海的汽船，開始他赴法之旅的第一段旅程時，他是八十四名勤工儉學的四川學生中年齡最小的一個。旅途本身對他就很有教育意義。在上海逗留的一週，鄧小平看到洋人在他的國家如何像對待奴隸般對待中國人。當經過改裝的貨輪「鴦特萊蓬」號駛往法國，途經香港、越南、新加坡和錫蘭（今斯里蘭卡）時，白人主子與當地勞工之間同樣不平等的關係，也給鄧小平和船上其他年輕人留下深刻印象。

中國學生於十月十九日抵達馬賽時，據當地報紙報導，這些學生身穿西裝，頭戴寬邊帽，腳登尖頭皮鞋，沉默地待在那裡，但看上去很聰明。[5]他們先乘車去巴黎，次日便被分配到一些中學接受專門法語和其他科目的培訓。鄧小平等十九人被安排到諾曼第的巴耶中學。

從一九一九年到一九二一年，經中國主辦人及法國友人的共同安排，大約有一千六百人赴法勤工儉學。然而他們來得不是時候。一九一九年，戰後倖存的法國青年重返工作，導致法國就業緊繃，通膨嚴重。一九二一年一月十二日，即鄧小平和勤工儉學的同鄉抵達法國不到三個月時，由於這項計畫的經費很快就變得入不敷出，四川的基金會與勤工儉學計畫終止關係，三月十五日以後將不再為學生提供經費。[6] 法國政府要求巴耶中學想辦法讓計畫繼續進行，但校方說它也籌不到足夠的錢。鄧小平和十八位勤工儉學的同鄉於三月十三日離開巴耶，三週後他在南部城市克魯梭的施奈德公司（法國最大兵工廠）找到一份工作。

此時，巴黎的中國學生也因無法繼續求學深感失望，而到中國政府駐巴黎使館前示威抗議，要求政府想辦法，因為他們是在為中國的未來學習科技知識。中國政府派駐巴黎的人說這是不可能的，法國員警也逮捕了帶頭示威的人。法國各地的中國學生為失去學習機會而義憤填膺，他們彼此聯繫，建立自己的組織，抗議法國和中國當局。中國學生示威的一些領頭人，如學生活動家蔡和森、後來擔任上海市長和外交部長的陳毅，因參加抗議而在一九二一年夏天被法國驅逐出境。

中國留法學生四處奔波，尋找辛苦低下的工作維持溫飽。他們看到法國的富商家庭過著優裕生活（鄧小平在四川從未見過的生活方式），而工廠工人則在惡劣的工作條件下從事長時間的繁重勞動。[7] 中國學生大多來自殷實之家，因學業優異而獲選留學，都是些想學習現代科技以報效國家的英才。可在法國，他們只能找到連法國工人都不願幹的工作，在重工業、化學工業的工廠和礦山做沒有技術成分的苦力活。此外，中國工人最初多半只能當學徒，薪水甚至比普通工人還要

（20）

低。

儘管備受屈辱，這些在法國勤工儉學的中國人卻為中華文明而自豪，並自視為未來的領袖。他們成立自己的社團，還分成小組，探討中國政府為何如此軟弱，世界為何變得如此不公。這些小組的一些成員後來成為無政府主義者，但鄧小平等人則尋求發動一場運動，推翻軟弱無能的中國政府。

鄧小平來到法國時，十月革命已過去三年。在討論小組中，他從那些好學的工作夥伴那裡瞭解到更多有關資本主義、帝國主義和蘇聯的知識，為他在法國生活時的見聞賦予更深刻的含義。歐洲帝國主義欺侮中國，資產階級剝削工人，華工的待遇比當地工人還要差。需要一批菁英組成先鋒隊，通過開展運動去改變這種狀況。一九二一年年底，就在這些留法中國青年開始在工廠打工時，傳來中國共產黨在同年七月一日成立的消息。這個黨最初很小，一九二一年在國內只有大約五十名黨員，一九二二年時也不超過兩百人。然而它的出現卻對在法勤工儉學的人產生深刻影響。一九二二年在法國成立了一個組織，其成員稱之為「旅歐中國少年共產黨」。一九二二年十一月，學生領袖之一李維漢從法國火速回國，想讓這個青年共產主義組織歸屬於「中國社會主義青年團」（「中國共產主義青年團」前身）。此一請求得到許可。一九二三年二月，鄧小平參加了旅歐中國少年共產黨臨時代表大會，大會正式宣布自己是「中國社會主義青年團」的一部分；周恩來當選為總書記。[8]

（21）

鄧小平在施奈德兵工廠時，分派到的工作是用大鐵鉗把燒紅的大鋼塊從噴著火焰的鼓風爐裡拖出來。鄧小平當時還不到十七歲，只有一百五十公分高，他幹了三週便離職而去，回到巴黎另尋工作（他的叔伯在施奈德又幹了一個多月）。幾週後，鄧小平在巴黎一家生產紙花的小工廠找到一份臨時工，後來又在小鎮夏萊特的哈金森橡膠廠（當時它雇用了大約一千名工人，大多是外國人）找到一份穩定的工作。從一九二二年二月十三日到一九二三年三月七日，除了短暫的中斷外，他一直在這裡上班，做的是加工橡膠套鞋，一份不太費力的活。經過短暫的學徒期後，鄧小平像其他工人一樣論件計酬，於是他學會了抓緊幹活，工作時間很長，一週長達五十四小時。他從工資中省下一些錢，加上從父親那裡得到一點錢後，於十月十七日辭去工廠的工作，想辦法進了附近的夏狄戎學院念書。然而他的錢並不夠用，三個月後便又回到哈金森橡膠廠。三月份他第二次離開該廠後，工廠檔案的記錄中說，他「拒絕工作」，「辭職不幹，不再雇用」。[9]

鄧小平最後一次學習機會落空後，便投身激進事業中。在第二次回到哈金森工廠時，他就在附近的蒙塔日加入由祕密的中國共產主義者基層組織成立的學習小組，其中有不少人是他在重慶預科學校的同學。有些學生甚至在中共建黨之前就已經很激進了。鄧小平尤其為號召中國學生投身激進事業的雜誌《新青年》所打動；該雜誌的主辦人是陳獨秀，當時他的兩個兒子也在法國學

（22）

習。

鄧小平在夏萊特一直待到一九二三年六月十一日，然後去了巴黎，在旅歐共產主義組織的小辦公室裡工作。他在哈金森和蒙塔日的工作夥伴和激進派朋友大都是四川人，而在巴黎，他和來自其他各省的中國人一起參加了一場全國性運動。剛到巴黎時，鄧小平在周恩來領導下的支部幹一些雜活。他的主要工作是印刷該團體一份十頁的小報。鄧小平擅長寫字和刻鋼板，因此得了個「油印博士」的綽號。一九二四年二月這份雜誌更名為《赤光》，[10]雜誌宣稱要反對軍閥統治和帝國主義。它的讀者對象是留法中國學生，其中一些人一直信奉無政府主義或更加右翼的保守政策。鄧小平在比他大六歲的支部書記周恩來領導下工作，周恩來曾在日本和英國與激進派有過交往，具有戰略意識和團結各路人馬一起工作的能力，因此自然成為中國青年的領袖。在周恩來的教導下，鄧小平對共產主義運動有了更多的理解，在刻鋼版和印刷《赤光》的同時，也開始參與制訂運動戰略。[11]

鄧小平在支部證明了自己的能力，因而進入旅歐中國共產主義青年團執委會。在一九二四年七月的會議上，按照中共的決定，該執委會包括鄧小平在內的全部成員，自動成為中共黨員；當時中共黨員的人數，兩地相加（中國和法國）尚不足千人，而鄧小平那時還不到二十歲。

旅法中國學生的政治鬥爭，與國內那些年輕政治領袖的行動保持同步。一九二三年六月，中

(23)

共宣布加入孫中山領導的國民黨，法國的中共黨員也立刻宣布他們會加入旅法的國民黨。鄧小平本人也加入了國民黨，並在一九二五年成為國民黨歐洲支部的領導人之一。[12]在為《赤光》撰寫的文章中，鄧小平駁斥較為保守的國民黨支持者，主張更激進的革命。

兩個法國學者曾仔細研究過鄧小平在法國五年期間的活動，他們說：「在法國，鄧小平發現了西方、馬克思主義、勞工世界、黨的組織工作、中國的地位、社會和地區差別以及他的安身立命之本。」[13]法國也影響了鄧小平的嗜好，他喜歡喝紅酒咖啡，吃乳酪麵包。更重要的是，當鄧小平在二十一歲那年離開法國時，他已經成為立場堅定、富有經驗的革命領導人，他的自我認同已經與對黨和黨內同志的認同密不可分。從那時起直到七十年後去世，中國共產黨始終是鄧小平生活的中心。

一九二五年春天，鄧小平因能力和可靠的表現，被任命為里昂黨團的領導人。一九二五年五月三十日，中國國內的示威者走上街頭，抗議上海的英國員警向中國學生的示威人群開槍，鄧小平也和旅法的中國學生一起，抗議法國政府與鎮壓學生的中國政府沆瀣一氣。[14]一九二五年十一月，鄧小平被派到巴黎的雷諾汽車廠工作，並從事組織工人的宣傳工作。一九二五年底，參與示威的中國學生上層領袖被驅逐出境，當時只有二十一歲的鄧小平進而在組織內扮演更重要的角色，發表主要演講並主持會議。一九二六年一月七日，有人警告鄧小平，他本人也成為逮捕對象，於是他乘火車經德國逃往蘇聯。

在中國以外，沒有哪個國家比法國的中共黨員發揮了更大作用。一九四九年以後，從法國回來的人在建設國家上扮演著獨特的重要角色。與中共的絕大多數領導人相比，包括一九四九年以前從未邁出國門一步的毛澤東，這些旅法歸來的人有著更開闊的國際視野。在一九三七年到一九四九年的革命鬥爭中，他們不一定身居高位，但是從一九四九年到一九六六年的中共國家建設期間，不止周恩來總理和鄧小平，其他一些從法國回來的人，在經濟計畫（李富春）、外交（陳毅）、科技（聶榮臻）、統戰宣傳（李維漢）等各個領域都擔任關鍵角色。中共嚴禁在黨內搞派系，這些從法國回來的人也處世謹慎，以免被人視為派系，但是他們對中國需要做什麼都有著特殊的理解。

逃離巴黎後，鄧小平於一九二六年一月十七日抵達莫斯科，兩週後進入中山大學一班。孫中山於一九二五年三月去世，八個月後共產國際在莫斯科成立中山大學，該校的唯一目的就是培訓國共兩黨的黨員。

到莫斯科第一週，鄧小平寫了一份自我批評。就像所有僑居莫斯科的中國人一樣，他被視為小資產階級知識份子。他在自我批評中發誓拋棄自己的階級出身，終生做一名嚴守紀律、服從上級的無產階級成員。他的能力很快得到大學幹部的認可。大約三百名學生分成十三個小組，鄧小

（24）

平被編入第七小組「理論組」，成員全是被認為將來大有希望成為政治領袖的學生。這個班裡還有蔣介石之子蔣經國、軍閥馮玉祥的兩個女兒和一個兒子；馮玉祥是個難得具有進步思想的地區領袖，他當時與共產國際合作，也從共產國際獲得資金。鄧小平在班裡被同學推選為黨代表。[15]鄧小平在中山大學，中國學生在任卓宣（他更為人知的名字是「葉青」）的領導下開展組織活動，鄧小平在法國時就認識此人。任卓宣要求嚴格的服從和軍隊式紀律，這種做法引起很多中國學生和學校領導的反彈。事實上，任卓宣在一九二六年夏天被調離莫斯科，未久共產國際又宣布，在蘇聯的外國學生不得召開母國黨派的會議，但可以成為蘇共見習黨員，五年後有可能轉為正式黨員。

許多中國學生對不讓中共黨員開會有意見，但鄧小平不在此列。在蘇共保存的莫斯科中山大學報告中，鄧小平受到表揚，說他有強烈的紀律觀念，很清楚必須服從領導。鄧小平最初接受任卓宣的領導，任離開後他便服從蘇共的領導。在蘇聯的日子臨近結束時，蘇共在十一月五日對鄧小平的評價是：「他是個嚴守紀律、做事一貫的人，而且學習能力強。他通過參加共產主義青年團的組織工作，累積了豐富經驗，變得十分成熟。他積極參加政治工作。在人際關係中他以同志之道行事。他屬於最優秀的學生。」[16]

在莫斯科，鄧小平每天上課八小時，一週上六天課。他修完了包括馬克思、恩格斯和列寧著作研究的全部課程，還有歷史唯物主義、經濟地理、蘇共黨史和中國革命運動史。共產國際希望

（25）

與潛在的中國領導人搞好關係，為中國學生提供了比一般俄國人更好的生活條件。

鄧小平在蘇聯學習時，蘇聯還沒有建成社會主義體制，仍在實行「新經濟政策」。這種政策鼓勵小農、小工商業、甚至較大企業的發展，社會主義經濟則致力於發展重工業。蘇聯也爭取外國人前來投資。與當時不少人一樣，鄧小平認為這種經濟體制——在共產黨的控制下允許私人企業和鼓勵外國投資——比資本主義制度更能推動經濟的快速發展。[17]「新經濟政策」的基礎，即共產黨領導下的市場經濟，類似鄧小平一九四九年至一九五二年在西南局當政時實行過、後來又在一九八〇年代再次採用的政策。

還在莫斯科時，二十一歲的鄧小平就萌生一些對一個年輕人而言非比尋常的想法，而且這些想法終生未曾改變。舉個例子，他在一九二六年八月十二日的課堂作業中寫道：「集中的權力要自上而下行使。服從上級命令是絕對必要的。允許多少民主，要視周遭環境變化而定。」[18]

反抗國民黨：一九二七—一九三〇

中山大學的正式學制為期兩年，但剛過一年，即一九二七年一月十二日，鄧小平就和其他二十名年輕的共產主義政治教導員一起，被共產國際派往當時駐紮在陝西黃河谷地的軍閥馮玉祥那裡，以便利用馮所提供的一個機會。在國民黨內部，共產黨和右翼之間的分裂日趨嚴重，共產

（26）

黨的軍事實力大大不如國民黨右翼，所以共產黨為了應付看來已經無可避免的分裂，試圖尋找軍事同盟。馮玉祥恰好提供了這樣一種關係，他在三個子女就讀於莫斯科中山大學時，曾訪問過那裡。馮玉祥認為共產黨的政治教導員可以為他的軍隊培養目標感，利用像鄧小平這樣有前途的領導人，能夠讓軍隊明白打仗是為了什麼。馮玉祥雖與鄧小平及其共產黨同志關係融洽，但到一九二七年四月國共分裂時，他清楚國民黨的軍事力量要比一小撮共產黨強大得多，因此斷定自己別無選擇，只能與國民黨結盟。馮玉祥客氣地向鄧小平及其同志道別，請他們另謀出路。

鄧小平在陝西按照黨的指示向上海黨的總部報告，要求加入地下工作。蔣介石意識到與共產黨的裂痕正不斷擴大，擔心受到攻擊，於是在一九二七年四月率先下手剿共，很多中共領導人因此遇害。上海的中共中央與過去的盟友反目成仇，隨時面臨被揭發的危險，於是轉入地下。為了避免暴露，鄧小平採用各種偽裝，練就了他一生都在使用的本領：從不把黨內活動記在紙上，從不丟棄可能給其他黨員帶來麻煩的紙屑。事實上，從此以後，他總是把重要人物的姓名和地址記在腦子裡，不留任何字跡。

鄧小平和新婚妻子張錫媛一起來到上海，兩人是在蘇聯讀書時的同學。據蘇聯的上級說，鄧小平喜歡這個女孩子，但跟很多糾纏女同學的同學不同，鄧小平舉止適度，一直以學業和黨的工作為重。[19]直到鄧回國後，兩人在武漢一次會議上再次相遇，才有了一段短暫的戀情並結了婚。

鄧小平和張錫媛與周恩來和鄧穎超夫婦成為鄰居，一起從事地下工作。

一九二七年八月七日，中共二十一名領導人在武漢召開緊急會議，商討如何對付國民黨的剿共。二十二歲的鄧小平並不是正式成員，他擔任書記員並負責處理會議文件（在後來的黨史中，他被賦予「黨的祕書長」這個響亮的頭銜，其實他當時只是個小角色，為這些共產黨人做做會議記錄而已）。在這次會議上，鄧小平第一次遇到高大、自信而強有力的毛澤東，不過當時毛還不是黨的最高領導。

一九二九年，黨把鄧小平從上海派往廣西，這是廣東西面的一個貧窮省分。當時鄧小平只有二十五歲，他要聯合那裡的一些小軍閥建立中共的根據地。鄧小平被選派承擔這項任務，說明黨的領導人對他獻身革命的精神，他在迅速變化的政治環境中處理與軍閥、當地人以及和黨中央的複雜關係的能力，有很高的評價。國共分裂後，黨中央按照共產國際的指示，命令各地黨員領導城市暴動。

一小批在香港的中共南方局以及在廣西和鄧小平一起工作的黨員，和當地一些已經與蔣介石以及實力更強的廣西軍閥（他們曾參與蔣介石致力於統一全國的北伐）決裂的廣西小軍官（李明瑞和俞作豫）建立了合作基礎。儘管身處幕後，鄧小平在廣西取得的短暫勝利中發揮關鍵作用。鄧小平和他的盟友攻占了廣西西部臨近雲南的百色和龍州兩地。（27）

在中共黨史上，這些進展被當做共產黨的起義加以歌頌。但是當桂系軍閥李宗仁從北伐中返

（28）

回後，大軍很快就消滅了鄧小平在百色和龍州的軍隊。鄧小平的很多盟友被殺，紅七軍剩餘的幾百人先是在壯族人的幫助下逃往北部，後又沿著粵、桂北部的山區向東逃了數百公里。在撤退過程中，與當地軍隊的一系列戰鬥幾乎讓他們全軍覆沒。一場戰鬥使鄧小平與軍隊走散，他就此離開紅七軍回到上海的黨中央。他一到上海，就被要求就廣西的失敗寫一份檢討。他在檢討中解釋了自己離開軍隊崗位的原因，說是紅七軍的領導同意他回上海向中央彙報工作，他這樣做是得到正式批准的。他也承認，在危難之際離開部隊，說明自己的政治判斷力不夠。文革期間，他又因離開紅七軍返回上海一事受到批判。

與他那些僅從軍校裡獲得軍事訓練的同志不同，在廣西，二十五歲左右的鄧小平是在與受過訓練並有實戰經驗的同志並肩戰鬥過程中獲得最初軍事訓練的。在廣西的一年，鄧小平肩負很多重要責任：建立軍事同盟、為軍隊籌措給養、躲開武裝精良的軍閥、與當地壯族首領合作。但是，就像當時共產黨領導的所有城市暴動、包括更著名的南昌起義和廣州起義一樣，廣西的起義也以徹底失敗告終。與鄧小平共事的大多數領導人都被殺害，不是死於戰鬥，就是因為被懷疑通敵而死於黨內清洗。

鄧小平在戰鬥期間離開廣西後，去上海一家醫院探望臨產的妻子，這是他們最後的幾次相聚之一。醫院的條件很差，她在生產時染上產褥熱，幾天後便去世了，沒過多久新生兒也夭折。據說妻兒的死亡讓鄧小平深感悲痛，但他立刻回到工作中。在這慘痛的一年間，回到上海等待重新安排工作的鄧小平，又與上海一個既聰明又有自由思想的女革命家阿金（金維映）結為伴侶。[20]

江西、長征和西北根據地：一九三〇—一九三七

上海的黨中央並未積極為鄧小平安排工作，但幾個月後同意鄧小平去江西中央蘇區的請求。在那裡的崇山峻嶺中，毛澤東率領的軍隊已經占領幾個縣，並且建立了一個有自己地方政府的蘇區，正在開展土改運動。他們希望建立自己的武裝力量，等到足夠強大之後再向國民黨和軍閥發動攻勢。中央蘇區方圓數百公里，從贛西北風光秀麗但條件艱苦的井岡山，綿延到東南部地勢平坦的農業區。鄧小平奉派前往東南部的瑞金報到，一九三一年八月他和第二任妻子阿金抵達目的地。

到瑞金幾週後，鄧小平在江西的頂頭上司便決定讓他擔任瑞金縣委書記。上任之初，國民黨正在剿共，雙方都想派奸細打入對方。一九二七年國共分裂後，共產黨的幹部害怕黨員暗中為敵人提供情報；鄧小平到達瑞金之前，已有數百名共產黨員被懷疑通敵，不是被投入監獄，就是遭到處決。鄧小平一上任就花了數週時間仔細瞭解情況，最終確信對疑犯的指控是錯誤的。關入獄中的人因此獲釋，殺害地方黨員的領導人也被處決。鄧小平的決定在當地黨員中深得人心，使他

（29）

在瑞金的一年間得到大力擁護。

在江西，鄧小平對毛澤東產生極大的崇敬。毛是帶著一小批追隨者從老家湖南逃離軍閥、越過東部山區來到毗鄰的江西省的。鄧小平曾試圖在廣西建立和維持共產黨的根據地，但以失敗告終，所以很能理解毛澤東在建立根據地上取得的成就。毛澤東不但要為軍隊搞到足夠的給養，還要阻擋敵軍入侵，贏得當地居民的支持。

鄧小平擔任瑞金縣委書記期間，中央領導決定在那裡建立全國性首都。建都之前，在瑞金召開了共產黨在全國各地根據地的代表大會。鄧小平雖然不是與會的六百一十名代表之一，但在籌備會議以及在瑞金一帶建立新首都的事務上，都發揮了關鍵作用。在瑞金工作一年後，鄧小平又被調往瑞金以南的會昌縣擔任黨的實際負責人，同時兼管黨在尋烏和安遠兩縣的工作。

和毛澤東一樣，鄧小平也認為共產黨必須建立農村根據地，等到實力足夠後再挑戰對手。然而中央領導卻指責鄧小平追隨羅明（一名福建籍幹部）的失敗主義政策，在打擊敵軍上不夠積極主動。在後來所謂鄧小平「三起三落」的第一落中，他被撤銷了會昌縣委書記一職，並和三名同事（毛澤東的胞弟毛澤覃、謝唯俊和古柏）一起受到嚴厲批評，後被派往外地以示懲罰。鄧小平受到嚴厲指責，被稱為「毛派頭子」，甚至他的第二任妻子阿金也加入批判行列，和他離婚，嫁給了批他的人之一、在法國時的舊識李維漢。幸運的是，鄧小平的另一位在法國時的故交、時任江西省委

（30）

書記的李富春，在他下放幾個月後把他叫回來，委任為江西省委宣傳幹事。

據鄧榕說，在一九三〇年至一九三一年的一系列沉重打擊（首任妻子和孩子去世，自己在黨內受到嚴厲批評和責難，第二任妻子與他離婚）之前，鄧小平的朋友都認為他是個性格開朗、愛說愛笑的人。但是在歷經這一連串的悲劇和挫折後，他變得更加內斂，少言寡語。當時他還無從知道，從長遠看，他因被指為「毛派頭子」而受到懲罰其實是他的運氣，因為這使毛澤東長期相信鄧小平是忠於自己的。在後來的歲月裡，即便在毛澤東讓激進派批鄧時，也絕不同意把鄧小平開除黨籍。

共產黨建立的蘇區根據地使蔣介石對中共的威脅深感憂慮，於是派兵圍剿江西蘇區。共產黨在四次反圍剿戰役中都擊退國民黨，但在第五次圍剿中，強大的國民黨把共產黨趕出根據地，共產黨從此踏上大約長達一年的逃亡之路，這就是著名的「長征」。他們歷盡千辛萬苦才從江西到達陝西的新根據地。長征重創了中共，從江西出發時軍隊大約有八萬六千人，很多人死在路上，還有一些人開了小差，一九三五年十月到達陝甘寧邊區時只剩不足一萬人，在那裡迎接他們的是當地一小股武裝共產黨人。雖然缺少長征途中毛澤東和鄧小平的交往紀錄，但據鄧小平的女兒說，隨著部隊規模日益縮減，在長征途中負責宣傳以維持紀律的鄧小平，有不少機會與毛澤東交談。

長征開始幾週後的一九三五年一月，在貴州遵義召開了一次重要會議，授權毛澤東領導軍

（31）

隊，也為他成為中共頭號領導人鋪平道路。鄧小平不是遵義會議的正式成員，但得以書記員身分出席會議。會議紀錄沒有留存下來，但鄧小平後來被賦予了會議「祕書長」這個響亮的頭銜。

在長征的最初幾週裡，鄧小平負責出版《紅星》報。沒過幾週，由於運輸中不堪重負，油印機被丟棄。但做為宣傳幹部，鄧小平繼續口頭鼓勵部隊，堅持鬥爭。長征途中他得了傷寒，幾乎送命。他後來對人說，自己是一半靠馬一半靠腳走完了長征。中共在西北建立根據地後，侵華日軍取代國民黨成為中共的主要敵人，因此當時除了有反對專制軍閥的訴求，又加上愛國主義的訴求。

一九三六年十二月，軍閥張學良的軍隊發動「西安事變」囚禁了蔣介石委員長，給共產黨帶來良機。蔣介石為了使自己獲釋，被迫同意開始第二次國共合作，共同抗日。這一事件消除了來自蔣介石軍隊的壓力，共產黨乘機於一九三七年一月轉移到陝北延安一塊更大的根據地。鄧小平在這裡做為紅一軍團宣傳部長領導著文工團，並通過演講教育軍政幹部，形成自己特有的宣傳方式：演講簡明扼要，把國際大勢與當前工作聯繫在一起。演講結束時，聽眾對自己該幹些什麼都有了清楚的認識。

這一年夏天，日本人從東北向全中國發動侵略，占領所有重要城市和交通線，只剩下農村地區和西南地區的城市仍在中國人控制之下。小規模軍事衝突仍在繼續，但日本人已經變成占領

（32）

軍。

抗戰時期：一九三七—一九四五

中共同意與國民黨結成抗日統一戰線後，軍隊被改編為「第八路軍」，成為全中國軍隊的一部分，形式上接受蔣介石的統一指揮，但事實上國共之間仍然猜疑甚深，彼此很少接觸。共產黨的八路軍總部設在延安以東數百公里的山西，那裡土地肥沃，部隊可以得到充足的糧食補給，也更接近前線，能夠通過游擊戰騷擾日軍。

一九三七年，毛澤東任命最得力的將軍之一劉伯承為八路軍主力部隊第一二九師師長。不久之後，一九三八年一月，一如其他單位，毛澤東又給劉伯承選配了政委，就是鄧小平。不過和其他政委不同的是，鄧小平任第一書記，劉伯承任第二書記，這使鄧小平享有更大的權力，包括有權對部隊的戰前政治準備和周圍環境做出判斷。劉伯承比鄧小平高出一個頭，年齡比他大十歲，一隻眼因作戰負傷而失明。他們兩人將在工作中密切配合。鄧小平到達一二九師在太行山區的駐地後，立刻樹立自己的權威：因為劉伯承恰好短暫外出，鄧小平代理了他的職權。

從一九三七年到一九四九年，鄧小平和劉伯承先是共同抗日，抗戰結束後又在內戰中一起打國民黨，他們配合緊密，使「劉鄧」成為一個固定的稱呼。劉伯承有善待部下的名聲，鄧小平則對部下要求甚嚴，打起仗來不顧一切。在處決那些被懷疑是國民黨奸細的士兵時，劉伯承也比鄧小平更加慎重。

在抗戰期間，一二九師為了躲避日本人，不斷在太行山區變換駐地，但總是設在一天之內可以騎馬趕到八路軍總部的地方，以方便領導人參加重要會議。不管駐紮在哪裡，他們都不時對裝備更好的日軍展開游擊戰，集中兵力向那些為控制城市和交通幹線而分散駐紮的小股日軍發動攻擊。延安既是個夠大的根據地，又離敵人相當遠，這使毛澤東既有時間研究黨的理論和整體戰略，又有閒暇暢遊於歷史、哲學和詩詞中。相形之下，住在太行山區一個較小根據地的鄧小平政委，更加接近日本人的前線，幾乎沒有時間研究理論，他得擔起實際責任，處理和當地居民有關的各種問題。

實際上，鄧小平在八年抗戰時期成為山西太行山區的最高政治領導人。他要建立自給自足的經濟，為當地數萬居民和部隊提供足夠的口糧，同時還要生產足夠的經濟作物，並使當地簡陋的工業能夠生產出足夠的布匹和其他日用品。他還要為正規軍徵募兵員，評估軍事行動的政治意義，這是他在廣西時就已學會的本領。做為鼓勵地方經濟的舉措之一，他設計了一種鼓勵當地生產的稅收制度。他寫道：「向老百姓徵稅要根據當地最近幾年的平均收成，超出這一平均數的部分完全歸生產者所有。」[21]為了使支持正規軍的當地民兵隨時做好對日作戰的準備，他還在這個

（33）

地區祕密巡視。22

一九三九年鄧小平第二次回到延安，並在那裡與卓琳結婚。卓琳是延安聰明伶俐的革命三姊妹之一。她們的父親是以製作雲南火腿聞名的富商，死於後來的土改。在卓琳那個年齡層中，能考入大學的人已經是百裡挑一，受過教育的女性更是鳳毛麟角，三姊妹卻都念過大學，並在讀書期間參加了革命，卓琳更是被競爭激烈的北京大學錄取，在物理系就讀。她曾經說，鄧小平在大多數共產黨幹部中是個出類拔萃者。她認為他們大都沒有受過良好的教育。

卓琳比鄧小平年輕十二歲。他們的簡樸婚禮在毛澤東的窯洞前舉行，到場的有毛澤東、劉少奇、李富春和其他幾個人。鄧小平和毛澤東在西北時見過多少次面，並無可靠的記錄，但在鄧小平結婚時他倆顯然已是至交。毛澤東後來曾以讚賞的語氣，談到鄧小平在江西時受過的罪（指鄧是「毛派份子」）。毛對鄧無疑抱有好感，這不僅由於鄧的能力和行動決心，還因為鄧對毛早期創建農村紅色根據地的成就深懷敬意。鄧本人也曾做過這方面的嘗試，但是沒有成功。

鄧小平和卓琳育有三女（鄧林、鄧楠、鄧榕）二子（鄧樸方和鄧質方）。除了鄧在危險環境中作戰時兩人不在一起外，直到五十八年後鄧小平去世以前，他們一直共同生活，是中共領導人中比較穩定的家庭之一。鄧小平並不親近自己的父親，可是他的妻子兒女卻是他面對繁重工作壓力時的避風港。與家人的親密關係並沒有延伸到政治事務上。鄧小平嚴守黨紀，從不把黨內高層的議論

（34）

告訴家人。

國共戰爭：一九四六—一九四九

抗戰之後，鄧小平成為中共在晉冀魯豫邊區實際上的最高長官，這是一片有著幾百萬人口、地跨數省（河北、山西、山東和河南）的邊區。在這片遠離國民黨軍隊駐守的城市山區，為了不可避免的國共戰爭，鄧小平整軍備戰。他最重要的工作之一，是在年輕人中尋找和培養有前途的共產黨組織人才，其中有兩個人在一九七八年以後發揮了重要作用，即趙紫陽和萬里。

抗戰結束不到一年，國共戰爭爆發不久，劉伯承和鄧小平便奉命率軍進入華中平原一側的大別山。毛澤東此一調動的直接目的，是要把國民黨軍隊趕出西北地方，因為它正威脅著延安的中共總部；但不止如此，毛還希望在華中平原附近建立一塊根據地，因為縱觀中國歷史，那裡一向是兵家決戰之地。向大別山進軍注定傷亡慘重，因為劉鄧大軍缺少禦寒衣被等各種補給，而該地區的敵軍又十分強大。

做為一個堅忍不拔、嚴守紀律的軍人，儘管鄧小平很清楚可能造成的嚴重損失，仍然義無反顧地進軍。劉鄧大軍中很多人要麼戰死，要麼死於饑寒交迫。倖存的士兵處境艱險，極易受到敵人攻擊，或因缺少補給而蒙受進一步損失。儘管困難重重，劉鄧餘部和新補充的部隊還是像毛澤

（35）

東設想的那樣，建立了一個鳥瞰華中平原的根據地。不同於抗戰時期的游擊戰，在內戰期間規模浩大的戰役中，雙方都投入千軍萬馬。這個根據地將在未來的淮海戰役（國共戰爭中的三大關鍵戰役之一）中發揮關鍵作用。

淮海戰役從一九四八年十一月初打到一九四九年一月，是世界戰爭史上規模最大的戰役之一。國民黨的參戰軍隊大約為六十萬，由精明強幹的將軍指揮；中共投入的兵力大約為五十萬，此外中共還動員一百多萬農民為部隊運送糧草軍需，徵用七十多萬頭牲口做為運輸工具。中共的戰略是引誘長江以北的國民黨軍隊打一場殲滅戰，以減少渡過寬闊長江時可能遇到的抵抗。提出這個戰略的人是華東野戰軍（後來的第三野戰軍）司令員陳毅的副手、才華出眾的粟裕將軍。雖然鄧小平在淮海戰役期間與延安保持密切聯繫，但毛澤東留給中共地方司令員自行決策的空間遠遠大於蔣介石。此時蔣介石已經對中共軍隊的高昂士氣深感憂慮。他們都是貧苦農民，盼望打了勝仗之後能分到田地。淮海戰役之前，蔣介石的軍隊在東北被中共的軍隊打敗，也使他對內戰的結局產生悲觀情緒。[23]

粟裕率領的華東野戰軍人數上多於劉鄧大軍，在淮海戰役初期的戰鬥中殲敵也比受到敵軍重兵圍困的劉鄧大軍更為成功。時稱「中原野戰軍」的劉鄧大軍（不久後改編為第二野戰軍），在投入戰鬥後傷亡慘重，需要粟裕的華東野戰軍及其砲兵前來增援。在淮海戰役的最後階段，毛澤東下令成立總前委，將五十萬中共軍隊納入鄧小平總書記的統一領導。

鄧小平在淮海戰役中的領導作用並非沒有爭議。劉伯承擔心部隊的安全，試圖挖掘更多的戰壕以抵禦國民黨軍隊的優勢火力，鄧小平卻堅持進攻。後來有人批評鄧小平在戰役初期把部隊置於更大的危險中，造成不必要的傷亡，也沒有讓部隊挖築更多的防禦工事。

但是，由總前委書記鄧小平統一領導的五十萬中共大軍，在戰役的後期還是占了上風。這一場大戰既是軍事上的勝利，更是士氣的勝利，此後蔣介石的軍隊便退居守勢，共產黨的軍隊則繼續向南和向西推進。事實上，淮海戰役之後，國民黨已經難以集結大軍抵抗共產黨的進攻了。中共軍隊輕鬆擊潰抵抗，渡過寬闊的長江，迅速西進、南進。日本首相中曾根康弘曾在一九八四年問鄧小平，他一生中在什麼時候感到最幸福，鄧小平回答，是他們克服兵力裝備都不如對手的雙重障礙，取得解放戰爭勝利的那三年。他特別提到橫渡長江的壯舉。[24]

隨著中共軍隊的節節勝利，一座又一座城市被攻取，部分軍隊需要留在城市建立軍管會，以便管理城市和開始政權過渡工作。中共軍隊攻占上海後，鄧小平有幾週的時間親自負責接管上海市政府各個部門的軍管會工作。過去一直未暴露身分的上海中共黨員和支持中共的「進步」青年一起協助共產黨接管了城市。鄧小平會見當地各行各業的領袖，解釋黨的政策，選拔和任命下級部門的領導，以便在短暫的過渡期能夠獲得當地人民的支持。他還大力發展新黨員，以擴大上海地區的領導力量。上海市民對國民黨的腐敗和惡性通貨膨脹深惡痛絕，普遍歡迎共產黨的到來。但是，中共還是花了數年時間，才克服內戰所造成的破壞和混亂。在領導上海的政權過渡之後，鄧小平離開上海返回自己的部隊，開始向大西南進軍。

在西南地區建立中共政權：一九四九—一九五二

從一九四七年奪取東北到一九四九年年底控制全國，中共只花了兩年多時間。每占領一個大區，中共就會成立一個「局」，領導該大區。一九五二年以前，在北京逐漸建立起黨中央和中央政府期間，一直是由這六個大區的局承擔統治中國的主要責任。為了給這些大區的中共統治打下基礎，毛澤東通常會挑選當地出身的人擔任大區領導。劉伯承和鄧小平都是四川人，而四川是西南地區最大的省分。戰時政委要服從司令員，和平時期則是司令員服從政委。因此鄧小平便成為西南局（共產黨最後收復的六個大區的最後一個，有一億人口）的黨委第一書記。鄧小平在這個位置上一直幹到一九五二年，直到各大區主要領導人奉調回京，其職責也被轉移到北京。

在擔任西南局第一書記期間，鄧小平要平定全區，把國民黨的統治轉變為共產黨的領導；他要招募和訓練黨員，使之能夠領導政府與社會；他要克服戰時的混亂局面，領導整個大區的經濟發展。[25]隨著共產黨在社會扎根，他要承擔起公共生活各方面的責任，包括治安、經濟、工商業、交通運輸、文化教育和醫療衛生。

（37）

平定西南農村地區的工作比其他地方更困難，因為自抗戰以來，這裡一直是國民黨的全國總部，國民黨在此擁有大量支持者；並且，對逃到這裡或融入當地民眾的國民黨軍人來說，這個地區是他們的最後防線。他們之間有些人繼續或被動或主動地反抗中共統治。為了確保肅清這些麻煩製造者，平定該地區，賀龍將軍及其第一野戰軍也從西北來到這裡，以加強劉伯承軍隊的力量。共產黨最後控制的省區是西藏。一九五一年，鄧小平從西南和西北軍區抽調兵力控制了該地並建立秩序。藏人缺少強大的軍隊，加之解放軍進軍西藏之前他們在川西的失敗，使得對西藏的軍事征服變得相對容易。鄧小平明白，從長遠看，西南地區的成敗取決於能否選拔和留住精明能幹的部下。因此他重用二野那些在維持部隊士氣、處理軍地關係方面富有經驗的政委，但也允許留用很多國民黨政府的官員，只要他們願意跟共產黨合作。他還監督招募和培養有能力的年輕人，以充實地方黨政機關。

鄧小平對爭取當地人民的合作和擁護極為重視。在發表的演講和文章中，他向當地政府官員和民眾解釋共產黨的統治。他還組織招募和培訓幹部，讓他們開展消滅地主階級、把土地歸還農民的土改。華南局的葉劍英曾受到批評，說他對當地的地主太手軟；與葉劍英不同，鄧小平在土改中成績斐然，他鬥地主，處決了一些大地主，把田地分給農民，動員地方農民支持新的領導，受到毛澤東的表揚。

鄧小平還大力推動成渝鐵路的建設。他認為這個連接該地區兩座最大城市重慶和成都的專案，對西南地區的發展至關重要，而且這也是他父輩就想做的事。鑒於當時施工設備十分原始，這是一項艱巨的工程，但是鄧小平和工人們百折不撓。一九五二年，在離開西南局回京任職之前，鄧小平自豪地參加了這條鐵路的竣工儀式。

(38)

建設社會主義：一九五二—一九五九

一九五二年，各大區領導人奉調回到已經統治著全國的中央政府，鄧小平被任命為中央政府副總理。不久毛澤東又下達書面命令，指示凡提交黨中央的政府文件首先要經鄧小平過目。這反映了毛澤東對鄧小平及其回京後協調各項工作的關鍵角色深表信任。一九五六年，鄧小平被任命為黨的祕書長（這是處理黨日常工作的關鍵職位）和政治局常委之一。他和毛澤東一起參加會議，研究制定第一個五年計畫，以及研擬把個體農業和小工商業集體化、把大工業國有化的「社會主義改造」方案。

一九五三年，財政部長薄一波丟了職務，因為毛澤東認為他在評估資本家的稅額時心太軟。毛任命鄧小平接替。鄧小平擔任財政部長的一年，也是第一個五年計畫的頭一年，主導與各省進

（39）

行協商的政治過程，以確定各省要上繳多少糧食和稅收，以及中央政府要向各省分配多少。雖然最後拍板的不是他，但在國家依然很貧窮的時期，他必須做出有重大影響的判斷，向毛澤東和周恩來彙報各省完成糧食配額和上繳稅收的能力。[26]當時，毛澤東經常和高級幹部開會，鄧小平每個月都要和他一起開好幾次會。一九五三年，鄧小平和陳雲（參見「鄧小平時代的關鍵人物」）向毛澤東密報中共統治早期面臨的最嚴重人事問題：高崗有分裂黨的危險。毛澤東聽取了他們的警告。鄧小平和陳雲在處理這一事件上發揮了關鍵作用。[27]

鄧小平在擔任處理黨內日常工作的要角時，得以親身觀察毛澤東如何判斷國家面對的重大問題以及如何做出影響全國的決策。毛雖然在晚年犯下災難性錯誤，但當時仍是個雄才大略的傑出政治領袖。季辛吉曾說周恩來總理是他見過最偉大的政治領導人之一，在巴黎和上海時就與周恩來相識的鄧小平，也有機會觀察到這位大師如何處理外交事務，如何全面領導政府工作。通過和毛、周一起參加會議，鄧小平得以學習他那代人中兩位最偉大的領導人如何評估國家大事。此外，做為建立新組織的參與者，鄧小平也有機會瞭解做出重大決定的理由，思考進行根本性變革的大框架，這些經驗對他後來在一九八〇年代重建中國的經濟和政治體制都有莫大幫助。

一九六〇年毛澤東與蘇聯決裂，把中國變成一個封閉的國家。不過，他也花很多時間思考如何對付列強。從一九五二年到一九五五年擔任國務院副總理的鄧小平，也要參與有關外交事務的

（39）

討論。而在一九五六年到一九六六年擔任總書記期間，他還要處理與各國共產黨的關係（不含非共產黨國家），在這個時期與中國有外交關係的大多數國家都是共產黨國家。例如，一九五六年二月他是赴莫斯科參加蘇共二十大的中共代表團團長，赫魯雪夫（Nikita Khrushchev）正是在這次會議上譴責了史達林（Joseph Stalin）。與出席大會的其他共產黨國家的同志一樣，鄧小平也未被允許出席赫魯雪夫做祕密報告的會議，但第二天他便獲准看演講稿。他馬上敏銳地意識到，此事不但關係到蘇聯國內，而且會產生國際影響，他指派兩名翻譯連夜譯出講稿，但在毛澤東決定如何做出反應之前他謹慎地避免談論這篇講稿。回到北京後，他向毛澤東彙報演講的內容，由毛澤東決定如何應對，因為他恐怕也難逃史達林受到的很多批評。[28]鄧小平很快就意識到，對史達林的全面批判將殃及那些和史達林一起工作的人，削弱蘇共的權威。

在實現農業手工業集體化和工業國有化之後，中共於一九五六年九月十五日至二十七日召開第八次代表大會。在一九四五年內戰前夕確定黨任務的七大之後，這是第一次召開黨代會。大會做了全面而周密的準備，為這個負有統治一個大國責任的政黨提供遠景規畫：社會主義初期階段已經完成，五年計畫在實施中，資產階級和地主階級已不復存在，階級鬥爭已經結束。周恩來和鄧小平等人希望，黨今後能夠集中力量使工作步入正軌，推動經濟的有序發展。[29]

鄧小平在八大上扮演重要角色。他被提拔為總書記；身為政治局常委，他是黨的六名最高領

（40）

導人之一（在毛澤東、劉少奇、周恩來、朱德和陳雲之後）。他在一九五四年擔任的祕書長一職有黨內管家的性質，這使他能夠深入參與所有重大決策過程。但是一九五六年當上總書記（他擔任這一職務直到文革之前）以後，他成為負責黨日常工作的領導。他既要抓北京中央領導機關的工作，還要與各省的領導打交道。在毛澤東的全面領導下，黨的第一副主席劉少奇為政治局常委提供工作指導，由政治局做出決定，然後交鄧小平執行。

在一九五七年十一月陪同毛澤東訪問莫斯科時，鄧小平有理有據地嚴辭反駁蘇共的大理論家蘇斯洛夫（Mikhail Suslov），令毛澤東大為激賞，會議結束時他指著鄧小平說：「看見那個小個子嗎？他非常有見識，前程遠大。」[30] 據赫魯雪夫回憶，「毛澤東認為他是領導層中最有前途的成員」。[31]

從一九五七年春開始，很多知識份子和民主黨派的領導人在「百花齊放、百家爭鳴」運動的鼓舞下暢所欲言，批評的嚴重程度令毛澤東感到意外。他怒斥「資產階級知識份子」，說資本家雖然已被消滅，但還是脫不掉自己的階級本性。毛澤東在一九五七年夏發動「反右運動」，羞辱所有那些嚴厲批評中共的人。毛澤東帶頭整了大約五十五萬名知識份子，把他們劃為右派，並吩咐鄧小平具體操辦這場運動。鄧小平在「雙百」運動中曾對黨的地方幹部說，要聽得進批評意見，不要打擊報復。可是在反右運動中，一些知識份子傲慢自大、不公正地批評那些任勞任怨的

（41）

幹部讓他大為惱怒。鄧小平在反右運動中力挺毛澤東，維護黨的權威，打擊敢言的知識份子。這些打擊迫害以及鄧在其中所起的作用，一直讓中國的知識菁英耿耿於懷。

反右運動毀掉了中國大批最優秀的科技人才，也使很多人疏遠中共。本來有可能阻止毛澤東發動大躍進的批評者變得噤若寒蟬。毛頭腦發熱想出來的這種烏托邦式大躍進，要以蠻幹的方式在短短幾年內徹底改造中國的經濟和社會。大躍進開始後，毛澤東不再像以前那樣不時徵求身邊幹部的意見，很多忠於毛的人也變得沉默不語。

身為執行者，鄧小平要比毛澤東這個哲學家、詩人和夢想家更加務實；毛澤東看重鄧小平和林彪等人，也是因為他們既能直率地向他說出自己的看法，又很少公開談論。一如黨內許多忠誠的幹部，鄧小平很清楚大躍進時的毛澤東不願聽取不同意見，因此他也沒有批評毛。此外，他和不少人都認為，毛澤東在內戰和統一全國的過程中做出的決策往往證明是正確的，所以他們寧願把懷疑放在一邊，一心執行毛的命令。鄧小平後來對女兒說，他很後悔自己沒有做出更多努力，阻止毛澤東犯下這些嚴重錯誤。

走入歧途的大躍進在全國造成災難性後果。饑荒很快蔓延開來。農民被組織成公社後，公社使更多的農民參加草率上馬的建設專案，或在田間幹活；但是看到不幹活的人和別人吃得一樣好，這讓他們失去了勞動熱情，結果導致嚴重減產，很多食堂也斷了炊。

（42）

另一個問題是對環境的破壞。由於鼓勵各地建「土高爐」，人們四處砍伐山林充當燃料，煉出不合格的金屬。大型新建工程用光了水泥，使計畫更周全的項目無水泥可用；各地黨委書記在壓力之下，罔顧現實做出糧食生產的承諾，來年只好動用庫存兌現承諾，而不顧當地百姓正在忍饑挨餓。雖然難以估算在最糟糕的三年（從一九五九年到六一年）到底餓死了多少人，但按大陸官方統計，估計有一千六百萬到一千七百萬人死於非正常原因，外國分析家的估計則高達四千五百萬。[32]

一九五九年以前，鄧小平在貫徹毛的大躍進計畫時一直是個聽話的幹部。但是當烏托邦式試驗的災難性後果顯露出來時，他卻承擔著不令人羨慕的任務，他要掩蓋亂局，向黨的地方幹部發出指示，讓他們想方設法度過難關。在鄧小平每天的日程上，晚上一般是和家人休閒的時間，然而在大躍進的混亂時期他卻無暇休息。大躍進進行一年後的一九五九年夏天，鄧小平在玩撞球時不慎滑倒摔斷腿，醫生的診斷是他幾個月內難以恢復工作；有些知情人士認為，鄧小平這是有意避開會議，因為他知道自己會被要求支持毛澤東繼續搞大躍進，他要避免陷入這種處境。

病假開始時，鄧小平的觀點就已經產生變化。[33]幾個月後鄧小平重新工作，他繼續聽從毛的命令，表達對毛的忠心。但是大躍進的災難拉大了不可救藥的浪漫幻想家和務實執行者之間的距離。鄧小平仍在貫徹毛的指示，但擴大了自己的迴旋餘地，不再像以前那樣對毛澤東唯命是從。

（43）

從一九六〇年到一九六一年，鄧小平積極參與對工業、農業、教育和其他部門的務實調整，以緩和大躍進的極端做法。當時毛澤東並沒有批評這些措施，但他後來發牢騷說，他演講時鄧小平坐在房間最後面，對他的話充耳不聞。他抱怨手下幹部把他當成已經作古的人，雖然敬著他，卻把他的話當耳邊風。

雖然在國內問題上革命浪漫派和務實執行者間的裂痕在一九六〇年代初日益加劇，但毛澤東仍全力支持鄧小平主持中蘇論戰。鄧小平率領中共代表團，分別於一九六〇年八月和十月至十一月兩次前往蘇聯，為中國在共產主義運動中爭取更大的自由。他還主持中共「九評蘇共中央公開信」的寫作。一九六三年七月，毛澤東對鄧小平與蘇斯洛夫的交鋒（這次激烈交鋒削弱了國際共產主義運動）大為欣賞，乃至親自前往北京機場迎接鄧小平回國，給鄧小平以殊榮。確實，中蘇論戰中毛對鄧的信任使兩人的關係依然牢固，儘管他們在國內政策上存在分歧。[34]

一九六四年十月，赫魯雪夫在一次政變中被同事趕下台。毛澤東本來就對那些不對他言聽計從的部下感到不放心，這一事件後更常談到接班人問題，也益發堅定地要求對他個人的徹底效忠。一九六五年二月，毛澤東讓妻子江青發起批評，說黨的幹部沒有完全擁護毛的革命路線，並在一九六六年五月中旬發動文化大革命，親自帶頭批判「走資本主義道路的當權派」。在毛澤東看來，「走資派」就是那些我行我素、沒有完全服從他領導的人。他動員紅衛兵和造反派批鬥當權派，在高級幹部中巧施離間計，同時依靠林彪控制軍隊，將一大批老幹部整下台，讓他們下放勞動接受再教育。

對大躍進的普遍不滿讓毛澤東怒氣沖天。例如，劉少奇在一九六二年的七千人大會上指責毛澤東要為大躍進的失敗負責，並且拒絕為自己當初的支持承擔全部責任。這使毛澤東十分氣憤，決心除掉他。鄧小平在這次會議之後繼續和劉少奇一起密切工作，也讓毛澤東感到不快。因此當一九六六年毛澤東整劉少奇時，也把矛頭指向鄧小平，說他是「走資本主義道路的當權派第二號人物」。[35]

毛澤東的攻擊猛烈且具有報復性。從一九六六年底開始的批判日復一日地持續數月，報紙、廣播對劉鄧的批判鋪天蓋地。劉少奇是黨的副主席和毛澤東指定的接班人，卻與家人天各一方，病中得不到任何必要的治療，在軟禁中死於開封；他的妻子也被關進監獄。

一九六七年，毛澤東把鄧小平夫妻軟禁在中南海（緊鄰天安門，是黨的高層領導生活和辦公的地方）家中。子女被趕走以後，他們便與外界失去聯繫，兩年間不知孩子們的下落。他們把時間用於讀報、看書和聽廣播，每天打掃門前的道路。他們的處境比很多挨整的幹部好得多。在中南海，他們得以免受紅衛兵的批鬥，並允許保留自己的廚師和一名警衛，還能夠用節餘的工資購買必需品。毛澤東既要在鄧小平的個人效忠問題上給他點教訓，也為日後重新啟用他留餘地。

（44）

（44）

鄧小平的子女卻沒有得到同樣的保護。他們受到紅衛兵的批鬥，被迫交代父親的罪行。大女兒鄧林在藝術學院受到批鬥，在北京大學念物理的長子鄧樸方也在校內受到迫害。一九六七年，兩個年齡較小的孩子鄧榕和鄧質方（和鄧小平的繼母夏伯根一起）被趕到北京擁擠的工人宿舍，不許和父母見面。紅衛兵經常不事先通知就闖入家門，強迫他們低頭彎腰站著，搜羅有關其父罪行的材料，向他們大聲喝斥，在他們的牆上貼大字報，有時還摔東西。後來，三姊妹和鄧質方都被下放農村參加勞動。

一九六八年成立了一個調查鄧小平「罪行」的「專案組」。他們向認識鄧小平的人提問，調查他脫離紅七軍、與被毛澤東批判的彭德懷繼續保持良好關係等罪行。做為調查的一部分，鄧小平寫了一份自己八歲以後的履歷，一一羅列出他的全部個人交往。幸運的是，他早就養成不留任何字跡的習慣，而他的工作也從未使他與國民黨官員有過密切接觸。在一九六九年黨的第九次代表大會上，江青要求把鄧小平開除黨籍，被毛澤東拒絕。毛繼續保護鄧小平，以防他受到激進派的攻擊。

一九六九年第一次中蘇邊境衝突後，毛澤東發出指示，要把一些高級幹部送到農村去，以便蘇聯一旦入侵時他們可以在當地組織抵抗。朱德和董必武被派往廣東，葉劍英去了湖南，聶榮臻和陳毅去了河南，陳雲、王震和鄧小平分別去了江西的不同地方。事實上，他們下放農村後，並

（45）

沒有在組織地方做抵抗準備中發揮任何作用。一些敏銳的北京觀察家認為，是林彪害怕潛在的對手，而以蘇聯進攻的危險為藉口說服毛，把可能對其權力構成威脅的北京高幹流放到外地。確實，一九七一年林彪墜機身亡後，這些領導人紛紛獲准返回北京。

鄧小平在去江西時已經深信，中國的問題不僅是由於毛澤東的錯誤，也是由於體制的深層缺陷，是它造就了毛澤東，導致大躍進和文革的災難。一九四九年中共掌權時，做為革命家的鄧小平成為建設者，致力於建設新政權和社會主義制度。當他動身前往江西時，已經開始思考中國需要進行哪些改革。此時，他已經在最高層累積了有關黨政軍各方面工作非比尋常的深厚經驗，熟知所有重大的內政外交問題，這構成他反思中國如何進行改革的基礎。

曲折的掌權之路

一九六九—一九七七

（49）

2. 從放逐到返京

一九六九—一九七四

一九六九年十月二十六日，鄧小平與妻子卓琳、繼母夏伯根一起，離開他們居住了十多年的中南海。一架專機把他們送到江西南昌，鄧小平要在那裡參加勞動，接受毛澤東思想再教育。他們獲准攜帶一些個人物品和幾箱書。鄧小平離京前請求見毛澤東一面，但未得到批准。不過，他被告知可以給中央辦公廳主任汪東興寫信，他有理由相信汪東興會把信轉交毛澤東。鄧小平登上飛機時，完全不知道自己要在江西待多久。

在江西，鄧小平不能看機密文件，除了專門指派的當地幹部，也不准跟其他幹部有來往。但是他的黨籍被保留了，這使他對毛澤東有朝一日還會讓他回去工作抱有希望。一九六九年四月，他在離京前不久寫了一份檢討，儘管毛澤東依然堅持鄧小平需要接受再教育，但此後他和家人便不再被當成階級敵人看待。鄧小平在離京前一晚與汪東興的談話也為他提供了一線希望：汪東興

（50）

告訴他，他和妻子最終還是能回到中南海家中的，他們不在時那所房子會一直空著。所有這一切肯定給他帶來希望，因為他到達南昌後對自己專案組的當地代表說：「我還會出來工作，我還能為黨工作十年。」[1] 事實上，鄧小平回京後，又為黨工作了將近二十年。

在鄧小平下放江西之前，周恩來打電話給江西當地幹部，指示他們安排鄧小平的生活。為了確保安全，不使鄧小平一家人受到造反派的攻擊，他們被安排在一個軍事駐地，住所在南昌市附近，以便必要時有方便的交通。附近有一家工廠，使鄧小平和卓琳能參加勞動。當地幹部選了此前由南昌步兵學校校長居住的一座兩層小樓房，鄧小平一家住二樓，保衛人員和其他幹部住一樓。以當時的標準而論，這房子給一個高幹住還算合適：雖然簡樸，但寬敞舒適。巧的是這所房子離著名的南昌起義發生地只有幾英里，那裡是中國人民解放軍的誕生地。一九二七年八月一日共產黨人（包括周恩來、朱德、陳毅、劉伯承、賀龍以及其他很多後來的領導人）就在那裡展開對國民黨的第一次武裝反抗。

在江西安家之後，鄧小平和卓琳每天六點半起床。戰爭年代鄧小平每天做的頭一件事是往頭上澆一桶冷水，在江西時他用一塊浸了冷水的小毛巾洗臉洗頭，他認為這可以增強禦寒能力。然後他和卓琳一起，在別人的監督下讀一個小時毛主席著作，這是他們接受再教育的一部分。鄧小平不與當地幹部談政治，只有在聽他們上毛澤東思想教育課時除外。

(51)

吃過早飯後，鄧小平和卓琳步行前往縣拖拉機修造廠，在那裡幹一上午的活。分配給鄧小平的工作是對體力要求較輕的鉗工，很像五十年前他在法國工廠幹的事。修造廠離家只有一公里，當地人修了一條安全的專用路從他家通往工廠，使鄧小平夫婦每天步行上下班時不會遇到外人。[2]工作夥伴都知道鄧小平的身分，但鄧小平告訴他們叫他「老鄧」就行，這是中國人對年長同事的常見稱呼。鄧小平幹活時，除了眼前工作和他在當地的生活，不跟工人談論任何別的事。鄧小平的繼母夏伯根在家裡為他們做飯和料理家務。午飯後，鄧小平夫妻小睡片刻，然後閱讀他們帶來的書，有中國歷史典籍、《紅樓夢》和《水滸傳》之類的小說，還有翻譯的俄國和法國文學作品。當時還沒有電視，但是他們可以收聽中央人民廣播電台的新聞。他們晚上十點上床，鄧小平還要讀一個小時的書，然後睡覺。孩子們的陸續到來，為他們帶來一些外界的消息。鄧樸方在一九七一年夏天來後修好了一架收音機，使他們能夠聽到短波電台。

除了在工廠勞動，鄧小平和卓琳也在自己的菜園裡幹活。鄧小平也在家裡幫著擦地劈柴。[3]夫妻倆的工資比過去少，因此日子過得很節儉。夏伯根養了一些雞，使他們仍然能夠吃到雞蛋和肉。鄧小平減少了抽菸的數量，幾天才抽一包。他上午在工廠裡不抽菸，只在下午和晚上抽幾支。他也不再喝紅酒，只在午飯時喝一杯便宜的當地酒。[4]長女鄧林和次女鄧楠仍能從工作單位領到一點工資，她們到來後便和沒有工作的兄弟姊妹一起分享這點錢。

文革對國家、對鄧小平本人和家庭的影響讓他痛心。但是，據在江西最後兩年的大多數時間和父母住在一起的鄧榕說：「他沒有意氣用事，沒有情緒消沉，沒有放棄哪怕是最後的一線希望。」[5]在這一點上鄧不像他的一些老同事，譬如一九四九年至一九五八年任上海市長、一九五八年至一九七二年任外交部長的陳毅元帥。陳毅是鄧小平在法國時的老友、淮海戰役的同事，他被迫下放河南後變得意志消沉，情緒低落。[6]

當過周恩來助手的李慎之，後來在中國社會科學院當幹部時是隨同鄧小平訪美的顧問之一，據他說，毛澤東沒有意識到鄧小平在江西期間發生了多大變化。[7]鄧小平回京後，仍要做一些在毛澤東手下不得不做的事，但是他堅信中國需要更深層的變革，他對中國應當向何處去有了更清晰的認識。

反思的歲月

不論毛澤東對身在江西的鄧小平有何打算，對鄧小平來說，這是一個得以擺脫北京嚴酷政治亂局的機會；在那裡，受到懷疑的人還在處心積慮地招架隨時可能不期而至的致命迫害。就像邱吉爾、戴高樂和林肯這些經歷過大權旁落和東山再起的國家領袖一樣，鄧小平發現，這一段退出日常政治的在野歲月，使他能夠對國家的重大和長遠目標形成清晰的認識。倘若鄧小平沒有對中

（52）

國需要進行的改革性質以及如何落實做過長期思考，很難想像他在一九七七年以後能夠採取那些熟練而有力的措施。毛澤東曾經利用他在延安那段被封鎖隔絕的時間，思考中共奪取政權後全國的整體戰略，鄧小平也利用他在江西的時光，思考著他要進行的改革大方向。不過，毛在延安時每天都與他的同志和助手討論，在他們的幫助下著書立說，鄧小平在江西時卻只能獨自一人思考，他的想法只有自己知道。

下放江西使鄧小平能夠很快讓自己的情緒平靜下來。雖然他不輕易流露感情，但據女兒鄧榕說，父親其實是個感情豐富的人。她說，父親在北京挨批的三年裡身體消瘦，面容憔悴，到了江西後體重又開始增加，恢復健康。他服用安眠藥已經多年，文革期間用量更是增加。但是一九七〇年一月一日，即來到江西還不到兩個月，他睡覺時就完全不必服用安眠藥了。[8] 鄧榕說，父親每天步行大約五千步，繞著小樓轉四十圈。用她的話說，鄧小平「一圈一圈地走著，走得很快，……一邊走著，一邊思索，……一步一步、一圈一圈地走著，日復一日，年復一年」。[9] 他將在北京重新擔當重要角色的前景，使他的思考有了目標感。鄧小平從來不跟妻子兒女談論高層的事，但是妻子和女兒鄧榕整天和他生活在一起，又瞭解北京的政壇，所以能夠覺察到他的心情與關切。[10] 據鄧榕說，他們知道父親散步時在思考著自己的前途和中國的未來，以及回京之後要做些什麼。[11]

（53）

鄧小平無法預見什麼時候能回北京、回京後毛澤東會讓他幹些什麼，也無法預見那時候國家將面對怎樣的具體形勢。他可以思考如何讓毛澤東批准他回去工作，也可以回顧自己與同事經歷過的那些大起大落的生死鬥爭。但是，他還可以思考一些根本性問題：黨如何對待已步入晚年的毛澤東的歷史遺產？如何既讓毛的接班人改變路線，同時又能維持黨在人民群眾中的威望？基於他在中共領導層的廣泛個人交往，他可以評估不同領導人可能發揮的作用。他還可以思考如何實現由周恩來提出的四個現代化目標，為此他和自己最親密的同事已經做了大量艱苦的工作。

中國的當務之急是在災難性的文革之後恢復秩序。鄧樸方是鄧小平五個子女中最後一個獲准前來江西的。一九六八年，鄧樸方不堪紅衛兵無休止的迫害而跳樓自盡，結果摔斷脊椎。由於父親正在受批判，醫院最初不敢給他治療，導致病情惡化。後來他獲准轉到北京第三人民醫院，醫生發現他脊骨斷裂，胸骨多處骨折，而且發著高燒。鄧樸方在醫院裡昏迷了三天。醫生保住他的性命，但沒有動手術以避免更嚴重癱瘓，這使他的腰部以下失去知覺，喪失控制大小便的功能。他後來轉到北京大學附屬醫院，但院方仍沒有給他動手術改善病情。鄧樸方的妹妹鄧榕和鄧楠搬到醫院附近輪流看護他。一九六九年夏天鄧榕獲准去看望仍住在北京的父母時，把鄧樸方的遭遇告訴他們。據鄧榕說，知道兒子鄧樸方已經終身癱瘓後，卓琳哭了三天三夜，鄧小平坐在一邊一言不發，菸一支接一支地抽。[12]

（54）

鄧樸方是孩子中與父親最親近的一個。當他在一九七一年六月終於獲准來到江西父母身邊時，由於不能走動，為了方便他進出，在小樓的一樓給他安排了一個房間。他需要躺在硬板床上，為了避免生褥瘡，每兩個小時要給他翻一次身。鄧小平在鄧榕、卓琳和夏伯根的幫助下，負責白天為鄧樸方翻身。鄧小平還幫他洗澡按摩。後來有一位外國客人提到文革時，鄧小平情緒激動地稱之為一場災難。

無論做為個人還是領袖，毛澤東都是個強勢人物：他功高蓋世，整起好同志來也毫不留情；他精於權謀，任何人在對他的評價都很難做到不偏不倚。鄧小平的一生與毛澤東難分難解，就更難以做到這一點。他十分崇敬毛澤東取得的豐功偉業，忠心耿耿為他工作了將近四十年。然而毛的政策卻重創這個國家。他不但發動紅衛兵把鄧小平打成第二號「走資派」，而且殃及他全家。說他沒有被出賣的感覺，那不合人之常情，而他恰是個很講人情的人。他一定會思考若是有機會回京，他該如何與毛澤東相處。對鄧小平來說，問題不僅是毛在世時如何與他共事（只要毛還活著，他就是老大），他還要思考如何盡量擴大毛澤東所能容忍的決策空間。鄧小平下放江西時毛澤東已七十五歲，而且身體不好，他不可能萬壽無疆。因此，最重要的是深入思考如何對待毛的聲名，在他撒手人寰之後應當採行什麼路線。

當一九五六年鄧小平在莫斯科看到赫魯雪夫譴責史達林時，他充分感受到赫魯雪夫那種感情用事的抨擊給蘇共和曾為史達林工作的人造成重創。雖然中國的報刊、廣播對鄧小平的批判鋪天蓋地，把他說成是中國的赫魯雪夫，但是遠在去江西之前很久他就下定決心，自己絕不做中國的赫魯雪夫。問題是如何對待毛澤東在群眾中培養出來的對他的敬畏，那些被他毀掉一生的人對他的仇恨，以及很多黨內幹部對他犯下錯誤嚴重程度的認識。鄧小平如何才能維持人們對黨的信心，相信黨能夠提供正確領導，避免傷害那些曾經為毛澤東工作的人，即使他改變了毛的經濟和社會政策？

有充分證據表明，當鄧小平離開江西時，他對處理這一問題的基本方式已經成竹在胸。中國領導人應當頌揚毛澤東，繼續尊敬他。但是在解釋毛澤東思想時，不應把它當作僵化的意識型態，而應看作對時代環境的成功適應，這種解釋可以為毛澤東的接班人提供適應新環境的迴旋餘地。（55）

鄧小平去江西時，已能覺察到中國與西方的關係將發生劇變的曙光。自韓戰以來，即使是在鄧小平主持「九評蘇共公開信」的一九六〇年代前期，中國對西方一直大門緊閉。然而，由於布里茲涅夫（Leonid Brezhnev）在一九六八年九月提出威脅性理論，主張在共產黨國家的根本制度受到威脅時干涉其內政是正當的，加之中國又跟蘇聯在烏蘇里江打了一仗，所以中國為對抗蘇聯的威脅需要其他國家的合作。毛澤東曾讓四位老帥（陳毅、聶榮臻、徐向前和葉劍英）就如何對付蘇聯的危機出主意，他們對毛澤東想讓他們說什麼心知肚明，於是回答，中國應當主動與西方修好。

鄧小平在江西可以看報紙，鄧樸方到來後他還可以收聽到外國電台的廣播。當他在一九七〇年獲悉中國和加拿大實現關係正常化時，立刻意識到季辛吉後來承認、而當時美國官員尚未搞清楚的事：毛澤東邀請愛德格．斯諾（Edgar Snow）出席一九七〇年的國慶典禮，是中國準備和美國發展關係的信號。一九七一年，仍在江西的鄧小平又獲悉：北京取代台灣成為中國在聯合國的代表，又有十一個國家正式承認中國，季辛吉訪問北京是為一九七二年尼克森總統（Richard Nixon）的訪中做準備。第二年他又獲悉日本正式承認中國。

鄧小平知道蘇聯在一九五〇年代的援助對提升中國經濟和技術有多大幫助，他自然會思考如何擴大對西方的開放，幫助中國實現現代化。但是他也要深入思考在對外開放時如何應付國內保守力量的反對，如何維持一種強大而具靈活性的政治結構。

日本是一個因與西方建立密切關係而受益的亞洲國家。鄧小平去江西時已經知道，日本人就要走完人均所得以兩位數成長的十年，閉關鎖國的中國將被進一步拋在後面。西方願意轉讓新技術和設備是日本實現現代化的關鍵。中國應如何與美國發展關係，從而也能獲得類似的好處？

亞洲其他一些地區的經濟在一九六九年時也已開始起飛，當中不僅有南韓，還有同樣以華人

（56）為主的台灣、香港和新加坡。有些中國人看到中國大大落後於歐洲，懷疑中國的傳統不利於現代

化。但是，既然文化和族群相同的華人地區能夠實現現代化，為何中國就不能有同樣快速的發展？

鄧小平在江西時更加堅信，中國已經大大落後，迫切需要改革。他的經驗使他深知大躍進的失敗是多麼嚴重，由於其他領導人總是閱讀有關地方成就的浮誇報告，很難對此做出評價。例如，據鄧榕說，當鄧樸方一九七一年六月來到江西時，父親想給他找點兒事做，就問自己的工人朋友有沒有需要修理的收音機。一位工人回答說，工人的錢根本買不起收音機。鄧榕說，這讓父親很傷心，社會主義已經搞了二十年，工人家庭仍然買不起收音機。[13]

鄧小平的另外一些想法來自孩子們的經歷。除了癱瘓的鄧樸方，鄧小平的四個孩子都被下放農村參加勞動，接受再教育。鄧榕從陝西北部的農村完成勞動回到江西後告訴家人，農村地區仍然沒有廁所和豬圈。幾個孩子也都向父母談到農民不得溫飽的處境。他們描述了經濟的衰敗和由他辛辛苦苦建立起來的黨組織所受到的破壞。鄧小平顯然被這些事情所觸動，在聽孩子們講話時一言不發。[14]

得到允許前來江西看望鄧家的第一批朋友是李井泉的三個孩子，他們在一九七二年春節獲准來江西住五天。鄧小平任西南軍區政委時，李井泉在他手下當副政委，一九五二年又接替鄧小平擔任西南局書記一職。當時李井泉的三個孩子在江西老家工作。他們告訴鄧小平，父親受到批

（57）

鬥，被罷了官，母親被逼自盡。總是希望瞭解真相的鄧小平很關心西南地區紅衛兵鬥爭的細節，對其中一個孩子下放的農村地區的有關描述也很感興趣。當時他本人幾乎什麼也沒有講，只說了一句話，農村需要更多的教育。[15]鄧小平離開江西時，對中國問題的嚴重性和進行深刻改革的必要性已經不存在任何幻想。

家人相濡以沫

鄧小平在文革中受到批判的幾年後，五個孩子也不斷受到紅衛兵的攻擊。鄧林和鄧楠在工作單位挨整，另外幾個孩子則在學校裡受迫害。他們只要敢走出家門，紅衛兵就有可能認出他們、攔住他們，加以辱罵。一家人在文革以前就和睦融洽，受迫害後孩子們更是同舟共濟甚於以往，他們堅信父親的清白，從未動搖，堅信一家人要相濡以沫，共度時艱。鄧小平深知孩子們因為受到自己的牽連而受苦。對家庭以外的幹部，鄧小平是同志，黨的政策高於私人關係，但是他與妻子卓琳以及他們兒女的關係卻不以政策為轉移。他們之間忠心耿耿，相互關愛，總是以家庭為重。鄧小平從未置任何子女於不顧，他們也沒有一個人與鄧小平斷絕關係。對給他家做事的人，包括司機、廚師、勤務兵和他的祕書王瑞林，他也保持著親密的友情。王瑞林除了一九六六年至一九七二年與鄧小平分開的那段日子，一直擔任鄧小平的祕書，從一九五二年他二十歲起到

（58）

一九九七年鄧小平去世。鄧小平視其為鄧家的一員更甚於一名同志。

文革期間，孩子們的麻煩是從一九六六年十月一日一篇批判中國「第二號走資本主義道路的當權派」的社論開始的。這篇社論雖然沒有點名，但顯然是針對鄧小平。他的三個女兒立刻斷定那些指責全是不實之辭，她們也從未向紅衛兵或其他人提供過可以用作批判父親的證據新材料。[16]卓琳後來讚揚自己的孩子說，即使受到壓力，孩子們都沒有譴責過自己的父親。

鄧小平在江西寫的大多數信件都是為了請求允許孩子回家探親、安排他們在南昌附近工作、讓鄧樸方得到必要的治療。鄧榕說，他一生中除了為孩子，從來沒有寫過這麼多信。[17]鄧小平估計這些信會轉給毛澤東，因此也是在向毛提醒自己還在江西、準備接受任何方式的安排，但信的內容都是跟孩子有關的事。北京的答覆有時拖延很久，但孩子們最終都獲准前來江西探望父親，每次至少兩週，不過鄧榕得到允許住更長的時間。一九六九年十二月，先是鄧榕，然後是鄧質方，都獲准在冬季農閒時間住在家裡，但春耕開始之前兩人還是要回到農村的生產隊。接著回家的是當時在國家科委工作的鄧楠及其丈夫，兩人於一九七一年春節獲准回家探親。鄧楠在江西生了個女兒，這是鄧小平的第一個孫子。長女鄧林也獲准在春節時回家探親。這些探親之所以可能，是因為毛澤東仍然覺得，與劉少奇和其他幹部相比，他和鄧小平的關係更親密一些。

五個子女中鄧樸方最瞭解上層的政局變化。[18]他在江西的出現使父親有機會聽到更多關於學

（59）

生政治鬥爭的細節、感受到北京的政局。後來，一些瞭解鄧小平的人說，他在權衡如何懲罰人時，絕大多數情況下都不會讓個人感情影響決定，然而他特別嚴厲地堅持判聶元梓十年徒刑，因為正是聶在北京大學發動的政治批鬥，導致鄧樸方的癱瘓和大約六十名教職工的死亡。

文革之後，甚至在一九九七年鄧小平去世後，他的五個子女及其配偶和孩子仍然同住一院。鄧樸方投身殘疾人的工作，自己也經商。鄧楠從事科技管理，後被提拔為國家科委副主任。在江西時，根據鄧小平的請求，女兒鄧榕在離鄧小平住處不遠的南昌學醫，鄧質方在那裡學物理。鄧榕後在一九八〇年到中國駐華盛頓使館任職兩年，擔任促進文化交流的工作。由於這項工作，她成為撰寫家史的作者，還領導著一個促進中外領導人交流、幫助贊助西方音樂演出的基金會。鄧質方在美國留學八年，拿到羅徹斯特大學的物理學博士學位。隨後他進入一家從事技術進出口的公司，後來又創了一家從事房地產和通信裝備的分公司。一九九四年以後鄧小平的頭腦已不太清楚，據說卓琳因鄧質方受到腐敗指控大受刺激，試圖服藥自殺，但被及時搶救過來。鄧質方最後沒有受到懲罰。

一九七三年鄧小平離開江西時，聽力已開始下降。他平時不參與兒孫湊在一起的聊天，不過有孫兒繞膝，看看電視節目，也讓他十分開心。如果他參與孩子的聊天，他們會直接衝著他耳邊說話，告訴他自己的見聞，說出自己的看法。但是據鄧榕說，父親對自己的經驗和判斷力十分自信，很少受到他們意見的影響。[19]

林彪墜機，鄧小平致信毛澤東

在一九五〇年代末和一九六〇年代初，毛澤東把林彪元帥和鄧小平視為他兩個最有前途的接班人。[20]確實，周恩來在一九六五年秋天曾對他的至交王稼祥說，毛澤東正在考慮兩個可能的接班人：林彪和鄧小平。[21]故也不難理解，他們兩人會因爭取毛澤東的青睞而相互視為對手。

據鄧榕說，父親跟十大元帥中的九人都有來往，唯獨林彪除外。毛澤東本人也注意到兩人的對立，鄧小平曾說，毛澤東在一九六六年把他叫去，讓他跟林彪見一面，與林合作共事。鄧小平同意見林彪，但交談並沒有解決兩人之間的問題，反而使他們各行其道。[22]毛澤東在一九六六年選定林彪做為自己的「親密戰友」和接班人，以確保解放軍對他的擁護，因為林彪自一九五九年取代彭德懷之後一直領導部隊。儘管如此，毛澤東在一九六七年仍然私下說，如果林彪的身體不行了，他還是要讓鄧小平回來。[23]

林彪在抗戰時頭部受傷，從此變得性格內向而多疑，他很清楚跟毛澤東走得太近有危險，在毛澤東實際任命他之前曾三次拒絕。自從成為毛的「親密戰友」後，林彪對自己與老謀深算的毛澤東之間的關係憂心忡忡，而他也確實有理由擔憂。到一九七〇年，疑心病向來很重的毛澤東已

（60）

經懷疑林彪有可能在他還活著時就計畫篡權，在一九七一年夏末開始準備除掉他。他首先接見林彪手下的主要軍隊領導人，以確保他們對自己的忠誠。一九七一年九月初毛澤東乘火車從杭州回北京時，列車在上海停下。由於他對林彪深懷戒心，擔心個人安全，因此沒有離開火車，而是讓上海的前造反派頭頭、時任上海市革委會副主任的王洪文和與林彪關係密切的南京軍區司令員許世友登上他的火車。毛澤東在確信得到他們的支持後告訴他們，他一回到北京就會解決林彪的問題。當林彪之子林立果在九月十二日得知毛澤東已經回京後，林家人立刻變得惶惶不安。林立果調來飛行機組和一架飛機，載著林彪夫妻、他自己和幾個追隨者連夜逃往蘇聯。但是飛機並沒有抵達目的地，它墜毀於蒙古，機上無一人生還。[24]

鄧小平最先是從用短波收音機聽新聞的兒子鄧樸方那兒得知墜機事件。但是他等了將近兩個月，直到這條消息正式公布之後才採取行動。十一月六日，當林彪墜機的通知傳達到縣一級時，鄧小平、卓琳和他們工廠裡大約八十名工人得到通知，要花兩個小時去聽有關林彪罪行的中央文件。鄧小平聽力不好，所以被允許坐在前排，而且可以帶一份文件回家閱讀。林彪死後不少人認為，毛澤東很快就會讓鄧小平回來擔任要職。鄧小平本人肯定也這麼想。聽過關於林彪的正式文件兩天後，雖然此前被告知不要再給汪東興寫信，他還是鼓起勇氣給毛主席發出一封信。[25]

鄧小平很清楚什麼樣的信最能打動毛澤東，他在請求把自己的兩個小兒子安排在江西他的身

（61）

邊工作後，又寫道：

> 林彪的揭發是非常突然的，我對那些罪該萬死的罪惡行動感到十分震驚和憤慨。……如果不是主席和中央的英明領導和及早察覺，並且及時解決，一旦他們的陰謀得逞，不知會有多少人人頭落地。……我遵照主席指示，努力通過勞動和學習自我改造。……我個人沒有什麼要求，只希望有一天還能為黨做點工作，當然是做一點技術性質的工作，……使我有機會能在努力工作中補過於萬一。[26]

話雖然說得謙卑，但是鄧小平心中有數，毛澤東對像他這樣敢作敢為、善於應變的幹部，不可能不委以重任。

鄧小平數月沒有得到回音，而且即使得到答覆後，毛澤東顯然仍未決定是否以及何時讓他回來，更談不上讓他擔任什麼職務了。此時的毛澤東身心交瘁，精力也沒有用在林彪之後的領導班子上，而是忙著為一九七二年二月尼克森訪中做準備。

毛澤東任用周恩來和黨的老幹部：一九七一年九月－一九七三年五月

假如毛澤東能按部就班實施除掉林彪的計畫，他或許能安排好接班問題。突如其來的墜機事件打亂了他使黨內高層接受他除掉林彪的計畫。被毛澤東當作接班人和「親密戰友」的人神祕死亡，轉眼間成為陰謀奪權的叛徒，即使普通人也會因此懷疑毛的判斷力。毛澤東為此身心交瘁，有兩個月的時間很少起床。[27]後來他逐漸可以下床，但在一九七二年二月十二日輕微昏迷過一次，肺的毛病也影響到心臟，不時的咳嗽使他難以入睡，只好躺在沙發上睡覺。雖然他已行動不便，但至少在某些時候，在大事上，他的頭腦依然清楚。[28]

在毛澤東手下受過罪的人，以及對他帶來的災難感到痛心的人，都知道對毛澤東的個人崇拜是多麼強大，假如直接批毛，將使國家陷入更大的混亂。一九五八年十二月，毛澤東在大躍進中的蠻幹造成的錯誤已昭然若揭，當時他在政策上做出讓步，允許其他領導人享有更大的決策空間，但仍然想方設法繼續掌舵。林彪死後毛澤東故計重施，他在政策上做出讓步，給予別人更多的決策權，但自己仍是當家。

毛澤東需要抓緊建立一個林彪之後的新領導班子。按規定黨要在一九七四年（即黨的第九次代表大會五年後）召開十大，但他想在兩年內讓新領導班子到位，以便能在一九七三年八月召開十大，比原訂日期提前一年。為此，他必須到自己的圈子以外物色人選，他雖然能依靠妻子江青及

（62）

其同夥去批判別人，可是他們都缺少必要的經驗、良好的判斷力以及與其他人合作治理國家的能力。他的現實選擇只能啟用富有經驗的老幹部，而他們大多數都是文革的受害者。他們在文革之前能夠身居高位，至少部分原因是他們的領導能力。毛澤東需要他們老練的治國才能。[29]周恩來向他彙報很多老幹部的遭遇，毛澤東說，沒想到會有那麼多人受到如此嚴重的迫害。

此時此刻，其實只有一個人能管好黨和政府，而且由於多年磨練，他也不會威脅到毛的權力，此人就是周恩來。在一九七〇年八月組成政治局常委的五人中，林彪已死，其同黨陳伯達也鋃鐺入獄，康生因患癌症失去工作能力，剩下的只有毛澤東和周恩來了。毛澤東幾乎別無選擇，只能給周恩來更大的空間以恢復黨和政府的秩序，他不但讓周恩來主持政治局工作，而且讓他掌管政府和黨的機關。

有觀察家認為周恩來對林彪之死會幸災樂禍，但其實他深感不安。他一向以個人感情上的強大自制力聞名，可是在林彪墜機後不久，當他向副總理紀登奎說明國家面臨的困難局面時，不禁潸然淚下，必須停頓片刻以控制個人的感情。他一邊說一邊哽咽。據說周恩來一生只哭過三次，一次是因為他遲遲才聽到父親去世的消息，一次是因為葉挺的犧牲，他們在一九二〇年代就是革命戰友，還有一次就是林彪之死。

周恩來對林彪之死的這種情緒反應，可能有若干原因。他知道，林彪雖然是個著名的激進

（63）

派，但他務實、重秩序，周恩來很容易與他共事。此外，周恩來在毛澤東手下鞠躬盡瘁幾十年，如今國家在歷經大躍進和文革破壞後，再次面臨大動盪，這讓他憂心忡忡。他深知每邁出一步都是艱巨的任務。[30]有人認為周恩來也是在為自己落淚。到那時為止他尚能避免毛澤東對他的猜忌和懲處——兩個二號人物，劉少奇和林彪，都因此而喪命。他一直設法只當三號人物，現在自己卻也成為二號人物。他知道毛澤東會疑心。確實，毛在兩年之後便開始批他。

除了依靠周恩來，毛澤東也把葉劍英叫回來整頓軍隊。葉是一位老資格的軍事領導人，德高望重，沒有個人野心。毛還悄悄開始允許另一些文革初期被打倒的人重新回來。在林彪墜機後他休養的兩個月裡，毛不止一次承認，很多老幹部受了太多苦。在對這個錯誤做出解釋時，他說那是因為他誤信林彪的讒言。[31]

林彪墜機兩個月後的一九七一年十一月十四日，更多跡象表明毛澤東的想法正發生變化。這一天，他接見了一個座談會成員，其中包括當時已著手重建軍隊領導班子的葉劍英元帥。毛擺出一副對文革中受迫害的高層給予鼓勵的姿態，指著葉劍英對座談會成員說：「你們不要再講他『二月逆流』了〔指一九六七年二月一些軍隊高幹試圖抵制文革〕。」[32]他又說，那次逆流是林彪操縱的，不要再用「二月逆流」這個說法了。[33]毛澤東想以此盡量撇清他和批判一九六七年「二月逆流」的參與者之干係。他還做出為譚震林、陳再道等在一九六七年挨過整的軍隊領導幹部平

（64）

反的指示。

一九七二年一月十日陳毅元帥的追悼會為毛澤東提供一個難得的機會，使他能夠與文革期間挨過整的一批老幹部和解。離追悼會開始只有幾個小時，他才說他也要參加。這是自林彪四個月前墜機後他第一次公開露面。陳毅是鄧小平在淮海戰役中的戰友，中共掌權初期上海的第一任市長，後又擔任外交部長，是最受群眾愛戴的領導人之一。幾年後上海黃浦江畔為他樹立一座塑像，便反映了民眾對他的崇敬。然而他在文革期間卻受到殘酷批鬥。儘管他最終在軍醫院得到治療，但為時已晚，因未能及時醫治而病故。此外，在他彌留之際，很多軍隊幹部前去看望他，他們很清楚是毛澤東發動的文革導致他的死亡。

在追悼會上，毛澤東向陳毅三鞠躬，表達他對陳毅的敬重。他說：「陳毅同志是個好人，是個好同志。……要是林彪的陰謀搞成了，是會把我們這些老人都搞掉的。」毛澤東用這些話把迫害陳毅的責任推給他過去「親密戰友」林彪。毛澤東在數九寒天身穿睡衣，披著一件外套，顯而易見的帶病之軀拖著顫抖的雙腿。他虛弱的身體和言辭打動了參加追悼會的人。為了與文革的受害者和解，他以這樣的狀態前來向一個受人愛戴的同志表達歉意和尊重，還有比這更好的方式嗎？

所有高級幹部都心知肚明，如果毛澤東不點頭，陳毅也不可能受到批鬥。但是他們願意暫時

（65）

接受林彪要對陳毅之死負責這種不實之辭。他們不指望毛澤東承認自己的錯誤，毛對老同志的態度有了轉變，利用這種轉變對他們有好處。毛把政治看得高於經濟，但他從未放棄改善國民經濟的願望。再說，儘管他具有從感情上操控中國人民的非凡能力，但仍然需要其他精明能幹的中共領導人。甚至在文革期間被毛澤東留用的幹部也承認，為了國家的穩定和發展，需要那些文革前任職的幹部強有力的領導。毛澤東在一九七二年已經打算讓有經驗的老幹部回來工作，讓一九六〇年代末林彪主政時被派到地方任職的軍隊幹部（他們大多無所作為）回到軍營。不久之後的一九七二年三月，周恩來交給中組部一份有四百多名需要恢復工作的老幹部名單，毛澤東很快就批准讓他們回來。[34]在一九七五年和一九七八年，這些老幹部在幫助鄧小平恢復安定團結的工作中將發揮關鍵作用。

周恩來在一九七二年五月檢查出罹患膀胱癌，但直到一九七三年年初，他依然從事著繁重的工作。[35]在林彪墜機後的混亂時期，周恩來利用他與另一些幹部之間獨一無二的密切關係，使國家避免陷入更嚴重的動亂。[36]在罹癌早期，周恩來殫精竭慮，繼續想辦法讓不同背景的人一起工作。在需要個人高超的協調手腕才能應對的形勢下，無人能夠取得周恩來那樣的成就。[37]

在一些重大任命和敏感問題上，周恩來繼續爭取毛澤東的同意，他盡量做出能夠得到毛澤東支持的決定。而毛澤東的讓步，以及他認同需要進行整頓，也使周恩來得以更有力地解決更大範圍的問題。他致力於處理好老幹部之間的關係，恢復經濟秩序，阻止極左派在農村中的極端做法，擴大與西方的外交接觸。[38]他甚至能夠讓著名物理學家、北京大學校長周培源提出推動理論研究的規畫。[39]周恩來這些撥亂反正的努力預示了鄧小平在一九七五年推行範圍更大的整頓。因此，毛澤東在一九七三年年底批周恩來，預示了他在一九七六年初的批鄧也就不足為奇。

不同於善於抓大放小的鄧小平，對細節有著驚人掌握能力的周恩來是大事小事一起抓。毛澤東一給他活動空間，他便運用過人的記憶力，對很多文革中受到迫害的人表達特別的關照。受迫害者及其家屬都萬分感激周恩來救了他們的命，減輕他們的痛苦。周也對鄧小平及其家屬給予相同的關照。一九七二年十二月，周恩來覺得毛澤東會同意，便敦促汪東興加快給鄧小平安排工作的進程。

但是，周恩來對文革受害者的幫助是有限度的，因為他擔心會觸怒毛澤東，而此一擔憂看來也很有道理。周恩來在一九五六年的一次政治局會議之後惹惱過毛澤東，他當時私下對毛說，自己無法打從心裡贊成毛的某些經濟政策。自那次受到批評後，他在長達十五年的時間裡一直小心翼翼，避免讓毛澤東找到理由懷疑他沒有全心全意貫徹毛的意圖。[40]儘管如此，毛澤東在一九五八年一月還是對周恩來大發脾氣，說周恩來離右派只有五十步遠，這一斥責讓周恩來更為退縮。

（66）

周恩來在文革期間使出渾身解數，痛苦地執行毛的指示，同時也盡力保護他覺得自己能夠保護的人。[41]在充滿感情糾葛的環境中，他是平衡這些相互衝突利益的大師。大概無人能比周恩來更懂得揣摩毛澤東不明言的心思。有些人盛讚周恩來融政治技巧、對黨和國家的忠誠、一貫的沉著老練、翩翩風度以及為受迫害者提供誠懇幫助於一身。很多瞭解形勢的人認為，周恩來在緩和毛澤東的極端做法上已經盡了最大努力。但是並非人人都把周恩來視為英雄。例如陳毅的家人就對他沒有保護陳毅大感氣憤，一些沒有得到周恩來幫助的受害者家屬也有同樣的心情。還有一些人則說他助紂為虐，對文革浩劫難辭其咎。有人問，倘若周恩來沒有阻止政權的垮台，那些罪惡難道不能提前結束嗎？

無論人們對周恩來和文革有何看法，有一點很清楚：在處理當時毛澤東議事日程上的一件大事（打開中美關係的大門）上，沒有任何人具備周恩來那樣的高超技巧。一九七一年七月九日，即林彪墜機兩個月前，周恩來第一次會見美國國務卿季辛吉。十月二十日至二十六日，墜機事件發生一個月後，季辛吉再次來到北京，為次年二月的尼克森訪中做準備。季辛吉後來寫道，他認為周恩來是他見過的兩三位最令人難忘的人之一。據季辛吉的助手何志立（John Holdridge）描述，季辛吉在與周恩來見面之前的心情，就像期待著參加由兩個世界頂級大師進行的冠軍爭奪賽一樣。[42]

（67）

毛澤東和周恩來，季辛吉和尼克森

中美之間有過兩百年的貿易交往，在二次世界大戰中做了四年盟友，後來是二十年的冷戰對手，兩國在一九六九年開始考慮恢復邦交。一九六九年發生中蘇邊境衝突後，毛澤東擔心蘇聯入侵，自韓戰以來第一次決定擴大與西方的交往，並指派周恩來進行談判。尼克森正在設法解決越戰問題並尋找對抗蘇聯的長期合作對象，便指派季辛吉與周恩來談判，與中國修好。季辛吉一九七一年從巴基斯坦飛往北京為尼克森訪問打前鋒的戲劇性之旅，以及一九七二年二月尼克森的訪中都是激動人心的事件，它們為鄧小平時代美中交往的迅速發展搭起舞台。

一九六六年至一九六九年的中蘇關係惡化，以及由此導致的一九六九年中蘇邊境衝突，都與鄧小平無關。但是他在一九六一年至一九六三年曾率領一班人馬寫下反駁莫斯科的九封著名公開信；他還在一九六三年親赴莫斯科，發表了中方最後一次重要演講，使中蘇交惡達到頂點。中國重啟中美交往也與鄧小平無關，當時他還在江西，雖然他在一九七三年底陪同周恩來參加過談判。鄧小平的貢獻還有待來日。

緩慢的復出：一九七二年一月—一九七三年四月

直到一九七三年二月，即林彪死後十六個月，毛澤東仍沒有讓鄧小平回京。他曾在一九六六

（68）

年嚴厲批鄧，所以不能指望別人會很快接受鄧小平，況且他尚未決定如何安排鄧小平。鄧小平曾因走「資本主義道路」受到猛批，毛澤東要向人們解釋為何請他回來，並非易事。毛採取的伎倆是，他說鄧小平這位十分受人尊敬的總書記「受到林彪的迫害」。在一九七二年一月的陳毅追悼會上，他就曾對陳毅的家人說，鄧小平跟劉少奇不同，他的問題不那麼嚴重。周恩來示意陳毅的家人把毛對鄧小平的評價讓更多人知道。[43]毛的話也傳到鄧小平的耳朵裡，這是第一個跡象，說明毛澤東讀過他在一九七一年九月的信。隨後又出現更多跡象。江西省革命委員會一九七二年四月初通知鄧小平，根據他給毛澤東的信中請求，同意他的小兒子鄧質方進入江西工學院讀書，小女兒鄧榕則獲准就讀江西醫學院。[44]

受到這些積極信號的鼓舞，鄧小平在一九七二年四月二十六日又給汪東興寫信說，由於他的兩個孩子已上學，能否讓他雇一個人幫他和卓琳一起照顧鄧樸方。他在信中最後說：「至於我自己，我仍然靜候主席的指示，使我能再做幾年工作。」[45]鄧小平沒有收到直接的答覆，但是一個月之內他和卓琳的工資便都恢復到原來的水準。[46]

鄧榕後來說，這些表明鄧小平政治處境有所改善的信號讓一家人大為振奮。從鄧家人如此期盼積極的信號可知，儘管毛澤東疾病纏身，被林彪事件搞得心煩意亂，但他仍然左右著手下人的命運。實際上，陳雲已經在一九七二年四月二十二日獲准從江西回京，但是毛澤東讓鄧小平在江西又待了將近一年。

一九七二年八月三日，在數月不見毛澤東或汪東興的答覆後，鄧小平再次致信毛澤東，試圖打消他估計毛仍然對他抱有的疑慮。他首先說，他已經聽過向他所在工廠全體工人傳達的有關林彪和陳伯達罪行的文件。他表示，林彪雖然當將軍有一套，但在長征期間曾祕密夥同彭德懷反對毛主席。他還回顧往事說，林彪在抗美援朝時拒絕了毛主席讓他率軍作戰的要求。鄧小平承認，林彪比他更能理解毛的意圖，但他不同意林彪只講「老三篇」、把毛澤東思想簡單化的做法；還有更多的毛主席著作應當得到運用。鄧小平又說，林彪和陳伯達欲置他於死地而後快，他感謝主席在文革期間保護他。鄧小平毫無羞赧地講著他認為毛澤東愛聽的話。

鄧小平在信中強調，他認可在一九六八年六、七月的自我檢討中所說的全部內容。他再次檢討一九三一年自己在廣西離開紅七軍的錯誤，另外還承認自己在擔任黨總書記期間工作上的缺失，有時候未徵求毛主席的意見。他在一九六〇至一九六一年沒有消除自己的資本主義思想。他沒有有效貫徹毛主席「三線工業」工作的決定，將攸關國防的建設遷至內地。他也沒有在做報告前及時向主席請示。鄧小平承認，文革揭露他的錯誤是完全應該的。他在信中還試圖打消毛澤東在一個關鍵問題上的擔憂，說自己絕不會給文革中受到批判的人翻案。他表示，他要回到主席的無產階級革命路線上。[47]

（69）

鄧小平信中所言顯然正是毛澤東想聽的。一九七二年八月十四日，收到鄧小平的保證書沒幾天，毛澤東就向周恩來總理做出書面指示，讓他安排鄧小平返京。毛澤東再次說，鄧小平的問題不同於劉少奇，他沒有投降過敵人，沒有向國民黨出賣機密的嫌疑。此外，鄧小平協助劉伯承同志打仗是有功的，還為黨和國家做過其他一些好事。[48]周恩來收到毛批示的當天就把它轉發給中央委員會。[49]可是由於毛的妻子江青百般阻撓不讓鄧小平回來，事情一時沒了下文。[50]

一九七二年九月，鄧小平覺得可以得到更大的自由，便請求走訪包括瑞金在內的江西蘇維埃老區，並且得到批准。這是他三年來第一次走出家門。他花了五天時間外出訪問，得到省部級領導人規格的接待。鄧小平還被允許用兩天時間探望從一九五二年起就給自己擔任機要祕書的王瑞林，王當時在江西進賢縣五七幹校勞動。後來鄧小平返京時，王瑞林也被允許回到原崗位。一九七二年十二月十八日，周恩來問汪東興和紀登奎，為何還不落實八月份毛澤東讓鄧小平回京的指示。他們在十二月二十七日請示毛之後答覆，鄧小平可以回京。[51]一個月後，即一九七三年一月，江西省委書記白棟材給鄧小平帶來這個好消息。二月二十日工廠的工人來給鄧小平道別後，鄧小平與家人乘汽車前往鷹潭，登上返京列車。[52]離開江西時，鄧小平說：「我還可以幹二十年。」[53]確實，一直到十九年又八個月後，鄧小平才在黨的十四大上退出政治舞台。

（70）

鄧小平返京：一九七三

讓受過批判的人重新擔任要職，中共通常的做法是先暗示他已重新得到愛護，這可以使其他人更容易接受新的任命。鄧小平在一九七三年二月二十二日從江西回京後並沒有立刻得到任命，儘管他在北京的露面已經暗示他會重新扮演重要角色。鄧小平回京的消息傳開後，他看望了一些故交，但數週時間內既沒有出席任何正式會議，也不承擔任何工作，甚至沒有與毛澤東和周恩來見面。

毛澤東讓周恩來召開幾次政治局會議，商量鄧小平將來的工作。文革小組成員張春橋（在接替周恩來的總理職務方面，他是鄧小平的潛在對手）及其支持者江青強烈反對讓鄧小平擔任要職，但毛澤東堅持讓鄧小平恢復工作，參加黨的組織運作。[54]協商的結果是，政治局提議把鄧小平安排到國務院的業務組，這是周恩來和副組長李先念手下的一個領導小組，在文革動亂期間維持著政府的日常職能；並且允許鄧小平參加黨的每週例會。[55]三月九日，周恩來把彙報這些決定的文件交給毛澤東並得到他的批准。這份文件也傳達給鄧小平，同時下發縣團級以上黨委。[56]

鄧小平回京後與周恩來的第一次會面是在一九七三年三月二十八日晚上，在場的還有李先念（參見「鄧小平時代的關鍵人物」）和江青。見面結束後，周恩來立刻向毛澤東彙報，鄧小平精神很好，身體也很好，隨時準備重新工作。次日下午毛澤東便接見了鄧小平，這是六年來的第一次。

（71）

他對鄧小平說：「努力工作，照顧身體。」鄧小平回答，他身體一直很好，這是因為他相信主席，他一直在等候主席的調遣。[57]當晚，周恩來遵照毛的指示主持政治局會議，宣布讓鄧小平擔任負責外交的副總理。鄧小平不是政治局正式成員，但討論重大問題時可以列席政治局會議。周恩來給毛寫信彙報政治局的討論，得到毛的批准後，鄧小平便正式上任了。[58]

一九六八年以後鄧小平第一次在官方場合露面，是在一九七三年四月十二日為柬埔寨國王諾羅敦·西哈努克（Prince Norodom Sihanouk）舉行的宴會上，他以副總理身分出席。鄧小平和其他人表現得若無其事，但有些人向他致意時還是很謹慎。這次露面之後，中共幹部和外國記者議論紛紛，都在猜測他將扮演什麼角色。[59]

毛澤東顯然要對鄧小平委以重任。正如我們所知，鄧小平在一九七三年逐漸成為地位更加顯赫的領導人，先是獲准出席最高層的會議，接著成為周恩來的助手，然後在一九七三年八月十日的中共十大上當選中央委員。他在證明了自己對毛的忠誠以後，十二月又成為政治局委員和中央軍委委員。

做為周恩來的助手，鄧小平從一九七三年四月開始，陪同周恩來在機場送往迎來，會見了柬埔寨、墨西哥、日本、北韓、馬利、尼泊爾、剛果、菲律賓、法國、加拿大、澳大利亞和其他國家的客人。他還參加一些會見外賓的活動，但尚未擔負起與他們會談的工作。[60]

毛澤東培養王洪文：一九七三—一九七四

一如中國其他年邁的領導人，毛澤東也很注重培養年輕幹部做為接班人。林彪死後，他的健康每況愈下，接班人問題也變得日益緊迫。毛澤東熟諳千百年來中國統治者如何處理繼位的問題，並利用這些知識謀畫自己的戰略。他的做法是，先不把話說死，對自己的意圖給出暗示或信號，靜觀其變，既維持著自己的大權，又能隨時改變主意。從一九七一年到一九七二年九月，他把三個有前途的省級年輕幹部調到北京在黨中央工作：先是華國鋒，然後是王洪文和吳德。他在一九七二年底選中王洪文做為最有前途的人。王洪文是個年輕力壯的造反派，對毛澤東和共產黨忠心耿耿。毛澤東喜歡他是工人出身，又參過軍，有大膽潑辣的領導作風（參見「鄧小平時代的關鍵人物」）。

毛澤東知道王洪文缺少領導政府的知識和背景，但他相信王洪文有可靠的左派立場和領導潛力，能夠成為中共最高領袖的第一人選。事實上，毛澤東開始萌生出這樣的想法：讓王洪文擔任黨的領導人，同時物色人選接替周恩來的政府首腦一職。

毛讓鄧小平協助周恩來

縱觀中國歷史，皇帝年事已高、精力不濟之後，往往不再理會朝內袞袞諸臣，只跟內宮善於

（72）

阿諛奉承的太監打交道。林彪死後，毛澤東也很少接見任何幹部，包括鄧小平在內。他與外界的溝通主要依靠三位女士，一個是隨時陪伴左右的生活祕書張玉鳳，還有所謂的「兩位女士」：他的翻譯員唐聞生（「南茜」）和他的「外甥女」王海容（其實是毛表兄的孫女）。毛是在自己的專列（專用列車）上與張玉鳳相識的，當時她被安排做毛的服務員。張玉鳳頗具姿色，又有心機，政治上也很精明，雖然她沒有多少經驗，理解不了複雜多變的上層政治。「兩位女士」本來是外交部派去的人，在毛澤東接見外賓時做他的助手。毛在接見外賓之前和之後常跟她們交談，兩人也開始逐漸扮演起更重要的角色，成為毛澤東與外界溝通的聯絡員。不管個人有什麼想法，她們在與外界打交道時別無選擇，只能完全效忠於毛澤東，而外界也逐漸把她們視為毛澤東左傾思想的代言人。例如毛澤東批判周恩來時，便是由「兩位女士」負責傳達毛的意見。當毛澤東對周恩來有意見時，她們和周的關係便造成嚴重問題，因為她們實際上成為毛澤東對付周恩來的傳聲筒，而且毛澤東也期望她們向自己彙報周恩來言行中所有可能的問題。毛在一九七三年罹患葛雷克氏症（又稱「肌萎縮側索硬化症」），直起頭來都困難，口齒也不清。一九七二年二月他曾一度昏迷，但九天之後仍會見了尼克森。他沉溺於中國的文史典籍，但對他所關心的問題，例如重大人事安排、自己的聲望以及各種關係的處理，仍然一如過去城府在胸，老謀深算。這些事他仍然大權在握，也很會算計如何利用他的聯絡員。

過去的皇帝上了年紀後，除了培養繼位者，也都十分在意自己的身後事。毛澤東一向很看重自己的歷史地位。一九四五年他與蔣介石會談時曾賦詩一首，後來成為他最著名的詩篇之一。詩中寫道：「江山如此多嬌，引無數英雄競折腰。惜秦皇漢武，略輸文采；唐宗宋祖，稍遜風騷。」接下來他又說：「數風流人物，還看今朝。」以妄自尊大和權力欲而論，他在世界領袖中堪稱翹楚。在達到權力頂點時他參與各種領域的活動，但隨著健康狀況的走下坡和年歲增高，他開始更加關心自己的歷史地位以及能夠維護他遺產的接班人。

在世界領袖中毛澤東同樣堪稱翹楚的另一件事是，他生性多疑，總覺得有人要陰謀篡權。但是，他對周恩來的疑慮也並非毫無道理，他害怕周恩來如果活得比他長，會拋棄他的階級鬥爭和不斷革命的事業，貶低他在這個時期黨史上的光輝地位。[61]周恩來在領導政府和外交工作方面能力非凡，記憶力過人，是當時不可或缺的人物，尤其是在恢復中國與美國和西方各國關係方面。高層人士都知道，毛澤東不喜歡周，但又離不開周。一九三〇年代周恩來在上海工作時，培養了一批為他工作的內部諜報人員，這些人的身分一直保密，而且仍然效忠於周恩來，對除掉這樣一個掌握著如此巨大祕密支持者網路的人，毛澤東是有所顧慮的。周恩來不同於劉少奇和林彪，他多年來一向謹小慎微，唯恐威脅到毛的權力。但是到一九七三年，雖然沒有人公開說，毛澤東還是不難察覺很多高級幹部認為周恩來是個好領導——他竭力維持秩序，關心別人，盡量減輕壞領導的狂熱計畫帶來的後果。

毛不太擔心周恩來有可能篡權，周的聲望超過自己的聲望以及他與美國打交道時可能太軟弱才是主要問題。一旦周恩來活得比毛長，這些問題會變得尤其嚴重。因此，當唐聞生和王海容向毛澤東彙報國外媒體充斥著對「周恩來改善美中關係的外交政策」的讚揚時，毛面露不豫之色：[62]那本是我毛澤東的外交政策，不是他周恩來的。此後，毛便想辦法削弱周的威望，他要確保當周恩來的癌症惡化時，接班的人忠於他而不是周。[63]

儘管毛澤東妄自尊大，偏聽偏信，犯下各種路線錯誤，但他的下屬也承認，他不但是大戰略家，而且有發現人才的眼力。被毛澤東看上的另一個政治領導人，證明自己能夠嫻熟處理包括外交事務在內的大量複雜問題，此人便是鄧小平。[64]半個世紀以前鄧小平在法國時，就和他的上級周恩來有密切的工作關係。但是一九三〇年代初鄧小平在贛南蘇區又與毛結下不解之緣，他在後來的歲月得到提拔，也因為他是毛而不是周的人。[65]周恩來在一九七三年處理著大量異常複雜的外交政策問題，使鄧小平在這年春天成為周恩來的助手後獲益匪淺。毛澤東在一九六〇年代曾因鄧小平疏遠自己、親近劉少奇而對他感到失望，所以他有理由懷疑，假如對鄧小平委以重任，鄧會不會像文革前的幾年那樣，不再那麼聽他的話，而是跟著周恩來走？他會不會批判文革，撤掉毛澤東任命的關鍵人物，讓毛的錯誤任由歷史評說？[66]整個一九七三年，毛澤東一直緊盯著鄧

（74）

小平的表現。

中共十大：一九七三年八月

一九七三年八月二十四日至二十八日召開的中共十大，是自一九四九年以來毛澤東第一次因病情加重沒有親自演講的黨代表大會，按照慣例在大會之後立刻召開的宣布人事任免的一中全會，也是毛澤東出席的最後一次中央全會。毛在大會期間很少起身，要等到代表們離開大會堂之後他才離去，以免讓人看出他的行動有多麼不便。他仍保留著決定大方向和重要人事任免的權力，但是由於他的病情，代表們不可能不想到接班問題。

時年三十八歲的王洪文在中共十大上平步青雲，向國內外的政治領袖表明毛澤東已選定他做為接替自己的中共首腦主要候選人。[67]王洪文的重要地位在兩個月前被任命為選舉籌備委員會主任時業已凸顯，因為新的中央委員都要由這個機構提名。他還被委派準備新黨章，在大會上做有關新黨章的報告，這曾是鄧小平在一九五六年中共八大上負責的工作，當時他也是最有前途的候選人，準備接毛澤東黨領袖的班。[68]在十屆一中全會上，王洪文又被任命為黨的副主席，排名僅在毛、周之後。其他領導人以及外國的外交官和媒體也開始把他視為毛澤東最可能的接班人。[69]

鄧小平在中共十大上的角色無法與王洪文相比。他重新當選中央委員，但並沒有扮演領導角

（75）

色。十大的目的是為了在林彪死後組成新領導班子和清除林彪餘黨，因此與正常的黨代會相比開得十分匆忙。大會不像一九五六年的八大那樣對所討論的問題做全面總結，甚至也不如林彪扮演主角的九大。相較於為期二十四天的九大，十大的會期只有五天，王洪文和周恩來在會上做了兩個重要報告，加在一起也不到一小時，大大短於中共黨代會上通常的報告。[70] 這次大會推出新的領導成員，象徵著林彪時代的結束，但並沒有提出新的綱領。大會集中在三個議題上：批判林彪、林彪倒台後的清查運動和一九七三年的經濟計畫。[71] 周恩來的政治報告中有將近一半內容是批林的，經濟計畫沒有談到具體內容，因為當時的經濟仍處於一片混亂，領導層也無暇為當時的五年計畫中還剩下的兩年（一九七四年和一九七五年）做出具體部署。

十大最重要的變化，也許是很多老幹部重新回到中央委員會，在鄧小平於一九七三年底掌握了更大權力時，他們將為其提供重要的支持。他們取代很多在林彪主導的九大上提拔進來的軍隊幹部。在新的中央委員會一九一名委員中，有四十人是文革期間受過批判又回鍋的老幹部。[72] 經毛澤東同意回來工作的人中有副總理譚震林，他在淮海戰役期間是鄧小平領導下的總前委司令員之一，曾在一九六七年二月毅然站出來批評文革；這些人中還有王震和鄧小平。鄧小平過去僅被允許陪同會見外賓，但從七月中旬他開始參與會談。[73]

毛澤東決定提拔王洪文這個既年輕又無經驗的造反派頭頭，讓老幹部很生氣。八月二十一日

（76）

十大前夕的最後一次政治局會議上，老幹部們斗膽提出反對任命王洪文的意見。許世友將軍表達了不太敢說話的老幹部的心聲，他說，有周恩來一個副主席就夠了。受到壓力後他又改口說，可以再加上康生和葉帥。[74]不過毛澤東最後還是堅持己見，任命了王洪文。文革期間曾在選擇要批鬥的老幹部方面扮演陰險角色的康生也得到任命。不過，另外兩個副主席，周恩來和葉劍英元帥，則是既富有經驗又立場溫和的領導人。

雖然讓周恩來在大會上做政治報告，起草報告的卻是江青的兩個支持者張春橋和姚文元，九大的重要文件也是由他們起草的。因此，大會文件雖然批判林彪，但基本上肯定了林彪掌權時九大所取得的左傾成果。事實上，十大之後的政治局成員仍然受到激進派的控制。十大後的二十一名新政治局委員中有四個激進派王洪文、張春橋、江青和姚文元；他們雖然不是個一起工作的小團體，但有著相似的觀點，後來變成臭名昭著的「四人幫」。政治局的另一些成員，包括吳德、陳錫聯和紀登奎，雖然算不上激進，卻傾向左派。毛澤東想用「群眾代表」（農民和工人代表）平衡那些回到中央委員會的老幹部，儘管他承認「他們的思想水準低一些」，但可以依靠群眾代表支持主張繼續革命的激進派。

鄧小平有了新的職務，但並沒有為他指派具體工作。不過敏銳的政治觀察家看得清楚，毛澤東已開始考慮讓鄧小平和王洪文一起工作。他派他們一起出去視察，使他們更能相互瞭解。[75]

（77）

批判周恩來：一九七三年十一月—十二月

季辛吉在一九七三年二月第一次見到毛澤東時發現，毛對美國以損害中國利益為代價與蘇聯合作很不高興。同年十一月季辛吉再次來到北京時，毛澤東不但對美蘇合作有意見，而且不滿於周恩來與美國打交道時太軟弱。他在夏天時嚴厲批評美國「踩在中國的肩膀上」，想利用中國和蘇聯達成協定。一九七三年六月布里茲涅夫訪美並在加州聖克萊門特市與尼克森會面，雙方共同出席簽署《防止核戰爭協定》的儀式之後，毛澤東的懷疑變得更加嚴重。中方在布里茲涅夫訪美後立刻向白宮發出正式照會，指責美國幫著蘇聯表演和平姿態，等於是幫著蘇聯掩蓋它的擴張主義。[76]毛澤東懷疑，美蘇兩國達成的協定將使蘇聯騰出手來把武器瞄準中國，而美國對此不會做任何反應。

毛澤東指責周恩來和外交部太遷就美國，使美國得以利用中國改善與蘇聯的關係。他對美國在減少與台灣的交往、與中國恢復邦交上無所作為也很生氣。尼克森曾經承諾要在一九七六年實現美中關係正常化，但是不管做何解釋（對水門事件的調查削弱了尼克森的實力，使他無法讓國會批准中美關係正常化），美國現在都是在利用中國以改善與蘇聯的關係。

季辛吉於一九七三年十一月抵達北京時，發現周恩來的權力已被毛澤東大大削弱。周恩來對「現代大儒」（太溫和、不為中國的國家利益而戰）這樣的指責十分敏感，因此當季辛吉說中國仍然受到

（78）

孔子的影響時，周恩來勃然大怒。據季辛吉的回憶，在他們長達幾十個小時的會談中，這是周恩來唯一一次發脾氣。周恩來顯然承受著壓力，而「兩位女士」會向毛澤東彙報他的言行。季辛吉到北京時，美國剛任命安克志（Leonard Unger）為新一任駐台大使，並同意向台灣提供新的軍事技術。這令毛澤東十分惱火。

十一月，季辛吉和周恩來會談了一天之後，周恩來和唐聞生一起去向毛澤東彙報情況。周把季辛吉的建議告訴毛澤東：如果中國表現出比中日建交模式更大的靈活性，允許華盛頓與台灣保持（比中日模式中）更近的關係，華盛頓也許就能得到國會的同意，進一步推動中美關係正常化。這時唐聞生對毛說，這聽上去像是「兩個中國的政策」。[77]（周恩來後來對季辛吉承認：「我們跟主席在一起時，我不敢解釋這種說法，她卻敢做出解釋。」）毛澤東聽到周恩來居然認真看待季辛吉的建議，讓美國與台灣和大陸都保持較為密切的關係，對周恩來勃然大怒。

季辛吉告訴周恩來：「中國核武力的增長是蘇聯無法接受的。」[78]他還建議設一條熱線，以便美中兩國在蘇聯可能採取行動時能夠迅速交換情報。（「彌補你們軍隊的弱點，延長預警時間。」）周恩來對季辛吉說，如果能就分享情報達成協議，「這對中國有很大幫助」。在季辛吉訪中最後一天（十一月十四日）上午，他們交換了有關分享情報的文件草稿。[79]

毛澤東聽完季辛吉和周恩來會談的彙報後，認為這種建議與蘇聯在一九五〇年代末要為中國提供集體防衛的建議如出一轍。正是蘇聯這種建議使毛澤東與蘇聯絕交，因為他擔心向蘇聯出讓權力有損中國的主權。如今在毛澤東看來，周恩來要向美國出讓蒐集情報的權力，將損害中國的獨立地位。

江青很會揣摩毛的心情，而且一直伺機整周恩來。這時她覺得時機已到，便發動對周的批判，說他喜歡對美國人低頭哈腰。她把周稱為「投降派」。[80]毛澤東想讓中國外交的腰桿兒更硬，因此也樂意狠批一下周恩來。

季辛吉訪中後不久，從一九七三年十一月二十五日到十二月五日，毛澤東組織政治局在人民大會堂召開一系列批周的會議。林彪死後，毛澤東對日常工作的細節已不感興趣，但對批周一事卻做了具體部署，包括選哪些人參加，讓他們大體上說些什麼，為會議定調子等等。在他看來，周恩來差不多已經成為右傾投降主義者。[81]政治局全體成員都被要求對周進行公開批判。周恩來寫了一份詳細的檢討，但毛澤東認為不夠，要求他再寫一份更深入的檢討。在一九七三年十一月這些會議之後，季辛吉本來可以再次會見周恩來，但是周恩來表示得很清楚，自己已不被允許與他舉行談判。會見再也沒有進行。

(79)

毛讓鄧小平接手工作：一九七三年十二月

季辛吉十一月訪中後，毛澤東為了與美國打交道，轉而依靠鄧小平這個在對抗蘇聯時十分堅定的人。一九七三年十二月，鄧小平遵照指示參加政治局批周的會議。無論在法國、在上海做地下工作期間還是一九五〇年代初在北京一起工作時，周恩來就像鄧小平的兄長。但是毛澤東有理由希望鄧小平會和自己而不是周恩來站在一起。鄧小平在一九四〇年代的整風運動中就站在毛澤東這一邊，周恩來卻沒有。自從一九三一年鄧小平被批為「毛派頭子」後，他就一直緊跟毛澤東，並在一九五〇年代得到毛的重用。一九五六年以後鄧小平成為黨的總書記，他和周恩來的關係在黨內事務上有時變得很尷尬：周恩來在黨內排名上高於鄧小平，可是他要向負責黨內日常事務的鄧小平彙報工作和接受指示。[82]周恩來在文革期間也沒有保護鄧小平。[83]

鄧小平心裡很清楚，「兩位女士」會把他在批周會議上的發言彙報給毛主席。會議快結束時，鄧小平對周恩來說：「你現在的位置離主席只有一步之遙，別人都是可望而不可即，而你卻是『可望而可即』，希望你自己能夠十分警惕這一點。」[84]這些話表面上並不惡毒，卻暗藏殺機。鄧小平實際上是在暗示，周恩來想架空毛澤東，篡奪毛的地位。「兩位女士」把鄧小平的發言和態度彙報給毛澤東後，毛非常興奮，立刻把鄧小平叫去談話。

幾天後，毛澤東召開政治局會議，要求讓鄧小平成為政治局正式委員和軍委委員。毛澤東不報請中央全會批准就要通過這樣的任命，這在歷史上還是頭一遭。[85]周恩來名義上仍是總理，但鄧小平開始參與他跟外國人的會談。雖然周恩來的身體條件在七個月後（即一九七四年五月）仍允許他坐十幾小時的飛機，代表中國出席聯大會議，但毛澤東卻讓鄧小平替他去了美國。周恩來為動手術在一九七四年六月一日住院後，鄧小平開始主持接待外賓。[86]

（80）

加強軍隊建設：一九七一—一九七四

林彪墜機身亡後，毛澤東需要確保軍隊領導班子的團結和忠誠。他在林彪墜機之前已經預先採取措施加強軍隊對他的支持以防範林彪。例如，一九七一年八月他親自視察華中和華南地區的部隊，公開談到他和林彪的分歧。他還撤換了一些軍隊領導人，削弱林彪的勢力。[87]墜機事件後，政治局中的四名軍隊幹部，黃永勝、吳法憲、李作鵬和邱會作，被要求在十日內表態與林彪畫清界限。沒有這樣做的人在幾天之內便被抓起來，直到一九八〇年代末才得到釋放。

毛澤東撤掉彭德懷後，在一九五九年依靠林彪團結部隊；同樣，林彪死後，他也需要有人來加強中央對軍隊的領導。毛澤東先是依靠在軍隊中德高望重、從不樹敵的葉劍英元帥，他比林彪大十歲，沒有權力野心（參見「鄧小平時代的關鍵人物」）。但是在一九七三年底，毛澤東開始依靠手腕更強硬的鄧小平處理美中關係時，他也轉而利用鄧小平幫助他加強對軍隊的控制。

據說，在中共十大後不久，毛澤東為了考驗王洪文和鄧小平，曾經問過他們，自己死後會發生什麼情況。王洪文說，主席的革命路線將會繼續。鄧小平深知各大軍區司令員的權力，他說，可能軍閥並起，國家危亂。毛澤東認為鄧小平的回答更好，同年年底各大軍區司令員就再次進行輪換。[88]

毛澤東在中共十大後不久獲悉，剛當上黨副主席的軍隊領導人李德生在林彪還在世時給他寫過效忠信。這件事讓毛澤東大為震驚，他擔心其他大軍區司令員也可能與林彪的關係過於密切，於是決定對他們進行調換；為了減少他們調換職位後網羅親信的風險，調動時不能帶走自己的人馬。

當毛澤東又發現其他軍隊領導人寫給林彪的一些效忠信後，對曾為林彪工作的北京領導班子益發懷疑，於是決定把跟林彪沒有密切關係的軍區領導人調到北京。林彪大權在握時鄧小平一直在江西，所以毛澤東知道鄧小平不可能和林彪關係密切。他還知道，軍隊的兩個關鍵領導人（已被調往瀋陽軍區的李德生，和擔任北京軍區司令員這一最敏感職務的陳錫聯）都在鄧小平的第二野戰軍任過職，所以他相信鄧小平管得住他們。

（81）

軍區司令員大換班後不久，毛澤東宣布他請來了一個軍師——鄧小平。他要讓鄧小平擔任政治局委員和中央軍委委員。用他本人的說法：「我想在政治局添一個祕書長，你不要這個頭銜，那就當總參謀長吧。」[89]鄧小平一向重實權不重虛名，他客氣地謝絕那些頭銜。毛澤東心裡清楚，任命鄧小平可以讓軍隊上層鬆一口氣，這不僅是因為鄧小平在軍隊的資歷，還因為他們確信鄧小平不會進行打擊報復。雖然鄧小平為了向毛主席表忠心，嚴厲批評受林彪影響的八大軍區司令員。但這些人都是經驗豐富的老幹部，很清楚鄧小平這樣做是出於無奈。任命鄧小平後，葉帥和鄧小平兩人誰排名在前並不明確。但兩人相互尊重，在與軍區司令員開展工作時進行卓有成效的合作。

在清除林彪對軍隊影響的同時，毛澤東還在社會上展開一場批判林彪餘黨的政治運動。有人發現林彪在讀過的書頁邊上寫有尊孔的話，於是這場批判林彪和另一個被指責有中庸傾向者（周恩來）的運動，便被稱為「批林批孔」運動。運動以一九七四年的元旦社論做為起點，一直持續半年。最初的目標是軍隊中與林彪關係密切的李德生等人，但是到一月底，江青開始利用這場運動批判周恩來。除了批林批孔，他們還把矛頭對準「周公」。周恩來雖然受到傷害，但他度過了風暴。他繼續擔任總理，甚至主持批判自己的會議，儘管不再讓他主持敏感的中美談判。

當這場運動在一九七四年八月接近尾聲時，毛澤東又從煽動者搖身一變成為胸懷大度的人。他指責「兩位女士」在批周時就像小兵冒充大帥，還批評江青在「批林批孔」運動中做得太過火。他甚至對江青說，不要再整人了，她不代表他的觀點。毛還說，她宣稱周的問題十分嚴重、

（82）

應當叫作黨內第十一次路線鬥爭，這一點是錯誤的；她說周恩來迫不及待想篡權，這一點也是錯誤的。[90]

在一九七四年七月十七日的政治局會議上，毛澤東警告江青、王洪文、張春橋和姚文元不要搞「四人幫」。這是他第一次用這個詞稱呼政治局常委中的四個激進派。這四人並不是一個有嚴密組織和周密計畫的幫派，但他們確實扮演著批周的核心角色。

「四人幫」的名稱及其所表示的危險份子意思後來廣為人知。江青繼續批判周恩來和老幹部，同時她和另外三人也成為知識份子和老幹部的批判對象。但是當時還不可能觸及那個能讓「四人幫」整人的人——毛澤東。事實上，有些大膽的人只在與可靠朋友的私下交談中會豎起四個指頭，然後晃動大拇指，意思是不光有「四人幫」，還有第五個人：毛澤東。

受到批判的周恩來癌症病情加重。為了動手術他於一九七四年六月一日住進三〇一醫院，之後大多數時候都住在醫院一間舒適的套房裡，直到一九七六年一月去世。周恩來很能體諒人，他知道鄧小平在一九七三年底批他是因為有毛的壓力。一九七四年初他開始和鄧小平密切合作處理外交問題。當時周恩來已住進醫院，但名義上仍保留著職務，在他的親自指導下，鄧小平成為實質上的代總理。[91]鄧能回來工作是得益於毛澤東而不是周恩來，但是在一九七四年和一九七五年，他和周恩來再次緊密合作，就像之前在法國、在上海的地下工作，以及在文革之前的北京那樣。

（83）

鄧小平知道毛澤東也要求他與江青共事，他努力做到這一點。但是隨著周恩來的身體日漸虛弱，江青開始擔心毛澤東想把更多工作交給鄧小平，於是將批判的矛頭轉向他。[92]江青的感覺沒錯，鄧小平在黨內的地位正在上升。毛澤東日益信任鄧小平的最突出標誌，是他選定鄧小平做為第一位在聯合國大會上發表重要演講的中國領導人。

鄧小平在聯大的歷史性發言

毛澤東在一九七四年春派鄧小平出席聯合國大會第六次特別會議，使鄧小平在國際上聲名大噪。中國大陸在一九七一年就取代台灣的中國席位，但是還沒有一位中國領導人在聯大會議上發過言。

聯大會議的一個多月以前，北京以為中國代表在聯大的第一次發言是以經濟問題為主，於是安排對外貿易部而不是外交部為中國領導人準備發言稿，由主管外貿政策的李強出席大會。但會前不久才發現聯大會議將集中關注中國的對外關係，於是準備發言稿的工作又從外貿部轉給外交部。

毛澤東決定派鄧小平去紐約，是因為他考慮到周恩來太軟弱，不是個能讓他放心的代表。王洪文則不夠老練，可能會碰到難題。毛澤東一定要讓一個老資格的領導人站在聯合國的講台上。為落實這項計畫，毛澤東充當幕後操控者，他讓王海容和唐聞生給外交部傳話，要讓鄧小平擔任赴聯大代表團團長。外交部很快就答應。江青不知道毛澤東已在背後決定讓鄧小平去聯合國，激烈反對這個人選。她很清楚，鄧小平的聯大之行將加強他在國內外的影響力，早因其強硬而被稱作「鋼鐵公司」的鄧小平很可能限制她的活動。[93]一九七四年三月二十七日，與江青分居的毛澤東寫信警告江青，不要再對鄧小平的出訪有意見，因為這是他本人的選擇。除了江青，政治局一致贊成由鄧小平擔任中國代表團團長。[94]

毛澤東派鄧小平去聯合國的決定是在最後一刻才做出的。外交部長喬冠華只有一週的時間準備發言稿，幸虧他對毛的想法瞭解得很透徹，寫完講稿後就把它送給毛澤東，毛批示說：「好。贊同。」[95]喬冠華這篇由鄧小平在聯大上宣讀的發言稿，基本上反映著毛的新世界觀，他認為國家關係的遠近不是以共產主義革命而是經濟的發展程度做為標準：他稱之為第一世界、第二世界和第三世界。從這個大背景出發，毛澤東通過喬冠華和鄧小平表明，儘管他希望美國和中國一起對抗蘇聯，但最近的不利事態（尤其是布里茲涅夫的訪美）讓他相信美蘇正在相互勾結。毛澤東現在希望聯合第二世界的已開發國家和第三世界的開發中國家共同對抗兩個超級大國。

喬冠華外長是個老謀深算、很有見識的外交官，他的家庭相當富裕，能夠供他在德國的大學讀哲學。他擔任名義上的代表團團長，但不管是國內外，明白人都知道掌握實權的是鄧小平。中國的領導層把這次聯大之行視為一次重大突破，是在世界各國聚會的場合嶄露頭角的一次機會。

儘管病魔纏身，周恩來還是和大約兩千人一起到機場歡送代表團，後來又在四月六日和一大群人去機場歡迎代表團的歸來。[96]

鄧小平在聯大的發言博得非同尋常、經久不息的掌聲。中國以其幅員和潛在實力，被視為代表著開發中國家的力量。開發中國家特別高興聽到鄧小平說，中國絕不稱霸，如果中國也欺負和剝削他國，世界人民尤其是開發中國家就應當給它戴上一頂「社會帝國主義」的帽子，和中國人民一起打倒它。

在聯合國期間，鄧小平還與來自各國的領導人舉行雙邊會談。他在回答問題和演講時都十分謹慎，因為他目睹過毛澤東對周恩來的嚴厲批評，況且他的訪問只有一週的準備時間。他把難題推給外交部長喬冠華回答。鄧小平本人受到一些外國領導人和媒體的友好對待。[97]由於在他的發言中關於第三世界的基本思想全是來自毛澤東，也由於美國人並不喜歡有人把自己與蘇聯聯繫在一起，所以這篇發言並沒有收進他後來出版的「文選」。[98]

鄧小平發言兩三天以後，在紐約和季辛吉第一次會晤。他們初次見面時，季辛吉對鄧小平直來直去的風格有點兒摸不著頭腦。鄧小平雖然很客氣，卻帶著毛澤東的強硬指示。他知道周恩來因為向美國示弱而挨了批，他要確保自己不會受到同樣的指責。鄧小平轉達毛澤東對美國的不
（85）
快，毛認為美國想踩在中國的肩膀上與蘇聯達成導彈控制協定，以緩和美蘇關係。他還重申毛的

觀點，說蘇聯的戰略是「聲東擊西」，意思是美國應當重點防範蘇聯。鄧小平對季辛吉說，蘇聯現在雖然反華，但它的真正目標是西方。[99]鄧小平表示，他擔心美國不再把蘇聯視為主要對手，並可能鼓勵中國與蘇聯開戰以達到削弱兩個社會主義對手之效。[100]季辛吉後來比較過鄧小平的直率作風和周恩來的巧妙優雅風度。他說，鄧小平不太熟悉會談中提出的一些全球問題，他不時引用毛澤東的話，把一些問題交給喬冠華回答，但是季辛吉說，鄧小平似乎是處在「訓練期」。他在一九七四年謹小慎微的風格與一九七八年夏天之後會見外賓時所表現出的自信形成鮮明對比，那時他在會見外國領導人時已很有經驗，而且毛澤東已不在人世，無法再聽人向他彙報鄧小平的言論。

季辛吉還說，毛澤東和周恩來希望改善中美關係主要是基於安全考量，鄧小平與他們不同，他更重視國內的發展，並且已經在考慮改善中美關係能給中國的現代化帶來哪些好處。[101]季辛吉後來對鄧小平代表中國的能力給予高度評價。[102]

中國聯大代表團的任何成員都隻字不提周恩來。季辛吉幾次善意地向鄧小平提到周，都沒有得到回答。鄧小平說，孔子是個保守派，為了使人們解放思想，必須消除孔子的影響。季辛吉問，這是否實際上暗指今天的某個人，鄧小平回答說，批判保守思想，當然要涉及代表這種思想的某些人。[103]話雖然說得隱晦，意思卻很清楚。鄧小平已經不再是周恩來的助手，就要取而代之

（86）

了。[104]

星期天，鄧小平在紐約的行程有一些空閒時間，手下人問他想做點兒什麼，鄧小平乾脆地說：「去華爾街看看。」在鄧小平看來，華爾街不但是美國資本主義的象徵，而且是美國經濟實力的象徵。他具有一種尋找實力的真正來源並理解這種來源的本能。華爾街星期天歇業，鄧小平還是讓下屬把他帶到那裡，這樣他至少可以對此地有一個印象。[105]鄧小平只領到幾美元供旅途之用，他的祕書王瑞林在沃爾沃思連鎖店替他為孫子買了幾個三十九美分的玩具。唐明照（唐聞生的父親，曾是紐約一家左派中文報紙的主編）用自己的錢為鄧小平買一個既會哭又會吃奶撒尿的玩具娃娃。他把這個玩具帶回家後，一時成為家人的最愛。[106]

鄧小平取道巴黎回國時，在那裡的中國大使館住了幾天。這是他從一九二六年離開後第一次訪問法國。他在那裡喝咖啡，吃可頌，就像半個世紀前一樣。出於安全的原因，沒有讓他到市區轉一轉。他的隨行人員想找到他以前住過的地方，但一無所獲。回國之前，鄧小平買了兩百個可頌和一些乳酪，回國後分送給周恩來、鄧穎超、李富春和聶榮臻等人，他們都是一九二〇年代他在法國時的革命戰友。

毛澤東認為鄧小平的聯大之行非常成功，便繼續讓他在接待外賓上唱主角。毛在會見外賓時也讓王洪文陪同，但他並沒有積極參與會談。事實上，王洪文在一九七三年以前從來沒有會見過

（87）

外國人。[107]

六月一日，即鄧小平在紐約聯合國大會發言幾週後，周恩來再次住院動手術，此後便不再會見外賓。這段時間鄧小平在人民大會堂某個省的大廳裡會見大多數外賓，並安排他們下榻漂亮的釣魚台國賓館。像周恩來一樣，他招待外賓的方式讓季辛吉半開玩笑說：「我來自一個在待客方面欠發達的國家。」

鄧小平在一九七四年秋天會見了各大洲很多不同國家的官員，包括日本、巴基斯坦、伊朗、葉門、剛果、羅馬尼亞、南斯拉夫、越南、北韓、土耳其、德國、法國、加拿大和美國。他會見了政治領導人、工商界領袖、記者、科學家和運動員。他的談話中不斷重複某些主題。他尤其關心日本領導人如何領導經濟發展，日本如何使它的科學科技術現代化。

他與一些外國領導人就國際事務（特別是在蘇美爭霸的背景下）進行廣泛討論。他強烈贊成歐洲各國之間以及歐洲與美國加強合作的努力，視之為一股抗衡蘇聯的力量。他對軍備控制協定對蘇聯軍力增長的制衡能力表示懷疑。他支持土耳其解決與希臘的爭端，以免蘇美兩個大國從中漁利。他解釋說，中國當年與蘇聯的關係出現問題，是因為赫魯雪夫要加強對中國的控制。他還向美國的工商界明確表示，兩國外交關係正常化能夠使經濟交流迅速發展，而這又將取決於美國是否終止與台灣的邦交。

（88）

他會見的美國人中包括時任美國駐京聯絡處主任喬治・布希（George H.W. Bush）、參議員邁克・曼斯斐爾（Mike Mansfield）和亨利・傑克遜（Henry Jackson）以及一個美國的大學校長代表團。[108]他與心領神會的曼斯斐爾和傑克遜交換意見，討論如何對抗蘇聯的擴張。他在接見大學校長時對他們說，還要繼續促進和擴大學術交流。[109]

毛澤東要求安定團結

毛澤東是個大無畏的革命家，可以在短期內不顧現實。儘管如此，他也不能長期忽視嚴重的問題。他一度壓制對大躍進的抵制，但是在一九五八年底和一九六〇年，他也同意針對已造成的破壞做一些調整。一九七四年時文革已經造成普遍的混亂，連他本人也認識到需要有所作為。經濟其實止步不前，到一九七四年夏天時已經有報告說，「批林批孔」運動造成更大的混亂。鋼鐵產量下降，鐵路運輸也在下滑。毛澤東顧及自己的身後評價，並不想讓人記住他是個讓經濟陷入災難的人。

一九七四年八月，毛澤東把各大軍區的司令員和政治部主任叫到他在武漢東湖梅嶺的住所，這是他最喜歡去的地方之一。他對他們說：「無產階級文化大革命已經八年，現在以安定為好，全黨全軍要團結。」[110]毛澤東雖然生性善變，但他在一九七四年底不斷提出需要安定團結。他在這一年的年底跟周恩來見面時，同意把「安定團結」這個提議做為次年一月八日至十日召開的二中全會的口號。

執行者和看門人的衝突

到一九七四年後期時已經很清楚，毛澤東要讓鄧小平在恢復安定團結上扮演主角。[111]他在一九七四年十月四日宣布要讓鄧小平擔任國務院第一副總理，這項任命表明他對鄧小平的表現很滿意，也是給黨內領導人的第一個明確信號：他有意讓鄧小平接替周恩來的總理一職。毛澤東決定結束文革亂局，讓鄧小平恢復安定團結，這使江青及其激進派同夥坐立不安，卻讓務實的老幹部大為高興。毛澤東讓負責黨內日常工作的王洪文宣布這項任命，王卻拖延時間，先把消息透露給江青，以便她有機會做出反應。另一些高層政治領導人知道，江青和王洪文想讓張春橋接總理的班。江青試圖勸說毛澤東改變任命鄧小平的主意，但未能得逞。兩天之後，不該拖延如此之久的王洪文別無選擇，只能按毛的指示辦理，宣布對鄧小平的任命。[112]

毛澤東雖然讓江青和他分居，但是直到去世前，他一直認為江青忠於他繼續革命的事業，也是唯一堅定不移和其他黨內高幹（包括鄧小平這個他們中間最頑強的人）對著幹的人。但是，毛澤東對江青可能在自己死後奪權的跡象也很生氣。早在一九七二年，他對江青花一週時間跟打算寫一本

（89）

江青傳記的美國學者洛克珊・維特克（Roxane Witke）談話（就像當年毛澤東與愛德格・斯諾談話希望宣傳他本人的崛起一樣）就十分不快。[113]

提拔鄧小平一事使兩人的關係進一步惡化。江青後來回憶，鄧小平一九七三年春天剛回京時，她和毛澤東之間的問題並不像後來那樣嚴重。這也許要歸因於毛澤東，他在一九七四年夏天要恢復安定團結，因此讓江青少鬧事，他還告誡王洪文，不要老是看江青的眼色行事。

江青挖空心思挑起毛對鄧的疑心。在鄧小平正式擔任副總理兩週後，她恰好看到報紙上有一篇讚揚中國製造的輪船「風慶輪」的文章。鄧小平這時想擴大外貿，因此支持交通部關於中國尚無能力建造大型貨輪、若想在短期內增加外貿就只能購買外輪的結論。江青讀到報上那篇文章後給報紙撰文說，中國已經造出萬噸巨輪「風慶輪」，周恩來和鄧小平卻要浪費國家的錢買外國船。她又說，鄧小平一直想買外國船，這說明他和交通部的幹部有買辦心理，崇洋媚外。她說，自己造的船同樣很好，「我們不是也造出了『風慶輪』這樣的萬噸巨輪嗎？」[114]

第二次砲轟發生在十月十七日的政治局會議上，江青再次指責鄧小平支持購買外輪，說他是在搞洋奴哲學。她宣稱中國自己也能造大船。鄧小平通常能夠保持冷靜，但江青的不斷指責讓他失去耐性。當時他對江青試圖提拔自己的親信楊成武擔任總參謀長也很生氣。他怒氣沖沖地說，五十年前他出國時，乘坐的是一艘西方製造的四萬噸輪船，這樣的大船在當時就不稀奇了。總之，中國在船運方面已經大大落後，而江青對外面的事一無所知。鄧小平發火後，在李先念勸說下滿臉通紅地憤然離去。[115]他後來對周恩來說，江青在政治局會議上批了他七、八次，讓他忍無可忍。[116]

十月十七日鄧小平在政治局會議上發脾氣後的第二天，王洪文代表政治局飛到長沙。他要替江青告狀，讓毛澤東懷疑鄧小平的能力不足以擔當大任。可是見面的結果只是使毛澤東更加懷疑王洪文能否勝任自己的工作。[117]兩天後的十月二十日，毛澤東在長沙會見丹麥首相哈特林（Poul Hartling）時，鄧小平也被叫去參加會見。

當時王海容和唐聞生已經向毛澤東彙報江青和鄧小平在北京吵架的事。毛對江青很生氣，他叫她不要在政治上攻擊別人，她卻跟人鬥個沒完。[118]他在十一月批評江青，說她到處插手，批評政府文件（例如關於購買外國輪船的決定），以及不經商討就發文，還想違背大多數人的意見自己組閣。毛澤東借用《西廂記》中的人物對江青說，要做厚道的崔老夫人，不要做搞小動作的紅娘。但毛澤東並沒有拋棄江青。她已經證明自己是個堅定的盟友，只要毛想整誰，她一定會整誰；況且他有可能還需要她整人的本領。但是至少在當時，由於毛澤東正為即將到來的第四屆全國人民代表大會做準備，他壓住江青，他要讓鄧小平擔任更重要的角色。[119]

3. 在毛澤東手下整頓秩序

一九七四－一九七五

（91）

一九七四年十二月，周恩來離開病床飛往長沙去見毛澤東，兩人要商定北京關鍵領導崗位的人選，他們都知道自己來日無多，因此這項工作十分緊迫。周恩來在六月一日剛動過癌症大手術，身體十分虛弱，無法每天正常工作，他飛往長沙時乘坐的飛機就像個小型醫院，有醫生陪同。[1]毛澤東則患有心臟病和克雷格氏症，醫生告訴他剩下的日子不足兩年了。他的視力也嚴重衰退，說話含混不清。不過，兩位領導人雖然重病纏身，頭腦都還清楚。他們兩人雖有分歧，但也有一項共同的任務，就是為黨和國家選定繼承他們畢生事業的領導人。

當時負責黨內日常工作的是年僅三十九歲的王洪文，他也來到長沙加入他們。雖然沒有正式規定，如果他們選定的人表現不錯，就可以在毛周之後繼續主政。他們所決定的黨內職務人選，將由定於一九七五年一月八日至十日召開的二中全會正式批准；政府職務的人選則要由隨後召開

（92）

的全國人民代表大會批准。周恩來的身體狀況不允許他每天開會時間過長，因此三人會議持續了五天，以便留出充足的休息時間。他們從十二月二十三日到二十七日每天都開會，只有二十六日除外，這一天是毛澤東八十一歲生日，毛和周單獨會面。

為了給長沙的會面做準備，周恩來花了幾週時間徵求政府其他領導人的意見，篩選出一份他們認為最適合擔任高層職位的人員名單。他和手下人員對建議的人選名單三易其稿，同時擬定全國人民代表大會的日程。在周恩來去長沙幾天以前定稿已送交毛澤東，做為他們商討的基礎。

毛澤東儘管年老體弱，仍然握有左右國家命運的大權。但是他在一九七四年十二月擺在首位的工作是安定團結。他在批林批孔運動中對周恩來的嚴厲攻擊已經結束，兩位最高領導人現在又像過去一樣合作共事了。[2]毛澤東與周恩來見面時，表示他仍要致力於繼續革命，但事實上他批准了周恩來及其北京下屬提出的他們認為最有能力領導政府和管理經濟的人選。[3]毛澤東支持能夠提供更穩定的政治環境、使經濟得到有序發展的高層幹部，這使周恩來大受鼓舞，他回到北京時已是筋疲力竭，但也很寬慰。

毛周的接班計畫：一九七四年十二月

毛周二人在見面之前已經內定王洪文繼續擔任黨的第一副主席。他們也同意把領導政府的主

（93）

要工作正式交給鄧小平。六月一日周恩來動手術後，鄧小平接手周恩來的工作幹得不錯，因此毛澤東宣布支持讓鄧小平在十月份擔任第一副總理，將在全國人大得到正式任命。除了領導政府的主要工作，鄧小平還將被提拔擔任黨和軍隊的要職。

王洪文和鄧小平將正式接過黨和政府最高領導人的工作，但事實上仍是毛澤東和周恩來的徒弟，他們在去世之前會一直保留主席和總理的頭銜，王洪文和鄧小平要繼續接受這兩位老資格領導人的指示。毛澤東保留他的權力，只要對他們的表現不滿意，他隨時能撤換。

因此，一九七五年一月五日的中央一號文件仍把毛澤東列為黨的主席和軍委主席，任命鄧小平擔任軍委副主席和總參謀長。在一月八日至十日的中共十屆二中全會上，王洪文被確認為黨的副主席（排名在毛澤東和周恩來之後），鄧小平被任命為黨的副主席和政治局常委。在一九七五年一月十三日至十七日的全國人民代表大會上，鄧小平又正式擔任第一副總理。

在毛澤東看來，王洪文和鄧小平是個很有前途的組合。王洪文原是造反派頭頭，對毛澤東感恩戴德，又沒有自己獨立的權力基礎，因此可以認為他將領導中共繼續沿著毛澤東的革命道路走下去，忠於毛本人的路線。鄧小平有豐富的知識和經驗，又有可靠的領導能力，能夠領導外交事務和複雜的政府工作。

凡是瞭解王洪文和鄧小平的人都知道，王洪文沒有多少擔任要職的經驗，他的權力事實上要

（94）

比鄧小平小得多。鄧小平當過十年黨的總書記，一直負責黨和政府的日常工作，在運用權力上從不含糊。但是，通過把王洪文放在更高的位置，將宣傳工作交給以江青為首的激進派，無論鄧小平可能有何種偏離毛澤東路線的傾向（例如像他在一九六〇年代初的表現那樣）都會受到控制。毛澤東雖然批評江青好走極端，有野心，但他知道江青在支持他的宣傳路線上十分堅定，完全可以放心。[4]此外，江青手下的激進派在姚文元的幫助下掌管著黨報《人民日報》和理論刊物《紅旗》雜誌，另一個激進派張春橋掌握著中國人民解放軍總政治部。[5]

周恩來的謝幕：一九七五年一月

全國人民代表大會於一九七五年一月十三日召開，這是自一九六五年一月以來召開的第一次全國人民代表大會，當時毛澤東仍在長沙。已是癌症晚期、面黃肌瘦的周恩來，在他最後一次重要的公開露面中，宣讀了政府工作報告。鄧小平在幕後主持起草周恩來的報告。為了不使周恩來過度疲勞，他叮囑起草人講稿不要超過五千字，篇幅要遠小於正常的政治報告。鄧小平深知毛澤東依然大權在握、一言九鼎，因此報告中充斥著毛的文革語言。周恩來在演講中讚揚文革及其模範典型大寨和大慶。當他唸到「我們的首要任務是深入、廣泛、持久地開展批林批孔運動」時，想必會讓代表們感到特別心酸，因為周恩來本人正是那場運動的主要批判目標之一。[6]

周恩來做報告時，很多人大代表都為他痛苦的表情落下眼淚；唸完報告後，他們全體起立，向他熱烈鼓掌達數分鐘之久。這種情感上的反應，是他們向這位臨終前的領導人表達的敬意，他把自己的一生奉獻給黨和國家，工作出類拔萃；他在文革中保護了他們之間很多人，卻在毛的手下蒙受不白之冤。瞻望未來，很多人盼望文革浩劫早日結束，國家能夠最終致力於周恩來在十年前首次宣布、在這次報告中又重新提出的任務：在本世紀末實現四個現代化。[7]

一九七五年二月一日，在國務院各部委領導人的小型會議上，周恩來說，他以後不會再參加他們的會議了：「主席指定了鄧小平為第一副總理。主席說小平同志有能力，政治覺悟高，是個難得的人才。……一般情況下我不能參加這樣的會了。以後這樣的會議，我將請小平同志來主持。」其實，將近一年以前，從一九七四年五月鄧小平赴美參加聯大會議時起，他就主持接待外賓、替周恩來做一些其他的工作。但是直到一九七五年二月，權力才穩固地移交給鄧小平，使他能夠全面負起責任，只要別惹毛澤東生氣即可。鄧小平很敬重周恩來，常去醫院看望他。他以恰當的謙虛態度解釋，由於總理有病，他才協助總理工作。[8]但事實上他已經成為負責人。

整頓黨的領導班子

鄧小平在一九七五年面對的難題是既要得到毛的支持，又要撥亂反正，使中國走上發展的正

(95)

軌。為了不失去毛澤東的歡心，他十分留意毛的喜好。他不斷為馬列主義和毛澤東思想唱讚歌，避免批評文革。一九七五年初，他頗具創意地把毛的幾句話聯繫在一起，為自己的工作提供依據。在一九七五年五月二十九日的一次演講中，他第一次提出毛澤東本人從未放在一起的「三項指示」：一、反修防修；二、安定團結；三、把國民經濟搞上去。[9]第一條「反修防修」的說法是再次向毛澤東公開保證他決不會走資本主義道路，他在文革中就是為此而受到批判的。然而，這也是使苦藥更容易下嚥的糖衣。他接著便強調毛澤東支持安定團結和發展國民經濟，這使毛澤東也難以反對他採取那些頗為激烈的措施，他要通過這些措施使倦怠於文革極端做法的中國恢復安定，重新煥發活力。

鄧小平以毛澤東的「三項指示」作掩護，大刀闊斧地撥亂反正，著手帶領國家步入現代化軌道。但他面對的問題是巨大的。就像其他國家內戰之後的領導人一樣，他必須把文革的加害者和受害者團結在一起。同時，中國經濟停滯不前，計畫一團混亂，統計報告皆不可靠。農業生產不足以養活人口，更不用說種植棉麻等經濟作物。運輸系統陷入癱瘓，一地物資無法運往另一地的工廠。軍隊因為無休止的政治鬥爭和承擔管理全國地方工作單位的無限責任而超負荷運行，荒廢了訓練，軍事技術遠遠落後於潛在的敵人。簡而言之，中國對軍事衝突毫無準備。另外因為知識份子在文革中受到殘酷打擊，整整十年基本上沒有培養任何技術專家。因此，鄧小平在領導四化

（96）

工作時，缺少訓練有素的必要人才。

自一九四一年以來，毛澤東就用「整風」運動來實現黨的團結。「整風」是一個強大武器，用來打擊那些不夠服從毛澤東個人領導和立場的人。在漫長的調查期間，要求受害者為自己的忠誠做出詳細的辯護，使同事相信自己的清白。受批判者承受著巨大的精神壓力，結局也很悲慘：有些人被處死或被送去勞改，有些人因不堪負荷而自殺。在一九四〇年代和一九五〇年代初，通過整風形成的紀律對中共在內戰中戰勝國民黨、統一全國起到關鍵作用。但是一九五六年以後嚴酷的整風運動，也讓很多過去忠誠的知識份子和黨員疏遠了黨。

一九七五年，鄧小平把他為加強團結而開展的工作稱為「整頓」，這在過去一直是中共軍隊裡的一種說法，周恩來在一九七二年也曾用過這個詞表示與鄧小平相似的主張。軍隊的「整頓」是指一場戰鬥或戰役過後，對各單位剩餘的部隊進行整編，以便為下一場戰鬥做好準備。整編的關鍵工作是為各單位確定新的領導班子，以取代受傷或死亡的人員。在整頓中要對以往戰鬥中的錯誤提出批評，但重點是恢復補給和重建領導班子，使之能夠迎接下一場戰鬥。

在一九七五年進行整頓時，很難阻止下面的幹部重施故技，用他們在整風運動中學會的方式進行更惡劣的迫害，尤其當他們有機會向過去迫害過自己親友的人算帳時。鄧小平要結束過去二十五年來政治運動中的冤冤相報，他不斷表示，目的不是算舊帳，而是要通過整頓為迎接新的

（97）

挑戰做好準備。

鄧小平認為，組織一個有效率的國家政府關鍵不是改變法律法規，而是為各級行政單位配備一個領導班子，交給他們實權。為了在熟悉基層情況的基礎上提供有力領導，各級幹部為下一級選出可靠能幹的領導人便至關重要。在鄧小平看來，就組織的可靠性而言，一個領導班子要優於一名領導人，不管後者多麼能幹。一名領導人說不定會出事，但如果是一個小班子，一旦出了問題，其他人可以隨時接過工作。理想的安排是：領導班子的成員不但能提供必要的全面領導，而且能掌握各自分管領域的專業知識，例如工業、文化和政法等等。大單位的領導班子可以有七、八個成員，小單位也許只需要兩三人。對於領導應當如何開展工作，要給予他們足夠的活動空間，只要他們能完成上級下達的目標即可。

一九七五年鄧小平的首要工作，就是為全國各級單位選出領導班子。他這項工作在一九七五年十月以前一直能夠得到毛的全力支持，包括不再重用過去的革命造反派，以在文革初期挨過整、更有經驗的幹部取而代之。在一九七四年底和一九七五年，毛澤東支持為六百多名老資格的領導幹部平反。

鄧小平著眼於長遠，在一九七五年底也開始改善教育系統，以便將來有可能以知識和管理能力而不是人脈關係為標準選拔新幹部。這在當時必然只能是個遙遠的夢想。鄧小平在一九七五年接手的體制是個爛攤子，很多最能幹的幹部沒有任何學習機會。他們經歷各異，標準統一的考試派不上用場。要到十年後，大專院校才能提供足夠的畢業生，使學歷能夠做為選拔領導班子的標準，甚至應用於中層單位幹部的選拔。事實上，政府在很多年裡只能依靠個人評價去選拔幹部。

能否得到選拔對幹部來說是大有差別的。得到選拔不但意味著飯碗，還有特權和榮譽，家人也有更好的就業、住房和教育前景。此外，由於文革給社會造成的分裂，選拔領導班子必然是個明爭暗鬥的過程。為了使體制變得更加菁英化，鄧小平只能先從最上層做起，讓可靠的老幹部選拔領導班子，然後再層層選拔，直到最基層。鄧小平的整頓首先從軍隊抓起。[10]

整頓軍隊

（98）

鄧小平擔任總參謀長後，便抓緊時機採取他認為對整頓軍隊最為重要的一些措施：恢復紀律，裁減兵員，改善訓練，為每個單位建立新的領導班子。一九七五年一月二十五日，他在毛澤東的全力支持下，召集總參謀部團級以上幹部開了一個會。前政委鄧小平直言不諱列舉軍隊的問題。解放軍在文革期間承擔起地方的許多職能後，變得臃腫不堪，很多幹部變得「腫、散、驕、奢、惰」。他說，最上層的紀律渙散導致派系林立。部隊幹部在文革時期有權管治平民，這使他們變得傲慢自負，很多人利用這種權力住大房子，大吃大喝，耽於享樂，給朋友送高級禮品。上級幹部作風懶散，對下面的問題不聞不問，執行命令拖泥帶水，不願意承擔有危險的任務。[11]結果是儘管軍隊規模龐大，保衛國家的能力卻十分低落。很多部隊單位成為一個個小獨立王國，就像抗戰時期各占山頭的游擊隊一樣。[12]

有「鋼鐵公司」之稱的鄧小平，清楚表明他將如何對付那些不服從命令、繼續搞派性的人。他說：「有派性問題的人一律調離，一個軍官、士兵都不能放過。」他明確說，這種警告也針對最高級別的人。他發下誓言：「無論牽扯到多少人，都要做到底。……我們是人民軍隊，我們的任務是打仗。」[13]很多仍在搞派性的人過去參加過紅衛兵和革命造反活動，但是鄧小平沒有指責他們以往參加過這些組織。重要的是他們現在做什麼。無論過去打過什麼派仗，只要願意與新領導人一起工作，都會受到歡迎。

鄧小平和葉帥很幸運，他們為恢復軍隊紀律和樸素作風所做出的努力，得到中央軍委常委十一名成員中大部分成員的堅定支持。中央軍委的常委會一九七五年二月五日才正式恢復，承擔著領導軍隊日常工作的職責。常委中的激進派（汪東興、王洪文和張春橋）在數量上完全被鄧小平和葉帥的支持者所壓倒。

在常委的支持和毛的批准下，兩位領導人陸續使兩萬五千名前軍隊幹部中的很多人重返崗位，鄧小平說，他們是在林彪時代受到誣陷。他指示，要讓受到誣陷的人回來工作，有病的要給

（99）

看病。他說，清查工作要盡快進行，但不必公開。[14]

在接手新的工作之前，鄧小平已經在明確思考軍隊現代化的問題。一九七五年一月十四日，即上任剛過一週，他就指示下屬著手制定改進軍事裝備和軍需物資的五年規畫和十年規畫。[15]規畫內容包括修理和改造舊裝備，以及生產缺失的零部件，這些都是在文革中被嚴重忽視的工作；還要研發導彈和其他現代裝備。[16]

一如毛澤東，只要一提到美國撤出越南後蘇聯日益增長的威脅，鄧小平就會動怒。他擔心美國失去民意支持，不再願意堅定對抗蘇聯。他也擔心一九七四年八月取代尼克森的福特總統缺少尼克森對戰略問題的深刻理解，不能像尼克森那樣隨時準備對蘇聯的任何新威脅做出妥善反應。因為美國如果不向蘇聯施壓，蘇聯在亞洲就可以隨意進行擴張，它已經在中蘇邊境部署了一百萬軍隊。

鄧小平深知，美國是唯一能夠全面抑制蘇聯的大國，因此每一次會見美國官員時他都會敦促他們對蘇聯採取更強硬的立場。毛澤東不必擔心鄧小平會像周恩來那樣在與美國打交道時示弱。一九七四年四月和十一月鄧會見季辛吉時，不但提醒季辛吉注意蘇聯的侵略行動，還不斷諷刺他在對付蘇聯的攻勢時縮手縮腳。[17]事實上，鄧小平指示他的外交部官員，特別是外交部長黃華，每次見到美國人都要批評他們對蘇聯的立場不夠堅定。

（100）

在一九七五年，占用鄧小平最多精力的軍隊問題是裁員。軍隊的臃腫造成預算緊張。現役軍人超過六百萬，比一九六六年多了二〇%。[18]中國需要裁減文化水準不高的軍隊高層幹部，培養瞭解現代技術的新一代領導人。裁軍是一支現代、穩定的軍隊能夠長期發展最關鍵的第一步。但是鄧小平也知道，如果戰爭迫在眉睫，就不可能大幅裁軍。毛澤東說過戰爭不可避免，鄧小平並沒有挑戰這個觀點，但是他確實說過，中國能在未來若干年裡減少戰爭的風險。[19]

沒有任何軍隊的問題會像裁軍那樣引起強烈的抵制，一個領導人假如沒有鄧小平在部隊裡的地位和強硬作風，就會知道這項工作幾乎不可能完成。每年都有大量復員軍人回到地方後找不到工作。當時還沒有新的市場機會，政府財力也有限。安置工作也一團糟，造成大批轉業老兵抗議他們沒有得到適當的安置。

鄧小平裁軍工作的要點是制訂新的編制表，然後把需要裁減的名額分配到全軍各個單位。早在一九七五年一月十四日，鄧小平就在總參一次幹部座談會上宣布，要制定出規定各單位人數的新編制表。新的編制表完成後，空軍和海軍不會減少員額，但是陸軍要裁員。此外，技術專業的崗位也不會減少。有些地方的軍隊人數要大幅減少，但是像新疆這類敏感地區，軍隊編制還要增加。[20]新的編制表完成後，由各單位負責實施具體的裁軍工作，確定哪些人要留，哪些人要裁。[21]就像他一向處理有爭議的問題那樣，鄧小平不但下達指示，而且說明他的理由。他解釋，國家財力有限，能讓錢用於現代武器系統的唯一辦法就是減少人員開支。即便是那些擔心自己被裁掉的人也很難反對鄧小平這個理由。

為了減少對裁軍的抵制，鄧小平加緊努力為復員和轉業軍人找工作。盡量安排退休的部隊高層幹部在地方黨政機關或國營企業工作。普通軍人主要安排到農村擔任公社幹部，還有一些人轉業去了工廠。[22]政府幹部被要求負責在當地為老兵安排工作。

鄧小平利用一九七五年六月二十四至七月十五日召開的軍委擴大會（這個大會因林彪事件而拖延了四年）為裁軍計畫尋求支持。一些軍官為避免削減自己單位的人員而提出特殊要求，但計畫並未發生多大改變。[23]會議確定了三年內減少兵員一百六十萬的目標，其中包括大約六十萬名軍官。[24]

（101）

新的編制表一完成，軍隊立刻開始選拔各級領導班子。鄧小平為新領導班子的面貌定出基調，他說：新當選的幹部要能夠運用新技術改進常規裝備和先進武器，能夠通過科學分析提高指揮和管理水準；要增加訓練和學習，以便提高幹部素質，幫助他們制定適應未來條件的戰略；需要有關心部隊、能夠改進軍民關係的政治幹部。[25]中國的武器嚴重落伍，財力十分有限，因此鄧小平要求把錢花在刀口上。軍委擴大會剛一結束，來自四百多家國防工業大廠的領導幹部就在七月二十日到八月四日召開會議，根據提高技術水準的新工作重點對他們的工作責任進行評估。[26]

（102）

軍委擴大會召開幾週後，宣布了中央軍委的新成員。毛依然允許激進派控制宣傳工作。「四人幫」中最老練的張春橋任解放軍總政治部主任，但鄧小平仍然擔任總參謀長，葉劍英保留了對軍委的領導權。大多數中央軍委常委都是能與鄧小平和葉劍英合作共事的有經驗軍隊幹部：聶榮臻、粟裕、陳錫聯和梁必業。

鄧小平及其盟友有效控制著激進派。在軍委擴大會上，級別最高的激進派王洪文和張春橋都沒有公開發言。「四人幫」試圖控制人事任命權，把他們以後可以用來打擊對手的人事檔案搞到手，但是沒有得逞。張春橋仍擔任總政治部主任，因此控制著宣傳，但他完全不掌握人事任命權。鄧小平和葉帥在軍隊中得到的支持大大高於張春橋，由他們決定工作日程，並且在下級的任命中發揮主導作用。[27]

鄧小平也恢復部隊的培訓計畫。一九六六年之前的一〇一所軍事院校，在文革中大多數都被關閉。有些院校破敗不堪，無法重新開學。但是也有一些院校雖然不再教學，教員仍住在校園裡。還能教學的有經驗教員又被請了出來，讓他們修訂教材，重登講台。

與學校相比，大多數高級軍事技術研究所在文革中受到保護（甚至一些民用研究所也被置於國防科委的保護之下）。但是，由於既沒有大學的支持和新畢業生的輸入，又缺少民用研究機構提供的相關支援和與國外的技術交流，中國的軍事技術已遠遠落後於它的潛在敵人。研究機構需要重整旗鼓，葉帥在一九七五年勸說已退休的張愛萍重新出馬幫助他工作，在組織軍事科研方面，張愛萍是最有經驗的高級軍官之一。

兩個研究和開發機構鬧派性十分嚴重，因此需要給予特別關注：一個是主要從事核武器開發的二機部，另一個是研究彈道導彈的七機部。在一九七四年，發射洲際彈道導彈的三次試驗均以失敗告終，這使得批評這兩個部的領導很容易得到政治上的擁護，但是對激進派的支持並沒有消失。[28]「四人幫」的追隨者在其中一個部之下的一家工廠中仍很活躍，他們貼出聲討張愛萍只抓生產的大字報。

五月十九日，鄧小平在訪法回國後的次日參加了負責軍工技術的領導幹部聶榮臻（他也是鄧小平在法國勤工儉學時的同志之一）在七機部召開的會議。鄧小平的演講十分強硬，他說，政府不能再容忍派性，領導人必須在六月三十日以前消除一切派性，七月一日之後大家要合作共事，不然就對他們不客氣：一定嚴加懲處。

得到毛澤東和周恩來的同意後，鄧小平和葉帥監督著這兩個問題嚴重的部門進行整頓，仍然鬧派性的人被開除，建立了組織科研工作的新領導班子。[29]從一九七五年第四季度到一九七六年，做為裁軍工作的一部分，編制表中正式取消了四十六．四萬個崗位。當然，有些人想方設法留在自己的崗位上，但葉帥和鄧小平已經盡其所能落實他們的裁軍計畫，新的領導班子也已選出，待時機到來便能在他們的部門和隊伍中應用現代化科技。[30]

總之，在一九七五年，鄧小平和葉帥在毛澤東和中央軍委大多數人的支持下，在恢復紀律、裁軍、為改進部隊的教育和技術水準鋪平道路方面，都取得可觀的進步。

地方整頓的戰略：徐州鐵路局

為了在地方整頓上取得突破，鄧小平採取抓典範的方式，這既能迅速增加生產，又能鼓勵其他單位。他在打游擊的年代就認為，打一些勝券在握的小仗，可以鼓舞部隊準備打好大仗。一九七五年，很多因為不能完成生產指標而受到批評的工廠都抱怨物資供應不足。運輸是個明顯的瓶頸。假如能在交通運輸領域初戰告捷，是不是既能增加生產，又能為其他領域樹立成功的先例？

中國在一九七〇年代中期還沒有現代高速公路系統，貨運基本依靠鐵路。因此當鄧小平致力於改善運輸時，便將注意力集中在江蘇北部的城市徐州，這裡是東西鐵路大動脈隴海線和南北鐵路大動脈津浦線的交匯點。在一九七五年三月前，徐州鐵路局已經有二十一個月沒有完成裝貨和發車指標。自一九六七年一月起，那裡的造反派之間的武鬥幾乎從未間斷。

一九七五年的形勢既糟糕又麻煩。擔任徐州鐵路分局局長的造反派頭頭顧炳華能搞到武器，

（104）

頑固抵制外人對他的控制。自一九六六年以來，顧炳華和造反派就占據著火車站附近的物資局大樓，做為他們個人的物資儲備和供應倉庫。當公安局前來抓捕一些工人時，顧炳華的同夥強行拘留公安幹警。顧炳華的同夥甚至一度奪取徐州市黨委的辦公樓，拘禁市委幹部。[31]

毛澤東堅定支持鄧小平整頓鐵路的工作，部分原因是他本人經歷過一次因混亂而造成的延誤。一九七五年二月三日他要乘專列從長沙前往杭州，但保衛幹部無法保證專列的安全，使他直到二月八日才得以成行。[32]前造反派頭頭王洪文現在也贊成打擊造反派。他支持壓制徐州，是因為他做為上海市革命委員會副主任，明白上海需要鐵路的供應。

毛澤東和王洪文的支持，使鄧小平能夠對徐州採取迅速果斷的措施。此時萬里已經擔任鐵道部部長（參見「鄧小平時代的關鍵人物」）。做為他早先採取的步驟之一，鄧小平早在一九七五年一月上任之前便推薦素以攻克難題聞名的萬里擔任鐵道部部長。萬里在早年負責領導包括人民大會堂、中國歷史博物館和中國革命博物館在內的天安門廣場周邊建設項目時，就曾受到毛澤東的表揚。[33]「萬里」這個姓名的意思是「一萬里」，所以毛曾開玩笑說，這個人「真是日行萬里啊！」因此，當一九七四年十二月毛澤東和周恩來在長沙開會時，他們很快就同意萬里的任命。

一九七五年一月萬里上任時，鄧小平對他說，要「盡快採取最有效的手段」改變鐵路現狀。[34]他讓這位新鐵道部長趕緊準備一份有關徐州問題的報告，在他擔任副總理十天後，就聽取了萬里

（105）

的彙報。萬里說，關鍵問題是派性，問題太複雜，解決起來需要半年時間。鄧小平說，形勢太嚴重，不能等那麼久。

幾週後的二月六日，鄧小平召集紀登奎和王震聽取萬里有關盡快解決徐州問題的方案彙報。在這次會議上，粗魯莽撞、對鄧小平忠心耿耿的王震將軍提出派軍隊過去。萬里說，徐州很多幹部擔心口頭指示可能很快有變，因此他請求中央發一份書面文件，授權他鎮壓控制著徐州鐵路樞紐的革命造反派。鄧小平下令馬上起草這樣一份文件。

為了響應鄧小平發出的制定文件解決鐵路難題的號召，二十九個省市自治區負責工業和交通運輸的書記從二月二十五日到三月五日在北京召開會議。與會者一致認為徐州的問題最嚴重，必須首先解決。他們希望當年第二季度就能讓鐵路貨運恢復通暢。[35]會議結束後，立刻根據會議的討論發布中央九號文件，標題是〈中共中央關於加強鐵路工作的決定〉。[36]這份得到毛澤東批准的文件全面分析了當前的問題，概要說明了解決方案。最重要的是，這份文件表明，包括毛澤東在內的北京領導層完全支援萬里在徐州的工作。

九號文件把全部的政治和軍事權力集中到萬里和鐵道部手中，從而打破徐州鐵路樞紐管轄權重疊的死結。當時，位於江蘇西北角的徐州鐵路樞紐靠近山東、安徽和河南邊界，管理權涉及所有這四個省的幹部，他們分管著從治安到鐵路管理與維護的不同部門。

（106）

九號文件還規定，必須消除派性，鐵道部的幹部要對發生的任何事故負責。反對這些措施的人（搞派性活動者、停工者和毀壞財物者）一經發現，要立刻懲處。鄧小平為了搶占意識型態高地，宣布說，對抗鐵道部領導的人（就算那些已經加入激進團體的）也要被定性為違反組織紀律、搞個人主義的「資產階級」。此外，破壞鐵路財物的人一律定為「反革命」，迅速嚴懲。[37]

鄧小平在省委書記會議[38]結束時的演講簡短扼要、切中要害，既表明了他態度堅決，採用的方式又讓毛澤東很難反對，儘管他要限制一些革命造反派。他引用毛語錄說，必須「抓革命，促生產，促工作，促戰備」。一旦發生戰爭，交通運輸的地位十分重要，可是現在它運轉不良。有些領導人擔心，過於重視經濟，會像文革期間那樣繼續挨批。為了讓他們放心，鄧小平說：「聽說現在有的同志只敢抓革命，不敢抓生產。說什麼『抓革命保險，抓生產危險』。這是大錯特錯的。」他明確表示，毛主席現在支持抓經濟，「怎樣才能把國民經濟搞上去？分析的結果，當前的薄弱環節是鐵路」。[39]

由於把鐵路做為地方整頓的典範，鄧小平親自講到全國鐵路問題的細節。他說，全國鐵路的日裝載能力估計為五萬五千節車廂，但現在只能裝四萬多節。「現在鐵路事故驚人。去年一年發生行車重大事故和大事故七百七十五件。」（與此相比，一九六四年只有八十八起。）紀律很差，規章制度得不到執行。例如，「火車司機隨便下車吃飯，經常誤點」，值班時間不能喝酒的規定

（107）

也未能嚴格遵守。「對這些人不及時處理〔打擊投機倒把、升官發財的壞份子〕……等到哪一年呀？……對鬧派性的人要再教育，要反對鬧派性的頭頭。」對那些鬧過派性但已改正錯誤的人，鄧小平說：「教育過來，既往不咎，再不轉變，嚴肅處理。」同時，「要把鬧派性的人從原單位調開」。鬧派性的頭頭不服從調動怎麼辦？「不服從調動不發工資。」他又用更加積極的語氣說，「我想絕大多數人是擁護這個決定的」，「鐵路工人是中國工人階級最先進、最有組織的一部分。……把這些問題講清楚，理所當然會得到絕大多數鐵路職工的擁護。……解決鐵路問題的經驗，對其他工業部門會有幫助」。[40]這充分顯示鄧小平的特色：講清大局，說明為什麼需要做某些事，把注意力集中在任務上，打好思想基礎，為撤換無所作為的幹部爭取公眾支持。

為了貫徹鄧小平的計畫，萬里在會議結束後的次日就召開鐵道部全體駐京單位大會，向與會者傳達九號文件和鄧小平的演講要點。第二天又召開全國鐵路系統電話會議，向地方幹部說明九號文件和鄧小平演講的重要意義。王震在電話中說，他將從鐵道部向問題嚴重的地方派出工作組。幹部們都知道王震將軍的工作組中會有軍隊，必要時會動用武力。[41]自土改以來，由上級派工作組一直就是保證國家政策在地方得到落實的基本手段。

萬里整治鐵路運輸不暢的工作有全國的支持，又有中央文件撐腰，他於三月九日率領北京的工作組會見江蘇省和徐州市的黨政領導。[42]他到達的當天就宣布，根據鄧小平親自批准的逮捕令，逮捕四天前被鄧小平點名批評的徐州鐵路分局局長顧炳華。[43] 萬里知道，不把顧炳華抓起來，有些幹部還是不敢帶頭對他進行批判。他還明白，很多人就像鄧小平在演講中所說，仍然心有餘悸，擔心被打成右派。老練的革命領導人萬里知道，為了讓人們放心批判顧炳華，需要召開一次群眾大會，以此顯示行動得到廣泛支援，並表明上面的大人物也在公開譴責顧炳華。九號文件的發布起著關鍵作用，表明他的鎮壓措施不只是一個不久就會調離的領導人之意見，而是得到黨中央和國務院的全力支持。

萬里到達徐州的第二天，在徐州鐵路分局職工和家屬萬人大會上發表演講。他傳達了九號文件的內容，敦促他們在三月底前讓鐵路局成為促進交通運輸順利運行的模範。次日，萬里等人又在徐州體育館召開的徐州市黨員幹部大會上演講，傳達鄧小平所強調的毛主席的三項指示，重申毛主席對「安定團結」的號召。在另一次群眾大會（對象是機務段的職工）上演講之後，他們的領導做出讓貨運暢通的保證。[44]

顧炳華被捕後，他的同夥繼續負隅頑抗，直到最後鋃鐺入獄。和其他派下去處理類似情況的工作組一樣，萬里和北京的工作組把那些帶頭搗亂、必須逮捕或至少撤職的人，與通過「教育」仍能和新領導班子合作的幹部區分開來。他們對基層領導說，要解散派系，承認錯誤；很多人聽從後得到留用。在隨後召開的小組會上，每個人都表態不再加入派系，保證貨運暢通。[45]

（108）

為了加強對新領導路線的支持，使當地人不計前嫌，也為了向當地群眾保證激進派的追隨者不會捲土重來，工作組宣布為徐州地區在文革初期受到迫害的大約六千人平反，釋放在押人員。同時對派系鬥爭中遇害者的親屬道歉，賠償倖存的受害者，[46]並為過去受到冤枉的很多人重新安排工作。[47]為了讓鐵路工人完成指標，萬里鼓勵當地領導班子改善工人的生活條件。在接見新選出的領導班子之後，萬里和工作組一起離開徐州，距他們到達時只過了十二天。他們讓當地領導班子接手工作並向上級彙報。到三月底，徐州平均每天辦理的車廂數從三千八百節增加到七千七百節，日均裝載量翻了一倍，從七百節車廂增加到一千四百節。[48]

中共領導人在全國推行新方案時，經常說「由點到線，由線到面」。在徐州實現重大突破後，鄧小平決心把這個在點上取得的整頓經驗推向其他鐵路樞紐，再利用鐵路的經驗整頓其他部門。三月底，負責整頓的幹部從徐州轉道南京和江蘇等地方的鐵路樞紐。[49]鄧小平首先集中精力抓問題嚴重的鐵路樞紐，如太原、昆明和南昌等等。他聽說太原有個黨委副書記阻撓當地鐵路運輸暢通，便指示迅速進行調查，如果情況屬實，在月底以前要把這個副書記調離，如果他在上面有後台，也要一併調離。[50]

萬里繼續奔波於有問題的鐵路部門，隨後又視察了所有的貨車製造廠（分別在洛陽、太原、成都和柳州）以保證鐵路設備的及時供應。四月二十四日鄧小平陪同金日成訪問南京時，萬里趕到南京向他彙報整頓鐵路取得的進展。[51]對鐵路的其他老大難單位，萬里採取和徐州相同的策略：召集小型會議聽取有關當地情況的彙報，宣傳九號文件，重申毛澤東對安定團結的重視，召開群眾大會爭取他們對改革的支持，在必要時還會搬出軍隊做為後盾。經過選拔，新的領導班子得到任用。自然，被撤換的領導都是以前的革命造反派。

從六月三十日到七月七日，萬里在北京主持召開工作會議，總結了九號文件下發後幾個月以來整頓鐵路的經驗。這幾個月的變化顯然是一項大成就。據萬里的報告，全國二季度的貨運量比一季度提高了一九．八％，客車利用率提高了一八．四％。[52]

鄧小平不可能像解決徐州鐵路局的問題那樣，對另一些問題付出同樣多的精力，但是這個案例鮮明地體現鄧小平克服混亂、為其他地方樹立典範的方法：他盡量讓毛澤東站在自己這一邊；依靠有成功經驗的幹部；發文件，召開群眾大會，利用軍隊使群眾相信文革的政策不會輕易回潮；把阻礙進步的人抓起來，並督促建立新的領導班子。而且，他做起這一切來雷厲風行。

把徐州的典範推廣到煤礦和鋼鐵業

徐州的整頓大獲成功後，鄧小平又利用徐州的典範經驗推動其他地方的整頓。他在三月二十五日讓萬里彙報徐州的進展，但不是向鐵路幹部，而是向國務院的全體幹部大會。鄧小平在

（110）

這種彙報會上一向不說話，這一次他卻表現得很急切，數次打斷萬里做一些補充說明。

此後，鄧小平的下屬從打擊徐州的派性轉向打擊徐州所屬的整個徐海地區的派性，然後又擴大到江蘇全省。江蘇省在一九七五年是全國最亂的省分之一，一九七四年末全國的國民生產總值有所增加，江蘇卻下降了三%。萬里得到支持，從鐵路轉向對江蘇全省進行整頓；一如在徐州，他打擊派性，選拔能夠帶來穩定和發展的幹部。不到三個月，萬里就報告，在整頓江蘇的新領導班子上取得重大進展。六月二十日中央發布十二號文件，它實際上是在九號文件的基礎上通報了在徐州、海州和江蘇其他地區取得的進展。鄧小平讚揚這份報告說，江蘇的經驗也可以用於指導其他地方的工作。[53]於是改革又從江蘇推向浙江。儘管浙江的造反派仍負隅頑抗，問題特別棘手，但是到七月十七日就基本得到了解決。根據浙江的經驗發布的十六號文件，使這一經驗又成為其他各省開展整頓的典範。[54]

鄧小平在七月四日概述了「由點到線，由線到面」的整頓任務，即從鐵路和地方政府擴大到其他部門，首先是煤炭和鋼鐵行業，然後是其他行業和其他運輸業，接下來是商業、財貿和農業，最後從經濟部門轉向文教部門、從國防科技轉向整個科技部門，從軍隊轉向地方政府。

中國的基本能源供應是煤炭，房屋取暖、發電廠和工廠都離不開煤。運輸是關鍵：煤炭運輸大約占鐵路總運量的四〇%。但是在文革期間由於運輸扯後腿，大量煤炭只能堆積在礦區附近，使煤炭生產失去動力。

鐵路運輸的難題在一九七五年夏天已開始克服，這使北京可以把更多精力轉向煤炭生產。實際上，九號文件發布後，鄧小平就給煤炭部長徐今強打氣，讓他利用運輸條件改善的前景增加煤炭生產。一九七五年春天，徐今強把工作重點放在鐵路運輸便利的產煤區：陝西、河北、河南、安徽和東北。

在鄧小平的領導下，徐今強對派性發起打擊，首先針對問題特別嚴重的省分。這些省分的煤礦供應占華東地區四〇％的煤炭量，對這些省分鋼鐵廠的煤炭供應至關重要。整頓工作使它們的生產大為改觀：一九七五年二季度的煤炭生產迅速增加，上半年結束時煤炭運輸量完成了全年計畫的五五．五％。[55]

在這個時期，化肥、輕工業產品和電力生產也有所改善，但是鋼鐵生產仍然停滯不前。鋼產量在一九七三年達到二五三〇萬噸的最大值後，由於批林批孔運動的干擾，一九七四年降至二一一〇萬噸。一九七五年初確定的當年生產指標是二六〇〇萬噸。[56]在三月二十五日鄧小平主持召開的國務院會議上，萬里報告如何把徐州經驗運用於其他領域之後，鄧小平說：「現在解決鋼鐵問題是頭等大事。」[57]

在當月召開的鋼鐵工業座談會上，副總理余秋里直言：「搞了二十六年，花了五、六百億投資，職工三百萬人，只搞出兩千萬噸鋼。」他說，為了增加鋼產量，必須做到⑴保證煤炭的長期供應，要專列直達，定點供應，必要的重油和電力供應也要得到保障；⑵發動群眾，要讓懂技術的管理人員擔任負責人；⑶克服薄弱環節，特別是鞍鋼、武鋼、包鋼和太鋼四大鋼鐵廠。不幹工作的要免職，「不要占著茅坑不拉屎」。[58]

五月初，李先念副總理召集十二家大型鋼鐵廠和當地政府的黨委書記，召開鋼鐵工業座談會。[59]未完成指標的鋼鐵廠領導要向一群嚴厲的與會者解釋為何沒有完成指標；他們說，在批林批孔運動中挨批的幹部害怕犯政治錯誤，他們擔心毛的政策會有反覆，如果不抓政治只抓經濟和生產，他們又會挨批。

五月二十一日，鄧小平結束為期一週的訪法之行回國三天後，主持召開由國務院帶頭的全國鋼鐵工作座談會。[60]鄧小平不能公開談論讓很多幹部擔心的事，即毛澤東有可能變卦，在「四人幫」的慫恿下再次打擊那些注重抓經濟的人。張春橋和姚文元就曾在一九七五年三月和四月分別發表文章，公開批判「經驗主義」，這是指只重視經濟生產、忽視意識型態的做法。鄧小平當時心中明白卻不宜公開說明的是，毛澤東曾在四月十八日讓他放心，並就姚文元四月二十三日的文章寫下批示，進一步表明他現在反對批判經驗主義，支持鄧小平的整頓工作。

鄧小平在五月份的這次國務院座談會上說：「鐵路一通，就會暴露出冶金、電力、各行各業

（112）

的問題。各部都要自己打算打算，怎樣工作，解決老大難。下一步的中心是要解決鋼的問題。」[61]谷牧開始向與會者介紹鋼鐵問題的嚴重性，但鄧小平插話說：「這樣講還不夠。應該說，這樣繼續下去，對鋼鐵工業是破壞！」他又說：「谷牧說每年增加兩百五十萬噸鋼沒問題，我說每年增加三百萬噸也不難。……不管是哪一級的領導，不能總是怕這怕那。現在，幹部中的一個主要問題，就是怕字當頭，不敢摸老虎屁股。我們一定支持你們。」[62]

鄧小平說，有四、五十年資歷的人也沒什麼大不了，「如果鬧派性，管你是老虎屁股，還是獅子屁股，都要摸。……如果鬧派性嚴重而又不改正的，就堅決調開。一年調他三百六十次。七月十號以後就不客氣了。……必要的話就把你調到烏魯木齊，妻子一鬧離婚，他就聽話了。」[63]他說：「更重要的是，要嚴格，該批的批，該鬥的鬥，不能慢吞吞的，總是等待。鐵道部已採取堅決的措施，但在這裡我看到很多人不喜歡。」他接著又說：「允許你們犯錯誤。要找那些敢於堅持黨的原則、有不怕被打倒的精神、敢於負責、敢於鬥爭的人進領導班子。……我是維吾爾族姑娘，辮子多，一抓一大把。」他說，像鞍鋼這樣的大企業，那麼複雜，雜事很多，但是高層管理人員不能每天只抓技術性的小事。「公司必須單獨有一個班子，不是管油鹽醬醋柴，而是指揮生產的。」[64]

在五月二十九日召開關於鋼鐵工業的會議上，鄧小平強調企業要有一個強有力的領導核心。

他把重點放在鋼產量占全國一半的八大鋼鐵廠上，並批評四家最大鋼廠（鞍鋼、武鋼、太鋼和包鋼）都沒有完成指標。他說，鞍鋼的問題最大，關鍵是領導「軟、懶、散」。[65]

一九七五年六月四日，經毛澤東同意和政治局批准，向地方的鋼鐵主管部門下發了十三號文件，內容與整頓鐵路的九號文件相似。文件重申一九七五年兩千六百萬噸的目標產量。國家計委從各部委抽調人員成立一個小組直接向國務院彙報，保證鋼鐵生產指標的完成。為了給鋼鐵廠所需物資提供保障，電力、煤炭、交通、石油等各有關部委都有成員加入這個小組。要求各省市黨委履行對鋼鐵廠的領導責任，確保它們完成指標。[66]

各大鋼鐵廠都召開了貫徹十三號文件的職工大會，有些大會的參加者多達四萬人。[67]直屬國務院的最高領導小組也每週開會，討論各項計畫，確保指標的完成。[68]不過領導小組在八月一日開會評估鋼鐵生產時，與會者承認，要完成之前定的高額指標頗有難度。其中一個阻力是余秋里的突然病倒——春天他還在大膽領導著推動鋼鐵行業的工作，可是夏天生病以後，他無法再提供一貫的堅強領導後盾了。幹部們仍然擔心如果只抓生產，忽視極左政治，他們以後有可能遇上麻煩。確實，「四人幫」當時已經開始批評鄧小平正在犯這種錯誤了。

中國在一九七五年生產了二三九〇萬噸鋼，與一九七四年的二一一〇萬噸相比顯著增加，但並未達到二六〇〇萬噸的目標。鄧小平接受這一進步幅度，宣布工作取得勝利。從十二月十五日

（114）

到二十三日（此時鄧小平已在上層受到小範圍的批判），谷牧主持召開一個會議，與負責鋼鐵生產的省級幹部討論各種問題。雖然會上仍在唱高調，但高層幹部已經知道，在十二月新的政治氣氛中，鄧小平受到圍攻，地方幹部對繼續致力於抓增產心有餘悸。果然，鄧小平在一九七六年第三次下台並被撤銷一切職務後，當年的鋼鐵產量下降到二〇五〇萬噸。

一九七五年中國鋼鐵生產的改善與當時日本的鋼產量相比是微不足道的，鄧小平在三年後參觀一家現代化的日本鋼鐵廠時就會明白這一點，僅這一家工廠的鋼鐵產量就是一九七五年中國鋼鐵增產後總產量的數倍。鄧小平在一九七五年的努力，是他通過政治動員增加鋼鐵產量的最後一次嘗試。他在一九七八年十月參觀了日本的大型現代鋼鐵廠以後，在提高鋼產量的問題上採取十分不同的方式。他不再搞整頓，轉而依靠科技。這一戰略轉變帶來巨大收穫。一九八〇年代中國從日本引進現代鋼鐵技術後，鋼鐵產量從一九八二年的三七二〇萬噸猛增到一九八九年的六一二〇萬噸，一九九六年又進一步增加到一．〇一億噸，使中國成為世界最大的鋼鐵生產國。[69] 到二〇一〇年，擁有現代技術的鋼鐵廠在中國遍地開花，不用進行政治動員，中國就能達到六億噸的鋼鐵年產量，幾乎相當於一九七五年鋼鐵產量的三十倍。

浙江問題和王洪文的失勢

一九七五年毛澤東支持鄧小平選拔新的領導班子，讓過去鬥來鬥去的人能夠在一起工作。當時，分裂最為嚴重、最須花力氣恢復團結的省分是浙江省。[70] 一九七四年，隨著秩序得到部分恢復，除了江蘇和浙江，各省的經濟都有成長。浙江是一個人口多、比較發達的沿海省分，有很好的工業基礎。但是它的問題在一九七五年一季度仍很嚴重，工業生產比一九七四年一季度下降二〇%，全省財政收入下降二八．五%。由於鄧小平和萬里等人的努力，一九七五年全國前八個月的工業生產比上年平均成長一七%，浙江卻下降了六%。[71]

毛澤東一九七五年二月八日從長沙來到浙江杭州美麗的西湖，一直住到四月中旬回京接待北韓領導人金日成，對浙江產生了特殊的興趣。他在杭州時有很多機會與省裡的幹部談話，特別是黨的老幹部譚啟龍和軍隊老幹部鐵瑛，他們都在文革中受過衝擊。毛澤東這時有恢復秩序的想法，因此覺得他們都是很能幹的人。相反的，他在杭州時對翁森鶴印象不佳，翁過去是造反派頭頭，從一九七三年到一九七四年一直有王洪文為他撐腰。一九七四年的批林批孔運動中，浙江的問題變得日趨嚴重，因為王洪文支持造反派，而譚啟龍又控制不了他們。毛澤東和王洪文之間在一九七四年也開始出現不和，一九七四年十月十八日王洪文飛到長沙時，毛已經對他過分緊跟江青感到不快。

（115）

一九七五年春，毛澤東對王洪文的懷疑進一步加深。浙江問題的嚴重性引起北京的注意，於是派王洪文分別在一九七四年十一月和一九七五年三月與浙江領導人協商解決問題，但他一無所獲。從四月二十七日到六月三日的幾次政治局會議上，王洪文和江青一起受到批評，部分原因就是他未能解決浙江的問題。王洪文為此做了檢討。[72]

一九七六年十月王洪文做為「四人幫」成員之一被捕後，有人說他是個無能的激進派，既魯莽又下流，沉溺於錦衣玉食的奢華生活。實際上，王洪文曾做過一系列的努力以承擔起主持黨日常工作的職責；有些瞭解他的人覺得，他並沒有參與「四人幫」犯下的罪行。但是北京城裡有眾多有經驗的優秀幹部，像王洪文這樣一個年輕新貴，突然之間竄升到更有經驗、更能幹的幹部之上，很難贏得一個高層領導人不可缺少的尊重。

一九七五年六月下旬宣布，王洪文暫時不再主持北京中央委員會的日常工作，被先後派往上海和浙江。毛澤東支持周恩來和鄧小平的建議，讓王洪文做為紀登奎副總理領導的工作組成員，去解決浙江的問題。實際上，王洪文是被派去接受教育和改造，他和紀登奎一起批評那些他過去支持過的造反派，這使他的處境頗為尷尬。但是他的到來也有助於解決浙江的問題，因為這能使他過去支持的造反派看到，即使地位顯赫的激進派王洪文也幫不了他們。[73]

紀登奎在浙江的工作與萬里在徐州的工作相似。他和工作組會見當地幹部，瞭解問題，召開

（116）

群眾大會，選出以譚啟龍和鐵瑛為首的新領導班子，用正式文件支持他們的工作。雖然鄧小平是這項工作的主角，但是與徐州的問題相比，當時仍在浙江、與現有負責同志談過話的毛澤東，對浙江問題的解決發揮著更積極的作用。祖籍浙江、對那裡很有感情的周恩來也提供了意見。

紀登奎在浙江的最後幾天，和其他幹部一起起草了十六號文件，它對浙江的作用類似九號文件對鐵路系統、十三號文件對鋼鐵工業的作用。一九七五年七月十四日，紀登奎、王洪文、譚啟龍和鐵瑛帶著文件草稿飛到北京，鄧小平第二天主持召開會議討論文件草稿，並做出有關浙江省和杭州市領導班子的決定。鐵瑛坐在鄧小平的左邊，使右耳聽力嚴重下降的鄧小平能夠聽清楚他在會議上的發言。[74]文件於次日送交毛澤東，毛批准了這份文件和人事決定，次日就下發了十六號文件。

浙江的整頓工作因為毛澤東和中央領導的堅決支持，達到在這個最混亂的省分恢復秩序、增強團結的目的。譚啟龍在演講中為自己過去一年的領導不力道歉；並宣布得益於北京最高層的大力支持，已牢牢控制住造反派。浙江的幹部在一九七五年底宣布，一九七五下半年的工業產量比上半年提高了四%。[75]

毛澤東並不想突然宣布解除王洪文的正式職務，以免搞得黨內人心惶惶。王洪文去浙江後又保留了半年既有的頭銜，直到那時，社會上對他的失寵仍然一無所知，但是毛澤東再也沒有讓王洪文回到北京的領導崗位上。

重用鄧小平

毛澤東打算進一步重用鄧小平的第一個明確跡象，出現在一九七五年四月十八日，這一天他讓鄧小平陪同他一起會見金日成。他對金日成說：「我不談政治，由他來跟你談了。此人叫鄧小平。他會打仗，還會反修正主義。紅衛兵整過他，現在沒事了。那個時候給打倒了好幾年，現在又起來了，我們要他。」[76]

在金日成訪中期間，毛澤東與鄧小平單獨做過簡短的談話。鄧小平提到他對江青、張春橋和姚文元等人大批經驗主義的憂心。鄧在恢復秩序和經濟發展上取得的成功，使他們害怕鄧對毛的影響力增加，於是開始批他只抓經濟不管基本原則，這種論調曾經很合毛的口味。然而一九七五年四月毛澤東安慰鄧小平說，這些批評太過分了。他說：「我黨真懂馬列的不多，有些人自以為懂了，其實不大懂，自以為是，……這也是不懂馬列的一種表現。……此問題請提政治局（117）一議。」[77]在知情者看來，毛的這些話意思很清楚：「有些人」是指「四人幫」，他們管得太多了，現在更應該受到批評的是他們。

確實，政治局不久後便開會討論毛澤東在四月二十五日對「四人幫」寫文章批經驗主義的意見。在政治局會議上，葉劍英元帥批評江青和「四人幫」其他成員攻擊經驗主義。江青此刻不得不做出檢討。想幫江青阻止鄧小平擴大權力的王洪文在會後立刻寫信給毛澤東告狀說，周恩來對形勢一貫抱有悲觀情緒，現在有人替他說出來了。[78]讀到這封信的人都清楚，所謂「有人」指的就是鄧小平。但此時毛澤東對鄧小平的信任沒有動搖。

五月三日深夜，毛澤東在自己的住處召集政治局開會。毛親自主持政治局會議說明他有不同尋常的大事要商量，因為很久以來他都是讓別人主持這種高層會議。周恩來艱難地離開醫院的病床前去參加會議，這是前一年十二月以來他第一次見到毛澤東，雖然此後周恩來又活了八個月，但這是兩位領導人的最後一次會面。以毛的身體狀況而論，他是能夠去醫院看望周恩來的，但他從未去過。

在五月三日的會議上，毛澤東批評江青等人只批經驗主義，不批教條主義。毛從未與江青斷絕關係，但在這次會議上對她很嚴厲。他說：「不要搞『四人幫』。你們不要搞了，為什麼照樣搞呀？為什麼不和兩百多個中央委員搞團結？……要團結不要分裂。要光明正大不要搞陰謀詭計。」他又說：「有意見要在政治局討論，印成文件發下去；要以中央的名義，不要用個人的名義，比如也不要以我的名義，我是從來不送什麼材料的。」然後他指著鄧小平說：「你就是毛派的代表。」這也是毛澤東最後一次出席政治局會議。[79]

（118）

在政治局會議上，鄧小平和葉帥等人也附和毛的意見，進一步批評「四人幫」。他們說，毛主席五月三日的指示很重要，教導他們要搞馬列主義，不要搞修正主義，要團結，不要分裂；要光明正大，不要搞陰謀詭計。他們還批評江青誇大與周恩來的分歧，借批林批孔打擊葉帥。

在五月二十七日和六月三日，鄧小平第一次取代王洪文主持了政治局會議。江青和王洪文在六月三日的會上被迫做了檢討。80幾天後，鄧小平陪同毛澤東接見菲律賓總統馬可仕（Ferdinand Marcos）時，把會議情況向毛做了彙報，毛對鄧在會議上的做法表示認可，因為他沒有對江青過於嚴厲。鄧小平向毛澤東證明他能按毛的意願做事，會繼續和江青一起工作。

毛澤東從未完全放棄王洪文，王洪文後來還協助華國鋒籌備毛澤東的追悼會，但是，自從去了浙江之後，王洪文在黨內的協商中事實上已經不起作用。王洪文被派往浙江時向毛澤東提議，請葉帥或鄧小平代他主持黨的會議。體力衰退的葉帥在七月一日寫信給毛澤東說，自己年紀太大了，還是讓鄧小平領導黨的日常工作吧，毛澤東立刻表示同意。葉帥在七月二十日起草一份正式文件，宣布鄧小平除了做為實質上的總理領導政府工作、做為軍委副主席領導軍隊，還要主持黨的日常工作。最重要的是，大約就在此時，毛澤東還交給鄧小平一項外交領域的新任務：鄧小平將成為第一位對西方國家進行國事訪問的中共官員。

（119）

與西方關係的突破：中法關係

鄧小平於一九七五年五月十二日至十七日到法國進行國事訪問，這是中共領導人首次出訪西方國家，這使他有機會著手為中國向西方學習做準備，一如一九五〇年代學習蘇聯。[81]毛澤東選派鄧小平進行這次重要的出訪，使「四人幫」起了疑心，他們正確地看出這是鄧小平權力增加的又一跡象。這次出訪對身為領導人的鄧小平確實有重大影響。與他一年之前路過法國時不同，這次訪問提供一次機會，使他能夠更具體瞭解這個他在半個世紀以前所熟悉的國家發生了多大變化，思考中國為實現四個現代化需要做些什麼。

為何是法國呢？毛澤東在一年前提出「三個世界」的理論，他把歐洲的已開發國家看作第二世界的一部分，也就是說，它們是中國應該聯合共同對抗蘇美兩大霸權的國家。在第二世界的所有國家中，法國又是最先主動與中國建立友好關係的國家。它在一九六二年就與中國實現關係正常化，而當時沒有幾個西方國家願意這樣做。法國總統龐畢度（Georges Pompidou）在一九七三年九月正式訪問北京，並受到優待，成為第一個訪中的歐洲領導人。因此，當一九七五年法國向中國發出國事訪問的正式邀請時，中國很願意把這個機會做為對龐畢度訪中的回訪，並表明自己正在從文革的自我封閉中走出來。

在一九七五年訪法期間，鄧小平受到吉斯卡爾·德斯坦（Giscard D'Estaing）總統和席哈克

（119）

（Jacques Chirac）總理的接待。席哈克後來回憶，鄧小平直率而熱情，十分瞭解國際關係。[82]在訪法期間，鄧小平表現出他個人對法國生活的讚賞，遊覽了里昂和巴黎等半個世紀以前他去過的一些地方。

鄧小平要向法國傳遞的主要外交政策訊息是，請求西方繼續給予支持，共同對抗最具侵略性的超級大國蘇聯。他對與蘇聯搞緩和的價值表示懷疑，贊成西歐各國團結一致堅定對抗蘇聯。但是對鄧小平來說，學習現代化的經驗至少和磋商外交政策問題同樣重要。他參觀了一些農業和工業場所，就如何擴大中法貿易舉行會談。這是鄧小平第一次訪問一個現代西方國家，在這裡他看到五十年前他離開之後法國發生的驚人變化，對中國已經變得多麼落後感到震驚。這些見聞體驗和成功的國事訪問所帶來的連鎖反應深具影響。三年後，谷牧率領的中國經濟官員將延續鄧小平的訪問，在喚醒中共領導人對國外經濟和外交機會的意識，為中國進一步向西方開放、請求提供支持力量等方面，發揮至關重要的作用。

4 在毛澤東手下規畫未來

一九七五

（120）

毛澤東在一九七五年指定鄧小平取代王洪文主持黨的會議時，中共仍處在文革爭鬥所造成的混亂中。鄧小平在黨內的新職務使他得以採取一些重要措施整頓全國的黨組織。在北京之外的第一步整頓工作是在省級層面進行的，三個月後進一步推向縣和公社兩級。[1] 七月二十日葉帥寫信宣布由鄧小平主持黨內工作，兩天後鄧小平便在很多省委領導參加的中央「讀書班」上做演講，會議的重點是團結和整黨。

鄧小平知道毛對他盯得很緊，因此在會上大講毛主席的教導，至少是「毛主席的三項重要指示」——這是他為了配合自己當時的工作目標，從毛的教導中挑選出來、組合在一起的。鄧小平的目的有二，首先是讓毛澤東放心他會反修防修，其次是強調安定團結和發展國民經濟。為了加強黨的團結，鄧小平採用毛在一九四五年抗戰結束時召開的中共七大上的做法。在那個鄧小平第

（121）

一次參加的黨代會上，毛澤東強調必須把抗戰期間占領山頭跟日本人打游擊的各個單位統一起來。鄧小平結合前一段時期的情況說，各自為戰的打游擊時期自然而然出現了「山頭」思想，同樣，在文革期間自然也出現了派性。他總結道，現在我們黨要響應毛主席在七大上發出的團結號召，再次克服派性。[2]不管什麼人，只要「沒有犯過罪」，願意配合整頓、放棄派性，都要給予善待，包括過去的激進派。

鄧小平小心避免觸動毛的敏感神經，同時大膽、策略性地選拔善於治國而不是鬧革命的人。他沒有公然表示要清除黨內的左派或激進派，但的確更強調對「宗派主義」（即拉幫結夥的左派）而不是搞「修正主義」（即右派）者的批評。他說，要把領導權交給有十年以上工作經驗的幹部。雖然他沒有明確反對任命從紅衛兵中提拔上來的人，但這一來他就排除了一九六五年以後即文革期間發跡的人，當時這些人中有部分是「坐直升飛機」上來的。鄧小平還要求重新審查那些未經適當資格審查就入黨的人。雖然未做具體說明，但針對的也是一九六六年到一九七五年組織程序混亂時期新增的一千六百萬黨員，而不是文革之前入黨的一千八百萬黨員。[3]因「不合格」而清除出黨的基本上都是堅持派性不改的人。毛澤東沒有阻止鄧小平的做法，這意味著他承認當時國家需要更加穩定的領導班子。

整黨的一項中心任務，是讓文革期間由林彪派往地方的軍隊幹部退出地方政府的領導層。鄧小平在一九七五年八月八日做出指示，除了少數例外，軍隊要退出所有地方職務。軍隊的很多人當時是「革命委員會」的成員，而革委會在一些地方已經成為正規的政府機構。一九七五年底很多軍人又回到軍營。

一九七五年五月五日，毛澤東主持了他的最後一次政治局會議後不久，鄧小平又去醫院看望周恩來。鄧小平知道自己正觸及毛澤東十分關心的問題，他也知道，周恩來在與情緒多變的毛澤東打交道方面比他更有經驗。周恩來告誡鄧小平，要謹慎行事，只抓具體問題，一步一步來，不要進行全面整頓。鄧小平雖然敬重周恩來，也知道毛澤東有可能不再給自己撐腰，但是他比周恩來更有魄力，他下定決心進行全面整頓，攻克那些他認為搞四個現代化必須加以解決的老大難問題。[4]

（122）

鄧小平當時還沒有談到改革，但是在構建後來能夠實施改革的中共體制時，他也開始思考未來改革的內容。為此他需要擴大自己的理論隊伍，能夠幫他思考一些大問題的官僚體制之外的作家、理論家和戰略家。毛澤東讓鄧小平接過中央日常工作的領導權後不久，他徵得毛澤東同意，把自己的一批理論人馬擴大為政治研究室這樣一個正式機構。該機構設在國務院之下，其實是由鄧小平親自領導，由過去就是這個智囊團首領的胡喬木繼續負責它的日常工作。

（123）

政治研究室

在擔任副總理後的第二天，一九七五年一月六日，鄧小平把胡喬木叫來，提議由他和吳冷西、胡繩、李鑫等人成立一個研究理論問題的寫作小組。[5]鄧小平和胡喬木深知毛澤東對理論問題的敏感，因此挑選的都是受到毛器重的人，研究的題目也很合毛的心意，如「三個世界」理論、蘇聯的性質、資本主義危機、批判修正主義和帝國主義等等。鄧小平從一開始就花了不少時間和精力尋找那些毛澤東可以接受的理論觀點，以便能有更大的自由實施自己認為有利於黨和國家的政策。一月組成的小理論班子在七月擴充為政治研究室後，鄧小平開始研究一些他個人認為重要（毛澤東也不會反對）的問題，尤其是科學技術和工業發展。

政研室比美國白宮的班子小得多，但除了不負責執行，它們的目的是相似的。它實際上就是一個核心內閣，是直接向鄧小平負責的一批獨立顧問，可以幫他規畫總體戰略，起草政府公告。鄧小平對它的控制權大於對黨官僚機構的控制權，因為後者過於龐大、多樣，無法成為他本人的工具。

除了非正式交流，政研室的成員每兩週開一次例會。他們將工作分成三大塊：理論（馬克思主義和毛澤東思想）、國內問題和國際關係。最初這個機構只有六名老資格的成員（胡喬木、吳冷西、李鑫、熊復、胡繩和于光遠），很快又增加了第七名成員（鄧力群，參見「鄧小平時代的關鍵人物」）。即使在鼎盛時期，把助手都算在內，政研室也只有四十一名成員。有些成員也曾經是鄧小平「釣魚台寫作班子」的成員，一九六二年至一九六三年九評蘇共的著名公開信就是他們起草的。政研室的所有成員都是黨內公認的老資格知識份子、有創見的戰略家和寫文章的高手。吳冷西、李鑫、熊復、胡繩和胡喬木具有在毛澤東手下領導宣傳工作的豐富經歷，而胡喬木像鄧力群和于光遠一樣同時還具有深厚的理論功底和廣博的知識底子。

在準備重要演講和文件時，鄧小平與政研室的人員密切合作。他提供政治指導，說明他們撰寫的草稿中應當包含的思想，但依靠他們的專長以確保演講稿和文件符合歷史記錄，與毛主席過去的著作和馬克思主義理論保持一致。對重要的演講和文件，鄧小平會親自看草稿，然後和作者一起修改加工。對特別重大的問題，文件下發之前要交毛澤東批示，得到毛的批示後鄧小平還會親自審閱，看看毛的觀點是否準確寫進了稿子。[6]雖然鄧小平與毛澤東有非比尋常的關係，但他和其他人一樣，也擔心善變的毛澤東會像在文革高潮時那樣，認為某份文件不可接受而大發雷霆。

雖然鄧小平掌握著全面負責黨內事務的權力，但毛澤東仍讓「四人幫」保留對宣傳工作的控制權，以防鄧小平偏離他的旨意。事實上，江青也有自己專門的寫作班子，他們在北京大學和北京市委開會，總在伺機對鄧小平的政研室發布的文件進行批判。

（124）

江青的宣傳工作難免與鄧小平分管的文教科技工作重疊。對鄧小平來說，文化領域的整頓需要改變大方向，這就需要重新贏得因文革而疏遠的知識份子人心，把他們安置在能為中國的現代化做貢獻的位子上。因此，一九七五年政研室在加強科研機構、特別是中國科學院的發展方面發揮了關鍵作用。[7]

江青和鄧小平爭奪最激烈的領域之一，是《毛澤東選集》最後一卷，即第五卷的編輯工作，它成為一個關於如何定義毛澤東思想的戰場。鄧小平把李鑫調到政研室，就是因為他身為康生過去的祕書，控制著毛澤東的很多文稿；李鑫來政研室工作，強化了《毛選》第五卷的編輯應由鄧小平主管的理由。然而，儘管胡喬木、李鑫、吳冷西以及政研室的另一些人在為《毛選》第五卷準備材料，他們卻是在一個單獨的辦公室工作，受到另外一個組織的保護。

打算收進《毛選》第五卷的一份文件〈論十大關係〉成為爭執的焦點。這是完成企業集體化和國有化之後毛澤東在一九五六年四月二十五日的一次演講，演講中的一些觀點鄧小平可以用來為自己在一九七五年推動的工作計畫提供依據。毛澤東說，中國在和平時期應當減少軍費和國防開支，把資源用於支持沿海地區的經濟發展，中國的領導人應當學習各國的長處。鄧小平請求毛澤東批准重新發表這篇演講。毛澤東看過打算重印的稿子後，建議做一些修改。鄧小平將修訂稿再次送呈毛澤東，並在附信中建議，鑒於這篇演講對當前國內和外交工作的意義，宜在《毛選》

(125)

第五卷出版之前盡快發表。[8] 毛澤東再次退回稿子並做出批示，應當送交政治局討論。當然，「四人幫」反對重印這篇演講，毛澤東也從未同意將它公諸於世。直到毛澤東去世和「四人幫」被捕後不久，這篇演講才在一九七六年十二月二十六日重新發表。[9]

鄧小平失去毛的支持後，政研室也於一九七五年十二月停止運作。在它存在的不到五個月時間裡，只開過十三次全體工作人員會議。[10] 但是在這個短暫的時期內，它協助鄧小平為在二十世紀末實現四個現化所需進行的改革提前規畫了長期路線圖。它在恢復高等教育的準備工作中發揮了關鍵作用，拓寬了文化活動的空間，促進了包括社會科學在內的科學研究。一九七六年，它因為對以下三株「大毒草」的砲製發揮了作用而受到批判：(1)《工業二十條》；(2)《科學院工作彙報提綱》；(3)《論全黨全國各項工作的總綱》。政研室在制定前兩份文件上起著主要作用，第三份文件則由它全部承擔。

《工業二十條》

鄧小平承擔起新的職責後，召集所有主要經濟部門的幹部開了個會。從六月十六日到八月一日，他們出席討論「經濟工作長期目標」的國務院計畫工作務虛會。[11] 會議籌辦單位（國家計委）制定的討論議程，迴避了在對五年計畫討論過程中難免會產生的爭議，比如詳細規定資源來源、分配給各部門和各個專案的資源規模等。在務虛會之前，十年經濟規畫、五年計畫（一九七六年—一九八〇年）和一九七六年年度計畫的制訂工作已經在進行，但是有關這些計畫的最後決定要取決於這次務虛會確定的長遠目標。

這次國務院務虛會把工業做為討論的重心。在大躍進之後的恢復過程中，鄧小平曾在一九六一年領頭起草了為工業系統的結構和目標提供整體框架的《工業七十條》。這次務虛會討論的也是類似的問題，前後各稿的條目數量不同，一九七五年的最後一稿共包含二十條。

由於統計系統和情況彙報在一九七五年仍處於混亂狀態，不同領域的與會者首先交流有關經濟形勢的資訊。務虛會的前兩週舉行的是全體會議，由負責經濟工作的領導幹部聽取各主要經濟部門的彙報。各部門的與會者從這些彙報中能夠瞭解到自身部門必須如何設置目標才能與其他部門的能力和需要相配合。從七月二十日開始，谷牧將務虛會分成八個工作組，分別研究理論、組織和幾個要害部門的工作。月底又恢復全體會議，將與會者的全部結論匯總為《工業二十條》。（126）

在一九七五年，幹部們對「四小龍」（南韓、台灣、香港和新加坡）的經濟起飛已有所耳聞，它們實行的都是資本主義制度，取得了比蘇聯和東歐社會主義國家更快的經濟成長。但在當時公開讚揚資本主義仍屬禁忌，因為這將使中國多年來付出的犧牲代價乃至中共是否應該繼續執政受到質疑。馬克思列寧主義和毛澤東思想仍然是為高層決策提供正當性的信條。

但是，歷經大躍進和文革的破壞後，領導層想憑主觀意志實現國家現代化的熱情基本上已經消失。大多數與會者認為，中國要想實現經濟成長，需要回到大躍進前的一九五〇年代和大躍進後的一九六〇年代初恢復時期所採取的那種穩妥計畫。與會者相信，由於人口龐大、土地短缺和資源限制，中國應當依靠計畫體制。人口少的國家也許能夠承受揮霍性消費帶來的益處，而不必在乎自由市場造成的浪費。黨的領導層認為中國則必須區分輕重緩急，控制對利潤的追求和浪費性的消費。此外，即使這種穩健的計畫也有可能受到毛的反對，因此與會者要以毛的名義為它正名。參加務虛會的通知上寫的會議目的是討論「毛主席關於加快現代化步伐的理論」。務虛會之後產生的十年經濟規畫也被貼上「毛主席的現代化計畫」標籤。[12]

鄧小平先於其他領導人意識到中國需要放寬眼界。他出訪過紐約和法國，經常會見外國官員，這使他對外國發生了哪些變化以及中國大大落後的狀況有著遠比其他幹部更清醒的認識。為了急起直追，中國需要做出根本性改變。

毛澤東去世幾年後，鄧小平可以大膽地解釋，中國應當借鑒資本主義國家的觀念，這不會威脅到中國的主權或共產黨的統治。但是他在文革中曾被批判搞資本主義，況且一九七五年時人們對開放市場和向資本主義國家學習尚未形成共識，所以他只能盡量打擦邊球。他推動擴大外國技術的進口；他表示同意另一些幹部認為不應向外國舉債的觀點，但國家可以用「延期付款」的

(127)

方式把外國的商品和資本引進中國。[13]此外，他贊成對工人進行物質獎勵，通過「按勞」而不是「按需」的方式進行分配。但是，對舊體制的這些溫和改變仍讓一些保守的幹部害怕，他們繼續強烈主張要嚴格遵循毛主席的教導。

鄧小平並未出席務虛會，但他看了總結報告，在八月十八日《工業二十條》第一稿完成後，他對其中討論的主要問題提出自己的看法。他承認在發展工業之前必須增加農業生產，他認為工業要向公社提供農業機械，幫助提高農業產量。當時中國的工業尚不具備出口產品的能力。為了按計畫增加技術進口、改進中國的生產能力，他準備出售石油、煤炭和手工藝品。最初應當先引進一些採礦設備，這樣可以使中國增加石油和煤炭生產。整體而言，鄧小平強調發展科技、改進企業管理和提高產品品質的重要性。他要求制定新的規章制度、更落實措施和組織紀律。他還支持向從事艱苦和危險行業的勞動者支付額外報酬。[14]起草者於是進行修改，把鄧小平的意見納入文件中。

九月五日，二十家大型國企的代表被請到會上，讓他們對《工業二十條》提意見。[15]十月二十五日完成新一輪修訂，恰好是毛遠新首次向政治局會議傳達毛澤東對鄧小平批評的同一天。雖然起草人小心地把它稱為「毛主席的計畫」，張春橋還是在十月二十九日指責，「二十條」只引用了文革之前的毛主席語錄。胡喬木趕緊又弄出一稿，把文革期間的毛主席語錄補充在內。他

（128）後來自責說，自己未料到這會招致毛的批評，給了他藉口在年底將鄧小平撤職。「四人幫」成員沒有參加對經濟問題的討論，但是當一九七六年初鄧小平的問題成為政治問題時，他們立刻加入批判，把「二十條」稱為三株「大毒草」之一，說它提倡物質獎勵，忽視發動群眾的重要性。

《工業二十條》形成的同時還制定一個十年規畫，用來為十一月召開的計畫工作會議做準備。十月五日，鄧小平親自主持召開第一次國務院會議，討論快速成稿的十年規畫綱要草案。他批准這個草案並在十月二十七日送交毛澤東。毛同意印發給中央和各省負責經濟工作的幹部。[16]

經毛澤東批准，全國計畫會議在十一月一日召開，專門討論第五個五年計畫（一九七六年至一九八〇年）和一九七六年的年度計畫。來自全國各地的幹部對十年規畫提出修改意見，有些意見被納入修訂稿。同時，對五年計畫和年度計畫的討論仍在繼續，十二月底草稿送交毛主席。[17]

新制定的五年計畫和年度計畫是謹慎的計畫派的明顯勝利，多年來他們一直努力克服計畫工作的混亂局面，現在終於如願以償。[18]但是，在這些謹慎的計畫派和制定出更有野心十年規畫的理論家之間也出現分歧，這種分歧在一九八〇年代將變得更加嚴重。

中國科學院

一九七五年六月，鄧小平將精力轉向重整中國的科學事業。文革期間，在會聚大量高級科學

（129）

家的中國科學院，每兩百五十個科學家中就有一人被迫害致死；中科院上海分院的每一百五十人中有一人死於非命。即使在社會上少數仍然維持運作的研究機構中，科研工作也受到極大的干擾。[19]在文革前夕的一九六五年，中國科學院有一〇六個下屬研究單位，科研人員二四七一四人。[20]到一九七五年時只剩下十三個研究所、兩個研究室和兩千多名人員，其中有一千八百名幹部或科研人員，兩百位後勤人員。在一九七五年，很多下放農村的科學家還沒有回來。鄧小平在六月二十九日對胡喬木說，政研室首先要對中國科學院進行整頓，包括選拔新領導、恢復科學著作的出版。因此，對科學界的整頓是從中國科學院開始，隨後擴大到其他研究機構的。

鄧小平親自決定由胡耀邦（參見「鄧小平時代的關鍵人物」）領導中國科學院的實際整頓工作。七月中旬，華國鋒代表鄧小平和黨中央對胡耀邦說，黨希望中國科學院在四個現代化中發揮重要作用。胡耀邦首先要對中國科學院進行徹底調查，把情況彙報給中央，然後搞一個整頓計畫。[21]中國科學院的整頓完成後，再整頓其他科研機構：隸屬於國防部、分管經濟的各部和地方政府的科研機構。之後要對學校和出版系統進行整頓。

胡耀邦率領一個三人小組，帶著整頓的命令於七月十八日來到中國科學院。他宣布，文化大革命在中國科學院已經結束，工宣隊和軍宣隊都要離開。中科院過去被下放農村的人現在可以重新回到自己的單位。要讓科研人員取得必要的研究文獻，包括外文出版物。[22]

(130)

幾週之後，胡耀邦召開了有中國科學院人員和各主要部委代表參加的一系列會議，探討中國在未來十年的科學技術需求。這些會議標誌著向制定十年科學規畫邁出的第一步。從八月十五日到二十二日，胡耀邦又和相關黨委幹部開會，討論中國科學院的重建和主要領導人的選拔。他宣布，中國的目標是在本世紀末實現包括科學現代化在內的四個現代化。[23]整個九月份，胡耀邦與各研究所的領導開會，討論如何克服工作中的具體障礙。在去各研究所之前，他全面研究有關各所的資料，並與熟悉所內工作情況的人員交談。

胡耀邦能夠設身處地為受過罪的人著想，因為他和他們都是受迫害的倖存者。他十幾歲便加入共產主義運動，不久後險些因某些有問題的社會關係而被判處死刑；文革期間，他在獲准回京重新工作之前也受過迫害。恢復工作的科學家覺得能與他親近，對他產生信任感：這是一個理解他們苦難的人，因為他也受過苦。此外，經過認真研究，胡耀邦逐漸瞭解各研究所存在的基本問題，他完全信任中國科學院的科學家團隊。

他還幫助解決中科院人員的個人生活問題，例如改善他們生活條件、把家屬從農村調到北京。事實上，他指示各所的幹部把全部下放農村勞動和「學習」的人員列出一份名單，繞開繁文縟節將他們調回來。他不怕替他們說話，為他們的事業出頭。每次他在某個研究所演講都會成為一件很轟動的事。他很快就成為中國科學家群體心目中的英雄。

（131）

九月二十六日，胡耀邦向鄧小平彙報中國科學院在撥亂反正、選拔新領導和恢復工作方面的進展，鄧小平充分肯定胡耀邦的工作。[24]十月四日胡耀邦被正式任命為中國科學院「黨的核心小組」第一副組長。他上任之後為各研究所任命了三套領導班子：一套管黨，一套管業務，一套管後勤。他尊重專家，明確表示業務上的事由他們說了算。[25]該年年底鄧小平受到批判時，胡耀邦正在為各研究所任命新的行政領導，政治氣候一變，任命進程也隨即停了下來。

在制訂中國科學院的整頓計畫和為成立單獨的中國社會科學院制定計畫的同時，胡耀邦還根據鄧小平的指示，著手制訂一個由中國科學院領頭的十年科學規畫。由於倉促上馬，胡耀邦主要利用了一九五六年批准、現成的十二年規畫（一九五六年—一九六七年）。新規畫的第一稿於八月十一日完成，即胡耀邦召開一系列中科院研究所會議之前。它肯定了建國後前十七年（一九四九年—一九六六年）取得的進步，在這個時期大約培養了十五萬名科技專家，但後來他們都被「四人幫」打成「資產階級」科學家。文件的起草人為表明政治立場，引用一九六二年毛澤東說過的中國要繼續搞階級鬥爭的話，但文件的重點是為促進「生產鬥爭和科學實驗」提供穩定的工作條件。[26]規畫說明了當前農業、工業和國防亟需的技術，也談到發展尖端技術的戰略，如電腦、雷射、遙感、仿生學以及在核能、粒子物理和其他領域的基礎科學研究。[27]

鄧小平在審閱文件時擔心毛澤東的反應，他指示胡耀邦和其他起草人把分散引用的毛主席語錄集中在一起，以清楚表明文件遵循了毛的總觀點。他對撰稿人說，要肯定前十七年的成績，同時要少談後來的問題。鄧小平還說，文件的篇幅也要壓縮。

鄧小平讓胡喬木負責修訂工作。胡喬木在八月二十六日給起草人寫了一份有關鄧小平意見的說明，然後監督修訂工作，他希望最後的文件能夠更符合毛的口味。九月二十日完成的第四稿不再提前十七年取得的科學進步，改為講建國後整個二十六年以來取得的科學進步，這樣就避免了批評文革。文件宣布，要在二〇〇〇年實現「毛主席提出的四個現代化」，趕上甚至超越世界科技水準。文件還說，科學工作者要繼續自我改造，與工農相結合。行動部分具體說明科學家要在基礎研究方面帶頭開創新的基礎科研領域，這是他們支持四個現代化使命的一部分。報告最後宣布，為了實現毛主席的目標，需要大批受過高等教育的傑出科學專家。文件指出，雖然不能說什麼都是外國的好，但如果適合於中國，就要以開放的心態向外國人學習。[28]

在九月二十六日討論該報告的國務院會議上，胡耀邦演講時，鄧小平不斷插話。胡耀邦講到追上世界科技水準時，鄧小平強調，對中國目前的水準還是要謙虛一點，因為我國在科學技術上落後於其他國家太多。鄧小平一再插話，反映了他要振興中國科學的熱情；他一再說，這是實現四個現代化的關鍵一步。鄧小平強調，要支持真正優秀的少數科學家，不要在意他們性情怪僻。解決他們的住房和其他一些生活問題很重要：他們的孩子要送進好的托兒所，還在農村的配偶都

（132）

應當允許調到北京。鄧小平說，一九五〇年代他在蘇聯時就瞭解到，蘇聯原子彈的基礎工作就是由三位只有三、四十歲的年輕人完成的。鄧小平批評，相形之下我們並沒有善待傑出的半導體專家黃昆，如果北京大學不用他，可以讓他來半導體所當所長，給他配黨委書記支持他的工作。

鄧小平接著說，雖然他的法語和俄語說得都不好，但中國的科學工作者必須學習外語，以便能夠閱讀國外文獻。他們也要學習科學理論，如果不懂數理化，不管有什麼文憑都沒有能力搞科研。他還替那些在文革中挨批但仍堅持做研究的科學工作者辯護，說他們「比占著茅房不拉屎的人，比鬧派性、拉後腿的人好得多」。[29]

鄧小平批評說，有些人甚至不敢提「專」字。在他看來，國家應當愛護自己的專家。中國要在工廠引進自動化，要支持能夠從事這項工作的科技人員。他知道對「資產階級知識份子」的批判仍在持續，因此強調說科技人員也是勞動者。他指示，十年科學規畫經過修改後要送交毛主席和政治局委員。[30]

鄧小平很少像在這次科學會議上那樣激動。他不但不時插話，而且大力主張科研必須在四化中起帶頭作用。但是他又認為，為了發揮這種帶頭作用，不必進行全面整頓。[31]科技部門的四萬五千名幹部不需要像一些人建議的那樣全部調動，只動其中的五千人就夠了。關鍵是各級領導班子。那些一不懂行、二不熱心做事的人，為什麼還要保留他們的職位？為什麼不能提拔知識水

（133）

準高的人當研究機構的領導？挑戰是艱巨的，關鍵要依靠四十出頭的科技人員和領導幹部，以及那些年齡更大、在文革前受過教育的人。他說，在中國的教育系統中一些大學只有西方中學的水準，它所面對的危機將阻礙整個現代化工作。[32]

胡喬木在九月二十八日把鄧小平的演講納進第五稿。報告必不可少地歌頌了馬列主義和毛澤東思想，但也大膽宣布政治理論不能代替科學。毛澤東第一次看到的就是這個第五稿。恰恰是在此時，毛澤東的侄子毛遠新應毛澤東之邀前來北京看望他。毛向侄子表示，他對鄧小平及其在清華大學的整頓工作有意見。毛澤東對科學規畫也很惱火。他的怒氣集中在一句話上：「科學技術是生產力」，這是胡喬木在最後一稿加進去的。毛澤東堅信，他從來沒有說過這種話。[33]

此時，鄧小平發展社會科學的規畫也有了成果。他本人很重視振興自然科學，但也同意要為哲學和社會科學注入新的活力。儘管這個領域深具政治敏感性，鄧小平仍大膽提出，社會科學十分重要，需要成立一個單獨的社會科學院。一九七五年八月三十日，在鄧小平的支持下，胡喬木發布成立中國科學院哲學和社會科學部的「國務院第一四二號令」。胡喬木在這個文件中提出成立一個獨立科學院的計畫，此即後來的中國社會科學院。鄧小平還宣布，社會科學研究機構要逐漸恢復出版專業刊物，為了給他們的工作打下理論基礎，首先要辦一份以非專業讀者為對象的綜合性刊物。為了減少受「四人幫」和毛澤東批評的風險，鄧小平指示，雜誌採用的稿件一律送政研室審查，以避免一切有可能激怒激進派的言論。胡喬木在創辦刊物的請示信中採取了預防措施，宣布刊物將遵循馬列主義和毛澤東思想。

胡喬木在十月四日完成有關哲學和社會科學工作的請示報告，鄧小平在次日便送交毛澤東。毛在十月六日批准文件，包括出版第一期新雜誌《思想戰線》。很快又召開了研究這個雜誌的座談會。但是十月二十五日鄧小平在政治局會議上受到批評後，出版雜誌的計畫戛然而止，那些文章從未面世。胡喬木想繼續落實這個計畫，但政研室受到毛的壓力，不得不在一九七六年一月十七日宣布它不再承擔指導哲學和社會科學的工作。[34]恢復中國社會科學這項大事業還沒有真正起步就流產了。

（134）

文藝界的小「百花齊放」

鄧小平在促進文化領域的任何變化時要特別小心，因為毛澤東對文藝工作的控制特別敏感善變。文革期間，毛澤東讓江青嚴密控制著一切文化活動：除了她的樣板戲之外不允許上演其他任何劇碼。所有雜誌也基本上全部停刊，只有很少的短篇小說和長篇小說得以出版。書店裡只賣《毛選》、革命英雄故事、為數不多的教科書和少量初級技術教材，書店門可羅雀。很多知識份子被下放到「五七幹校」接受改造，參加勞動，學習毛澤東思想，展開批評和自我批評；他們沒有機會讀小說和故事。

但是，善變的毛澤東在一九七五年覺得小說戲劇的創作太少了，他對鄧小平抱怨：「樣板戲太少，而且稍微有點錯誤就挨批。百花齊放沒有了。別人不能提意見，不好。怕寫文章，怕寫戲，沒有小說，沒有詩歌。」[35]得到毛的允許後，鄧小平立刻印發毛的指示並在黨內傳達。知道自己不熟悉文藝工作，鄧小平當天（七月九日）便把政研室裡老資格的人召集起來開了個會，讓他們蒐集文化、科學和教育領域的出版物，以搞清楚能在多大程度上落實毛澤東的「雙百」方針。他們的判斷是文化生活死氣沉沉，這就為有限擴大可以允許的文化活動範圍鋪平了道路。[36]

在向鄧小平抱怨文化缺乏活力的幾天前，毛澤東讓祕書交給政治局一封信，宣布要釋放周揚——他在文革前相當於中國的文化沙皇。毛說：「久關不是辦法。」周揚的妻子於七月十二日得到丈夫獲釋的消息。很快的，受到周揚牽連的很多著名人士也被釋放。幾天以後毛澤東對江青說，他希望看到文藝工作有更大的創作空間，對作家要寬宏大量一些。他表示，作家有思想問題，要本著「治病救人」的態度工作。[37]

（135）

但是，毛澤東仍然讓「四人幫」掌管中宣部、文化部、解放軍總政治部、《人民日報》和《紅旗》雜誌這些文化機構。實際上，從一九七五年七月起，他讓「四人幫」和鄧小平來回拉鋸。「四人幫」對任何批評毛澤東的言論，無論是公開的還是隱晦的，一向十分警覺；鄧小平則在胡喬木的支持下推動一場小規模的「百花齊放」。他和胡喬木對毛澤東允許放寬活動範圍的任何暗示都不放過，會隨即採取行動，同時小心翼翼地避免出軌，以防引起毛的注意。

因此難怪周揚的獲釋繼續成為雙方衝突的根源。毛澤東在七月二十七日宣布，周揚的問題不是敵我矛盾，沒那麼嚴重。鄧小平在第二天就把毛的話四處傳達。可是「四人幫」仍然想方設法阻止完全恢復周揚的工資和職務。在這場拉鋸戰中，江青還阻撓周揚得到參加國慶慶典的特別邀請。毛澤東後來得知此事，氣憤地表達不滿。[38]

另外一些小衝突因電影而起。胡喬木碰巧看到一些文件，表明「四人幫」在壓制一部對工人和某些老幹部（特別是令江青討厭的余秋里）進行歌頌的電影。胡喬木於是授意電影劇本的作者給毛澤東寫信，請求批准電影的發行。他還為作者出謀畫策，讓他寫信時不要感情用事，要字字有據，不要偏激，以便讓人覺得這部電影確實應該得到公演。劇本作者接受胡的建議，在信中表示，他完全是遵照毛主席在延安文藝工作座談會上的演講教導來創作這部電影的，電影表現了工人做出的貢獻，工人們為此感到自豪，他們很喜歡這部電影。[39]

擴大文藝自由的一大突破，就發生在七月二十五日毛澤東看了這部名為《創業》的電影之後。該電影歌頌開發大慶油田的余秋里和一批工人，他們長久以來一直受到毛的讚揚。胡喬木估計，既然如此，毛應該會對該片有好感，於是指示蒐集有關資料。七月二十五日，剛做完眼部手術、視力大為改善的毛澤東看了電影，心情不錯。[40]他因口齒不清，便寫了幾行潦草的大字，每頁有五到十二個字，一共寫了六頁。他寫道：「此片無大錯，建議通過發行。不要求全責備。而且罪名有十條之多，太過分了，不利調整黨的文藝政策。」

第二天鄧小平正在主持政研室開會時接到毛的信。他中斷開會，把信大聲讀了一遍。毛在信中說，文化部太粗暴，連這樣的好影片也不許放映，還有什麼「百花齊放」？鄧小平很快就把這封信公諸於眾，讓文藝界大受鼓舞。自文革以來，這還是「四人幫」的文藝政策第一次受到公開批評。胡喬木關心的是繼續得到毛的支持，因此告誡劇本作者不要誇耀自己的成功；他還建議作者的妻子給毛澤東寫一封感謝信。[41]

鄧小平不失時機地利用此一突破。他批准另一封致毛澤東的信，內容有關根據小說《海島女民兵》改編的電影《海霞》。後來，胡喬木和鄧力群、甚至鄧小平本人都幫助作者和作曲家給毛澤東寫信，讓他同意擴大文藝創作的自由，在一些事上他們也確實取得了成功。

魯迅被公認為二十世紀中國最偉大的作家，毛澤東十分崇敬魯迅也是眾所周知的，然而江青在一九七〇年代卻對出版魯迅的書信之事橫加阻撓。在一九七五年夏天較為寬鬆的氣氛下，魯迅之子周海嬰根據胡喬木的建議給毛澤東寫了一封信，請求他准許出版父親的著作。胡喬木把信交給鄧小平，由他轉交毛澤東。毛回信說：「同意周海嬰同志的意見。印發政治局討論決定，馬上就辦。」到一九八一年時，包括注釋在內的十六卷《魯迅全集》得以全部出版。[42]

在一九七五年七月之後的幾個月裡，毛澤東對文化生活的支持使「四人幫」退居守勢。王洪文正在上海和浙江安撫造反派。姚文元被派到上海後發牢騷說自己與普通市民無異，「擠公車上班」。[43]江青仍在北京，但遭嚴加看管，無法阻止人們接二連三地請求毛澤東增加文化作品的供給。

雜誌恢復出版的速度要比小說慢一些。已於一九六六年停刊的《人民文學》雜誌在一九七五年夏天宣布即將復刊。不難預料，「四人幫」試圖阻止《人民文學》復刊，未能得逞後他們又試圖對雜誌的內容盡量施加影響。鄧小平領導著《人民文學》與「四人幫」的鬥爭，但他在十月上旬開始受到批評後，保守的文化部又占了上風。一九七六年一月《人民文學》第一期出版時，鄧小平已經控制不了它的內容了。[44]

(137)

周榮鑫恢復高等教育的努力

一九七五年夏天，鄧小平和他的教育部長周榮鑫等人果敢地著手恢復中國的高等教育。文革期間仍開課的大學寥寥無幾，而它們也不再是真正的高等教育機構。毛澤東在一九六八年七月二十一日就做出指示，大學的學制要縮短，要從工人農民中招收學生，學成後還要回到生產第一線。一九七〇年六月又宣布，要讓工農兵而不是學術人員管理大學。大學都要建校辦工廠，讓學生能夠用一部分時間在工廠勞動。一九七一年八月十三日又發布正式規定，上大學要通過推薦而不是考試。[45]這些改變對中國高等教育造成嚴重破壞。美國科學家在一九七三年五月訪問過中國一流大學北京大學後的結論是，該校的科學教育大體相當於美國初等技術學院的水準。[46]

鄧小平知道毛澤東和其他激進派很難反對開辦軍事院校，部分是基於此論點，他開始恢復高等教育。在文革期間，中國最好的軍事科技大學哈爾濱軍事工程學院將很多人調往長沙加入長沙工學院，以提高該校水準。[47]甚至在普通院校恢復正常工作之前，少數有學術前途的知識份子就已經被允許進入這所學校和其他一些軍事院校，理由是他們的研究與軍事有關。

其他大多數知識份子的處境卻很嚴峻。一九七二年尼克森訪中後不久，北京大學的行政領導周培源應邀向周恩來彙報中國的科學現狀。周培源鼓起勇氣說，中國在所有三十二個科學領域都已經大大落後。[48]此外，隨著毛澤東在一九七四年元旦開展「批林批孔」運動，學者們恢復正常工作的一線希望也化為泡影。[49]科學的進步仍然有待來日。

周恩來在一九七四年十二月與毛澤東談話回京後，又燃起恢復高等教育的希望。在這次會面時，他答應讓「四人幫」的人負責文化體育部門，但竭力爭取讓他推薦的人選周榮鑫主管教育，並且得到毛的批准。周榮鑫過去與周恩來沒有什麼關係，大部分時間都從事黨務工作，但是他上

（139）

過延安的抗日軍政大學，一九六一年短期擔任過教育部副部長。他在任教育部副部長時開始擬定真正的大學教育計畫，但並未得到毛的批准，第二年他的計畫便無疾而終。

一九七五年一月擔任教育部長後，周榮鑫在周恩來和鄧小平的支持下，再次計畫恢復高等教育。[50]為了降低毛澤東反對的風險，他謹慎地重申政治學習的重要性，包括學習馬列主義和毛主席有關教育的教導。但是他也試圖進行真正的改革。從五月到九月，教育部根據周榮鑫的指示，主持召開多次討論教育工作的座談會。教育部還出版一份刊物《教育革命通訊》，周榮鑫借此向在高等教育方面真正有經驗的人表達自己的看法。[51]他大膽指出，工農兵學員在大學裡上一年學，不可能學到過去的學生在三年裡學到的東西。他還大膽地說，工農兵學員上完大學後再回到原來的工廠或農村，無法滿足國家對受過培訓的幹部和科技專家的需求。[52]

鄧小平完全支持周榮鑫。他在九月二十六日的演講中說，所有的現代化國家，不管是什麼社會制度，都需要受過高等教育的專業人員，但中國的大學卻下降到只有其他國家中學的水準。一年以前，美國大學校長代表團小心翼翼地對鄧小平說，在他們看來中國的高等教育存在嚴重問題。令他們大感意外的是，鄧小平回答，他完全同意他們的看法，他希望他們把這種觀點也講給黨的其他幹部聽一聽。[53]

在九月二十七日至十月四日的農村工作座談會上，鄧小平再次談到要改進中國的高等教育機

(140)

構。他說，為了響應毛主席實現四個現代化的號召，國家需要受過高等教育的幹部。他還說，大學的主要任務是教學，為了讓教師好好教書，必須改善教師的地位。[54]這些話在幾年之後聽起來也許像是常識，但是在當時的政治氣氛下鄧小平是很有勇氣的，他冒著觸怒毛澤東的風險。

鄧小平在一九七五年甚至建議，學生不必中斷學業參加兩年勞動就可以直接從高中升入大學。實際上，諾貝爾物理獎得主美籍華人李政道在一九七二年十月會見周恩來時就提出過這種建議；一九七四年五月三十日李政道向毛澤東提出這個建議時，毛澤東甚至也表示同意。然而，一九七五年十一月，這個當時被稱為「周總理指示」的想法卻成為批判鄧小平想重新使用「走資派」、「刮右傾翻案風」的理由之一。[55]只要毛澤東還在人世，鄧小平是無法實現讓大學恢復正常教育這一目標的。

同時，周榮鑫在鄧小平的鼓勵下開始起草一份指導教育政策的文件。十一月十二日文件第三稿完成時批鄧已經開始，但草稿的基本要點並沒有變：對於從一九四九年到一九六六年上學的人，他們所受教育的價值應當給予肯定（不應把他們畫為「資產階級知識份子」）；應當恢復專業化的高等教育，高中和大學教育的時間應當延長；要提高教育的整體水準。兩天後的十一月十四日，周榮鑫被叫到政治局會議上，他的建議受到猛烈批判。[56]

對周榮鑫的批判甚至比對鄧小平的批判更嚴厲。他在一九七五年十二月不斷挨批，直到病倒被送進醫院。儘管如此，他仍被從醫院揪出，參加了五十多場批鬥會。最後，周榮鑫在一九七六年四月十二日上午的批鬥會上昏倒並於次日黎明前去世，年僅五十九歲。[57]中國的教育改革也一時歸於沉寂。

將鄧小平撤職的前奏：一九七五年秋

晚年的毛澤東很少把時間用在治國的具體事務上，而是花大量時間沉溺於他所喜愛的文史之中，而且很留意其中的內容對當前政局的意義。一九七五年七月二十三日動眼部手術之前，他幾乎什麼也看不見。從一九七五年五月二十九日起，北京大學中文系的女教師蘆荻來給他讀古典小說，並且與他一起討論。蘆荻在八月十四日記下毛澤東對古典俠義小說《水滸傳》的評論，其中包括毛的這樣一種觀點：他認為梁山義軍的故事對當代也有意義。[58]毛的這個看法傳到姚文元那裡，他便抓住機會和江青一起批判周恩來和鄧小平，說他們跟宋江一樣是喪失革命熱情的投降派。[59]

鄧小平雖然察覺到麻煩，但在八月二十一日的政治研究室會議上，他試圖使事態得到控制。他說，評《水滸傳》嚴格講屬於文學問題，只能由文學界來討論。[60]然而毛澤東卻另有打算，他要讓辯論在群眾中大張旗鼓地進行。毛已經在擔心鄧小平會像周恩來一樣熱中於解放對文革十分

(141)

反感的大批老幹部。很難阻止毛澤東的疑心日重。[61]直接談論毛澤東死後鄧小平可能會如何對待毛的歷史遺產在當時還過於敏感，「四人幫」便採取間接手段，討論赫魯雪夫如何抹黑史達林。批鄧的人警告，他最終可能變成中國的赫魯雪夫。既然鄧小平以「打擊派性」做幌子將造反派撤職，讓老幹部捲土重來，難道他們不會抹殺毛主席的威望，對毛主席和打擊過他們的造反派進行報復？

江青一直在尋找既能討好毛澤東又能批鄧的機會，她抓住毛澤東評《水滸傳》所提供的機會。從八月二十三日到九月五日，《光明日報》、《人民日報》和《紅旗》雜誌等報刊上發表一系列文章，告誡讀者《水滸傳》中的義軍領袖宋江是個反面教材。江青也開始更囂張地指責鄧小平等人從事的整頓工作。九月十五日，她利用一次大型會議（「全國農業學大寨工作會議」）進行一個小時的惡毒攻擊。她借《水滸傳》指桑罵槐，指責一些高級幹部想架空毛主席。

然而，毛澤東在一九七四年秋天以後想實現安定團結，一直對江青加以限制。他覺得江青在農業會議上胡鬧，話說得太過火。唐聞生把江青的講稿交給毛澤東過目時，他說這個演講是「放屁，文不對題」，沒有允許它發表。他還讓江青以後少說話。[62]很多高級幹部猜測毛對不斷批判以前的造反派、繼續為老幹部平反已經有所不滿，但評《水滸傳》的運動當時還是平息下來。

在這期間，周恩來也感到評《水滸傳》運動的壓力，一九七五年九月二十日他進手術室之前

（142）

把自己關在醫院一個小房間裡，仔細閱讀有關一九三一年他從事地下工作時一樁案子的錄音紀錄稿，該案稱他涉嫌向國民黨送情報。[63]他在進手術室之前對妻子鄧穎超說：「我是忠於黨、忠於人民的，我不是投降派！」鄧穎超把他的話告訴汪東興，請他轉告毛澤東。[64]看來周恩來就像毛澤東一樣，在生命的最後幾個月裡也很擔心自己在黨內的名聲。

關於清華大學的衝突：一九七五年秋

一九七五年七月二十三日動過眼部手術後，毛澤東開始閱讀以前無法閱讀的文件。他愈看愈覺得鄧小平走得太快，已經超出恢復安定團結的必要。[65]十月份毛澤東開始關注清華大學，他早在一九六九年就把「六廠兩校」（兩校是指清華和北大）樹為全國的楷模，因此心裡一直想著該校。文革早期曾經得到毛澤東支持的人在一九七五年一批接一批受到鄧小平的批評，毛一直忍著沒有發作。但是鄧小平在清華大學的事情上走得太遠了。[66]

鄧小平這一代政治領袖中沒有人上過大學，但是與毛澤東不同，鄧小平和他那個時代另一些聰明的共產黨人，如周恩來、葉劍英、胡耀邦和趙紫陽，本能地願意與知識份子相處，深信他們的幫助對現代化事業至關重要。鄧小平知道毛澤東對「資產階級知識份子」很敏感，但是他在其他領域的成功整頓使他對維持毛的支持有了信心，便在一九七五年末開始嘗試虎口拔牙：把整頓工作推向清華大學，儘管他知道毛澤東對那裡有著特殊的關心。

一九七五年清華大學的負責人包括黨委書記遲群和副書記謝靜宜，都是文革初期做為「工人宣傳隊」成員來到清華的造反派。遲群原是軍人，當過負責保衛中南海的八三四一部隊（「中央警衛團」）的政治部宣傳科副科長，在一九六八年被汪東興派到清華大學。這個死硬的造反派後來當上大學黨委書記。他在清華的戰友謝靜宜從一九五八年到一九六八年擔任毛主席的機要祕書，毛一直用通常稱呼晚輩的方式叫她「小謝」。「小謝」後來被提拔為北京市委副書記兼清華大學黨委副書記。遲群和謝靜宜雖然有激進派的支持，但清華大學的知識份子都把他們視為難以忍受的意識型態狂。

鄧小平在一九七五年八月擴大整頓範圍時，清華大學黨委副書記劉冰看到了希望。他過去是胡耀邦在共青團中的下屬，在校內一些知識份子的鼓動下，他於八月份給毛澤東寫了一封信，揭發遲群過著墮落的資產階級生活，毒化校園氣氛。劉冰在信中說，遲群既不看文件，也不接見外人，工作不負責任；他經常酗酒，發脾氣，辱罵別人，有時還大發雷霆，往桌子上摔杯子，男女關係上也很不檢點。劉冰向胡耀邦請教有什麼適當的管道可以把信送給毛澤東，胡耀邦建議他先把信交給鄧小平。鄧小平馬上就大膽把信轉給毛澤東。（143）

毛澤東既沒有答覆劉冰，也沒對鄧小平說什麼。可是遲群知道了這封信。他立刻召開黨委會，批判「清華的黨委內部支持修正主義路線的人」，即劉冰及其支持者。不久後劉冰又寫了一封信，把矛頭對準遲群的政治問題。他說，身為黨委書記的遲群在謝靜宜的支持下，阻止在校內傳達鄧小平的演講和教育部長周榮鑫的指示（周榮鑫宣布學生不必再用三分之一的時間從事勞動，要減少低學歷的工農學生數量，把重點放在培養科技專家上）。李鑫等人勸鄧小平不要轉交劉冰的第二封信，因為毛澤東對兩間樣板學校十分敏感，然而鄧小平不為所動，還是把信轉給毛澤東。[67]

十月十九日，毛澤東把李先念和汪東興等人叫去開會，卻沒有叫鄧小平。主席對他們說，劉冰「信的動機不純，想打倒遲群和小謝。信的矛頭是對著我的。……小謝在一九六八年是帶三萬工人進清華大學的」。毛澤東問，劉冰為何不把信直接交給他，還要讓鄧小平轉交？他讓他們「告訴小平注意，不要上劉冰的當」。[68]根據毛的指示，鄧小平在十月二十三日主持召開政治局擴大會議傳達了毛的指示。北京市委的高官又把毛的指示傳達給清華大學黨委。

也就是在這時，毛澤東注意到《科學院工作彙報提綱》十年規畫第五稿中令他反感的引文。這個提綱引用毛的話說，「科學技術是生產力」。毛看過之後說，他從來沒有說過這句話。他說，這樣說等於把科學技術看得和階級鬥爭一樣重要，他不能接受這種觀點。在毛看來「階級鬥爭是綱」。鄧小平被毛澤東叫去訓了一頓後，讓負責起草文件的胡喬木去查找出處。胡喬木經核對後發現毛澤東是對的——他從未說過那樣的話。胡喬木僅僅是從毛的著作中偶爾看到一個類似的觀點，他身為編輯稍稍改動了一下措辭。[69]毛澤東允許鄧小平糾正文革造成的很多破壞，但他仍抱著遮羞布不放，相信「文化大革命就是好」。現在鄧小平卻向這塊遮羞布動手了。假如毛澤東仍在世時鄧小平就敢篡改他的指示，打擊他在清華大學的寵兒，那麼毛去世之後，說不準他還能幹出什麼事來。

毛澤東的新聯絡員毛遠新：一九七五年十月—一九七六年四月

毛澤東對鄧小平不尊重其意見的疑心日益增長，同時對自己的聯絡員「兩位女士」（唐聞生和他的遠親王海容）的懷疑也有增無減。她們正在變得過於親近鄧小平。[70]毛說，她們就像「沉船上的耗子」。[71]毛澤東已屆風燭殘年，鄧小平正冉冉上升，不能再指望她們忠於他這艘正在下沉的船了。確實，即使在失寵於毛澤東之後，鄧小平仍然不時與她們見面。[72]

由於一九七二年尼克森訪中時唐聞生發揮過關鍵作用，因此當朱麗・尼克森（Julie Nixon）和大衛・艾森豪（David Eisenhower）在一九七六年元月一日至二日訪中時，毛澤東仍讓唐聞生擔任翻譯。[73]但這也是她最後一次給毛澤東做翻譯。幾週之前毛澤東已經開始依靠另一個聯絡員——他的侄子毛遠新（參見「鄧小平時代的關鍵人物」）。

毛遠新成為毛澤東的聯絡員時已經是一個成熟、富有經驗的幹部，熱中於執行毛的指示。他

（145）

在前往新疆（他父親成為烈士的地方）參加一九七五年九月三十日新疆維吾爾自治區成立二十週年慶典的途中，於九月二十七日在毛澤東的北京住所暫住。一如往常，他向伯父詳細彙報了東北的情況。他說那裡有兩派意見，一些人認為文革是七分成績，也有人認為文革是七分失敗。他說，否定文革的聲音甚至比一九七二年林彪死後批極左的調門更高。

參加了新疆的慶典後，毛遠新回東北花一週時間處理自己的事，便到北京當上伯父的全職聯絡員。毛遠新對伯父心存敬畏，與之有相同的激進觀點。身為一名有經驗的幹部和毛澤東的侄子，他的聯絡員角色要比「兩位女士」權威得多。在毛澤東部署幾乎每天開展的批鄧運動時，他也比她們發揮更加積極主動的作用。

一些擁護鄧小平的人後來說，是毛遠新使毛澤東對鄧小平起了疑心。例如，他讓毛澤東注意到鄧小平在毛已經批准的文件下發前對其所做的一些改動。不過，其實毛澤東在毛遠新到來之前就已經對鄧小平起了疑心。[74]還有一些幹部確信，毛遠新在傳達毛的指示時塞進他自己的一些觀點。

不論是否如鄧的擁護者所說，是毛遠新將毛鄧之間的問題升級，毛遠新確實持激進觀點。一九七四年底他在遼寧時就與遲群有過一段合作，兩人一起推廣「朝陽樣板」，目的是向學校提供適合培養農村幹部需要的教材，以此進行思想政治教育。[75]因此，毛遠新本人也同意遲群認為思想教育在清華大學很重要的觀點；一如遲群，他反對劉冰、鄧小平和周榮鑫重視學術品質的新做法。

(146)

毛澤東發動批鄧：一九七五年十一月

鄧小平意識到毛澤東對他的工作日益不滿，於是在十月三十一日請求與毛澤東見一面。毛第二天便接見他，批評他支持劉冰。[76]但是毛澤東也給了他一些安慰。鄧小平請求毛澤東對過去幾個月中央委員會的工作做一個評價，毛說政策是「對的」，並且進而承認整頓的成績。[77]毛澤東在過去兩三個月與江青的幾次見面中依然一如既往地支持鄧小平，因此鄧小平雖然明知有一定風險，仍對毛的繼續支持抱有希望。然而事與願違，他高估了自己在未來幾週內能從毛那裡得到的支持。

毛遠新第二天見到毛澤東時，向伯父彙報，鄧小平很少談文革的成績，很少批判劉少奇的修正主義路線，也幾乎不曾稱讚以周恩來為主要對象的批林批孔運動。毛遠新說，鄧小平幾乎不提階級鬥爭，只抓生產。最後，也是最令毛澤東擔心的，他對伯父說，鄧小平有恢復文革前體制的危險。[78]毛澤東與侄子這次見面後，鄧小平和毛澤東之間的緊張迅速加劇。

鄧小平數次試圖單獨面見毛澤東「向他請示」，但是在十一月二日見面之後，毛澤東總是拒絕見他。如果鄧小平只在私下對他說擁護文革，那麼在毛去世之後鄧小平可以否認自己說過的話。看過相關文件的黨史專家相信，毛澤東想讓鄧小平擁護文革的話被別人聽到，或是寫成白紙黑字，這樣鄧就無法公開否定文革了。例如，當毛澤東在十一月二十日與毛遠新見面時，他讓毛遠新當天去見鄧小平，在另外兩個幹部在場的情況下把他的意見轉告鄧小平。

雖然鄧榕沒有記下日期，但她講述了父親在家裡與毛遠新的一次會面，此事很可能就是發生在那個晚上。[79]她寫道，一天晚上，毛遠新奉毛澤東之命來到她家與鄧小平談話。她不清楚他們關起門來單獨說了些什麼，但她敢說毛遠新是「來者不善」，父親則是「絕對不會動搖」。據她判斷，「父親和毛遠新這次談話並不愉快。毛遠新走的時候，父親沒有送客」。[80]據說，毛遠新剛擔任聯絡員時，對鄧小平等黨內老幹部多少缺乏自信。但是當他說話時有毛澤東在背後全力為他撐腰，他便底氣十足。不難想像，鄧小平為自己取得的很多個人成就而自豪，他堅信自己是正確的，不願意肯定文革，對於這個年齡小他一半的人對自己說三道四自然不會有好感。

毛澤東指定另外兩個人（汪東興和陳錫聯）在第二天跟毛遠新和鄧小平一起開會，他們對文革都持有和毛一樣的觀點。鄧小平知道毛遠新會向主席彙報，但他並沒有動搖。他直截了當表明自己的觀點：「按你〔毛遠新〕的說法，中央完全是在執行修正主義路線，而且是所有領域都沒有執行主席的路線，……這個話不好說。……我主持中央工作三個月裡是什麼路線，……全國的

（147）

形勢是好一點，還是壞一點，……實踐可以證明。」鄧小平知道自己會觸犯毛澤東，於是又加了一句，說他願意再做檢討。[81]

這次見面之後，毛遠新當天就向毛澤東彙報，鄧小平沒有順從地接受批評。毛澤東對侄子說，馬上再開一個八人會議，原來的四個人（鄧小平、毛遠新、汪東興和陳錫聯），再加上張春橋（「四人幫」成員之一）和三名副總理李先念、紀登奎和華國鋒，他們都是文革期間維持著經濟和政府工作的人。毛說：「不怕吵，吵也不要緊，然後政治局再討論。」此前毛澤東曾說過文革是九分成績，但他在準備這次會議時做一點讓步：鄧小平和其他幹部必須同意文革是七分成績，「〔政治局會議〕一次開不好，兩次，三次，不要急」。[82]

第二天，即十一月四日，這個八人小組便召開會議，毛遠新當晚向毛澤東彙報會議的結果。毛遠新要求鄧小平同意文革是成績（意即肯定文革）、擁護繼續以階級鬥爭為綱，鄧小平卻不願向毛的侄子直接做出回答。毛澤東顯然對這種反應感到失望，不過他對侄子說，讓他們批評鄧小平不是為了撤他的職，而是要幫他糾正錯誤。毛還告訴侄子，要提醒「四人幫」成員之一的張春橋，這些談話的內容一個字也不要向江青透露，[83]因為她總是在伺機公開批鄧。毛遠新給伯父彙報完以後，毛澤東指示八個人繼續開會，他們也遵旨照辦。毛遠新在十一月七日又向伯父彙報，讓鄧小平做出讓步的事毫無進展。

（148）

毛澤東接下來採取的策略是逐漸增加開會的人數，使壓力層層加碼，直到鄧小平明確表示擁護文革。因而，他指示毛遠新召集政治局包括江青在內的全部十七名成員開會。政治局成員要點名批評文化和科技部門那些支持鄧小平的人：胡喬木、胡耀邦、李昌和周榮鑫。鄧小平的女兒鄧榕說，打擊這些得到鄧小平支持的人是向鄧小平施加更大壓力的手段，因為他知道自己拒不讓步會給他的同道帶來大麻煩。如前所述，教育部長周榮鑫曾任浙江大學校長，長期擔任周恩來和陳雲的助手，他一直大膽直言要通過提高教育水準促進現代化，甚至提出要減少思想教育的作用。[84]因此，在十一月八日進一步批鄧時，分管教育的張春橋對周榮鑫說，他必須就鼓勵學生只管學習、忽視政治鬥爭的行為做出檢討。

在政治局開會批評鄧小平及其同道的同時，鄧小平的擁護者因其所持的菁英教育觀點也受到公開譴責。當時鄧小平還沒有被公開點名，但是在十一月十三日，由於毛澤東對鄧小平在前幾次會上不做回答很不滿意，於是給政治局下達書面指示，要他們「幫助」鄧小平。

兩天以後，鄧小平敏銳地覺察到毛澤東批評的嚴重性，而且他很可能十分清楚毛對王洪文不再抱有希望，因此給毛澤東寫信，建議讓已在浙江完成工作的王洪文代替他領導中央的日常工作。毛澤東當晚就做出答覆，他說，還是要由鄧小平繼續主持會議。他沒有再讓王洪文恢復以前的工作，兩個月以後他任命華國鋒擔任常務副主席。

(149)

十一月十六日和十七日，政治局再次開會批評鄧小平及其在教育和科技領域的主要擁護者。一如周恩來，鄧小平無奈地遵照毛的指示，主持召開批判自己的會議。毛遠新做了關鍵發言，他批評鄧小平不執行毛主席關於肯定「文化大革命」和階級鬥爭的指示，沒有遵循毛澤東的教育方針。當時也被允許到會的江青及其激進派盟友加入批鄧的合唱。鄧小平除了做為會議主持必不可少的三言兩語以外，幾乎一言不發。他讓批他的人說完後，把同樣受到批評的人（胡耀邦、胡喬木、周榮鑫、李昌和劉冰）也叫到會上來，讓他們說明自己的立場。但是，當會議結束要進行總結發言時，鄧小平卻推辭了，他說自己聽力不好。[85]

批鄧的進程在十一月上半月迅速升級，於十一月二十日達到頂點，這時的討論已經轉向對文革的全面評價。按照毛澤東的指示，鄧小平再次主持會議。鄧小平很少徵求別人的意見，但是在召開這次會議前的幾天，面對不斷的壓力，他去徵求周恩來、葉劍英和陳雲的意見。他要力爭以毛澤東最不會反對的方式避免肯定文革。他按紀登奎的建議說自己在文革期間是「桃花源中人，不知有漢，何論魏晉」。[86]毛澤東本人在幾週前提到過陶淵明《桃花源記》中的這句隱喻。然而鄧小平這種自作聰明的迴避術並不能讓毛澤東滿意，他要的是對文革的明確肯定。毛澤東和鄧小平走進了僵局。

四十多年來，鄧小平對毛澤東一直有令必行，毛喜歡聽什麼他就說什麼。他在文革中成為批

（150）

判對象，自己的長子跳樓致殘，他對文革無疑抱有強烈的反感，但是長久以來他一直把個人感情與國家大事分開，無怨無悔地聽從毛的命令。那麼，既然他很清楚毛的意圖，為何現在非要拒不服從呢？鄧小平知道，毛的身體一日不如一日，已經不能再像過去那樣操控大局於股掌，事實上他已經來日無多。但是，答案還要從鄧小平對中國未來需要的評估中找。薄一波後來說，如果鄧小平肯定文革，他就無法進行整頓，無法做到「實事求是」，也無法實行新的改革政策，解放人們的思想。[87]他會留下擁護過去錯誤政策的紀錄，使他無法做他認為推動國家前進必須做的事。一些被他撤職的造反派也會捲土重來，使他的工作變得更加艱難，尤其是在教育和科技領域。假如他能在毛澤東死後獲得一定的統治權，他需要與階級鬥爭畫清界線，繼續他的整頓政策，使那些在文革中受過迫害、視文革為一場災難的人與他充分合作。

如果鄧小平聽從周恩來或陳雲的勸告，他就要屈服於毛的壓力，這也許能避免下台，但是鄧小平沒有屈服。據鄧榕回憶，當父親在年初開始大力進行整頓時，他已經估計到有可能挨批和丟官，他已經做好精神準備。[88]儘管鄧小平當時處境艱難，前途未卜，但到一九七七年重新上台時，他在一九七五年與毛澤東畫清界線、拒不讓步的做法卻為他提供了更大的活動空間。

毛鄧兩人都畫出自己的底線，但是在準備十一月二十四日政治局的「打招呼會」時，他們的行動仍然有所節制。毛澤東很清楚在鄧小平領導下一九七五年所取得的巨大進步。他本人也贊成

（151）

鄧小平做的很多事。他知道，在恢復安定的能力上，沒有人能比得上鄧小平，況且他也沒有替換鄧小平的更好人選。此外，福特總統就要在十二月一日至五日訪中，周恩來重病在身，鄧小平上個月還與季辛吉一起為福特的訪中做準備，毛澤東不知道還有哪個熟悉外交的領導人能夠在美國支持台灣、拖延承認中國、與蘇聯搞緩和這些敏感問題上巧妙而強有力地表達中方觀點。

在十二月初與福特的第一次會談中，鄧小平借用古典名著《三國演義》中的故事，比喻美國對蘇聯讓步太多的危險。他說，魏王曹操打了勝仗之後，大將軍呂布願意為他效勞，可是曹操疑心呂布不忠，說他「譬如養鷹，饑則為用，飽則揚去」。[89]換言之，滿足蘇聯的要求從長遠看是沒有用的，因為一旦需要得到滿足，它還是會追求自己的利益。

毛澤東在會見福特時說，中國論武器裝備打不過蘇聯，只能放放空砲，「如果說到罵人，這種本事我們倒是有一點」。[90]為了向鄧小平施壓，毛讓江青及其激進派盟友充分施展了「這種本事」。鄧小平知道毛澤東仍然掌握著決定他命運的大權，他必須與那些仍然敬仰毛澤東的幹部共事，儘管文革造成許多錯誤。由毛澤東準備講稿、仍由鄧小平主持、定於十一月二十四日召開的會議，是要提醒老幹部牢記黨的正確路線。鄧小平在會議召開的三天前給毛澤東寫信，就如何主持這次會提出具體建議。毛在第二天就批准他的建議。毛還指示，也要請一些中青年幹部，他們也要對路線方針有正確的理解。但是毛鄧兩人都知道，大多數「中青年幹部」都是過去的造反派，他們在會上會對鄧小平施展「罵人的本事」。但是毛澤東隨後又改變主意，他在第二天指示說，不必急著給中青年幹部打招呼，這可以等到以後的會議再做。[91]此時毛澤東仍然不想開足馬力批鄧。

十一月二十四日的「打招呼會」有一百三十多名高級幹部參加，聽取毛澤東關於如何「避免犯新的錯誤」的指示，也就是說，如何終止對鄧小平施政路線的追隨。根據毛澤東對會議的指示，鄧小平大聲宣讀了毛的信。毛在信中批評劉冰想搞掉遲群和謝靜宜，他說，劉冰的信其實是衝著支持遲群和謝靜宜的我來的。他沒有點鄧小平的名，但是劉冰的信是由鄧小平轉給毛澤東的，因此與會者顯然知道這是在批鄧小平。會議要求鄧小平對毛的信做出答覆，鄧小平想找一條脫身之計，既不肯定文革，又服從毛的指示。他說：主席希望幹部對文革有一個正確的態度；主席說，以階級鬥爭為綱是黨的基本路線。[92]事實上他只承認毛主席說的話就是黨的政策，但並沒有說自己同意這些話。〈打招呼的講話要點〉經毛澤東批准後，於十一月二十六日下發給全國高層黨政軍幹部。文件雖然沒有點鄧小平的名，但是看文件的人都清楚，他遇上了大麻煩。[93]

擴大批鄧：一九七五年十二月—一九七六年一月八日

十一月二十六日下發了二十四日會議的演講要點之後，政治局又在兩個月內召開一系列會議，批判鄧小平的「右傾翻案風」，這是指他允許太多老幹部恢復工作的做法。毛澤東繼續讓鄧小平主持以他做為主要批判對象的會議。鄧小平在會上除了宣布「開會」、「散會」，就靜靜坐在那裡聽憑江青及其激進派大肆攻擊他和他的政策。《紅旗》雜誌和《人民日報》等媒體隨即也展開批判。在這場批判中，堅定擁護鄧小平的「四大金剛」（胡耀邦、萬里、周榮鑫和張愛萍）都因為支持鄧小平的「右傾翻案風」受到批評。國務院政研室以及在那裡工作的老幹部，包括胡喬木、鄧力群和于光遠，也因他們支援鄧小平這一錯誤在批判會上挨了批。[94]

十二月十八日，毛遠新把批評鄧小平、周恩來和葉劍英的資料交給他的伯父，這是十月份以來他在遼寧省委、上海市委和清華、北大的幫助下蒐集整理的，激進派在這些地方有著雄厚的基礎。毛遠新還附上一份說明，請求允許下發這些資料，毛澤東立刻同意此一請求。[95]兩天後，這些資料下發給黨內和軍隊的高層幹部。[96]鄧小平在同一天簡短地做了一個沒有書面記錄的「口頭檢討」。[97]他說，他在一九七五年初恢復工作時，一些工業部門的生產停滯不前，派性嚴重。為了解決派性問題，他首先抓了鐵路，使問題很快得到解決。然後又以同樣方式抓了鋼鐵工業，使生產有了成長。他說，自己的失誤不是因為文革期間有八年沒做工作，而是由於他對文革的態度。他的檢討，正如他女兒所說，其實是在為自己的政策做辯護，他仍然認為這些政策是正確的。[98]

（153）

鄧小平希望緩和與毛澤東的關係，在十二月二十一日給他寫了一封私信，並且附上自己口頭檢討的紀錄，他說，這只是個初步的檢討，希望能夠得到主席的教誨。不出意料，毛澤東認為他的「檢討」太敷衍。他沒有做出答覆，而是擴大批鄧運動。[99] 一九七六年元旦一過，汪東興就讓鄧小平看由毛澤東批准的元旦社論。這篇社論說，抓安定團結不是不要階級鬥爭。鄧小平知道毛澤東在等待什麼，他立刻動筆又寫下一份書面檢討，於一九七六年一月三日交了上去。他在書面檢討中重複了十二月二十日的話，僅僅補充說，自己有時未徵得主席的同意就宣布政策。在後來受到江青等激進派批判的會議上，鄧小平堅持自己的立場，他寧可受罰也不說中國要繼續以階級鬥爭為綱。周恩來在鄧小平交出檢討五天後去世，鄧小平很快就被華國鋒取代。

會見季辛吉和福特總統的插曲

在這期間，鄧小平曾被批准暫時從受批判中脫身，因為他要與季辛吉、後來又與福特總統談判。為了給福特總統訪中做準備，十月二十日至二十二日，鄧小平與季辛吉舉行三天漫長的會談，就國際局勢交換意見。鄧小平幾乎沒有讓季辛吉說開場白，就逼著他在關鍵問題上表態：你們賣給蘇聯多少糧食？你們給了蘇聯多少美國現代設備和技術？你們如何評價赫爾辛基會議（美國在這次會議上力促西歐與共產黨陣營搞緩和）？鄧小平然後講到二次大戰前夕張伯倫（Neville Chamberlain）

（154）

和達拉第（Edouard Daladier）對希特勒（Adolf Hitler）採取綏靖政策的經驗教訓：由於英法兩國向希特勒最初的侵略示弱，導致希特勒進攻西方。他奉勸，為了阻止威脅，必須做出強硬反應，而現在美國卻在示弱。他說，蘇聯現要比美國和西歐加在一起更強大。蘇聯有兩個弱點：它缺少糧食和技術，而美國在這兩方面施以援手，幫它克服自己的弱點，這只會增加蘇聯攻擊的危險。[100]周恩來曾被指責為投降派，而當這次會談彙報給毛澤東時，他很難找到以同樣的眼光看待鄧小平的證據。

在與季辛吉就全球問題舉行的漫長會談中，鄧小平不斷重提美國從越南撤軍後蘇聯形成的威脅。他在整個會談中一再向季辛吉施壓，讓美國對蘇聯的威脅做出更強硬的反應，季辛吉則試圖解釋美國在對付蘇聯的威脅上已經做了不少事。鄧小平儘管咄咄逼人，但並沒有超出外交禮節的範圍。

季辛吉會見毛澤東時有鄧小平作陪。毛澤東像鄧小平一樣，也很重視美國不對蘇聯的挑戰做出適當回應的問題。季辛吉在與鄧小平和毛澤東會談後寫給福特總統的報告中說，在訪中期間的會談中，暗含著一些可能讓美中關係降溫的麻煩，這跟中方感到美國面對蘇聯攻勢的退縮態度有關。季辛吉認為，中方對美國的反應感到失望，打算依靠自己的力量對抗蘇聯。[101]

即使在漫長的會談中也能始終對會談內容保持高度專注，這正是鄧小平面對壓力時堅毅剛強性格的一種體現。無論季辛吉還是他的任何助手都沒有覺察到鄧小平當時正承受著來自毛澤東的沉重政治壓力。事實上，季辛吉從會談的情況斷定，由於毛澤東病得不輕，無法過問具體或持續性的工作，現在「鄧小平是關鍵人物」。[102]

十一月四日，即鄧小平第一次在八人會議上挨批的當天，外交部長喬冠華召見美國駐京辦事處主任喬治·布希，建議美方把福特總統的訪中行程推遲到十二月份，但是美國要求訪問如期進行。中國在十一月十三日同意原訂的訪中日程。鄧小平是福特總統的主要東道主，在一百三十多名高官參與的會議上受到批評一週後，他去機場迎接福特的到來。鄧小平舉行了一次歡迎宴會、一次告別午宴、三次漫長的會談，並且陪同毛澤東會見福特。

中方官員對福特的來訪並沒有太多期待。他們認為，面對蘇聯的壓力，尼克森是個足智多謀的可靠領導人，福特則軟弱得多，且剛上任，還沒完全從水門事件中恢復過來。尼克森曾承諾在一九七六年與中國恢復正常邦交，他們在訪問前就知道福特不會把關係正常化的計畫提前。福特在外交事務上不像尼克森那樣老練。鄧小平在第一輪漫長的會談中確實又向美國施壓，要求對蘇聯採取更強硬的行動，他當時對福特說：「我不想冒犯閣下，不過在跟蘇聯打交道方面，我們也許比你們的經驗更多一些。」[103]一如六週之前他與季辛吉的會談，他把他對蘇聯的看法又強調一遍。他說，中國已經做好單獨對抗蘇聯的準備，儘管中國很窮，缺少技術，但中國準備「挖地

（155）

道」，「用小米」養活它的軍隊。鄧小平雖然不滿美國向蘇聯示弱，但並沒有表示中國要增加自己的軍費。

不過毛澤東和鄧小平對福特總統的態度要比六週前他們接待季辛吉時客氣得多。鄧小平對福特說：「我們相信只要保持交往，……我們的看法有分歧，有時甚至吵架，都算不了什麼。」除了在蘇聯問題上向美國施壓，鄧小平還以其迷人且好辯的個性，敦促美國重視中美兩國的國家關係、貿易、文化交流和美國的對台政策。[104]鄧小平還發現，福特總統對國際事務的瞭解比他以為的要多得多，其反蘇態度也比他預料的強硬得多。一週以後他對喬治·布希說，他與福特會談的成果遠遠超出他的預期。[105]

福特回國後，批鄧的會議隨即恢復，但是美方一直無人覺察鄧小平受到批判。福特訪中一週後，當鄧小平為已經結束美國駐京聯絡處主任的任期、就要返回美國的喬治·布希舉行告別午宴時，布希把這次午宴描述為「氣氛輕鬆愉快」。[106]

毛澤東於一九七五年十二月二十日會見福特總統，這是鄧小平最後一次陪同毛澤東會見外賓，也是他最後一次見到毛。鄧小平被允許在一月一日會見尼克森的女兒朱麗·尼克森及其丈夫大衛·艾森豪，次日又接見了由瑪格麗特·赫克勒（Margaret Heckler）率領的美國國會代表團。[107]這也是鄧小平在一九七七年復出之前最後一次會見外賓。幾天後周恩來去世。

（156）

再次打入冷宮

毛澤東的侄子毛遠新在十月二十五日向政治局傳達毛對鄧小平的批評後，黨建、科技和文教領域的前進步伐立刻停頓下來。下級單位沒有立刻獲悉毛澤東對鄧小平的批評，但是幾週之後他們都感到，他們想讓上面同意做出一些改變的努力受到阻礙。鄧小平在一九七六年一月便無力再為他們提供支持了。

從一九七五年五月到十月，鄧小平著眼於未來而為黨建、經濟、科技和文化領域的長期進步打基礎的工作雖然被凍結，但並沒有死亡。一九七五年在他領導下制定的經濟計畫，仍然是一九七六年年度計畫和一九七六年至一九八〇年第五個五年計畫的基礎。「四人幫」印發了「三株大毒草」並發動批判運動，讀過的人雖然不能公開讚揚，但它們在一九七七年卻變為三朵「香花」，成為未來幾年政治綱領的基礎。例如，成立獨立的中國社會科學院的計畫在一九七五年終止，但在一九七七年得到落實。政研室在一九七五年底變得死氣沉沉，可是它的很多研究人員在為一九七八年的三中全會和後來的改革撰寫文件中發揮了作用。

批鄧運動在軍隊中從未形成氣候。除了解放軍總政治部外，「四人幫」得到的支持微乎其微。在軍隊，最明顯的影響是批鄧放緩了讓文革中挨整的老幹部回來工作的進程，軍事院校恢復教學的工作也因此推遲。但是一九七七年老幹部又開始返回軍隊，軍事院校也重新開課。[108]

鄧小平的下台在短期內對高等教育造成顯著影響。提高教育水準和減少政治思想教育的計畫中止，重建中國科學院的工作也失去動力。得到允許的文藝活動範圍大為縮小。作家、音樂家和藝術家又被澆了一頭冷水。

在政治領域，為黨的高級幹部平反的工作也放慢下來。鄧小平一些最親近的擁護者受到批判並被撤職，特別是胡耀邦和胡喬木。他們手下的幹部也丟了官職。

一九七五年毛澤東是有意願轉向安定團結和經濟發展的，但鄧小平的動作超出他所能容忍的限度。毛澤東在生命的最後幾個月裡手中仍握有大權，他能收緊韁繩，能撤掉鄧小平或讓他受批判。然而，毛已經沒有精力或勢力控制他手下幹部的思想了。從短期看，鄧小平是出局了。然而，他在一九七五年底對自己所支持的事拒不認錯，使他在一九七七年復出時擁有一個十分牢固的起點。那時候，他將解凍他在一九七五年建立並推進的人事安排和工作計畫。

5. 在毛時代終結時靠邊站

一九七六

（157）

從一九七五年十二月到一九七六年九月，短短一年內，中國有四位高層領導離開人世。先是康生，祕密警察頭子，專替毛澤東做見不得人的事，在他布置下有數百名被控背叛革命的幹部遇害；他於一九七五年十二月去世。接著是總理周恩來，他死於一九七六年一月八日凌晨。然後是朱德，紅軍締造者，早期軍隊領袖，死於一九七六年七月。一九七六年九月，高居萬民之上的毛主席撒手人寰。隨著這些人的去世和「四人幫」在一九七六年十月的被捕，一個被奉若神明的革命家隻手就能撼動整個國家的時代結束了。

周恩來去世

周恩來死在毛澤東之前，使毛澤東得以左右周恩來追悼會的安排：他試圖藉機抑制群眾對周

（158）

的懷念，對周一生的成就只給予盡可能低的評價（以黨的標準而論）。可是毛這些手段的效果適得其反。很多中國人非但不服氣，反而為深得他們敬仰與愛戴的周恩來沒有得到應有的評價而憤憤不平。

周恩來去世的當天下午，政治局開會籌備追悼會事宜，當時名義上仍擔任副總理的鄧小平於下午六點三十分把政治局撰寫的訃告草稿送毛澤東批示。第二天一早毛就批准了訃告，對以毛澤東、王洪文、葉劍英、鄧小平和朱德為首的一〇七人治喪委員會的人選也沒有提出意見。[1]毛甚至同意由鄧小平致悼詞，將周恩來安葬在八寶山革命公墓。

但是毛澤東沒有出席追悼會。追悼會在人民大會堂舉行的三天前，毛不以為然地對他的警衛團團長汪東興說：「為什麼要我參加總理的追悼會？」他讓生活祕書張玉鳳簡單解釋，他行動不便，無法出席（雖然短短幾個星期後，他還有體力會見尼克森總統，會晤時間長達一小時四十分）。[2]他確實給周恩來送了個花圈，但除此之外沒有參加任何追悼活動。

在周恩來去世前的最後幾個月裡，毛澤東也同樣與他保持距離。到一九七五年九月，周恩來的體重已從過去穩定的一百四十三磅減少到僅八十八磅。[3]鄧小平、葉劍英等親密同事常去醫院病房看望他，儘管他已經無法說話。一月五日他做最後一次手術時，鄧小平和李先念等人守候在一旁。[4]儘管毛澤東的體力比周恩來好得多，卻一次也沒去醫院看望過周。毛還試圖弱化外國人

（159）

對周的悼念。周恩來去世的當天下午四點，鄧小平向毛彙報，很多外國代表請求前來表達敬意。當天下午晚些時候，鄧小平在會見阿爾巴尼亞大使時宣布，根據毛的指示，外國駐京大使可以參加弔唁活動，各國領導人可以前往中國駐該國使館憑弔，但不必派代表團來京。[5]

儘管毛澤東態度冷漠，但當電台和廣播喇叭傳出周恩來逝世的噩耗後，舉國上下都陷入巨大的悲痛中。在群眾眼中，周恩來自一九七三年以來一直受到不公的對待。民眾自發流露的哀痛，堪與一九四五年羅斯福去世或一九六三年甘迺迪遇刺在美國引起的反應相比。中國人民還記得一年前周恩來出席全國人大會議時虛弱憔悴的樣子，故而對他的去世並不感到意外。但讓他們擔心的是，再也沒有誰能夠保護國家、使之免於毛澤東和「四人幫」的瘋狂行徑了。一些在文革中受過迫害的領導人，對周恩來如此心甘情願地與毛澤東合作深感不滿；但是在群眾眼裡，是周恩來使他們躲過毛澤東的極端做法。[6]很多人擔心，周恩來現在已經不能再保護他們，接下來不知會發生什麼。

一月十一日，北京居民僅僅從小道消息得知，為周恩來送葬的車隊將在當天出現，就已紛紛聚集在天安門廣場，表達他們的哀思。這天下午，運送周恩來遺體的靈車在一百輛黑色轎車跟隨下，經天安門廣場駛往西山的八寶山革命公墓，周的遺體將在那裡火化。儘管是數九寒天，估計有一兩百萬人佇立於街道兩側。[7]悼念群眾聽到讓他們擔憂的謠言說，政治局不顧周恩來的遺

（160）

願，下令將他的遺體火化，他們憤怒地堵住車隊，直到周恩來的遺孀鄧穎超向他們保證，遺體火化是周恩來本人的要求。[8]

一月十二日，《人民日報》刊登一幅覆蓋著黨旗的周恩來遺體照片，這意味著悼念活動已得到允許。[9]於是成千上萬人前往紫禁城旁的太廟瞻仰周恩來的骨灰盒。雖然禁止佩帶黑紗，製作黑紗的黑布和紮小白花的白紙還是在北京銷售一空。[10]到一月十二日，大約已有兩百萬人前往天安門廣場的人民英雄紀念碑前敬獻過花圈和祭文。[11]

在一月十二日的政治局會議上，張春橋提議由葉劍英元帥在一月十五日宣讀政治局為追悼會準備的悼詞。葉帥在一個月前剛讀過康生的悼詞，儘管鄧小平當時正受到猛烈批判，他還是想給鄧小平一個宣讀悼詞的機會。其他政治局成員接受了葉劍英的建議。[12]毛澤東雖然有權阻止，但是否定政治局的決定會令自己難堪，因此也同意由鄧小平宣讀根據政治局指示正式擬定的悼詞。

在追悼會上，鄧小平代表黨中央向精心挑選的五千名與會者宣讀悼詞。據經常給周恩來和鄧小平當翻譯的冀朝鑄回憶，很少感情外露的鄧小平「剛開口讀到『我們的總理』時就聲音哽咽，停頓了一下。每個人也都在落淚」。[13]半個世紀以來，鄧小平的生活與周恩來難分難解，兩人都在毛手下兢兢業業幹了幾十年，也都在毛手下受過罪。這是鄧小平在一九七七年春天復出之前的最後一次公開露面。

鄧小平宣讀的悼詞頌揚了周恩來。但悼詞內容是按政治局的指示寫就的，所以毛澤東和「四人幫」也很難不同意。悼詞中說：周恩來為黨、為戰無不勝的人民解放軍、為新民主主義革命的勝利、為社會主義新中國的建立、為工人、農民和各族人民的大團結做出貢獻。他為無產階級專政做出不可磨滅的貢獻，在外交事務上他貫徹了毛主席的革命外交路線。周恩來同志一生忠於馬克思列寧主義和毛澤東思想。他總是顧全大局，遵守黨紀，善於團結絕大多數幹部。他謙虛謹慎，平易近人，為其他領導人樹立了生活艱苦樸素的榜樣。鄧小平又總結道，他以大無畏的革命精神與疾病做了頑強的鬥爭。[14]

追悼會一過，正式的悼念活動立即宣布結束。儘管報紙上刊登了追悼會的簡訊和鄧小平致的悼詞，但與革命領袖去世時通常的做法相反，版面上幾乎沒有刊登任何介紹周恩來生平的文章，也沒有關於天安門廣場上和運送靈柩時參與悼念群眾人數的官方估計。對這種淡化周恩來去世的做法，很多人憤憤不平，不僅是因為沒有為他們崇敬的人舉行適當的悼念會，還因為這暗示著周恩來和鄧小平的對手在政治上占了上風，他們將實行與周恩來背道而馳的政策。[15]

追悼會過後，按周恩來遺孀鄧穎超的請求，由她陪伴周恩來的骨灰前往機場。在那裡，工人將骨灰送上一架飛機，從空中撒向他奉獻了一生的中國大地。[16]

鄧小平下台和華國鋒當選：一九七六年一月

悼念周恩來的活動僅僅讓政治局的批鄧會議中止幾天。毛澤東對鄧小平的兩次檢討很不滿意，在周恩來追悼會的前一天就做出指示，要把這些檢討印發政治局做進一步的討論。[17]在鄧小平看來，毛的意圖不言自明。在一月二十日的政治局會議上，當鄧小平第三次做檢討時，他再次表示希望有機會見到毛主席。江青問鄧小平為何要見主席，鄧小平說，他要親自向主席說明自己錯誤的嚴重性，親自聆聽主席的批評和指示，還要對自己工作中的一些問題做出說明。[18]但是毛澤東一向拒絕跟他的批判對象見面，這次也不例外。他不想單獨聽鄧小平說什麼，因為鄧小平很容易事後不認帳。[19]

鄧小平知道自己無法單獨見到毛澤東後，立刻提筆寫了一封信，實際上是宣布自己準備辭職。他把信交給毛遠新，請其轉交毛澤東。他寫道：「我首先向主席提出：解除我擔負的主持中央日常工作的責任，懇請予以批准。[20]現在，已過去兩個多月，批判還將繼續下去，再不提出會妨礙中央的工作，增加自己的過失。至於我自己，一切聽從主席和中央的決定。」[21]

毛在收到鄧小平的信後，第二天又與侄子見面，聽他彙報鄧小平在昨天會上的表現。在毛遠新看來，鄧小平的檢討仍然不充分。毛遠新還向毛澤東彙報，華國鋒、紀登奎和陳錫聯（這三位年輕的省級幹部在一九七三年調入政治局，日後成為更高職務的主要候選人）三位副總理都請求任命一位代總

（162）

理。毛立刻回答，讓華國鋒主持黨的日常工作。[22]

華國鋒不僅對外國人來說是個新面孔，甚至對中國民眾也是，但毛澤東認識華國鋒已有二十年。毛第一次見到華是在一九五五年，當時華在毛的家鄉湖南湘潭任地委書記，大力擁護毛澤東激進的農業集體化政策，給毛留下良好印象。二十年來毛澤東一直很瞭解華國鋒，華國鋒在每一場政治運動中都堅決擁護毛澤東，而每一次運動之後也都得到提拔。在毛一九五九年批判彭德懷和後來林彪墜機後批判林彪時，華國鋒都證明自己是毛的可靠擁護者。其他北京領導人是在一九七三年華國鋒升進政治局後，才有機會對他有所瞭解（參見「鄧小平時代的關鍵人物」）。王洪文性情固執、難與他人共事，華國鋒則是與觀點不同的幹部也能做到關係融洽。華在文革前就是高幹，因此那些剛恢復工作的老幹部容易接受他。「四人幫」也接受他，因為他們樂觀地以為此人性格溫順，易於操縱。

毛澤東告訴毛遠新讓華國鋒擔任代總理的同一天，張春橋和江青安排召開清華、北大的黨委會議，會上第一次點名批判鄧小平。曾經受到鄧小平支持者批評的清華幹部遲群，帶頭組織了更多公開批鄧的會議。[23]

毛澤東先公開批鄧，再讓他退出政壇，他做這樣的時間安排自有其考慮。在一九七五年，群眾都把鄧小平視為領導人，認同他的工作表現。為使華國鋒這個新領導人被人們接受，不因鄧小

（163）

平的存在而受到影響，最好是讓鄧小平退出公眾視野，降低他在群眾中的威望。

中國民眾和外國媒體是從一月二十六日的《人民日報》上獲悉華國鋒成為代總理的。為避免引起牴觸，這則新聞沒有用通欄大標題，而是放在一條不起眼的報導中，說華國鋒接待了一個羅馬尼亞貿易代表團，提到職務時稱他為代總理。[24] 一月二十八日，毛澤東正式讓華國鋒主持中央的日常工作。[25] 二月二十日，鄧小平提出辭職兩週後，黨中央向全國高層幹部宣布：經政治局一致同意，任命華為代總理。[26] 鄧小平這時已經退出人們的視線。他提出辭職後，直到一九七七年夏天才回來工作。[27]

毛澤東知道，華國鋒不像鄧小平、周恩來或陳雲那樣出類拔萃，但他實在找不到其他年齡、經驗都合適，又能符合其要求的幹部。至少就當時而言，毛澤東雖然放棄了鄧小平，但並沒有放棄抓安定團結，而華國鋒（與王洪文不同）既不樹敵，也不搞派系。其實，華國鋒屬於那種鄧小平提拔下級幹部時也會尋找的人：他是一步一步被提拔起來、能夠解決問題的實幹家。雖然他缺少馬列主義理論素養和外交經驗，但毛澤東希望他能逐漸熟悉這些領域。

也許對毛澤東來說，最重要的是華國鋒是文革的受益者，因此可以確信他不會否定文革。與鄧小平不同，華國鋒沒有自己的勢力基礎，他能掌握領導權全憑毛澤東拔擢。所以毛可以放心，他會維護毛的威望和遺志。[28]

但是，缺少高層經驗的華國鋒只是被任命為代總理：毛澤東在最終任命他之前，仍然要觀察他。一九七五年一月，毛對鄧小平表現出來的領導能力十分放心，才把黨政軍全部頭銜正式交給他。相反的，華國鋒在一九七六年一月既沒有進入政治局常委，也沒有被任命為黨的副主席，甚至沒讓他擔任任何軍隊要職。但是毛澤東確實把主持政治局會議、領導黨和政府日常工作的全部責任交給華國鋒。華最初的任務之一是領導反擊「右傾翻案風」運動，即批判鄧小平為許多老幹部恢復工作的做法。

批鄧運動的失敗

即使撤了鄧小平的職、準備對他進行公開批判，毛澤東對批鄧仍是有節制的。他在二月二十一日選定華國鋒後的演講中說，與鄧小平的分歧還不是那麼嚴重，這屬於人民內部矛盾，不是敵我矛盾；對鄧小平的工作以後還要再商量；現在可以減少他的工作，但還是要讓他繼續工作，不能一棍子打死。毛澤東沒有完全拋棄鄧小平，但他決定展開一場公開的批鄧運動。他還盡量減少鄧小平對軍隊的控制，使他難以聯合軍隊反對自己。

一月十八日，即鄧小平把辭職信交給毛澤東的兩天前，大約有七、八千名國防科技幹部在先農壇體育館召開批判「右傾翻案風」的大會。曾與鄧小平在國防科技領域密切合作過的張愛萍將

（164）

軍此前已受到嚴厲批評，江青甚至說他是台灣間諜。張捎話說自己身體不適不能到會，並稱自己做出的決定由他本人承擔責任，與部下無關。29

當政治氣候迅速轉為不利於鄧小平及其同事時，張愛萍將軍並不是唯一感到不適的人。除了張愛萍，另外三個「金剛」及其親密同事也都受到批判，分別是：胡耀邦和他推動科技工作的同事，萬里和他主管鐵路的同事，以及周榮鑫和他教育界的同事。兩個月後周榮鑫去世。中央在二月二十日宣布，由於葉劍英元帥生病，由陳錫聯主持中央軍委工作。陳錫聯在遼寧時與毛澤東的侄子毛遠新過從甚密，因此毛遠新可以做陳錫聯和毛澤東的聯絡員，確保軍隊維護毛的利益。二月十六日中央批准中央軍委的報告，宣布鄧小平和葉帥去年夏天在軍委擴大會上的演講有嚴重錯誤，停止傳達他們的演講文件。此報告一公布，鄧小平和葉帥軍委的工作也隨之結束。30 毛澤東不想冒任何風險，讓受到批判的鄧小平和葉帥有可能與軍隊領導人聯手跟他作對。

由毛遠新領頭，中共中央組織召開由各省、市、自治區和各大軍區負責人參加的批鄧會議。這次會議從二月底開到三月初，很多地方領導人都是在這次會上第一次聽說毛澤東批評鄧小平，而材料又是毛遠新蒐集整理的。毛對毛遠新說，鄧小平把毛的「三項指示」（反修防修、搞好安定團結、把國民經濟搞上去）放在一起的行為，既沒有得到政治局的批准，也沒有向毛彙報。毛還批評鄧小平所講的「白貓黑貓」論（即「不管是黑貓、白貓，會捉老鼠就是好貓」），認為這個說法並沒有將帝

（165）

國主義和馬列主義區別開來，反映出鄧小平的資產階級思想。張春橋插嘴說，鄧小平是壟斷資本家階級的代表，他對內搞修正主義，對外搞投降主義。

這之前在會上批鄧是不點名的，但是在這次會議上華國鋒點了鄧小平的名，批他搞「修正主義」路線。不過華國鋒和毛澤東一樣，對批鄧運動做了一些限制：不要上街張貼批鄧的大字報，不要在廣播電台上批判。三月三日，毛澤東和華國鋒批鄧的文件傳達到全黨。[31]

江青一如往常，沒有那麼節制。她在三月二日召開一個十二省負責人的會議，試圖將鄧小平錯誤的嚴重性升級，把他稱為「反革命」和「法西斯」。在毛澤東看來這太過分了。他批評江青不跟自己商量就開會，並禁止發表她的演說錄音。三月二十一日，《人民日報》號召「深入批判黨內那個不肯悔改的走資派」，但北京的幹部明白，毛澤東仍希望鄧小平回心轉意，這是在給他機會。[32]然而鄧小平沒有任何軟化立場的表示。到四月五日時事情已經很清楚，批鄧運動在群眾中是不得人心的。

示威支持周恩來和鄧小平：天安門廣場，一九七六年四月五日

清明節是每年祭奠亡靈的日子。離一九七六年清明節四月五日還有好幾週，「四人幫」就預感到有人會利用這個時機上街遊行悼念周恩來。他們的擔心是有道理的。在北京，不僅幹部和學

生，很多一般群眾也對一月份沒有為周恩來舉辦適當的悼念活動感到氣憤，他們的確打算在清明節表達對周恩來的崇敬。

清明之前的三月二十五日，「四人幫」控制的上海《文匯報》發表文章批判鄧小平及其「後台」，稱還有另一個「走資派」。人人都明白這是指周恩來。在這件事上，「四人幫」理解民情的能力極差，因為這篇試圖抹黑周恩來的文章引起反彈。當年當過紅衛兵的人憤怒了，把他們過去在批判江青的對手時學到的本領反過來用在江青身上。在上海，一大群人立刻包圍報社，要求做出解釋。

距上海三小時火車車程的南京大學，很快就出現抨擊《文匯報》文章的大字報，示威也從大學蔓延到南京主要街道。人們抬著花圈從南京市中心的街道向雨花台前進，將花圈擺放在陵園內；這裡是紀念被國民黨殺害的十萬共產黨員的墓地。後來「四人幫」讓自己的人取走花圈，並阻止進一步的示威。他們不讓官方媒體報導南京示威的消息，卻無法阻擋消息從非官方管道傳播出去。[33]

三月二十六日，南京爆發示威活動的次日，鄧小平被叫到政治局擴大會議上，批判他是名聲掃地的黨內資產階級頭子，並被譴責要搶班奪權、另立中央、最終復辟資本主義。[34]鄧小平還受到警告，四月五日如果發生任何示威，他也要負責。

（167）

僅僅四天後，三月三十日，悼念周恩來的第一批花圈出現在天安門廣場的人民英雄紀念碑前。人們張貼悼念周恩來的詩文，歌頌周恩來、抨擊四人幫的演說開始吸引人群。出現一些大字報聲援鄧小平，還有人把小瓶子放在街上，因為「小瓶」與「小平」諧音。

北京的中共領導層試圖阻止民情進一步宣洩，宣布各單位可以在自己單位內開展悼念周恩來的活動，但要維護天安門廣場的秩序。他們派出巡邏員警阻止任何示威活動。北京市的官員估計，四月三日星期六那一天，大約有一百萬人去過廣場，當天廣場上的人數最多時達到十萬，並一直維持在數萬人以上。[35]北京市的領導發出緊急通知：「不要去天安門送花圈……送花圈是舊習俗。」[36]但是消息不脛而走，四月四日星期日那天，天安門廣場上人山人海（估計超過兩百萬人）。人們向周恩來表達敬意，反對「四人幫」，擁護鄧小平。

為避免讓江青抓住更多的把柄攻擊自己，鄧小平禁止家人去天安門廣場。廣場上的詩文、大字報、小白花、花圈愈來愈多。[37]人們聚集在演講者周圍，聽他們冒著被捕的危險表達對周恩來的愛戴；演講者表示，不惜犧牲生命也要反對陰謀篡權的「四人幫」。廣場上的人來自各行各業，有幹部、學生、工人和農民。[38]幾個最大膽的演說者遭到逮捕。親自觀察過現場的英國大使館官員羅傑．加塞德（Roger Garside）說：

這次人民悼念周恩來的活動，比我見過的任何國家葬禮都要感人。這種政治示威與我在中國見過的任何事情大相逕庭。……大批人群的行動是發自於信念……表達多年來暗流湧動的思想感情。這是……對周恩來去世後所受待遇的憤怒，是反抗毛澤東的精神，是對中國未來的憂慮，是對那些肯定會懲罰示威者的人的蔑視。……人民收回了給毛的授權。[39]

四月四日下午，政治局在人民大會堂福建廳開會研究如何應對廣場的事態。同情示威者的政治局委員葉帥和李先念告病缺席，鄧小平也沒有到會。華國鋒主持會議，並有毛遠新到場。北京市委書記兼革委會（負責北京的治安）主任吳德在會上說，廣場上的二〇七三個花圈分別來自一千四百多個單位。有個地方的花圈堆了六米多寬。吳德還報告，有些示威者早就在策畫這些活動，而且受到鄧小平的影響。江青想讓示威停下來，她宣布，清明節已經結束，要在黎明前把花圈清理出廣場，送往八寶山革命公墓。華國鋒指示吳德想辦法落實江青的要求。[40]

四月五日星期一的黎明前，北京市派出大約兩百輛卡車來到天安門廣場，工人把花圈扔到車上拉走了。天亮之後人群又湧入廣場，人數超過十萬。當他們明白了事情經過後，群情激奮，開始高呼：「還我花圈，還我戰友！」無畏的人群衝撞人民大會堂，點燃汽車，砸毀自行車，追打

（168）

一位外國攝影記者，還攻擊一棟駐有民兵的房子。

當天下午政治局再次開會。已多日不參加政治局會議的鄧小平被叫到會上接受批判。張春橋首先攻擊鄧小平說，他和納吉（Imre Nagy，一九五六年匈牙利抗暴的主使者）一樣。[41] 毛遠新接著傳達毛澤東批評鄧小平的書面和口頭指示，鄧小平一直保持沉默。王洪文向政治局傳達毛澤東要調動十萬民兵鎮壓示威群眾的命令。但是負責民兵工作的倪志福說，頂多能調動三萬民兵，吳德也補充，這個數量的民兵對付不了廣場上的大批抗議群眾。

接下來，張春橋說，吳德應當向示威人群廣播演講。於是吳德寫了一份簡短的廣播稿，給華國鋒等政治局成員先過目，他們同意演講的內容。廣播稿不提抗議的原因，而是轉移人們的注意力，讓他們警惕廣場上的一小撮反革命份子，正是這些人在把悼念活動轉變成一場攻擊毛主席和黨中央的政治運動。它還提到不肯改悔的走資派，他不是團結在毛主席和黨中央周圍，而是大刮「右傾翻案風」。廣播員說，由於反革命份子正在利用這一事件，革命群眾應當立刻離開廣場。

四月五日下午六點三十分，政治局的錄音演講在廣場上播出。在《人民日報》次日刊登的這篇演講中，加上沒有出現在廣播中的鄧小平的名字，特別指出他就是不肯改悔的「走資派」。[42]

根據政治局批准的計畫，民兵要在晚上八點出動，但當時在場的北京衛戍區司令吳忠認為，廣場上的示威者仍然太多。他對一直與他保持電話聯繫的華國鋒和陳錫聯解釋，民兵此時清場為時尚早。晚十點半廣場上打開探照燈，再次廣播吳德的錄音演講，要求抗議者離開廣場。最後，夜裡十一點吳忠打電話報告吳德，還留在廣場上的示威者大約只有一千人了，吳德下令出動民兵。有一百多名反抗者被捕。雖然員警沒有使用槍械，但確實用了棍棒，有數十人受傷，清場之後街上留下一些血跡。[43]但沒有關於死亡的報導。

幾小時後，四月六日的黎明之前，部分政治局成員開會評估這一事件。他們斷定示威是有計畫有組織的，因此已構成一場反政府的陰謀。當天下午，毛遠新與毛澤東會面，一起討論事件的性質，毛主席同意宣布這是一場陰謀。沒有證據表明毛澤東本人認為鄧小平是組織示威的幕後黑手（如公開宣布的那樣），但他確實認為，假如鄧小平繼續掌權，將會把黨帶上一條錯誤的道路。[44]當天晚上，江青也與毛澤東見面，再次要求把鄧小平開除黨籍，但毛澤東仍然沒有同意。[45]

當時在中央檔案館工作的高文謙說，對毛澤東來說，四月五日天安門廣場上發生的事情是「十分令人沮喪的。……以往他總是站在天安門城樓上接受民眾的高呼『萬歲』，而如今竟成為人們聲討的對象，……〔他〕身後恐怕也難逃歷史的清算。……毛澤東內心沮喪和恐懼的心情可想而知」。[46]中國當時並不採用投票選舉方式，甚至連村級選舉也沒有，但是天安門事件清楚地表明，至少在民眾政治覺悟最高的北京，毛澤東已經失去民心，周恩來才是百姓心目中的英雄，鄧小平也有足夠的民意支持成為主要領導人。

（170）

撤掉鄧小平、提拔華國鋒：一九七六年四月

四月七日上午，當毛遠新再次向毛澤東報告最新事態時，毛給了他一份書面批示，對如何進行稍後即將召開的政治局會議做出指示。在政治局開會時，毛遠新出示毛澤東寫的紙條，上面寫著：「一首都，二天安門，三燒、打，性質變了。」簡言之，運動變成反革命運動，矛盾也不再是人民內部矛盾，而是更嚴重的，成為黨與企圖推翻黨的敵人之間的矛盾。毛遠新還向政治局傳達毛主席的兩條建議：第一，代總理華國鋒擔任總理和黨的第一副主席；第二，當時仍未被正式撤銷黨政軍職務的鄧小平，免去全部職務。然而，即便在這時，毛澤東對待鄧小平仍是有節制的，還指示對鄧小平要「保留黨籍，以觀後效」。毛的指示傳達後，政治局會議上一片沉寂，隨後便批准毛的建議。只要毛澤東一張口，結果從來不會有意外。

毛澤東把鄧小平徹底趕下台。但是當汪東興最先向毛澤東透露江青有可能動員群眾批鄧時，毛指示汪東興把鄧小平轉移到一個離他子女不太遠的安全地點，地址要對「四人幫」保密。[47]

毛澤東把權力全部交給華國鋒，免去鄧小平的一切正式職務，這就為華國鋒領導國家掃清了道路。在毛澤東看來，華國鋒擔任代總理的幾個月裡沒有犯過大錯，況且他也沒有更好的人選：能既忠於他的威望、又能與激進派和老幹部搞好關係。華國鋒在鎮壓「四五」示威時也行動有力。

一些瞭解內情的北京幹部相信，直到四月五日前，毛澤東一直保留著讓鄧小平和華國鋒共同

（171）

領導的可能。但是四月五日群眾表現出的對鄧小平的擁護程度，使這件事變得根本不可能了：華國鋒將被鄧小平壓倒。毛澤東允許鄧小平保留黨籍，給他留下重新報效國家的可能，只是現在還為時尚早。當天晚上八點，發布了華國鋒被任命為第一副主席和政府總理的公告。[48]

全國各大城市黨的上層負責人紛紛召開表態大會，向華國鋒表示效忠。各個單位和大學也召開同樣的表態大會。例如北京大學的全體學生就接到通知，收聽四月七日晚上八點的重要廣播；到了指定時間，校內的廣播喇叭宣讀慶賀新上任的第一副主席和總理華國鋒的公告，然後宣布召開由各系代表參加的全校大會。代表們在會上聲討鄧小平，支持華國鋒。不過，有些人注意到，發言者一本正經地念稿子，幾乎沒有表現出四月五日天安門廣場抗議者那樣的熱情。[49]

雖然華國鋒很少能見到毛澤東，但是在四月三十日紐西蘭總理馬爾登（Robert Muldoon）訪中期間他與毛澤東見面時，毛拿出一張紙，在上面潦草地塗了幾句話交給華國鋒：「慢慢來，不要著急，照過去方針辦，你辦事，我放心。」[50]華國鋒當時沒有把毛澤東這條最後的指示公之於眾，但紙條的真實性和毛澤東的意圖無人質疑。[51]毛選定華國鋒做他的接班人。毛的判斷是，華國鋒會一直忠於他和他的路線，他這個判斷是正確，但是他希望華國鋒能夠團結激進派和老幹部的想法卻未能如願。毛去世後沒幾天，華國鋒就斷定自己不可能跟江青及其激進派同夥共事。毛澤東還希望華國鋒在葉帥和李先念等老幹部的支持下，能夠形成一個長期穩定的領導班子，這個願望

（172）

也未能變成現實。

一九七六年四月七日以後的鄧小平

一九七六年四月八日，鄧小平被撤銷一切職務的當日，鄧請汪東興把他的一封信轉交毛澤東，信中明確表示自己仍會遵守黨紀。他寫道：「我完全支持黨中央讓華國鋒同志擔任第一副主席和總理的決定。」他知道江青想把他開除黨籍，又說：「我對於主席和中央能夠允許我留在黨內表示衷心的感激。」[52]

但是，鄧小平不得參加黨內討論或公開會議，也不能參加紅軍司令朱德（七月六日去世）和毛澤東（九月九日去世）的追悼會。[53]在毛澤東逝世當晚召開的政治局會議上，江青再次試圖把鄧小平開除黨籍，但不僅遭到葉帥的反對，也被恪守毛澤東命令的華國鋒拒絕。[54]

即使對鄧小平這麼剛強的人來說，被批判和孤立的壓力也是一種重負，何況很多人沒他那麼經得起折騰。四月五日之後，批判周榮鑫的會議愈演愈烈，連負責清理天安門廣場的吳德也承認，是「四人幫」和遲群「把他鬥死了」。[55]

毛澤東不僅保護鄧小平，允許他留在黨內，還為他提供一些特殊的關照。例如，鄧小平在六月十日讓汪東興轉交一封信給華國鋒和毛澤東，他說自己的妻子為了治療眼疾住進醫院，最好能有一位家人在醫院看護她。毛澤東批准他的請求。鄧小平在六月三十日也接到通知，他可以從東交民巷的臨時住處搬回寬街的老住所。即使在彌留之際，毛澤東也沒有完全放棄鄧小平。

鄧小平一家人搬回老家九天後，北京一百多公里外的唐山發生大地震，官方統計有二四．二萬人死亡。北京也有強烈震感，估計有三分之一的建築結構受損。如同帝制時代一樣，有人認為這場災難是上天對統治者不滿的徵兆。鄧小平一家人和其他許多人一樣，在院子裡搭了個帳篷，住到他們不再擔心房子倒塌為止。鄧小平一家人搬回原來的家之後，從一九七六年四月五日直到一九七七年初恢復工作，他在寬街的生活就像在江西的三年一樣，又變成以家人為中心，從報紙和電台上瞭解新聞。

一九七六年四月七日後的政治制衡

華國鋒被選為總理和第一副主席，意味著他在政治上的排名第一次超越「四人幫」。華國鋒想與「四人幫」搞好關係，可是他們卻要唱自己的戲。大體而言，他們是激進派的宣傳家，華國鋒則是解決問題的實幹家。此外，華國鋒的晉升也使「四人幫」有理由視他為勁敵。

華國鋒從一個謙遜的中層幹部到突然身負大任，在把握緊張的政治氣氛上格外小心。很多老幹部支持他，是因為至少在短期內他們找不到另外一個能維護國家團結的人，也因為華走的是溫

（173）

和路線，更因為華主動和他們合作。

直到四月七日以前，毛澤東仍然大權在握，仍有精力操縱上層政治，但是他也知道，人們都覺得他最多活不過一年。他已經看到耗子正棄沉船而去。二月二十三日他會見尼克森總統時，提到自己念念不忘的「六廠兩校」，他說：「我也只能管得了北京附近幾個地方。」[56]高層幹部因為他早年取得的成就仍然尊重他，但是他們也在考慮還要在多大程度上服從他。他已經不再能把自己的威名變為實權，像一九五八年或一九六六年至六七年那樣動員全國了。

毛澤東選定華國鋒，並在四月七日進一步明確地把統治權交給他，但無論在這之前還是之後，兩人之間都很少直接來往。在這之前，即使臥病在床，毛仍然積極部署批鄧運動，挑選未來的領導核心。而四月七日之後，尤其是五月十一日第一次心臟病發作之後，他就既無心也無力積極指導華國鋒了。與此相反，江青依然精力充沛，猛批鄧小平和其他老幹部。她盡力鞏固自己的關係網，重點首先放在黨和軍隊的宣傳部門上，並且恫嚇那些畏懼在毛死後由她掌權、不敢得罪她的人。

一九七六年五月，葉帥的至交王震將軍去西山軍區大院葉劍英的住處探望他。王震提出如何對待「四人幫」的問題。當時還很少有人敢於說出多數人的心裡話：其實「四人幫」本是一個以毛主席為首的「五人幫」。的確，據說當王震小心翼翼地問葉帥對「四人幫」的看法時，葉帥擔

（174）

心有人竊聽，便展開右手的四個指頭，並把拇指彎向掌心，意思是，等毛澤東撒手人寰之後再說吧。哪怕這個故事是捏造的，北京也有很多人相信，它也符合葉帥的風格。

身為毛澤東聯絡員的毛遠新，在部署批鄧和提拔華國鋒上扮演核心角色，但是四月五日之後，隨著毛澤東不再積極問政，毛遠新的角色也變得不那麼重要了。儘管華國鋒在四月七日後擔任更高的職務，他並沒有獲得軍隊的控制權，這使他不能像鄧小平那樣行使權力。華國鋒指導行動的治國方針並沒有遠離鄧小平的做法：以務實的方式推動四個現代化。上面的決策仍然懸而未決，下面的官僚系統則每日每天繼續運行著，儘管缺少大方向；同時不安地等待著毛澤東之後新權力格局的出現。

毛澤東去世：一九七六年九月九日

一九七六年五月十一日，天安門示威剛過去一個月，毛澤東心臟病發作（心肌梗塞）。他仍然有意識，但身體已變得十分虛弱。此前毛澤東都還能審閱政治局的文件，在政治局的決定向下傳達和落實之前給予最後的批准。但是在五月十一日後，他就不再能看文件了。六月二十六日他的心臟病第二次發作，九月二日又發作了一次，並於九月九日零時十分去世。自動成為黨代主席的華國鋒當天清早馬上召集政治局，批准宣布毛澤東逝世的訃告。訃告將於當天下午四時公布。

（175）

毛澤東的去世讓舉國陷入受政府引導的悲痛中。這是一個領導了中共四十年、領導國家二十七年的傳奇人物；政治上一無所知的一般群眾一向接受著熱愛毛主席的教育，為他們頂禮膜拜的領袖的去世而落淚，表達他們的崇敬之情。即便是那些參加「四五」遊行的人也在擔憂毛的去世將對國家的未來、甚至對自己生活產生何種影響。中國是否會回到一九六六年至六九年的混亂狀態？政府是否會崩潰、國家陷入內戰？

不管高層幹部有多少類似的擔憂，眼下他們得做非做不可的事：準備追悼會、處理遺體、寫公告、接待國內外各種團體、維護首都的治安。以華國鋒為首的三七七人治喪委員會立刻宣布成立，名單序列說明了官員的地位高低及其對黨和國家的貢獻度。

北京和各省無不精心籌備追悼會，人人都在表達對毛的崇敬，政治角力也暫時放在一邊。各級負責人各就各位，再次確認他們在官場上的位置。華國鋒牢牢控制著追悼活動，他領導悼念活動的工作後來得到很高評價。從九月十一日到十七日，人民大會堂每天都在舉行悼念活動。

九月十八日，按照常規仍由王洪文主持追悼會（他不再負責日常工作，但仍保留著正式職務），但最高榮譽給了華國鋒，他在天安門廣場上宣讀悼詞，讚美毛澤東是「我們時代偉大的馬克思列寧主義者」，估計有一百萬人出席追悼大會。同日，全國的工廠和列車鳴笛三分鐘致哀。華國鋒還宣布，毛澤東的遺體在解剖之後，將被保留並供人瞻仰。後來天安門廣場上建起一座紀念堂，參觀

（176）

者在外面排隊進去瞻仰毛的遺容。鄧小平和一九七五年與他密切合作的幹部：胡喬木、張愛萍、萬里和胡耀邦則被排除在參加悼念活動的黨政領導人之外，這對他們是個打擊。不過鄧小平在家裡設了一個靈位，與家人一起私下祭奠毛澤東。[57]

追悼活動一過，高層政治領導人又恢復各種政治運作，以樹立和維護他們的公共形象，為必將來臨的權力鬥爭做準備。

逮捕「四人幫」

江青曾對她的西方傳記作者洛葛仙妮·維特克說：「性最初幾次是很迷人的，但能長久使人著迷的是權力。」[58]毛澤東去世後，她驕傲地宣稱自己是毛澤東最忠實的一條狗。也許她還應當在「狗」前面加上「會咬人的」，這更能說明她的特長：她在肆無忌憚地毀滅毛認定的目標這一點上無人能及。清楚她來歷的有教養人士，私下嘲笑她是個專門和上層人物打交道的蕩婦、不正當發跡的二流戲子。她缺少那種自然而然獲得權力者所具有的自信和風度，表現出急於登上高位者的傲慢。即使為她工作的人也認為，她蠻橫無理，從來不體貼別人。她對一九四〇年代以來一直躲著她的那些黨內老幹部恨之入骨。通過為毛澤東辦事，她得到反擊的權力。做為毛澤東最壞的一面，她很容易在中國為千夫所指。毛澤東從一九七四年開始要恢復安定團結，把她視為需要約束的炸彈。但毛澤東仍然喜歡她的忠誠，關心她的生活，對她加以保護，以備自己的不時之需。沒有跡象表明毛澤東曾經想讓江青掌握大權，而每當她暴露出這種野心，毛就會管束她。毛正式任命華國鋒擔任第一副主席和總理之後，她登上權力頂峰或在領導層扮演重要角色的可能性已不復存在，雖然她的野心並未隨之消失。

江青從未培養出政治眼光、組織才能或與其他掌權者積極合作的能力，而這些都是真正的權力角逐者不可或缺的素質。她幹了太多過河拆橋的事，迫害太多高層幹部，疏遠太多同僚。她缺乏做為忠誠反對派的自制力。她缺少遠比她有組織能力的黨內老幹部擁護。在軍隊中，除了總政治部，她實際上得不到任何支持。

在毛澤東在世的最後一年，江青力求鞏固自己地盤。她借助黨的宣傳機器和解放軍總政治部，繼續開展毛澤東反資產階級的鬥爭。她與上海民兵中能搞到武器的激進派保持聯繫。將軍們並不擔心她會在任何關鍵性軍事較量中取勝，他們擔心的是軍隊幹部會出於畏懼與她合作，擔心她煽動激進派鬧事，造成長期的爭鬥與混亂，這只會放緩中國前進的步伐。

江青知道，最能幫上她的就是找到、甚或修改毛的文件，以使她確保更多的權力，並由她來闡釋毛的遺志。毛澤東一死，她便天天去找毛的機要祕書張玉鳳，要求她把毛的全部文件轉交給自己。她確實得到了一些文件，把它們留在自己手中數日，但當華國鋒堅持全部文件要由汪東興保管時，她不情願地把文件交了回去。其後她又對紀登奎施壓，想查看原來由林彪蒐集和保管、當時存於林彪在毛家灣住所的材料。[59]

華國鋒致悼詞後的次日，江青要求立刻召開政治局常委會，研究如何處理毛的文件，常委會中要有她的盟友王洪文和張春橋，但不許葉帥到會。[60]華國鋒別無選擇，只好在當天下午召開會議。江青把姚文元和毛遠新也帶到會上，要求由毛澤東去世前十個月裡一直負責管理主席文件的毛遠新繼續掌管他伯父的資料，並準備一份相關報告。由於其他人反對，會議無果而終，結果資料仍然留在黨中央。[61]

江青還試圖加強對宣傳部門的控制，她在文革早期個人權勢達到巔峰時就控制著那裡。此外她還動員年輕人繼續搞階級鬥爭，批判官僚主義。十月一日在清華大學的一次演講中，江青鼓勵年輕人立下戰鬥到底的誓言。

當華國鋒聽說「四人幫」在一些會議上告訴他們的盟友十月七日、八日或九日會有好消息時，他斷定必須立刻採取行動。雖然沒有江青正在策畫政變的證據，卻有另外一些不祥的徵兆。十月四日遲群向江青發誓效忠，而十月四日《光明日報》重點推出一篇署名「梁效」的文章（北大和清華一些激進派的筆名）〈永遠按毛主席的既定方針辦〉，聲稱「任何修正主義頭子（影射華國鋒），膽敢篡改毛主席的既定方針，是絕然沒有好下場的」。出於對這些事態的擔憂，葉帥當天

（178）

便去找汪東興和華國鋒商量，他們擔心「四人幫」會很快採取某種行動。62

沒有人懷疑江青屬於「你死我活」政治傳統的一部分，她會一拚到底。任何逮捕「四人幫」的決定，都需要華國鋒代主席的果敢領導，和中央軍委副主席葉帥及時任中央警衛團（負責保衛黨中央）負責人汪東興的配合。一切都要面對面商量，而且要行動迅速。毛澤東一死，當時擔任中央軍委副主席兼國防部長的葉帥就向華國鋒保證，他將全心全意支持華國鋒向後毛澤東時代順利過渡。毛去世幾天後，華國鋒就曾派李先念去葉帥那裡探聽如何對付「四人幫」的口風，李、葉二人都認為有必要抓緊時機採取行動。汪東興後來講述如何為逮捕「四人幫」做準備時說，華國鋒和葉劍英都是戰略家，他本人僅僅是執行他們的命令。63

葉帥力求避免在採取抓捕行動時軍隊之間發生衝突，造成進一步的混亂。「四人幫」在釣魚台的住所都有自己的警衛，因此應該避免在那裡交手。但是時機的選擇也至關重要。華國鋒、葉劍英和汪東興這三位策畫者一致認為，必須搶在「四人幫」之前動手。在看過十月四日的社論，又聽說「四人幫」告訴同黨十月九日就會有好消息之後，華國鋒、葉帥和汪東興三人準備迅速採取果斷行動。汪東興從他信賴的警衛團中逐個挑選出一小批可靠的手下。

十月五日下午葉帥分別與華國鋒和汪東興商量，決定由華國鋒發出通知，在第二天十月六日晚上八時於中南海懷仁堂臨時召開政治局常委會（這也有常例可循）；宣布的會議內容包括三個重

（179）

要問題：出版《毛選》第五卷、籌建毛主席紀念堂、研究毛主席在中南海過去住所的用途。通常參加政治局常委會議的只有華國鋒、葉劍英、王洪文和張春橋，這些議題都是王洪文和張春橋不肯錯過的。姚文元雖然不是政治局常委，但一直是《毛選》第五卷出版工作的關鍵人物，請他到會參加討論也順理成章。

十月六日晚，汪東興的一小批警衛已埋伏在內，但是樓外一切如常。將近八點時王洪文從東門邁步走進房間，立刻被警衛扭住。他怒斥道：「我是來開會的，你們這是幹什麼！」警衛把他摁倒在地拖進大廳。華國鋒起身說道：「王洪文，你犯下了反黨反社會主義的罪行，中央要對你進行隔離審查。」王洪文被押出大廳後，張春橋也提著公事包準時到達。他正要從東門進入大廳，也被警衛抓住銬了起來。華國鋒宣布要對他的罪行進行審查，他也乖乖就範。姚文元一到，在樓外就被逮捕了。

與此同時，一小隊警衛前往中南海中央委員會辦公樓江青的住所，宣布要對她進行特殊審查。江青說她要去一下廁所，於是一名女警陪她前往。回來後她便被押上一輛轎車帶走。三十五分鐘之內，沒放一槍一彈，沒流一滴血，「四人幫」的威脅就解除了。[64]

大約在同時，華國鋒和葉劍英還派出一隊特別人馬前往廣播電台、新華社、《人民日報》等新聞單位，以確保「四人幫」餘黨無法向社會傳播消息，不公布任何新聞，直到把「四人幫」骨

（180）

幹份子全部抓起來為止。「四人幫」被捕後的第二天，北京市委的謝靜宜和清華大學的遲群也被隔離審查。[65]

接下來要抓緊解決的問題是，「四人幫」身為政治局委員一直抵制華國鋒成為正式的國家最高領導人，因為江青也在覬覦這個位置。為此，葉劍英在西山自宅中召開一次沒有「四人幫」的政治局會議。會議從晚上十點一直開到凌晨四點，會上一致推舉華國鋒擔任黨的主席和中央軍委主席。他們還討論需要採取哪些措施，以防「四人幫」餘黨製造麻煩。[66]這次政治局會議之後還立刻宣布，將在華國鋒的領導下出版《毛澤東選集》第五卷，鄧小平曾與「四人幫」極力爭奪此事的控制權；它為華國鋒提供了闡釋毛澤東遺志的重要機會。[67]

「四人幫」餘黨製造動亂的最大危險來自於上海的武裝民兵。[68]事實上，葉劍英和華國鋒等人對「四人幫」被捕一事嚴加保密，直到他們確定已經控制住上海的問題。曾長期擔任南京軍區（上海地區亦歸其管轄）司令的許世友飛到北京向幾位領導人保證，部隊對上海可能爆發的戰事已做好充分準備。這種擔憂是有道理的。「四人幫」被捕兩天後，上海的餘黨因為與他們聯繫不上懷疑出了麻煩，開始為武力反抗做準備。

北京為了對付這種威脅，派蘇振華將軍為首的一批老幹部前去上海穩定局勢。他們抵滬之後，請江青在上海的同黨馬天水等人上北京開會，這些人一到北京，就糊裡糊塗成為階下囚。到十月十四日，仍打算在上海策畫抵抗的人感到黨的高層幹部和群眾普遍反對武裝反抗，自知處境無望，一仗未打就屈服了。[69]

同時，安全部門的幹部也在甄別「四人幫」過去的部下中，哪些人最危險，抓捕「四人幫」後的第二天，北京大約抓了三十名「四人幫」的忠貞親信。公安幹部繼續監視那些可能構成安全威脅的人。[70]毛遠新也被逮捕。

「四人幫」被捕的消息突然公布，讓已經厭倦無休止鬥爭的民眾欣喜若狂，也消除了他們對那些人會捲土重來的顧慮。十月十八日消息公布時，全國各地爆發自發的慶祝活動。據觀察到這些事件的外國記者報導，所有大城市都有異常興奮的群眾湧上街頭慶賀。[71]

華主席尋求黨內支持

但是，對是否應當逮捕「四人幫」，甚至對毛澤東是否確實選擇華國鋒做接班人，黨內是有懷疑的。毛澤東事實上從未公開宣布華國鋒是他的接班人。高層幹部知道，毛澤東也從未想過要逮捕「四人幫」，不喜歡「四人幫」的人也覺得應當服從毛澤東的遺願。

為了鞏固對華國鋒統治的支持，葉帥和李先念在各省和各大軍區的主要負責人於北京召開的會議上力挺華國鋒。他們歷數「四人幫」的罪行，解釋抓捕他們的必要性。大多數高層幹部都同

（181）

意有必要逮捕「四人幫」，並且承認華國鋒、葉帥和汪東興在行動中表現得機智而果敢。

正是在這次會議上，華國鋒第一次出示毛澤東在四月三十日紐西蘭總理馬爾登訪中期間給他潦草寫就的紙條：「你辦事，我放心」。[72]此舉有助於使各軍區黨委書記相信毛澤東確實選擇了華國鋒。與會者表明支持他當選。華國鋒與「四人幫」的鬥爭後來被一再說成善惡之間的偉大鬥爭，是追求正確路線的黨與「四人幫」反黨集團的鬥爭。就像中國歷史文獻中記錄的很多故事一樣，這其實屬於成王敗寇的老生常談。不過，這次一如一九四九年，獲勝者確實得到真誠而普遍的擁護。

為了進一步鞏固自己的地位，華國鋒決定繼續批鄧，拖延恢復鄧小平的工作。他在十月二十六日宣布，除了批判「四人幫」，黨也要繼續批鄧。[73]對鄧小平的批判雖然沒有像當初「四人幫」那樣極端，但仍持續了數月。華國鋒還沒準備好讓鄧小平回來。鄧太有經驗、太自信，也隨時能夠掌控大局。葉帥也認為，華國鋒需要時間鞏固領導地位，還是讓鄧小平晚一點回來較好。臨近一九七六年年底時，葉劍英元帥和李先念等老幹部才提議恢復鄧小平的工作。[74]

鄧小平一向願意接受權力的現實，他是最早表示擁護華國鋒的領導人之一。十月七日，鄧榕的丈夫賀平從葉帥家人那裡聽到「四人幫」被捕的消息後，立刻騎自行車飛奔回家，向鄧小平一家報告這個喜訊，因此他們是先於公眾知道此事的。[75]鄧小平在十月十日寫了一封信，請汪東興轉

（182）

交華國鋒。他在信中祝賀黨在華國鋒同志領導下採取果斷行動，取得對陰謀篡權者的偉大勝利。他說：「我衷心地擁護中央關於由華國鋒同志擔任黨中央主席和軍委主席的決定，我歡呼這個極其重要的決定對黨和社會主義事業的偉大意義。……華國鋒同志是最適合的毛主席接班人。」[76]

十二月十日，即抓捕「四人幫」兩個月後，鄧小平因前列腺疾病住進解放軍三〇一醫院。十二月十四日黨中央通過決議，允許鄧小平閱讀黨的文件。他在醫院裡拿到的第一份文件是〈王洪文、張春橋、江青和姚文元反黨集團罪證〉。這也是為了使他擁護華國鋒逮捕「四人幫」而預備的一系列文件中的第一份。看過第一份文件後鄧小平說，大量證據已經說明採取行動是正確的，他不需要再看更多的資料了。[77]儘管如此，華國鋒還是親自前往醫院，向他通報「四人幫」的問題。[78]

這時，另一些領導人已經開始推斷鄧小平將在某個時點回來工作。有些領導人認為，可能會給他安排類似於毛澤東在一九七四年設想的，讓鄧小平取代周恩來領導政府、同時配合王洪文的工作。或許鄧小平可以利用他的豐富經驗和能力，在黨的首腦華國鋒的領導下負責政府工作。其他人認為，可以讓鄧小平擔任更有限的角色，只抓外交。還有一些人則認為，可以在某個時候讓鄧小平完全接過黨的工作，就像一九七五年夏天那樣。為鄧小平恢復工作的決定於一九七七年一月六日做出。而實際情況是，華國鋒為了鞏固自己的地位，又拖了半年才讓鄧小平恢復工作。

（183）

毛澤東激進路線的終結

學者約瑟夫．列文森（Joseph Levinson）談到儒家思想在帝制末年的命運時說：當儒家思想喪失活力時，它雖然仍供奉於廟堂之上受人祭拜，但已和人們的日常生活脫節。同樣，毛澤東去世和「四人幫」被捕後，毛仍被供奉在神壇上，到天安門廣場毛主席紀念堂參觀的人仍然絡繹不絕，但是他的激進思想、他的群眾運動和階級鬥爭，已經不再是中國人日常生活的內容了。

其實，毛澤東激進思想與人們日常生活的分離過程，早在一九七四年毛澤東宣布支持安定團結時就開始了。一九七五年在鄧小平的領導下，以及一九七六年初華國鋒掌權時期一直在繼續。「四人幫」被捕後，激進的毛主義終於失去最後的有力擁護者。宣布「四人幫」被捕之後自發的歡慶，以及一九七六年四月五日的民意宣洩，都是強大而明顯的象徵，表明群眾憎恨給國家帶來嚴重混亂和破壞的毛澤東激進思想。

後來的審判「四人幫」成為一次全民慶典，這次審判中對毛澤東激進思想的譴責沒有針對毛，而是轉嫁給了「四人幫」。其實，包括一些慶賀「四人幫」被捕收審的幹部在內，很多人過去都信奉毛的激進理想，甚至參與過實現這種理想的努力。儘管如此，「四人幫」的覆滅標誌著一個時代的結束，一種想通過不斷革命和階級鬥爭去改造世界的希望之破滅。中國人在這種局勢的轉折中表現出的興奮和釋然，後來將變成支持改革開放務實政策的深厚基礎。

6

在華國鋒時期復出

一九七七—一九七八

（184）

一九七六年四月，華國鋒被任命為總理和中國共產黨第一副主席後不久，美國駐京聯絡處主任湯瑪斯．蓋茨（Thomas Gates）與華國鋒有過一次一〇五分鐘的會談。蓋茨手下的人根據會談寫了一份評價報告，上有蓋茨的簽名。報告頗有先見之明，它得出一個結論，華國鋒是個「有理解能力卻無趣的人，他的特點是謹慎。他對資料掌握得還算充分，但沒有表現出絲毫超凡的智慧或魅力。華看起來是一個理想的過渡人物，在內政外交領域都不太可能採取不同尋常的舉措。……我懷疑華缺乏長期主政所必須的眼光和領導能力，……將會出現更有能力的新領導人，……單調乏味的華國鋒先生在完成他的歷史使命之後，將被迫靠邊站」。[1] 中國的幹部絕不會這樣的公開評論，但美國駐京聯絡處的官員無疑察覺到，他們有人也持類似觀點。

按中國政治史寫作的悠久傳統，成王敗寇，鄧小平一向被譽為改革開放政策的啟動者，華國

（185）

鋒則因事事緊跟毛澤東的決定和指示而受到指責。

華國鋒過去一直在省工作，沒有中央經歷，毫無外交經驗，在軍事上也沒有多少資歷，這樣一個人登上最高領導人的位置，確實有些勉強。華國鋒在會見外國人的第一年裡謹防出錯也就不難理解，他只能空泛地講講政策，說些語焉不詳的話，喊幾句不會出問題的口號。華是個聰明的好幹部，但就整體能力和領導素質而言，他無法與鄧小平相比。此外，他不主張讓鄧小平擔任領導時已恢復工作的老幹部官復原職，然而他也不能提供穩健大膽的領導，或是像鄧小平那樣與外國建立良好關係。

但是，很多人低估了華國鋒和他的改革信念。後來的官方歷史對華國鋒脫離毛的路線的意願和支持中國對西方實行開放，也未充分評價。其實，在華國鋒當政的過渡時期，即一九七六年九月毛澤東去世到一九七八年十二月的三中全會，他不但逮捕了「四人幫」，而且揚棄了毛的激進思想，減少了意識型態和政治運動的作用，更強調現代化而不是階級鬥爭，將毛澤東時代不夠常規化的黨內會議正常化。華國鋒還派一個又一個代表團出國學習現代技術。是他而不是鄧小平，啟動了中國的經濟特區，並進行吸引外國直接投資的試驗。華國鋒確實想拖延鄧小平在一九七七年的復出，但他並沒有推翻鄧小平在一九七五年取得的進步，他贊成鄧小平復出後採取的改革措施。華國鋒不但推動中國的迅速開放，甚至因為他的「洋躍進」主張太過激進而受到尖銳批評。[2]

華國鋒的權威：有名無實

華國鋒的權威完全來自於毛澤東的欽點，以及他在黨政官僚體制中的職位。可是在一九七六年的中國，體制內的名義權威仍然根基不穩。毛澤東位居黨政軍之首，統治中國長達二十七年，使別人很難向他發起挑戰。但他權力的核心一直是個人的，其權威不是來自官職，而是源於他在領導革命取得軍事勝利上的非凡成就，以及他對權力純熟的運用、恢弘的想像，並藉助紀律嚴明的黨和宣傳工具，在人們心中所激起的希望和敬畏。

華國鋒缺少毛澤東和鄧小平那種英雄式的革命經歷、宏大的歷史眼光、解決問題的穩健意識，以及他們的沉著與自信。他對黨的很多工作都有廣泛瞭解；他當過公安部長，一九七一年獲邀參加政治局會議及七三年升任政治局正式委員後，即有大量機會瞭解全國的政治。但是，若論個人成就、眼界以及在國人心中的整體地位，他都難以跟那些經歷豐富的老革命家相比，如鄧小平、葉劍英、陳雲或李先念等。

毛澤東去世後，為了使華能夠治國，政治局給了他相應的頭銜：黨主席、國務院總理和軍委主席。葉劍英及其同僚宣布，黨中央應當加強正式制度的重要作用，而非依賴某個領導者的性格。早在一九五〇年代中期，中國開始建立穩定的政權結構時，各部門便已制定出各種制度化的程序；在大躍進這場災難後的六〇年代早期和鄧小平領導下的一九七五年，中共又恢復了正常的

（187）

組織流程，以限制領導人任意決策。[3]然而，要使這些正常化流程和成形中的政府組織結構取得像在西方國家那樣的法律效力，還有很長一段路要走。相反的，下級幹部在閱讀上面發來的文件時都知道，只要一出問題，上面又會造出新的文件，使過去種種變成一紙空文。

在一九七六年底和七七年初，葉劍英和汪東興努力樹立對華國鋒的個人崇拜，以便加強其脆弱的個人權力基礎。華抓捕「四人幫」所取得的勝利被大肆吹捧到領先群倫的地步，在七六年十月以後的短短幾個月，便湧現出上百本讚揚華國鋒領導的書籍和文章。[4]歌頌他個人領導的詩詞歌曲被大量創作、廣為傳播，全國各地都能看到他和毛澤東的畫像並列。當時電視尚不普及，但是從收音機和各個工作單位、農村的廣播喇叭裡，可以聽到對他領導國家的才能之稱頌。

不過，宣傳華國鋒的做法也引起了反彈。很多曾為國家浴血奮戰的革命老幹部，都瞧不起華國鋒這種一九三八年以後才入黨的年輕新貴，認為這些歌功頌德既過頭又冒失。況且黨內不少有影響力的領導人也不想看到個人崇拜，擔心這會破壞黨內民主。到七八年底時，華國鋒因為放任他人將自己的成就吹捧得太高而反居守勢。人們並不信服他，認為他的領導職位只是因任命而來，本身並不具備足以匹配的個人威望。

華國鋒溫和的領導風格是他對北京這種環境的自然反應。不過他在湖南時就有這樣的名聲：和其他同級的幹部相比，他是個謹慎、瞻前顧後的人。[5]人們覺得與他共事順心舒服，正是因為知道他不會冒犯自己。誠然，華國鋒認為「四人幫」及其同夥做事太極端，但除了這些人以外，他盡量與大家搞好關係。

在一九四九年中共掌權之前，毛澤東等人已經花了二十多年籌畫掌權之後應該做什麼，華國鋒卻幾乎沒有準備的時間。過去白手起家建國和制定政策的革命家有寬廣的視野，這是華國鋒和他這一代人所不能及，因為他們的成長過程是學習如何貫徹而不是制定大政方針。華國鋒在一九七六年十月突然得到提拔，取代王洪文成為接班毛澤東的第一候選人，在此之前他對擔任最高領導人毫無準備。即便是在一九七六年一月成為代總理之後，他也一直忙於應付一些緊迫的問題，如周恩來逝世、天安門事件、毛澤東之死及逮捕「四人幫」，幾乎無暇考慮重大的戰略問題。一九七六年十月以後，華國鋒面對這些重大問題時，就像剛登基的勤勉小皇帝，需要兩位元老重臣葉劍英和李先念的輔佐，而他們也願意為他出謀畫策。

華國鋒在一九七六年前就認識葉劍英和李先念，不過，在為實施抓捕「四人幫」的祕密計畫而結成相互信任的小團體之前，他與他們並無特別密切的交往。葉、李兩人像華國鋒一樣，在文革期間沒有受到多大傷害，相對而言也沒有那些老幹部被罷官、受迫害的情緒和怨恨。葉劍英在文革前未受重用，因此不屬於文革初期受到毛澤東打擊的當權派。李先念是「業務組」成員，文革初期的派系之鬥打得熱火朝天時，這個組的幹部還是一直從事管理經濟的政府常規工作。華國鋒、葉劍英和李先念在文革前就與老幹部有不錯的共事關係，而且他們三人都能同時與文革的受益者和老幹部一起工作。

葉劍英和李先念既不是整過人的激進派，也不屬於要求更多民主、在經濟領域進行更大膽嘗試的人。相反的，他們打算協助華國鋒，以務實的方式在失去航圖的後毛澤東時代，平穩航行。具體而言，葉劍英能夠為華國鋒與軍隊的關係鋪路，李先念則可在經濟問題上為華國鋒提供指引。

（188）

在遺志和開放之間尋找平衡

從毛澤東去世的那一刻起，華國鋒就飽受壓力，他得向激進派證明自己確實遵循毛澤東的遺志。但不難發現，華國鋒雖然自稱毛的追隨者，卻不搞政治運動和階級鬥爭。西方媒體報導，中國在毛澤東去世後開始「去毛化」過程，這一說給華國鋒造成了更大的負擔，證明自己忠於毛的遺志。

逮捕「四人幫」對多數幹部和廣大群眾而言是大快人心，但卻激怒了那些自認道地毛主義追隨者的激進派。他們知道，毛澤東去世前，一直想在黨內最高領導層為「四人幫」保留一席之地。這種異議使華國鋒和他的兩個顧問處於守勢。他們得竭力證明抓捕「四人幫」與繼承毛遺志

（189）

相符。華國鋒蒐集各種資料列舉「四人幫」罪狀，他發下的三份資料為逮捕「四人幫」符合毛的觀點提供證據。

自從毛澤東去世後，華國鋒一直宣稱自己繼承毛的遺志，繼續遵行他的政策。但是，一些宣傳家和毛澤東的堅定追隨者，卻不斷批評他偏離了毛澤東為黨制定的路線。為了回應這些批評，華國鋒授意他的擁護者寫一篇理論文章，證明他忠於毛的遺志。由此而出籠的文章，便是一九七七年二月七日的《人民日報》、《紅旗》雜誌和《解放軍報》社論。這篇社論宣布，凡是毛主席做出的決策都要執行，凡是毛主席的指示都要照辦，此即後來著名的「兩個凡是」，它成為華國鋒表明自己完全忠實毛主席遺志的標誌。[6] 華國鋒顯然沒有料到日後它會成為可攻擊的靶子，攻擊者認為中國應當脫離毛在人生最後二十年所奉行的路線。

對於華國鋒來說，為了在新時期全面領導國家，他需要召開一次黨代表大會，就像毛澤東在一九五六年召開八大、林彪在六九年召開九大、林彪死後毛在七三年召開十大一樣。一般需要費時數月，才能制定出經濟計畫、在重要領域的政策上取得共識，以及為黨代會準備必要文件。毛澤東剛去世不久，華國鋒就立刻開始了這項工作，並於一九七七年八月十二日至十八日召開了十一大，隨後又在一九七八年二至三月召開了旨在提供全面政府領導的第五屆全國人民代表大會。

（190）

由於華國鋒在掌權之後召開的這次黨代表大會過於倉促，他只能把許多問題先放在一邊。在向十一大做的四個小時報告中，他用意識型態和共產黨的場面話來掩蓋政策分歧。但確實存在著一些需要領導人給予關注的實質問題，華國鋒也試圖對其中一部分做出說明。跟周恩來和鄧小平一樣，華國鋒繼續強調四化建設（四個現代化）。在選擇最可靠的經濟顧問時，他選的是「建設派」（builders），即那些希望抓緊擴大新的基礎建設案並從國外引進工廠的人，而不是較為謹慎的計畫派（cautious planners）和財政幹部（關於「建設派」和「謹慎的計畫派」詳見第十五章）。華國鋒尤其倚重大慶油田的傑出領導人余秋里，命余用更高標準實現鄧小平的十年規畫。華國鋒也十分倚重國家建委主任谷牧，毛澤東和周恩來在一九七四年十月就選他擔任了副總理。

起初，華國鋒在外交上很外行。一九七六年春天他在北京會見李光耀時，由於不瞭解中國的政策細節，他在回覆李的意見和問題時，只能說些大而無當的場面話和口號。但是接過毛澤東的位置後，他非常努力掌握外交政策問題：一九七八年八月當他率團訪問南斯拉夫、羅馬尼亞和伊朗時，與七六年時相比，對外交事務已經有了更好的瞭解。

鄧小平在一九七四年和七五年出國時，仍要受毛控制。與此不同，華國鋒在一九七八年以中國最高領導人身分出訪南斯拉夫和羅馬尼亞，卻也是一九五七年自毛澤東去莫斯科後，中國最高領導人首次出訪。華國鋒回國後，對中國能向南斯拉夫和羅馬尼亞學習什麼做了報告：這兩個國家都接受外國貨幣，與外商開辦合資企業，開展補償貿易，引進外國技術，而所有這一切絲毫沒有損害兩國的主權。華國鋒表示，他在東歐看到的工廠論規模比不上中國的工廠，效率卻高得多。結論顯而易見：中國應當以東歐為榜樣，引進更多的外國技術。

改進農村組織的問題，華國鋒經驗豐富，他不但盡力保留人民公社和生產隊這種社會主義制度，而且開了幾次「學大寨」會議。大寨被樹為全國農業集體化的典範，它投入大量人力從事生產勞動，並鼓勵興建大型引水渠這類農業工程項目。華國鋒把全面改善農業的希望放在技術上。和鄧小平一樣，他也要搶回被浪費的時間，加速發展，然而他在判斷這些進步所必須的制度建設的速度上卻經驗不足。他急切想在四年內（一九八〇年）實現農業機械化的技術突破，這不過是一種幼稚的樂觀主義。

鄧小平在一九七八年成為頭號領導人之後，華國鋒對自己的冒進做法做了自我批評：他沒有考慮到中國外匯短缺，尚無能力迅速吸收國外技術，且預算也失衡。部分批評確實有理，例如，華國鋒鼓勵余秋里考慮在幾年內開發十個大慶油田，這是完全不切實際的目標。但是，他要推動中國快速發展、加快引進外國技術的整體目標，卻與包括鄧小平在內的其他許多領導人不謀而合。

時常有人說，中國的對外開放政策（包括學習國外經驗和急迫地引進外國技術）源於一九七八年

（191）

十二月鄧小平領導下的三中全會。其實這些做法始於一九七七年華國鋒的領導，而華國鋒提出的政策也並非他首創。華國鋒和鄧小平所推行的，是被很多中共幹部視為必要的政策，其目的都是在為中國找新路子。

安排鄧小平復出：一九七六年十月—一九七七年四月

鄧小平是否回來工作、回來之後做什麼，從「四人幫」被捕那一刻起就是個討論很多的話題。領導階層一致認為鄧小平是個難得的人才，已恢復工作的老幹部則把他視為他們認可的領導人。毛澤東去世的消息一公布，香港和西方媒體就開始揣測華鄧兩人之間即將發生權爭。不過，在當時的中國，還無人敢向毛澤東挑選接班人或華國鋒擔任中共主席的權利提出嚴肅挑戰。當時的共識是，至少在一段時間之內，華國鋒有權保留毛澤東為他安排的位置。

毛去世後的幾個月裡，高層圈子一直拿不定主意，鄧小平回來後是讓他在華國鋒主席手下當總理呢，就像當年周恩來效力於毛澤東、或一九七四年上半年鄧小平在王洪文手下工作一樣，或是讓他成為頭號領導人？華國鋒的資深顧問葉劍英和李先念主張，讓鄧小平在某個時候回來擔任一定的職務，但是要在華國鋒的領導之下。逮捕「四人幫」後不久，李先念去看望當時住在中央軍委西山療養院的鄧小平，鼓勵他為回來工作做好準備。[7] 葉劍英和李先念這兩位擁立領袖的

（192）

人也一再向其他人表示，他們支持鄧小平復出。[8]

華國鋒從未明確說過不該讓鄧小平回來工作。但是他在一九七六年十月二十六日，「四人幫」被捕剛過兩週時做出指示，繼續批判鄧小平，以及讓更多老幹部恢復工作的做法（所謂「右傾翻案風」）。[9]

然而，在一九七七年三月的中央工作會議上，華國鋒已經不再鼓勵批鄧了。鄧小平曾受到不公正對待，被認為要為「四五」抗議活動負責，而很多幹部對此都有意見。華國鋒指示宣傳部不要再提「四五」示威的事，他還承認，參加抗議的絕大多數人都不是反革命，鄧小平也沒有參與策畫此事。

一九七六年十二月十二日出現了有利於鄧小平的另一個突破。葉劍英收到他的長期同事、時任中聯部部長耿飆的一封信。耿飆在信中附了一份文件，證明「四人幫」竄改天安門事件報告中的證據，欺騙毛主席和黨中央。葉劍英立即對他的部下說，這個新證據很重要，應當為「四五」事件平反。[10]葉劍英收到這些文件兩天後，鄧小平便重新獲准看中央文件。這時就有很多人認為，鄧小平的復出僅僅是時間問題，儘管葉帥仍稱時機尚不成熟。一九七七年一月六日的政治局會議討論了鄧小平恢復工作的問題，決定應當讓他重新擔任一定的職務。

《人民日報》「兩個凡是」的社論，標題「學好文件抓住綱」（「綱」指階級鬥爭），在二月七日一發表，立刻就成為高層幹部爭論的焦點。假如毛澤東批准的所有政策和全部指示都要遵守，那麼天安門事件便定調為反革命事件，撤銷鄧小平職務的決定也就不能再有二話。「兩個凡是」的社論刺激了批評華國鋒的人，是否讓鄧小平復出則成為爭論的中心。《人民日報》總編胡績偉後來說，「兩個凡是」一文堵死了讓鄧小平這些老幹部復出的路，也使參加過「四五」天安門事件的人無法得到平反，另一些冤假錯案無法得到糾正。[11]鄧力群是奮起反對「兩個凡是」的人之一，他把這個問題向王震提出，王震又提請政治局注意。[12]

按照慣例，在預定召開的黨代會之前要舉行中央工作會議，會上允許比較自由的討論，先取得共識，以便獲得黨代會參加者的一致擁護。於一九七八年十一月至十二月召開的中央工作會議是一個轉振點，它加強了鄧小平的地位，鞏固了對改革開放政策的支持，而此政策也於十二月的三中全會上得到批准。一九七七年三月十日至二十二日，在為籌備八月的中共十一大而召開的中央工作會議上，反對「兩個凡是」的人已開始大聲疾呼。

京西賓館距離中南海只有幾條街，在此召開的這次工作會議上，華國鋒宣布了會議議程：（一）研究處理「四人幫」的下一步措施；（二）勾畫一九七七年的經濟計畫；（三）籌畫一九七七年下半年黨的工作，包括召開黨代表大會。[13]

這是毛澤東去世半年後，中共領導階層召開的第一次大型座談會。與一九七八年十一月召開的中央工作會議相比，一九七七年三月的會議氣氛仍受到那些認為坦率討論毛澤東的錯誤還太早的人所壓抑。即便如此，在某些問題上還是取得了共識：把黨的工作重心從文革轉向四化，維護中國共產黨的領導，繼續高舉馬列主義毛澤東思想旗幟，增加對外國資本和技術的利用。

但是，在文革期間受到身心折磨的老幹部與文革受益者間，仍然存在著根深蒂固的分歧。許多在這個政治運動中靠整人發跡的領導人，托庇於「反擊右傾翻案風」運動，不想讓權力落入受過打擊的人手中；已經恢復工作的老幹部則更願意讓他們仍未獲准恢復工作的朋友回來。

這兩派勢力在一九七二年就已經開始向老幹部這一方傾斜，毛澤東本人在這年年初開始允許展開平反工作。在一九七五年一月召開的第四屆全國人民大會上，有十名在文革中受過嚴重迫害的人擔任了部長。[14]這個趨勢一直在繼續。在一九七三年中共十大上當選中央委員、一九七七年八月仍在世的一百七十四人中，有五十九人在十一大上沒有重新當選（其中很多是在文革中發跡的人）。在十一大上當選中央委員的二百零一人，除了十九人之外，都是一九四九年以前入黨的老幹部。[15]相比之下政治局的變化緩慢一些。政治局常委的四個人都在逮捕「四人幫」中發揮關鍵作用，但其中只有葉劍英和李先念贊成鄧小平復出，華國鋒和汪東興則拖延著。

一九七七年三月，華國鋒在向中央工作會議做的冗長報告中說：「批鄧反擊右傾翻案風是我們偉大領袖毛主席決定的，因此要繼續進行。」[16]他暗示鄧小平不會完全擁護毛主席，並且又加

（194）

了一句尖銳的話：「我們要記取赫魯雪夫的教訓。」[17]人人都知道鄧小平經常被批為「中國的赫魯雪夫」，他有可能仿效赫魯雪夫對史達林的全面批判。華國鋒想進一步維護毛澤東的遺產，他也意識到處理「四五」天安門事件引起的消極反應，因此對代表們說，不要再議論「四五」了。然而他並不具備毛澤東的權威感；陳雲和王震此二人廣受敬重，論資歷和個人威望也遠在華國鋒之上，故他們仍然在自己的小組會上大膽直言，支持鄧小平復出。

陳雲是個冷靜審慎的人，對黨一向忠心耿耿，由於對黨貢獻巨大而享有崇高威望。他在自己所屬的西南地區小組做了有力的發言，倡議鄧小平復出。陳雲在準備發言稿時一向很認真，他讓胡喬木撰寫草稿，發言前還在耿飆家中與王震等人見面，以便確定講稿中是否存在任何可能的問題。他在發言中說：「鄧小平同志與天安門事件是無關的。為了中國革命和中國共產黨的需要，聽說中央有些同志提出讓鄧小平同志重新參加黨中央的領導工作，這是完全正確、完全必要的，我完全擁護。」[18]

「王鬍子」（王震）暴躁粗魯，但也是個講義氣的直腸子，在很多忠誠的黨員看來甚至十分可愛。他在另一個小組也表示支持鄧小平復出。他的發言援引毛曾對鄧小平的讚揚，讓毛派的處境尷尬，極難反駁他。他引用毛的話說，鄧小平政治思想強，人才難得；他是個能幹的戰士，堅決反對修正主義。王震接著又說，在一九七五年領導中央和國務院的工作期間，鄧小平貫徹執行毛的路線，取得了巨大成功。他是跟「四人幫」做鬥爭的先鋒。王震說，現在全黨、全軍和全國人民都熱切盼望他早日回到黨的領導崗位上來。[19]

在小組討論中很多人支持陳雲和王震的意見，可是負責整理會議報告的汪東興沒有收錄陳雲和王震的發言以及隨後的討論。汪東興對他們說，只要修改一下發言，就可以收進會議簡報。陳雲和王震長期為黨效力，輩分遠在汪東興之上，他們回答，不把他們的講話收進簡報，那就隨你的便。他們未經修改的發言雖然未被收入正式簡報，但在會裡會外廣為流傳。[20]

開會期間，華國鋒對很多想為七六年四月天安門事件平反的人說了幾句安慰的話。他承認，是「四人幫」在四月壓制群眾悼念周恩來去世，鄧小平沒有插手天安門事件，人民聚集在天安門廣場是合情合理的。然而他依然把它稱為「反革命事件」，並且說，有極少數參與者是反革命份子。他又說，反擊右傾翻案風是正確的（人人都知道鄧小平贊成翻案）。[21]

華國鋒意識到人們普遍支持鄧小平復出，他說，要做到水到渠成，瓜熟蒂落。他的意思很清楚，時機一到鄧小平的復出之路自然會暢通，但不必操之過急。不過，華國鋒對鄧小平的支持者也做出一些讓步，他說，（十屆）三中全會和十一大（將在這一年夏天舉行）適合做出讓鄧小平復出的正式決定。

在風起雲湧的政治環境下，華國鋒力求掌控《毛澤東選集》第五卷的編輯工作，以便加強他

（196）

對毛澤東思想的解釋權。四月七日，中央傳達了華國鋒關於如何學好《毛澤東選集》第五卷的指示，其中提到毛澤東號召將革命進行到底的一段話。一週後的四月十五日，經華國鋒正式批准，《毛選》第五卷出版。[22]但不論華的指示還是《毛選》第五卷的出版，都未能阻止人們對鄧小平重新擔任要職的支持度。

在這期間，鄧小平明確表示他不支持華國鋒的「兩個凡是」。在四月十日寫給華國鋒、葉劍英和其他中央委員的信中，鄧小平表明了他對那篇有爭議的社論的看法。他說，我們必須世世代代地用「準確的」、「完整的」毛澤東思想來指導我們全黨、全軍和全國人民。[23]鄧小平以這種聰明的說法承認了毛澤東的權威，但實際上他是說，華國鋒並非解釋毛澤東觀點的唯一權威；任何具體問題都要放在更大的背景裡去看待，而與華國鋒相比，那些長期跟毛澤東一起工作、與毛關係密切的中共領導人，更有資格從這個「更大的背景」對毛的觀點做出判斷。鄧小平隨後感謝中央為他洗清了名聲，承認他沒有參與天安門事件。他說，至於他個人的工作安排，「做什麼、什麼時機開始工作為宜，完全聽從中央的考慮和安排」。他還建議把他這封信，連同一九七六年十月十日他寫給華國鋒表示支持其領導的信一起，印發全黨。[24]

華國鋒在收到鄧小平的信時也意識到，他必須對日益高漲、支持鄧小平復出的力量做出回應，於是他派了忠心的高層幹部汪東興和李鑫去跟鄧小平商量復出的事。[25]此時華國鋒已經肯定

（197）

了「四五」示威活動的積極意義，因此鄧小平對自己的好友說，他堅信天安門事件不久就會被看做一場革命運動。[26]在這個背景下，鄧小平沒有心情滿足汪東興和李鑫兩人向他提出的要求：在為他的復出做準備時，他要肯定「兩個凡是」。鄧小平告訴他們，如果把「兩個凡是」奉為教條，為他平反的事就說不通，對天安門廣場示威的肯定也說不通。[27]

鄧小平又解釋說，不能把毛澤東在某個場合做的事拿來解釋他在不同場合和時間做的事。毛澤東本人也承認自己犯過錯誤，不管什麼人，只要做事就會犯錯誤。一個人能做到七分正確就很不錯了。鄧小平說，如果我死後人們說我做的事有七分正確，那就非常好了。[28]

人們預測鄧小平為了重返工作崗位，會寫信公開表示接受華國鋒的領導。鄧小平也遂了他們的心願。他在信中說：「不僅在政治上、思想上，華國鋒同志是最適合的毛主席接班人，就年齡來說，可以使……穩定性至少保證十五年或二十年。」[29]四月十四日鄧小平對信做了稍許修改後，華國鋒同意將其印發黨內。五月三日這些信在黨內印發，一直下發到縣團級。[30]華國鋒一度盡可能合理地拖延鄧小平的復出，但最終，當鄧小平寫信表示接受他的領導後，華還是向勢力強大的老幹部所形成的氣氛做出了讓步，這些人都希望鄧小平回來。

雖然直到三中全會才正式宣布鄧小平的復出，但是印發他讚揚華國鋒領導的信等於向黨內中層以上幹部發出通知，鄧小平的復出已是指日可待。[31]黨內人士對飽經考驗的鄧小平抱有很高期

（198）

望，認為他能在維護秩序和實現現代化上發揮重要作用。黨內人士也在私下議論華國鋒和鄧小平兩人將來的關係，外國媒體則公開討論此事。

到五月十二日時已經很清楚，鄧小平將恢復過去一切職務，包括接手軍隊和外交工作。他將像過去一樣擔任副總理。鄧小平還自告奮勇承擔科技和教育工作，因為在他看來科學是四個現代化中最關鍵的一環，能夠促進另外三個現代化（工業、農業和國防）。鄧小平的請求被接受後，他把方毅和李昌叫到自己家中，討論如何促進科技發展。[32]在中國當時的大環境下，他首先必須對付一些殘留的反知識份子觀點。他對兩人說，必須強調把腦力勞動者也視為政治上受尊重的工人階級的一份子。[33]

五月二十四日，鄧小平為了準備自己的復出，把他的密友王震和鄧力群請到家中，討論恢復他的寫作班底以及如何促進科技和教育的發展。鄧小平依然很看重他當年網羅到政研室的那個寫作小團隊，他要跟一些過去的成員初步討論如何組建寫作班底。在批鄧運動中，有極少數的人十分堅定地不參加批判，鄧力群便是其中之一。他也為此受到了懲罰，被下放農村從事勞動。鄧力群帶來了鄧小平寫作班底前負責人胡喬木的一封檢討信，胡為自己參與批鄧道歉。然而鄧小平沒有看那封信，就讓鄧力群把信退了回去。他說，胡喬木的批評我不介意，胡喬木只是彈了一些老調，這可以理解；沒有必要為這種做樣子的事道歉。鄧小平還稱讚胡喬木為毛澤東擬的講稿〈論十大關係〉（收在《毛選》第五卷），並歡迎胡喬木回到寫作班底。

葉劍英和鄧小平見面後，這兩位中央軍委副主席同意共同負責軍隊工作。鄧小平重拾他在一九七五年要解決的問題：推動裁軍，徵召受過更好教育的兵員，改進訓練和紀律，提升軍事科技，使軍隊為現代戰爭做好準備。他在軍隊會議的談話仍是這些中心話題，但他也講到了更大的政治問題：「實事求是」。[34]不過，他用在軍隊的精力要比用在科技教育上少得多。

鄧小平也沒有把很多時間用在外交上。他同意參與重要決策，但他表示不想領導外交工作，他說那讓他厭倦。鄧小平還說，他真正想管理的是科技和教育，他認為這是現代化最重要的領域。

鄧小平估計，中國的科學技術已經落後世界二十年。例如，中國當時大約有二十萬名科技人員，而美國是一百二十萬。他說，為了急起直追，中國必須承認自己已經大大落後，也要著手培養自己的人才。他重新提出他在一九七五年支持的政策，他說，必須通過考試選拔中小學的頂尖人才，讓他們在最好的大專院校接受最佳教育。[35]

鄧小平提出接手科技工作，用意也在表明他不會很快就在關鍵的政治領域挑戰華國鋒。但是，為了促進科學發展，鄧小平毫不猶豫地觸及仍然敏感的政治問題。與那些堅持「紅」比「專」更重要的毛派份子相反，他大膽宣布，對政治不感興趣的科技人員也是有用之人，軍隊也

（199）

需要培養人才。[36]

鄧小平的復出

七月十七日，第十屆三中全會通過「關於恢復鄧小平同志職務的決議」。此決議需要得到一個月後召開的黨代會的正式批准，但鄧小平在全會上已正式恢復了他在一九七五年四月五日以前的全部職務：中央委員、政治局常委、黨的副主席、中央軍委副主席、副總理和解放軍總參謀長。政治局常委的五人中鄧小平排名第三，位於華國鋒和葉劍英之後，李先念和汪東興之前。[37]

七月二十一日，實際上是他的復職演說，鄧小平說：「出來工作，可以有兩種態度來看待，一個是做官，一個是做點工作。」沒有人對鄧小平的選擇感到驚訝，他是想做點工作的。但是，由於毛澤東去世後的大氣氛依然揮之不去，鄧小平在規畫個人的事業時仍要當心。他首先重覆了一句老話：「馬克思列寧主義、毛澤東思想，是我們黨的思想指導。」然後才談到他認為需要完成的工作，首先是改善知識份子待遇，其次是黨的建設。他再一次提出，學習毛主席的教導要靈活。他說，有人歪曲毛主席的思想，把一些話與當時情境割裂，說它們同樣適用於其他場合，但毛澤東對不同情況是有不同的解決辦法，必須準確完整地理解毛澤東，正確運用他的教導。他還說領導團隊要促進黨內民主。[38]四年後鄧小平的權力鞏固時，批評者說他對黨內民主已經不感興趣，而是把權力全都集中到自己手裡。

七月二十三日，鄧小平發言兩天後，《人民日報》、《紅旗》雜誌和《解放軍報》的社論宣布了他的新職務。社論說：「會議決定，恢復鄧小平同志的黨內外一切職務，體現廣大黨員和人民群眾的期望。」[39]民眾在一九七六年清明節時的感情宣洩和中央工作會議上的辯論，都證明這句話並非誇大其辭。鄧小平復出後的第一次公開露面，是七月三十日的一場中港足球賽上。當廣播宣布他本人來到體育場時，全場起立對他報以熱烈掌聲。[40]老百姓顯然覺得，鄧小平扎實穩健的領導讓他們放心，他在一九七五年取得的成就，讓他們感到有希望。

在一九七七年八月十二日至十八日舉行的中共十一大上，代表們歡迎鄧小平的復出，也有一些毛派份子對此感到不安。當時代表們對於如何看待毛的遺產，以及實行哪些具體政策，仍未達成明確共識。領導層試圖掩飾分歧，展示團結，採用了一些肯定毛澤東遺產的口號，也泛泛地提到現代化目標。大會宣布文革已經結束，但也肯定了它的意義；儘管中國要學習國外的新技術，但無產階級領導的革命仍要繼續批判右傾主義。一些代表在分組會上表達了對華國鋒領導的不滿，因為他在長達四個小時的報告中盡用場面話來掩蓋分歧。當然，大會並沒有把這些批評意見記錄下來。[41]

為了迎合政治氣氛，鄧小平也講了一些場面話，以安撫那些仍然堅持毛澤東路線的人。他在八月十八日簡短的閉幕講話中說，大會要「把我國社會主義革命和社會主義建設推向一個新的發展時期。我們一定要恢復和發揚群眾路線」。但是他也試圖創造一個更加靈活的空間，他又說：「我們一定要恢復和發揚毛主席為黨所樹立的，實事求是的優良傳統和作風。」[42]鄧小平談到毛的「真正路線」，以此表明他忠於毛澤東；但也強調「實事求是」，這就為自己留出了迴旋餘地，使他可以採取符合當前形勢所需要的政策，主張毛的具體教導不會自動適用於一切情況。

鄧小平還再次做出保證，說他將在華國鋒主席的領導下工作。他借用了一個軍事術語，把自己的工作稱為搞「後勤」。代表們明白他的意思，他是要做司令員華國鋒的助手。具體來說，他要「協助華國鋒主席和葉劍英副主席」管好科技和教育工作。[43]鄧小平不想威脅華國鋒的領導，至少暫時不想。

事必躬親抓科技教育

中共十一大閉幕幾週後，鄧小平在對教育部幹部的一次演講中說：「我知道科學、教育是難搞的，但是我自告奮勇來抓。不抓科學、教育，四個現代化就沒有希望，就成為一句空話。」[44]鄧小平打算繼續一九七五年他在胡耀邦幫助下開始的工作，重新贏得科學家的好感。一九七七年他對一名訪中的美籍華裔科學家說，如果沒有提前「去見馬克思」，他打算在科技和教育領域幹

（201）

十年。他說，他希望五年見小成效，十年見中成效，十五年見大成效。[45]

鄧小平知道中國亟須提高普通民眾的文化和科學知識水準，但他關注的是更高的目標：取得科學突破，推動工業、農業和國防現代化的基礎研究。在他看來，「我們國家要趕上世界先進水準」。[46]

鄧小平不斷會見諾貝爾獎得主美國華裔科學家李政道、楊振寧和丁肇中。提問的焦點始終如一：中國能為提高自身的科學水準做些什麼？鄧小平對科學在復興中國所起的作用持有一種近乎著魔的信念，並因此批准了些相關項目。有人問過他，中國的現代化努力才剛開始，為什麼要花那麼多錢搞離子加速器？他說，為了促進中國科學的發展，必須向前看。

一九五七年毛澤東打擊知識份子時，鄧小平曾是毛的得力助手。但是他不像毛澤東那樣出乎本能地厭惡知識份子。毛稱他們為「資產階級知識份子」，一再想方設法羞辱他們，讓他們下放勞動、接受再教育。鄧小平從來沒有機會上大學，但是他曾走過更高等的教育這條路，盡過最大努力進法國大學念書。他的妻子曾在北京大學學物理，他的五個孩子中有三個上大學，一個在北大學物理，一個學醫，還有一個女兒因病不勝課業繁重，從理科轉學藝術。此外，鄧小平逐漸認識到，打擊知識份子是在摧殘中國的科學技術，而科學技術是國家現代化的根基。一九七三年回到北京後，他再也沒有像在一九五七年那樣整過知識份子。有些領導人還會不時說「資產階級知

（202）

識份子」，但鄧小平不再如此。他認為科學沒有階級屬性，可以為所有階級和所有國家所用，無論是什麼樣的政治和經濟制度。

鄧小平很快就提出了提高中國科學水準的計畫：

> 要從科技系統中挑選出幾千名尖子（頂尖）人才。這些人挑選出來之後，就為他們創造條件，讓他們專心致志地做研究工作。生活有困難的，可以給津貼補助。現在有的人家裡有老人孩子，一個月工資幾十元，很多時間用於料理生活，晚上找個安靜地方讀書都辦不到，這怎麼行呢？對這些人的政治要求要適當。他們在政治上要愛國，愛社會主義，接受黨的領導。……一定要在黨內造成一種空氣（氣氛），尊重知識，尊重人才。反對不尊重知識份子的錯誤思想。不論腦力勞動，體力勞動，都是勞動。[47]

鄧小平認為，當中國需要青年知識份子推動科學發展時，把他們送去參加體力勞動是嚴重的浪費。雖然他沒有用過「菁英治國論」的說法，但其實他是相信這種觀點的。他力求吸引最好的人才，為他們提供條件，使其能夠為國家貢獻最大才智。

鄧小平重用教育和科技菁英的做法遇到很多抵制。當他對知識份子待遇表示不滿時，他只講

「四人幫」，明智地不提毛主席的角色，毛是那些政策的始作俑者。他說，必須擺脫「四人幫」的惡習，不要搞給知識份子扣「帽子」的「帽子工廠」和打擊知識份子的「棍子工廠」。[48]

鄧小平復出之前，很多保守派仍然認為，建國後的前十七年（一九四九年到一九六六年）實行的是「資產階級」教育政策，應當進行批判。鄧小平復出前夕，在一九七七年六月於山西太原召開的「全國高等學校招生工作座談會」上，與會者就未來的政策究竟應該以文革期間、還是文革之前的政策為基礎展開了熱烈辯論，辯論結果是仍然要以文革期間的政策為指導。[49]很顯然，鄧小平任重而道遠。

鄧小平後來上了年紀，開始減少工作量，但一九七七年復出時，七十二歲的他仍然精力充沛、投身工作。鄧小平一般只管大事，只有他心中的頭等大事才會事必躬親。在一九七七年到一九七八年他認為科學和教育就是頭等大事。他第一次談到這項工作時說：「教育要狠狠地抓一下，一直抓它十年八年。我是要一直抓下去的。我的抓法就是抓頭頭。」[50]

鄧小平不斷接見各地領導，駁斥激進派對待知識份子的觀點，就如何養成尊重人才、促進國家進步的新風氣提出具體建議。從一九七七年七月二十七日開始，即三中全會正式讓他分管科技工作還不到一週，他用數天時間與中國科學院院長方毅、副院長李昌和教育部長劉西堯進行了一系列談話，向他們提出加快科技現代化的工作計畫。鄧小平說，現在的計畫還遠遠不夠，要把

（204）

各專業最有學問的科學家列一個名單，確保他們得到必要的設備和生活條件，使其專心工作。一九六四年、六五年畢業的大學生，仍沒有合適工作的，要給他們安排更好的工作。[51]鄧小平又說，要想辦法鼓勵那些去海外留學的中國學者回來，即使不想回來，也要把他們當做愛國人士，請他們回來講學。學者要蒐集國外的教科書來更新自己的教材，教材必須做到簡明扼要。教育部要選出水準最高的學校，錄取考試分數最高的學生。鄧小平還說，要把國防科技做為整個科學規畫的一部分，幹部不必擔心是否和其他科研工作重疊。[52]

鄧小平司令成為事必躬親的人。他下達命令並對執行命令的幹部說，我們不要「放空砲」。[53]儘管鄧小平言辭堅定，但反對的勢力依然強大，因此在八月三日至八日的科學和教育工作座談會上，會中有三十幾位著名科學家和教育工作者參加，他感到有必要再次批駁當時仍占上風的觀點，該論點將教育視為「資產階級專了無產階級的政」。他認為，不能再置理論專家於不顧，只讚揚那些生產第一線的技術人員。在鄧看來，生產單位固然可以選出一些科學家，但是從事尖端科學和基礎研究的大多數人肯定是出自大學。要想培養優秀的科學家，必須從小學就打好數學和外語基礎。大學應當減少校辦工廠（實習工廠）的數量，增加實驗室。[54]

鄧小平認為，應當把一些有才華的年輕人送到國外留學，他為此設立了出國留學計畫。他堅信，發明了指南針、火藥和印刷術的中國有大量的聰明人。但是中國現在已經落後，必須向西方學習。為了向國外學習，中國可以購買外國的教材（用來改進中國的教科書），派學者去海外學習，邀請外國科學家來華訪問。

九月份，是鄧小平敦促教育部幹部採取行動兩個月後，他的努力仍然受到阻撓。毛澤東曾說部隊裡的人都怕鄧小平，現在鄧司令又把槍口對準了教育部：「教育部要爭取主動。你們還沒有取得主動，至少說明你們膽子小，怕跟著我犯『錯誤』。……要有具體政策、具體措施，……你們要放手去抓，大膽去抓，要獨立思考，不要東看看，西看看。……贊成中央方針的，就幹；不贊成的，就改行。」[55]他又說教育部還需要二十到四十個人：「要找一些四十歲左右的人，天天到學校裡去跑。搞四十個人，至少搞二十個人專門下去跑。要像下連隊當兵一樣，下去當『學生』，到班裡聽聽課，瞭解情況，監督計畫、政策等的執行，然後回來報告。……不能只講空話。」[56]

通過推行受學術界熱烈擁護的政策，鄧小平重新贏得了知識份子的好感——他曾因一九五七年領導反右運動而在他們中間失去人心。這種好感對鄧小平的公共形象大有好處，因為知識份子中有不少是為宣傳部門擬稿、給報刊寫文章的。儘管他們要在領導人畫出的界線內工作，但仍有機會巧妙地為相繼出現在報刊、廣播和電視的文件潤色和演講。有了這些人的支持，對鄧小平有益無害。

（205）

恢復高考（聯考）

不論對鄧小平還是其他人而言，提高教育品質的一個關鍵問題，就是恢復高考。鄧小平早在復出前就認為，好的學校錄取學生，不能根據「階級出身好」和「思想覺悟高」（這是毛的標準），而應根據學習成績，必須通過有競爭的入學考試加以判定。一九五〇年代的孩子是在學校進行考試，但成績高低並不太重要，幹部們不想令成績較差的農民和工人子弟難堪，他們的分數大多不如地主和資產階級子女，因為後者在一九四九年以前享有更好的教育機會。

一九七〇年代初，一些大學在小範圍內恢復教學後，也不是根據考試分數，而是根據工作單位的推薦，接受「階級出身好」的工農兵子女。幹部們固然不能明目張膽推薦自己的子女，但他們可以寫信推薦別人的孩子，再讓別人推薦自己的孩子。「階級出身好」的人即使考試成績不錯，那些後台硬但能力不濟的人仍能取而代之被學校錄取。推薦制度變得徹底腐敗。

鄧小平認為，資產階級和地主階級已不復存在，因此「出身」不再是問題。他強烈感到，愈早恢復從小學到大學的各級入學考試，愈能使中國領導階層盡快著手改善教育問題。鄧小平尤其想恢復文革時被終止的高考。但是在一九七七年八月三日召開的科學和教育工作座談會上，正在制定的大學秋季開學計畫中的新生錄取仍是根據推薦。距離開學只有幾週，還有可能恢復高考嗎？當這個問題在座談會上提出來時，鄧小平馬上轉身詢問教育部長劉西堯這個可能性。從劉

（206）

做出肯定回答的那一刻起，鄧小平就下定了決心，無論如何要在一九七七年舉行高考。他在會議結束前宣布：「應當結束推薦制度，直接從高中錄取學生。這是一個能夠迅速培養人才、見效快的好辦法。」[57]在如此短的時間內完成這一巨變並非易事。要確定考試科目，挑選出題人員，公布考試計畫，為數百萬人舉辦考試，組織和完成評分，確定哪些大學招生以及錄取多少學生，這是一項令人瞠目的任務。因此不可避免的，大學開學時間是比預期晚了幾個月，雖不是事事順利，但確實重新開學了。

一九七七年以前，高等院校招生委員會從未在一年內開過兩次會。八月十三日，鄧小平裁定後不到一週，他們就為籌備秋季入學考試召開了第二次全國高等學校招生工作會議。在這次會議上，鄧小平對他的政策變化做了進一步解釋：「過去我也講過，中學畢業後勞動兩年如何如何好。實踐證明，勞動兩年以後，原來學的東西丟掉了一半，浪費了時間。」[58]鄧小平指示說，當年（一九七七年）進入大學的學生，要有二到三成直接從高中錄取，將來大部分學生都要直接來自高中。要對學生進行熱愛勞動的教育，但不必讓他們中斷學業。他正式下令在一九七七年舉行全國統一高考。有些幹部抱怨說，這根本不可能辦到。鄧小平不耐煩地回覆：政策已定，就在一九七七年舉行高考，不能再變。[59]根據會議內容準備了一份文件，政治局在十月五日進行討論並予以批准，十月十二日經國務院同意後，刊登在十月二十一日的《人民日報》上，同時刊登了報名考試的方式。[60]

在過去十年達到上大學年齡的人共計約五百七十八萬（其中很多人當時仍在農村勞動）在那年冬天參加了高考，但大學錄取名額只有二七・三萬。在一九七七年和七八年，參加高考者的實際錄取率只有五・八％。[61]自中共統治中國以來，大學第一次不把階級出身做為錄取學生的因素，完全根據考試成績錄取。

另一方面對大學來說，即使最終在年底開了學，迎接新生仍然是一個負擔。要把已在大學安營紮寨的「工宣隊」請出去，修好年久失修的設備，而已經多年無法從事專業研究的老師還要編寫課程、準備教材。第一批入學的學生抱怨，由於倉促上陣，大學生活條件和授課經驗都不盡如人意。按部分學生的說法是：「八〇年代的學生，用著七〇年代的教材，聽六〇年代的老師上課。」

鄧小平在一九七七年採用的制度一直延用至今，並給中國帶來了源源不斷的成果。就像日本、南韓、台灣和新加坡一樣，中國的高考提高了大學生和就業人口的素質。[62]尤其是在恢復各級考試之後，望子成龍的父母都開始為自己的獨生子女（因為城市人口只允許生一個孩子）學好數理和外語而操心，希望他們能進入重點小學、中學和大學。中小學也開始為學生參加考試做準備，使他們能夠在教育階梯上更上一層樓，大學則開始幫助一些資優生去西方接受更好的教育。

（208）

落在後面的人對這種新制未必高興，比如在文革期間下放農村而未能通過考試、或分數不夠上重點學校，只能就讀一般學校的人。但是，很多考試過關的人，以及重視教育素質的人（父母、老師和用人單位），一直萬分感激鄧小平迅速恢復高考，和堅決提高教育品質的做法。

推動科學進步

鄧小平在一九七七年復出不久後便說：「我總覺得科學、教育目前的狀況不行。」[63]儘管有胡耀邦在一九七五年的不懈努力，很多知識份子並未獲准回來從事有用的工作；因資產階級生活方式而受批判的科學家，與批鬥過他們的年輕造反派之間，仍然存在著尖銳衝突。科學家就像大學講師一樣，生活條件仍很惡劣。

科學研究人員幾乎完全是在各自的科研單位從事工作，而文革期間被派到大學「支左」和批判「資產階級知識份子」的工宣隊和軍隊，仍然占據校園並對科學家發號施令。鄧小平認為這種局面太不像話，於是宣布：「工宣隊的問題必須解決。他們和派去『支左』的軍隊都要撤出來，沒有任何例外。」[64]

鄧小平對科學家不斷發出的怨言也做出了回應。科學家們認為專業工作應當由內行來領導。鄧小平做出指示，每個科研單位要有三個最高負責人，黨領導抓全面的政策，但各單位的基本工

（209）

作要交給懂科研的人領導，還有一名領導做「後勤」，負責改善生活條件，保證科研人員的工作無後顧之憂。鄧小平知道知識份子對要花大量時間參加勞動和政治學習感到不滿，因此做出一條規定：科技人員在每週六個工作日中，至少要有五天用於基礎研究。

由於國家科委在十年前被撤銷，一九七七年時沒有一個負責管理科學研究的部門。需要優先考慮恢復哪一些領域？如何培養人才滿足不同領域的需求？對此，鄧小平一九七五年曾讓中國科學院的一個小組起草有關科學發展文件。但他在一九七七年又指示，重建科學技術委員會，以便協調科學發展的工作；還要制定一個七年規畫，取代第六個五年計畫（一九八〇年－八五年）中有關科學的內容。一九七五年按鄧小平的指示制定完成、曾被激進派打成「三株大毒草」的文件又被拿了出來，成為新規畫的基礎。

一九七五年的規畫可能是鄧小平的起點，但是在賦閒期間，他對國家的夢想又提高了。他認為，中國已經增加了與世界的交往，這使規畫的制定者能夠、也應該為科學發展訂立比當年更高的目標。為了雄心勃勃的新戰略，他不斷向傑出的華裔美國科學家尋求建議，並且與負責科學和教育發展的政治局委員方毅密切合作。方毅和國家科委被指定負責工業、軍事和其他部門的科學發展，但他們最主要的工作重點是大學及獨立科研院所的基礎研究，尤其是中國科學院和新成立的中國社會科學院。65

與社會科學相比，鄧小平更加重視自然科學，但是他相信社會科學（包括經濟學、哲學、馬克思主義和對不同社會的研究）也是引導現代化所不可少。一九七七年五月，華國鋒同意根據鄧小平一九七五年的指示，成立獨立的中國社科院。一九七七年秋天，中國社科院成立時有兩千人，鄧小平復出後指派一九七五年擬定這項計畫的胡喬木擔任第一任院長，社科院成為直屬國務院領導的部級單位。[66]社科院獨立於教育部之外，可以相對擺脫宣傳的壓力，學者們得以集中精力從事研究，不必去做傳播現成知識這種相對普通的工作。

新的七年規畫在科學發展的初步方案包括一〇八個項目，提交給了一九七八年三月十八日至三十一日召開的全國科學大會。鄧小平在科學大會的開幕詞中說，科學技術是「生產力」，而這個說法曾在一九七五年給他帶來麻煩，毛澤東認為這是把科學看得和階級鬥爭一樣重要。然後他介紹了從華裔美國科學家那裡學到的東西。他說，世界上正在進行一場科技革命，全新的領域出現，包括高分子、核能、電子電腦、半導體、航太和鐳射等等。然後鄧小平以他的典型方式，安撫並提醒那些信奉馬克思主義的聽眾說，勞動總是與科技知識聯繫在一起的，科學的進步具有普遍性，可以為全人類所用。鄧小平承認，一些科學家有必要從事工程學之類應用領域的研究，這可以使工業自動化等領域加快進步。但是他關注的重點是科學，他一再強調要學習國外的尖端科學。[67]

（210）

鄧小平的演講中表明，他得玩點花樣，在與專家共同制定該領域具體發展規畫的同時，還得打一場政治戰。甚至在領導挑選專案及計畫工作時，他也必須繼續挑戰一些舊式毛派領導的認知。他說，科學十分重要，應當把它看做生產力，應當把腦力勞動也視為勞動，要允許科學家專心從事專業工作，不必受政治活動的干擾。他雖然沒有提到「紅」與「專」哪一個更重要的爭論，但他的回答很明確：「專」更重要。為了能讓專家去做對實現四化最重要的事，他隨時準備打一場政治戰。

一九七七年七月鄧小平恢復了中央軍委副主席的職務後，正式排名在主席華國鋒之後。但身為參謀總長，他要負責軍隊的規畫工作。[68]此外，他有多年領導軍隊的經歷，他要維持個人對軍隊的控制權，以免落入華國鋒手中。和毛澤東一樣，鄧小平希望軍隊的領導幹部嚴格服從自己，他也隨時準備如此要求他們。軍隊很清楚，與華國鋒相比，鄧小平對軍隊握有更大的權力。

「實踐標準」挑戰「兩個凡是」

中央黨校在一九七七年重新開學後，很快就成為黨內立意革新的學者和學員的一個中心。研究黨的理論和黨史的學者從一九七七年三月開始工作，學校則是在十月迎來它的第一批學員。這一級學員共有八〇七人，其中約有百名學員是由各部委和各省選送、特別有前途的中年以上幹

（211）

部。他們要在一個「高級班」學習半年。[69]

在頭幾批畢業後有望躍升要職的學員中，存在一種特殊的興奮感。高級班的百名學員中，大多數人都在文革中受過罪，他們既想分析過去二十年出了什麼問題，也想討論對中國未來的看法。當然，這些學員的批評和設想是有限制的，但是在界限之內，他們對各種新思想持十分開放的態度。黨校的教員和研究人員也分享著他們的熱情，急切地想為確定新時期的理論和政策方向做出貢獻。[70]

這種探索新思想的願望得到了胡耀邦的全力支持。中央黨校的名義校長是華國鋒，第一副校長是汪東興，但是第二副校長的胡耀邦比前兩人更經常到學校來，對學員、教師和他們的思想也有更大的興趣。他鼓勵新思想，教師學員對他的鼓勵也反應熱烈。中央黨校很快就成為黨內創新思想的中心，一些老幹部偶爾也放下日常工作，來此跟師生一起探討新思想。

第一批學員來到中央黨校之前，胡耀邦的部下就在七月十五日創辦了一份名為《理論動態》的期刊。它只供一小批高級幹部閱讀，旨在探討新思想，提出新解釋，形式上比其他黨出版物更加自由。它是每隔幾天就發行一期，帶有流水號的讀物，不對外發行，只供內部傳閱；但是它引起人們極大的興趣，因為它代表黨能接受的新思想。

《理論動態》在一九七八年五月十日出了第六十期簡報，標題是「實踐是檢驗真理的唯一

（212）

標準」。[71]該文已經醞釀了數月，是由南京大學哲學系青年教師胡福明、中央黨校理論教研室孫長江和《光明日報》總編楊西光（中央黨校一九七七年秋季入學的學員）數易其稿才完成。[72]楊西光在一九七八年初擔任《光明日報》總編，他一向注重為讀者提供新思想，在五月十一日的《光明日報》上轉載了這篇文章。為安全起見，文章署名「特邀評論員」。五月十二日《人民日報》和軍隊報紙《解放軍報》也轉載了這篇文章，隨即又被許多地方報紙轉載。

這篇文章認為，評價真理的唯一方式是人民群眾廣泛的社會經驗。馬克思主義不是一成不變的思想體系，而是必須根據經驗不斷重新做出解釋。馬克思主義的基本原理是理論與實踐相結合。在某些情況下，對真理的認識有可能出錯，但是如果經驗表明它是錯誤的，就應當加以改正。這樣一來新的經驗和實踐可以帶來新的理論。如果馬克思列寧主義和毛澤東思想的現有表述帶有局限性或造成了災難，也應當加以糾正。[73]

文章問世後立刻引起軒然大波。有些讀者大加讚揚，但是政治局中負責宣傳工作的常委汪東興和《人民日報》前主編吳冷西卻十分惱火。一週前的一篇題為「按勞分配」的文章就曾讓汪東興光火，他要求查清這篇文章得到哪位中央委員的同意發表（後來他才知道是鄧小平及其部屬支持這篇文章）。

胡耀邦和幾位自由派幹部利用一項規定的漏洞，才使這篇文章得以面世。這項規定是，《理

（213）

論動態》由「特邀評論員」撰寫的文章，可以不經汪及其手下的常規審查就由報紙轉載。[74]若非如此，汪東興及其手下一班保守派人馬在文章見報前就會將其扼殺。汪東興和吳冷西準確地意識到，此文是在鼓勵對他們所信奉的正統毛澤東思想提出質疑：如果階級鬥爭和繼續革命造成了災難，那就應當加以拋棄。汪東興和吳冷西也正確認識到，文章批判「僵化的教條主義」和「個人崇拜」、攻擊「兩個凡是」，並且暗指應當對此負責的人是華國鋒和汪東興。汪東興認為，沒有共同的信條就無法維護黨的團結，他親自給胡耀邦打電話，批評他同意發表這種文章。[75]

鄧小平後來對胡耀邦說，〈實踐是檢驗真理的唯一標準〉一文剛發表時，他並沒有注意，爭論熱起來以後他才找來看了看。他說，這是一篇符合馬克思列寧主義的好文章。他表揚了胡耀邦率領的《理論動態》理論班底，並且說應當讓它繼續運作。胡耀邦希望跟華國鋒等領導人搞好關係，鄧小平則安慰他，在這個問題上，因為另一些領導人支持「兩個凡是」而發生一點鬥爭也是難免的。鄧小平在爭論的關鍵時刻給予支持，讓胡耀邦大受鼓舞。如果沒有這種支持，胡耀邦和其他很多人也許會心灰意冷地屈服。[76]

「實踐標準」和「兩個凡是」這兩篇文章成為磁鐵的兩極，各自吸引兩種不同觀點的人。雙方的爭論暴露和加劇了華國鋒和鄧小平兩造支持者間的矛盾，前者擔心正統思想鬆動的後果，後者則要極力擺脫頑固僵化的教條。辯論使用的是意識型態語言，其熱情卻是源於政治背景。在中

(213)

共內部，向來忌諱公開直接批評領導人，但文革的受益者普遍支持華國鋒，文革的受害者則普遍支持鄧小平。

《實踐是檢驗真理的唯一標準》一文團結了這麼一批幹部——認為華國鋒不足以擔當領導國家大任，但又不敢明說。它也有助於軍隊領導人站到鄧小平這邊，包括中央軍委祕書長羅瑞卿，他是文革中最早受迫害的人之一，也是一位極為幹練的領導人，曾與鄧小平共事多年。[77]在此後的幾個月裡，隨著圍繞兩篇文章的論戰如火如荼地進行，它也日益演變為雙方的一場政治鬥爭：一方贊成「實踐是唯一標準」，認為鄧小平才是最好的領導人；另一方則堅持「兩個凡是」，擁護華國鋒。攤牌似乎無可避免。

開創鄧小平時代

一九七八—一九八〇

7. 三個轉捩點

一九七八

（217）

在日本，推動國家走上現代化的歷史轉捩點，是「岩倉使節團」。從一八七一年十二月到一八七三年九月，明治政府的五十一名官員乘坐輪船和火車，考察了十五個國家。這個考察團由當時明治政府最高官員之一的右大臣岩倉具視（Iwakura Tomomi）率領，隨行官員來自日本政府的所有重要部門：工業、農業、採礦業、金融、文化、教育、軍事和治安。

岩倉使節團離開日本的時候，日本基本上仍是一個封閉的國家，日本人對世界所知甚少。但是，這些官員考察了各國的工廠、礦山、博物館、公園、股票交易所、鐵路、農場和造船廠，這令他們眼界大開，認識到日本不但要引進新技術，還要引進新的組織和思維方式，唯有如此方能改造國家。這次出訪，讓使節團成員意識到日本與先進國家相比落後很多，也對如何進行變革形成了共識。這些官員沒有因所見所聞而沮喪，反而在回國後充滿幹勁。他們對日本的前景躊躇滿

（218）

志，並且迫不及待向海外派出更多使團進行更細微的考察。

中國派出的官員考察團，從沒有一個像岩倉使節團那樣考察了如此長時間，但是從一九七七年到一九八〇年，多次由高層官員領隊的考察訪問團，也對中國人的思想產生了類似的影響。鄧小平在一九七五年開創性的訪法五日行，為中國樹立了一個先例，當時陪同他的有負責工業、交通、管理和科技的高層幹部，分別對各自的領域進行考察。鄧返國後對出國考察的益處深信不疑，開始鼓勵考察團出國。他批評其他幹部不明白中國有多落後，並堅信走出國門能打開他們的眼界。華國鋒亦曾率團出訪東歐，回國後也成為派團去現代國家考察的支持者。

在過去幾百年裡，中國人也曾前往西方，為中國帶回新思想。例如，十九世紀的翻譯家王韜從倫敦回國後，便撰文大力推崇中國可以從西方現代化中學到的東西。[1]相較之下，一九七〇年代末的特點在於，身居要職的幹部們一起出國考察，並在鄧小平和華國鋒的堅定支持下，大規模地起用所學到的新事物。

鄧小平訪法歸國和毛澤東去世之後，幹部們壓抑已久的出國願望終於有了契機。多年來一直告誡群眾資本主義如何悲慘的官員們，開始爭先恐後地親自去看看資本主義國家。已退休的老幹部爭相走出國門，把這當做對他們長年獻身於共產主義和受文革迫害的補償。在毛澤東去世和「四人幫」被捕後，出國考察的安排工作又耗費了數月，到一九七八年這些準備工作完成後，很

（219）

多高級幹部有了第一次出國考察的機會。就在這一年，十三名副總理級的幹部出訪約二十次，共訪問了五十個國家。[2]數百名部長、省長、第一書記及手下也加入了出國考察的行列。同日本的岩倉使節團一樣，他們回國之後也對所見所聞異常興奮，對國家的前景躊躇滿志，並且打算派更多的考察團進行細緻考察。

一九七八年底，鄧小平在總結出國考察的效益時，高興地說：「最近我們的同志去國外看了看。看得愈多，就愈知道自己多麼落後。」[3]在他看來，這種落後感是促使改革獲得支持的關鍵因素。因此，一九七八年十二月二日，他告訴起草「啟動改革開放政策」講稿的文膽：「基本的要點是，必須承認自己落後，我們的很多做法都不對頭，需要加以改變。」[4]出國考察使很多高層更加相信鄧小平的看法是正確的：中國必須改弦易轍。

一九七八年中國派出的最高等級代表團，是當年春天成立的四個考察團，他們分別去了香港、東歐、日本和西歐。從該年三月九日到四月六日，以中聯部（中共中央對外聯絡部）副部長李一氓為團長、喬石和于光遠為副團長的代表團出訪南斯拉夫和羅馬尼亞。[5]他們考察了工廠、農莊和科技部門，回國後就中國可以採用的做法提出了一些具體建議。[6]但更重要的是，這次訪問之後，中國領導人不再把南斯拉夫稱為「修正主義」——這是毛澤東批判脫離正確道路的社會主義國家時所用的罵名。中共領導也與南斯拉夫共產黨恢復了關係。[7]這些變化擴大了中國能夠考慮的改革範圍；現在可以借鑒東歐的改革經驗，不會再被指責為思想不純了。

國家計委（中央人民政府國家計畫委員會）和外經貿部的幹部於同年四、五月訪問了香港，評估香港協助中國發展金融、工業和管理方式的潛力。同時探討在臨近香港的廣東寶安縣建立出口加工區的可能。這種加工區從國外運進原料，使用中國勞動力加工後重新出口，既無關稅也不受任何限制。沒幾個月，國務院就正式批准建立這個加工區，這就是後來的深圳經濟特區。當時廣東存在著實際的治安問題：每年有上萬的年輕人偷渡逃港。一九七七年鄧小平視察廣東時，還有人向他談到這個問題，鄧表示：「這不是部隊管得了的。」解決之道不是用更多的鐵絲網和管哨，而是集中精力發展廣東經濟，「生產生活搞好了，才可以解決逃港問題。」

國家計委的代表團從香港回來後，北京成立了一個港澳事務辦公室，直屬國務院。外經貿部副部長李強也在一九七八年十二月訪港，企圖加強北京和港英政府的關係。李強促請港督麥理浩採取措施，使香港在中國的現代化中發揮重要作用，並邀請麥理浩訪問北京。在國務院官員訪港之前，中港之間的交往受到很大限制，這次訪問促使香港很有機會成為向中國輸入資本和全球經濟知識的主要管道。

中國領導人對日本大感興趣，不僅因為它是獲得現代工業技術的來源，還因為它提供了管理整個現代化過程的成功戰略。上海市革委會副主任（相當於上海市副市長）林乎加率領的代表團，於

(220)

一九七八年三月二十八日至四月二十二日訪問了日本，代表團成員來自國家計委、商業部、外貿部和中國銀行。日本的特殊意義在於，它成功地克服了中國當時面對的類似難題。第二次世界大戰結束時，日本經濟一片蕭條，但在戰後強大的中央政府領導下，日本經濟迅速進步，很快就趕上了西方。在這個過程中，日本也從經濟管制、中央計畫經濟、配給制和價格管制的戰時經濟，轉向更加自由和更有活力的民間經濟，其中消費產業是工業成長的主要動力。

林乎加的代表團甫一回國，就向政治局彙報了二戰後日本的經濟進步：日本人大膽引進國外技術、利用外資，大力推動教育和科研。林乎加的考察團彙報說，日本政府和工商界都願意提供援助和技術，幫助中國發展。代表團推薦了各種專案，其中包括建設一個千萬噸級的鋼鐵廠。儘管之後由於中日關係惡化，中國政府減少日本對中國振興的影響力，但這個代表團以及鄧小平十月的訪日，使日本在資本、技術和工業管理方面，對中國做出了實質的貢獻。

在一九七八年所有出國考察團裡對中國發展影響最大的，是谷牧於一九七八年五月二日至六月六日率團對西歐的訪問。它和一九七八年十一月的中共十一大以及同年十二月的三中全會，成為中國改革開放的三個轉捩點。

（221）

谷牧的出訪和四化建設務虛會：一九七八年五月－九月

在中國的經濟領導人中，谷牧的地位僅次於李先念和余秋里。從一九七八年五月二日到六月六日，他率領一個高級代表團訪問了歐洲五國——法國、瑞士、德國、丹麥和比利時。團員在出訪前雖曾聽取簡報，但他們對西方都瞭解甚少。這些備受尊敬的幹部在歐洲的見聞和心得，以及他們回國後在國務院座談會上為中國勾畫的新願景，使得這次考察產生了不同尋常的影響力。鄧小平一九七五年對法國的五天訪問，側重在外交關係，故只短暫考察了企業。相較之下，谷牧的訪問為期五週，成員包括各個專業領域的幹部，他們深入考察了對中國有用的技術和觀念。谷牧回憶說，出發前夕鄧小平接見他時還指示，要「廣泛接觸，詳細調查，深入研究些問題，……也看看他們的經濟工作是怎麼管的。資本主義國家先進的經驗，好的經驗，我們應當把它學回來」。[8]

谷牧代表團的二十名成員是華國鋒指定。[9]成員中至少有六名是部級幹部，包括農業部和水利部副部長，還有廣東省計委主任。就像岩倉使節團成員一樣，之所以選定這些官員就是希望他們回國後領導不同的經濟部門。[10]

谷牧副總理是個經驗豐富、廣受愛戴的經濟幹部。一九五四年他從上海調到北京，擔任建委副主任，此後一直是經濟工作的最高領導人之一。在文革期間，他是僅次於李先念的「業務組」

（222）

領導，全面領導經濟工作。他不但抓經濟計畫，而且分管科技。起初鄧小平因谷牧在文革中得到重用而遲疑，但在看到谷牧的幹練務實，又支持現代化，鄧便很快打消了疑慮。谷牧與復職的老幹部和文革中發跡的人都能搞好關係。事實上，谷牧相當受器重，從歐洲考察歸國後，他就被委以指導促進外貿和發展經濟特區的重任。

谷牧的考察團動身時，中美關係能否正常化仍不明朗，但是中國與考察團出訪的五個歐洲國家已經實現了正常邦交，這些國家在一九七〇年代都曾派出高級代表團訪中。因此，當中國的第一個國家級代表團出訪這些歐洲主要國家時，谷牧一行人也得到了最高規格的接待。除了比利時駐北京大使生病了，其他四國駐中大使都飛回本國，陪同中國代表團訪問母國。[11]

由於中國才剛走出冷戰的思維模式，谷牧代表團的成員以為他們會被當成敵人看待。雖然有出國之前為他們準備的情況簡報，但東道主的友好和開放還是讓他們吃驚。當時中國多數工廠設施都是保密的，甚至對一般百姓也不開放，因此對於歐洲人願意讓他們參觀工廠、辦公室、商店和幾乎所有其他設施，他們無不詫異。[12]

考察團訪問了五個國家的十五個城市，參觀港口，乘坐汽車、輪船和火車旅行。他們考察了發電廠、農場、工廠、商場、研究機構和生活圈。考察團在部分訪問中還分組，總共考察了八十個不同的地點。[13]他們一路聽取介紹，蒐集各種資料。[14]他們的重點是經濟事務，因此會見最多的是經濟專家，但也見了外交官、政治家和軍官。他們考察了製造晶片、光學儀器和化學製品的工廠。他們幾乎沒有觀光時間，但還是訪問了馬克思的故鄉特里爾，在考察德國資本主義成就的同時，也向共產主義的發源地表達敬意。[15]這些國家的機械化和自動化水準以及工人的整體生產效率，給他們留下了深刻印象。瑞士的發電廠用電腦進行管理，戴高樂機場則用電子設備引導飛機起降，這些情景在在令他們震驚。而在布萊梅港，中國代表團第一次見到吊運到貨船上的貨櫃箱。這些國家的農業生產率之高，也超出他們的想像。就像幾年前的鄧小平一樣，他們得出的結論是：中國需要潛心學習科學技術。[16]

考察團的成員本來以為會看到工人受剝削的證據，然而這些國家一般工人的生活水準之高，讓他們跌破眼鏡。廣東省經委主任王全國在總結考察印象時說：「這一個月多的考察讓人大開眼界。……所見所聞使我們每個人都感到吃驚。我們受到了極大的刺激。……原來以為資本主義國家是落後腐朽的，走出國門一看，才知道完全不是那麼回事。」[17]歐洲人願意提供中國貸款和現代技術，也讓代表團成員大感意外。僅僅在一次宴會上，在座的歐洲人就宣布，準備提供多達兩百億美元的貸款。[18]他們還驚奇地看到，歐洲國家允許地方政府自主管理財政、徵稅，並對當地事務做出決策。代表團回國後認為，中國的財政過於集中，沒有給地方黨部領導人留下足夠的施政空間。[19]

（223）

（224）

谷牧代表團回國後，立刻向政治局會議彙報了出訪情況。會議由華國鋒主持，由於政委們如此興奮，晚飯過後仍繼續討論，會議從下午三點一直持續到晚間十一點才結束。[20]他們聽過谷牧的彙報後，才知道中國與外面世界的差距如此巨大。一些中國領導人有些懷疑對西方情況的彙報，但他們瞭解並尊重谷牧代表團的成員，知道這些人是可信的。由於多年來懼怕西方，他們對歐洲人熱情好客的開放態度、以及提供貸款和技術的意願更是詫異。谷牧知道大家對資本家充滿疑慮，他解釋，歐洲人願意投資是因為他們的工廠開工不足，因此想把產品和技術賣給中國。谷牧提出了外國人能夠幫助中國改進生產的一些可能方式——補償貿易、合資生產和外國投資，他並建議說，這些可能的方式全都值得仔細研究。為了打消對谷牧在彙報中有所誇大的顧慮，最熟悉國外發展狀況的這些老幹部，如葉劍英、聶榮臻和李先念，都稱讚谷牧的介紹既客觀又清楚。這次彙報給政治局成員留下了深刻印象，他們一致同意，中國應該抓住機遇，立即行動。[21]既然其他國家能夠引進資本和原料從事出口商品加工，「我們為什麼不可以？」[22]

此後十餘天，代表團把彙報資料整理成正式的書面報告，於六月三十日提交政治局。鄧小平因為聽力不好，沒有參加政治局會議，而是單獨接見谷牧。他見面時說，中國應當根據谷牧的所有建議，盡早採取行動，包括向國外借款。[23]中國領導人決定首先集中力量在紡織業，因為中國的布匹十分短缺，購買任何布料都要憑票。增加布匹的供應，可以向外界迅速展示對外開放的價

（225）

值，進一步獲得對改革開放的支持。況且由於糧食短缺，難以通過迅速擴大棉花種植來增加衣物的供給。因此谷牧主張立刻引進化纖工廠，這樣可以生產所需的合成纖維，就像日本、台灣、南韓和香港，用紡織和服飾業推動中國輕工業的起飛。[24]

谷牧的出訪使中國有了和資本主義國家開展合作的新願望，但這不僅需要重新考慮具體的產業計畫，還要改變政府的規章制度，以便外商來華經營。西方資本家是否會利用中國對國際慣例的無知，占中國便宜？這樣的疑慮並未消失，但中國的領導人仍然大步前進。他們思考涉及所有經濟領域的新問題：允許哪些中國企業跟外國人打交道？如何防止外國人占它們的便宜？如何將外貿融入中國的計畫體制？如何決定哪些地方和單位可以接受貸款和技術？

明治時期的日本有寬裕的時間，岩倉使節團用了十多年才出版了二十一卷《殖產興業建議書》，做為產業發展的指南。而谷牧出訪後的幾週，代表團就完成了報告，中國領導人立即組織了相關單位對考察內容進行討論。

報告完成後，國務院立刻召開了四化建設的務虛會。會議從一九七八年七月六日一直開到九月九日，研究如何利用新的機會引進西方技術和資金。在開幕式上，谷牧做了長篇報告，並談了自己的一些印象。[25]會議由當時主管經濟的最高領導人李先念主持。與會者被告知，不要專注於過去的錯誤，要思考國家在未來應當做些什麼。鄧小平因為正忙於教育、科技和外交工作，沒有

（226）

出席會議，但他一直關注會議簡報，並在看過會議總結報告的草稿後提出了修改意見。[26] 連向來很少相較於一般關在賓館裡數日的工作會議，務虛會在兩個月裡開了二十三次晨會。參加國務院會議的華國鋒由於很看重這些會議，因此參加了其中的十三次。[27] 早上開完會，下午幹部們回各自單位彙報，並準備其單位對會上所提問題的書面回覆。務虛會讓六十名主管經濟的部委代表介紹各自單位的整體工作和計畫。這樣一來，各單位能夠瞭解其他單位的想法，但又不必對具體分配和生產指標進行爭論；這些細節將在以後的計畫會議上討論。

曾在中國幾乎對外隔絕時期領導經濟工作的李先念，在九月九日的閉幕會上宣布，中國已進入對外開放的新時期。他在務虛會的總結報告中說，中國不能再維持封閉的經濟，為了加快發展，必須利用當前的有利條件，引進外國技術、設備、資本和管理經驗。李先念進一步指出，如果中國人能夠充分利用現在的有利條件，中國的現代化可以在二十世紀取得重大進展。他宣布，為達到這個目標，從一九七八年到八五年要進口價值一百八十億美元的貨物和設備。[28]

在一九七八年的夏天，參加務虛會的人剛剛開始瞭解全球經濟體系，中國還未準備好進行市場化試驗。但是在相對寬鬆的氣氛下，與會者得以提出未來二十年不斷被討論的所有重大問題：市場、放權、價格、外貿、微觀和宏觀管理等等。其中最緊迫的兩個問題是：中國如何在不失控的前提下，擴大外貿和外國人的作用？如何既能激發個人、地方和外國人的積極性，又能保持對全國計畫經濟體制的全面控制？

在務虛會的討論中所形成的十年展望，反映出谷牧出訪帶來的樂觀主義和興奮情緒。有些設想後來被證明完全不切實際，例如，用出口石油的錢為進口新工廠設備買單。在前所未有的機會鼓舞下，雄心勃勃但缺乏經驗的幹部們要為國家搶回失去的二十年，其願望不免超出了能力所及。不過，儘管存在過度樂觀的傾向，務虛會的幹部們並沒有放棄政府管制。外國人仍然不能不受限制地進入中國經濟；外國人與中國的經濟往來要通過外貿相關的特定部門，由這些部門中會講外語、對外國人有一定瞭解的幹部來維護中國的利益。

在務虛會上，樂觀的與會者沒有心情去聽陳雲所說的話——他代表了一批冷靜謹慎的幹部。陳雲自一九六二年受到毛的排擠後一直沒有官職，但是沒有人比他更清楚盲目樂觀的大躍進給經濟造成的破壞，當時也沒有人比他更敢於給樂觀情緒潑冷水。務虛會接近尾聲，陳雲得知務虛會上的一些發言後，對自己的老部下李先念說，會議應該延長幾天，聽一聽不同意見。[29]陳雲說：「跟外國借錢是對的，……但一下子借這麼多，……我們管不好。有些同志只看到外國的情況，沒有看到我國的現實。我們的工業基礎沒法跟人家比，我們的技術能力也趕不上人家。他們只看到我們可以借錢，……如果不注意平衡，只依靠國外貸款，這樣做是不行的。」[30]但是與會者都想大幹快上，華國鋒並沒有延長會期聽取其他觀點。

（227）

儘管鄧小平沒有參加務虛會，但他一直在看會議通報，對樂觀情緒也未給予限制。在聽說決定借價值一百八十億美元的技術和設備時，他隨口說：「怎麼不借八百億？」布里辛斯基（Zbigniew Brzezinski）在務虛會兩個月前曾與鄧小平見過一面，他準確地觀察到了鄧小平當時的心情（見第十一章），他對美國總統卡特說，鄧小平很著急。

點燃星星之火：一九七八年九月十三─二十日

當年毛澤東謀畫點燃中國革命時，曾寫下著名的〈星星之火，可以燎原〉一文。與此相對應，胡耀邦說，鄧小平的東北之行（一九七八年九月十三日至十九日）也點燃了將使中國發生巨變的星星之火，而這些變化就反映在當年秋天召開的中央工作會議上。[31]或許他還應再加上一句，這些變化也包括鄧小平登上頭號領導人的位置。鄧小平自己後來回憶說，他去各地為改革開放計畫「點火」有三個重要時刻。第一次是一九七七年十一月在廣州，他與葉劍英接見解放軍和地方幹部時，讓他們活絡廣東經濟。[32]第二次是一九七八年二月出訪緬甸和尼泊爾時在四川停留，他與趙紫陽見面，討論了農村和城市改革問題（在四川時，他曾嘲笑那些說農民養三隻鴨子是社會主義，養五隻鴨子就是資本主義的人。[33]鄧小平說，這種抱著僵化教條不放的人應該開開竅，貧窮不等同社會主義）。第三次便是他出席北韓勞動黨建黨三十週年，慶典後歸途中的東北之行。

（228）

在最後這次點火的東北之行中，鄧小平在東北三省（黑龍江、吉林和遼寧）停留了數日，隨後又去了唐山和天津。他在這些地方呼籲：更大膽地脫離毛的思想，不要囿於華國鋒的「兩個凡是」。鄧小平去東北時，三個月前發表的〈實踐是檢驗真理的唯一標準〉和「兩個凡是」之間的爭論剛剛熱起來。就在鄧東北之行的幾週前，華國鋒的宣傳部長張平化去東北各地視察，要求幹部擁護「兩個凡是」。（後來鄧小平在三中全會上獲得更大權力後，張平化成為最先被撤職的幹部，由胡耀邦取而代之。）因此，鄧小平的東北之行其實是回應張平化意見的一種方式，意在鼓動人們在支持改革開放上做出更大膽的努力。由於華主席控制了北京的宣傳機器，鄧小平為了避免引起直接衝突，在北京時說話比較謹慎。但是出了北京，他可以向更多的人演說，言論上也較少保留。而且他這些非正式的演講不必通過正式演講的批准程序。鄧小平沒有在演講中直接批評華國鋒，但他確實批了「兩個凡是」、支持「實踐標準」，這等於間接地批評了華國鋒。中國那些有政治頭腦的幹部們認為，鄧小平贊成「實踐標準」，反對「兩個凡是」，是為自己在與華國鋒競爭黨內最高領導權爭取更多支持。他選擇在東北開始點火自有一番道理，因為這裡是鄧小平支持者的地盤；遼寧的任仲夷、吉林的王恩茂和瀋陽軍區司令員李德生都最先宣布支持「實踐標準」。

在吉林省黨員幹部大會上，鄧小平批評了鼓吹「兩個凡是」的人，說他們沒有領會毛澤東思想的精髓是「實事求是」。鄧小平說，馬列主義並沒有告訴中國革命者要農村包圍城市，毛澤東

（229）

能在軍事上取得成功，是因為他使馬列主義適應了當時的情況。鄧小平說，同樣的，當外國人拒絕賣給中國貨物時，發展外貿的條件還不成熟，但現在與外國改善經濟關係的條件已經變得有利了。「四人幫」也許會把跟外國人改善關係說成「賣國」，但是，高舉毛澤東思想偉大旗幟的正確方式，正是適應這些變化，促進對外貿易。[34]

鄧小平在遼寧時說，中國的領導人，包括他本人在內，必須承認，我們辜負了十分有耐心的中國人民。深諳政治複雜性的人都聽得懂鄧小平的言外之意，所以鄧無需再明講：「當『我們』辜負了人民群眾，誰應該對此負責？是誰不願做出改變來糾正錯誤？是誰相信凡是毛澤東說的都是正確的？」他還指出：「我國的制度……基本上是從蘇聯照搬過來。它很落後，只解決表面問題，造成機構重疊，助長官僚主義。……如果不能比資本主義國家發展得更快，就無法證明我們制度的優越性。」不難斷定，鄧小平認為，在改變體制、為經濟成長打下堅實基礎方面，華國鋒做得不夠。

鄧小平在東北期間還要鞏固他在軍中的支持度。東北層級最高的軍事首長、瀋陽軍區司令員李德生，曾是鄧小平在二野的部下。鄧小平視察工廠、農村和部隊時，李一直陪伴在側，因此兩人有很多機會交談。[35]當時，鄧小平對東北另一個將領的忠誠度有疑慮——駐紮在大連港的蘇振華上將。蘇也曾是鄧小平在二野的部下，但他並沒有表現出足夠的忠誠，一九七六年幹部們被要求批鄧時，他對鄧的批判程度就鄧小平看來超乎必要。一九七八年四月，湛江港一艘驅逐艦發生爆炸事故，造成多人死亡，鄧小平認為蘇振華（中國海軍最高階領導人和軍隊在政治局的代表）要對此事負責。蘇在受到鄧的批評後不久，得知華國鋒從北韓訪問回國時將在東北停留。他知道鄧小平與華國鋒間的對立，又對自己挨批心中不快，於是想在大連舉行一次海軍檢閱，動員一百二十艘軍艦參加，做為華國鋒的歡迎儀式。鄧小平獲悉蘇振華要用這種排場支持華國鋒後，勃然大怒，他利用自己對軍隊的影響力，取消了這次檢閱。鄧小平在視察東北期間，就是要確保軍隊中沒有人再支持華國鋒。為了做到這一點，他在視察期間和自己過去的忠實部下李德生密切合作。

鄧小平一再告訴他的聽眾，應該結束對「四人幫」的批判，把工作重心轉向增加生產需要做的事情。鄧小平已經準備好為增加生產而工作，而聽他演講的人也深知他決心承擔起更大的責任。

中央工作會議：一九七八年十一月十日至十二月十五日

在中共的官方歷史中，一九七八年十二月十八日至二十二日的第十一屆三中全會被稱為開始實行鄧小平「改革開放」政策的會議。其實，三中全會僅僅是正式批准了十一月十日至十二月十五日，中央工作會議上經熱烈討論後形成的決定。召開工作會議時距離毛澤東去世和「四人

（230）

幫」被捕已經兩年，各種觀點都可以重新展開討論，人們不必再擔心被指責為對毛澤東不敬。會議快結束時，鄧小平稱讚這次會議說，它標誌著我們黨又恢復了暢所欲言的民主討論傳統，這是自一九五七年（當時的「雙百方針」鼓勵自由表達）以來，黨的會議上最好的討論。[36]有人認為，它是自一九四五年中共七大以來最好的會議，還有人認為，它是自一九四一年至四二年延安整風運動以來最好的一次會議。[37]

中央工作會議是由華國鋒主席召集。在他最初的演講中，幾乎沒有跡象表明他意識到這次會議對他本人意味著什麼。他在十一月十日宣布開會時說，會議的主要議題是農業和一九七九年至八〇年的國家發展計畫，以及繼續討論國務院四化建設務虛會的內容。他的會議計畫與鄧小平一年前在廣東軍隊會議上倡議的完全一致：結束批判「四人幫」，集中精力於四個現代化。但是會議開始兩天後，華國鋒的會議計畫卻被更廣泛的政治討論打亂了。

華國鋒和鄧小平都不曾料到，政治氣氛會發生如此徹底而迅速的改變。鄧小平在幾週前就為會議準備好了演說大綱，並安排胡喬木和于光遠幫他做增潤。[38]但是十一月十四日他訪問東南亞歸來後，聽說北京的氣氛已變，便又讓他的文膽寫了一份完全不同的講稿。[39]

葉帥很快意識到環境的變化已經大大削弱了對華國鋒的支持度。十一月十一日，他與華國鋒談話，勸他準備一篇演講，表示他也接受這些變化。關鍵的戲劇性一幕發生在十一月十一日到

（231）

二十五日之間。當鄧小平十五日開始參加工作會議時，會議的焦點從經濟轉向政治，而政治風向變成開始反對華國鋒和「兩個凡是」。一些黨內老領導後來評價說，就像遵義會議是毛澤東成為黨主席的轉捩點一樣，這次工作會議是鄧小平崛起的決定性事件。[40]

參加這次工作會議的共有兩百一十名中共最高層幹部。與會者中有很多黨政軍大員，包括中央各分支機構的負責人、各省級單位黨委的兩名最高領導和一些退居二線、德高望重的老幹部，以及一些能夠提供宏觀理論視野的黨員。華國鋒在開幕致詞時宣布，會期原訂二十天，但也許會延長一些。最後，會議持續了三十六天。與會者把自己關在從中南海步行即可到達的京西賓館，因此討論可在晚上、週末和正式會議之外隨時進行。[41]會議的形式包括全體大會、分組會以及把與會者關在賓館中的做法，一切都與一九七七年三月中央工作會議的規定和方式一樣，但是在上次會議的二十個月後，政治氣氛已全然不同。

這種會議的形式便於所有與會者參與。除了四次全體會議之外，與會人員依地區分為六組（華北、東北、華東、中南、西南和西北）。各組的與會者都要發表個人意見，每天會有一份各組會議簡報發給全體與會者。當某一組要把它的觀點寫入報告時，成員是以舉手表決方式做出決定。[42]鄧小平跟政治局的其他常委一樣，沒有參加分組會，但他每天都密切關注會議報告。[43]

華國鋒在會議開始時就意識到，很多與會者不滿「兩個凡是」和對一九七六年「四五」運動

（232）

示威者的嚴厲批判，不滿於他不願為更多文革中挨整的老幹部平反。[44]「四五」事件是個特別棘手的問題，華國鋒做出的調整仍不足以使眾多與會者滿意。儘管他早在上次一九七七年三月的中央工作會議上就承認，四月五日聚集在天安門廣場的大多數人都是為了悼念周恩來，然而，這次示威仍被貼著「反革命事件」的標籤。一九七八年十一月的大多數與會者對這種不公正的做法感到氣憤。[45]儘管華國鋒再次表示，鄧小平沒有參與「四五」事件，但很多老幹部認為，正是由於這個事件，鄧小平才被再次打倒並為華國鋒所取代。因此對該事件的評價在一定程度上也是對鄧小平的評價，很多人堅持要對它重新評價，把它定性為一場「革命運動」。[46]

華國鋒最初的講稿著重在四個現代化，希望以此迴避政治分歧，只討論已經達成高度共識的經濟問題。華國鋒在開幕式上的演講經過精心準備，為安撫他的批評者做了相當大的讓步。他雖然沒有明說自己放棄「兩個凡是」，但也絕口不提「兩個凡是」。在說明了議程之後，他明確表示，準備接受外國的貸款、技術和商品，做為經濟計畫的一部分，而這些都是毛澤東不曾准許的。他沒有直接表明否定政治運動，但是他說，他曾慎重考慮過是否發動一場自上而下，動員全社會的運動，但最後認為這要花費很多時間和精力，還不如用來解決國家眼前的緊迫問題。華國鋒還對與會者表示，他曾經指示不應搞武鬥和打砸搶。[47]很多希望推進改革、加快老幹部復出的與會者也承認，儘管華國鋒沒有直接批判文革和階級鬥爭，但他為結束這些運動裡最惡劣的暴行做出極大努力。在這一點上，鄧小平也很難不贊同華國鋒講話的主調。

在十一月十三日下午召開的第二次全體會議上，當紀登奎副總理就農業問題發言時，華國鋒表面上是控制住了局面。大多數與會者都曾有過負責農村基層工作的經歷，親眼見證過大躍進後的饑荒。雖然中共是靠著農民的支持才得以上台執政，但與會者深知，由於政策失誤，造成了數千萬農民被餓死，嚴重的糧食短缺仍持續，寶貴的外匯需要用來進口糧食。參加會議的領導人面對挨餓的農民和六神無主的基層幹部，不得不處理這些災難造成的後果。儘管中共把犯下這些令人痛心的錯誤的主因歸咎於林彪和「四人幫」，它仍難以免除施行這些惡劣決策的責任。幹部們愈來愈敢私下說出當時還不便公開講的話：毛澤東要承擔部分責任。[48]

在這種背景下，紀登奎的講話讓與會者感到，農業政策的制定又恢復了誠實坦率的作風。他擺脫了毛澤東時代那種浮誇吹牛、盲目樂觀、空話連篇的語言，坦率而全面地強調了問題的嚴重性。他承認，國家的農業政策變化太快，難以預期，常常不符合各地的情況。與會者知道共產黨必須解決仍然存在的糧食短缺問題，紀登奎提議，為了解決農業問題，要增加農業投資，改善種子和化肥供應，將農民可用的貸款數目加倍，把糧食收購價提高三成。[49]

但是，紀登奎的開放態度和華國鋒的安撫姿態，卻不足以阻止對華國鋒的公開批評，這正是十一月十一日葉帥和王震等人召開的小型會議上的主題。很多與會者認為，華國鋒已無法提供黨

（234）

所需要的最高領導。例如，會議開始後不久，中南組的與會者就一致宣布，他們支持「實踐是檢驗真理的唯一標準」。[50]十一月十一日，會議的第二天和分組討論第一天，很多與會者就群起反對華國鋒和汪東興阻撓進一步展開平反工作的做法。他們要求為那些備受尊敬的已故幹部正名，並讓自己的老同事復職。

十一月十一日，陳再道、李昌和呂正操這三位威信很高的幹部，在他們所屬的小組中發言，要求為更多的人平反。這一天結束時氣氛變得十分緊張。葉帥在當天即勸告華國鋒說，要麼接受已經變化的政治情緒，要麼做好被人拋在後面的準備。[51]華國鋒很清楚自己別無選擇。包括他在內的所有與會者都知道，赫魯雪夫在一九六四年是如何被布里茲涅夫等人領導的政變趕出了領導層。

十一月十二日又有九人在分組會上發言，要求為華國鋒和汪東興此前拒絕糾正的冤案平反，其中最有影響力的人是陳雲。有的文獻記錄錯誤地認為，是他那篇由胡喬木潤色的講稿改變了會議氣氛，其實在他演講之前氣氛已經起了變化。在他之前，已經有人在小組討論裡提出了這一點。不過，陳雲的發言中利用人事記錄，確實提供了全新而詳盡的資料。陳雲做人事工作幾乎可以追溯到四十年以前，這使他的發言更有份量。他在東北組的發言中，否定了華國鋒以經濟問題為重點的做法。他反駁說，為了激發幹部的熱情做好經濟工作，黨的當務之急是處理好懸而未決的政治分歧。具體而言，受到錯誤批判的五類人，必須還他們清白：

(1) 以薄一波為首在文革中受到批鬥的六十一人「叛徒集團」；[52]

(2) 在一九四〇年中組部決定中所提到的那些被錯定為叛徒的人，應予恢復黨籍；

(3) 一九三七年入獄的陶鑄、王鶴壽等人，他們毫無根據地被定為叛徒；

(4) 已故的彭德懷元帥，應當為他恢復名譽，將他安葬在八寶山革命烈士公墓；

(5) 一九七六年四月五日的天安門事件，中央應該肯定這次運動。

陳雲還說，康生在文革中整了很多黨的傑出領導人，斷送了他們的前途和生命，雖然他已經去世，但仍應該為自己的錯誤承擔責任。[53]

不難想像，陳雲是帶著某種情緒講話的：他的怨氣很深。這尤其是因為，華國鋒沒有重新安排他擔任要職，而且汪東興拒絕印發他在一九七七年三月中央工作會議上，關於應當讓鄧小平復出的發言。但是他並非唯一帶著強烈情緒發言的人，各小組的發言者長久壓抑的怒氣紛紛噴湧而出，他們強烈反對華國鋒和汪東興阻撓那些被冤枉的好幹部回來工作。發言者對那些仍沒有獲准恢復工作的人感同身受，因為很多人都瞭解飽受凌辱和肉體摧殘是怎麼回事。發言者一個接一個

（235）

要求為受迫害的幹部平反，並要求譴責已故的康生——他對許多人的死亡負有責任，而且，他的前祕書李鑫當時甚至仍在協助汪東興阻止平反冤案。正是這種情緒，使人們對華國鋒和汪東興的不滿愈燒愈旺。

中央工作會議進行的前幾天，會議氣氛就已經反映在北京市委（負有維護北京治安責任）的行動中。林乎加在十月九日成為北京市委書記，取代了曾經負責抓捕「四五」示威者的吳德。他一上任就和北京市委開始考慮，何時以及如何釋放那些因參加「四五」示威仍被關押的人；甚至在中央工作會議之前，他們已經在準備可能發表的聲明草稿。

林乎加也參加了中央工作會議，還是華北組的組長。在葉帥與華國鋒見面和陳雲發言之後，他充分意識到氣氛正在發生變化，並於十一月十三日召開了北京市委擴大會議；會後他便以北京市委的名義發布了一個公報，其內容遠遠超出華國鋒有關「四五」示威事件不是反革命事件的讓步。公報說：「廣大群眾在一九七六年清明節聚集到天安門悼念敬愛的周總理……他們痛恨禍國殃民的『四人幫』犯下的罪行。這……完全是一次革命行動。對因此受到迫害的同志應當全部予以平反，為他們恢復名譽。」[54]

北京市委旗下、當時由林乎加負責的《北京日報》立刻刊登了這份公告。接著，出席中央工作會議的三位媒體幹部，新華社社長曾濤、《人民日報》總編胡績偉和《光明日報》總編楊西光，他們還同時兼任中宣部副部長，大膽地決定在各自的媒體上報導《北京日報》的文章內容。第二天即十一月十五日，《人民日報》和《光明日報》就以大標題刊登了《北京日報》的消息：「中共北京市委宣布，一九七六年天安門事件完全是一次革命行動。」新華社也立刻宣布不僅群眾從事的是革命行動，而且事件本身也是革命性質的。《人民日報》和《光明日報》又在十一月十六日轉載了新華社的聲明。

通常，如此重要的政治聲明必須得到政治局的批准。但是這三位大膽的主編覺察到正在變化的政治氣氛，未經上面允許就冒險採取了行動。[55]胡耀邦責怪他們三人不但不告訴政治局，甚至沒有事先跟他打招呼。曾濤回答，他們認為假如請示胡耀邦，他就要為這個決定承擔重大責任。那還不如讓他們來承擔責任，先把它發表出來再說。[56]

公告一發表立即在會議上掀起一股興奮的熱浪。不難理解，林乎加會擔心他的大膽舉動將招致批評。十一月十六日，文章在兩家報紙上登出後，他打電話問其中一位主編，那條頭條新聞是由誰批准的。當得到答覆說轉載《北京日報》內容的決定只是主編做出之後，林乎加說，他可以為《北京日報》的文章承擔責任，但其他兩個主編則要為自己報紙上的頭條新聞負責。林乎加害怕華國鋒會生氣，又打電話給華國鋒解釋，請求他諒解。讓他大感意外的是，華國鋒並沒有責怪此事。[57]事實上，文章在報紙上發表三天後的十一月十八日，華國鋒竟然為《天安門詩抄》這本歌頌「四五」運動參與者的新書親筆題寫了書名。報紙還印發了華國鋒題寫書名的照片。一向好奇且政治敏感的北京人立刻明白了其中的含義：華國鋒同意為天安門事件徹底平反。華聽從了葉帥的勸告：順應正在變化的氣氛，以免被人拋到後面。[58]

十一月二十五日華國鋒按計畫發表例行演說。這篇講話並不是檢討，而是宣布他接受黨內的主流觀點，並打算繼續任職，即使這意味著他要代表與他先前贊成的意見完全不同的觀點。他同意一九七六年的天安門「四五運動」是一場真正的愛國主義革命運動，對參與者要全部平反。

華國鋒承認，他在毛澤東去世後繼續批判「右傾翻案風」是錯誤的（該案導致批鄧）。他建議，給一九六七年二月因抵制文革而受到陷害的人（「二月逆流」）平反，為他們恢復名譽；將彭德懷的骨灰安放在八寶山革命烈士公墓；為陶鑄案平反；摘掉給楊尚昆扣上的反黨陰謀份子的帽子，恢復他的黨生活並重新做出任命；對康生進行批判。

華國鋒承認，應當從事實出發，按照「實踐是檢驗真理的唯一標準」的原則解決政治問題。[59]他還坦承，大多數與會者感到紀登奎關於農業的談話仍不夠充分。華國鋒在演說中也不再提大寨這個樣板。他的演講受到與會者的熱烈歡迎。[60]十二月十三日他又做了一次演講，承認自己犯過一些錯誤。

（237）

透過對已經變化的政治氣氛做出讓步，並在一些問題上完全改變自己的觀點，華國鋒避免了

（238）

一場內訌。[61]如他所說，他要維護黨的團結。但是有不少人認為，由於氣氛的決定性變化在當年夏秋就已形成，並在中央工作會議的前三天變得十分明顯，華國鋒其實沒有別的選擇。他被允許保留黨主席、總理和中央軍委主席的位子。

通常當新的政策路線被採用時，擁護以往路線（現在被稱為「錯誤路線」）的人需要進行自我批評，並宣布支持「正確路線」。然而，華國鋒的一些親密同事並沒像他那樣圓滑地趕緊調頭。時任黨副主席和中央辦公廳主任的汪東興就堅決反對，為大批幹部平反和打破毛澤東思想的束縛，他當時仍掌管著「專案」和宣傳工作。老幹部們認為，汪原本是毛的忠實衛士，獲得了他不能勝任的職位；而他在兩年前逮捕「四人幫」時所做出的重要貢獻，又讓他保住了這個本來就不應屬於他的職位，並使他能繼續在這個位置上阻礙進步。華國鋒在十一月二十五日接受了黨內的大氣候以後，有兩名與會者確信風向已變，於是未經協商就開始點名批評汪東興。他們斥責汪阻礙老幹部復出，反對「實踐是檢驗真理的唯一標準」，堅持「兩個凡是」，講鄧小平的壞話。其他人也加入了批評的行列，將汪看成給受迫害的幹部平反、擺脫僵化的毛澤東思想的最大障礙。

汪東興拒絕做出口頭檢討，不過他在十二月十三日會議結束時提交了一份書面檢討。[62]他承認自己在處理專案工作上犯了錯誤：「我對糾正冤假錯案重視不夠，行動不快，工作不力。」他也同意遵照中央的決定，將中央專案組和「五一六」專案組的資料轉交中組部：「我不能勝任自己的工作，……我懇求黨中央免去我的這些職務。」[63]吳德和李鑫也受到了批評，張平化則在三中全會之後不久就被撤職。吳冷西、熊復和胡繩這三個文膽跟華國鋒和「兩個凡是」站在一邊，因而也受到了嚴肅但較為溫和的批評。

華國鋒和汪東興暫時仍是中央政治局常委，華國鋒的三大支持者吳德、紀登奎和陳錫聯也留在政治局內。迅速崛起的頭號領導人鄧小平對工作安排做了一些改變，但是他決定，已經做了檢討的政治局和政治局常委成員不必撤換。[64]他要避免對抗，以免海內外知道中國正在進行權力鬥爭。

中央工作會議不但為鄧小平取代華國鋒提供了推力，而且成為一個高層幹部更坦率檢討以往錯誤、思考未來新路線的論壇。在小組討論中，一個又一個發言人介紹自己應付糧食短缺的工作經歷，主張國家有必要擴大投入，徹底解決這個問題。對於許多領導人來說，這些討論提供了一個精神紓解的機會，他們可以公開承認自己過去不敢正視的失敗，而這些失敗造成了他們親眼目睹大量苦難與死亡。即使他們把主要責任推給上級，自己也不能完全逃避責任；對許多幹部來說，這是一個從未徹底癒合的傷疤。

有關農業的最大膽發言之一，是胡耀邦在西北組的發言。他認為紀登奎的建議不足以解決農業問題，且仍然反映著思想上受到禁錮。胡耀邦還大膽主張，政治和經濟活動全部統一在公社是不行的。為了解決這個問題，黨必須想辦法提高農民和當地幹部的積極性。他說，如果集體所有制管理不善，帶不起農民的熱情，它也不可能有效率。[65]這些話是在表明他的同事對於把農業生產隊拆成生產小組的普遍支持。不過，當時包括胡耀邦與萬里（他當時在安徽試驗，在生產隊下搞更小的生產組）在內，沒有任何人提到包產到戶和解散公社的可能性。他們知道，這種討論將在黨內高層引起很大爭議，動搖那些仍在試圖維持集體所有制之地方幹部的權威。[66]

參加分組會的人也討論了各種經濟問題。輕工業部部長梁靈光（後出任廣東省省長）強調了政治穩定的重要。他提醒人們，一九四九年以後有三個增長相對較快的時期：建國後的最初幾年、第一個五年計畫（一九五三—五七年）和大躍進後的調整時期（一九六一—六五年），這些也正是政治比較穩定的時期。他還提出，應當優先發展輕工業，加強滿足對日用品的需求。他多少有些超前地認為，要讓市場發揮更大作用。在他看來，應當引進新的生產技術，降低出口稅以增加出口。[67]

工作會議快要結束時，與會者轉向了另一個共同關心的問題：哪些人應當增補進中央委員會、政治局和政治局常委。中央工作會議無權做出人事決定，但以後將做出這種決定的人大都參加了工作會議。由於鄧小平不想撤換政治局和中央委員會的現任委員，因此與會者同意，為了在短期內補充新成員，只能擴大政治局。他們認為，以後只要有人退休或發現不適任，政治局的規模自然會再次縮小。與會者接受了鄧小平的意見，新委員應當是「敢做事」的人。[68]西北組以舉

（240）

手表決的方式推薦陳雲、鄧穎超、胡耀邦和王震進入政治局。[69]在工作會議後的正式會議上，這些推薦都得到了正式批准。

會議上普遍認為，在經濟工作第一的時代，應當對陳雲這位經濟領域上最有智慧和經驗的專家委以重任。陳雲十分清楚，鄧小平在外交和軍事這兩個重要領域裡經驗豐富，而這正是他所缺乏的。他說，就最高職位而言，鄧小平是唯一合適的人。[70]但是與會者熱情推薦陳雲擔任副主席。

鄧小平和陳雲能夠在工作會議期間團結一致，是因為兩人都決心給老幹部平反，為他們恢復工作。鄧小平實際上成為集體領導的代言人，尤其是在外交方面；同時他已經和葉帥共同掌握軍隊，但是陳雲獲得了人事問題上的權力，幾週內又接過了經濟事務的領導權。就整體政治地位而論，也就是說，在決定政治大方向和挑選關鍵人選方面，陳雲與鄧小平平起平坐。

鄧為改革開放做準備

當鄧小平從東南亞回國時，工作會議已經開了五天，葉帥向他簡單介紹了政治氣氛的變化，建議他為自己的新工作做好準備。葉帥德高望重，論資格可以追溯至一九二七年的廣州起義，但他從不貪圖個人權力，現在則成為「擁立領袖的人」。葉帥深信，大躍進和文革的錯誤，是因為

（241）

權力過度集中於一人之手所造成。他促請華國鋒和鄧小平兩人合作共事，一起領導黨和國家。葉帥與鄧小平見面時，鄧小平同意應當加強集體領導，對個人宣傳加以限制。[71]華國鋒也接受了葉帥的勸告，在黨的政策內容上做出讓步，並且同意由鄧小平做為黨的主要代言人。儘管沒有舉行任何公開的慶祝，而且華國鋒名義上仍保留著黨政軍首腦的頭銜，但鄧小平按葉帥的建議，已開始為自己的新角色做準備。

在為新工作準備的同時，鄧小平必須讓他的同事們可以放心，所以他要修改他在中央工作會議閉幕式和三中全會上的發言稿。鄧小平與政治局常委見面，再次向同僚們保證（他們都知道他跟毛的分歧），他不會成為中國的赫魯雪夫：毛主席為黨做出了卓越貢獻，黨不應當像赫魯雪夫抨擊史達林那樣批判毛澤東。他還向他們保證，國家要繼續團結在毛澤東思想的旗幟下。通過看每天的簡報瞭解情況，鄧小平觀察到中央工作會議上出現的急切樂觀情緒。這位老練的政治家提醒他那些資歷較淺的同事，不要「被勝利衝昏頭腦」。他告誡說，中國不可能很快解決它的所有問題，不可以想當然爾地急於求成。他還指出，在處理具體案件時，比如像彭德懷的案子和一九六七年「二月逆流」領導人的案子，推翻過去的結論需要一定的時間。[72]還有一些難題只能留給下一代人解決。為了避免再次揭開文革的傷疤，他建議對此事進一步研究。就像他過去多次講的，他再次建議首先看大局，然後再想局部；先講大道理，再講小道理。他說，在吸收外國投資和技術之前，首先需要國內的穩定。只有國家穩定了，才能實現四個現代化。[73] 因此至關重要的是，要避免讓群眾和外界產生中國存在權力鬥爭的印象。鄧小平給政治局常委的這些意見被採納，成為了黨的觀點。會議幾天後，他的發言被印發給全體與會者。[74]

鄧小平現在要成為頭號領導人，因此他必須重寫他在工作會議閉幕式和三中全會上的演講。到十二月二日，華國鋒在所有重大政策問題上都做出讓步後，鄧小平把堅定的改革派胡耀邦和于光遠叫來，讓他們負責準備他在工作會議閉幕式上的演講。這也許是他一生中最重要的一次講話。他當時正忙於結束中美關係正常化的談判，同時也在準備對越南若進攻柬埔寨做出強硬反應。不過，至少從一九六九年到一九七三年下放江西以來，鄧小平就一直在思考這次演講中所談到的問題。胡耀邦和于光遠得到其他文膽的協助，並且一如既往，由胡喬木做最後的潤色。[75]

（242）

鄧小平很少為演講寫大綱，但是為了這次會議，他在十二月二日拿出一份有三頁紙、共計一千六百字的說明。他就演講的風格、內容和要點，向負責的文膽一一交代。他對這些幕僚說，講稿要簡明扼要，句子要簡短，聽起來鏗鏘有力。他要說明中國是多麼落後，多麼需要改革。十二月五日鄧小平讀過初稿後，又向文膽逐字逐句提出修改意見。十二月九日和十一日他又兩次與文膽見面，審閱新的草稿，並重複了同樣的細瑣過程。

鄧小平在演講中並沒有提出新的政策，因為他既沒有時間，也沒有人手做這樣的準備。他向

（243）

齊聚一堂的中共領導幹部概述了他在新時代的思路。演講反映出他對自己當時苦苦思索的一些大問題的想法：如何鼓勵新思想，同時盡量減少保守派幹部的抵制；如何既尊重毛澤東，又擺脫他的路線；如何既保持樂觀，又要避免之後的失望；如何既維護穩定，又開放經濟；如何既給予地方幹部靈活空間，又能維護國家的發展重點。

在他與文膽第一次見面準備的提綱中，鄧小平列出了七個主題：（一）解放思想；（二）發揚黨內民主，加強法制；（三）向後看是為了向前看；（四）克服嚴重的官僚主義；（五）允許一些地方和部分企業先富起來；（六）在經營管理上「加強責任制」；（七）研究新情況，解決新問題。第二次見面時，鄧小平對文膽說，他決定把後面幾個主題合併成一個，在最後的講稿中只談四個問題。

在十二月十三日下午中央工作會議的閉幕會上，鄧小平一開口就直搗黃龍：「今天我主要講一個問題，就是解放思想，開動腦筋，實事求是，團結一致向前看。」鄧小平稱讚這次工作會議是一九五七年以來，黨內最好、最開放的一次討論會。他說，要允許大家說出對真實情況的看法，「必須有充分的民主，才能做到正確的集中。當前這個時期，特別需要強調民主。因為在過去一個相當長的時間內……民主太少。……應當允許群眾提一些意見，即使有個別心懷不滿的人，想利用民主鬧一點事，也沒有什麼可怕，……最可怕的是鴉雀無聲」。無論在當時還是任何時刻，鄧小平都沒有提倡過不受限制的言論自由。事實上，幾天之後，當人們開始在離天安門不遠處的牆上張貼個人觀點時，鄧小平就在十一月二十九日表示，「民主牆」上張貼的部分言論是錯誤的。

鄧小平既要讚揚毛澤東，又要為脫離毛的某些政策留出空間。他說：「如果沒有毛澤東同志的卓越領導，中國革命有極大的可能到現在還沒有勝利。……毛澤東同志不是沒有缺點、錯誤，……適當的時候做為經驗教訓總結一下，……但是不必匆忙去做。」他再次重複了自己的觀點，毛澤東犯過錯誤，他本人也犯過錯誤，任何想做事的領導人都會犯錯。他表達了黨內高層的一種主流觀點：中國的兩次大災難——大躍進和文革，是制度造成的，這種制度允許一人統治，容不下不同的聲音。因此中國需要建立法制，這樣的話一個人不管能力有多大，都不能由他一個人說了算。法制一開始可能不健全、不完善，但可以逐步使其變得公正合理。

鄧小平實現現代化的戰略，與毛澤東依靠精神鼓勵搞大躍進的做法截然不同。他說：「調動積極性不能沒有經濟手段。少數先進份子可以響應號召，但這種方法只能短時間內有效。」[76]鄧小平認為，必須建立一種制度，通過提拔和改善生活條件，獎勵那些促進科技和生產力發展的人。鄧小平還特別提出，要給地方幹部更大的靈活性，讓他們發揮主動精神。

鄧小平說，集體負責論實際上是「無人負責」。他主張將責任落實到個人，也承認為此必須

（244）

給予個人權力。當他在一九七五年對下級幹部說要「敢想敢幹」時，幹部們擔心毛澤東會在政策上變卦；而他在一九七八年再說這些話時，聽他講話的人已經不必再為政策的變化擔心了：他們覺得幹勁十足，要努力為國家做事，即使在這個過程中會犯一些錯誤。

鄧小平支持為文革中的冤案平反：「我們的原則是有錯必糾。」但他堅決反對人們向過去整過自己或親友的人算帳。為了避免冤冤相報，平反工作要快，不能拖泥帶水。「但是，」他說，「搞清楚每個細節既不可能，也無必要。」不應糾纏於文革，因為這只會造成分裂，不如讓時間去解決問題：「安定團結是頭等大事。」對參與過打砸搶、幫派思想嚴重的人，絕不能重用。但是，對犯過錯誤卻做了真誠檢討的人，要給他們機會。然而，鄧小平也特別提到一點：黨對那些今後再犯錯誤的人將更加嚴厲。[77]

鄧小平試圖提前考慮一些新政策可能帶來的問題，並淡化那些將會對新政策不滿者的敵意。他知道不平等會擴大；由於即將發生的快速變化和中國人民的多種需求，「一部分人會先富起來」。但是他說，其他人以後也會有機會，先富可以幫後富。他告誡可能會出現一些他本人和其他領導人都不熟悉的新問題，但是要以黨和國家的整體利益為重，要「不斷學習」。[78]

鄧小平雖然沒有說得很具體，但是他打算開放一部分市場。他對同事們說，不要擔心市場會帶來經濟混亂。他承認，在負責整體計畫的人和獲得更多自主權的地方幹部之間會產生一些矛

（245）

盾，利益衝突可能比以前更嚴重，但是他認為，從長遠看，生產力的發展會使這些問題得到解決。[79]

為了對即將到來的很多變化做好準備，鄧小平建議幹部學習三種知識：經濟學、科學技術和管理。他具體說明了應當如何評價幹部：例如，評價經濟單位的黨委，主要是看先進管理方法採用的情況，在技術創新上取得進步的程度，勞動生產率的提高程度和利潤成長狀況，而這是以工人個人收入及提供的集體福利做為部分衡量標準的。與會者急切地想得到在這種新環境下更具體的指示。通常每次工作會議最後的重要演說之後，參加者就會散會；但是這次鄧小平講話之後，會議又延長了兩天，以便來自各個地區的小組繼續討論如何貫徹落實鄧小平的新指示。[80]

鄧小平演講中的很多思想，對於西方的企業管理者來說就像常識，其中一些思想甚至能從中國一九四九年以前和一九五〇年代初、一九六〇年代初較穩定時期的政策中找到來源。但是對於一九七八年領導國家的人來說，鄧小平這些思想代表從根本上擺脫毛澤東時代。與會者有理由期待，那個由大規模群眾運動、階級鬥爭、僵化的意識型態、英雄崇拜、高度集體化和全面計畫經濟所構成的痛苦時代終於結束，中國開始進入可控制狀態。

(246)

三中全會：一九七八年十二月十八—二十二日

三中全會於一九七八年十二月十八日星期一在京西賓館召開，而中央工作會議上週五剛在這裡結束。參加中央全會的委員，有超過一半的人也參加了工作會議。但是參加全會的還包括全體中央委員，這些人都擔任黨政軍要職，而出席工作會議的，則另外包括一些能夠提供宏觀視野的黨內領導人。星期一，沒有參加中央工作會議的委員們在其他人到來之前，聚在一起閱讀了鄧小平、葉劍英和華國鋒在工作會議上的演講，以便能夠統一認知。接下來的三天是中央全會的正式會議和分組會，組長人選與工作會議的分組會相同。

從某種意義上說，三中全會是中央工作會議精神的慶祝會，是向中國民眾和外部世界宣布新路線得到正式批准的儀式。通常全會的序號是與此前的黨代表大會聯繫在一起的，但是十一屆三中全會帶來的變化如此巨大，因此當中國人只簡單說「三中全會」時，聽者都很清楚所指的是哪一屆三中全會。在中國人眼裡，三中全會標誌著使中國轉型的「鄧小平改革開放」的開始。雖然改革開放其實是由華國鋒啟動，但它是在鄧小平的領導下實現的。

按中央工作會議取得的一致意見，華國鋒保留了他的正式頭銜：黨主席、國務院總理和中央軍委主席；鄧小平則繼續他的職務：國務院副總理、副主席和中央軍委副主席。但是外國媒體和外交界就像中國民眾一樣，很快就明白了副總理鄧小平實際上已經成為頭號領導人。早在十一月

（247）

二十三日，即華國鋒十一月二十五日講話的前兩天，香港記者就向到訪的美國專欄作者羅伯特·諾瓦克（Robert Novak）說：「鄧小平只是副總理，但他現在掌管中國的集權政府。」[81]

在三中全會上收穫最大的是陳雲。三中全會前他甚至連政治局委員都不是，在全會上他卻成為政治局常委。全會最後一次全體會議正式成立了中央紀律檢查委員會，陳雲被任命為第一書記。他取代汪東興獲得了對需要平反的案件最後拍板的權力。不難理解，很多老幹部的案件在往後幾年得到平反，使他們得以回來工作。

通常最高領導人都要在全會上做主題報告，但是由於華國鋒是名義首腦，鄧小平才是頭號領導人，因此很難決定由誰來做這個報告。為了解決這種尷尬局面的辦法是取消報告，但實際上他們把鄧小平之前在中央工作會議上的演說看成給黨的工作定了基調。雖然華國鋒主持了最後的會議，但與會者的注意力都集中在那兩位在全體中央委員面前相鄰而坐、真正握有實權、且今後將領導國家的人物身上：鄧小平和陳雲。東北組的組長任仲夷說，就像遵義會議代表毛澤東思想戰勝教條主義一樣，三中全會代表黨內民主討論的優良傳統戰勝「兩個凡是」。[82]在會議結束時的講話中，陳雲用了另一個類似說法，他認為就像延安整風帶來了團結，使中國共產黨能夠在一九四九年以後領導國家一樣，中央工作會議也帶來了團結，使共產黨能夠領導國家實現四個現代化。[83]

沒有加冕禮的權力交接

在世界政治史上，很難再找到這樣一個例子：一個人成為大國領導人，卻沒有任何公開、正式的權力交接儀式。鄧小平在中央工作會議之前是副主席、國務院副總理和中央軍委副主席，而在三中全會成為頭號領導人之後，依舊是黨的副主席、國務院副總理和中央軍委副主席。不僅沒有為他舉行加冕禮或就職儀式，甚至沒有公開宣布他已登上最高職位。是哪些奇特的環境因素結合在一起，導致了這種不同尋常的情況？它又會帶來什麼後果？

在三中全會期間，中國領導層竭力避免讓民眾和世界產生中國正在權力鬥爭的印象。華國鋒在一九七六年剛剛上台，最高領導層擔心領導團隊的突然變化會導致國內的不穩定，損害中國吸引外國資本和技術的努力。在此後的兩年半裡，鄧小平確實把華國鋒排擠到一邊，成為無可匹敵的最高領導人，但他是通過一個相對有次序的過程一步步做到這點的，因而沒有使中國民眾和整個世界感到不安。

黨內高層沒有給鄧小平任何新頭銜，因為他們擔心一人大權獨攬的危險。他們認為，大躍進和文革的災難，就是由擁有全部正式頭銜的毛澤東專斷行使其不受約束的權力所造成。如果繼續掌權的是華國鋒，就不必有這樣的擔心。在華國鋒當政時，葉劍英等人擔心的不是他權力過大，而是他權力不夠、很難有所作為。然而對於鄧小平，他們就有擔心的理由了。鄧小平充滿自信，做事堅決果斷，穩健踏實，因此他們害怕鄧有可能變得跟他的導師毛澤東一樣。於是他們決定不給他全部頭銜，並在他和旗鼓相當的陳雲之間維持權力平衡。給鄧小平實際權力，卻不給他正式的名銜，這種奇怪的安排能夠運轉，是因為大家都明白內情，也因為鄧小平本人更感興趣的是實權，而不是頭銜。他願意在沒有正式名分的條件下接過工作，不要求公開張揚。(248)

從一九七八年十二月的三中全會到一九七九年十二月，當鄧小平為了黨和國家的利益開始架空華國鋒時，他和華國鋒在公開場合的發言中談起對方時仍然保持相互尊重。他們都想實現國家的現代化，使中國變得強盛，也都願意採取務實靈活的作風。但是在一九七九年，華國鋒畢竟仍是主席，而鄧小平行使非正式的權力，兩人的關係難免特別尷尬。如果攤牌，鄧小平的非正式權力足以壓倒華國鋒名義上的權威，但鄧小平像他的同事一樣，力求避免任何公開的不和。華國鋒繼續主持會議，在公開會議上仍然代表黨和政府。不僅他自己是政治局常委，他的支持者也是常委。他擁有葉帥和李先念這兩位元老重臣的支持，他們擔心一人獨裁，主張集體領導。在一九七九年，用西方的話來說，華國鋒是個不能當家的軟弱董事會主席，但仍有支持者，他們的觀點也不能輕視。鄧小平當時還沒有成為居於華國鋒之上的頭號領導人，他尚未準備好自己的團隊和統治架構。但是鄧小平有權有勢，又具備削弱華國鋒權力基礎的政治技巧。到一九七九年夏天，鄧小平要收緊控制、建立更有效的統治架構，便開始逐步削弱華國鋒並終於讓他靠邊站了。

當三中全會上開始提升鄧小平的權力時，離天安門數百米遠的地方，示威者往牆上貼大字報，他們直接或間接聲援鄧小平，批判林彪和「四人幫」；有些人甚至大膽抨擊毛澤東本人。沒多久，一些大字報甚至開始批評中共和鄧小平。這些大字報不只讓鄧小平頭痛，還迫使他處理一個在他擔任頭號領導人期間始終糾纏著他的問題：應當允許多大程度的自由？黨和政府應當以何種尺度和方式為異議的公開表達畫定界線？

8. 為自由設限

一九七八—一九七九

（249）

文化大革命其實是一場「反文化的革命」，主要是攻擊舊文化，卻沒有創造出新文化。紅衛兵引用歷史典故和歷史故事，不但打擊在位的幹部，而且批判幾乎所有的小說、故事、戲劇和文章。文革隨著毛澤東去世和「四人幫」被捕而偃旗息鼓，許多多年不敢講話的中國人十分渴望有暢所欲言的機會。有人想反擊迫害過他們的人，有人要保護自己，還有人只是想訴說自己及親友蒙受的苦難。

有些黨的領導人從這種被壓抑的怨氣中，看到用來對付敵人的機會。還有一些人並無政治目的，只想表達個人感情。但是，包括鄧小平在內對制度有全盤思考的中共領導人擔心，如果允許「太多的」自由，允許有組織的抗議，國家有可能再次陷入文革那樣的混亂。

在政治運動或大饑荒中本人或親人受過苦的有數千萬人。強烈的敵對情緒不但針對欺壓鄉里

（250）

的地方幹部，而且針對上級幹部，因為他們都屬於造成這種災難的體制的一部分。在鄧小平看來，中國社會如此龐大，人口眾多，百姓十分貧窮且對立嚴重，在行為方式上明顯缺乏共識，所以必須有一定的自上而下的權威。自由的範圍能夠放得多寬，又不至於使中國社會陷入一九四九年以前或文革式的混亂？在整個鄧小平時代，這一直是造成分歧的一個核心問題。

在判斷民眾的批評浪潮在何種情況下會導致秩序崩潰這一點上，中共領導人並無公認的標準。因此，對於如何設定和維護這條界線，他們內部也難免發生分歧。主管科學、高教、青年事務和統戰工作的幹部，往往會代表與他們共事者的觀點，一般會贊成較多的言論自由。負責公共治安的幹部則較為慎重，主張對自由進行更多的限制。宣傳部門的領導者往往搖擺不定：其中有些人受過良好的人文和社科教育，願意為自己和他人爭取更多的自由；但在履行職責的過程中，也有很多人在傳達和實施這些限制時變成了小暴君。

同時，敢於試探公開討論可允許範圍的人，一般說來都不是出身於地主和資產階級。而那些「階級出身不好」的黨外知識份子多年來已經被嚇得噤若寒蟬，也沒有站在公開批評的前列。實際上，在後毛澤東時代衝撞言論邊界的人，通常都是勇敢的年輕人、黨員和老幹部，或是有當權的親朋好友給他們撐腰的人。

從原則上說，鄧小平贊成擴大自由，他願意在這方面採取實用主義的態度。但是由於他承擔維護社會秩序的最終責任，當他對秩序能否維持產生深切疑慮時，他會迅速收緊控制。三中全會以後，鄧小平感受到群眾對於結束文革、開啟改革開放新時代的廣泛支持，因此他允許了兩次重要論戰的開展，這擴大了中國人的言論自由。這兩次論戰一次是民眾自發產生並對公眾開放的，它最初出現在天安門廣場附近的一道牆上，即後來廣為人知的「西單民主牆」，後又擴散到全國其他城市。另一次是黨發起的論戰，只局限於黨內，它使一些知識份子和黨內主管文化政策的領導幹部走到了一起，探討他們在新時期工作的指導方針。

(251)

民主牆：一九七八年十一月－一九七九年三月

在中國的村鎮、城市社區以及公車站這類人群聚集的地方，在布告欄上張貼官方公告和報紙，是一種延續了多年的習慣。北京最受公眾關注的地方，大概是天安門以西幾百公尺處的西單一面牆上的布告欄。這道巨大的灰磚牆有三公尺多高、二百公尺長，旁邊是北京最繁忙的公車站之一，有多路公車交匯於此，乘客熙熙攘攘。文革期間，西單牆上貼滿批判劉少奇、鄧小平等中共領導人（他們被稱為「走資派」）的大字報。在一九七六年四月五日示威期間，牆上又貼了許多譴責「四人幫」、歌頌周恩來和擁護鄧小平的大字報。

一九七八年十一月十九日，即中央工作會議召開不到一週後，在新的政治氣氛下，尚未在書

（252）

報攤販售的共青團雜誌《中國青年》，完完整整的一期被一頁頁貼到了牆上。共青團這個培養未來黨員的部門，此刻站在群眾為擴大自由而努力的前線。這本共青團雜誌在文革期間被迫停刊，幾個月前它成為最先獲得復刊批准的雜誌之一。在胡耀邦的鼓勵下，共青團的幹部把雜誌第一期送廠付印，計畫於九月十一日發行。但是當時主管宣傳的汪東興看到內容後，立刻下令撤收。他批評說，雜誌不但沒有任何毛主席的詩詞，甚至還批評毛澤東搞個人崇拜的做法。

可是雜誌編輯部的人員沒那麼容易屈服。幾天後的九月二十日，一些雜誌被送到了書報攤。[1]但是到了書報攤後，汪東興馬上又讓人把雜誌全部收回，不許再販售，並禁止它再發行。十一月十九日出現在西單牆上的，便是被收回和禁止發行的這一期雜誌，這件事發生在北京市委決定給「四五」事件平反的四天之後。

張貼出來的雜誌引起了巨大關注。這份共青團雜誌中的一些文章強烈要求為那些因參加「四五」遊行仍在蹲監的年輕人平反。還有一些文章反對「兩個凡是」，提出的問題不但涉及林彪和「四人幫」，而且直接涉及毛澤東。有一篇文章說：「請大家捫心自問，沒有毛澤東的支持，林彪能獲得權力嗎？請大家捫心自問，難道毛主席不知道江青是叛徒？沒有毛主席的同意，『四人幫』能達到打倒鄧小平的目的嗎？」[2]不難理解，毛澤東的前貼身衛士兼忠實的維護者汪東興，為何會對這些批評感到惱火。

共青團的雜誌張貼以後，幾個大膽的人又開始張貼其他訊息，其中有許多是批評一九七六年清明節的鎮壓。最初，一些路過的人連看都不敢看大字報，更遑論張貼新的了。然而幾天過後，並沒有人受罰，尤其是有傳言說鄧小平支持這種張貼大字報的自由，於是人們變得大膽起來。經歷了資訊受嚴密管制的十年文革後，很多人僅僅是好奇。還有些人從過去的經驗中知道，任何「錯誤觀點」都可能招致懲罰和羞辱，甚至被下放農村，所以仍然心有餘悸。然而隨著新的大字報在西單牆陸續出現，那裡開始瀰漫著一種興奮感。

有些人張貼詩詞、簡短的個人描述或哲學文章。有的大字報是用毛筆書寫的，也有的是用鋼筆寫在筆記本紙張上的詩文。許多大字報出自年輕人之手，他們是高幹子女，能窺探到當時正在舉行的中央工作會議的氣氛變化。還有一些貼大字報的，是因為突然獲得自由而異常興奮的年輕人，但他們一直生活在封閉的社會裡，缺少經驗和智慧去恰當表達自己的觀點。在文革的恐怖時期，個人不敢檢驗自己的觀點，群眾運動並不能使他們在策略上變得成熟。

此外，鼓吹自由民主的人，和他們的批評者一樣，對國外的情況缺少體驗，知之甚少。當他們開始質疑毛澤東思想和馬克思主義理論，又看到另一些國家在經濟上遠比中國發達，就對西方民主表現出幾近天真的信仰。[3]還有一些人寫道，他們被灌輸的一切全都是錯誤的，包括馬克思列寧主義和毛澤東思想。西單牆變成了聞名遐邇的「西單民主牆」，或簡稱「民主牆」，在最高峰時，每天有數萬群眾駐足於這道牆前。類似的牆也出現在全國其他一些城市。

大字報寫得激情洋溢。有些作者因害怕報復採用化名；也有些人為了求得賠償而採用真名實姓。一些偏遠地區的人，也千里迢迢來到城裡張貼他們的冤屈。很多在文革中受過迫害或有親人遇害的人，終於有機會訴說他們的遭遇。那些仍有親友在農村、監獄或遭軟禁的人，要求為受害者恢復自由。被迫害致死者的親人，要求為他們的家人恢復名譽，以使他們自己能夠脫離苦海。在一九六七年後下鄉的一千七百萬知青中，當時還只有大約七百萬人獲准回城。[4]很多抱怨便來自那些失去接受高等教育或良好工作機會、仍在農村窮困過活的人。還有一些政治上老練的人，隱晦提到黨內正在發生的爭論，抨擊「兩個凡是」，要求重新評價「四五」事件。

十一月二十六日，即華國鋒在中央工作會議上演說、在「兩個凡是」上公開做出讓步的次日，鄧小平對日本民社黨黨魁佐佐木良作說：「寫大字報是我們憲法所允許的。我們無權否定或批評群眾促進民主和貼大字報的行動。應當允許群眾表達不滿。」[5]鄧反問道：「允許群眾表達自己的觀點，這有什麼錯？」[6]此外，葉帥和胡耀邦也表示支持群眾用大字報表達他們的觀點。

同一天下午，當《多倫多環球郵報》的約翰·弗萊澤（John Fraser）和美國專欄作家諾瓦克一起去看西單民主牆時，圍在他們身邊的數百人聽說諾瓦克次日能見到鄧小平，便讓會講漢語的弗萊澤將一些問題轉告給諾瓦克，讓他向鄧小平提出。弗萊澤答應第二天下午向他們報告結果。當弗萊澤依約回到民主牆時，已有數千人等著聽鄧小平的答覆。當聽弗萊澤說到黨很快要為彭德懷正式恢復名譽時，喝采聲響成一片。當他說鄧小平表示「民主牆」是一件好事情時，人們又釋然地報以歡呼。[7]

隨著人群每天在西單牆前聚集，異常興奮的中國人渴望瞭解情況，因此急切地與外國人交談，向他們提出一大堆有關民主和人權、既幼稚又極為真誠的問題。例如：你們國家由誰來決定報紙電台的報導內容？[8]多年來一直希望民眾能表達自己想法的外國記者，熱情地向他們國家報導了民主牆前真誠的交談和熱烈的氣氛。雖然中國的官方媒體不向國人報導西單牆上的內容，但是它們透過美國之音和英國廣播公司，又傳回了中國。

西單牆前的群眾一直很守秩序。但是幾週之後，有些人開始貼出有政治訴求的言論，要求民主與法治。北京的公安幹部報告民主牆附近有零星的打鬥情況發生，並擔心那裡有增無減的人群可能會威脅到治安。事實上，鄧小平在十一月底與佐佐木良作的談話中就已經警告，有些大字報的言論不利於安定團結和實現四化。但是，在民主牆出現一個月之後，當三中全會快結束時，中國的高層領導仍然願意支持用大字報表達意見的自由。例如葉劍英在中央工作會議的閉幕演說中說，這次全會是黨內民主的典範，西單民主牆則是「人民民主的典範」。[9]

中央工作會議結束前夕的十二月十三日，鄧小平把他的政研室成員、也是為他寫三中全會

（255）

演說稿的幕僚之一于光遠叫到一邊，讓他草擬一篇支持西單民主牆的演說。他對于光遠說：「有點兒反對的聲音有什麼壞處？」[10]儘管《人民日報》沒有報導西單的事情，但報社裡支持「民主牆」的人在一九七九年一月三日發表了一篇大膽的社論〈發揚民主和實現四化〉，其中說：「讓人說話，天不會塌下來。……真正可怕的倒是聽不到不同的聲音。……害怕人民講話，實際是軟弱和神經衰弱的表現。……安定團結和發揚民主並不是對立的。」[11]

民主牆上的言論在一月中旬變得更加政治化。一月十四日，一群人舉出了寫有「全中國受迫害的人」的旗幟。他們宣布「要民主，要人權」，從天安門遊行到中南海的大門口，這裡是中共最高領導人居住和工作的地方。他們要進入大門，但被武裝軍人攔住。目睹這些抗議者的英國外交官羅傑．加塞德（Roger Garside）說：「那是我所見過最憤怒的一群人。」[12]

還有一些團體開始自費印雜誌，向那些來看西單牆的人免費發放。一月十七日，一群自稱「中國人權聯盟」的抗議者印了一份「十九條宣言」，要求言論自由、對黨和政府領導人進行評價的權利、公開政府預算、允許旁聽全國人民代表大會、允許與外國大使館自由接觸、為知青安排工作等。[13]這些憤怒的抗議發生在鄧小平出發訪美的前幾天，但鄧小平並沒有對此加以限制。他知道，如果他在訪美前夕壓制「民主牆」，這種做法會被西方媒體報導，有礙訪問之行的成功。

（256）

然而，當二月八日鄧小平從美國和日本回來後，他沒有再讓于光遠給他看那篇支持「民主牆」的演說稿。更重要的是，他根本未做出這場演說。[14]到三月時，民主牆上張貼了更多抨擊中共統治基本制度的文章。由於政府未加限制，人們變得更加大膽，他們開始批評整個中國共產黨和中國的政治體制，甚至開始批評鄧小平。

三月二十五日，曾經當過兵的北京動物園職工魏京生，大膽邁出突破舊框框的一步，他貼出〈要民主還是要新的獨裁〉一文，點名批評鄧小平「走的是獨裁路線」。魏京生沒上過大學，這篇文章也缺乏對民主的深入分析，但是激情彌補了他所欠缺的成熟。他有一個藏族女友，其父被關進監獄，母親被關起來後因不堪凌辱而自殺。魏京生本人曾被安排到新疆的邊遠地區工作，他所見到的乞討者讓他內心不安。他想搞清楚的是，為什麼死了那麼多人，一些幹部卻享受著極為舒適的生活。他抨擊中共用「四個現代化」的口號掩蓋這個事實上並未改變的階級鬥爭體制的弊病。他質問道：「今天人民享有民主嗎？沒有。人民不想當家做主嗎？當然想……人民終於明白了他們的目標是什麼。他們有了清楚的方向和真正的領導者——民主的旗幟。」[15]魏京生的這些公開言論使他立刻成為全球媒體的關注焦點，他被奉為中國要求新的民主制度的頭號代言人。

大約就在這時，中國的對越戰爭（中國稱之為「對越自衛反擊戰」，關於這場戰爭見第十八章）已經結束，鄧小平可以把更多的精力轉向「民主牆」和理論工作務虛會等國內事務。在此之前，「民主牆」在政治上對鄧小平一直有很大價值：它使群眾能夠有一個管道表明他們反對「兩個凡是」，反對「四五」事件的處理方式，反對毛澤東的錯誤；這為鄧小平提供了更大的政治空間，使他可以實行新的路線，而又不必親自參與這種批判。

鄧小平剛剛接過權杖時，可能在理論上認為民主很有吸引力；他鼓勵在黨內有更多的民主討論。但是，當抗議者吸引大批群眾，開始反對中共領導的根本制度時，他斷然採取措施壓制了這種挑戰。正像一個省委第一書記後來所說的，鄧小平對民主的看法就像「葉公好龍」一樣，如果龍真的出現，他就害怕了。雖然華國鋒是黨主席和總理，但決定壓制批評的是鄧小平。三月二十八日，北京市政府的幹部根據正在發生變化的政治氣候和鄧小平本人的意見，發出一項規定宣布：「禁止一切反對社會主義、無產階級專政、黨的領導和馬列主義及毛澤東思想的口號、大字報、書籍、雜誌、圖片等材料。」[16]

就像在中國的帝制時代一樣，維持秩序靠的是統一的命令，對首要者要嚴懲不貸，以儆效尤。三月二十九日，即魏京生在民主牆貼出要求民主的大字報四天後，他就被抓了起來，鄧小平的壓制也在繼續。魏京生被捕後，去西單民主牆的人一下子少了許多，只有少數大膽的人還在貼大字報。消息靈通的外國人估計，在隨後幾週裡北京大約逮捕了三十人，與一九五七年或文革時期有成千上萬人被捕相比，可謂九牛一毛。沒有關於死亡的報導。[17]

（257）

一些剩餘的大字報被轉移到了月壇公園，那裡距西單太遠，步行前往很不方便，遊客相對西單也少得多。媒體開始發表批評民主牆上一些大字報的文章。在月壇公園也派了幹部，查問想貼大字報者的姓名和工作單位。[18]西單的大字報在一九七九年十二月才被正式禁止，但是「民主牆」在三月底就已壽終正寢。據于光遠說，胡耀邦做為一名聽話的幹部公開支持了鄧小平的決定，但是參加過理論工作務虛會公開討論的幹部都知道，胡耀邦個人認為允許更大的自由並不會威脅到社會秩序。

民主牆被禁時，一般群眾很少有人敢站出來抗議。[19]雖然黨內有很多人力挺鄧小平的措施，認為這對阻止文革式的動亂很有必要，但是也有一些黨的幹部，包括許多知識份子，對鄧小平的決定深感不安。[20]在于光遠看來，鄧小平從十二月中旬支持「民主牆」到三個月後將其關閉的轉變，是毛澤東去世後中國的關鍵轉捩點之一。[21]

理論工作務虛會第一階段

一九七八年九月底，葉帥擔心「兩個凡是」的擁護者和「實踐標準」的贊成者之間的爭論會造成分裂，於是提議開一個會，為黨在文化教育領域的工作確立共同的基本指導原則。[22]葉劍英對經濟工作會議的成功記憶猶新，他認為通過對理論原則展開自由討論，能夠把進入新時期的中

(258)

共領導人團結在一起。十二月十三日中央工作會議結束時，在得到其他領導人的同意後，華國鋒正式宣布召開理論工作務虛會的計畫。[23]

務虛會的第一階段從一九七九年一月十八日開到二月十五日，中間有從一月二十六日起的五天春節假期，主辦者是中宣部和中國社會科學院。[24]會議的具體方案完成時，高層領導對「實踐標準」戰勝了「兩個凡是」已形成普遍共識。胡耀邦剛剛擔任宣傳部長，保守勢力的領導人暨主管宣傳的汪東興也做了檢討。負責籌備會議的人多是宣傳領域內思想開放的自由派幹部。胡耀邦在務虛會開幕式的全體會議上說明了會議的目的：檢討過去三十年宣傳領域的工作，就黨如何支援對外開放和四化建設制定藍圖。他讚揚了「四人幫」倒台後在解放思想上取得的極大進步，指出在宣導「實事求是」的鄧小平領導下，這兩年的進步在最近幾個月裡有了新的斬獲。胡耀邦又說，會議的第一階段一直開到二月中旬，將分成五個小組。[25]第二階段是規模更大的會議，有來自全國各地宣傳部門的四百多名領導人參加，他們將為落實第一階段形成的共識制定計畫。

胡耀邦為各小組選定的召集人，大都是來自報社、大學、研究機構或宣傳部門的一些思想開放的自由派知識份子。儘管有些與會者，如吳冷西和胡繩，思想較為保守，但在五個小組的召集人中，胡績偉、于光遠、吳江和周揚這四人都是稍早進行的「實踐標準」論戰中的活躍份子，這場論戰間接批評了僵化的毛澤東正統思想；五人中的最後一位是跟于光遠關係密切的自由派童大林。[26]出席的兩個最重要高級幹部是周揚和陸定一，一九五七年反右運動期間他們在宣傳部門擔任要職，但後來他們都對反右運動十分後悔，因此成為大力主張擴大自由的人。參加務虛會的人來自全國各地。北京的會議之後，很多地方也各自召開了類似的會議。[27]

會議開始時民主牆前已經如火如荼，但西單的民主牆是無組織、無計畫的群眾運動，而理論工作務虛會則自始至終都做了細心安排。此外，西單的大字報作者和讀者都是在民主牆偶然相遇的陌生人，參加務虛會的一百六十人則是精心挑選出來的黨員，在一個月的時間裡他們幾乎天天都能相互交流，與民主牆上的大字報相比，他們的討論更加細微，反映出對黨史和世界局勢更全面的理解。儘管如此，這兩個場合也有著共同的基礎：即一種發自內心的願望，要為新時期營造更加開放的思想氣氛。這兩個場合之間也存在著某種聯繫。《人民日報》副總編王若水是務虛會的成員之一，曾奉命彙報西單民主牆的情況。他去那兒看了之後，回來向務虛會的與會者彙報說，民主牆看起來氣氛活躍而平和，大字報上的言論是誠懇的。[28]另一些參加務虛會的人根據自己對民主牆的觀察，也表達了類似的看法。

（259）

胡耀邦在主持務虛會時，力求同時得到華國鋒和鄧小平兩個人的支持。他和華國鋒一起修改了他在理論工作務虛會開幕式上的演說，並在演說中讚揚了在華領導下獲致的成績。鄧小平正忙於出訪美國和攻打越南的事，但是在一月二十七日，即鄧動身前往美國的前一天，當胡耀邦前來彙報會議計畫時，鄧對胡說，現在誰也不清楚哪一種民主適合中國，要對這個問題認真思考。他讓胡耀邦組織一個二十到三十個人的班子，搞清楚相關問題，然後準備一篇論述民主實踐的兩到三萬字的文章，在五四運動六十週年時發表。鄧小平說，文章要表明社會主義民主將超越資產階級民主。[29]

務虛會上的氣氛可以用《人民日報》前總編吳冷西的遭遇做為一個縮影。吳過去一直批評「實踐是檢驗真理的唯一標準」，因此他被要求寫一份檢討，但他的第一份檢討被判定為敷衍了事，他只好又寫了一份。自由派正在占上風，但他們所採用的手法，與過去為支持極左事業而採用的通過批評和自我批評達到黨內團結的做法無異。與會者提醒吳冷西說，鄧小平在一九七八年八月二十三日就明確告訴他，《毛選》第五卷的編輯工作要體現「實踐是檢驗真理的唯一標準」的精神。吳冷西承認，他是因為不想損害毛澤東的威望才贊成「兩個凡是」。他承認自己需要進一步解放思想。[30]

胡耀邦的會議開幕詞鼓勵與會者解放思想，暢所欲言，這在他們中間引起了熱烈的回應。[31]新的氣氛突破了限制，使人們能以前所未有的坦率批評黨內事務。與會者可以批評毛澤東時代的錯誤，思考可接受的新界線，以便提供更大的思想空間。《人民日報》副總編王若水強烈主張更大的自由，他在發言中談到一個問題：毛澤東及其少數幾個追隨者為何能把全國人民帶入大躍

（260）

進這樣的災難？他指出，一九五七年對知識份子的打擊讓他們變得噤若寒蟬，因此無法阻止毛澤東犯下可怕的錯誤。人民大學的哲學教授張顯揚走得更遠，他將「四人幫」稱為「法西斯專政」。後來擔任中國社科院政治學研究所所長的嚴家其則提出，為了避免重蹈覆轍，應當對所有幹部的任期做出限制。[32]

然而，從務虛會一開始，有些人就擔心一旦政治風向有變，最高領導人再度變得保守，他們就有可能惹上麻煩。一個與會者說，不能再像一九五七年「百花齊放」時那樣，要提供法律保障，使敢言者不至於受到懲罰。[33]

就像這類會議通常的做法一樣，印好的會議總結被分送給未出席會議的高層領導。有些高層領導看過報告後批評說，會上的理論家們走得太遠了。同時，香港和外國記者開始談論「非毛化」，這迫使中國領導人要證明他們沒有這樣做。有些領導人甚至擔心，赫魯雪夫實行的非史達林化政策削弱了黨的權威，理論家們有可能步他的後塵。[34]黨內的老幹部們確實開始批評說，務虛會上的觀點很危險，理論家們近乎在批評毛澤東時代發生的一切事情。一些在毛時代擔任要職的老幹部擔心，對毛澤東日益高漲的批評有可能使自己也受到牽連。有些人開始懷疑，胡耀邦等人在務虛會上是不是在搞反毛反黨的「修正主義」。

以某些老幹部為一方，以「民主牆」和務虛會上大膽敢言的人為另一方，這些人之間的裂痕

（261）

被證明是難以彌合的。[35]在一九七八年十二月的三中全會上支持鄧小平的陳雲和李先念等人開始表示擔心：對黨的批評如今走過頭了，有可能威脅到黨維護紀律和秩序的能力。胡耀邦覺察到了保守派反擊的危險，他警告與會者說，有些個人的批評超出了善意批評和黨員行為準則的界限。在二月二十八日中宣部召開的新聞工作者會議上，胡耀邦又說，毛澤東雖然犯過錯誤，「但我們必須客觀地承認毛主席的偉大貢獻」。[36]然而這些話並不足以阻止黨內保守派繼續批評他和務虛會。

理論工作務虛會第二階段

三月十六日，即中國軍隊打了一個月的仗後撤出越南的當天，鄧小平在中央會議上為對越戰爭做出說明。此時他已經完成了訪美和對越戰爭，因此能夠重新關注國內的基本政治問題。他向與會者保證，總的形勢是好的，有利於全國的安定團結，但是他警告說，也存在著一些隱憂，因此必須堅定地高舉毛澤東的旗幟。他警告說，不然的話，黨本身也會受到攻擊，這有可能導致對中華人民共和國的否定，對整個這段歷史的否定。鄧小平認為，為了維護安定團結，黨應當把對一些歷史問題（例如文化大革命）的評價先放一邊。這位中國頭號領導人提醒，報紙對這個問題必須當心。[37]

（262）

鄧小平看了務虛會第一階段小組會的報告後，同意其他高層領導人的觀點，認為黨內理論家在批評中共和毛澤東上已經過頭了。毛澤東在一九五七年發動「雙百運動」後感到知識份子的批評太過分，鄧小平在一九七九年也覺得知識份子再一次走過了頭。然而，他受了毛在一九五七年進行反擊的教訓，他不想做出過度反應，失去知識份子的支持。

與此同時，支持「民主牆」和務虛會第一階段精神的人私下抱怨說，由保守派的胡喬木和鄧力群監督起草的會議總結報告誇大了對黨的批評，目的是為了刺激鄧小平，讓鄧小平與那些要求更多民主討論的人決裂。[38]鄧小平對《人民日報》副總編王若水尤其氣憤，他不但批毛，還讓香港媒體發表了他的觀點。跟黨的其他高層幹部一樣，鄧小平始終認為，黨內領導人的意見分歧不應當公之於眾。

在準備務虛會的演說時，鄧小平再次諮詢了胡喬木，胡也出席了第一階段的務虛會。鄧小平在三月二十七日與胡喬木、胡耀邦等人一起討論了演說草稿，這是在魏京生貼出那張讓黨內老幹部感到恐慌的民主大字報的兩天以後。鄧小平想要允許比毛時代更多的自由，但他也希望確立一些原則，明確畫定哪一些政治言論可以接受，哪一些則不可以。他對胡喬木、胡耀邦和其他演說起草人說，要提出四項基本原則，說明自由的界限。[39]雖然準備這篇演說只用了兩三天時間，但它不僅為務虛會第二階段定了調子，而且成為此後二十多年判斷文章、書籍或電影在政治上是否違規的指導原則。

（263）

四項基本原則：一九七九年三月三十日

在這篇重要演說中，鄧小平闡明了不容挑戰的四項基本原則，在可接受和不可接受的事情之間畫定了界線。寫作不能挑戰以下四點：⑴社會主義道路；⑵無產階級專政；⑶共產黨的領導；⑷馬克思列寧主義和毛澤東思想。鄧小平仍然承認，中國在某些領域可以向資本主義國家學習。他也承認，社會主義國家也會犯下嚴重錯誤，也會出現倒退，例如林彪和「四人幫」造成的情況。但是他否認中國的問題是由社會主義造成的；在他看來，中共統治之前的封建歷史和帝國主義才是成因。中國的社會主義革命已經縮小了中國與資本主義國家之間的差距，而且還會繼續縮小這種差距。此外，儘管允許「社會主義民主」的實踐——這仍然是現代化的基礎，但是為了對付反對社會主義及其社會秩序的敵對勢力（包括反革命份子、特務和犯罪份子），無產階級專政仍是必要的。他說，就像現代化一樣，民主化也只能逐步發展。[40]

如果鄧小平認為有什麼事物是神聖的，那就是中國共產黨。黨受到批評時他會本能地發怒，強調公開批評黨是不能容忍的。他承認「毛澤東同志跟任何人一樣，也有他的缺點和錯誤」，但是他認為，毛澤東思想是「半個多世紀中國人民革命鬥爭經驗的結晶」。他說，歷史不是由一個人創造的，但人民會對這個人表達崇敬。[41]民主牆和理論工作務虛會上氾濫的批評，能幫助鄧小平弱化對毛澤東正統思想的堅持，不再死板地解釋毛澤東說過的每一句話，為批評黨在過去二十年的錯誤創造空間。但是，鄧小平仍不想讓自己以批毛者的面目出現，他仍要在公眾面前維護毛澤東的偉大形象。

葉帥希望統一全黨思想的目標未能達成，因為在自由派知識份子的願望與頑固保守派的擔心之間的裂痕太大，難以用一團和氣的辯論加以彌合。[42]最終，鄧小平還是要自上而下地強行貫徹統一——他發表了一篇強硬的聲明，並以國家權力做後盾。鄧小平見過黨內分裂，並對此深惡痛絕，他深信，如不採取一定的強制措施，中國還不足以達成國家團結。在鄧小平三月三十日的演說之後，務虛會分成十二個小組，與會者就如何貫徹鄧小平的指示討論了三天。

身為一名遵守紀律的黨員，胡耀邦於四月三日在務虛會閉幕式的演說中表示完全擁護鄧小平堅持四項基本原則的立場。[43]但是，在務虛會第一階段聽過胡耀邦講話的人都知道，胡耀邦本人更希望看到一個更為開放的社會，他相信國家不會因為人們更自由地表達不同觀點而陷入混亂。[44]儘管鄧小平和胡耀邦都致力於現代化，仍然合作共事，但是在如何畫定自由的界限上，他們的分歧卻愈演愈烈，最終導致鄧小平在一九八七年決定將胡耀邦撤職。

黨內領導人固然理解鄧小平的演說，但對知識份子來說，隱含的訊息是令人沮喪的：自由的

(264)

範圍已經變窄。民主牆未被正式關閉，但鄧小平的演說如同一盆冷水，再加上魏京生的被捕和對繼續貼大字報者的恐嚇，「民主牆」結束了，文化領域將真正做到「百花齊放」的希望也隨之破滅。期盼更多自由的人，難以忘記「民主牆」那段熱情洋溢的時光和理論工作務虛會上富有洞見的思想探討。中國社科院和其他地方的知識份子不再多言，但很多人對新政策並不服氣。

鄧小平的四項基本原則所導向的更加保守的新路線，也逐漸反映在官方的媒體上，而參加務虛會的人也開始努力適應新的政治現實。《人民日報》五月五日的一篇社論說：「有人認為民主就是可以為所欲為，……但我們主張的是在集中指導下的民主。」[45]下級幹部按照更收緊的新路線展開宣傳。[46]很多知識份子對自由遭到限制深感失望，但是與毛澤東在一九五七年的反右相比，鄧小平的反應要有節制得多。鄧小平知道要實現現代化，他需要知識份子的合作。

四項基本原則宣布之後，知識份子在公開批評中共上變得更加謹慎，只有很少的知識份子遭受批判、羞辱或撤職。[47]一些知名的批評者獲准出國居住，在國外繼續發表言論。事實上，從一九七八年到一九九二年這個時期，大趨勢是自由討論的空間在不斷擴大。雖然對於那些愚蠢而隨意管制言論自由的做法有所不滿，但一般民眾和知識份子也在不斷尋機突破自由界限。為言論自由設定一勞永逸的界限是不可能的。鄧小平如想允許嘗試新觀念，讓知識份子與他合作，就得允許比一九七八年以前更大程度的自由。

（265）

在一九七九年十月底的第四屆全國文學藝術大會上，鄧小平盡力維持自由與控制之間這種微妙的平衡，採取的辦法是支持或至少被動接受大多數知識份子，同時斥責那些他認為可能威脅到中共權威的批評。在準備大會的演說稿時，鄧小平的手下把稿子給了周揚一份——周在一九五〇年代是文化沙皇，一九七〇年代後期卻變成為知識份子爭取更大自由的帶頭人。周揚建議鄧小平不要長篇大論，鄧按照他的建議唸了一篇簡短的賀詞，他讚揚中國人民的藝術創造力，肯定了他們在一九五〇年代取得的進步，批評了林彪和江青對創作自由的限制。他說，展望未來，他期待著文化領域的持續進步。他的演說博得文藝界人士的熱烈掌聲，包括那些仍對他的「四項基本原則」演說不滿的人。[48]不像一九五七年的毛澤東，一九七九年的鄧小平並沒有在知識份子主流中失去人心。很多私下抱怨政府任意做出限制的人，繼續為四化積極工作。但是，在鄧小平統治時期，到一九九二年他退出政治舞台為止，在自由的邊界問題上他將面對持續不斷的拉鋸戰。[49]這場拉鋸戰最終在一九八九年六月四日導致了一場悲劇。

蘇聯和越南的威脅

一九七八—一九七九

（266）

一九七七年夏天鄧小平重新掌管國防和外交工作後，面對著兩個首當其衝的問題：一是對抗蘇聯和越南的威脅，維護國家安全；二是為爭取外國對中國現代化的幫助打下基礎。[1] 為了減少蘇聯的軍事威脅，他努力加強與鄰國的關係，阻止蘇聯的勢力擴張。為了給中國的現代化爭取幫助，他轉向日本和美國。為了達成這兩個目標，他在一九七八年一月後的十四個月裡遍訪各國，訪問的國家數量超過他一生其他時間到訪國家的總和。在這些出訪中，他改善了中國與亞洲大陸鄰國的關係，使中國的開放程度超過一九四九年以後的任何時期。他使中國不可逆轉地走上積極參與國際事務、全面交流思想的道路。這五次出訪中，他去了緬甸、尼泊爾、北韓、日本、馬來西亞、泰國、新加坡和美國。在這十四個月裡，鄧小平還與日本簽訂和平友好條約，與美國進行關係正常化談判，並將中國帶入一場對越戰爭。

(267)

鄧小平擔負起外交職責

一九七七年夏天恢復黨內工作時，鄧小平並不想主持外交事務。有一次他甚至說，他不願承擔這項工作，因為它太耗神了。可是中國需要鄧小平主管外交，不僅因為三十年來他幾乎一直陪同毛澤東或周恩來接見外賓，而且他本人從一九七三年夏天到一九七五年底就在毛澤東和周恩來指導下負責外交事務。他的同事都認為，周恩來去世之後，在外交知識、戰略思想、與外國領導人的個人關係，以及既爭取外國人的善意又堅定維護中國利益等方面，其他領導人都難以望其項背。中國的外交官可以具備有關其他國家和以往談判的豐富知識，如一九七六年十二月取代喬冠華成為外交部長的黃華[2]，但他們往往缺少做出重大政治判斷的自信，也沒有足夠的地位與外國領導人平起平坐。

外交一向是中共最高領導人的核心工作。毛澤東和周恩來在外交方面都是世界頂級的戰略家，他們充滿自信，能夠與外國領導人平等地打交道。在一九七八年以前，雖然中國仍然比較封閉，但他們都把外交視為大事，親自承擔領導外交的工作。毛澤東會見外國人時散發著帝王般的自信，談論哲學、歷史和文學，縱論天下大勢。周恩來在國內外會見外賓時則表現得博學而儒雅，他態度親切，體貼入微，對客人照顧得十分周到。他既談大事，也願意討論細節。

跟毛澤東和周恩來一樣，鄧小平對國家有著出於本能的忠誠，具有戰略眼光和維護國家利益的堅定立場。也同他們一樣，鄧小平在會見外國人時，不但要完成既定的會談內容，還會努力摸清來訪者的性格和目的。但是，與毛和周相比，鄧關注與中國有關的重大問題時更有系統性，也更加坦白直率。在會見外賓前，鄧小平不接受口頭的情況簡介；他會閱讀下屬準備的有關來訪者及其來訪目的和應討論議題的文件。一如過去毛和周的情況，通常會有一名外交官先行會見外賓，由他把來訪者的意圖告知鄧小平，鄧小平再接見他們。

駐京外交官都十分尊重鄧小平，認為他是個可以打交道的人。外國來訪者也很喜歡鄧小平，他機智、專注，講話直言不諱，願意解決問題。喬治．布希在一九七五年擔任美國駐中聯絡處主任時經常與鄧小平見面，他說：「他態度明確，講話直率，使人不會誤解他的意思。」[3]黃華曾多次陪同毛澤東、周恩來和鄧小平會見國外訪客，他在談到鄧小平時說：「他擅長抓住主要問題，深刻理解並扼要說明問題的實質，果斷並且直截了當地做出判斷和決定。」[4]

毛澤東對中國懷有過於宏大、超越了現實國情國力的構想。鄧小平與毛不同，他一向很現實，承認中國的弱點和落後。但是他也具備基本的自信：他知道自己代表著一個地大物博的國家，它有著悠久而偉大的文明史；他不但得力於其個人戰勝重重挑戰而取得的成功經歷，也得力於他對國內和國際事務的全面瞭解。和蘇聯的一些領導不同，他並不想刻意給已開發國家的客人留下深刻的印象，即使他們對他擺架子。相反的，他在與外國領導人打交道時，把他們視為解決問題的夥伴，很快就切入主題。他從不憂懼，會堅決抵制自認為不符合中國利益的外來壓力，既不一味袒護，也不會蠻橫無理。

但鄧小平並非總能展現這種自信。一九七四年他第一次訪問紐約，在聯合國大會發言時，他的演說讓人覺得拘謹而刻板，因為他知道自己的下屬會把他的一言一行彙報給毛澤東。他在一九七五年時仍然很小心，因為在所有重大外交政策問題上他仍要得到毛澤東的首肯。鄧小平也承認，周恩來的知識和經驗遠在他之上。但是毛、周去世之後，他就可以自主地與外國領導人談判，不用擔心他人的意見。一九七七年中旬，他重新主持外交工作後，延續了他在一九七五年的政策。但是在這一年七月之後見過他的外國官員覺得，他變得更加從容自信，更願意就廣泛的外交政策問題表明自己的看法。

從一九七七年七月到一九七九年底，他在與外國領導人會談時總會恭敬地提到「華主席」。（269）但是自一九七七年復出之後，外國客人就從未懷疑過他是中國外交政策的當家。他不但是代表中國的談判者，而且是偉大的外交戰略家。雖然他也閱讀外交官的報告，但在重大決策上，他更多倚靠自己老練的判斷力。他之所以能表現得輕鬆自如，是因為他對當下的問題與總體戰略的關係有著可靠的理解，對自己與對手交涉的能力充滿自信。在與外國人的會談中，他逐漸形成自己的獨特風格：先說幾句機智的開場白，對外國客人表示歡迎，然後迅速專注於他要討論的議題，直

率、明確、強有力地表明自己的觀點。(270)

以蘇聯為大敵

鄧小平的戰略分析起點跟毛澤東是一樣的：分清主要敵人，廣結盟友與之對抗；分化敵人的盟友，使其疏遠敵人。到一九六九年，蘇聯顯然已經取代美國成為中國的主要敵人——這一年七月尼克森總統在關島宣布，美國不會涉足亞洲大陸的戰爭；而三月和八月的兩次邊境衝突後，中蘇關係依然劍拔弩張。

一九七五年美國從越南撤軍後，蘇聯和越南便趁此機會，填補了美國撤軍留下的空白。在鄧小平看來這加劇了對中國利益的威脅。他的結論是，蘇聯決心取代美國成為全球霸主，越南則想成為東南亞的霸主。因此中國要與立場相同的另一些國家——美國、日本和北歐各國——形成對抗蘇聯的「一條線」。同時，中國要努力使另一些國家——比如印度——疏遠蘇聯。

一九七七年鄧小平復出時，蘇聯和越南正加緊合作，擴張它們在東南亞的勢力，這讓鄧小平感受到日益增長的威脅。越南允許蘇聯使用美國在峴港和金蘭灣建造並留下來的現代化軍港，這將使蘇聯軍艦能夠自由出入從印度洋到太平洋的整個地區。越南還建設導彈基地，裝備了瞄準中國的蘇製導彈。蘇聯則向基地運送人員和電子設備，提供技術支援。蘇聯沿中國北部邊境駐有重兵，還預謀入侵阿富汗，而中國西部的印度也在跟蘇聯合作，這使局勢變得更加危險。同時，越南已經控制寮國，並且正在策畫入侵中國的盟友柬埔寨。鄧小平，像圍棋棋手一樣，認為這些國際變化等於是在不同地點布下棋子，欲將對手圍而殲之。在他看來，中國正處在四面受敵的危險之中。

在所有這些事態的發展中，鄧小平認為蘇越結盟對中國的威脅最大，因此假如中國能對越南這顆棋子大膽下手，就能最有效地阻止蘇聯的包圍。他說，越南人趕走美國兵之後，開始變得趾高氣揚。一九七八年五月布里辛斯基與鄧小平進行關係正常化談判時，鄧小平對越南背信棄義的嚴厲譴責曾讓他感到吃驚。一九七八年見過鄧小平的另一個外交官也說，只要一提到越南，鄧小平就不由自主地發怒。5

鄧小平與越南的關係

無論從個人還是國家的角度來說，鄧小平都有被越南出賣的感覺，因為中國曾為越南反抗美國做出巨大犧牲，而五十年來他跟越南人也有著深厚的個人交往。半個世紀以前鄧小平在法國工讀時，就與越南人一起參加反法國殖民主義的抗爭。鄧小平和胡志明在上世紀二〇年代初都在法國，兩人當時是否見過面已經無從考證，但鄧小平一九三〇年代末確實在延安見過胡志明。周恩來則在法國時就認識胡志明，一九二〇年代中期他們還是黃埔軍校的同事。鄧小平在一九二〇年代末被派往廣西時，曾數次取道越南，得到越共地下黨的協助。在一九四〇年代和五〇年代初，鄧小平和越南共產黨曾是爭取共產主義勝利的革命戰友，一九五四年以後他們卻又成為致力於維護各自國家利益的政府官員。

鄧小平的前部下韋國清將軍也與越南淵源很深。韋國清曾在廣西省和淮海戰役中服務於鄧小平手下。他是廣西壯族人，鄧小平一九二九年在他的家鄉建立過革命根據地。鄧小平後來對新加坡總理李光耀說，一九五四年越南跟法國人打仗時缺少大規模作戰的經驗，中國派去的韋國清將軍在指揮奠邊府戰役中發揮了關鍵作用；越南人打算撤退，但韋國清拒絕。越南北方的防空任務也是由中國飛行員執行的。

鄧小平理解中越關係的複雜性。這都要歸因於國家利益發生了變化，需要用新的眼光重新考量。他知道，由於數百年來中國的入侵和占領，越南愛國者把中國視為大敵。他很清楚，越南想從中國和蘇聯雙方都得到盡可能多的援助，因為當時兩國都極力想拉近越南。他還明白，儘管中國認為韋國清將軍和中國志願部隊對奠邊府大捷做出舉足輕重的貢獻，但越南人仍然對中國感到失望，因為當他們在一九五四年日內瓦和會上為統一國家而努力時，中國沒有提供支持。[6] 鄧小平十分清楚，胡志明在一九六五年寫下的遺囑中說，越南要成為主宰中南半島的強國，而中國並

（272）

不認同這種說法。[7]他還知道，中國從一九七二年開始犧牲中越友誼，跟美國改善關係，這也讓越南人心中不快。

但是，中國一向十分慷慨地幫助北越對抗美國。當越共總書記黎筍在一九六五年四月十八日至二十三日訪問北京，為了對付美國對北越不斷升級的空中攻擊而求助時，劉少奇主席對黎筍說，無論越南需要什麼，中國都會盡力提供。在這次訪問中，鄧小平去機場迎接黎筍，陪同劉少奇與他會談，又去機場為他送行。[8]

此後，中國在國務院下面設了一個協調援助北越的小組，成員來自政府的二十一個分支機構，包括軍事、運輸、建設和後勤等等。根據中方記錄，從一九六五年六月到一九七三年八月，中國向越南共派出三十二萬名志願兵，為其提供防空武器、軍械修理、公路和鐵路建設、通訊、機場維護、掃雷、後勤等各種支援。最高峰時，同時駐紮在越南的中國軍隊達十七萬人。據中方的報告，中國在越戰期間的傷亡人數約為四千人，但有些中國學者估計傷亡者數以萬計。鄧小平在一九七八年對李光耀說，美國在越南期間，中國向越南運送的貨物按當時價格計算在一百億美元以上，甚至超過韓戰時中國對北韓的援助。[9]隨著援越規模的擴大，中國把自己的工程兵、防空砲兵和輔助物資也都運往越南。[10]

鄧小平在一九六五年曾代表中國政府提出，如果越南人結束和蘇聯的關係，中方可以大幅增加援助，但是遭到越南的拒絕。當美國加大對北越的轟炸力度時，越南人為了自衛，更頻繁地轉向蘇聯這個擁有高科技和現代武器的國家；在中蘇爭執中，蘇聯也利用這種實力向越南施壓，使其向自己靠近。

越南在一九六〇年代中期不再批評「蘇聯修正主義」，中國為了表明對越南與蘇聯加強關係的不快，從越南撤出一個師。中越之間的嫌隙愈來愈深。當一九六六年周恩來和鄧小平會見胡志明時，他們對越南人的抱怨有深切感受：胡志明說，中國軍隊的傲慢表現就像歷史上經常入侵越南的中國軍隊一樣。鄧小平回答說，駐紮在那裡的十萬中國軍隊只是為了防範西方可能的入侵，周恩來則提出撤回軍隊。[11]但是越南沒有要求他們撤軍，而中國繼續向越南提供大量軍需物資和武器裝備。

胡志明能說一口流利的漢語，在中國住過多年，他努力與中國和蘇聯都保持良好的合作關係。但是一九六九年九月他去世後，中越關係開始惡化，中國的援助也隨之減少，最後中國從越南撤出軍隊。[12]而中國在一九七二年尼克森訪中後改善了中美關係，隨後減少對越援助，越南人視此為中國人背叛越南抗美戰爭的一個標誌。[13]

美國人撤出越南後，蘇聯為重建這個飽受戰火蹂躪的國家，慷慨提供大規模援助。與此相對照，在一九七五年八月十三日，即美國人撤出越南後不久，罹癌、面色蒼白的周恩來在醫院裡對

（273）

越南最高計畫官員黎德壽說，中國已經無力為越南的重建提供大量援助。中國被文革搞得元氣大傷，自己的經濟也捉襟見肘。周恩來說：「你們越南人得讓我們喘口氣，恢復一下元氣。」但是就在同一個月，中國其他官員迎接柬埔寨副首相的到來，並答應在未來五年為他們提供十億美元的援助。[14]那時蘇聯正在與越南加緊合作，中國則與柬埔寨合作以阻止越南在東南亞稱霸。鄧小平後來對李光耀說，停止援越不是因為中國難以與蘇聯的援助數額一爭高下，而是因為越南人要在東南亞謀求霸權。蘇聯很願意支援越南的野心，它想從中漁利，但中國不想這樣。

一個月後的一九七五年九月，越南最高領導人兼越共第一書記黎筍率團訪問北京，希望避免與中國徹底決裂。他們想得到中國的部分援助，以便對蘇聯保持一定程度的獨立。處在毛澤東監督下的鄧小平接待了這個代表團的來訪。他和黎筍有著一樣的目標，不要讓兩國的關係徹底鬧翻。鄧小平到機場迎接代表團，在宴會上致歡迎辭，與黎筍連續會談，又去火車站為他們送行。[15]他促成了一份在九月二十五日簽署的協定，向越南提供一小筆貸款和為數不多的物資援助。[16]假如鄧小平在一九七五年以後仍然任職，他也許能暫時緩和越南人對中國由來已久的敵視和兩國當時的分歧。然而在鄧失勢後，「四人幫」採取更強硬的立場，要求越南譴責蘇聯的「霸權」。[17]中國激進派的這種要求對黎筍來說太過分了，他拒絕簽署聯合公報，未舉行常規的答謝宴會就離開了北京。[18]

一個月後黎筍抵達莫斯科，在那兒如願得到蘇聯長期援助的承諾。越南人原本不想完全依附蘇聯，但它迫切需要為重建國家獲得幫助。沒有中國（或其他國家）做後盾，黎筍無力抵制蘇聯的要求，只好簽署了支援蘇聯外交立場的協定。[19] 越南與蘇聯的這些協議把中越關係推向絕境，促使中國加強與柬埔寨的關係。[20]

一九七七年初越南駐中大使說，假如鄧小平重新掌權，他會更加務實地處理分歧，中越關係將得到改善。如果說中國在鄧小平一九七五年下台後還有什麼外交政策，也只是充斥著革命口號，既缺少眼光，更不講究表達技巧。[21] 激進派實際上切斷了中越的關係，把越南進一步推向蘇聯。鄧小平失去外交控制權後不久，越南在一九七五年十一月九日宣布召開政治協商會議，為越南南北統一做準備。其他共產黨國家都發了賀電，唯獨中國沒有。會議三天後，《光明日報》一反鄧小平承認南沙群島存在爭議的態度，發表了一篇措辭強硬的文章，把南沙群島稱為中國「神聖領土」的一部分。[22]（一九七六年四月鄧小平被正式撤職後，受到的批判之一正是他支持就南沙問題與越南談判。[23]）一九七六年，東歐各國、北韓和蘇聯應越南的請求全都答應援助越南，只有中國除外。鄧小平和黎筍維持兩國關係的努力，在激進派的手裡付之東流。

毛澤東逝世和「四人幫」被捕後，有過一段中越兩國領導人試圖改善關係的短暫插曲。一九七六年十月十五日，「四人幫」被捕後沒幾天，越南官員期望中國會採取更加友好的政策，為他們的下一個五年計畫提供一定幫助，便向北京提出經援的請求，卻沒有回音。一九七六年十二月，有二十九個兄弟共產黨派出代表團去河內參加越共代表大會，而華國鋒領導下的中國甚至沒有對此邀請做出答覆。一九七七年二月，鄧小平復出前五個月，北京對一個來訪的越南代表團簡單重申，以後不會再提供任何援助。[24]

中越衝突的前奏

如果鄧小平在一九七五年底沒有被趕下台，他也許能避免中越兩國的徹底決裂。但是他在一九七七年七月恢復工作後面對的局面已經改變：蘇越合作有增無減，中國和這兩個國家的關係都已嚴重惡化。

（275）

鄧小平復出的幾個月前，越南的武元甲將軍於一九七七年三月和五月兩次前往莫斯科，與蘇聯簽署擴大雙方軍事合作的協議。[25]蘇聯開始向金蘭灣和峴港的海軍基地派出人員，這預示著蘇聯軍艦不久將會遊弋於中國的所有海岸。此外，在越南與中國和柬埔寨的邊境地區，越南軍隊與兩國之間的摩擦規模愈來愈大、愈來愈頻繁。越南過去對加入經濟互助委員會（共產黨國家的經貿組織）一直遲疑不決，因為它要求越南放棄它所珍視的一部分經濟自主權。但是在一九七七年六月二十八日，迫切需要經濟重建但又沒有其他經援來源的越南，同意加入經互會。[26]

（276）

與此同時，華人開始逃離越南。越共領導人在一九七五年奪取南方後，著手對經濟實行大規模的集體化和國有化。他們在這個過程中開始打擊南越的一百五十萬華人，其中很多是反對集體化的小商人。越南領導人擔心，假如入侵柬埔寨或是與中國邊境衝突加劇，華人有可能轉而反對他們。他們發動規模浩大的運動，把大批華人成群結隊送往拘留中心，致使很多華人逃離越南。中國政府要求越南停止迫害當地華人，但越南官員置若罔聞。當一九七七年七月鄧小平復出時，最終導致大約十六萬華人背井離鄉的運動正如火如荼進行著。[27]一九七八年五月，中國中止了二十一個援越專案以示報復。[28]鄧小平後來解釋，當時中國已不相信能用更多的援助讓越南疏遠蘇聯。[29]

就像毛澤東和周恩來一樣，鄧小平從十分長遠的角度思考問題。在一九七八年，中國所面臨的威脅不是迫在眉睫的入侵，而是一種更大的危險：假如蘇聯繼續擴大使用越南的基地，將導致蘇聯和越南包圍中國。鄧小平在向西方人解釋這種局勢時說，越南就像亞洲的古巴，它是中國旁邊的一個基地，蘇聯能在這裡布置它的軍艦、飛機和導彈。就在十幾年前的一九六二年，由於美國威脅動用其優勢軍力，蘇聯撤出了部署在古巴的導彈。然而蘇聯的軍力遠勝中國，如果它把導彈部署到越南，中國無論如何也難以迫使蘇聯拆除它們。鄧小平認為，在這些基地強大起來之前，亟須加強與其他國家的合作以對抗蘇聯和越南的擴張。

鄧小平在出訪的十四個月裡，只訪問了一個共產國家——北韓，其他七個全是非共產黨國家。他首先訪問了一直與中國關係良好、能幫助中國加強邊境安全的幾個國家。在他的五次出訪中，前三個都是與中國接壤的國家。就像中國歷史上的統治者一樣，鄧小平也需要綏靖，但是為了對抗蘇聯和越南的攻勢，他還要爭取到這些國家的合作。

之後他又出訪日本和美國。這兩個國家最有助於中國的四化建設，其強大的軍事實力也有助於遏阻蘇聯和越南。歐洲是能為中國現代化提供幫助的另一個重要地區，不過鄧小平一九七五年的訪法已經使中歐合作有了保障，與歐洲的後續安排可以由谷牧的代表團處理，不需要鄧小平再次到訪。

出訪緬甸和尼泊爾：一九七八年一月－二月

鄧小平接過外交工作後第一次出訪的兩個國家是緬甸和尼泊爾，它們與中國西南部有著漫長的邊境線。中國和緬甸的共同邊境大約有二一七〇公里，與尼泊爾的有近一三六〇公里。鄧小平的首要目的不是與這兩個國家簽署任何具體協議。因為野蠻的紅衛兵曾使中國的所有鄰國感到害怕，所以為了發展良好的合作關係，首先要修補好籬笆。有了更好的關係，與中國接壤的國家才會更願意與中國合作，對抗蘇聯勢力在該地區的擴張。

(277)

儘管對紅衛兵餘悸猶存，緬甸和尼泊爾都與中國有較好的關係。例如，鄧小平訪緬時能夠利用與該國將近二十年的友好關係，這種關係相對而言沒有受到文革的影響。中緬兩國在一九六〇年就解決了邊界糾紛。一九六二年奈溫發動政變後，緬甸一直孤立於其他大多數國家，但中國與它維持著密切關係，包括在建設發電站等基礎設施上提供幫助。周恩來至少出訪過緬甸九次；到一九七七年止，從一九六二年到一九八一年統治著緬甸的奈溫將軍先後十二次訪中。[30]一九六九年中緬簽署了友好合作條約，周恩來的遺孀鄧穎超曾於一九七七年到訪緬甸，鄧小平本人則在北京兩次接待過奈溫。在其中一次訪問時，鄧小平敦促奈溫加強與中國的附庸國柬埔寨的關係，當時後者已處在越南的壓力之下。奈溫訪問北京一週後，便成為第一個訪問柬埔寨的國家首腦。

鄧小平在緬甸發言時很謹慎，他恭敬地提到華國鋒主席，甚至重複了以階級鬥爭為綱的路線，但是就在這一年內不久後，隨著黨內氣氛開始脫離毛澤東思想以及鄧小平個人地位的提升，這些說法就從他的言論中消失了。鄧小平相信，為了深化關係，訪問其他國家時不應只跟政治領導人會面，還要表現出對當地文化和社會的喜愛。他在緬甸與不同社會團體的重要領袖交談，通過參觀著名的佛寺和其他場所，向當地文化表達敬意。由於佛教在中國也廣泛傳播，通過佛教顯然可以形成文化關係。他在談話中強調中緬友誼源遠流長，並且談到兩國對蘇聯和越南在東南亞的勢力持有共同觀點。

（278）

奈溫對中國繼續跟緬甸和東南亞各地的共產黨叛亂份子保持聯繫表示關切，而中國至今仍不打算切斷這種聯繫，這個問題限制著中緬合作的範圍。但是在鄧小平訪問之後，兩國增加了文化交流，次年又簽署了經濟與技術合作協定。更重要的是，儘管緬甸繼續奉行不結盟政策，但是在中國與蘇越霸權的鬥爭中，它進一步偏向了中國。[31]

和緬甸一樣，尼泊爾也給予鄧小平熱情的歡迎。在五〇和六〇年代，尼泊爾力求在印度和中國之間保持中立，但是英迪拉・甘地（Indira Gandhi）對尼泊爾採取強硬路線後，尼泊爾的比蘭德拉國王轉而向中國尋求支援。中國支持尼泊爾建立和平區，擴大對尼泊爾的援助，與尼泊爾開通直達航線，同意開展高層官員的互訪。比蘭德拉國王還在一九七六年六月訪問了四川和西藏。

鄧小平在尼泊爾參觀了寺院、博物館和一些歷史遺跡。他談到中尼兩國兩千年的友誼，重申中國對比蘭德拉國王建立和平區的支持。鄧小平說，每個國家都渴望獨立，他鼓勵第三世界國家加強合作，對抗帝國主義、殖民主義和其他外來強權。他說，兩個超級大國的相互抗衡在南亞造成嚴重的不穩定，但這種不穩定的局勢對這兩個大國來說也是不利的。中國將繼續幫助尼泊爾維護國家獨立。他不但避免批評印度，而且在尼泊爾傳遞出有可能打動印度的訊息：中國將幫助該地區的所有國家奉行獨立自主的政策。鄧小平在為改善中印關係鋪路，希望這有助於使印度疏遠蘇聯。[32]

鄧小平在一九七八年一月還沒有充分的自主權，不能過於背離毛的思想。就像在緬甸一樣，他不但談到要團結在以華國鋒主席為首的黨中央周圍，並且表示要貫徹毛主席的「革命路線」和外交政策。[33]還要再等上幾個月，北京才能達成新的共識，使鄧小平能夠向階級鬥爭說再見。不過，鄧對緬甸和尼泊爾的訪問十分順利，有助於加強兩國與中國的合作。

出訪北韓：一九七八年九月八日—十三日

越南一旦和蘇聯聯手，中國能否與亞洲另一個較大的共產黨國家北韓維持良好關係、不使其變成另一個「亞洲的古巴」，就變得更加重要了。金日成能說一口流利漢語，他在中國總共住了將近二十年，直到一九四五年才回到北韓。他回國後繼續與毛澤東和周恩來保持密切關係，毛、周則在韓戰期間派出大量軍隊（「志願軍」）幫助北韓，並從東北為其提供後勤支援。北韓和越南一樣，巧妙地利用中蘇之爭獲取雙方的援助，雖然總體而言它更偏向於中國。

鄧小平與北韓的關係，得益於一九五三年他擔任財政部長時開展過援助北韓戰後重建的專案，也得益於他在一九七五年四月接待過金日成。[34]北韓首都與北京的距離，比其他任何國家的首都來得近，它和中國的關係也比蘇聯更密切。一九七七年夏天鄧小平復出後，接待的第一個外（279）國官員就是北韓駐中大使。[35]一九七八年華國鋒出訪了四個國家，鄧小平出訪了七個國家，只有北韓是他們兩人都去過的國家。中韓這兩個共產黨國家，不但維持著政府之間的關係，還維持著兩國的黨和軍隊之間的關係，而中國利用了所有這些管道。韓戰期間並肩作戰的兩國將軍經常會面，中共的中聯部與北韓的同行也一直保持來往。

中國決定發展中美關係，而美國是對北韓的敵人南韓提供幫助的大國，這會深深觸怒北韓。鄧小平不久後將出訪日本，後者是北韓長久以來的敵人，也在幫助南韓發展經濟，這同樣會引起北韓的嚴重關切。鄧小平要應付的一個棘手問題是，與日美恢復關係時，如何盡量減少對中韓關係的傷害。鄧小平不想讓北韓更加靠近蘇聯。因此他決定，上策是事先向北韓人做出充分解釋，不使他們事後感到意外。

鄧小平為給兩國關係加溫做出特別的努力，他以北韓最喜歡的方式向它表示尊重。北韓領土雖小，自視卻很高，表現之一是，它很在意出席每年國慶日慶典的外國官員人數和級別。中國的文革已經結束，各國領導人紛紛恢復對北京的訪問，金日成便搞起「請帖外交」，告訴那些計畫訪問北京的第三世界國家首腦，他們如果來北韓訪問也會受到歡迎。但是，在一九七七年只有四個外國高級官員接受金日成的邀請：中國的葉劍英，東德、南斯拉夫和柬埔寨的三位代表。[36]金日成以宮廷式排場接待他們。柬埔寨的西哈努克親王被單獨安排在宮殿般的住處；東德領導何內克（Erich Honecker）到訪時，受到他有生以來最隆重的歡迎。[37]

金日成為了一九七八年九月十日的建國三十週年大慶，想辦法讓外國高級官員來北韓出席慶典。鄧小平在北韓訪問五天，給足了金日成面子。他也是出席慶典的外國官員中級別最高的。金日成很高興有這樣一位中國高官接受他的邀請，在整週的群眾大會上，一直讓鄧小平陪伴在身邊。[38]

在北韓，金日成和鄧小平進行數次私下或公開會談。鄧小平解釋了中國的嚴重經濟問題和致力於現代化的必要性。當時北韓的工業在國民生產總值中所占比重高於中國，但已經開始落在正全力起飛的南韓工業後面。鄧小平說：「必須把世界的尖端技術做為我們現代化的起點，最近我們的同志去國外看了看，愈看愈知道自己落後。」中國需要獲得最先進的技術去改進它的工業能力。金日成在蘇聯和中國的幫助下已經實現了現代化，因此他不難理解鄧小平的這番話。鄧小平又解釋，中國好不容易才讓日本同意反對蘇聯霸權的條款。他還向金日成提到他為中美關係正常化所進行的祕密會談進展。[39]在談到蘇聯的危險時他說，為了避免戰爭，必須備戰，只有這樣，蘇聯才會更加謹慎。鄧小平提醒，對蘇聯切不可姑息遷就。[40]

鑒於鄧小平正在執行的對美對日政策，他的訪問可以說相當成功。金日成沒有和越南一起加入包圍中國的行列，繼續與中國保持良好的合作關係。在以後的歲月裡，金日成總是確切地對人說，鄧小平是他的朋友。他甚至在一個東歐共產黨領導人的代表團面前，替鄧小平的經濟和政治開放政策辯護。在這次訪問中，鄧小平完成了一項十分棘手的使命，否則北韓很有可能由於中國打算與它的敵國（美國和日本）交往，而疏遠中國，靠近蘇聯。

（281）

在東南亞尋求盟友：一九七八年十一月五日－十五日

在中國，畫時代的中央工作會議定於一九七八年十一月十日召開。但是鄧小平認為，越南對柬埔寨迫在眉睫的入侵已經敲響警鐘，這足以讓他把參加工作會議和中美關係正常化談判都放到一邊，前往東南亞進行十天訪問，以便為下一步攻打越南做好準備。

到一九七八年夏天，中國認為越南正在策畫入侵柬埔寨，而這一預測成為中國採取行動的導火線。柬埔寨已是中國的附庸國，就像越南成為蘇聯的附庸國一樣。中國要支持這個它一直給予援助的盟友。讓中國尤其不安的是，有更多蘇聯「顧問」和裝備抵達越南，支援進攻。美國官員估計，截至一九七八年八月，在越南大約有三千五百到四千名蘇聯顧問；十月中旬又有報導說，蘇聯的貨船正在卸下飛機、導彈、坦克和軍用物資。這對鄧小平來說已經夠了。他決定，首先要立場強硬，現代化的和平環境只能等等再說。他甚至決定與柬埔寨的波布合作，此人因大肆殺戮而在國際上惡名昭彰，但在鄧小平看來，他是唯一擁有足夠軍隊的柬埔寨人，能夠成為對抗越南人的盟友。

越南從一九七八年七月開始轟炸柬埔寨，每天出動飛機多達三十架次，九月份又增加到一百架次。[41] 十一月，中國領導人觀察了越南的備戰情況後斷定，越南將在十二月的旱季能夠調動坦克時入侵柬埔寨。[42]

鄧小平認為，做出強烈的軍事反應是絕對必要的。他警告越南人，法國和美國的軍隊在越南遭受重創後，就無心戀戰了，但中國做為越南的鄰國是可以在那裡待下去的。然而越南人並沒有把他的警告當回事。三年前鄧小平對季辛吉和福特說，希特勒入侵西方，就是因為西方領導人不願意表明他們將做出強硬的軍事反應。鄧小平根據自己與蘇聯打交道的長期經驗，認為談判是沒用的。他相信，要讓蘇聯停止在東南亞的擴張，就得採取強有力的軍事行動。他打算「教訓一下」越南，讓它知道無視中國的警告以及向蘇聯提供軍事基地，將付出多麼沉重的代價。

越南的強權先擴張至寮國，後又伸向柬埔寨，這使東南亞的陸地國家也受到向越南屈服的壓力。這些國家不想受越南的擺布，又覺得無力對抗有蘇聯撐腰的越南，更難以對抗蘇聯在該地區的進一步擴張。鄧小平擔心這些東南亞國家——馬來西亞、泰國和新加坡——感到只能向蘇越強權讓步，從而損害中國的長遠利益，因此他認為，努力讓東南亞各國疏遠越南至關重要。

越南總理范文同在一九七八年九月出訪東南亞，試圖使東南亞各國對越南準備入侵柬埔寨給予諒解。儘管范文同未能與東盟（東南亞國家聯盟，簡稱ASEAN）簽訂友好條約，但東南亞各國已

（282）

打算向越南的強權屈服，因為它們沒有其他選擇。鄧小平在十一月決定必須出訪這個地區，阻止它們向蘇聯和越南的威脅低頭。

鄧小平啟程前往東南亞訪問時，已開始準備對付越南入侵柬埔寨的軍事行動，但並沒公布這一計畫。即使越南攻入柬埔寨，中國也不會像韓戰時幫助北韓那樣，應波布的請求出兵。鄧小平擔心陷入其中難以自拔。他決定以入侵的方式「給越南一個教訓」，拿下幾個縣城，表明中國可以繼續深入，然後迅速撤出。這也可以減少蘇聯派兵增援越南的風險。越南將由此明白，蘇聯並不總是靠得住，因而要收斂在這個地區的野心。通過攻打越南而不是蘇聯，中國也可以向蘇聯表明，它在該地區建立武力的任何做法都是代價高昂的。鄧小平有信心，中國軍隊儘管因文革荒廢了軍事訓練和紀律，缺少戰鬥經驗，仍然足以與更有經驗、裝備更好的敵人作戰，並達成他的政治目標。中國軍隊撤出後，將會繼續沿邊境一帶給越南軍隊製造麻煩。

幸運的是，鄧小平於一九七八年十一月五日出訪東南亞的前兩天，蘇聯和越南簽訂為期二十五年的和平友好條約，把兩個國家綁在一起。[43]這個條約給東南亞國家敲響警鐘，使它們更能接受鄧小平的建議，合作對抗蘇越的擴張。東南亞的領導人毫不懷疑鄧小平掌管中國的外交，他在外交政策上說的話，中國的其他領導人都會接受。

（283）

訪問泰國：一九七八年十一月五日—九日

鄧小平在十一月五日抵達泰國，成為出訪泰國的第一位中共領導人。泰國總理江薩熱烈歡迎鄧小平的到來。

鄧小平以泰國為東南亞之行的起點，不僅因為中國對柬埔寨波布軍隊的援軍要借道泰國，還因為和其他東南亞國家相比，中泰兩國關係較好。泰國、馬來西亞和印尼各有大約五百萬華人，三國領導人都擔心華人更效忠於中國而不是自己的國家。中國在文革期間開始向這些國家進行無線電廣播，鼓動當地人民鬧革命，更加劇了這種擔心。在鄧小平出訪時這種廣播鼓動仍未停止。印尼的問題最為嚴重，因為當地華人曾加入反抗蘇卡諾的運動，幾乎導致他被推翻（印尼出於憤怒，直到一九九〇才與中國正式建交）。但是，泰國的華人融入當地社會較深，泰國對華人有可能組成「第五縱隊」的擔心，要比馬來西亞或印尼小得多。如果鄧小平訪泰取得成功，泰國有可能幫助說服其他東南亞國家同中國和柬埔寨合作，共同對抗越南的擴張主義。

泰國在歷史上一直試圖通過迎合大國（如法國、英國或日本）的意願來維護自身獨立。鄧小平認為，如果中國不明確宣示自己的利益，泰國很快就會偏向越南。鄧小平很幸運，在他訪問泰國時，當時的泰國領導人是美國的親密盟友，因而他們不想討好蘇聯和越南的強權，願意與中國合作對抗越南稱霸這個地區。

（284）

為了營造出訪之前的泰國輿論，並且及時瞭解泰國的關切，鄧小平在這年年初泰國總理江薩訪中時，與他舉行了幾次會談；十月初又在北京接見一個泰國記者代表團。[44]在江薩訪中期間，鄧小平對這位泰國總理說，他希望跟東盟合作，與印尼和新加坡實現正常邦交。兩位領導人對國際問題持有共同觀點，原則上同意加強合作對抗蘇聯和越南的霸權。[45]鄧小平還同意支持江薩的努力，使東盟能夠保持和平中立。[46]或許最重要的是，鄧小平六月在北京接見泰中友好協會代表團時，曾敦促泰國解決它與柬埔寨的分歧。一個月以後泰柬兩國便宣布，原則上同意解決它們之間長期的邊界爭端並互換大使。[47]

十一月鄧小平在泰國與江薩的會談中，再次表達與東盟合作、與印尼和新加坡正式建交的願望。他闡述自己對蘇聯的全球野心和越南的地區野心的分析。他說，蘇聯在越南的軍事基地不僅威脅到中國，也威脅著這個地區和全世界。在與江薩的一次私下會談中——只有一名記錄員和一名翻譯在場，鄧小平警告，越南軍隊正準備入侵和占領柬埔寨。泰國和柬埔寨有漫長的邊境線，所以很快也會受到威脅。江薩於是同意讓中國使用它的領空為柬埔寨提供援助。[48]

對泰國華人的忠誠問題，鄧小平也再次向江薩做出保證。他說，中國鼓勵海外華人成為居住國的公民，只要他們選擇泰國國籍，就自動失去中國國籍。他進一步表示，他希望已經取得泰國國籍的華人遵守泰國法律，尊重當地風俗，與當地人民和睦相處；那些仍保留中國國籍的人要為

（285）

泰中友誼和泰國的經濟、文化和社會福利做出貢獻。[49]鄧小平這些建立彼此信任的訊息，與僅僅十年之前毛澤東鼓動泰國人民鬧革命的做法形成鮮明對比。當時在泰國，受到毛澤東鼓動的大多是華人。

在十一月九日曼谷的新聞發布會上，相較於他和江薩的私下會談，鄧小平對可能發生的中越衝突不再那麼直言不諱。他強調中泰兩國共同對抗企圖稱霸的國家的必要性，尤其是加強中泰合作以維護東南亞和平與安全的重要性。他承認，中國和泰國共產黨的歷史關係不可能在一夜之間結束，但是他說，這不會影響到兩國政府的關係。然而他也私下向江薩保證，中國將不再支援泰共。[50]他還說，只要他有機會能讓跟中國合作的當地人和中國國內支持他們的人做好準備，他很快會停止鼓動革命的祕密廣播。八個月後的一九七九年七月十日，這些電台廣播消失了。[51]

就像其他出訪一樣，鄧小平出現在公眾場合，並饒有興致地參與了當地文化活動。鄧小平訪泰期間，在這個九成人口是佛教徒的國家，他參加一個佛教儀式的畫面在電視上播出。他還拜會國王夫婦，觀看體育比賽和軍事表演，並且出席了一個支持兩國科技合作的儀式。[52]

馬來西亞之行：一九七八年十一月九日—十二日

對鄧小平來說，馬來西亞是比泰國更嚴峻的挑戰。馬來西亞的領導人確實擔心越南和蘇聯對這個地區的覬覦，然而他們更擔心當地華人的活動。鄧小平很清楚這一點，他不期望得到像泰國那樣的熱情接待。通過沿用傳統的統戰戰略，他頂多希望抵消越南向馬來西亞示好的努力，讓馬來西亞向中國更靠近一些。

接待鄧小平的馬來西亞總理胡先翁有充分理由擔心當地華人及其與中國的關係。在一九五〇年代，馬來亞這片英國殖民地上的共產主義運動十分強大，以至於很多馬來人擔心馬來西亞獨立之後會被共產主義者接管。[53]一九六三年馬來西亞取得獨立後，馬來人害怕擁有強大政黨的華人可能主導他們的政府。為了避免這種情況，人口七五%是華人、當時仍是馬來亞一部分的新加坡在一九六五年遭到遺棄，被迫成為一個獨立國家。此後馬來人成為明確的多數，但華人仍然支配著經濟和大學，並且他們強大的政黨一直是胡先翁的心頭大患。

華人還與他們的祖國保持密切聯繫。一九六九年五月爆發的種族騷亂大約持續兩個月，很多當地華人擔心自己的前途，選擇保留中國國籍。當鄧小平一九七八年十一月到訪時，馬來西亞共產黨仍很活躍，其中大多數成員都是華人，他們的總書記陳平有時會到中國避難。

相較於越南對馬來西亞共產黨的態度，鄧小平對馬共的態度更為中立。雖然他不能立刻關閉祕密電台的廣播，但他決心終止這類做法。（一九八一年六月，華國鋒在六中全會上被正式撤職的同時，中國終於關閉了祕密電台「馬來西亞革命之聲」。）[54]但是鄧小平也謹慎避免過於疏遠馬共。例如，在他到訪馬來西亞的兩個月前，越南總理范文同向在鎮壓共產黨叛亂時犧牲的馬來軍人紀念碑獻上花圈，儘管他也是共產黨。鄧小平同樣想得到馬來西亞的支持，而且中共也不再是個革命政黨，因此鄧小平本來可以採取同樣的做法。但是他既沒有獻花圈，也沒有譴責當地的共產黨。鄧小平向胡先翁解釋，如果突然背棄過去的盟友，中國將難以吸引和維持海外的支持者。他說，中國政府希望與馬來西亞政府合作，但中共將繼續與海外的共產黨保持聯繫，包括馬來西亞共產黨。胡先翁回答，馬來西亞難以接受這種做法，但鄧小平的態度很堅決。[55]因為他心中有數，馬來西亞政府本來就不會全心全意與中國合作，並且他知道自己不能突然拋棄中國過去的政策和曾經與中國合作過的人。[56]

中馬兩國在一九七四年正式建交時，周恩來曾宣布中國不接受雙重國籍。鄧小平重申周恩來的政策；他說，已經取得馬來西亞公民身分的華人就自動喪失中國國籍，中國鼓勵所有生活在馬來西亞的華人尊重當地風俗。[57]在被問到波布這個在馬來西亞臭名昭著的人物時，鄧小平為他做了辯護。他承認存在問題，但他解釋，波布是唯一能夠抵抗越南的柬埔寨領導人，而柬埔寨對中國有非常重要的戰略意義，因此不能倉促推動這種有可能導致其不穩定的領導層變動。[58]

鄧小平與馬來西亞找到共同點的最大希望，來自於他支持馬來西亞建立中立區的倡議。馬來西亞領導人拉紮克在一九七一年提出「和平、自由和中立地區」的建議，旨在維護該地區的獨

(287)

立，不受制於冷戰中的兩大超級強權。鄧小平讚揚這一倡議，敦促所有東盟國家團結一致，捍衛東南亞成為中立地區的理想，以抵抗越南的滲透和擴張。胡先翁總理也擔心越南擴張的危險，他也知道中國是馬來西亞橡膠的重要進口國，因此同意鄧小平的觀點。儘管胡先翁只是間接談到越南的危險，但是他同意外國的入侵、干涉和控制都是不可接受的。[59]

在馬來西亞的會談中，鄧小平並沒有迴避兩國之間的問題，而是坦率承認這些問題的存在。訪問結束時，胡先翁在評價這種新的開放態度時說，鄧小平的訪問是進一步促進兩國相互理解的重要機會，兩輪會談「十分有益」，他相信「兩國關係將在未來得到發展和加強」。[60]鑒於當時的環境，這是鄧小平所能期待的最佳結果。

造訪新加坡：一九七八年十一月十二日－十四日

鄧小平很清楚，新加坡這個七五%人口是華人的國家，並不想在它更強大的鄰國面前顯得過於親中。鄧小平也明白，新加坡以一個只有兩百萬人口的城市國家，面對蘇聯和越南在該地區的擴張勢力，只能適應強權的現實。但是他還知道，新加坡的李光耀總理對地緣政治的現實有著超凡的理解力，並且在東盟和西方政府都很有影響力。因此，他希望李光耀幫助他說服東盟對抗越南，甚至說服美國在中越發生衝突時為中國提供幫助，或至少不給中國造成妨礙。

（288）

李光耀在一九七六年五月初次訪中時，鄧小平正賦閒在家，因此一九七八年十一月十二日他抵達新加坡時，兩人是第一次見面。這兩位背景迥異的卓越領導人都清楚對方的威望，他們互相尊敬，但也保持著一定距離。李光耀對中國的瞭解多半來自學習，而非個人經歷。他在一個英式家庭長大，接受的是英國而非中國學校的教育，是英國劍橋大學出類拔萃的法科學生。事實上，儘管他會講四種語言，但普通話說得並不流利；他在與鄧的會談中講英語，這既表示他不受制於自己的種族背景，也表示他首先效忠於新加坡。而鄧小平只會講一種語言，那就是帶有四川口音的普通話。他比李光耀大十八歲，是一個社會主義國家的領導人，李光耀則是一個資本主義國家的領導人。李光耀要應對選舉，鄧小平則要面對政治局。

他們見面時，新加坡已經取得快速發展，是個秩序井然、乾淨整潔的城市國家，而巨大的中國仍然貧窮且混亂。中國的人口是新加坡的四百多倍，但新加坡是東南亞的知識和金融中心，它有一個強勢的領導人，具備超越其國土面積的影響力。鄧小平和李光耀都態度謙和，希望淡化個人差異。李光耀事先簡單瞭解了鄧小平的習慣，專門為他備好痰盂和菸灰缸（還在牆上專門安裝了一個排菸管道）；但是鄧小平也瞭解李光耀的習慣和過敏症，與他在一起時既不抽菸也不吐痰。

在會談中，鄧小平用了長達兩個小時半闡述蘇聯和越南的威脅。他不用筆記，像季辛吉和周恩來一樣，全憑自己的綜合分析和長遠歷史眼光縱論地緣政治的大勢。最讓李光耀印象深刻的是，鄧小平對蘇聯和越南的威脅給予嚴重專注，猶如芒刺在背。他說，蘇聯的軍費開支占到國民生產總值的二〇%，比美國和歐洲加在一起還多。它的軍隊人數已達四百五十萬。俄國沙皇曾妄想得到一條南方通道，蘇聯領導人現在也希望向南擴張，首先在印度洋建立港口，然後控制往來於中東的海上通道。鄧小平警告，蘇聯為達到這個目標已經裝備了七百五十艘戰艦，而且在迅速擴充它的太平洋艦隊。同時蘇聯還到處尋找軍事基地和尋求控制資源。但是，鄧小平說，儘管戰爭看來不可避免，中國仍然決心對抗蘇聯的戰略部署。

鄧小平接著討論越南的動向。越南人有個由來已久的夢想，希望通過成立印支聯邦控制寮國和柬埔寨，從而主宰整個東南亞。越南人已經控制了寮國，他們認為蘇聯的幫助對於統一中南半島這個當前目標是必不可少的。而中國則被視為這個目標的主要障礙。鄧小平說，在這一背景下，即使中國繼續援助越南，也不足以抵消蘇聯為他們的霸權夢所提供的援助，反而會助長越南的擴張。因此中國決定停止對越援助。[61]

（289）當鄧小平專注地談論蘇越霸權的危險時，李光耀問鄧小平，中國會對越南入侵柬埔寨做何反應。鄧小平只是說，這要看越南走得多遠。李光耀從這種回答中推測，假如越南跨過湄公河攻入金邊，中國肯定會做出軍事反應。[62]

鄧小平知道李光耀在美國政界很有名望，因而表示，希望李光耀能在他訪美之前向美國轉告中國十分擔心越南入侵柬埔寨。李光耀後來確實這樣做了。[63]接下來鄧小平討論了地區關係的遠景。他特別講到，中國讓越南脫離蘇聯的條件尚不成熟，但在未來八到十年可能會出現更好的機會。後來的事實證明，鄧小平的估計極有遠見。

次日，即十一月十三日的上午，李光耀向鄧小平說明西方對蘇聯軍力的不同估計。蘇聯的軍力無疑是世界上最強大的，並且還在增長中。但是儘管有的專家認為蘇聯已構成迫切危險，也有人相信蘇聯已不堪重負。為了消除鄧小平對新加坡歡迎蘇聯進入該地區的顧慮，李光耀解釋，新加坡的外貿以日本、美國、馬來西亞和歐盟為主，對蘇貿易只占其貿易量的〇・三%（當時新加坡的對中貿易僅占其貿易量的一・八%）。

李光耀說，東盟各國追求的是經濟發展、政治穩定和民族融合。使鄧小平感到意外的是，李光耀告訴他，東南亞各國更害怕中國而不是越南。李光耀接著描述了東南亞國家多麼擔心中國那些鼓動革命的電台廣播，尤其是在華人中。這再次印證了鄧小平已經從泰國和馬來西亞領導人那裡聽到的憂慮。李光耀說，東南亞人也注意到，越南總理范文同向在剿共中犧牲的馬來西亞人的紀念碑獻花，鄧小平卻沒有。讓李光耀感到吃驚的是，鄧小平接著問他：「那麼你和東盟各國想讓我們做些什麼？」李光耀答道：「停止電台廣播。」鄧小平說，他需要時間考慮。這讓李光耀很意外，鄧小平不同於他所遇到的任何其他領導人，他在面對令人不快的事實時願意改變自己的想法。[64]但是，他不會考慮向剿共的馬來西亞人獻花圈這種事。他說，范文同是在出賣自己的靈魂。他接著又說，中國領導人是說話算話的，答應的事情就一定辦到。

當鄧小平在十一月十四日離開新加坡時，兩位領導人已經形成一種特殊關係。就像周恩來與季辛吉的關係一樣，他們能夠相互尊重，並且默契交流。李光耀和鄧小平都經歷過與殖民主義對抗的年代，並都在海外的殖民大國生活過。他們在各自國家的革命抗爭中都是敢做敢為的領袖，也都知道怎樣才能在亂局中重建秩序。雖然李光耀接受的是英國教育，但他學過中國史，能夠體會鄧小平的生活背景。他們都是坦率的現實主義者，對自己的國家忠心耿耿；他們年輕時便擔當大任，堅信強勢的個人領導之必要；他們深諳權力之道，在戰略思考中考慮歷史大勢。在中國大陸以外，除了香港環球航運集團創建人包玉剛，沒有任何領導人能夠像李光耀那樣與鄧小平建立如此深刻的交往。

鄧小平和很多外國領導人關係密切，但是他和李光耀的關係反映著一種更深層的相互理解。從鄧小平的角度說，李光耀和包玉剛吸引他的地方，是他們在處理現實事務上都取得了非凡的成功，都與世界級的領袖直接交往，瞭解國際事務，能夠把握大趨勢，願意面對事實，說話直言不諱。在李光耀看來，鄧小平是他遇到過印象最為深刻的領導人：鄧小平對事情有深入的思考，出了問題時他會承認錯誤並加以改正。

（290）

（291）

鄧小平讚賞李光耀在新加坡取得的成就，李光耀則欣賞鄧小平處理中國問題的方式。在鄧小平訪問新加坡之前，中國媒體把新加坡人稱為「美帝國主義的走狗」，但鄧小平訪問新加坡幾週後，這種說法就從中國媒體上消失了。取而代之的是，新加坡被描述為一個在環保、國宅建設和旅遊方面都值得學習的地方。[65]李光耀和鄧小平此後又分別在一九八〇年、一九八五年、一九八八年數次會面。

鄧小平出訪新加坡的目的，是為阻止越南和蘇聯在東南亞的擴張爭取支持，但新加坡也給鄧小平留下深刻印象。他訪問過紐約、巴黎和東京，對這些地方比中國更加現代化並不感到奇怪。但是一九二〇年他去法國時曾在新加坡停留過兩天，這讓他對新加坡在其後五十八年間取得的進步大為驚歎，因為中國的經濟和社會仍在貧困中掙扎。鄧小平當時尚未決定在中國實行什麼政策，但新加坡使他更加堅信中國需要進行根本性變革。鄧小平曾感慨道：「如果我只管上海，我也許能讓它迅速改變面貌，可是我得管整個中國。」[66]

儘管鄧小平看過有關新加坡的報告，但資訊主要來自新加坡的左派。使他感到意外的是，他發現自己並未受到當地大批華人的熱情歡迎，人們有自己獨立的想法，不想屈從於中國。[67]顯然，新加坡當地的共產黨人就像在中國大陸的一些黨員一樣，喜歡說一些北京愛聽的話，因此他們的報告並不可靠。但鄧小平要親自瞭解當地的真實情況。結果他親眼看到這個城市國家社會發

（292）

達，秩序井然，大大超出他的預料。一年以後對越戰爭結束時，鄧小平在國內的一次演說中，提到他在新加坡看到的外國人開設的工廠的一些優點：它們向政府繳稅，提供就業機會，工人通過工作獲得報酬。他說，不要害怕外國的資本家。[68]鄧小平覺得，井然有序的新加坡是一個令人嚮往的改革榜樣，他準備派人去那裡學習城市規畫、公共管理和控制腐敗的經驗。

向東南亞華人示好

回國之後，鄧小平要繼續解決促使他出訪東南亞的難題：蘇聯和越南的威脅。但是由於這次訪問，他對海外華人的作用產生更大興趣，認為他們既可以為中國的四化做貢獻，又可成為幫助改善中國與所在國關係的好公民。鄧小平及同僚開始更加關注如何讓海外華人為中國大陸提供資金和國外發展的知識，在鄧小平看來後者更加重要。

五〇年代初，中國大陸有很多人因為海外的親屬關係而失去土地和生意，有些人甚至丟了性命。很多倖存者在文革中再次受到迫害。一些海外華人因中共對其大陸親人的殘暴而永遠不能寬恕這些共產黨人，但也有一些人的親戚沒有受到如此野蠻的對待，因而願意利用機會為家鄉貢獻，而做為對他們的回報，一些建築和醫療設施會以他們的名字命名。也有些海外華人看到了中國的商機。一九七八年十月，鄧小平出訪東南亞的幾週前，廖承志發起對過去「四人幫」的「華

（293）

僑政策」的大規模批判，顯示上層醫治舊傷的努力。要承認這些導致迫害的政策其實源於毛澤東仍然為時尚早，但廖承志對以往錯誤政策的批判，使鄧小平等領導人能與過去的苦難拉開距離，致力於翻開歷史新頁。

鄧小平也支持對在大陸受過迫害的華僑親屬做出補償。其中一些移居海外的人還被請了回來，重新住進他們以前充公的房子。當這樣的方法不可行的時候，很多人則因為失去工作和財產而得到一定的補償，往往是通過提供較好的工作和住房，以及給予其子女更好的教育機會。鄧小平知道華僑的疑慮不會很快消失，但他著眼於長遠，而他實行的華僑政策在他當政的時期和退下來之後一直未變。鄧小平希望能同時與東南亞華人和他們所在國的政府搞好關係。因此當東南亞華人與所在國政府的衝突特別嚴重時，例如馬來西亞的情況，中國很難挺身而出，為華僑爭取公平待遇。但是中國跟越南的關係惡劣，因此當越南政府把華人大批趕進拘留營或驅逐他們時（導致大約十六萬華人逃離該國），中國政府給予高分貝的批評。[69]

鄧小平對東南亞的訪問有助於增強中國的決心，要鼓勵東南亞華人忠於他們所在的國家。鄧小平訪問後的兩年內，中國對革命廣播電台的支援停止了；中國政府和中國共產黨都致力於同東南亞各國政府和執政黨開展合作。這一變化也伴隨著中共在內政上從革命黨轉向為執政黨的改變。甚至「海外華僑」這個說法也不再時興，因為它有著海外華人終究也是中國人的含義。他們

（293）

被改稱為「華裔馬來西亞人（或泰國人、新加坡人）」。

鄧小平的東南亞之行促進了與該地區各國政府關係的改善。到一九九〇年印尼和新加坡與中國建交時，中國已經與該地區所有國家有了欣欣向榮的政治、商業和文化交流。當時所有的東南亞國家都看到與中國大陸做生意的好處，並且主要以正面的角度看待那些祖籍中國的公民，他們成為中國與他們居住國之間互惠互利的潛在橋樑。

解決問題以促進變革

鄧小平對越南決定入侵柬埔寨做出的反應，鮮明展示鄧小平時代很多變化發生的過程。鄧小平是實用主義者，在遇到新問題時，他首先會盡量搞清楚癥結所在，才決定如何應付。如果他的行動引發一些新問題，他會逐個加以處理。當鄧小平看到蘇聯和越南擴張主義的威脅時，他決定為中國的軍事反應做出準備；後來當中國軍隊的能力證明有嚴重問題時，他又專注於提高軍隊的戰鬥力（關於對越戰爭見第十八章）。在思考如何對付蘇聯和越南的威脅時，鄧小平認識到他迫切需要東南亞鄰國的合作，於是他安排出訪這些國家，以便加強與它們的關係。但是到了那裡之後他又認識到，為了爭取這些國家的合作，必須逐漸停止中國對當地革命份子的支持，鼓勵華人對其居住國展現忠誠。為了對付蘇聯和越南日益增長的威脅，也為了得到對實現四化的支持，鄧小平還要尋求深化中國與兩個強勢大國的外交邦誼關係，只有它們有能力遏阻蘇聯，這兩個大國便是日本和美國。

10. 向日本開放

一九七八

（294）

鄧小平在一九七八年十月出訪日本，是要爭取日本與中國合作對抗蘇聯和越南的擴張。但是他也清楚，除了美國，或許沒有任何其他國家能像日本那樣有助於中國的四個現代化。日本擁有現代技術和高效管理；它在如何加快發展、擴大現代工業、從以管制為主的經濟轉型為更加開放的經濟等方面，都能為中國提供經驗教訓；它與中國隔海相望，是中國的近鄰；並且很多日本人願意慷慨幫助中國。鄧小平知道，為了搞好中日關係，需要讓日本人相信中國是穩定的，而且願意成為一個負責任的合作夥伴。他還知道，他必須克服中國人對與過去敵人合作將會產生的抵制。

在鄧小平訪日期間，隨行的中國電影工作者所拍下的畫面，將有助於改變中國對戰後日本的看法。他們製作的影片展現現代化的工廠和鐵路，也展示祥和友好的日本人歡迎中國客人、並表

（295）

示願意為中國提供幫助的畫面。鄧小平知道，這些畫面對一直接受仇日教育的中國民眾十分重要，能幫助他們接納日本人是客人、雇主和老師。這項任務的艱巨程度不亞於說服日本為中國提供資金、技術和管理技能。日本在一八九四年甲午戰爭後奪取台灣，收為殖民地，自那時以來，它便一直是中國的敵人。一九七八年時已屆四十歲以上的中國人還對抗戰的苦難記憶猶新，而且三十年來中國的宣傳機器或學校和單位大喇叭裡的廣播，讓所有中國人都知道一些日本軍隊的戰爭暴行。那些有關日本人侵華期間累累暴行的記錄，是最有效激發愛國主義的宣傳方法。

以一個根深柢固的實用主義者，鄧小平個人不難對國家利益做出冷靜判斷並採取相應行動。他年輕時曾激烈抨擊日本和其他帝國主義者。但是當他擔任要職時，他會依據所看到的國家利益變化而審時度勢。對資本家和資本主義國家不懈追求自身利益這一點，他不存有任何幻想；並且在與之合作時，他會堅決捍衛中國的利益。但是在一九七八年，日本和美國警覺到蘇聯的擴張，都想讓中國進一步疏遠蘇聯，這就為鄧小平帶來一個可能合作的機會。

對鄧小平而言，要說服中國那些充滿激情的愛國者，讓他們向日本學習，是需要政治勇氣與決心的。尼克森總統之所以有政治基礎來和曾是舊敵的中國發展關係，是因為他已證明自己是堅定的反共派；同樣，鄧小平本人是參加過八年抗戰的軍人，他一樣有堅實的政治基礎，能夠採取大膽措施改善中日關係。

鄧小平在訪日之前首先要與日本談成一個條約，以便為他的訪問鋪路。毛澤東和田中角榮首相在一九七二年匆忙推動兩國關係的正常化，但此後中日關係一直停滯不前。毛和田中沒有處理建立領事館、通商和促進民間交流等一系列必須解決的法律問題。在赴日之前，鄧小平首先要著手解決這些問題。

中日和平友好條約

當鄧小平一九七七年夏天恢復工作時，為了簽訂一個加強中日關係基礎的條約而進行的談判已經延宕多年，癥結是日本不願接受中方將反霸權條款寫入其中的要求，該條款規定兩國同意不謀求在該地區稱霸，也反對任何其他尋求稱霸的國家。[1]中方談判人員想讓日本進一步疏遠蘇聯，他們知道這個反霸權條款會激怒蘇聯。一九七六年九月一名蘇聯飛行員駕戰機叛逃到北海道，日本人和美國人一起分析飛機的性能，並且拒絕歸還蘇聯，從而導致日蘇關係的惡化。不過，日本是一個貿易國家，當時它在境外進行軍事行動的能力有限，所以盡量避免與任何國家全面對抗，尤其是在一九七三年石油危機以後，它不想跟一個石油儲量豐富的國家對抗。

中方最初提議兩國政府通過談判簽訂一份和平條約，但日方回答，它已經與代表中國政府的蔣介石簽訂過這樣一份條約，該條約依然有效。於是中國又提出建議，兩國簽訂一份和平友好條約，就像日本與其他許多國家所做的那樣。但是直到一九七七年這一思路仍未解決問題。田中角榮的繼任者三木武夫首相和一九七六年十二月取代他的福田赳夫都做出過努力，但日本右翼民族主義者拒絕與立場堅定的中方妥協。無論在國內和國外事務上，鄧小平都對慢吞吞的民主過程感到不耐煩，他希望迅速解決問題。不過儘管日本人有國內政治的麻煩，他仍然和他們保持交往。

雙方仍僵持不下時，鄧小平於一九七七年九月和十月分別接待了一些來訪的日本政界領袖，中方認為他們對中國抱有同情，這些人中包括二階堂進和河野洋平。鄧與他們探討達成條約的可能性。[2]同時，日本國內的各種商業團體和地方社團熱心於增加對中交往，也在遊說以更靈活的方式簽訂這樣一份條約。[3]福田赳夫是個聰明的前大藏省官員，曾經提出由日本向東南亞鄰國提供援助的「福田原則」，因而得到其他亞洲領導人的讚揚。福田在一九七七年十一月二十八日組閣時任命園田直擔任外相。做為中國的「老朋友」，園田直是最有可能與中國簽訂條約的官員。[4]福田赳夫鼓勵園田直與中國外長黃華舉行談判，早日解決阻礙簽約的爭議。[5]

從一九七七年末到一九七八年七月中旬，中日雙方幾乎不間斷地舉行了數輪有關條約細節的談判，但反霸權條款仍然是主要癥結。一九七八年三月的談判出現進展跡象，日本似乎願意接受一個稍做修改、措辭更為謹慎的說法。[6]日方認為，如果寫入一條緩和語氣的條款，說明條約不針對任何第三方，蘇聯也許能夠容忍。

（297）

一九七八年七月二十一日，在鄧小平引導下正式談判開始，雙方舉行第一輪會談。整個談判總共進行了十四輪。在隨後的幾輪談判中，雙方交換了若干次條約的修改稿。八月初在北京的日方談判人員已經充分相信，中國會在緩和條款語氣上做出讓步，於是園田直親赴北京加入談判。後來據日本外務省條約局副局長東鄉和彥說，鄧小平顯然已經做出「政治決定」，當黃華外長接受日方的措辭時，「我們非常高興，我在桌子下面和我的上司緊緊握了一下手」。這條緩和語氣的條款措辭如下：「本條約不影響締約各方同第三國關係的立場。」[7]該條約於八月十二日在北京由黃華和園田直簽署。[8]

經過八個多月的談判後，鄧小平為何突然決定打破外交僵局，同意日本把緩和語氣的條款寫入條約？一方面是由於鄧確實急於搞現代化，但當時與越南發生衝突的前景也使加速談判變得更為迫切。此前兩週的七月三日，鄧小平宣布從越南撤回全部中國顧問。當時鄧小平感到越南很有可能入侵柬埔寨，此事一旦發生，中國就要被迫做出反應。為了不讓蘇聯插手，鄧小平希望盡快加強與日本和美國這兩個重要大國之間的關係。不出所料，蘇聯因這一條約而對日本感到不快，但是因為有緩和語氣的條款，蘇聯容忍了它。[9]

這份和平友好條約並不需要中國高層領導人親臨日本參加簽訂儀式。不過對田中角榮一九七二年的訪中，本應有一位中國高層領導人回訪，但六年來還沒有哪位中國領導人訪問過日本。現在很清楚，鄧小平準備出訪這個島國了。

（298）

鄧小平的成功訪日：一九七八年十月十九日—二十九日

第二次世界大戰結束後的六十年裡，有三位訪問過日本的外國政要給日本民眾留下具有震撼力的印象，並從根本上改變了他們看待對方國家的方式。六〇年代初，甘迺迪總統的弟弟羅伯特・甘迺迪（Robert Kennedy）與日本學生和民眾團體進行坦誠活躍的公開對話，這在日本民眾有關外國領導人的經驗中是前所未有的。羅伯特・甘迺迪朝氣蓬勃，胸懷年輕人的理想主義精神，真誠希望服務於全世界的人道主義事業，對他人的觀點表現出十足的尊重。他的訪問加深了日本人對民主含義的理解，也增進日本對美國人的好感。[10]

三十年後的一九九八年，另一個外國政要南韓總統金大中，向一九七三年救過他性命的日本人表達謝意，給日本民眾留下同樣難忘的印象。南韓中央情報局曾在東京綁架金大中，把他放在一條小船上試圖將他淹死，多虧一支勇敢的救援隊他才獲救。金大中試圖克服南韓人對日本的敵意，他滿懷真誠地用日語演講，表示韓日兩國不應當往回看，只應向前看，走向和平與友好的未來。他這番話感動日本的聽眾，在隨後幾個月日本和南韓的民意測驗中，兩國國民對於對方都表現出更加正面的態度。

（299）

在這兩次激動人心的訪問之間，鄧小平一九七八年的訪日之行在日本人民中間同樣引起震撼性迴響。在中國與這個相鄰島國兩千兩百年的交往史中，鄧小平是第一個踏上日本國土的中國領導人，也是第一個拜會日本天皇的人。[11] 鄧小平說，儘管有二十世紀那段不幸的歷史，但兩國有過兩千年的友好交往，他願意向前看，使兩國走向友好交往的未來。這讓日本人大受感動。他們知道日本的侵略給中國造成了多大災難，非常想表達他們的歉意，伸出友誼之手。鄧小平帶著和解的精神而來，也帶來兩國人民可以共同生活在和平友好新時代的希望。很多人覺得，二戰結束三十多年後，療傷的時刻終於到來。

鄧小平訪日期間，很多日本人對日本曾經給中國造成災難表達歉意，日本政要也發誓絕不再讓這種悲劇重演。鄧小平接受他們的道歉，並沒有要求他們詳述那些暴行。對很多不同領域的日本人來說，幫助中國實現現代化，既是對日本人過去的行為表示懺悔，也可為中國的繁榮做出貢獻，這種幫助本身就可以增加兩國和平相處的機會。

鄧小平訪日時，幾乎所有日本家庭都已經有電視，他們的領導人代表國家向鄧小平道歉時，民眾也能感同身受。在中國雖然電視機尚未普及，鄧小平訪問日本工廠時拍到的影片和照片，也能讓中國民眾看到日本人對鄧小平的熱情歡迎。此外，人們從影像中看到的那些新技術，也證實中國其實還很落後。

鄧小平曾在一九七四年和七五年負責接待外國高層領導，當時他會見的日本客人，遠多於其他任何一個國家。通過與日本代表團的個人交往，他知道各個階層的日本人都對中國文化抱有好感。日本東道主一再向鄧小平說，他們要感謝中國，它是日本文化（佛教、文字、藝術、建築）的泉源，這在被日本人視為傳統日本中心的奈良和京都尤其如此。在日本的十天訪問中，鄧小平會見了各界人士：政府領導人、執政黨和反對黨的成員、大企業代表、不同社區的一般公民以及媒體人員。他受到很多人的款待，他們都是鄧小平在一九七三至七五年和一九七七至七八年在北京接待過的人。鄧問候他們，稱他們為「老朋友」，這是中國人對熟識者的稱呼。

鄧小平於一九七八年十月十九日抵達日本，當時他尚未成為中國頭號領導人，但已被視為中國的代言人。[12] 鄧小平在日本的行程安排得很緊湊。以一個對紀律嚴明深信不疑的前司令員，他對東道主精心安排的行程，不可能不留下深刻印象。他們就像日本工廠裡的品管師一樣，對細節的關注無微不至。

十月二十三日上午，福田首相和四百名日本人在赤坂迎賓館大廳舉行歡迎鄧小平的正式儀式，然後兩人參加了中日和平友好條約批准書的互換儀式。出席活動的還有二十八位主要國家的駐日大使，但是遵照中方的請求，蘇聯大使未獲邀請。[13]

儀式結束後，鄧小平在與福田舉行會談時打開一包熊貓牌香菸，遞給每人一支，現場氣氛立

（300）

刻變得輕鬆起來。鄧小平說：「幾年來我一直希望來東京訪問，現在終於實現了。十分高興和首相結識。」福田回答：「近一個世紀以來日中關係的不正常狀態終於結束了。條約的目的是為了建立日中兩國的永久友好關係。這是鄧小平副總理下決斷的結果。」福田說，他只瞭解戰前的中國，希望有一天能再次訪問中國。鄧小平立刻答道：「現在我就代表中國政府邀請首相方便的時候訪問中國。」[14]他的東道主當場接受邀請，「我一定要訪問中國」。然後福田談到要加強兩國關係，鄧小平笑著說：「日本也把窮人（中國）當朋友，真了不起。」[15]

園田直和黃華簽署並互換正式文件後，鄧小平出人意料地給了福田一個熱情的擁抱，福田顯得有些尷尬，但很快就恢復正常，將其視為善意的表達（鄧小平通常對外國的共產黨同志才會有這種舉動）。鄧小平說，和平條約將推動「兩國政治、經濟、文化和科技等各方面的交流。……也將對亞洲和太平洋地區的和平與安全產生積極影響。……中日兩國要和睦，要合作，這是十億中國人和日本人民的共同願望，也是歷史發展的潮流。……中日兩國人民要世世代代友好下去」。[16]

鄧小平還在皇宮花了兩小時與天皇共進午餐。為保證天皇能夠與客人隨意交談，日方不會保留此類談話的記錄。但是鄧小平後來說，他們相談甚歡。據在場的黃華外長講，鄧小平說「過去的事情就讓它過去，我們要積極向前看，從各個方面建立和發展我們兩國的和平友好關係」。黃華提到天皇用了「不幸的事情」這個說法，黃華說，這「相當於對戰爭損害做了間接道歉」。天

（301）

皇和鄧小平都表達了同樣的觀點：現在兩國能夠共享和平友好關係，要永遠保持下去。[17]

當天下午鄧小平與福田進行九十分鐘的會談，然後福田為鄧小平設宴，大約有一百名日本政界、經濟界和學術界的重要人物出席，包括自民黨總裁大平正芳、前外相藤山愛一郎和政壇新星、後來擔任首相的中曾根康弘。福田在宴會的演說中回顧中日兩國兩千年的密切交往，然後說：「到了本世紀，經歷了不幸關係的苦難。」這時他脫稿補充說：「這的確是件憾事。」中方把這看作是一種道歉。福田繼續說：「這種事情是絕不能讓它重演的，這次的日中和平友好條約正是為了做到這一點而相互宣誓的。」[18]鄧小平說：「我們兩國之間雖然有過一段不幸的往事，但是在中日兩千多年友好交往的歷史中，這不過是短暫的一瞬。」[19]

鄧小平對他的東道主說，他來日本有三個目的：一是互換和平友好條約的批准文件，二是向幾十年來致力於改善中日關係的日本友人表達中方的感謝，三是像徐福一樣來尋找「仙藥」。日本人聽後都笑了起來，因為他們都很熟悉徐福的故事，兩千兩百多年前秦始皇曾派他東渡扶桑，尋找能使人長生不老的仙藥。鄧小平又說，他所說的仙藥，其實是指如何實現現代化的祕密。他說，他要來學習現代技術和管理。日本國會下院議長保利茂隨後善意而風趣地說，最好的仙藥就是良好的日中關係。[20]後來鄧小平參觀京都御所時，東道主對他說：「這裡的文化，全是我們的祖先向中國學來，而後又以獨特的方式孕育出來。」鄧小平馬上答道：「現在，這個位置〔師生

（302）

關係」顛倒過來嘍。」[21]

鄧小平對自己在國內的權威地位很自信，也熟悉他遇到的很多日本人，因而能輕鬆展示他的自然魅力與真率。當人群聚在他身邊時，他意識到自己可以打動他們，因而就像一位自知正在贏得聽眾的政治家一樣興致勃勃地做出回應。

鄧小平在日本的主要嚮導是廖承志。在日本、香港和華僑事務上，他在北京與廖承志有過多年的密切合作。廖承志比鄧小平小四歲，很受日本人喜愛。他們知道他生於日本，在日本念完小學，又就讀於早稻田大學，多年來在北京接待了很多日本客人。廖承志的父親廖仲愷是孫中山的重要接班人之一，一九二五年遭政敵暗殺身亡。廖承志像鄧小平一樣參加過長征，一九四五年成為中央候補委員。他對日本有直覺上的理解力，既與日本人有密切的私人交往，在中國又享有很高的政治地位，無論他之前還是後來的中國領導人都難以與之相比。他顯然是鄧小平日本之行的理想旅伴。

在參觀日本的現代化工廠時，鄧小平意識到好的技術需要有效的管理，而出色的管理又跟整個國家的制度聯繫在一起。他表示有興趣學習日本的經驗，即它如何從二戰時期的政府指令性封閉經濟向一九五〇年代以來更開放和有活力的經濟轉型。他知道，日本政府在日本的現代化中發揮核心作用，但又避免了僵化的社會主義計畫。他們是如何做到的？鄧小平對於在工廠、公共

（303）

運輸和建設案中看到的現代技術也很著迷。他要想辦法將現代技術和現代管理帶入中國。日本的商人，尤其是日本侵華時期在中國住過的商人，很樂意為中國慷慨解囊。

鄧小平拜會了前首相田中角榮、參議院議長保利茂和自民黨黨魁大平正芳，然後又去國會參加招待會。當時田中角榮正因洛克希德（Lockheed）醜聞而遭軟禁，很多日本人都躲著他，但鄧小平主動提出前往田中角榮的私邸拜會。他對田中說，他來日本的目的之一，就是向那些為發展中日關係盡過心力的老朋友表達謝意。他要感謝田中前首相為兩國友誼做出的貢獻，感謝他簽署了《中日共同聲明》。[22]鄧小平說，田中訪中時他還在「世外桃源」裡（指他下放江西的歲月），但是「我們不會忘記你為兩國關係所做的貢獻」。然後，鄧小平正式邀請田中訪問中國。當天稍後，田中對記者說，《中日和平友好條約》所帶來的兩國團結，是明治維新以來最大的喜事。他說，在他見過的外國領導人中周恩來給他的印象最深，「今天會見鄧副總理，使我有當年會見周恩來一樣的感受」。[23]

在五〇和六〇年代為維持日中關係發揮過作用的日本人，一九七八年時多已亡故。十月二十四日的下午，鄧小平和妻子卓琳在赤坂迎賓館招待這些人中仍然在世的幾位和其他人的遺族，主要是在那個困難時期與中國保持交往的已故政治家的遺孀和子女。鄧小平向他們表達歉意，他說，他沒有時間親自拜訪他們每一個人，但就像周恩來（一九一七年至一九一九年曾住在日本）

一樣，他想對日本朋友說：「飲水不忘掘井人。」他又說，即使在中日關係正常化之前，他們就相信兩國總有一天能實現正常邦交。鄧小平說，雖然他們不能分享今天的歡樂，但他們的努力不會被人忘記，他們的名字將永遠銘刻於兩國友好關係的史冊，激勵兩國人民繼續前進。[24]鄧小平還說，這些人，以及他們的遺孀、子女，都是中國的朋友，使中國人民更加「堅信中日兩國人民一定會世世代代友好下去」。鄧小平然後請他們常去中國看看。[25]很多聽到他講話的人都感動得潸然淚下。

這天下午，日產公司總裁川又克二陪同鄧小平，花了一小時參觀公司在神奈川的工廠。該廠剛在生產線引進機器人，號稱是全世界自動化程度最高的汽車工廠。鄧小平參觀了生產線，聽人介紹說每個工人一年平均生產九十四輛汽車，鄧小平說，這要比中國排名第一的長春汽車廠多出九十三輛。他在參觀完日產公司後表示：「我懂得什麼是現代化了。」[26]

次日鄧小平再次與福田首相會面，出席日本最主要的工商團體經濟團體聯合會（簡稱經團連）舉辦的午餐會，稍後又召開日本記者招待會、會見祖籍中國的日本人，並主持一個晚宴。出席經團連午餐會的，有大約三百二十家公司的執行長，超過英國女王伊莉莎白來訪時的三百人記錄。[27]

鄧小平在中國從未舉辦過記者招待會，而他在這一天成為第一位舉行西方式記者招待會的中共領導人。來到日本記者俱樂部的記者大約有四百人。鄧小平首先談了一些國家謀求霸權的危險

（304）

和中日兩國共同對抗霸權的重要性。不過，他也感覺到日本有強烈的中立主義情緒，因此他說，中國希望以和平的方式解決爭端，中國為了搞現代化，其實也需要和平的環境。之後鄧邀請記者提問。當有記者提出釣魚台歸屬的問題時，氣氛驟然緊張，然而鄧小平回答，中日兩國看法不同，對釣魚台的稱呼也不同，不妨先把問題擺一旁，把它留給後人，他們會比今天的人更聰明，能夠解決這個問題。在場的人如釋重負，欽歎鄧小平有如此巧妙的回答。最後，在回答毛澤東文革中給國家造成的災禍時，鄧小平說：「這不是毛主席一個人的錯，而是我們大家的錯，我們很多人都犯過錯誤；我們缺少經驗，缺少判斷力。」他又說：「我們很窮，也很落後，必須承認這一點。我們有很多事情要做，有很長的路要走，要學習很多東西。」[28]

在回答有關四化的問題時，鄧小平宣布，中國已經制定目標，即到二十世紀末要在四化建設上實現突破。為了達到這個目標，中國需要好的政治環境和正確的政策。「長得很醜卻要打扮得像美人一樣，那是不行的，」他說：「必須承認自己的缺點。我們是個落後的國家，需要向日本學習。」在被問及訪日給他留下的印象時，他對日方出色的接待表示感謝。他說，他受到天皇、日本工商業和各界人士十分友好的接待。又說，他與福田首相進行了很好的會談，中日兩國領導人以後每年都要見面。他說，訪問時間雖然短暫，但他要讓兩國人民世世代代友好下去。日本人很希望聽到這樣的話，他的演說結束時，全場起立鼓掌，掌聲持續了好幾分鐘。[29]

（305）

一個共產黨領導人首次舉行記者招待會，為何能取得這樣的成功？部分答案是，鄧小平具備在國內向不同的人解釋政策的長期經驗。但是他的成功也來自於他對日本國情和觀點的瞭解、談到中國政策時的自信、承認中國有問題時的坦率態度、對日本明顯的善意，以及輕鬆風趣的言語。此外，出席記者招待會的人普遍認為，鄧小平對日本的訪問標誌著一個歷史性時刻。日本為它所造成的可怕悲劇道了歉，並立誓幫助中國落實現代化，日本人希望這次訪問能開創兩國和平友好關係的新紀元。[30]

次日，新日鐵社長和日中經濟協會會長稻山嘉寬陪同鄧小平乘氣墊船（當時在中國聞所未聞的一種快船）穿過東京灣，參觀新日鐵的君津製鐵所。君津製鐵所是一家自動化鋼鐵廠，僅此一家工廠生產的鋼鐵量，就相當於當時中國全部鋼鐵廠總產量的一半。鄧小平參觀完工廠設備之後，立刻宣布他希望在中國也建一座君津這樣的鋼鐵廠。事實上，以君津為範例的寶山鋼鐵廠已經在籌畫之中。

鄧小平乘坐新幹線「子彈列車」從東京前往京都，然後又參觀了鄰近的奈良和大阪。鄧在關西地區一家飯店走過一間充滿喜氣的客房，瞧見一位穿著漂亮白衣的女子，便問那裡在做什麼，當聽說正在舉辦婚禮時，鄧問道他是否可以看一看。一對新人很高興他們的婚禮將成為國際新聞，愉快地擺好姿勢和鄧小平合影，旁觀的人都覺得頗為有趣。

鄧小平遊覽了八世紀建造的京都，它的城市規畫、藝術和建築皆模仿唐朝首都長安。他在那裡會晤了京都府知事、京都市長和當地的工商界領袖。然後他從京都乘專門列車去了奈良，這座城市也是依照中國樣式興建的，建城時間甚至比京都還要早。鄧小平參觀了仿照南宋寺廟風格建造的東大寺，並與奈良市的官員共進午餐。

離開奈良這座古都，鄧小平又去參觀松下公司在大阪的電器工廠，在那裡會見了松下幸之助。上世紀二〇年代松下以製造自行車燈起家，帶領他的企業不斷成長，鄧小平到訪時松下已是全球領先的電器公司。就像許多日本企業領袖一樣，松下也對日本給中國造成的巨大災難深感內疚，他表示願意幫助中國人改善生活水準，生產出質優價廉的電視機，讓當時還買不起電視機的中國家庭也能擁有電視。[31]

鄧小平在松下不但見到大規模生產的彩色電視機，還看到了尚未引入中國的傳真和微波設備。鄧小平知道松下幸之助的名望，便稱他為「管理之神」，並請他把所有最新技術都教給中國人。但松下幸之助接下來的解釋顯然是鄧的顧問未曾提醒過他的。松下說，像他這樣的私人企業要靠開發的技術養活自己，因此不願意轉讓最新的技術祕密。不過此後松下的工廠在中國發展迅速，也確實教給了中國人技術，並在十年之內就幫助中國實現松下的夢想——生產出中國民眾買得起的電視機。[32]

（306）

當晚，鄧小平和大阪政府官員共進晚餐，在座的還有已故的高碕達之助的女兒。鄧請她來是為了向她父親的貢獻表達敬意和感謝的。高碕達之助曾與廖承志合作，在一九六二年簽署了《中日長期綜合貿易備忘錄》，這個協定使兩國得以互設貿易辦事處，並且在一九七二年中日建交之前就能進行有限制的中日貿易和新聞交流。

日本廣播公司（NHK）全程報導鄧小平參觀工廠的經過，報導中展現了一個精力充沛、觀察力敏銳而又自信的鄧小平。他充滿好奇和熱情，但並沒有對他看到的日本新技術一味說奉承話。如果過於謙恭的話，他可能會受到「崇洋媚外」的指責，因此他得把握好分寸。在鄧訪日之後，中國的小學生被教導說，當記者問鄧小平對新幹線列車有什麼看法時，他給出了完美的回答：（只是簡單地說了一句）「很快」——他既承認外國技術的價值，又沒有傷害中國人的自尊。

日本領導人在鄧小平訪日期間的言行，也對日本民眾起了很好的作用。甚至多年以後，年輕人在評價接待過鄧小平的老一代日本領導人時，都將他們稱為「大人物」——這個稱呼的意思是，他們不同於後來那些陷於財政瑣事和無聊派閥之爭的人。接待過鄧小平的各界領袖（福田赳夫首相、園田直外相、日本經團連會長土光敏夫，以及公司領導人稻山嘉寬和松下幸之助）都是大膽的計畫者和建設者：他們引領著一個荒蕪破敗、不敷溫飽的戰敗國，將其建設成為一個在一九七八年時仍在快速成長且生機勃勃的國家。

（307）

這些老一代日本領導人經歷過第二次世界大戰，對日本造成的災難都有親身瞭解。他們知道日本給中國造成的破壞無法彌補，但他們希望能讓子孫後代生活在和平之中。他們願意用他們的經驗和技術創新幫助中國的現代化，而不是僅僅看重自己公司的利潤。這些是鄧小平在重建自己的國家時，能夠與之交往並學習的一代日本領導人，因為日本從戰爭浩劫中復元時，他們自己也曾面對相同挑戰。

稻山嘉寬是在日本招待鄧小平的一位重要工商界人士。他從一九五七年就開始向中國出售鋼材；到一九七一年，他的公司已在改造武漢鋼鐵廠、使之成為中國最現代化的鋼鐵廠上發揮主要作用。他的一些雇員對他向這家過時的蘇聯式鋼鐵廠轉移如此多的技術、而不是去建一座新鋼廠有所不滿。稻山回答，他很樂意改造這家工廠，因為一九〇一年他的鋼鐵公司八幡製鐵在日本開辦第一家工廠時，鐵礦石就是從武漢運來的，他很高興現在能回報這個城市。33

稻山信奉「隱忍哲學」，對其他公司和國家非常大度，甚至不顧自己公司的利益，他為此受到下屬批評已不是第一次。他並不想讓自己的公司損失錢財，但他也想造福社會。他認為轉移鋼鐵技術對南韓和中國有好處，給其他國家送去這樣的禮物，與它們分享繁榮，對雙方都有利。他甘冒日本人所謂「自食惡果」的風險：即向中國轉移技術，然後中國會把更廉價的產品再回銷日本，損害日本國內的生產基地。他表示，他相信中國的市場夠大，能夠消化中國生產的鋼材。在

（308）

乘氣墊船去君津的途中，鄧小平和稻山在閒聊中得知他們原來是同年出生，稻山便問鄧小平怎麼把身體保養得這麼好，鄧小平說，因為他「只是一個丘八〔兵〕」。[34]稻山後來說，鄧小平很感謝那些願意幫助中國的人。

鄧小平希望他的日本之行能推動在中國沿海地區建一座完全現代化的大型鋼鐵廠，一年前稻山嘉寬和李先念副總理就曾討論過這個計畫。在當時世界上最先進的君津鋼鐵廠，鄧小平參觀了新型的連軋生產線和電腦控制技術，它後來成為上海以北寶山的中國第一座現代鋼鐵廠的範本。鄧小平說，為了管好寶山，需要日本人幫助中國人學好管理技能。他還半開玩笑說：「如果學生做得不好，那就說明老師沒教好。」[35]

鄧小平訪日之後，對「管理」一詞的含義有了更深的理解，開始更頻繁地使用它。他的同胞都相信毛時代教給他們的東西，認為西方工人受著剝削，鄧對他們解釋，其實不是那麼回事：日本工人掙的錢能夠買房子、買車、買那些中國還根本沒有的家電。鄧小平在日本不僅看到他過去只是讀過的東西，他還要學習日本人是如何組織工人以將他們的敬業精神和效率發揮到極致，他將這些總結為「管理」。他從日本之行得出的結論是：「一定要掌握管理，光搞生產是不行的，還要提高品質。」[36]百年前，中國的愛國者堅持「中學為體，西學為用」，鄧小平用「管理」這個中性詞提倡學習西方，並同時表明他對社會主義和共產黨有著堅定不移的信念，這就使他既能夠引進比技術更多的東西，又能減少中國保守派的抵制。他確實認為，社會主義也能運用現代管理，共產黨也可以提倡現代管理。

日本媒體對鄧小平訪日的報導，大力渲染了訪問的成功、增強的日中關係；中國的報導則更為正式和低調，但傳遞的訊息本質上是一樣的。在中國，鄧小平訪日的影片和照片使中國民眾看到現代化工廠的模樣，使他們明白中國有多落後，以及要趕上世界水準所需的努力。（309）

訪日的成果

在鄧小平結束訪日之前已經安排了一個經濟代表團去日本進行更具體的考察學習，成員包括北京、天津和上海的主要經濟官員。由鄧力群擔任代表團顧問，團長是國家計委副主任袁葆華，他們在鄧小平離開幾天後就抵達日本，在那裡考察了一個月。考察之後代表團寫了一份非常樂觀的報告，概述中國應如何學習日本的經濟管理。

考慮到讀報告的中共領導人仍然深受馬克思主義觀點的影響，因此代表團的報告裡解釋，日本對馬克思所描述的早期資本主義做了重大修正。日本的管理人員聰明地學會如何通過激勵工人獲得利潤，他們努力工作是因為所得到的待遇要比馬克思看到的那些受剝削的工人好得多。代表團回國後，鄧力群帶頭成立新的協會，包括品質控制協會和企業管理協會，這些都是以代表團在日本考察過的協會作為典範的。根據考察中學到的東西，他們為各省負責經濟工作的高層幹部制定培訓計畫，向他們講授日本的做法，例如如何調整價格使其反映生產成本、如何依據市場需求而不是主觀臆斷的指令性計畫來制定生產指標、如何依靠細緻的生產過程而不是檢驗方式來實現品質控制，以及如何利用指標來評估生產過程的績效。[37]一些中國的工廠還打出標語，強調學習日本管理體系和制定培訓計畫的重要性。

鄧小平也啟動了文化交流，使日本文化的電影、故事、小說和藝術等進入中國。比如日本的電影就很受中國觀眾的歡迎，這增進了中國人對日本人民的理解。鄧小平知道，這可以為擴大中日兩國的經濟和政治交往打下堅實的基礎。在鄧小平領導時期，中國人對日本人的態度大為改觀。

可以說，鄧小平在為堅實的中日工作關係打基礎方面取得巨大進展。他訪問日本之後，由於中國的緊縮政策限制了外國投資，有三年時間裡商業交往受到阻礙。儘管有波折，但在鄧小平時代的大多數時間裡，中日兩國繼續保持良好的關係。

事實上，到一九八〇年十二月時中日關係已大為改善，使兩國能夠第一次舉行內閣級的聯席會議。[38]此外，黃華和日本外相伊東正義在該月還簽訂協議，由日本海外經濟協力基金（OECF）向中國提供條件優厚的長期貸款。從一九七九年到二〇〇七年，日本海外經濟協力基金向中國提

（310）

供的貸款多於它對任何其他國家的貸款，總計達到二・五四萬億日元（按二〇〇七年匯率計算約合兩百五十億美元）。[39]日本企業在中國各地設廠，日本貿易振興會（JETRO，日本貿易振興機構前身）在上海開設了辦事處，它利用與日本企業廣泛的關係網，尋找願意對中國各部門的培訓計畫請求做出回應的日本企業。在鄧小平時代的鼎盛期，日本在為中國的工業和基礎建設提供援助方面所發揮的作用，超過其他任何一個國家。

11. 向美國敞開大門

一九七八—一九七九

（311）

一九七七年八月二十二日下午，也就是鄧小平做為政治局常委正式恢復工作的三天後，他就會見了美國國務卿塞勒斯．萬斯（Cyrus Vance）。鄧小平希望能在任職的幾年內完成一些大事，而這次會見的時間安排便反映出他將中美關係正常化視為首要。黨主席兼國務院總理的華國鋒，在鄧小平與萬斯會面後的次日也接見了萬斯，但是美國官員知道與鄧小平見面才是重頭戲。

自從尼克森一九七二年訪中以後，中國一直期待很快就能和美國建交，然而美國政治總是橫生枝節，這已經讓中國不耐煩地等了五年。被迫賦閒在家十八個月後剛恢復工作的鄧小平，特別希望推動兩國關係正常化，而且他有理由認為萬斯的到訪能夠為此鋪路。水門事件早已過去，卡特總統在一九七七年二月約見了中國駐華盛頓聯絡處主任黃鎮，他對黃鎮說：「我希望我們能夠看到關係正常化取得重大進展。」他還邀請黃鎮看一場音樂會或話劇。[1] 此外，在鄧小平會見

（312）

萬斯之前，伍考克（Leonard Woodcock）到北京擔任美國駐中聯絡處主任，他得到卡特總統本人的授意，要進行中美兩國關係正常化的談判。

先前，當周恩來和毛澤東為改善中美關係而會見季辛吉和尼克森時，雙方的動機都來自蘇聯的威脅。鄧小平在一九七七年會見萬斯時，動機同樣來自蘇聯的威脅。但是鄧小平在一九七七年也開始思考如何在中國進行現代化。他知道，日本、南韓和台灣進行現代化時都大大得益於美國的科技和教育；他還發現，歐洲生產的很多產品，專利都是掌握在美國的私人和公司手裡，所以即便是來自歐洲的技術幫助，也需要有美國的合作。因此，為了與美國建立聯繫，以幫助中國實現現代化，中美關係正常化是重要的第一步。

為了實現跟美國建交這個目標，鄧小平準備在很多問題上採取靈活的立場。然而在一個問題，台灣問題上，就像毛澤東和周恩來一樣，他有著不可動搖的「原則」。除非美國與台灣斷交，終止《美台共同防禦條約》，撤出全部駐台美軍，他不會和美國建交。鄧小平希望，隨著《共同防禦條約》的終結，台灣將別無選擇，只能接受與大陸重新統一。不僅鄧小平，很多美國官員也預期，這種情況會在幾年內發生。

（313）

萬斯的「開倒車」：一九七七年八月

鄧小平對萬斯的來訪抱有很高期待，美國政治卻再次從中作梗。卡特曾告訴萬斯，要為與北京在關係正常化上達成協議打下基礎，但是當萬斯動身去北京之前跟卡特見面時，卡特卻表示，他擔心《巴拿馬運河條約》（逐步終結美國對巴拿馬運河地區的控制權）會因得不到國會足夠的支持而無法通過。如果把承認中國這樣有爭議的問題和巴拿馬問題同時提出，支持台灣的強大遊說團體將在國會動員足夠的反對力量，讓《巴拿馬運河條約》泡湯。因此卡特認為，有必要把與中國關係正常化的問題緩一緩，等到《巴拿馬運河條約》有了結果再說。一旦巴拿馬問題塵埃落定，國會對中美建交將會給予足夠的支持。

萬斯本人則認為，通過《戰略武器限制條約》談判緩和美蘇關係，在當時是比美中建交更為迫切的任務，此事也占用了他很多精力。在萬斯看來，如果美國在完成《戰略武器限制條約》談判之前就開始與中國進行關係正常化談判，將會觸怒蘇聯，從而導致條約談判的流產。再者，由於卡特並不急於進一步行動，所以萬斯覺得應該試試看在與中國的談判中，能否為美國在台灣的官方存在方式這一點上爭取到比中日建交時更好的條件。

在萬斯抵達北京之前，中國對他可能採取的立場就已經察覺到一些跡象。依照中方慣例，外長黃華首先會見了萬斯，然後將萬斯的打算轉告鄧小平，再由鄧小平與他討論關鍵問題。八月

（314）

二十一日在與黃華外長見面時，萬斯解釋，美國希望推動關係正常化，但要在台灣保留一些政府人員。他還說，美國願意看到台灣問題的和平解決。

萬斯預計中方會感到失望，卻沒料到他們會如此憤怒。次日上午萬斯再次見到黃華時，黃華長篇大論痛斥萬斯關於美國在台灣保留某種官方代表的提議，甚至揚言要「解放台灣」，暗示大陸在必要時準備動武。[2]

當天下午鄧小平會見萬斯時，首先以開玩笑的語氣提醒萬斯，他們上次見面是在一九七五年他馬上就要第三次丟掉所有官職的時候。鄧說：「我是個國際名人，不是因為我有多少能力，……而是因為我的三起三落。」[3] 萬斯後來承認，鄧小平在會談中一直「表現著中國人的禮貌」，但他嚴厲批評美國的對台立場。

鄧小平在會談中首先縱論國際政治大局，重點是西方和蘇聯之間的力量均衡以及雙方在非洲、中東和東歐的相對力量。他集中談了兩個問題：一是如何對付蘇聯的挑戰，二是如何解決台灣問題。自從一九七四年他批評季辛吉搞緩和以來，就一直責備美國對蘇聯太軟弱。他尤其不滿美國從越南撤軍後對蘇聯採取的被動姿態。[4] 他指責美國關於蘇聯問題的第十號總統備忘錄是姑息養奸。第二次世界大戰後美國讓蘇聯控制了德國的三分之一，其實是讓它控制了巴爾幹地區，這又對南歐造成巨大的影響。雖然他沒有提到圍棋，但他實際上是在告訴萬斯，蘇聯已經在南斯拉夫布下棋子，也開始在奧地利布子，它還會在西歐其他地方布子。他對繼續向蘇聯讓步發出警告：「你們的結局將是敦克爾克。」[5]

在台灣問題上，鄧小平提到兩份文件：一份是福特總統在一九七五年十二月的演說要點，另一份則是季辛吉的一個聲明。鄧小平讓唐聞生把文件內容大聲唸給萬斯聽。在這兩份聲明稿中，季辛吉和福特都表示美國準備接受關係正常化的日本模式，在台灣只保留非官方代表。鄧小平說，台灣是中國領土的一部分，美國現在占據著台灣，因此是在阻礙台灣與大陸的統一。他又說，美國要求中國不使用武力收復台灣，這等於是在干涉別國內政。

在回答萬斯關於美方對台灣安全的關切時，他對萬斯說：「中國人總比你們美國更關心自己國家的事。」鄧小平說，中國是有耐心的，不過美國也要清楚，中國不會讓這個問題的解決無限期拖下去。[6]鄧小平批評萬斯想在台灣保留官方人員的建議，他說，這其實是要搞一個「不插國旗的大使館」。[7]但是他又補充，如果美國仍想賴在台灣不走，中國也會等下去。[8]他最後說：「我只想指出一點，你們現在的設想是在開倒車。……坦白說，我們無法接受你的設想。但我們仍然寄望於進一步的會談。」

儘管鄧小平否定了萬斯的立場，但當萬斯在八月二十八日回到美國後，隨行官員還是想讓美國公眾對會談有一個正面印象。他們對記者說，萬斯成功傳達了美國的觀點。記者約翰・華勒斯

（315）

（John Wallach）聽了一位政府官員的解釋後寫道：中國將在台灣問題上軟化立場。萬斯費盡心機，也未能阻止華勒斯的這篇不實報導公之於眾，而該報導隨即引起極大關注。[9] 鄧小平當然不想在台灣問題上示弱或容忍這種誤解，他憤怒駁斥了華勒斯的報導，稱之為一派胡言。

鄧小平仍想在對美關係上取得進展，因此他又開始嘗試其他途徑。鄧小平認為萬斯不是一個好的談判對象，因此力求讓白宮參與談判，由布里辛斯基做他的談判對手。他還直接訴諸美國的媒體和國會，為關係正常化尋求支持。當時中國才剛開始走出孤立狀態，中國大陸在美國還沒有能和台灣人競爭的遊說團體。事實上，中國駐華盛頓聯絡處幾乎還沒開始培養能夠與國會或美國媒體打交道的人員。當時能夠影響美國媒體和國會的最佳管道，就是鄧小平本人。他充分運用了美國人對中國的好奇心，以及他本人的直率、迷人的機智和旺盛的精力。九月六日，鄧小平接待了一個以美聯社行政總編凱斯·福勒（Keith Fuller）為團長的美國高級新聞代表團，其成員包括《紐約時報》的發行人亞瑟·沙茲柏格（Arthur O. Sulzberger）和《華盛頓郵報》的發行人凱薩琳·格蘭姆（Katharine Graham）。

在內容廣泛的討論中，鄧小平談到各種話題，從林彪和「四人幫」時期遺留下來的問題，到派遣留學生接受先進教育以幫助中國擺脫落後狀態的必要性，再到給予中國工人物質獎勵的必要性。但最重要的是，鄧小平把注意力集中指向台灣問題。他坦言，萬斯關於台灣問題的提議是在開倒車，中國無法接受。要想實現中美關係正常化，美國必須廢除與國民黨的軍事條約，與台灣斷交，並撤出駐台美軍。中國將盡量以和平方式解決台灣問題，但這完全是中國的內政，中國不會接受外來干涉。[10]

九月二十七日，鄧小平又接見了共和黨領袖、後來當上美國總統的喬治·布希。布希在一九七五年擔任美國駐北京聯絡處主任時鄧小平就認識他。鄧小平對布希重申他向萬斯說過的話，強調美國的對蘇政策是姑息養奸。《人民日報》的官方社論裡又補充強調：「某些美國資產壟斷階級的頭號人物已經忘記慕尼黑的教訓。」[11]鄧小平對布希說，在關係正常化談判中，中國在台灣問題上沒有讓步的餘地。[12]

（316）

民主黨參議員愛德華·甘迺迪（Edward Kennedy）和亨利·傑克遜（Henry M. Jackson）是關係正常化的贊成派，他們也受邀訪問北京。鄧小平在一九七八年一月四日對甘迺迪強調，他希望中美雙方能盡快達成一致。他再次重申談判的主要障礙是台灣，而台灣問題是中國的內政問題。不出北京所料，甘迺迪一回到華盛頓，便利用他和鄧小平會談一事，主張加快關係正常化的速度。一九七八年二月十六日，鄧小平又會見了參議員傑克遜，傑克遜的對蘇強硬路線與鄧小平不謀而合。與此同時，鄧小平和他的外交團隊也在繼續批評美國對蘇聯的姑息政策，批評他們在推動中美關係正常化上裹足不前。

伍考克大使於一九七八年初短暫返美時，公開表示他對關係正常化沒有進展已失去耐心。在他接受北京的職務之前，卡特曾經給他好幾個內閣中的職位，都被他謝絕了。他同意擔任駐中聯絡處主任，是因為他知道自己能夠推動美中建交談判。一九七八年二月一日伍考克在華盛頓對汽車工人聯合會演講時說，美國的對中政策是建立在「明顯的謬論」上：二戰結束以來美國一直承認國民黨政府代表全中國，其實它只能代表一個小小的台灣島。伍考克指責美國政策荒謬的言論被廣為傳播，讓他開始擔心自己有可能會惹惱卡特總統，因為卡特仍在擔心與蘇聯進行的《戰略武器限制條約》談判。但是當伍考克在演說不久後與卡特見面時，卡特私下告訴他，自己也同意他的看法。[13]

萬斯擔心的是，假如美國和中國開始進行關係正常化談判，是否還能推動與蘇聯的《戰略武器限制條約》談判。與他不同，卡特斷定他的政府既能推動與中國關係正常化的談判，同時也能和蘇聯進行《戰略武器限制條約》談判。但是，另外一個潛在的障礙是美國與越南的關係。卡特政府中的一些人主張，美國應當對越南想與其建交的意願做出回應，但是當時中越關係正變得日益緊張，因此看來美國只能在中國和越南中選擇其一來進行關係正常化談判。卡特平息了這個爭論，他說，與中國實現關係正常化更符合美國的利益，因此批准了首先進行美中建交談判。但是他擔心台灣在國會的遊說團體會讓談判泡湯，因此堅持談判要祕密進行。也就是說，談判必須由白宮的一小批官員，而不是由國務院進行。為了準備建交談判，卡特向北京派出一名官員，此人對蘇聯的強硬立場以及加快美中建交的願望都與鄧小平相同。這個人也正是鄧小平最想要的談判對象：國家安全顧問布里辛斯基。

（317）

布里辛斯基取得進展：一九七七—一九七八年五月

一九七七年十一月中旬，布里辛斯基和他的中國問題助手米歇爾·奧克森伯格（Michel Oksenberg）開始與中國駐華盛頓的代表探討他在一九七八年初訪問北京的可能性。他最初宣布，他訪中的目的是就廣泛的國際問題與中方進行磋商，而沒有提到建交問題。[14]但是當中國駐華盛頓聯絡處被告知布里辛斯基的訪中意願時，鄧小平馬上回答，中國歡迎他的到來。布里辛斯基立刻著手準備行程；只要美方一做好準備，鄧小平就會接待他。[15]一九七八年三月十七日，即國會通過第一份《巴拿馬運河條約》的當天，中國駐美聯絡處得到通知，布里辛斯基已在為出訪做準備；四月十九日，第二份、也是最後一份《巴拿馬運河條約》簽署後的第二天，布里辛斯基便定下了出訪日期。[16]卡特授權他為關係正常化的談判鋪路。從卡特總統的角度看，完成談判的理想時間是一九七八年十一月國會選舉之後。他樂觀地相信，成功簽定了《巴拿馬運河條約》之後，在與蘇聯達成《戰略武器限制條約》和就中美關係正常化達成正式協議這兩件事上，他都能獲得

（318）

國會的支持。

當卡特總統私下告訴國會兩黨領袖，他打算與中國開始建交談判時，他們均做出正面回應，他們相信這樣做最符合美國的利益。然而這個問題在政治上仍很敏感，正如一位國會議員所說，如果這個問題公之於眾，他將不得不持反對立場。[17]布里辛斯基在北京的會談中將這種擔心告訴了鄧小平，他說：「我想建議會談祕密進行，不公布任何進展，……這可以在我國減少一些政治麻煩。」鄧小平回答說：「請放心，中國的保密條件要好於美國。」布里辛斯基答道：「我認為閣下所言絕對正確，這也是談判最好在北京而不是華盛頓舉行的原因。」[18]

萬斯本人雖然擔心中美會談會惹惱正與美國進行敏感的裁軍談判的蘇聯，但他是一位服從卡特指示的忠實官員。他讓自己的手下起草了一個美中關係正常化談判的方案。卡特總統在一九七八年六月十三日收到萬斯的這份備忘錄後，在上面親筆批示：「走漏風聲會使全部努力毀於一旦。我們應當嚴格控制來往電報和談判資訊，……避免就進展程度做出任何公開暗示。我不相信⑴國會，⑵白宮，⑶國務院，或⑷國防部能做到保密。」就像過去的共和黨人尼克森和季辛吉一樣，民主黨人卡特、布里辛斯基和萬斯也都認為，即使在民主國家，嚴格的保密工作也是必要的。[19]就像季辛吉在白宮時一樣，白宮與北京之間高度保密的管道，加強了白宮國家安全官員在人事和制度上相對於其國務院同行的影響力。[20]就鄧小平一方而言，他也贊成利用白宮而不是國務院的管道。

（319）

一九七八年五月二十一日，布里辛斯基抵京後的當天上午就會晤了黃華外長。就像季辛吉和周恩來過去的做法一樣，布里辛斯基和黃華就有關全球形勢交換意見，討論各大洲的關鍵問題，重點是蘇聯和西方之間當前的力量均衡。布里辛斯基在回應黃華的談論時說，雙方在廣泛的問題上看法一致，但是也存在著一些重要分歧：美國並不謀求建立霸權，它接受一個多樣化的世界；美國也不認為戰爭不可避免；美國並沒有縱容蘇聯，而是要在全球範圍內與它展開競爭。布里辛斯基知道，他們的會談結果會被告知將在下午與他見面的鄧小平，因此他對黃華說，卡特已經授權他表明，美國接受中國在台灣問題上的三個條件，但是美國保留做出以下聲明的權利：應當和平解決中國大陸與台灣的爭端。21

當天下午，鄧小平與布里辛斯基進行了兩個多小時的會談，晚飯後會談繼續。兩人討論了全球戰略和為建交談判打基礎的問題。鄧小平知道布里辛斯基剛到北京，客氣地對他說：「您一路辛苦了。」布里辛斯基則答道：「我興致很高。」鄧小平和布里辛斯基都堅定地闡明各自國家的觀點，但是布里辛斯基後來寫道：「鄧小平立刻把我迷住了。他精明而機警，理解力強，有很好的幽默感；態度堅定，直截了當。……我對他的目標感和使命感印象深刻。鄧小平單刀直入。……中方直截了當講明他們的觀點和想法。鄧小平說：『理解中國並不難，……毛澤東主席是軍人，周恩來是軍人，我同樣也是軍人。』」（布里辛斯基對此回答，美國人也喜歡直來直往。）和鄧小平的會談讓布里辛斯基十分興奮。五月二十六日他向卡特做了彙報後，卡特在日記中寫道：「布里辛斯基……被中國人征服了。我對他說，他受到了迷惑。」[22]

在與布里辛斯基的會談中，鄧小平想探明美國人有多大意願與台灣斷交。「問題仍然是要有決心。如果卡特總統在這個問題上已拿定主意，我認為它就比較容易解決。……你認為實現關係正常化需要做些什麼？」布里辛斯基解釋，卡特決心取得進展，並且接受中方關於美國與台灣斷交的要求，然後他提議雙方在六月開始關係正常化的祕密談判。

鄧小平立刻接受這一建議，但他繼續詢問美國為落實台灣問題三原則會採取什麼具體措施。鄧說：「我期待著卡特總統拿定主意的那一天。」布里辛斯基回答：「我剛才對您講過，卡特總統已經拿定主意了。」[23]布里辛斯基沒有細說美國會採取什麼具體行動，只是再次重申美國接受三原則。他接著說，美國計畫發表一份聲明，強調中國大陸與台灣和平解決台灣問題的重要性。鄧小平回答，中國不反對美國發表這樣的聲明，但是「我們不能接受把它做為一個條件。台灣是內政問題，是基本的主權問題」。[24]布里辛斯基由此斷定，假如美國做出這樣的公開聲明，中方不會公開反對。布里辛斯基還告訴鄧小平，從七月開始伍考克會準備與黃華進行一系列談判，探討是否能在雙方都接受的條件下實現關係正常化。[25]

（320）

鄧小平表達了他對蘇聯軍事擴張的關切，並再次重申他的觀點：美國對蘇聯威脅做出的反應還不夠堅定。他談到蘇聯和越南不斷加強的軍事合作，證據是武元甲將軍最近分別在三月和五月初兩次訪問莫斯科。鄧小平相信，使西方加強在歐洲的軍力符合中國的利益，因為這樣可以促使蘇聯將亞洲的軍隊調往歐洲。一如毛澤東和周恩來過去所為，鄧小平也說蘇聯的主要目標是歐洲而不是亞洲。為了使美國對蘇聯的行動做出更強硬的反應，鄧小平有意刺激布里辛斯基說：「也許你們有點害怕冒犯蘇聯，是不是？」布里辛斯基回答：「我可以向您保證，我並不怎麼害怕冒犯蘇聯。」鄧小平繼續緊逼，他指出美國想跟蘇聯達成的《戰略武器限制條約》將對美國不利，並強調說：「只要你們和蘇聯達成協議，那一定是美國為取悅蘇聯做出讓步的結果。」布里辛斯基回答：「我願意跟您打個小賭，看誰在蘇聯更不受歡迎，是你？還是我？」[26]

布里辛斯基還利用這次出訪，在北京和華盛頓的官員之間發展更密切的關係，中方也做出積極的回應。他帶來幾個不同政府部門的官員，由他們與中國的同行進行更具體的談判。例如莫頓·阿布拉莫維茨（Morton Abramowitz）就是當時借調到國防部的資深外交官，他和中國的國防官員舉行會談，就他們各自對蘇聯的分析進行討論。

在與布里辛斯基的會談中，鄧小平敦促對方使美國放鬆對中國的技術出口限制。他提到高科技進口的三個案例：美國的超級電腦、裝有美國配件的日本高速電腦，以及掃描器。在這三個案

(321)

例中，美國企業都很想把產品賣給中國，卻受到美國政府的阻撓。

鄧小平在會談中還暗示他有意訪美。他說，他擔任最高領導人大約只剩下三年時間了。布里辛斯基斷定鄧小平對發展中美關係有一種急迫感。他知道除非完成中美關係正常化，鄧小平是不會訪美的。為了表示對雙方迅速完成關係正常化過程抱有信心，布里辛斯基邀請鄧小平到訪華盛頓時去他家用晚餐。鄧小平一口就答應了。[27]

布里辛斯基也鼓勵鄧小平深化中日關係。布里辛斯基訪中後，鄧小平快速行動，與日本締結了《中日和平友好條約》。布里辛斯基在回國途中也做出努力，他在日本停留，向日本官員通報了美國要與中國進行實現關係正常化的談判計畫。布里辛斯基回到華盛頓後，卡特雖然取笑他受到中國人的迷惑，但仍然斷定訪問很成功。談判很快就會開始，關係也已升溫。不久之後，美國要求北京停止對美國政策無休止的公開批評，中國馬上就答應了。

為了繼續向美國施壓，使其加快建交步伐，鄧小平在與布里辛斯基會談一天之後就對一個義大利代表團說，中國樂意跟美國開展貿易和技術交流，但中國將優先考慮與其有正常邦交的國家。[28]六月二日，即布里辛斯基與鄧小平會談不到兩週之後，黃華在華盛頓對萬斯說，如果他想請鄧小平訪美，只有在完成關係正常化之後才有可能，所以雙方得加緊工作，因為鄧小平年事已高，歲月不饒人。鄧小平在八月六日再次說（這次是對一個奧地利代表團），中國將優先考慮與那些

（322）

和中國有正常邦交的國家開展貿易。[29]中國駐華盛頓聯絡處主任柴澤民在九月二十七日又對布里辛斯基說，關係正常化的談判步伐太慢了。[30]

教育交流的飛躍進展

由於中美兩國有可能在幾個月內實現關係正常化，鄧小平立刻轉向他對兩國建交最期待的領域：不是貿易，不是投資，而是科學。在鄧小平看來，科學是實現現代化最關鍵的因素，而美國在這方面大大領先。幸運的是，他主管了多個工作領域（外交、科技和教育），這使他有權在三中全會之前就採取行動。在正式建交之前他不會向美國派遣留學生，但是一旦建交，他就準備將年輕的中國科學家派往美國深造。

在一九七八年三月的第一屆全國科學大會上，中國政府自一九五〇年代初以來首次對科學家說，政府不但允許、而且鼓勵他們與西方的科學家交往。[31]美國華裔科學家那些仍留在中國的親屬，曾在一九四九年以後無休止的政治運動中受到迫害，現在則由政府為他們提供更好的住房和工作條件。中國的科學家也被摘掉地主、資本家或右派的帽子。雖然他們所遭受的苦難和被迫中斷的職業生涯是無法彌補的，但政府對他們過去受的苦進行了補償，高層官員也確實向他們道了歉；儘管也建議他們說，見到西方科學家時不要談及政府過去給他們造成的麻煩。

鄧小平不但鼓勵美國的華裔科學家訪中，而且鼓勵西方的所有科學家訪問中國。對科學研究的普世性深信不移的美國科學家很樂於回應鄧小平。一九七八年七月六日至十日，卡特總統的科學顧問法蘭克・普雷斯（Frank Press）率領一個科學家代表團訪中，這是有史以來美國出訪國外最高規格的科學代表團。普雷斯過去是麻省理工學院地震科學專業的教授，從一九七五年至七七年擔任美國對中學術交流委員會主席，因此對和中國的學術交流有著特殊的興趣。鄧小平對普雷斯的代表團談到中國科學技術的落後狀況，並對美國限制高科技出口表示關切。他也提到中國需要外國投資。[32]

在鄧小平發表談話後的提問階段，國家科學基金會會長理查・阿特金森（Richard Atkinson）問鄧小平，他是否擔心中國留學生叛逃。鄧小平回答，他不擔心這種事。他說，中國學生不同於俄國學生，他們忠於自己的國家，即使去國外留學後沒有馬上回國的人，從長遠來看仍是中國的一筆財富。當時普雷斯預計中國的政治領導人會像過去一樣，繼續嚴密控制科學家前往美國，對擴大科學交流也會十分謹慎。

鄧小平卻讓普雷斯大感意外。鄧建議美國立刻接受七百名中國留學生，而他更大的目標是在未來幾年接受數萬名留學生。[33]鄧小平希望馬上就能得到答覆，而普雷斯將此事視為他的職業發展中最重要的突破之一，於是就在華盛頓時間凌晨三點打電話給卡特，把他叫醒，請他同意馬上

（323）

讓七百名中國學生赴美，並在未來幾年接待數量更多的留學生。卡特在擔任總統期間很少被人半夜叫醒，但他給了普雷斯肯定的答覆，儘管他很納悶普雷斯為什麼要把他叫醒，因為他覺得自己已經授權普雷斯答應這一類請求了。[34]

普雷斯的代表團在中國引起極大關注。《人民日報》很少刊登外國人的演說，這一次卻刊登了普雷斯在宴會上強調全球化發展益處的演說。布里辛斯基的中國政策副手、和鄧小平見過十四次面的奧克森伯格說，他從未見過鄧小平在描述他對中國前景的展望時表現得如此求知若渴、專注而投入。[35]

事實上，除了尼克森總統的訪中，普雷斯在北京受到一九四九年以來美國代表團所能得到的最熱情款待。[36]由於鄧小平不會在兩國正式建交之前派出留學生，因此中國的第一批大約五十名留學生，是在一九七九年初兩國關係正常化不久後才飛往美國的。他們心情熱切，但又擔心自己以後會不會像老一代人那樣，因為自己的美國經歷而遇到麻煩。在前五年的交流中大約有一萬九千名中國學生赴美留學，而且這個數量將持續增長。

建交突破：一九七八年六月—十二月

布里辛斯基訪中後，中美兩國開始祕密協商關係正常化談判的架構。雙方從一開始就認識到台灣問題是決定談判成敗的關鍵。萬斯在六月二十八日將美方關於關係正常化談判的建議電傳給伍考克，讓他轉交黃華外長：如果美國人民和台灣人民的文化與商業交往能夠繼續，同時中國和平解決台灣問題，那麼總統準備在中國宣布的三原則框架內實現關係正常化。談判將在北京每兩週舉行一次，依次討論關係正常化之前需要解決的一系列問題。伍考克還建議，在北京的例行談判中，雙方首先討論關係正常化之後美國在台灣存在的性質和正式建交公報的性質。這就是說，雙方首先處理比較容易的問題，以便使談判取得進展，再處理更棘手的問題，例如美國的對台軍售。他們的目標是在十二月十五日之前，即美國國會選舉幾週後達成共識。[37]第一次會談於七月五日舉行，歷時四十分鐘，雙方討論了程序，就各自對台灣問題的立場做初步的一般陳述。[38]

在中國方面，鄧小平雖一直關注著談判過程，但直到最後才直接介入其中。最初參與談判的黃華外長，在與美國人打交道方面經驗過人。一九三六年他曾帶著斯諾（《西行漫記》的作者）從北平去陝北見毛澤東。他在毛澤東、周恩來和鄧小平這三位風格迥異的領導人手下都工作過，文革期間他一度是中國唯一的駐外大使。他對沒有得到授權的事從不多言，且能夠如實傳達鄧小平的情緒，不管是憤怒還是善意。一九七一年他赴紐約擔任中華人民共和國第一任駐聯合國大使。[39]在與美國關係正常化的談判中，他有兩個助手章文晉和韓念龍，二人都是擅長跟美國人打交道的出色外交官。

（325）

雙方派到談判桌上的都是一流團隊。卡特選擇伍考克這個勞工領袖和專業調解人擔任大使級的駐中聯絡處主任，是因為他很看重伍考克的談判技巧，還因為伍考克在華盛頓政壇人脈甚廣，不管他與中方可能達成怎樣的協議，都將更易於得到國會的支持。伍考克能利用他和華盛頓政治領袖的個人關係，協調那些一般官僚程序難以解決的政策問題。伍考克有著強硬而可靠的勞工談判人的威信，素有誠懇正直的名望。萬斯國務卿把伍考克稱為「天生的傑出外交官」，說他具有「照相機般的記憶力、周全的思慮、以及在這些談判中起著關鍵作用的精準措辭」。[40]國務院和白宮都對伍考克十分信任，因此認為沒有必要讓一名華盛頓高層官員來回奔波。談判開始時，伍考克已在北京擔任一年的聯絡處主任，也得到北京官員的信任，他們願意接受這位談判對象。

芮孝儉（Stapleton Roy）於一九七八年到達北京，接替大衛·迪安（David Dean）擔任談判團隊的副手。他在南京長大，其父是從事教育的傳教士。他能講漢語，精通中國歷史，被視為國務院最能幹的年輕專家之一。在白宮，卡特總統、副總統孟代爾、布里辛斯基和奧克森伯格通過高度保密的管道，直接與伍考克和芮孝儉聯絡。布里辛斯基的中國事務助手奧克森伯格是一個大膽而視野開闊的戰略家，也是一個有著無限好奇心與熱情、熟諳中國問題的學者。在華盛頓，白宮之外只有幾個官員是知情者，其中包括萬斯和國防部長哈樂德·布朗（Harold Brown）。美方的談判策略是由白宮基於伍考克提供的資訊而制定，白宮也同中國駐華盛頓聯絡處的柴澤民及其副手韓念龍保持聯繫，但談判全部是在北京進行的。

鄧小平一直關注著黃華與伍考克的談判（七月五日、七月十四日、八月十一日、九月十五日和十一月二日）以及黃華生病期間韓念龍與伍考克的談判（十二月四日），後來他又親自與伍考克進行談判（十二月十三日上午十點、十二月十四日下午四點和晚上九點、十二月十五日下午四點）。在談判期間，鄧小平繼續會見美國官員，向他們解釋中方的立場，並通過施壓推動談判。例如，七月九日，即伍考克和黃華舉行第一次會談四天後，鄧小平對眾議院外交事務委員會主席萊斯特・沃爾夫（Lester Wolff）率領的美國國會代表團說，同意與台灣維持全面民間交往的日本模式，中國已經做出讓步。鄧小平說：「我們會盡量創造條件，用和平方式解決這個問題。」他解釋：「實現關係正常化，對我們雙方對付蘇聯都十分有利。」鄧小平絲毫沒有向沃爾夫暗示談判已經開始。41

在談判中，中方通常傾向於從一般原則開始，然後再轉向細節。黃華在七月十四日與伍考克的第二次談判中說，中方建議不再一次只談一個問題，美方可以首先把全部重要問題都擺到檯面上，由雙方做出全面的評估。此後幾天，在華盛頓方面美方的意見分歧得到解決，因為他們接受了伍考克的建議，即為了給下一步會談創造良好氣氛，美方應當接受中國的提議。隨後雙方準備並互換了一些關於需要解決的關鍵問題的文件。在第三次會談中，美方概述了與大陸關係正常化之後美國與台灣關係的性質：文化、商業和其他交往將會繼續，但是不會派駐美國政府官員。

（326）

談判中最大的難題是：美國是否繼續向台灣出售武器。[42]美方明確表示它打算繼續對台軍售，但是每一次提出這個問題，中方都回答他們堅決反對。鄧小平本來希望，只要美國同意停止對台軍售，台灣會感到現實的出路只能是同意與大陸重新統一；他希望這件事在他當政期間就能很快實現。

在表明自己的立場時，中方堅持他們對《上海公報》的解釋，即美國支持「一個中國」的政策。事實上，尼克森在簽署《上海公報》時只承認海峽兩岸都堅持只有一個中國，美國對這種觀點不持異議。九月七日，副國務卿理察·霍爾布魯克（Richard Holbrooke）對韓念龍說，美國賣給台灣的任何武器都僅僅是具有防禦性質的。韓念龍則回答：「對台售武不符合《上海公報》的精神。」[43]卡特在九月十九日會見中國駐美聯絡處主任柴澤民時對他說：「我們將繼續與台灣開展貿易，包括有限地出售一些經過仔細挑選的防禦性武器。」柴澤民說：「美國繼續向蔣經國集團〔一九七五年蔣介石去世後，其子蔣經國成為台灣的領導人〕出售武器，這不符合《上海公報》的精神。」[44]十月三日黃華在聯合國見到萬斯時，又在事先準備好的聲明中重申，繼續把武器賣給「蔣經國集團」違反《上海公報》的原則。[45]

鄧小平在十月初出訪東京期間公開宣布，只要能夠遵循日本模式，他願意與美國實現關係正常化。中國反對美國對台出售武器的立場沒有動搖，但是他說，他不反對美國和台灣繼續進行經

（327）

濟和文化交往。

卡特和布里辛斯基在十月底開始擔心，儘管他們小心限制談判的知情人數，倘若問題不能很快解決，走漏風聲的危險將變得愈來愈大。布里辛斯基告訴柴澤民，中國如果不抓住這個機會實現關係正常化，由於政治糾紛，在一九七九年年底之前將無法再對這些問題進行任何嚴肅的討論。沒多久，美國就宣布與台灣達成協議，美國將繼續向台灣出售F－5E戰鬥機，但不會出售更先進的戰機。[46]

這時雙方已經完成大部分的談判，伍考克在十一月二日交給中方一份計畫在次年一月公布的建交公報草稿。然而中國國內正忙著應對在十一月十日召開的中央工作會議上所出現的戲劇性變化，因此直到十二月四日才做出回應。[47]鄧小平本人在十一月五日後一直在東南亞訪問，十四日回國後又立刻參加中央工作會議，正是在這次會議上他成為中國的頭號領導人。

十一月二十七日，即華國鋒在中央工作會議上接受對他的立場的全部批評、並實際認可會議對鄧小平擔任頭號領導人的共識兩天後，鄧小平接見了正在亞洲訪問的華盛頓著名報紙專欄作家諾瓦克。自從一九七一年周恩來在尼克森訪中前夕接見詹姆斯．萊斯頓（James Reston）以來，這還是中國主要領導人第一次同意接受美國記者的採訪。鄧小平對諾瓦克說，中美兩國應盡快實現關係正常化，這不但有利於兩國，也有利於全世界的和平與穩定。諾瓦克向美國民眾如實公布鄧小平的談話內容，他的結論是：「我相信鄧小平花兩個小時與我在一起，是要向華盛頓傳遞一個訊息，他要盡快實現關係正常化，但也不想為此付出高昂代價。」[48]諾瓦克當時並不知道鄧小平不久就會訪問美國，而這次訪談有助於美國公眾對鄧的到來有所準備。

十二月四日伍考克與外交部代部長韓念龍（代替生病的黃華）的談判，是十一月二日後的第一次會談。有件中方已經知道、但美國還被蒙在鼓裡的事是，華國鋒在十一月二十五日已將第一把交椅讓給鄧小平，而且接受了鄧的政策。十二月四日中方突然變得十分積極。韓念龍交給伍考克一份中方宣布關係正常化的聲明草稿，其中只對美方草稿做了稍許修改，並提出將一月一日做為公布聲明的最後期限。韓念龍明確地說，美方如果發表聲明，表示希望和平解決台灣問題，中方不會加以反對。會談結束後，伍考克正要起身離開，韓念龍對他說：「最後我想告訴您，鄧副總理近日希望見您一面。我們會通知您確切的日期。」[49]伍考克在給華盛頓的分析報告中說，韓念龍仍反對美國對台軍售，但他的結論是這個問題不太可能成為關係正常化不可逾越的障礙。由於美方不知道將與鄧小平見面的確切時間，伍考克讓芮孝儉取消一次預定的出訪，以便能夠隨時和他一起會見鄧小平。[50]

（328）

同時，華盛頓時間十二月十一日下午（北京已是十二月十二日），鄧小平會見伍考克的前一天，布里辛斯基在華盛頓接見了柴澤民，交給他一份經過修改的聲明草稿，並對柴澤民說，美方準備

（329）

接受將一月一日做為建交日期，美方邀請一位中國領導人在達成協議後盡早訪美。當時華國鋒的正式頭銜仍在鄧小平之上，美國估計中國會讓華國鋒或鄧小平出訪。布里辛斯基還提前通知柴澤民，美國可能在一月與布里茲涅夫舉行高峰會。[51]

鄧小平在十二月十三日星期三的上午會見了伍考克，地點是人民大會堂的江蘇廳。彼此寒暄幾句後，伍考克交給鄧小平四份只有一頁紙的英文公報草稿。鄧小平沒有等待正式的譯文，而是請譯員做了口頭翻譯，在沒有中文文稿的情況下便直奔主題，他顯然不想拖延取得進展的時間。鄧小平問，既然廢除了《美台防禦條約》，美國為何還要一年時間才從台灣撤軍？伍考克解釋，美國打算在一月一日與台灣斷交，現行的條約規定終止條約要提前一年通知對方，儘管美國事實上打算在四個月內從台灣撤出軍隊。鄧小平說，這個方案可以接受，不過他希望美國乾脆刪除所有提到第十條（其中規定終止防禦條約要提前一年通知對方）的地方。他還表示，希望美國在這個期間不要向台灣出售武器，因為如果美國這樣做了，「蔣經國就會翹尾巴，這將增加台灣海峽發生衝突的可能」。[52]

鄧小平注意到，公報的中文稿中有反霸權條款，美國的稿子卻沒有。他說，美國的稿子令他滿意，但是希望美方在共同聲明中加上反霸權條款，不然會讓世界覺得雙方存在分歧。伍考克說，他會將鄧小平的意見轉告華盛頓並等待答覆。鄧小平同意一月一日是宣布關係正常化的一個好日子。

在答覆美國向中國高層領導人發出的訪美邀請時，鄧小平說：「我們接受美國政府的訪問華盛頓邀請。具體地說，我會前往。」[53]當天下午，由於知道中美建交問題已基本得到解決，鄧小平在中央工作會議上做有關改革開放的畫時代演說時，顯得更加躊躇滿志。

次日，即十二月十四日，伍考克和鄧小平預定在下午四點再次見面，但是伍考克仍未收到華盛頓的指示。因為華盛頓那個小團隊正忙得不可開交，他們在努力配合卡特的新計畫，趕在次日即華盛頓時間十二月十五日完成關係正常化的聲明。此前由於白宮的人員全力以赴，急於趕在一月一日前完成所有細節，其他官員開始懷疑他們是否正在搞什麼名堂。卡特為了防止洩密突然惹惱國會，致使整個計畫泡湯，遂決定加快行動，提前在十二月十五日而不是隔年一月一日宣布中美建交。正式公報將在關係正常化之後的一月一日公布。華盛頓那個祕密參與談判工作的團隊，需要努力在主要參與者之間取得共識，還要起草文件、籌畫對付國會的策略，並考慮商業、軍事和學術活動所需要的各種調整。為了趕上突然提前的新期限，他們正全力衝刺，已經被推到了崩潰的邊緣。國務院的中國問題專家蘇禮文（Roger Sullivan）也應白宮之邀向國務院告病三天，加入白宮緊張忙碌的祕密工作，幫助準備所有必要的文件。

美方的北京團隊也忙得團團轉。三十年後，北京的美國大使館搬進一座新建築時，已有一千

（330）

多名工作人員，而一九七八年的駐京聯絡處只有三十三人，而且其中只有幾個人參與這項高度保密的準備工作。[54]此外，就像華盛頓的團隊一樣，他們本來也預期在一月一日前完成所有關係正常化的談判和文案工作，現在為了在十二月十五日這個新期限之前將一切準備就緒，他們需要全力以赴。

當鄧小平和伍考克在北京時間十二月十四日下午四點會面時，由於華盛頓的指示未到，他們沒有談實質問題，只談了關係正常化的日程表和鄧小平未來的訪美計畫。鄧小平接受美國加快宣布兩國關係正常化的要求，並同意在一月二十八日這個美方認為方便的時間動身訪美。然後兩人休會，同意在伍考克收到華盛頓的指示後，於當天晚上再次見面。[55]

在當晚九點的會談中，鄧小平和伍考克討論了對聯合公報的措辭所做的一些微調，雙方很快便達成共識，並同意由章文晉和芮孝儉共同對措辭進行查核，以確保中英文文本的準確性和一致性。華盛頓接受伍考克的建議，同意中方列入反霸權條款的要求，因為《上海公報》中已經包含這一條款。會談的氣氛反映出雙方都相信他們已經達成共識。伍考克在給華盛頓的會談報告中說：「鄧小平對我們的會談結果顯然十分高興，把它稱為最重要的事件，還希望向總統、萬斯國務卿和布里辛斯基博士轉達他的謝意。」伍考克向華盛頓報告，會談「進行得一帆風順」。[56]

與此同時，布里辛斯基在與中國駐華盛頓聯絡處交談時，吃驚地聽到聯絡處主任柴澤民仍然

（331）

認為美國已同意全面停止對台軍售，他擔心北京可能對華盛頓要繼續軍售的決定有所誤解。[57]美方答應鄧小平的要求，在一九七九年不向台灣出售新的武器，但美國打算以後恢復對台軍售。由於卡特、布里辛斯基和奧克森伯格開始集中考慮如何向國會解釋關係正常化協議，他們擔心國會會立即將注意力集中到對台軍售的問題上。如果北京仍然認為未來不會再有對台軍售，那麼美國一旦宣布出售武器，將會給正在恢復正常化的美中關係造成嚴重後果。

風險之大不言而喻。在此關鍵時刻，這個與鄧小平宣稱不可動搖的「原則」相關的誤解，足以使兩國關係出軌。因此布里辛斯基發電詢問伍考克，他是否確信北京已經對繼續對台軍售表示諒解。伍考克和芮孝儉馬上擬好電文，其中說，雙方已把各自在軍售問題上的立場明確記錄在案。[58]伍考克回覆布里辛斯基，他們此前已向中方講明：「正式建交不排除美國人民繼續同台灣人民保持一切商業、文化和其他非官方聯繫，我在十二月四日已經就此向代理外長韓念龍做了說明。」他在電文中又說，代理外長韓念龍確實提出「明確反對建交後向台灣出售武器」。收到伍考克的電文後，卡特總統和布里辛斯基認為，在鄧小平是否明確理解美國將在一九七九年以後繼續出售武器這一點上仍存疑問。於是布里辛斯基又致電伍考克，讓他再去見鄧小平，毫不含糊地向對方表明，假如國會提出對台軍售問題，他們出於政治原因不可能回答說一九七九年以後不再恢復出售武器，但是美國在出售武器時會有所節制。[59]

（332）

鄧小平答應了伍考克要與他再次會面的緊急請求。他們在北京時間十二月十五日下午四點見面時，伍考克感謝鄧小平願意這麼快就與他見面。他解釋，本著完全坦誠的精神，卡特總統「要有絕對把握不存在任何誤解」。他接著宣讀了白宮發來的聲明，其中解釋，鑒於美國政治的需要，美方會繼續對台軍售。鄧小平勃然大怒，但還是有所克制，他說，這完全不可接受。他發了十分鐘的火，然後怒斥道：「為何又要提出這個售武問題？」伍考克解釋說，美方不想讓總統在其聲明中說一些讓中國感到意外的話。鄧小平接著說：「這是否意味著總統在回答記者提問時，會說美國將在一九八〇年一月一日之後繼續賣給台灣武器？」伍考克答道：「是的，我們會繼續保留這種可能性。」鄧小平說：「如果是這樣，我們不能同意，這實際上會阻止中國以合理的方式，通過與台灣對話解決國家統一問題。」他說，蔣經國會變得趾高氣揚，「台灣問題將不可能和平解決，最終的選擇就是動用武力」。60

這時伍考克向鄧小平保證，美國將極其慎重地處理這個問題。鄧小平反駁道，中方早已明確表示不接受繼續對台軍售，他昨天就提到過這一點。伍考克把責任攬了下來，他說，他本人大概有所誤解。鄧小平變得十分惱怒，伍考克和芮孝儉嚴重懷疑鄧小平是否還會同意關係正常化。

經過將近一小時的會談和連珠砲一般的反對後，鄧小平說，台灣是唯一懸而未決的問題：「我們該怎麼辦？」伍考克答道，他認為在關係正常化以後，隨著時間的推移，美國人會接受台灣是中國的一部分，支持中國的統一。當時很多美國官員也和中國官員一樣，認為這會在幾年內發生。伍考克說，頭等大事是完成關係正常化。鄧小平說：「好。」話音一落，僵局隨之冰釋。

會談結束時，鄧小平提醒，如果卡特總統公開宣揚對台軍售，中方將不得不做出反應，任何公開爭論都將有損於中美建交的重大意義。伍考克向鄧小平保證，美國將盡力讓全世界認識到，中美建交的意義正如雙方共同相信的那樣極其重大。鄧小平說：「好吧，我們如期公布建交文件。」鄧沒有再和其他任何中國官員協商，中美建交一事就這樣塵埃落定了。

在美國繼續對台軍售的情況下，鄧小平依然決定實現兩國關係正常化。關於他本人在做出這個一生中最重大的決定之一時有何考慮，沒有任何記錄可考。但他知道，這個決定將使他最珍視的目標之一，在有生之年看到台灣回歸大陸變得異常困難。那麼他為什麼還要同意呢？當時他剛剛在勢均力敵的同事中成為中國的頭號領導人，他可能認為，實現中美關係正常化可以加強他在中國領導層中的個人地位。或許更重要的是，鄧小平還知道，與美國實現關係正常化，會讓中國更容易得到它在現代化建設中所需要的知識、資本和技術。布里辛斯基幾週前曾告訴柴澤民，美國政治提供了一個短暫的機會，如果他們不迅速行動，下個機會就得等到一九七九年底了。多年以來，關係正常化的過程障礙不斷，鄧小平看到機會難得，他不想放過。

鄧小平當時的另一個重要考量，是蘇聯從南部對中國日益增長的威脅。他當時相信存在著很

（333）

現實的危險：蘇聯有可能進入越南，經由泰國和馬來西亞向麻六甲海峽擴張。他認為，高調展示中美合作可以讓蘇聯變得更謹慎，還可以減少蘇聯對中國攻打越南可能做出反應的危險。鄧小平還知道，布里茲涅夫想在他之前訪問華盛頓，而如果與伍考克達成協議就很有可能使他搶在布里茲涅夫之前成行。鄧小平做出深思熟慮的決定，因為他知道自己沒有足夠的力量使美國既同中國建交，又停止對台軍售。如果他想要關係正常化，就得付出向美國對台軍售做出讓步的高昂代價。他並沒有放棄統一台灣這個目標。他會在中美建交之後，利用一切機會迫使華盛頓減少對台軍售。

中美建交協議在北京和華盛頓同時宣布。北京時間十二月十六日上午十時，華盛頓時間十二月十五日晚九時，雙方發布了聯合公報：「美利堅合眾國和中華人民共和國同意相互承認，並於一九七九年一月一日建立外交關係。」卡特總統向美國公眾做出宣布。在中國，名義上仍然是國家元首的華國鋒舉行記者招待會宣布這一決定。這條新聞在北京播出後，不論在民眾中還是黨內，都呈現出一片歡欣鼓舞的氣氛。

蔣經國在半夜被叫醒，得知即將發布公報的消息，台灣人的憤怒一如北京人的欣喜。台灣官員及其在美國國會的朋友怒不可遏，一些保守派也跟著聲討打算與「共產黨敵人」合作的美國官員。但是，文化差異極大的兩個大國將攜手建立一個更加和平的世界，這一前景無論對美國民眾還是中國民眾都很有吸引力。正如卡特總統本人所說：「我們本以為全國上下和國會內部會強烈反對，然而這並沒有成為現實。……整個世界的反應顯然是積極的。」[61]

鄧小平訪美：一九七九年一月二十八日—二月五日

六個星期之後，鄧小平和妻子卓琳、伍考克和妻子莎朗以及鄧小平的隨行人員登上飛往美國的波音七〇七飛機。隨行人員說，在這次長途飛行的大部分時間，鄧小平處於清醒和警覺的狀態，他既不閱讀也不說話，只是沉思默想。從某種角度說，鄧小平一定感到極其愉快，他不但成功地與美國建交，而且從個人角度來看，他在第三次被撤職後又重新成為中國的頭號領導人，而且即將成為第一位做為美國國賓的中共領導人。

但是鄧小平也肩負重任，他的這次出訪極其重要。他在會見外賓之前，會用幾分鐘時間理清談話的思路。現在他必須思考對很多人要說的話。他會發表一些事先準備好的演說，但很多談話是即席發言，甚至沒有提綱。並且他已經決定攻打越南，因而存在著蘇聯可能進攻中國的危險。如何確保美國與他合作對抗蘇聯，又不讓正在試圖與蘇聯達成協定的卡特厭煩？關於越南問題他應當對卡特說些什麼？為了推動中國的現代化，他要跟總統、國會和美國民眾建立良好的關係，怎樣做才最有效？一月九日他曾對薩姆·努恩（Sam Nunn）參議員率領的代表團說，他在美國不會討論人權問題；他說，他對美國在人權上施壓的方式是有一些看法的，但他不會提到它們。[62]如果遇到親台灣的示威者他該如何對待？應當如何應付西方的電視節目主持人？隨行的三十三名中國記者每天都要向中國觀眾發回新聞和電視報導，他對他們應當說些什麼？如何能夠保持對美國的壓力，使其減少對台軍售，但又不至於引起美國官員的敵意？

萬斯和他的班子為鄧小平抵達華府做準備時，給卡特和其他接待鄧小平的官員準備了有關鄧小平和這次訪問意義的簡報。萬斯在這份十三頁的備忘錄中說，鄧小平是一個「非凡人物——急躁、好勝、自信、坦率、直接、強硬、頭腦精明」。萬斯預測，鄧小平的目標大致包括：幫助卡特說服國會和美國人民接受中美建交；拓展美中關係，使這些改變變得不可逆轉；激起美國對越南的敵意。但是，美中緊張關係緩和的重要意義，遠遠不局限於這些個別的目標，它能夠「對亞洲的政治與戰略格局和全世界造成顯著的影響」。[63]

在鄧小平抵達之前，他的訪問已經引起公眾的極大興趣，超過自赫魯雪夫一九五九年訪美以來的任何外國領導人。美國媒體上充斥著有關鄧小平的各種報導：他復出的故事，他推動改革開放的決定，他要實現中美關係正常化的信念，以及他的這次美國之行。《時代》雜誌一月份第一期將鄧小平選為一九七八年的「年度人物」，理由是他讓一個封閉的共產黨國家步入新的開放之路。《時代》雜誌承認華國鋒仍是主席，但是把鄧小平稱為中國四個現代化的「建築師」。《時代》不知道華國鋒在中央工作會議上已元氣大傷，而將鄧小平稱為中國的首席執行官，華國鋒則是董事長。

長期以來，美國民眾對地球另一端那個神祕、封閉、古老的文明一直充滿好奇。鄧小平的來訪提供了一幅迷人的景觀，引起的關注甚至超過一九七二年尼克森的訪中。這位性格開朗的小個子領導人，會更像是一個刻板教條的「共產黨人」，還是像美國人那樣較為開放？美國工商界盯著中國這個正在開放的潛在大市場，展望著能將他們的產品銷往中國的前景，爭著想得到出席國宴的邀請。想在中國設記者站的新聞機構也爭相吸引鄧小平及其代表團的注意。

訪問開始時，卡特總統表現得像鄧小平一樣克制而嚴肅。他為中東帶來和平的努力最初似乎大有希望，但是已經化為泡影；他在民意測驗中的支持率已經跌到三〇%左右。他曾對公眾和國會對他決定同台灣正式斷交、和共產黨大陸恢復正常關係做何反應表示憂慮。國會議員在談判期間一直被蒙在鼓裡，他們是否會對談判沒有徵求他們的意見表示不滿？卡特也很容易受到那些台灣支持者的指責，因為他拋棄了老夥伴，而且在通知台灣總統蔣經國時採用了很不得體的方式：讓美國官員在凌晨把他叫醒，告訴他當天稍後美國將宣布與台灣斷交，與大陸實現關係正常化。

鄧小平的訪美安排火速進行。他在一月二十八日抵達華盛頓，離十二月十五日兩國達成協議

(336)

只有不到六週的時間。雙方為了使訪問成功，都賣力工作，而鄧的此次行程總體上也一帆風順。

鄧小平的飛機降落在安德魯空軍基地後，他轉乘加長禮車前往首都的布雷爾飯店，美國政府的重要客人一般都下榻於此。美國的東道主知道鄧小平有使用痰盂的習慣，便在布雷爾飯店裡擺放了幾個閃閃發光的新痰盂。其他的細節他們也考慮得很周到。在訪問期間，他們不會把鄧小平帶到有軍事設施或有不能賣給中國的技術的地方。為中國代表團提供的肉不能是大塊的，而要切成小片，使習慣於用筷子進食的官員易於取用。喬治亞州州長喬治·巴士比（George Busbee）問鄧小平，他在美國有沒有發現什麼特別的事，鄧小平半開玩笑地說，他沒想到美國人居然每一餐都吃小牛肉。原來華盛頓和亞特蘭大細心的東道主此前獲悉鄧小平愛吃的食物中有小牛肉，便連續幾次晚餐都給他上小牛肉。結果，鄧小平下一次進餐時，小牛肉就消失了。

美國的東道主擔心安全問題，尤其是在開放的戶外空間。在白宮草坪的歡迎儀式上，有兩個人在記者席上大呼「毛主席萬歲」，被保安官員迅速帶離，鄧小平則表現得若無其事。[64] 當時還沒有能在建築物入口處監測攜帶武器者的金屬探測器，因此保安人員盡其所能萬分戒備。還有一個擔心是壞天氣妨礙車隊的出行。因此，除了華盛頓，在為鄧小平訪問而挑選的另外三個城市中，兩個是氣候溫暖的亞特蘭大和休斯頓，另一個是氣溫適宜的西雅圖。

選擇亞特蘭大順理成章，因為它位於卡特的家鄉喬治亞州。伍考克曾在一月一日問鄧小平，

（337）

他訪美時想看些什麼，鄧小平立刻回答，他想看一看太空探索設備和其他先進技術。[65]他在休斯頓參觀了美國航太總署的設施和最先進的油井鑽探技術，然後飛往西雅圖，波音公司正在這裡生產中國剛剛開始購買的新型噴射客機。他感興趣的是生產，不是消費。除了在布里辛斯基家中與客人一起用餐，他沒有參觀商店或訪問私人家庭。在亞特蘭大，鄧小平參觀了福特公司一家最先進的汽車廠，為他導遊的是他在北京接見過的亨利．福特二世（Henry Ford II）。

在美國事務上，鄧小平沒有一個高級顧問對美國的理解能夠達到廖承志對日本的精通程度，但是他有已在美國生活數年的黃華外長和中國社科院美國研究所所長李慎之陪伴，後者對美國的歷史和宗教都有深入研究；此外還有鄧小平的主要譯員冀朝鑄，他年幼時在美國生活多年，曾經就讀哈佛，直到一九五〇年大學三年級時回到中國。[66]

在鄧小平訪美期間，中國駐華盛頓聯絡處（三月一日即將升格為中華人民共和國大使館）的官員忙得不可開交，甚至無暇接聽電話。這些中國官員的英語都是在中國學的，他們缺少在美國的經驗；各項工作，包括保安、後勤、與美國東道主的協調、準備敬酒辭和演說、應付大約九百五十名西方媒體記者和三十三名中國媒體代表的要求等等，讓他們不勝負荷。他們為了把工作做好而緊張地忙碌著。

中國媒體對鄧小平訪美做了廣泛報導。當時的中國平均每千人才有一台電視機，而且大多是在重要官員的辦公室裡，每台電視機往往都有一大群人同時觀看。中國的城市當時只有一個電視台——中央電視台。鄧小平的隨行人員中不僅包括大報和新華社的記者，還有中國的首席新聞播音員趙忠祥，他在美國負責製作半小時的節目，每天行程結束後傳回國內。此外，中國的一個電影攝製組製作編輯了一部紀錄片，將於訪問結束後在國內放映。對許多中國人來說，鄧小平的訪美使他們有機會直觀美國，看到它的現代工廠、它的政治領袖和一般民眾。[67]鄧小平鼓勵中國民眾對美國的這種興趣，他希望這有助於中國觀眾明白自己的國家有多落後，多麼需要變革。

在訪美行程的前幾天，鄧小平仍然很拘謹。他一本正經，態度嚴肅，甚至揮手時也中規中矩。他沒有舉行記者招待會，也很少流露感情。

（338）

華盛頓之行

鄧小平在一月二十八日抵達華盛頓並休息幾個小時後，便出席了在布里辛斯基（鄧的反蘇和支持關係正常化的盟友）家中的非正式小型晚宴，這是去年五月他就答應的。經過長途飛行之後，鄧小平看上去難免有些疲憊，但據布里辛斯基說，鄧小平和妻子展現出色的幽默感，鄧則證明了自己反應敏捷。布里辛斯基說，中國和法國的文明都自認為高人一等，鄧小平答道：「不妨這麼說，中國菜在東亞是最好的，法國菜在歐洲是最好的。」[68]布里辛斯基說，卡特要與中國恢復邦交時，遇到過親台灣的院外遊說團體的麻煩，他問鄧小平是否在國內也有類似的麻煩。鄧小平敏捷地答道：「我也有啊，台灣的一千七百萬中國人就反對。」[69]

席間有人問鄧小平，如果中國受到蘇聯的攻擊，會做出何種反應。鄧小平對在座的人包括副總統孟代爾、國務卿萬斯、布里辛斯基、奧克森伯格說，中國有核武器，可以打到布拉茨克大壩、諾沃西比爾斯克，甚至有可能打到莫斯科。毛澤東曾說過中國能夠打持久戰把敵人拖垮，從核戰和外敵入侵中挺過來。鄧小平對最壞的情況也有通盤的考慮。在這次非正式的交談中，他很嚴肅地對布里辛斯基說，他希望和總統有一個小規模的私下會晤，談一談越南的事情。[70]

第二天一月二十九日，鄧小平在上午和下午都與卡特總統舉行會談，午餐由萬斯國務卿做東，晚上則是正式國宴。卡特在當晚的日記中寫道：「和他會談很愉快。」[71]卡特說，鄧小平聽得十分認真，也對他的言論提出一些問題。在次日上午他們的第三次、也是最後一次會談中，據布里辛斯基說，卡特和鄧小平坦誠而直率，他們的討論更像是盟友而不是對手之間的會談。

第一次會談時鄧小平請卡特先發言。卡特發表他對國際形勢的看法，強調美國感到有責任幫助世界人民改善生活品質，其內容包括政治參與、免於本國政府的迫害及擺脫外來強權。輪到鄧小平發言時他說，中國領導人過去認為最大的危險來自兩大強權，但他們最近開始認為美國的危險要小於蘇聯。接下來當鄧小平談到蘇聯擴張主義的潛在危險時，他變得專注而且極其嚴肅。他

（339）

承認中美兩國現在結成同盟沒有好處，但他相信兩國應當密切合作對抗蘇聯的擴張。

鄧小平將越南稱為東方的古巴，是蘇聯從南部威脅中國的基地。在鄧小平看來，蘇聯和越南已經建成一個亞洲集體防衛體系，威脅著所有周邊國家。「中國實現全面現代化需要長期和平」，因此中美兩國應當協調行動，遏阻蘇聯。中國現在還不可能與南韓直接接觸，但他希望朝鮮半島南北雙方能夠舉行走向重新統一的談判。[72]中國也可以與日本（他去年十月剛訪問過那裡）合作限制蘇聯的擴張主義。他在赴美之前也曾對《時代》雜誌的唐諾文（Hedley Donovan）說，中國要與日本和美國一起對付俄國這頭北極熊。[73]

下午的會談快要結束時（一月二十九日三次會談中的第二次），鄧小平再次要求與卡特舉行小規模的私下會談，討論一個機密問題。於是卡特、孟代爾、萬斯和布里辛斯基與鄧小平和他的譯員一起離開在座的其他人，去了橢圓型辦公室。在那裡進行的一個小時會談中，鄧小平以嚴肅而又果決的作風，說明他要對越南進行懲罰性打擊的計畫。他解釋，蘇聯和越南在東南亞的野心造成嚴重危險，這將以越南占領柬埔寨做為起點。鄧小平說，必須打破蘇聯的如意算盤，適當地給越南一個小小的教訓。卡特想讓鄧小平打消進攻越南的念頭，不過他沒有說反對此事。他只表示擔心：中國如果進攻越南就會被視為侵略者。他知道這將更難以爭取到國會對中美合作的支持，尤其考慮到，維護和平正是他的行政當局為發展中美關係提出的理由之一。

次日鄧小平又和卡特私下會晤，就中國進攻越南進行最後會談。卡特向鄧小平讀了他連夜親筆寫好的紙條，解釋他為何建議中國不要這樣做的原因。卡特說：「中國挑起的武裝衝突，將使美國對中國的普遍政策以及未來能否和平解決台灣問題產生嚴重關切。」[74]鄧小平解釋他為何堅持自己的決定，但是他向卡特保證，即使中國軍隊發動進攻，也會在十天到二十天後撤出。鄧小平又進一步堅持，中國攻打越南的好處將是長期的。如果中國這次不給蘇聯一個教訓，蘇聯就會像利用古巴那樣利用越南。（鄧小平還預言蘇聯也會進入阿富汗，而蘇聯確實在一九七九年十二月入侵阿富汗。）然後鄧小平和卡特回到眾人之中。卡特注意到，鄧小平在完成他真正嚴肅的任務之後，又變得輕鬆愉快起來。[75]

美國和中國都擔心蘇聯有可能介入中越衝突。鄧小平訪美後不久，美國官員就發出警告，蘇聯如果開始利用越南的金蘭灣做為海軍基地，將是嚴重的挑釁行為。[76]雖然卡特不支持中國攻打越南，而且後來將這一點通告蘇聯，但是當中國在二月對越南發動進攻時，鄧小平已經達到自己的目的：使蘇聯對站在越南一邊變得更加謹慎，因為他們現在要擔心美國有可能採取某種報復行動。

鄧小平在華盛頓期間也希望落實向美國派遣留學生一事。然而卡特總統對學生交流卻有自己的顧慮。他首先報怨，中國把外國在華留學生與中國學生隔離開來。鄧小平解釋，這樣做是因為

（341）

中國大學的生活條件不好，想給外國人提供一個可以接受的生活環境。卡特接著又說，他不希望由中國來選擇哪一些外國學生可以被接受。鄧小平笑著說，中國足夠強大，可以承受一些背景不同的學生，中國也不會將意識型態做為衡量是否接受他們的標準。他又說，對記者的外出採訪活動仍要加以限制，但不會審查他們的稿件。

在最後的會談中，卡特和鄧小平簽署了有關領事館、貿易、科技和文化交流的協定。鄧小平表示，假如美國和日本敦促台灣與北京談判，美國減少對台軍售，它們就能為世界和平做出貢獻。他對卡特說，北京只有在兩種情況下才會對台灣動武：一是台灣長期拒絕與北京談判，二是蘇聯涉足台灣。[77]

據布里辛斯基說，為鄧小平舉行的國宴大概是卡特入主白宮四年中最為講究的宴會。[78]據卡特本人說，在一月二十九日的宴會上，由於鄧小平個頭小，興致又高，在他的女兒艾美和其他在場的孩子之間大受歡迎，雙方似乎都十分愉快。[79]鄧小平的女兒在講述自己的家庭生活時也說，父親很享受兒孫繞膝的樂趣，儘管他話不多。

卡特利用國宴的機會，善意地與鄧小平談起兩人對外國在中國傳教士的不同觀點。卡特過去當過教會主日學校的教師，年輕時曾把零用錢通過教會捐給在中國的傳教士。他讚揚傳教士在中國發揮的作用，指出當中有不少好人，還提到他們所建立的學校和醫院。鄧小平回答，他們很多人都想改變中國的生活方式，他承認一些教會學校和醫院仍在運轉，但是他表示反對批准恢復傳教活動。卡特還建議鄧小平允許發放《聖經》和信仰自由。當卡特後來訪中時，他對中國在這兩個方面取得的進步感到滿意。

尼克森訪中時鄧小平還在江西的「桃花源」下放，但鄧訪美時提出希望與尼克森見一面，代表中國人民向這位在恢復中美邦交上做出貢獻的前總統表達謝意。卡特答應鄧小平的請求，同意兩人私下見面，卡特也邀請尼克森出席為鄧小平舉辦的國宴，這是尼克森在一九七四年八月不光彩地離開之後第一次回到白宮。[80]這次白宮之行後，尼克森給卡特寫了一封周到的私人信件，表示支持卡特的建交決定，並就美中關係的未來提出一些看法。[81]

國宴之後是甘迺迪藝術中心的演出，演出向全國電視觀眾做直播，一位美國官員說它「大概是整個卡特當政期間最風光的一個晚上」。[82]喬治亞的花生農場主卡特和軍人鄧小平，他們各自代表自己的國家，手拉著手站在一起。當他們被介紹給觀眾時，樂隊奏起英文歌曲《好想認識你》。[83]包括艾美．卡特在內的一群美國兒童用中文演唱了幾首鄧小平喜愛的歌曲後，鄧小平出人意料地走上台去吻了他們的手。據孟代爾副總統說，當時大廳裡人人眼中閃爍著淚光。他也許並沒有誇大其詞。[84]

在與內閣官員的會談中，鄧小平主要談的是貿易問題。他在一月三十一日和他們的會談中預

（342）

言，如果中國能得到貿易最惠國地位（事實上是指正常的貿易關係），那麼用不了多久，美國和中國大陸的貿易額（當時與美台貿易額差不多）就能擴大十倍。在與行政官員的會談中，鄧小平與美方達成解凍中國在美資產和美國在中資產的協議。美方官員同意，除了將各自的聯絡處升格為大使館，兩國還將在其他城市設立兩個領事館。鄧小平還和美方人員討論兩國開通直飛航線需要做的事情。中方官員同意制訂一個讓美國媒體在中設立記者站的時間表。鄧小平還參加了一些促進學術和科學交流的會談。

鄧小平並不完全明白逐步提升技術所需的過程，他也不完全理解私人公司要利用專利和版權收回其研發成本的考量。鄧小平才剛剛開始意識到這些複雜的問題，就對此懷著過高的期望，逕自宣布，他要的不是七〇年代的技術，而是最尖端的技術。[85]

在與國會參議院的會談中，他的東道主是參議員羅伯特·勃德（Robert Byrd），在眾議院會談中接待他的則是眾議院議長提普·奧尼爾（Tip O'Neill）。對奧尼爾談到的分權制度，尤其是立法和行政部門為權力和影響力而相互競爭這一點，鄧小平顯得很著迷。他本人頗為喜歡奧尼爾，後來奧尼爾又應邀去北京會晤了鄧小平。但奧尼爾後來寫道，鄧小平絕不懷疑，至少就中國而言，分權制是一種十分低效的治國方式，是中國應當避免的。[86]

在鄧小平與國會會談中出現的一個關鍵問題是，中國是否允許人民自由移民。國會在四年前通過《傑克遜－瓦尼克修正案》，要求共產黨國家允許希望移民的人自由離開，然後國會才能批准這些國家享有正常貿易關係。當國會議員逼問鄧小平中國是否允許自由移民時，鄧小平回答說：「噢，這事好辦！你們想要多少？一千萬？一千五百萬？」他說的時候不苟言笑，國會議員沒有繼續追問下去。中國得到豁免，得到了最惠國待遇。[87]

（343）

儘管事先精心準備，一個為美國的「中國通」而舉辦的招待會，在地點選擇上還是出了大紕漏。招待會的舉辦地點是國家美術館的東展廳，這座漂亮的建築由著名的美籍華裔建築師貝聿銘設計，之所以選擇這裡是為了彰顯華裔美國人的作用。參加招待會的是關心中國的工商界、學術界和外交界人士，主辦單位是外交政策協會、美國國家美術館、美中關係委員會、對中學術交流委員會、亞洲學會和美中商會。這是一次各界人士出席的盛大集會，其中很多人已經在香港相識，因為在中國對外開放之前，那裡是政府、新聞界、商業界和學術界觀察中國的主要中心。這是個喜慶的時刻，也是一個很多參加者為之努力並期盼已久、值得慶祝的日子。可是貝聿銘後來聽說這次招待會請鄧小平在那裡演說後，感到十分錯愕，因為那個地方根本沒有適用於公開演講的聲學設計。事實上，當鄧小平演說時，儘管有麥克風，參加招待的人仍聽不清他在說些什麼，他們繼續跟朋友們相互寒暄。鄧小平身邊的人知道他不高興，但他繼續唸自己的講稿，沒有流露出任何不快，彷彿是在對黨代會上一群聽話、坐著一動不動的黨員致詞。[88]

(344)

費城、亞特蘭大、休斯頓和西雅圖之旅

在與華盛頓官員的會談中，鄧小平談的是全球戰略問題。但是在參觀各地的旅途中，他則著重考察現代工業和交通，並鼓勵美國商人對中投資、學術界人士促進學術交流、一般民眾支持兩國建立更緊密的聯繫。[89]在與工商界人士的交談中，他強調中國有很多商品可供出口，用來購買他急於得到的技術。[90]在他停留的大多數地方都有揮舞著台灣國旗的抗議者，有些地方還有狂熱的美國左派抗議鄧小平投靠資產階級，背叛毛的革命。不過大體而言，他的聽眾中洋溢著支持的氣氛，其中夾雜著熱情、好奇與善意。[91]

鄧小平在訪美期間沒有舉行公開的記者招待會，也沒有在電視上現場回答問題。但是他給同行的美國記者留下的印象是：他平易近人，努力回答記者和他在旅途中遇到的工商業人士的問題。他確實接見了主要電視台的四位主播。[92]其中奧伯多弗是一位傑出的外交和亞洲事務記者，他在鄧小平到四個城市參觀時也一路隨行。據奧伯多弗說，在華盛頓的前幾日結束之後，鄧小平就放鬆下來了。他在各地揮手向人群致意，並和他們握手。對於特殊的朋友，如在西雅圖遇到的參議員傑克遜，他會送上熱情的擁抱。奧伯多弗描述鄧小平時說：「他的眼光中混雜著迷茫與興奮，那更像是年輕人而不是老年人的特點。」[93]

一月三十一日，鄧小平在費城的天普大學接受榮譽學位。他在演講中說：「天普大學也以堅

持學術自由而聞名，我認為這是貴校成功的一個重要因素。貴校為我這個信仰馬克思列寧主義和毛澤東思想的人授予榮譽博士學位，就充分證明了這一點。……美國人民是偉大的人民，在短短的兩百年時間裡發展出巨大的生產力和豐富的物質財富，為人類文明做出了傑出貢獻。美國在發展生產的過程中積累的豐富經驗，也可以讓其他國家從中學習受益。」

在亞特蘭大，鄧小平迷住了卡特總統的鄉親。儘管他只在那裡待了二十三個小時，卻占據了媒體主要篇幅數日。他在有一千四百人參加的午宴上致詞，讚揚亞特蘭大歷史上的領導人在內戰之後重建城市的表現。[94]他把這座城市的過去與中國的現在聯繫在一起：美國南方一直被認為是比較落後的地區，「但現在它已經成為領跑者。我們在中國也面臨著改變我們落後面貌的任務。……你們的偉大勇氣鼓舞著我們的信心」。[95]亞特蘭大的報紙刊登了一幅鄧小平妻子卓琳擁抱艾美．卡特的照片，並報導了她在羅莎琳．卡特（Rosalynn Carter）女士的陪同下，在華盛頓參觀艾美的學校、一家兒童醫院和華盛頓動物園的大熊貓的情況。[96]

伍考克回憶說，在休斯頓，鄧小平鑽進詹森太空訓練中心一個複製的太空艙，「他很著迷。……在這個模擬著陸的運載器中他非常開心，我想他大概願意一整天都待在裡面」。[97]在休斯頓以西三十七英里的西蒙頓牛仔馬術表演中，歐威爾．謝爾（Orville Schell）報導：「鄧小平在他的助手、部長和譯員的簇擁下，就像小鎮上的老練政客一樣用力地揮著手。鄧小平……走到圍欄前，……一個姑娘騎著馬飛奔而至，把自己的寬邊呢帽遞給鄧小平，口哨和歡呼聲在人群中響成一片。他們高興地看到，鄧小平誇張地把他的新帽子戴在頭上。他用這個簡單的動作，不僅結束了中美兩國三十年的怨恨，也給了他的人民某種許可，讓他們和他一起接納美國的生活和文化，……消除中國對西方根深柢固的抵制。」[98]在全美國，鄧小平一臉笑容、帶著牛仔帽的照片，成為他訪美的象徵。它給美國公眾傳遞的訊息是：鄧小平不但很幽默，而且不太像「那些共產黨」，而是更像「我們」。《休斯頓郵報》的頭條標題是：「鄧小平不問政治，成為德州人」。[99]

除了參觀福特和波音的現代化工廠、石油鑽探設備和休斯頓太空中心，鄧小平還乘坐造型流暢的直升飛機和氣墊船。在參觀現代工業場所和航太中心時，鄧小平及其隨行人員進一步加強了他們訪日時所得到的印象：中國為了實現現代化，在組織與管理上必須進行巨大改革。[100]鄧小平與摩天大樓和高速公路上川流不息的汽車同在的畫面，被傳送到中國的電視螢幕上。

行程結束時，鄧小平在西雅圖說：「我們兩國是隔洋相望的鄰居。太平洋不應該是一道障礙，今後應當成為一條紐帶。」[101]在就要離開西雅圖飛往東京時，鄧小平患了感冒。（伍考克回憶：「我們全都既興奮異常，又筋疲力盡。」）黃華外長代他出席最後一次記者和主編的早餐會。動身之前，在機場內舉行的最後一次通報會上（因為外邊寒風中飄著細雨），因發燒而略帶鼻音的鄧小平說：「我們帶著中國人民的友誼而來，滿載著美國人民的情誼而歸。」[102]

（346）

星星之火，可以燎原

卡特在他的私人日記中寫道：「鄧小平的來訪是我在總統任內最愉快的經歷之一。對我而言一切都很順利，中國領導人似乎也同樣愉快。」[103]卡特對鄧小平的描述是：「聰明、強硬、機智、坦率、勇敢、有風度、自信且友好。」[104]卡特也感謝鄧小平能夠體諒美國的政治現實，沒有強調兩國關係的反蘇基礎，因為這樣的言論將有損於美蘇兩國達成軍備控制協議的努力。[105]

這次訪問象徵著兩國將攜手創造一個和平的世界，這對美中兩國人民都有巨大的感召力。如果說訪問的成功有賴於鄧小平的個人特質，那麼這些特質包括他為改善中美關係所做的真誠努力、他內心深處的自信，以及他擔當這個特殊角色時的游刃有餘。這些素質使他能夠完全表現出自在、坦率和機智，以及在得到聽眾讚賞時的由衷喜悅。一些敏於觀察的中國人說，鄧小平平時並不張揚自己，但一旦遇到挑戰他就能充分振作起來，這正是他在美國的表現。

二十年前，蘇聯領導人赫魯雪夫曾在美國刮了十三天的旋風。赫魯雪夫個性張揚、固執己見且愛熱鬧，鄧小平顯然與之不同。事實上，赫魯雪夫的確更加惹人注目。他和鄧小平都想開創與美國關係的新時代。鄧小平較為拘謹，做事有板有眼，不願改變自己的計畫。[106]但是，鄧小平通過他所達成的交流計畫以及與美國工商界的接觸，為穩定的中美關係打下更深厚的基礎，這是赫魯雪夫沒有為蘇美關係做到的。

在各個城市聽過鄧小平講話的美國商人，馬上著手準備去中國尋找商機。在亞特蘭大與他見過面的十七位州長中，有不少人計畫與當地商人組團訪中。商務部長華妮塔・克萊普斯（Juanita Kreps）、農業部長鮑伯・貝格蘭（Bob Bergland）和能源部長詹姆斯・史勒辛吉（James Schlesinger）也準備在未來幾個月率團在各自領域內與中國拓展關係。國會議員們，即使很多過去批評過中國的人，也都爭相加入訪中的行列。赫魯雪夫在訪美五年後被趕下台，而鄧小平在訪美後的十多年裡一直擔任中國的頭號領導人，得以見證他在美國播下的種子結出纍纍碩果。

鄧小平在訪美期間，於一九七九年一月三十一日和國家科委主任方毅一起與美國簽訂了促進科學交流的協定。[107] 一九七九年初第一批五十名中國留學生抵達美國，他們前途遠大，但準備不足。鄧小平訪美後的二年裡，有一〇二五名中國人持學生簽證赴美，到一九八四年時則有一萬四千名中國學生進入美國大學，其中三分之二所學專業是自然科學、醫學和工程。[108] 北大和清華這兩所中國的頂尖大學，被非正式地看作赴美深造留學生的「預科學校」。一九七九年標誌著中斷了三十年的中美交往重新恢復，但是短短幾年之內，中美交流的範圍和規模就遠遠超過一九四九年以前的水準。

美國國務院一些有頭腦的官員，雖然完全相信美中恢復邦交的價值，但是對鄧小平訪美期間美國對中國的過度情緒化反應也表示擔憂。他們擔心美國政府和媒體向美國民眾過度推銷中國，就像他們在二戰期間過度推銷蔣介石一樣：當時美中兩國是同盟，美國民眾對國民黨內猖獗的腐敗毫不知情。在鄧小平一九七九年引人矚目的訪美行程之後，熱情的美國人並不瞭解中國共產黨仍在繼續施行的威權主義、中美兩國在國家利益上的分歧，以及那些仍然妨礙著解決台灣問題的巨大障礙。109

鄧小平訪美對中國的作用，甚至比對美國的影響更大。鄧小平的訪問改變了美國人對中國的印象；而在中國，他的訪問使中國人的思維方式和未來觀發生一系列的巨變。鄧小平訪美使中國民眾見識到現代生活方式，其作用甚至大於他對日本和東南亞的訪問。中國電視上每天播出的新聞和鄧小平訪美期間製作的紀錄片，展現了美國生活十分正面的形象：不僅是美國的工廠、交通和通訊，還有住著新式住宅、擁有各種現代家具和穿著時髦的美國家庭。一種全新的生活方式被呈現給中國人，讓他們趨之若鶩。甚至連在北京的為數不多的美國人與中國人之間的藩籬也被衝破，相互之間到家裡做客不再受到禁止。毛澤東當年說過對革命來說「星星之火，可以燎原」，中國在一九七九年以後也經歷了一場革命，其規模和持續時間遠遠超過毛的革命。點燃這場革命的火星固然有許多，但其中迅速形成燎原之勢的火星，當推鄧小平的訪美。

（347）

就像美國人對鄧小平做出過度反應一樣，很多中國人也對鄧向美國的開放做出過度反應。有些中國人想一夜之間就能得到一切，沒有意識到在能夠享受經濟成長的成果之前，中國需要做出多少改變。還有一些人急於引進中國的現實還難以適應的制度和價值。在中國和西方道路之間找到適當的平衡並不容易，但是對外開放帶來了中西的混合優勢和思想的復興，它們隨著時間的推移將重新塑造中國。

一九七九年二月結束訪美時，鄧小平對他的譯員施燕華說，通過這次訪問，他已完成了自己的任務。最初施燕華並不明白鄧小平的意思。無論在鄧小平的隨行人員還是與他會面的外國人看來，他顯然很享受這次出訪：這個看看外面世界、聽人們對他說些恭維話的機會似乎很讓他愉快。但這並不是他出訪的目的。他出訪是因為他要為自己的國家完成一項任務。他認為自己有責任改善與鄰國的關係，向日本和美國進一步敞開國門。這既是為了遏制蘇聯，也是為中國的現代化爭取幫助。現在他已經完成自己的使命，履行自己的職責，他可以轉向另一些重要任務了。鄧小平在當時的十五個月裡出訪國外五次。雖然他又活了十八年，但是從此再也沒有邁出國門。[110]

12. 組建領導班子

一九七九—一九八〇

（349）

鄧小平一九七八年十二月成為中國的頭號領導人時，他自己的領導班子還沒有到位，也沒有形成足以凝聚民眾的有關中國未來的明確構想。當時，他要與仍正式擔任黨主席和總理的華國鋒及其在政治局的四個支持者分享權力。一九七八年十二月，鄧小平已步入權力結構的頂端，但這個權力結構並不是由他創立的。

鄧小平不太在乎頭銜，他更看重建立一個能幹的班子和組織，他能與之一起致力於中國的現代化。還要再用一年時間，他才能取得牢固的控制權，選出關鍵領導人，使他們和他的計畫到位。在這段時間，他要削弱和清除華國鋒及其同盟，用自己的班子取而代之，逐步推展自己的議程。他成為頭號領導人後，還要想辦法對付毛澤東去世後在黨內仍然無處不在的影響。他在為自己的領導班子和中國人民制定新的路線時，要盡量減少一些人的牴觸情緒：他們仍然崇敬毛澤東，指責鄧小平是中國的赫魯雪夫，要在中國搞「非毛化」和「修正主義」。一九七九年春天，鄧小平力求安撫某些保守派，他們擔心鄧小平可能大膽推動開放。軍隊和政府的很多高層幹部對鄧小平攻打越南的決策是否明智也有所疑慮，並公然表示他們擔心鄧小平正在背叛黨，把國家帶向資本主義道路。一九七九年三月三十日鄧小平關於「四項基本原則」的演說，是很重要的一步，它弱化了保守派的批評。但是，他還要與抵制他的勢力周旋數月，才能牢固建立起自己的班底。

鄧小平得到強大的支持，但對他的抵制也很明顯。例如，軍隊報紙《解放軍報》在五月二十一日的一篇報導中說，許多部隊單位抵制對「實踐是檢驗真理的唯一標準」的討論。據一些單位說，多達三分之一的軍人不支持三中全會精神。有報導說，很多軍人擁護華國鋒，不是因為他本人的成就，而是因為毛澤東選定了他，因為他們認為華國鋒擁護毛澤東的路線方針。[1] 城市菁英更傾向於批評毛澤東，但農村人普遍更願意接受對毛澤東的崇拜。來自農村的軍人尤其喜歡農村的集體制度，因為它給軍眷提供特殊照顧，很多人退役後有望在農村的集體單位就業，他們覺得鄧小平的改革威脅到這種制度。

為了對付這種保守派的壓力，鄧小平在一九七九年春天發動一場運動，以鞏固對「實踐是檢驗真理的唯一標準」討論的支持，他指示幹部要「補課」，以加強他們對他改革路線的支持。在公開場合，鄧小平並不批評毛，而是把那個時期的問題歸到林彪和「四人幫」頭上。為了維護黨的團結形象，他小心地不與華國鋒直接對抗，而是只批「兩個凡是」。

雖然華國鋒主席的權力已被削弱，他還是在六月十八日開幕的第五屆全國人大二次會議上做了政府工作報告。當時與會者都沒有意識到，這是華在黨或政府會議上的最後一次重要發言。這之後不久，鄧小平覺得對黨進行調整的時機已經成熟。

（351）

登黃山歸來與黨的建設

一九七九年七月十一日，鄧小平啟程前往華北和華中，進行為期一個月的出遊。這次出遊從登安徽省的黃山開始。黃山是中國的名山之一，在文學和歷史上一向享有盛譽。鄧小平於七月十三日開始登山，兩天後返回。對於任何一個七十五歲高齡的人來說，這種旅行都是令人驚歎的壯舉。鄧小平登山即將結束時歇腳的照片被廣為傳播，照片中的他捲起褲腳，拿著手杖，一副神采奕奕的樣子。鄧小平回到山下的住處時，迎候他的是他的盟友、安徽省委書記萬里，後者曾解決過鐵路運輸的難題，如今正在為清除農村改革的障礙鋪路。鄧小平在黃山的住處也有記者在迎候，他對記者說：「黃山這一課，證明我完全合格。」[2]

北京一些政治嗅覺靈敏的幹部認為，鄧小平登黃山，就像毛澤東著名的游長江一樣，他要讓

(352)

人們看到一個健康的領導人，準備在國內政壇上大幹一場。[3]不過，毛澤東一九六六年七月暢遊長江，是針對當時人們擔心七十三歲的主席健康而刻意安排的，且被中國的宣傳報導過度渲染，精明的讀者很難相信，年邁的毛澤東能夠像宣傳中所說的那樣創下游泳速度的世界紀錄。而鄧小平登黃山則被當作一件平常事看待，給人留下的印象是他身體非常健康，要精力充沛地做一些事情。

鄧小平要做的新工作是什麼呢？黨的建設：選出高層幹部擔任關鍵崗位，以及選拔和培養新黨員。登黃山幾天後鄧小平就在海軍軍委常委擴大會議上發表演說，他在會上說，國家面臨的一個重大問題是準備接班人。[4]鄧小平說，中國的重要政治問題和思想問題已經得到解決，現在需要集中力量在組織問題——選拔和培養幹部。三中全會確定了實現四個現代化這一政治的核心目標。鄧小平在三月三十日關於四項基本原則的演說，以及他對毛澤東思想的解釋（實事求是）使思想問題也得到解決。現在則要適時地確立標準來選拔和培養幹部以形成領導班子，要先從上層開始，然後中層，最後是基層；要吸收和培養新黨員。這次演說後不久，鄧小平又視察上海、山東和天津，在這些地方召開幾次會議，鼓勵當地黨委制定培養人才的計畫。

鄧小平在選擇執行新工作的時機時，亦循歷史慣例。自中共建黨以來，一旦一方在爭論中獲勝並鞏固權力，其領導人不但要選拔高層幹部，還會開展吸收新黨員的運動，使符合標準的人入黨。一九七九年夏天大多數老幹部都已復職並身居要位，取代了文革中占據要職的軍人和造反派。華國鋒在一九七九年夏天時已經失勢，不可能在黨的建設中發揮重要作用。鄧小平和他的老幹部處於當政地位，因此能夠在培養哪一類幹部上取得相當大的共識。

多年來，在黨內鬥爭中勝出的一方，對於尋找哪一類新黨員各有偏好，或革命者、或軍人、或激進派。而鄧小平需要的是能為四個現代化貢獻的人。具體來說，鄧小平尋找的幹部要有能力處理外貿、金融和技術問題，這又意味著吸收和提拔那些學歷較高、掌握科技和有管理知識的人。對很多現代社會的領導人來說，這也許是不言而喻的事情，但在當時的中國，這意味著一種根本的轉變。

在毛澤東時代，「紅」一向比「專」更重要。自一九四九年以來，大多數領導崗位都是由「紅色背景」的人擔任，他們多來自工人和農民，而一九四九年以前受過教育的專家，因出身於有財力供其上學的家庭，被貼上出身資產階級和地主階級的標籤。鄧小平宣布，這些舊階級已經消失，他需要有能力的人，不管他們是什麼出身。為了給新的高層領導人開路，他要清除認同保守政策的政治局成員，首先是華國鋒的四個擁護者汪東興、吳德、陳錫聯和紀登奎。他向人們解釋，這些人的解職以及對新領導人的選拔，是按照建設四個現代化的需要做出的。

雖然鄧小平直到一九七九年底才宣布為其領導班子的關鍵崗位所做的選擇，但這一年的大多

（353）

數時間，他都在思考、諮詢和觀察。除了為數不多的人事和軍隊職位，他在選擇領導人時，首先不是看他們是否對自己忠誠（對軍隊的任命見第十八章）。他需要的是最稱職的人，他堅信，只要他們素質高，忠於黨，他就能與他們共事。鄧小平不跟他任命的人搞私人關係，即使對提拔到高層的人也是如此。他跟他們交往愉快，但公事公辦，甚至有些刻板。他們是共同幹事業的同志，而不是私人朋友。對於關鍵職務，他選擇那些致力於改革開放、才華出眾、精力旺盛而且才幹是一步一步得到檢驗的人，不是那些從下面突然提拔起來的人。[5]

鄧小平對人有很好的判斷力，但他還是花很多時間考慮人事任命問題。早在文革前的十年間擔任總書記時，他就熟悉很多中層幹部，這些人在一九八〇年代已經成為黨的高層領導。但是對關鍵的任命，鄧小平在做出決定之前會私下徵求一些高層幹部的意見，尤其是那些將與被任命者有密切工作關係的人，聽取他們的坦率評價。[6]

在鄧小平的班子裡，陳雲和李先念這兩個職位最高的人並不是由他選定的。他們的地位之高，使鄧小平即使想撇開他們也難以辦到。鄧小平與陳雲、李先念屬於同世代（分別出生於一九〇四年、一九〇五年和一九〇七年）。他們早在一九四九年前就彼此認識，一九五〇年代和六〇年代初又都在北京於毛澤東和周恩來手下工作。做為公眾人物，陳雲和李先念不能和鄧小平相比，但瞭解內情的幹部把一九八〇年代的權力結構稱為「兩個半人」，意思是黨內高層圈子認為陳雲與鄧小

（354）

平大體上旗鼓相當，李先念只及他們的一半。陳雲雖然比鄧小平小一歲，但是在一九三〇年代中期以後的二十年裡，地位一直高於鄧小平，在領導經濟和處理歷史遺留的人事問題上，他的權威無人可及。陳雲從一九六二年到七八年受到冷落時，李先念則一直在周恩來手下負責領導經濟工作。

比鄧小平小十到二十歲的那一代人幾乎都沒有上過大學，但鄧小平選定的高層政治領導都是尊重教育並能在工作中自我教育的人。鄧小平為他的班子選出三位他認為適合、並相信有能力領導中國現代化的幹部：胡耀邦（一九一五年生）、趙紫陽（一九一九年生）和萬里（一九一六年生）。胡耀邦已證明他能領導中國科學院的科學家。趙紫陽在四川開展了很有前途的工業重組試驗。萬里對鐵路秩序進行過成功的整頓。這三人又能提攜那些年輕幹部，讓他們對中國在現代科技和工程領域所需有所瞭解，並領導實行管理創新。儘管這三人是為鄧小平效力，但他們並不是朋友，而是致力於共同事業的同志，是嚴守黨紀、貫徹政策的同事。儘管與胡耀邦或趙紫陽相比，萬里和鄧小平的關係更密切，但他也不把自己當鄧小平的朋友，而是他的忠實部下。

鄧小平班子裡的第六個人是鄧力群（也生於一九一五年），他沒有擔任和其他人一樣高的職位，但身為撰寫演說稿和黨內備忘錄的幕僚，他能發揮很大影響力，因為他有堅定的信念，而且得到陳雲和王震的支持。鄧小平班子的第七個人胡喬木（生於一九一二年），扮演著指導正統思想的特殊角色。在一個制度變化不定的時代，他們的個人背景、性格、傾向和工作風格，將對一九八〇年代的走向發揮關鍵作用。他們都是頭腦精明、經驗豐富之人，已在黨內擔任幾十年重要職務。

從一九八〇年到八七年胡耀邦下台的這段鄧小平主政時期，用西方的話說，鄧小平是董事長兼執行長，胡耀邦和趙紫陽則在他手下分別擔任黨、政兩大部門的執行總裁。黨制定大政方針、主管自上而下各級部門人事和宣傳，政府則負責各級行政管理。高級幹部都兼任黨政職務，工作往往重疊，但從原則上說，胡耀邦和趙紫陽在各自的領域裡領導各項工作，準備文件提交鄧小平批准，在黨和政府中引導最前線的落實，即所謂的「日常工作」。儘管當時困難不少，但很多幹部後來都認為一九八〇年代初是個黃金時代，當時最高層的幹部齊心協力，發動並落實了中國的「改革開放」。

鄧小平面對的難題是，在這個最高層的領導班子以下，由於文革的斷裂，缺少經驗豐富、訓練有素的下一代領導人。鄧小平把這種局面比喻為青黃不接——春末時分，去年的存糧已近告罄，而地裡的莊稼尚未成熟，使口糧難以為繼。他說，中國很幸運，一些老幹部仍能工作，但迫切需要彌補這個斷層，要趕緊讓地裡的青苗成熟起來，在三、四十歲的人中間培養接班人。(355)

鄧小平讓組織部列了一份名單，選出那些特別有前途、有可能提拔到高層的更年輕幹部。當這一年稍後名單交來時，鄧小平和陳雲很洩氣，他們看到一百六十五人中只有三十一人是大學畢業。儘管鄧小平認為不應把受過教育的年輕幹部突然提拔到高層，但他認為，只要他們在各級崗位得到證明，就應趕緊提拔他們。

一九七九年七月鄧小平指示全國各級組織部門，在上級領導的積極參與下，要在兩到三年內培養出新人才。[7]為貫徹鄧小平培養接班人才的努力，從九月五日到十月七日在北京召開全國組織工作座談會。胡耀邦在會上做重要發言，傳達鄧小平關於接班人問題是國家面臨的最迫切任務的意見。

鄧小平就像其他中共領導人一樣，經常提到「培養」接班人。他們這種說法的含義是，除了選拔和提供正式培訓，還要親自指導。任何單位的高層幹部都要監督自己手下年輕人的全面發展，鼓勵他們讀一些書，表現對黨的忠誠，在工作中取得一定成績。

雖然人事決定要由各單位的上級領導做出，但黨的各級組織部門也承擔著重要職責，它們要蒐集有關每個黨員的人事資料，實施培訓計畫，把有關後備梯隊人員的資料呈報上級審查。

在忙於黨的建設的同時，鄧小平和其他領導人也要應付公眾因黨把國家拖入大躍進和文革災難而對黨產生的深刻不信任。直到一九七九年底，中共領導人仍不承認他們對這些災難負有責任，這使黨在談到其他問題時也不可能令人信服。六月的全國人大會議上決定，由葉劍英元帥在中共建政三十週年前夕發表一個重要談話，努力解決這些問題。[8]

葉帥的國慶三十週年演說：一九七九年十月一日

鄧小平在準備葉劍英元帥的演說上發揮重要作用。他指示幕僚說，對一九四九年以後的歷史要從整體上給予正面評價，但也要坦承大躍進和文革中的錯誤，因為中國人從自己的親身經歷中很清楚這些事情。要為中共歷史提供一種大眼光，為未來提供新的方向感。演說由胡喬木和大約二十人的寫作班子起草，九易其稿，每一次都經高層領導人過目，由鄧小平監督整個過程。[9]

葉帥是宣讀這篇演說的理想人選。他是有監督政府工作之責的全國人大委員長，而國慶慶典屬於政府而不是黨的事。再者，他德高望重，沒有個人野心；他與包括鄧小平和華國鋒在內的所有各方都保持良好關係；他從未受過毛澤東的嚴厲批評，跟人們愛戴的周恩來有著眾所周知的密切關係；他與軍隊關係良好。不過葉帥身體很差，他只能唸演說稿的前幾行和最後幾行，其餘內容由別人代讀。[10]

在這篇大約一萬六千字的演說中，葉劍英元帥講述中國共產黨如何立足於中國自身的社會和歷史傳統，對蘇聯保持獨立性，從而取得勝利。葉劍英回顧中國經濟的成長和公共教育的普及。他自豪地談到黨戰勝外來侵略，但也承認黨在一九五七年錯誤打擊太多的「資產階級右派」，錯誤吹噓自己的成就，錯誤刮起「共產風」，企圖不顧現實地去實現集體化的高級階段。他承認文革是一個嚴重的政策錯誤，使林彪和「四人幫」等陰謀份子迫害了很多好人。他說，黨為建設發

（357）

達的社會主義制度所做的努力是不成熟的，它從自己的錯誤中獲得慘痛的教訓，為了美好的未來，當前要努力建設「現代化的社會主義強國」。[11]他在演說中還強調精神文明和物質文明同樣重要，胡耀邦後來又對這個主題做了更全面的闡揚。

葉劍英明確表示，國家犯下大躍進和文革這些錯誤時，正是毛澤東主政的時期。這是中國官方第一次公開承認（雖然不太直接），毛澤東要為這些錯誤承擔一定責任。他承認，很多黨的領導人「不謹慎了」，因此也要對這些錯誤承擔部分責任：「我們在一九五七年不謹慎了。……在一九五八年違背了深入調查研究、一切新事物都要先試驗後推廣的原則。」關於文革，他說：「我們沒有能夠始終遵循前十七年中所確立的正確方針，……這使得我們後來付出沉痛的代價，使本來可以避免的錯誤沒有能夠避免，而且犯得更嚴重了。」[12]

葉帥接下來就如何從毛澤東的錯誤中汲取適當的教訓提出指導意見。毛澤東在一九二七年以後為中國革命找到一條正確道路，「從中國的現實出發，……我們中國共產黨人和中國人民把這種在中國革命中發展起來的馬克思列寧主義稱為『毛澤東思想』」。[13]他還讚揚一九五六年由毛澤東主持召開的中共八大，毛當時宣布「革命時期群眾大規模的、急風暴雨式的階級鬥爭已經結束」；毛澤東還說，現在極為重要的事情是「團結全國人民致力於經濟和文化的發展」。[14]

葉劍英的演說得到很正面的回應。受過教育的人很高興看到，中共終於能夠正視自身的問

（358）

題，邁向他們所擁護的務實方向。對多年挨整的人來說，什麼演說也無法真正彌補他們的苦難，但是黨能承認錯誤，儘管來得遲了一些，畢竟是傳遞出一個令人高興的訊息。這是一個重要突破，它使黨能夠結束空洞浮誇的口號，坦率解決國家所面對的問題。[15]

著手評價黨的歷史

在葉劍英發表演說之前，鄧小平認為這篇演說可以解決黨的歷史問題，對毛澤東作用的進一步討論可以再拖幾年。他擔心進一步討論毛澤東及其在中國歷史上的地位，只會擴大他想結束的爭論。更好的辦法應該是致力於當前的工作。然而一大堆政策問題都與毛澤東的作用糾纏在一起，很多黨內領導人都主張對黨史做出進一步的評價。有人擔心，如果不具體批判毛的一些思想觀念，像文革這樣的政治運動有可能捲土重來。葉劍英的演說得到積極回應後，鄧小平的心情也平和了一些，他覺得至少可以對一些有爭議的問題進行討論，而又不會造成國家的分裂。他開始跟一些人商量，如何對黨史做出更具體的分析。[16]

一九四五年第二次世界大戰結束後，在中共即將進入新階段時所召開的第七次代表大會上，中共領導層根據新時期的需要，總結了過去二十四年的黨史。一九七九年中共走出文革，就要進入一個新階段，再次總結自身的歷史經驗也十分恰當。當領導層開始起草這份題為「關於建國以來黨的若干歷史問題的決議」文件時，討論難免集中到如何評價毛澤東的作用這個問題上。

為了對黨史進行評價，鄧小平成立一個由堅定的改革派胡耀邦帶頭的小組，兩個保守的正統思想捍衛者胡喬木和鄧力群，分別擔任起草委員會主任和行政負責人。[17]一如平常，鄧小平首先和起草人開會，向他們交代他希望文件所涵蓋的重大問題。他此後又會見了這個小組十五次，對每一草稿都仔細斟酌，每次都做出具體指示。華國鋒在一九七九年夏天已開始失勢，這使鄧小平及其盟友比較容易取得共識，其中也包括對毛澤東的負面批評。即使這樣，他們仍然需要一年多的時間才能完成對黨的歷史經驗的全面總結。到一九八〇年，鄧小平進一步鞏固自己的控制權，並削弱華國鋒的權力基礎後，就可以更直接討論毛澤東的錯誤了。

為建立新的領導班子做最後準備：一九七九年下半年

華國鋒在一九七九年夏天基本上已經靠邊站了。在鄧小平與華國鋒的工作有重疊的領域，鄧小平乾脆接了過來。確實，當美國國防部長布朗一九八〇年一月訪中時，華國鋒主席已無權無勢，他發言時在場的中國官員繼續在一邊交談，不當回事。對中國領導人來說，這通常是對尊嚴的嚴重冒犯。[18]

鄧小平在一九七九年十月下旬會見胡耀邦、姚依林和鄧力群。他們為籌備定於一九八〇年二月召開的五中全會，需要考慮很多大事。這次中央全會可以視為鄧小平領導班子的起點，胡耀邦和趙紫陽將在會上當選要職，華國鋒的四個主要支持者汪東興、吳德、陳錫聯和紀登奎將離開政治局。鄧小平還打算在這次全會上為劉少奇正式恢復名譽。[19]此外，領導人要討論恢復中央書記處的計畫。

在這些重要會議上他們不必面對華國鋒。華國鋒聽從鄧小平和李先念的建議，已於十月十二日動身，去了法國、德國、義大利和英國。他不在時，國務院和政治局的會議都是由鄧小平主持。當華國鋒於十一月十日回國時，五中全會的基本計畫已基本就緒，包括將華國鋒的四位支持者清除。[20]一旦華國鋒的支持者出局，趙紫陽和胡耀邦就位，鄧小平推展有關歷史問題決議的議程也就容易多了。

三中全會之後還不到一年，在一九八〇年二月召開的五中全會上，鄧小平已鞏固權力，並能夠為一九八〇年代制定議程，為協調上層工作調整黨的結構，並任命他的高層團隊。用美國人的說法，鄧小平的班底是從一九八〇年初開始主政的。

為一九八〇年代提出的「國情咨文」

一九八〇年一月十六日，鄧小平發表重要演說〈目前的形勢和任務〉，提出他為一九八〇年代確定的主要任務，這實際上是他關於未來十年的「國情咨文」。華國鋒在一九七七年中共十一大的政治報告是以當時的政治鬥爭為重點，在一九七八年的十年規畫則集中在經濟問題。而鄧小平在一九七八年三中全會上的簡短致詞則是對改革開放的聯合呼籲，他在一九八〇年一月的演說則是毛澤東去世後第一個確定未來十年總體目標的重要致詞。

鄧小平的邏輯簡單明確，採用有助於實現四個現代化的政策：

全部重要工作的核心……是現代化建設。這是我們解決國際問題、國內問題的最主要條件。一切決定於我們自己的事情幹得好不好。我們在國際事務中起的作用的大小，要看我們自己建設成就的大小。……我們的對外政策，就本國來說，是要尋求一個和平的環境來實現四個現代化。……這不僅符合中國人民的利益，也是符合世界人民利益的一件大事。[21]

（360）

鄧小平在致詞中承認：「現在，特別是在青年當中，有人懷疑社會主義制度，說什麼社會主義不如資本主義。」中國應該如何顯示社會主義的優越性？「首先要表現在經濟發展的速度和效果方面。」[22]當時幾乎沒有外國人能夠預見到，一個由共產黨領導的國家，其經濟成長速度會在

（361）

隨後十年、更遑論整整三十年裡，超過西方國家的成長速度。

鄧小平再次提出選拔幹部的標準。他告訴幹部，想登上重要崗位，就要具備專業素質。他還說，只有經濟強大了，才能更加堅定對抗霸權，實現統一台灣的目標：「台灣回歸祖國，實現祖國統一，我們要力爭八〇年代達到這個目標。」[23]他說：「經濟上的發展上也要比台灣有一定程度的優越，沒有這一點不行。四個現代化搞好了，經濟發展了，我們實現統一的力量就不同了。」[24]鄧小平要在十年內從經濟上超過台灣和實現統一台灣的目標，事實證明是過於樂觀。然而，台灣在過去三十年裡取得的經濟成功，完全取決於它跟大陸的經濟關係，這在一九八〇年時幾乎沒人想得到。

實現經濟現代化需要做些什麼呢？鄧小平提出四項要求：(1)堅定不移的政治路線；(2)安定團結的政治局面；(3)艱苦奮鬥的創業精神；(4)一支「堅持走社會主義道路」、具有「專業知識和能力」的幹部隊伍。[25]鄧小平演說的要點，即堅定的政治路線和社會安定的局面，與他九個月以前有關四項基本原則的講話，以及他身為頭號領導人始終堅持的立場是一致的。

他在一九八〇年一月十六日的演說中說：「還有各種流氓集團、刑事犯罪份子。還有跟外國勢力和台灣特務機關聯繫進行地下活動的反革命份子。還有公然反對社會主義制度和共產黨領導的所謂『民主派』，以及那些別有用心的人……絕不允許宣傳什麼連反革命份子都會喜歡的言論出版自由、集會結社自由。」[26]但是，他也表示，要繼續堅持「百花齊放、百家爭鳴」的方針，放棄「文藝服從政治」的口號，因為這種口號容易成為對文藝橫加干涉的理論依據，然而他也警告：「……但是任何進步的、革命的文藝工作者都不能不考慮作品的社會影響。」[27]

為了降低自一九七八年十二月以來產生的過高期望，鄧小平也談到未來艱苦奮鬥和保持開拓精神的必要性。在歷經二十年的苦難之後，很多人多根據願望而非現實去制定目標。日本首相池田勇人的十年國民收入倍增計畫，刺激日本一九七〇年代的經濟成長，鄧小平對此事念念不忘，但是他也深知大躍進制定無法達到的目標所帶來的嚴重挫折。因此，他不但慎重徵求中國專家的意見，而且徵求世界銀行等外國專家的意見，然後才確定他認為現實可行的目標。[28]鄧小平逐漸相信，從一九八〇年到二〇〇〇年中國的收入能夠翻兩番（即收入變四倍），因而他開始宣傳「到本世紀末收入翻兩番」的口號。當後來看到實現這個目標有一定難度時，他又悄悄將「收入翻兩番」的說法改為「國民生產總值翻兩番」，這是個更容易達到的目標。但是他提醒民眾，中國在未來十年沒有財力成為福利國家。

一九七八年三中全會以後，鄧小平深知，很多省級領導幹部急於投資和發展，對陳雲等人限制成長的「調整政策」（見第十五章）感到不快，但是他在一九八〇年仍然支持此一政策。鄧小平提醒那些不滿足於目前現代化速度的「某些同志」，與過去的年代相比，一九七八年至一九八〇年期間已經取得極大的進步。

實際上，鄧小平在描述執政黨的理想角色時，聽上去更像一個西方的企業主管，而不是一個毛澤東的信徒。他說，中國要努力「提高勞動生產率，減少不合社會需要的產品和不合品質要求的廢品，降低各種成本，提高資金利用率」。[29]在權衡「紅」與「專」哪個對幹部更重要時，鄧小平重申他過去已經表明的觀點：「我們要逐步做到，包括各級黨委在內，各級業務機構，都要由有專業知識的人來擔任領導。」鄧小平提醒：「文化大革命期間入黨的新黨員中，有一些是不合格的。」他用對黨的強力肯定，結束他的「國情咨文」：「沒有黨的領導，就沒有現代中國的一切。」[30]

二月二十九日五中全會最後一天，鄧小平表達了他對黨的期待：提供高效的領導。他的口吻就像一個軍人出身的工廠經理，他說：「開會要開小會，開短會，不開沒準備的會。……沒有話就把嘴巴閉上。……開會、講話都要解決問題。……集體領導解決重大問題；某一件事、某一方面的事歸誰負責，必須由他承擔責任，責任要專。」[31]

凡是瞭解鄧小平的人，對他要維護社會安定的決心不會感到意外。公開攻擊是不能容忍的：使紅衛兵能夠在一九六六年公開攻擊別人的「四大自由」（即大鳴、大放、大辯論、大字報），在修改憲法時要予以廢除。鄧小平對他所說的黨內民主的含義做了解釋：黨員有意見可以提出來，這有助於解決問題；黨的領導聽取各種意見後，一旦做出決定，黨員就要執行。鄧小平清楚說明應當如何對待不聽話的黨員：「不夠格的黨員」就要開除。[32]鄧小平的觀點在一九八〇年已經成型，在他當政的整個時代，這場致詞都可以做為對他的政策有力的概述。

就職典禮——五中全會：一九八〇年二月二十三日－二十九日

在一九八〇年二月二十三日至二十九日召開的五中全會上，中央委員會正式批准鄧小平及其盟友在一九七九年最後幾週做出的決定。支持華國鋒的政治局重要成員汪東興、吳德、陳錫聯和紀登奎受到正式批評，從政治局「辭職」；陳錫聯和紀登奎也丟掉了副總理職位。汪東興和陳錫聯是真正的激進派，但吳德和紀登奎骨子裡並不激進，他們只是有經驗的黨領導人，長期以來為求自保而順應激進派罷了；他們的政治命運戛然而止，是因為他們一九七六年四月五日鎮壓了在天安門向周恩來、鄧小平表達敬意的示威者。

鄧小平的三個主要支持者胡耀邦、趙紫陽和萬里接手要職。胡耀邦成為黨的總書記。華國鋒名義上仍是總理，但趙紫陽成為實際上的總理，開始主持國務院日常工作。萬里成為事實上的副總理，並擔任國家農業委員會主任，這為在全國農業生產中實行「包產到戶」鋪平了道路。他們兩人的總理和副總理職務，在四月的國務院常務會議和八月的全國人大常委會會議上正式批准，

（363）

同時，在二月已經離開政治局的紀登奎和陳錫聯，正式免去副總理職務。

這次全會事實上相當於胡耀邦和趙紫陽開始主持黨和政府日常工作的就職典禮。大多數政治局委員現在都是鄧小平路線的熱情擁護者。此事的重要性不在於正式投票，因為這種事極少發生，政治局常委其實也極少開會。但是常委的人事變動在上層形成一種新的政治氣氛，使下邊的幹部很快意識到上級將要採取新的政策路線。因此在五中全會之後，下級幹部更仔細解讀鄧小平和胡耀邦在重要會議上的發言和文件，他們不必再兩邊下賭注，不必再密切關心華國鋒說些什麼了。

除了在五中全會進入最高層的幹部，一些有能力並且致力於改革的老幹部也出任高層職務。鄧小平將那些在文革時期靠打擊有經驗的老幹部而得到升遷的幹部，從他領導班子的關鍵崗位上清除。對軍隊中的某些重要職務，鄧小平使用與他有著特殊信任關係的二野部下。但是除此之外，在領導背景各異的黨員上，他對自己的能力有足夠信心，因此認為不必要求個人忠誠。他領導的不是一個幫派，而是全黨，只有那些沒轉變立場去接受他領導的文革受益者除外。

鄧小平不需要對宣傳部做出具體指示。五中全會上的宣傳幹部，包括主要媒體（《人民日報》、新華社、《光明日報》和黨刊《紅旗》）的總編，都根據鄧小平的會議發言，撰寫反映其觀點的社論和文章。鄧小平因長期身居要職而嚴於律己，在判斷自己的聲明會被人如何解釋方面很有經驗，所

（364）

以他一向講話慎重。

對於高層發出的信號，下面的人都會十分認真地加以研究。某個省委書記來到北京後，通常先要在書記處找一個熟悉鄧小平眼下關心什麼事情的可靠熟人交談。各部委和各省也都有一個不大的政策研究室，主要任務之一便是隨時瞭解和掌握高層領導的最新想法及其對該部門或該省的意義。上邊發的文件如此之多，下級幹部不可能逐字逐句閱讀。各單位政策研究室的工作，就是讓單位上司及時瞭解哪一條指示最重要，鄧小平、胡耀邦總書記和趙紫陽總理下一步要做些什麼。這使單位內的領導核心對如何做不會惹麻煩、如何向中央爭取資源，可以做到心中有數。

一九八〇年代初的這些人事變動，使鄧小平得以更有效處理日常工作，推動一些可能受到毛派份子拖延或阻礙的計畫。為劉少奇平反的僵局很快就打破。劉少奇從一九四五到六六年一直是僅次於毛澤東的二號人物，後來毛澤東把他打成叛徒和「走資派」。雖然他已在一九六九年去世，他的冤案卻是有待平反的最重要案件。鄧小平在五中全會上宣告，為劉少奇平反不一定就是批判毛澤東。但是給劉少奇平反所造成的效果是使黨員對修正對毛澤東的歷史評價、承認他的錯誤做好準備，也使為很多與劉少奇有密切工作關係的中共老幹部平反變得更加容易。[33]

五中全會還恢復了一九六六年被撤銷的書記處。書記處重建之後，領導著各部門一小批領導的政治局要員在那裡都有了自己的辦公室。實質上，書記處成為協調黨的日常工作的首要機構。

（365）

書記處每週都要開例會，在國務院辦公的趙紫陽總理也會參與其中，在黨和政府之間做一些協調工作。

五中全會的變化有助於減少政治局會議的矛盾，使全面改革的道路更加暢通。新領導班子的鞏固，使鄧小平能在隨後幾個月內就做出解散各地農村公社、實行包產到戶的指示。五中全會也為一九八〇年底完成對黨的歷史評價、解除華國鋒的所有職務鋪路。

告別毛澤東時代和華國鋒：一九八〇年秋至一九八一年六月

鄧小平究竟何時決定讓華國鋒靠邊站，至今沒有公布可靠的記錄。鄧小平對毛澤東如何拿掉幹部有過多年觀察的經驗，從一九七八年十二月到一九八一年六月，他有條不紊地逐步削弱華國鋒的權力基礎，據此有理由推測他事先是有戰略考慮的。即使一九七八年十二月時他還沒有排除華國鋒的明確計畫，當時至少已經在考慮，如何在不引起同事震驚和避免公開鬥爭的情況下，逐漸減少華國鋒的權力。

毛澤東整治高級幹部時，往往先除掉他們的主要支持者，使他們陷入孤立，從而使批判他們變得更容易。同樣，鄧小平在一九八〇年二月除掉華國鋒的左右手，讓趙紫陽接過總理的工作。華國鋒在一九八〇年五月出訪日本時已沒有多少權力，但他的出訪可以讓外界放心，中國沒有因權力鬥爭而分裂。[34]一九八〇年八月華國鋒正式辭去總理一職。此後，在始於一九八〇年十一月初的幾次政治局會議上，儘管存在嚴重分歧，最後還是做出撤銷華國鋒黨中央主席和軍委主席的決定。這一決定在一九八一年六月正式宣布。

以評價毛澤東做為焦點的中共黨史評價，也與解除華國鋒職務同步進行。這兩件事有著天然的聯繫：華國鋒曾肯定毛澤東的所有政策和指示，甚至包括那些毛澤東鑄成大錯時的政策和指示，而對毛澤東時代更誠實的評價已使這些錯誤大白於天下。評價黨史的工作，在一九七九年葉劍英的國慶演說後不久便已開始，當時鄧小平廣泛徵求意見，以便全黨在評價毛澤東上取得共識。[35]在葉帥演說的十幾天後，鄧小平成立了一個以胡耀邦為首的小班子，這個班子於一九七九年十月三十日召開第一次會議。

至少從一九五六年開始，鄧小平就在嚴肅思考如何對待毛澤東的問題；這一年他去莫斯科出席蘇共二十大，而赫魯雪夫在大會上譴責了史達林。鄧小平多年來有很多機會認真思考這個問題，尤其是文革期間他下放江西的三年半時間。鄧小平年輕時極為敬佩毛澤東，幾十年忠誠地為他工作，卻被他拋棄了兩次，還受到公開批判的羞辱。他的長子拜毛澤東的紅衛兵之賜而下肢終生癱瘓。如果他不怨恨毛，那不合情理；儘管鄧小平性格剛強，但他也是很有人情味的人。不過，在對待歷史問題上他並不顯露任何個人情感。

（367）

評價毛澤東的過程，延續了鄧小平長期一貫的理性分析：如何既能維護黨的權威，又讓手下的高級幹部擺脫毛的路線。一九八〇年八月，評價工作仍處於初期階段的時候，鄧小平就對記者法拉奇（Oriana Fallaci）說：「我們不會像赫魯雪夫對待史達林那樣對待毛主席。」[36]當一九八〇年十月出現爭論時，鄧小平對起草人做出指示：「對於毛澤東同志的錯誤，不能寫過頭。寫過頭，給毛澤東同志抹黑，也就是給我們黨、給我們國家抹黑。」[37]最後的文件對毛澤東表達充分的尊重，因此不會損害那些包括鄧小平在內曾與毛澤東密切共事的人的權威。但是決議也必須解釋為何那些曾被毛澤東整過的幹部如今應當恢復工作，也要對否定毛時代的高度集體化和階級鬥爭做出正當說明。

文件的第二稿於一九八〇年二月完成。據說鄧小平對它並不滿意，他把胡耀邦、胡喬木和鄧力群叫去，建議他們⑴要對毛主席的歷史作用做出積極評價；⑵本著「實事求是」的精神，說明毛在文革中的錯誤；⑶得出一個全面的結論，使人民能夠團結一致向前看。在這三條中，第一條「最重要、最根本、最關鍵」。[38]不管他本人因毛澤東的批判和決定受過多少罪，他對起草人說，要講清楚黨和人民必須繼續堅持毛澤東思想。在毛澤東手下挨過整的很多高層幹部的復出，以及民主牆對毛澤東的大量批評，意味著在核心圈層有很多人支持批評毛澤東。因此，鄧小平可以公開表明他的立場：他要捍衛毛澤東的重要性，但不會回到過去的路線。[39]每一次他公開講話，都

（368）

抱怨最新草稿沒有充分承認毛主席的偉大貢獻。

例如，鄧小平在一九八〇年六月二十七日說，稿子還是寫得太消極。他不但讓起草人多凸顯毛澤東支持過的正面事情，而且要求他們承認毛澤東的錯誤主要是體制和制度上的問題。鄧小平接受胡喬木的看法，起草人別無選擇必須承認大躍進的錯誤（與文革不同，鄧小平是大躍進的積極參與者），但他堅持認為，起草人在談到大躍進時，要先講明這個時期的一些積極成就，然後再承認缺點。[40]

為了在人民群眾中取得廣泛共識，形成團結而不是對立的局面，鄧小平指示，要讓北京和各省的高級幹部都有機會給草稿提意見。於是，政治局通過最新的修改稿後，中央辦公廳於一九八〇年十月十二日將它發給大約四千名高級幹部，讓他們提意見。他們的意見經過匯總之後，交給起草人做進一步的考慮。[41]實際上，把中央黨校的一千五百名學員也算在內，總共有大約五千六百名黨內高層參與了草稿的討論。有些人直言不諱要求更嚴厲地批評毛澤東。科技專家方毅說，毛澤東就是個暴君。早在一九六七年二月就敢批評文革的譚震林說，毛澤東的做法違背了他自己的教導。但是當黃克誠（他自己的上級彭德懷挨整時，他也受過嚴厲批判）在一次重要會議上為毛澤東的貢獻辯護時，其他人很難再要求更加嚴厲批毛了。

雖然草稿的修改和審議仍在繼續，但是到一九八〇年十一月底時，主要的討論便已結束。

一九八一年三月二十四日，當鄧小平與陳雲商討後期的最新一稿時，陳雲說，要多講建國以前毛澤東的作用，這更能凸顯毛的積極貢獻。陳雲還說，應特別重視毛澤東的理論貢獻，強調馬列主義和毛澤東思想。鄧小平接受陳雲的意見，並轉告給起草人。[42]

這些廣泛的討論，反映出高層幹部是多麼重視毛澤東的名譽問題，因為毛在歷史上的地位，決定著他們自己的政治前程和他們親屬及同事的待遇。尤其值得注意的是，在這些評價中，毛澤東與劉少奇、彭德懷的分歧不再被認為嚴重到需要用「兩條路線的鬥爭」形容。這讓每個人有了喘息的空間，尤其是那些受害者的親友，他們感謝這種措辭上的改變。

最後定稿的文件裡處處可見對毛澤東思想及毛澤東這位無產階級革命家的貢獻的歌頌，但也批評了他在大躍進和文革中的作用。例如，大躍進的問題是「由於毛澤東同志、中央和地方不少領導同志在勝利面前滋長了驕傲自滿情緒，急於求成，誇大了主觀意志和主觀努力的作用」；文化大革命「讓黨、國家和人民經歷了建國以來最嚴重的挫折和損失。它是由毛澤東同志發動和領導的」。[43]文件只是籠統談到毛的錯誤，但鄧小平說，十五年後將有可能對毛澤東再做一次評價。他這樣說的意思似乎很清楚，黨如果在一九八〇年過於嚴厲批評毛澤東，有可能造成分歧，削弱人民的支持；若干年以後，黨能夠與現在的情緒和人事問題拉開距離，也許有可能對毛澤東進行更加具體而坦率的評判。[44]

（369）

就像蘇聯對史達林的功過三七開評價（即七成功勞，三成缺失）一樣，對毛澤東功過的評價也是三七開。畢竟毛澤東自己也承認犯過錯誤。鄧小平指出，文化大革命期間，毛澤東錯估形勢，採用了錯誤的方法，這些錯誤給黨和國家造成嚴重損失。一九八一年三月十九日起草工作接近尾聲時，鄧小平對有關文革期間毛澤東作用的討論表示滿意。

鄧小平深知，必須讓群眾放心，評價毛澤東和華國鋒的過程是在有序及合宜的情況下進行，同時也要向世界表明，中國沒有發生破壞性的「權力鬥爭」，沒有出現「非毛化」。正是在這時，他同意接受義大利記者法拉奇的採訪。法拉奇是採訪高層領導人的全球知名記者之一，一向以言辭犀利、準備充分、能提出一些令人頭痛的尖銳問題而聞名。鄧小平樂意接受她的挑戰。八月二十一日上午的採訪進行得十分愉快，鄧小平在採訪結束時開玩笑：「我們吃飯去吧，我的肚子已經開始鬧革命了。」他還提出兩天後再次接見她。

在法拉奇第一次見到鄧小平的兩週以前，北京已經發出通知，要減少在公共場所懸掛毛澤東畫像和詩詞的數量。因此法拉奇的提問便以「天安門上的毛主席像是否會保留？」做為開始。鄧小平回答：「要永遠保留下去。」他解釋，毛澤東犯過錯誤，但是跟林彪和「四人幫」的罪行不同，與他的成就相比，他的錯誤算是次要的。他說，毛澤東思想仍然提供重要的指南，儘管毛在晚年與現實脫節，且違背他原來提倡的思想。當法拉奇問到大躍進的錯誤時，鄧小平答道，那不是毛澤東一人的錯誤，而是與毛澤東一起工作的所有人犯下的錯誤，他們都有份。[45]當她問到毛澤東選林彪做接班人一事時，鄧小平說，領導人為自己挑選繼承人，是封建主義的做法。鄧小平的意思很明確：毛澤東選華國鋒做接班人也是不對的。在問到將來如何避免文革這類事情時，他解釋，黨的領導人正在改進各項制度，以便建立社會主義民主和法制。[46]

很多領導人在回答法拉奇的尖刻提問時會變得十分煩躁，鄧小平卻應對自如。後來法拉奇回憶自己漫長的採訪生涯時，將她對鄧小平的兩次採訪做為自己的得意之作。錢其琛外長這兩次採訪時也在座，他還參與過鄧小平的其他多次會見，他也把鄧小平在這兩次採訪中的表現做為鄧小平最精采的表現之一。[47]

一九七九年五月之後華國鋒就不再經常公開露面。在一九八〇年六月十八日召開的全國人大會議上，華國鋒做了最後一次重要發言。他沒有明說階級鬥爭已經結束，但他確實表示，階級鬥爭已經不是主要矛盾，黨不應再搞大規模的階級鬥爭。在經濟問題上，他的意見與當時黨的政策一致：他支持陳雲提出的調整要求，強調農業和輕工業的重要性。[48]提交全國人民代表大會的一些文件，如〈指導原則〉，實際上也有力批評了華國鋒的領導。

在一次政治局常委的會議上，常委們討論了黨史文件中是用簡短的六行文字對一九七六年以後的時期做一總結，還是用較大的篇幅對這四年做出更詳細的評價，後一種做法難免包括對華國

（371）

鋒的批評。華國鋒當然反對具體說明這四年的細節。與會者同意先把篇幅較短的版本發給其他領導人討論，看看他們反應如何。[49]相當多領導幹部都批評華國鋒在阻止鄧小平復出上起的作用，主張用篇幅更長的稿子。最後鄧小平同意文件應包括對那四年的討論，這可以使解除華國鋒職務的理由更加明確。[50]於是篇幅更長的內容成為定稿的一部分。[51]

在一九八一年五月下旬的政治局擴大會議上，大約七十名與會者最後通過決議的修訂稿。起草人員作了一些細微修改後，修潤過的最後定稿被提交六中全會，並在六月二十七日獲得通過。它在一九八一年七月一日建黨六十週年之際向全國公布。[52]

在十一月十日至十二月五日連續召開的九次政治局會議上，是否免去華國鋒黨中央主席和軍委主席這兩個主要職務，成為爭議最大的問題。當時辯論的內容十分敏感，以至於黨史研究者在三十年之後仍無緣看到大部分記錄。不過，一份關鍵性文件，即胡耀邦在十一月十九日的一篇相關演說，被公之於眾了。從這份文件中可以清楚看到爭論的大致輪廓。

胡耀邦在退休後說，他最愉快的幾年就是在華國鋒手下的那段歲月。這種說法很可能反映著他對鄧小平讓他下台的不滿。但胡耀邦在一九八〇年是那個受命說明免去華國鋒職務的人。胡耀邦在有關這段歷史的說明中首先承認，黨和人民絕不會忘記華國鋒在逮捕「四人幫」上做出的貢獻，儘管他誇大了自己在這一成就中的作用；由於「四五」示威運動後形成的政治氣氛，逮捕

(372)

「四人幫」並不是難事。胡耀邦又說，毛澤東去世後，華國鋒繼續執行毛澤東錯誤的階級鬥爭路線，他沒有廣泛徵求意見，就迫不及待出版《毛澤東選集》第五卷。毛澤東在世時，華國鋒有時也不同意毛的看法，甚至被毛批評過（他曾被毛批為「滿腦子都是生產」），但是毛澤東去世後，他卻用「兩個凡是」加強個人權力。胡耀邦批評華國鋒搞個人崇拜，給自己添加光環。最後，胡耀邦回憶說，他在「四五」事件後非常失望，因為從那時起直到一九七七年二月二十六日，他一直無法得到與華國鋒交談的機會，而且直到一九七七年三月十四日之前他也不能隨便看望鄧小平。

據胡耀邦稱，陳雲（華國鋒一直不讓他回來工作，直到三中全會的氣氛形成，促使華國鋒不得不這樣做）說，從毛澤東去世到一九七七年三月，華國鋒對待老幹部非常粗暴。尤其是他拒絕為一九七六年四月五日的天安門事件平反，害怕老幹部復出干擾他的統治。胡耀邦說，葉帥和李先念幾次勸華國鋒讓鄧小平回來工作，陳雲和王震在一九七七年三月的工作會議上也表示同意，但華國鋒仍然拒絕，而是只依靠少數幾個人，包括汪東興、紀登奎、吳德、蘇振華和李鑫。對於黨內事務，有時直到最後一刻還把其他幹部蒙在鼓裡。華國鋒還追求經濟的過快成長。胡耀邦承認，這不是華國鋒一個人的錯誤，也是鄧小平和他本人的錯誤，其實，當時只有陳雲認識到那些計畫太冒進。[53]

在一九八〇年底，最強烈反對讓華國鋒下台的人是葉帥。在討論黨史時，葉帥就不贊成強調毛澤東晚年的錯誤。他覺得，為國家利益著想，必須比鄧小平更堅定維護毛澤東的威望。他更願意將責任推到江青和林彪身上。在葉劍英看來，兩個問題是糾纏在一起的，在一次政治局會議上，葉劍英生動地回憶說，毛澤東去世前不久，他去向毛表達最後的敬意，毛向他招了招手。雖然毛已說不出話，但他知道毛想說什麼，他希望葉劍英能夠支持華國鋒，幫助他走上領導崗位。（然而當時一直陪著毛澤東的毛遠新說，根本沒有這回事。54）據說，葉帥認為華國鋒應當保留職位，鄧小平可以繼續做他的工作，但名義上仍要受華國鋒的領導。

葉帥為何要維護華國鋒呢？有人揣測，葉帥本人想繼續在黨和政府中扮演關鍵角色，所以支持能夠讓他如願的人。但是葉劍英已經年邁，他不但從未表現出任何個人野心，而且多年來一直不願意插手日常事務。更有可能的是，像另一些黨的幹部所認為的那樣，葉帥擔心鄧小平可能變得過於專斷，舉止愈來愈像毛澤東，所以他想以保留華國鋒做為限制鄧小平的權力、促進黨內民主的手段。

最終，葉帥等人的反對被政治局大多數人的觀點所壓倒，他們都贊成華國鋒辭職，把權力集中到鄧小平及與其共事的人的手裡。這一系列政治局會議一結束，在一九八〇年十二月五日一份供內部傳閱的備忘錄中，政治局宣布，將建議六中全會接受華國鋒辭去黨中央主席和軍委主席的職務，由胡耀邦接替他出任黨中央主席，鄧小平接替他的軍委主席一職。華國鋒將擔任黨的副主席和政治局委員。55

（373）

葉劍英不是為自己的信念而堅決奮戰的人，他寧願避免對立。他接受政治局對華國鋒做出的決定，事實上還為自己支持華國鋒做了溫和的檢討。[56]鄧小平成為中央軍委主席之後，葉帥便選擇不再與他分擔這項工作，而是回到廣東的家。他的兒子葉選平已在那裡擔任廣州市長和廣東省副省長，他可以在廣東安享晚年。葉帥出席了六中全會的開幕式，但是在會議正式通過黨史決議和批准華國鋒辭職的過程中，他沒有留在會上參與討論。後來當葉帥在一九八四年和一九八六年病重時，鄧小平也沒有像過去對待周恩來那樣，禮貌性地前去看望。葉帥死於一九八六年。

政治局經過這些激烈辯論後最終所形成的決議，措辭直截了當而又嚴厲：「華國鋒同志熱切製造和接受別人對他的個人崇拜。……一九七七、一九七八兩年中，華國鋒同志在經濟問題上提出一些左的口號……造成國民經濟的嚴重損失和困難。……〔雖然〕華國鋒同志也有一些工作成就，但十分明顯的是，他缺乏做為黨的主席所應有的政治和組織能力。而且每個人都很清楚，根本不應當任命他擔任軍委主席。」[57]華國鋒的政治生涯結束了。雖然他被允許在一九八一年六月的六中全會之後繼續留在政治局內，但他因受到的指責顏面盡失，因此極少出席黨內高層的會議。

不論對華國鋒的下台還是對黨的歷史評價的過程及結果，鄧小平都有理由感到高興。華國鋒的下台沒有引發公開的權力鬥爭。同時，在對黨的歷史評價中鄧小平把握住一種微妙平衡：既充分讚揚毛澤東，以免削弱黨的權威，又批判了毛澤東在大躍進和文革中的作用。黨內高層對毛澤東在晚年犯有嚴重錯誤已形成基礎廣泛的共識，這使鄧小平能夠踏上新的征途。這條征途不會為毛澤東所贊成，但鄧小平相信，這對中國是有利的。

鄧小平故居：鄧小平在這裡度過了少年時代。

1921 年 3 月，在法國勤工儉學，時年 16 歲。（《鄧小平》，北京：中央文獻出版社，1988 年，頁 12）

1924 年，旅歐中國共產主義青年團在巴黎召開第五次代表大會。最後一排右三為鄧小平。第一排左一為聶榮臻，左四為周恩來，左六為李富春。（《鄧小平畫傳》，上冊，成都：四川人民出版社，2004 年，頁 28）

1948 年，淮海戰役的共軍前線指揮官：粟裕、鄧小平、劉伯承、陳毅、譚震林。（《鄧小平》，北京：中央文獻出版社，1988 年，頁 146）

1949 年，中共奪取政權時的鄧小平。（《鄧小平畫傳》，上冊，成都：四川人民出版社，2004 年，頁 147）

1965年，鄧小平總書記歡迎越南民主共和國主席胡志明。（《鄧小平》，北京：中央文獻出版社，1988年，頁200）

1960年代初，向毛澤東匯報工作。（《鄧小平》，北京：中央文獻出版社，1988年，頁108）

1960 年 1 月，在廣東召開的中央軍委會議。由左而右：聶榮臻、林彪、賀龍、周恩來、羅瑞卿、彭真、毛澤東、鄧小平。林彪於 1971 年死於飛機失事。除了周恩來，其他人在文革中都受到攻擊。（《鄧小平》，北京：中央文獻出版社，1988 年，頁 158）

1974 年 5 月，鄧小平與中共外交部長喬冠華一起在紐約首次會見季辛吉。（©Bettmann/CORBIS）

1974 年 4 月，鄧小平成為在聯合國大會上發言的第一位中共領導人。（《鄧小平》，北京：中央文獻出版社，1988 年，頁 25）

1978 年 1 月，鄧小平與黨主席華國鋒的合照。當時鄧已復出，在華手下工作。（©AFP/Gett Images）

1978 年 10 月，在新日鐵社長稻山嘉寬陪同下訪問君津製鐵所，這裡成為中國第一家現代化鋼鐵廠寶鋼學習的對象。(《鄧小平畫傳》，下冊，成都：四川人民出版社，2004 年，頁 345)

1978 年 11 月，新加坡總理李光耀歡迎鄧小平的到訪。(《鄧小平》，北京：中央文獻出版社，1988 年，頁 207)

1978 年 9 月，在東北點燃改革開放的星星之火。（《鄧小平畫傳》，下冊，成都：四川人民出版社，2004 年，頁 327）

1978 年 12 月，陳雲和鄧小平在中共三中全會上啟動改革開放。（《鄧小平》，北京：中央文獻出版社，1988 年，頁 104）

1952年秋，陳雲和鄧小平於登山途中休息。（《鄧小平》，北京：中央文獻出版社，1988年，頁271）

1978年12月，與伍考克大使舉杯慶賀完成中美關係正常化的談判，後來證明慶祝得太早了。（《鄧小平畫傳》，下冊，成都：四川人民出版社，2004年，頁357）

鄧小平復出後，最看重的是科技和教育兩塊，圖為 1979 年鄧於訪美期間參觀美國國家航空暨太空總署。（© NASA）

1979 年 1 月，鄧小平唯一的一次訪美期間，與卡特總統和尼克森前總統在白宮的國宴碰面。這是尼克森在水門事件後第一次重返白宮。（© CORBIS）

1979 年 2 月，在德州的牛仔競技表演現場戴上牛仔帽。（© AP）

1979 年訪美，參觀福特汽車廠。（©Bettmann/CORBIS）

1984 年 2 月，和領導農村改革的萬里一起種樹。（《鄧小平》，北京：中央文獻出版社，1988 年，頁 111）

1981 年，瞭望中國西部遼闊的平原。（《鄧小平畫傳》，下冊，成都：四川人民出版社，2004 年，頁 427）

1980 年代初，圖左為中共總書記胡耀邦。（© China Features/Sygma/CORBIS）

1979 年 1 月，與香港總督麥理浩爵士會面，開啟有關香港前途的談判。（《鄧小平畫傳》，下冊，成都：四川人民出版社，2004 年，頁 472）

1984 年 12 月，與英國首相柴契爾夫人就香港主權簽署《中英聯合聲明》。（《鄧小平畫傳》，下冊，成都：四川人民出版社，2004 年，頁 478）

1980 年代中期，海灘留影。（© China Features/Sygma/CORBIS）

1974 年 8 月，七十歲大壽時與家人留影。前排：鄧樸方、卓琳、鄧小平、夏伯根（繼母）。後排：鄧質方、鄧楠、鄧榕、鄧林。（《鄧小平》，北京：中央文獻出版社，1988 年，頁 290）

1986年夏，孫子作勢親鄧。（《鄧小平》，北京：中央文獻出版社，1988年，頁295）

1980年代末，打橋牌中的鄧小平。（《鄧小平畫傳》，下冊，成都：四川人民出版社，2004年，頁612）

1984年1月，在廣東省長梁靈光陪同下，視察中共第一個經濟特區深圳的建設。（《鄧小平畫傳》，下冊，成都：四川人民出版社，2004年，頁501）

1984年4月，雷根總統訪中，此時雷根已放棄與台灣恢復正式外交關係。（© Don Rypka/CORBIS）

1989 年 2 月，方勵之欲出席美方招待會無果後，鄧小平會見布希總統，翻譯官為後來擔任中共駐美大使和外交部長楊潔篪 。（《鄧小平畫傳》，下冊，成都：四川人民出版社，2004 年，頁 576）

1989 年 5 月，歡迎戈巴契夫夫婦到訪北京，此時天安門廣場上的示威已在進行中。（© Jacques/Sygma/CORBIS）

1989 年 5 月，趙紫陽總書記在天安門廣場上向學生道別，鄧小平在騷動期間一直未來到廣場。（©AFP/Gett Images）

1992 年 1 月，鄧小平在南方的「家庭度假」吸引了大批圍觀者。（《鄧小平畫傳》，下冊，成都：四川人民出版社，2004 年，頁 633）

1989 年 11 月，在中共十三屆五中全會上，向他的接班人江澤民總書記致以最後的祝福。（《鄧小平畫傳》，下冊，成都：四川人民出版社，2004 年，頁 587）

1992 年 10 月，在中共第十四屆全國代表大會上揮別他的政治生涯。（© Jacques Langevin/Sygma/CORBIS）

1997 年 2 月，聯合國安理會為鄧小平的去世默哀一分鐘。（《鄧小平畫傳》，下冊，成都：四川人民出版社，2004 年，頁 649）

鄧小平時代

一九七八—一九八九

13. 鄧小平的治國術

（377）

鄧小平無法忍受令毛澤東感到陶醉的個人崇拜。[1] 與毛澤東時代形成鮮明對比的是，公共建築裡基本不擺放鄧小平塑像，人們家中也幾乎不見懸掛他的畫像。很少有歌頌他成就的歌曲和戲劇。他也從未擔任過黨主席或總理。學生確實要學習鄧小平的政策，也會引用他的名句，但並不需要花時間背誦鄧的語錄。

然而，儘管不搞崇拜、也沒有令人敬畏的頭銜，他的職位不過是黨的副主席、副總理和軍委主席，鄧小平卻有效控制住權力的各個重要層面。他充分運用個人聲望，大膽創建了一套運作良好的體制，把一個國家建設得強大繁榮。他究竟是如何取得如此驚人成績的呢？如果說毛澤東像一個高居雲端的皇帝，博通文史、簽發詔令，那麼鄧小平更像是一個總司令，審慎考察自己的作戰計畫是否得到正確部署和落實。

（378）

權力結構

鄧小平在寬街的家中辦公，那裡地處中南海東北方，驅車到中南海用不了十分鐘。隨著聽力漸差，他很難參加會議。他的聽力問題是由無法根治的神經退化疾病和不時出現的耳鳴造成，這也造成神經性失聰和耳內異響。[2]他的聽力在一九八〇年代後期惡化，說話者必須對著他的左耳大聲說話。這也使鄧小平認為，把時間用在看文件上比出席會議划算。他更喜歡讀會議報告、聽機要祕書王瑞林講述會議情形；王瑞林代表鄧小平出席會議，跟其他高官的機要祕書會面以瞭解看法。

鄧小平的作息很規律。他八點用早餐，九點到辦公室。妻子卓琳和祕書王瑞林為他準備好要閱讀的素材，包括約十五份報紙、從外國媒體翻譯的參考資料、一大堆來自各部委和各省黨委書記的報告、新華社蒐集的內部報導以及送交他批准的文件草稿。為瞭解最新動向，鄧小平主要依靠書記處和中共中央辦公廳整理的情況匯總。鄧小平閱讀時不做筆記。文件在上午十點前送達他的辦公室，他當天就會批覆。他從不在辦公室留下紙片，一貫的乾淨整潔。

陳雲要求自己的機要祕書每天為他選出五份最重要的文件，鄧小平則要瀏覽所有資料，以便決定哪些需要仔細閱讀。讀過文件並做出簡要批示後，他把全部文件交給王瑞林和卓琳，由他們把圈閱或批示過的文件轉交相關幹部，再將其餘文件歸檔。鄧小平圈閱或批示文件就是他領導全

（379）

黨工作的方式。他簡單地在文件上寫上同意，還有一些文件他會送回，要求進一步加工和澄清，或提出再做研究的指示。

在上午三個小時的閱讀時間裡，鄧小平很少會客，但中間會花二、三十分鐘到院子裡散步。在家用過午飯後，他通常會繼續看文件，有時會讓幹部來家中見面。如有重要外賓來訪，他會到人民大會堂的某個房間會客，有時也與他們一起用餐。

鄧小平自早年起就享有聲譽，善於區分大小事，集中精力在能給中國帶來最大變化的事情上：他制定長期戰略、評價可能決定長期目標成敗的政策、爭取下級幹部和群眾的支持、大力宣傳能體現他想實行的政策典型。在一些重要但複雜的領域，例如經濟或科技領域，鄧小平依靠其他人去思考戰略，然後向他說明不同的選擇，最後由他拍板。至於其他的問題，如國防、與重要國家的關係和高層幹部的選拔，鄧小平會花更多時間摸清情況以便親自制定戰略。自一九五二年就擔任鄧小平機要祕書的王瑞林，在向外界說明鄧小平的意見時十分慎重，避免加上自己的理解。很多幹部認為毛遠新剛好相反，他在一九七五年末到七六年初向外界解釋毛澤東的意見時，往往用自己強烈的成見渲染甚至補充毛澤東要他向其他幹部傳達的意見。王瑞林對任何事都避免做出自己的解釋，儘管他與鄧小平悠久的關係使他更像是鄧的家人。王瑞林不添油加醋這一點對鄧小平來說很重要。有時在一些重要問題上，為使外界準確知曉他的想法，鄧小平會寫下主要觀

(380)

點，讓王瑞林傳達他的書面意見。

總書記胡耀邦是黨務的執行官，總理趙紫陽則是政府事務的執行官，他們將所有重要問題交鄧小平最後定奪，但多是以書面形式，很少親自面談。胡耀邦主持中央政治局常委會和政治局例會，趙紫陽主持國務院的會議。陳雲和鄧小平很少參加這類會議，均由機要祕書代表。趙紫陽在其口授的回憶錄中說，他和胡耀邦更像是助手而不是決策者，但他們要負責落實。鄧小平確實保留拍板的權力，但通常他不會事必躬親；他定大政方針，讓胡耀邦和趙紫陽以自己認為最好的方式落實他的指示。在做出最後決定時，鄧小平會考慮政治氣候和其他主要領導人的意見。雖然他做事獨斷果敢，其實也受到政治局成員整體政治氣氛的限制。

一九八〇年，政治局由二十五名委員和兩名候補委員組成。核心成員即權力強大的七名政治局常委。一般認為，政治局中較年輕的成員是政治局常委的潛在候選人，常委會的成員是從政治局委員中產生的。[3] 一九八〇年代初的政治局常委包括鄧小平、陳雲、李先念、葉劍英、華國鋒、胡耀邦和趙紫陽。年邁的葉劍英很少參與實際工作。陳雲和李先念只在大事上表態，日常決策權主要掌握在鄧小平、胡耀邦和趙紫陽手裡。每個常委和一組特定的政治局委員有自己的辦公室祕書，他們隸屬於書記處，負責蒐集資料、擬講稿、處理文件，並充當常委和其他高官之間的聯絡人。即使觀點不同，鄧小平治下的政治局是個相對有紀律的組織，且能聽從他的指示。

華國鋒擔任黨主席時經常召開政治局常委的例會，鄧小平則很少這麼做。當趙紫陽問他原因時，他答：「兩個聾子（鄧小平和陳雲）能談什麼？」鄧小平要做的是分工明確。他很清楚，建立新的組織結構要比派一兩個領導幹部到不配合政策的舊組織，更容易控制權柄。中央書記處恢復後，成為一個處於他明確控制下的全新機構。鄧小平把這個為全黨提供最高領導的新神經中樞安排在中南海北門內，他親自任命的胡耀邦則領導黨的日常工作。政治局成員在書記處都有個人辦公室，他們在這裡召開例會。中央辦公廳是一個更大的行政單位，負責起草和傳達文件，處理北京黨中央各單位和省一級黨委的來往，書記處則小得多，它只為最高官員服務，就像一個黨的內閣。

（381）

胡耀邦主持書記處的會議。雖然胡也要主持政治局和政治局常委會，但鄧小平建立起自己的領導班子後，常委會很少開，政治局一個月也開不了一次會。趙紫陽身為總理也參加書記處的會議，但鄧小平、陳雲、李先念和葉劍英不親自與會，而是讓機要祕書代為參加。機要祕書對自己所代表的人都十分瞭解，這一群機要祕書可以進行坦率交流，避免領導人本人因排名、權力或面子等顧慮而可能引起的問題或尷尬。

鄧小平的見解有助於形成共識，但在書記處對問題深入研究之前，他通常不會做出最後決定。一旦在重要問題上達成共識，書記處就會擬出文件，在常委中傳閱。常委會在文件上畫圈同意，或是做出簡短批示。如是後者，文件會送回書記處進行下一輪修改。最後，由鄧小平「拍板」批准策或文件的最終措辭。

數位高層官員，其中大多是接近政治局級的，被任命為書記處書記。與祕書不同，他們負有管理權。政治局成員以及這些書記處書記下面都有一個「領導小組」，負責協調不同系統的工作。[4]比如彭真領導管政法的，萬里領導農業的小組，宋任窮的小組管人事，余秋里的小組管工業和運輸項目，楊得志管軍事，胡喬木管黨史和意識型態，姚依林管經濟計畫，王任重管宣傳，方毅管科技，谷牧管外貿和投資，彭沖管長江三角洲地區（上海周邊）工作。[5]

其他最高層領導人有時會不同意鄧小平的決定，偶爾也會因為鄧不跟他們商量而生氣。最初，鄧小平不得不與陳雲的觀點角力，因為陳比他懂經濟，且陳的意見在其他領導人中享有很高權威。在軍事領域上，自從葉劍英退到一邊之後，鄧小平再也感覺不到還有誰的意見能對自己有所制約。在軍事和外交方面，鄧小平有幾十年的經驗，對自己的想法充滿自信，因此很少向別人讓步，儘管在具體事務和起草文件上需要借助專家。即便其他領導人不同意鄧小平的決定，也會遵守黨紀，不會公開表達異議。

鄧小平可以和機要祕書王瑞林隨意交談，他與胡耀邦和趙紫陽的關係則要正式得多，他也很少單獨見他們。胡和趙有相當大的自由，可按自己認為恰當的方式處理公務。鄧小平透過他們提

（382）

交的書面資料，以及王瑞林的補充，去瞭解他們的觀點。

鄧小平偶爾也跟年齡相近的老幹部見面，如楊尚昆、王震和薄一波，這些人都是幾十年的老相識。高度信任這個由多年知交組成的小團體，使鄧小平能夠對政治氣氛和人事問題做出更可靠的評估。鄧小平與楊尚昆關係特殊，他們同為四川人，鄧小平擔任總書記時楊是中央辦公廳主任。楊尚昆也是鄧小平和軍隊間可靠的聯絡員。鄧小平和他的幕僚尤其是胡喬木和鄧力群，關係也比較隨意。相較於胡耀邦和趙紫陽，鄧與他們來往時更為輕鬆。

鄧小平用不少時間準備每年的中央全會，因為這種會議能統一多達二百餘名中央正式委員和一百多名候補委員的思想。他用更多時間準備每五年一屆的黨代表大會，因為它能在更長的時間內統一人數更多的黨代表思想。在籌備這些重要會議時，鄧小平會與胡耀邦和趙紫陽一起工作，列出他要討論的重大議程，然後讓他們和胡喬木等人一起領導文件和講稿的起草。對鄧小平的重要發言，在發表之後通常會再進行一輪編輯加工，做成能傳世的歷史檔案收入他的文選。

像其他高層領導人一樣，在最寒冷的一、二月份，鄧小平往往會去較溫暖的地方住幾週。夏天他會去海濱城市北戴河，那裡是高層領導人休假並進行非正式交談的地方。但是對鄧小平來說這些休假其實也是處理黨務的機會。例如，一九八四年他在閩粵經濟特區過冬時，肯定了它們取得的成就，把它們確定為沿海發展的典範（見第十五章）。在一九八八、九〇、九一和九二年，鄧小平視察上海等地，推動了加快上海市發展的計畫。

隨著年齡增長，鄧小平找到一些保持體力的辦法。他利用書面資料處理大多數事務，避免參加勞力耗神的會議，大多數電話都由王瑞林處理。鄧小平在接見外國要員前不要求別人口頭通報情況，雖然下屬可以看出他對來訪者的近期活動有一定瞭解。只要不是會見大人物，鄧小平通常在家裡和家人一起用餐，晚飯後的休閒時刻，他會和孩子們一起看看電視。他關注新聞，對體育也有興趣，每週會有一兩次請人來他家打橋牌。但是他與牌友、甚至與家人都不怎麼閒聊。[6] 鄧小平有「不愛說話」的名聲，即便是在家裡。[7] 鄧小平晚年時尤其注意保存體力，而會見外人時，人們則看到他機警、活潑的一面，甚至可說熱情。

除非在正式場合發言，鄧小平演講不需要看稿也講得條理分明。通常他唯一的提綱就是關於演講的主題以及他所要訴諸的人群。一九八五年過了八十歲以後，他避免做需要精心撰寫、編輯和陳述的長篇演說。除了一九九二年南巡演講等少數例外，他的演說不再被加工成有標誌意義的長篇文件。

鄧小平的家人覺得他親切寬厚、言談風趣，但在家人之外，他不是一個和藹可親的人。同事和其他人都對他敬重有加，卻不像對胡耀邦，或當年對周恩來那樣愛戴他。他們知道，在緊要關頭，鄧小平會做他認為最有利國家的事，而未必考慮是否有利於自己的手下。實際上，有些人覺

（384）

得與周恩來和胡耀邦相比，鄧小平待人就像對待有用的工具。鄧小平十六歲離開家鄉後再沒有回去過，他以此清楚地表明，他要報效的是整個國家，不是任何地域、派別或朋友。與毛澤東不同，他既不心機複雜，也不懷恨報復，儘管也有極少的例外。下屬認為他是一個嚴厲、急切、要求高但講道理的監工，他們懷著敬畏與他保持距離。他是獻身於事業的同志，不是可以違背組織需要的仗義朋友。[8]毛澤東性情多變，而鄧小平做為最高領導人則行為一貫、治國方式始終如一。

治國和改革的指導原則

長達十二年的戎馬生涯使得鄧小平很看重權威與紀律。擔任高官、參與治國後，他更看重國家的權威，因為他知道自鴉片戰爭後的百年裡，中國領導人在維護治國所需的權威是多麼艱難。一九五〇年代擔任領導人時，他對毛澤東神一般的權力有親身感受，他知道這種權力能成就什麼。然而他也看到，當這種權威在文革期間被消耗掉之後，再想成事又是多麼困難。做為頭號領導人，他知道僅僅靠法規並不足以讓群眾服從他，中國還不是一個人民會對法律發自內心普遍尊重的國家，而其中部分原因又在於，長期以來人民總是看到領導人隨意改變法律。鄧小平就像中共領導層的其他人一樣，認為群眾不僅需要在學校，而且需要在一生中不斷接受宣傳，要對他們進行「教育」，使之理解為何要遵守一定的規矩。而這種「教育」，需要輔之人們對最高領導人一定程度的敬畏，以及對於膽敢蔑視權威可能給個人和家庭帶來的後果與懼怕。

鄧小平知道，他絕無可能讓群眾對他產生像對毛澤東那樣的敬畏。但是，他對如何維持自己的權威心中有數。他在擔任頭號領導人時已經享有個人威望，基礎來自他有五十年擔任中共領導人的資歷、過去的功績、毛和周曾把他視為可能接班人的培養，以及他為國家做出正確決策的能力。直到一九八一年毛澤東的形象一直有強大的影響，為維護自己的權威，鄧小平必須表明對毛主席的尊重。但是，他在一九八一年把毛的基本思想定義為「實事求是」並被人們接受，他還決議承認毛澤東一九五八年以後所犯錯誤的黨史。其後，即使脫離毛在具體問題上的觀點，鄧小平也足以維持自己的權威。

鄧小平支持「黨內民主」的觀點。對此他的理解是：領導人要傾聽「建設性意見」，以減少犯嚴重錯誤的危險；然而，根據「民主集中制」原則，一旦做出決定，黨員就要執行。

鄧小平認為，發展經濟可以加強黨的權威和他個人的地位，這種判斷被證明是正確的。當一九八三年至八四年經濟迅速平穩發展時，鄧小平的權威幾乎不可撼動。當經濟問題嚴重時，例如一九八〇年代後期，中國陷入嚴重通貨膨脹，社會上人心惶惶，鄧小平的地位也因之受損。

鄧小平從未提出過治國原則，但是審視他的演講、參考他手下的看法以及他實際做過的批

（385）

示，還是有可能總結出一些可視為其治國模式的基本原則：

言行要有權威。鄧小平當過十多年嚴厲的軍事領導，深諳如何讓風趣的談話也能透出威嚴。做重要發言前，他會和其他重要領導人及正統思想的捍衛者一起為講稿把關，確信自己的發言是在傳達黨的意旨。

決定一旦宣布，鄧小平不會承認錯誤、削弱自己的權威。在外國客人面前他可以很放鬆，但在黨內他絕不會輕易拿自己的權威冒險，一旦使用個人的權威，他就會表現得十分堅定。

捍衛黨的地位。一九五六年鄧小平在莫斯科親眼目睹赫魯雪夫對史達林的全面批判損害了黨的權威，他決心維護中共的尊嚴。如果他斷定某些批評危及中共的尊嚴或傷及其領導地位，他會嚴加限制。如果批評得到很多人的回應，他會做出更強烈的反應。當鄧小平認為讚揚西方式民主之類的思想具有嚴厲批評中共的意味時，他會為維護中共的權威而做出堅定反擊。

與毛澤東不同，鄧小平不會公開迫害批評者，但是對他認為威脅到社會秩序的人，他一向毫不手軟。他支持判江青死刑，把魏京生這種異議者投入監牢。像王若水、劉賓雁、方勵之這些批評中共的黨員，哪怕曾為黨做出過貢獻，他也會毫不留情地開除黨籍、撤銷職務。後來鄧允許他們出國，但大多數這些人被禁止回國。

堅持統一的命令體制。鄧小平不相信行政、立法、司法三權分立在中國行得通。他認為統一

（386）

的命令體制更好用，效率也更高。中國也許可以有初級的分權制度：黨代表大會具有準立法功能，書記處有行政功能，紀檢委有監督黨員的準司法功能。但是在鄧小平的領導下，還是單一的強大權威說了算。

牢牢掌握軍隊。和毛澤東一樣，鄧小平努力保留他本人和黨對軍隊的控制。當華國鋒有拉攏軍隊的跡象時，他立刻採取行動切斷他與軍隊的聯繫。即使在放棄其他職務後，直到一九八九年十一月以前，他一直保留著中央軍委主席一職。在他擔任頭號領導人的整個時期，他藉由自己忠實的支持者楊尚昆，確保軍隊高層對他的支持度。鄧小平任命真正效忠於他的人（他過去在二野的老部下）擔任北京衛戍區司令員這類關鍵職務，這些人反過來又能保證沒有任何異議團體敢挑戰他在黨內的權威。

得到群眾支持後，再做出重大政策突破。鄧小平力求避免草率提出有可能引起很多高層幹部和群眾抵制的政策。他最有爭議的措施之一是解散農村人民公社，但他在一九七九年並沒有公開贊成解散公社。他僅僅說，在農民餓肚子的地方，要允許他們找一條活路，即使是保守的反對者也難以批評這種觀點。看到饑餓的農民因實行「包產到戶」產量大幅提高的報告後，他讓人們廣泛宣傳這些成就。在很多地方傳出成功的報導、包產到戶得到廣泛擁護後，他才在一九八〇年五月宣布支持這種做法，甚至也還不是廣而告之。他仍然謹慎地表示，只在得到群眾擁護的地方推

（387）

行家庭聯產承包制度，事實上，他有充分的理由相信這種做法會迅速傳開。

規避罪責。如果鄧小平的政策不得人心或出了問題，通常要由下屬來承擔罪責，就像把毛澤東的錯誤推到林彪、江青和其他下一級幹部身上一樣。在一個最高領導層的紀律仍然嚴重依賴個人權威的國家，鄧小平像其他很多高級幹部一樣，認為有時必須棄車保帥。在某些極端形勢下，為了完成當前任務，他也會拿自己的權威冒險，例如一九七九年攻打越南的情況。但是一般而言，下屬是被指望為錯誤扛起罪責的。哪個下屬直接牽涉關鍵問題，就由該下屬擔當罪責。

根據長遠目標做出短期決策。鄧小平是在六十多歲以後才上台執政的，他經歷過無數變故，他領導的國家有兩千多年歷史，他自然會對國力的盛衰持一種長遠眼光。鄧小平上台後，不必面對短期選舉，因此他能著眼長遠目標，例如從一九八〇年到二〇〇〇年讓國民生產總值成長四倍，或在二十一世紀中葉使中國成為小康社會。他為香港、台灣提供回歸之後實行一國兩制、至少五十年不變的政策。在考慮制定年度或五年計畫時，鄧小平也把它們放在長期目標之內。

採用有助於實現長遠目標的政策。鄧小平搞四化的努力一旦得到普遍擁護，他就能為實現這個目標的政策爭取到廣泛支持。他培養和聘用專家，用受過良好教育的年輕人取代上了年紀、沒受過太多教育的人。他大力精簡臃腫的黨政軍官僚隊伍，這些冗員吞噬著推動中國現代化所需資源。鄧小平為減少軍隊和黨政官僚的規模耗費大量精力，因為此政策受到不願退休者的強烈抵制。鄧小平也認識到，很多新的計畫必須逐步實行，比如提高教育水準需要數十年時間，他必須為實現每一個目標訂出標準。

鄧小平很清楚，在新就業機會出現之前取消國營企業，將造成嚴重的社會乃至政治問題，所以他決定把關閉缺少競爭力的國營企業先放一放，等到有更多就業機會再說。他知道，強迫那些打過仗的老幹部退休會遇到廣泛抵制，於是他動用有限的財政，提供同意退休的人優厚待遇，包括住房和休閒設備，一些高幹甚至可以繼續使用公用車。完成這些困難的轉變之後，他才開始建立法定退休年齡的正常制度。

鄧小平大大擴展了有才華的年輕人得到深造的機會，提高學者地位，允許知識青年從農村返城。他很快就設立計畫，使四百四十五萬工作素質有待提高的「專業技術人員」得以再培訓；成立人才交流中心，鼓勵受過教育的人把人事檔案存放在那裡，以方便人才流往最需要的地方。[9]

鄧小平願意採取一些過渡措施，但他心中始終想著長遠目標。一九八一年文革後的第一批中國大學生畢業時，鄧小平繼續實行畢業生分配制度，把大學生安排到指定的關鍵職缺。直到一九八〇年代末，鄧小平才允許大學畢業生自主擇業。

鄧小平不認為在一九七八年就能預見哪些制度最有利於中國現代化。他授意趙紫陽成立研究機構，研究各地採用的不同體制。如果試驗成功，他會鼓勵人們嘗試用在其他地方，看是否能奏效。

正視令人不快的事實。鄧小平認為，掌握真實情況十分重要。在大躍進期間，浮誇報告使災難變得更加深重。鄧小平會通過不同管道驗證自己得到的資訊，再對它的真實性做出判斷。即使這樣他也會存一份戒心，願意找機會親自看一看。鄧小平尤其願意聽取他所選定的部分官員的意見，如楊尚昆和機要祕書王瑞林，他們能夠對他實話實說。他也仔細聽取外國人向他介紹他們在中國所見的情況。

鄧小平不但避免誇大中國能取得的長遠成就，也盡量降低地方幹部和一般百姓不切實際的期望，以為短期內就能取得成就。此外，他接受專家的勸告，中國不應急於發展大型重工業部門，而應首先集中力量搞好輕工業。

（389）

做事果敢。鄧小平能做到「舉重若輕」。陳雲和在軍中與鄧小平共事十二年的劉伯承相似，以辦事慎重而聞名，屬於「舉輕若重」的人。陳雲注重細節，尤其是在經濟問題上，比鄧小平心細得多。但是在鄧小平看來，想在打仗之前蒐集到敵方全部情報的指揮官難免貽誤戰機。鄧小平確實用很多時間分析自己決定的潛在後果，但在重大問題上，他往往願意在摸清全部事實之前就大膽推進。

推進、鞏固、再推進。鄧小平認為，對遇到嚴重阻力的問題，最有效的辦法是不斷施加一定的壓力，等待事情得到鞏固後再繼續向前推進。[10]例如，為了使華國鋒下台更順利，鄧小平分成幾個階段施加壓力，在繼續推進之前讓其他人做出調整。一九八〇年代初他認為與蘇聯恢復正常關係的時機未到，但仍在這個問題上取得有限進展，直到蘇聯因過度擴張而不堪重負，願意與中國恢復正常關係。

加強團結，減少分歧。鄧小平接手的中國是一個因深刻的內在衝突而飽嘗痛苦的國家。一九四〇年代末、五〇年代初地主被消滅，殘酷的政治運動連續不斷在文革中達到頂點，留下很多「你死我活」的敵對情緒。此外，這些鬥爭遍及每個村莊和工廠，這意味著受迫害者或其子女往往要和迫害過他們的人一起工作。

鄧小平當政時面對的最基本問題之一，是如何減少受迫害者親友尋機「算帳」的欲望。他經常利用自己的身份地位，鼓勵人們讓過去的事成為過去，專心幹好自己的工作。他也經常用「不爭論」一語，把很多有爭議的問題放到一邊，認為不妨把難題留給後人解決，他們可能有更聰明的解決辦法。他還全力支持胡耀邦清理文革中的冤假錯案，為受害者恢復名譽，給遭受物質損失的人補償。

避免宣傳過去的恩怨。鄧小平指示說，對文革可以做一般性公開討論，但不要糾纏於細節，這只會揭開傷疤，加重過去的敵意，很可能重新造成冤冤相報。文革期間受到錯誤批判的幹部都平反了，但鄧小平建議，給他們恢復工作時不要大肆渲染，以免讓過去的鬥爭死灰復燃。

(390)

（391）

藉試驗避開保守派的抵制。黨內很多保守的領導人害怕出現資本主義企業。但是當毛澤東時代被迫上山下鄉的青年大批回城時，鄧小平和其他官員擔心他們找不到工作會造成更大的社會動盪。由於當時的財政捉襟見肘，政府無力在國營企業中擴大就業，因此允許家庭搞「個體戶」，以免造成大批人失業。馬克思在《資本論》中有資本家雇用八個人就是剝削的說法，這被解釋成親自參加勞動的創業者雇用七人以下就不算資本家。個體戶便如雨後春筍般迅速發展起來。鄧小平得到陳雲的同意後說，「看看再說」。最初企業主對雇七人以上十分小心，但是看到政府並不干預，其他企業主便起而效尤。鄧小平並不與人爭論，他只提到「傻子瓜子」，這是由安徽一個目不識丁的農民及其雇工加工的十分著名的瓜子品牌。「你解決了一個『傻子瓜子』，會牽動人心不安，沒有益處。讓『傻子瓜子』經營一段，怕什麼，傷害了社會主義嗎？」[11]鄧小平聰明地解釋中國為何要進行個體戶試驗，在恰當時機對保守派做出一點不屑的表示，既機智地避免意識型態之爭，又鼓勵了更多就業，使更大的私營企業得以立足。

用俗語解釋複雜且爭議性問題。鄧小平做出基本的政策決定後，會用人們樂見的俗語解釋。這些機智通俗的說法不但使人難以反對政策，還讓人覺得鄧小平平易近人。他並不是第一個運用格言、使人聯想到他的中央高層領導人，但他運用得很廣。他的「貓論」：「不管黑貓白貓，捉到老鼠就是好貓。」就是一種很有創意的方式，它為減少毛澤東意識型態的重要性贏得廣泛支

（392）

持，它意味著幹實事要比遵循某種意識型態更重要。如果他直接說「意識型態不重要」，將會引起極大爭議，而他的「貓論」會讓人聽後莞爾一笑。（有些企業家甚至生產和銷售以貓為主題的裝飾品。）另一個「讓一部分人先富起來」，它有助於降低很多想在改革後快速致富者的期望，在改革惠及每個人之前，打消人們對致富者的嫉妒。它也是一個承諾，一部分人富起來之後，政府會努力讓更多的人致富。「摸著石頭過河」也是鼓勵試驗的一種方式，它承認在新形勢下不應指望所有的政策都能奏效。

在解釋基本原則中保持平衡。遵照中共的傳統做法，在重要的政策性文件中，鄧小平專注於使他的計畫保持穩健的中庸之道。他時常批評極端主義的做法，既批左又批右，既批「封建思想」又批「資產階級思想」。此外，在向群眾說明重要政策時，鄧小平認為更有效的辦法是做出解釋，講明大局和行動的長期目標，而不是直接命令。

避免派系，選拔能幹的官員。一些下面的幹部認為，選擇跟自己有特殊關係的人做同事更安全，例如背景相同、同鄉或受過同樣教育的人。據說北京的三類人有著融洽的關係：(1)「團派」，即過去在共青團工作過的幹部；(2)「太子幫」，指中共高幹子女，這些人可能上過同樣的學校；(3)「祕書幫」，曾當過高級幹部的祕書者。但鄧小平願意跟所有這三類人共事，只要他們能幹、忠於上級、不搞派系。他鼓勵其他人也這樣做。

他也受制於北京最高領導階層的政治氣氛。

研究和營造「氣氛」。身為頭號領導人，鄧小平在政策的選擇上有相當大的靈活性，然而他也受制於北京最高領導階層的政治氣氛。鄧小平在大膽採取行動時，要做到讓其他高層完全支持他。當然，在一定限度之內鄧小平可以透過演講、行動以及他所支持的人去營造氣氛。但是他發言時通常只講大原則，不會觸及細節。最高層的官員，那些政治局裡的人，對國家的問題有足夠瞭解，對於哪些事可以做或至少可以接受，都會形成自己的看法。在重大問題上，例如如何看待毛澤東的威信、廢除城市和農村的集體制度、擺脫計畫經濟、允許外國人在中國自由旅行等等，在鄧小平感到政治氣氛完全有利以前，不會採取行動。

按照民主集中制原則，包括高層幹部在內的每一個人都會對當前政策和領導人表示堅決支持。因此即便是高層幹部也不易搞清楚，什麼時候其他人會對當前的政策和領導人產生嚴重懷疑，從而確信需要做出改變，例如一九七八年底對華國鋒及其政策就發生過這種情況。由於高層幹部在重要政策問題上從不公開表達不同意見，因此各省都在北京設有辦事處，這些幹部要窺探可能發生政策變動的跡象，猜測省裡正在考慮採取的某些行動會被認為正確或至少可以容忍。即便是鄧小平，為了掌握這種氣氛，不但要依靠閱讀各種資料做出敏銳判斷，還要依靠敢向他說出令人不快真相的人，如鄧力群、楊尚昆、王震、王瑞林和他的子女。

最高層的氣氛一向複雜而微妙，因為它的基礎是心照不宣的默契，而非直接公開的討論。促成高層氣氛的重要因素，大概莫過於現行政策、戰略和領導人正在取得的成果。如果事情成效不錯，政策或領導人就會獲得支持。如果事情搞砸了，人們就會避之惟恐不及，以免與失敗有染。例如，每年年底公布的經濟結果會影響到有關現行經濟政策和負責的幹部之評價。大多數高層幹部都贊成在某些地方試驗，假如試驗取得成功，鄧小平等人就會覺得可以放手加以推廣。

不消說，對於政策取得多大成功、將來的作用如何，不同的幹部有不同的眼光，有些人比較保守，有些人比較開明或包容。鄧小平努力維持足夠數量的少數人、最好是多數人的支持，至少是接受。在他感到某些問題上存在著強烈的反對意見，即便是出自極少數但具影響力的少數人，那麼，他在提出重大創議之前也會想方設法爭取他們的合作，或至少讓他們消極接受。如果做不到這一點，他會延後採取堅定的立場，直到氣氛變得更加有利。

說到底，民主集中制要求每個人必須加入合唱，表態支持具體政策。對他們認為適當的政策，他們會給予認可，因為跟不緊有可能吃虧。在鄧小平看來，成功的領導人不僅要決定正確的長期戰略方向，還應當知道如何營造氣氛，看準時機大膽行事，在幹部群眾願意支持時迅速採取行動。

14. 廣東和福建的試驗

一九七九—一九八四

（394）

一九七七年十一月十一日，鄧小平在廣東商議於北京召開中央軍事委員會會議的計畫時，有人向他彙報年輕人試圖越境逃往香港的問題。每年都有上萬青年冒著生命危險從陸路或水路逃港。北京過去一直認為這是個安全問題，因此在邊境二十公里處全部架起鐵絲網，部署數千警力在附近巡邏。試圖外逃的年輕人被抓住後，就關進邊境附近的大型拘留中心。鄧小平一向有著坦率承認令人不快的事實之作風，他聽過彙報後說：「這是我們的政策有問題。……不是部隊管得了的。」「生產生活搞好了，還可以解決逃港問題。逃港，主要是生活不好，差距太大。」[1]

在廣東的會議上，當地幹部還抱怨外匯短缺，而外匯是引進外國技術和保證建設的前提。鄧小平支持這樣的觀點：為了賺取外匯，可以成立兩個農產品加工中心（一個在毗鄰香港的寶安縣，後來成為深圳的一部分；另一個在靠近澳門的珠海），加工新鮮蔬果輸往香港。他知道當地的農產品剩餘有

（395）

限，便說，可以由外省提供一些用於出口的產品。他還指示，廣東可以建一些現代化飯店和旅遊設施以賺取更多外匯。當時，有地方幹部想恢復當地的手工業，但鄧小平沒有提到出口工業產品的前景；那時幾乎還沒有生產出口產品的工廠，也還看不到允許外國公司來建廠的可能。外國投資仍不被允許。[2]

鄧小平廣東之行後，北京對發展廣東的興趣趨於高漲。隨著政府開始考慮購買外國技術，官員更加關注外匯短缺的問題。知情的計畫幹部知道，由於沒有找到新油田，他們想在一九七三年石油危機後出口高價石油的希望已經破滅。從一九七八年四月十日到五月六日，在華國鋒的全力支持下，北京國家計委的一個代表團來到廣東，探討如何增加出口。[3]谷牧領導下的這些官員鼓勵福建廣東的幹部發展旅遊業，建議成立出口加工區，將外國貨物和機器運進來，經當地勞動力加工後再運出去。[4]

一九七八年四月，國家計委代表團鼓勵廣東進行創新後，剛上任的廣東省委第二書記習仲勛來到廣東，為中國向世界經濟敞開大門做準備。在習仲勛離京之前，熱心於家鄉發展的葉劍英對習仲勛說，要想得到海內外廣東人的真心合作，首先要給五〇年代早期因地方主義而蒙冤的幹部平反。[5]一九七八年底，習仲勛已取代韋國清將軍成為省委第一書記，他按葉的建議行動了。同時楊尚昆也來到廣東任省委第二書記，幫助習仲勛制定廣東省的改革計畫。楊尚昆和習仲勛合作

（396）

愉快，與習一起為建立出口加工區做準備，並擔任鄧小平的聯絡員。[6]

習仲勛剛到廣東時需要學習很多東西。他到任前仍處在政治烏雲之下，因而上任之初沿襲了當時搞階級鬥爭的官方政治路線。最初與當地幹部開會時，他重申北京的官方路線：逃港者是走資產階級路線，應當給予懲罰。一個大膽的當地幹部說，邊界這邊的廣東人沒白沒黑地幹活仍然吃不飽，逃到香港後用不了一年，就能得到他們想要的一切。習仲勛當即宣布開除這個幹部，這人回答，不必了，他早就不想幹了。會後習仲勛又聽取其他人介紹的情況，他們也向他報告鄧小平去年十一月來廣東調查時的態度。第二天與其他幹部開會時，習仲勛主動反省，向那個地方幹部道歉並挽留他，且發誓要搞好邊境這一邊的經濟。從那時起，習仲勛就成為大力支持廣東的人，為改善當地經濟和繁榮出口毫不懈怠地爭取北京援助。[7]習仲勛原籍陝西，但一九八九年退休後他選擇留在廣東。他的兒子習近平生於一九五三年，在二〇〇七年當選為最年輕的政治局常委，成為最有可能在二〇一三年接任國家主席一職的人。（對習仲勛的介紹，參見「鄧小平時代的關鍵人物」。）

習仲勛在一九七八年十二月開完三中全會回到廣東，鄧小平正是在這次會議成為頭號領導人，習向當地幹部通報了改革開放的新政策對廣東的意義。三十年來廣東幹部一直受到北京當局冷凍，因為這裡靠近外海、毗鄰香港，北京總是擔心它的地方主義、資本主義舊習和安全風險，壓制它的工業發展。現在，急於促進出口的北京，終於願意為廣東幹部提供他們期盼已久的機會：發展地方工業。

一九七九年一月六日，即三中全會剛過兩週，北京就為習仲勛開了綠燈，讓他準備一個廣東接受外資的方案交北京正式批准。鄧小平在一九七七年十一月的建議中只要求加工出口農產品，而這個方案則是要建立製造業，生產用於出口的工業產品。習仲勛立刻召開為期兩週的會議，為起草這個方案做準備。與台灣隔海相望的福建也得到與廣東相同的地位，不過當時台灣還不允許與大陸直接貿易，因此廣東走在前面，福建之後再以同樣的方式發展出口工業。就在習仲勛和當地幹部準備這個方案時，谷牧被任命為新成立的部級單位特區辦公室主任，負責協調廣東和北京的工作。谷牧擔任這個新職務後數次前往廣東，協助習仲勛等地方幹部為廣東得到的特殊地位做準備。谷牧熟知外貿和基礎建設，以他在北京的聲望，他對改革開放的信念，以及他解決問題的能力，使他成為一個很有力的中間人。[8]

一九七九年一月三十一日，三中全會剛過一個月，李先念批准香港招商局局長袁庚提出的外資第一案。為滿足香港繁榮的建築業對廢五金的需求，袁庚打算拆解不再營運的舊船，把拆下來的金屬賣給香港建商。他想為這個專案找地已有多年，無奈香港人多地少，於是他建議將地址選在寶安縣中深圳最西邊的蛇口。

袁庚的方案為廣東創新釋放出一個完美的風向球。拆舊船無須建設新工廠，可以立刻開工。更重要的是，袁庚的公司名義上是「外企」，但他本人早年就加入中共，在廣東和北京都有很深的資歷。他是寶安縣人（該縣部分後來畫歸為深圳），國共戰爭時曾在共產黨游擊隊裡打過游擊。一九四九年後他任職於北京的中聯部，後又去交通部主持國際聯絡工作。香港招商局原為清末朝廷成立的公司，後被共產黨接管，隸屬於交通部，在香港有獨立的分公司，袁庚擔任負責人。

李先念批准的袁庚方案就是由交通部呈報的。交通部部長曾生也是寶安縣人，是袁庚在游擊隊時的上級，後又在交通部擔任他的上司。袁庚本想在深圳西南部的蛇口要一塊小地方，李先念卻給了他一塊大得多的地皮，這使袁庚的生意可以不限於拆舊船。蛇口因此成為中國第一個允許外國直接投資的地方，也是中國第一個允許境外人士對內地公司進行決策的地區。對中國領導人來說，這是一種很安全的「外資」方式，但仍然是一個突破，它為其他外國企業在大陸獲准成立企業敞開了大門。國家的計畫幹部中仍有一些反對的聲音，他們擔心給廣東這麼多自由會干擾國家的整體計畫，不過廣東幹部的觀點還是占了上風：不給予更多的自由，他們無法吸引外資企業來建廠。(398)

一九七九年四月初習仲勛在北京的一次黨工作會議上說，廣東和其他省分一樣，缺少足夠的自主權有效開展工作。他大膽說，如果廣東是一個獨立的國家，幾年之內就能起飛，但在現在這

(399)

種處境下，什麼改變都難實現。另一些高層幹部十分清楚中國的經濟計畫過於集權。華國鋒像鄧小平一樣贊成給廣東更多自主權以發展出口，他向習仲勛保證，會給予廣東吸引外資必不可少的自主權。[9]

習仲勛和廣東的領導班子於一九七九年四月十七日帶著方案草稿赴京，在最後定稿前與鄧小平等人做了進一步討論。習仲勛及其同事根據谷牧的建議提出，允許廣東全省實行特殊政策，使其能夠採取靈活措施，吸引生產出口商品所必須的外資、技術和管理方式。國家為工廠提供必要的土地、運輸設備、電力和勞動力，提供外國人所需的飯店、餐廳、住房和其他設施。北京中央政府支持廣東福建兩省，除了一般工作外，集中精力抓好廣東的三個經濟特區（毗鄰香港的深圳、與澳門接壤的珠海和廣東東北部沿海地區的汕頭）和福建的廈門經濟特區。

鄧小平完全支持這個方案。他對習說：「還是叫特區好，陝甘寧（延安時期對陝西、甘肅、寧夏的簡稱）開始就叫特區嘛！中央沒有錢，可以給些政策，你們自己去搞，殺出一條血路來。」[10] 鄧小平這番話，等於是直截了當地答覆廣東一行人在北京提出的請求：如果不給錢，給權，我們自己籌錢如何？[11]

鄧小平同意，要給廣東和福建靈活性，以便吸引和利用祖籍粵閩的海外華人資金。廣東的方案於一九七九年七月十五日得到批准，成為中央第五〇號公文，它同意給予廣東和福建吸引外資的「特殊政策和靈活措施」。[12]按鄧小平的建議，這些地區稱為「特區」。[13]四個特區於一九七九年八月二十六日正式成立。考慮到國家計畫的複雜性和計畫幹部的抵制，如果不是有鄧小平、華國鋒、谷牧、習仲勛等人的決心，很難想像這一系列安排能夠在三中全會後僅僅七個月即完成。

鄧小平的試驗及其反對者

二十年來，中國一直在蒐集八十多個國家的出口加工區相關資料。這些國家設立的加工區旨在繞開繁瑣的進出口規章，輸入生產所需要的原料，用當地廉價勞動力製造產品後再將其出口，不必經過一般的正規進出口程序。在中國，直到一九七八年，建立出口加工區的努力一直得不到必要的政治支持。從一九七九開始，廣東毗鄰香港的地區實際上變成了加工區。

但是，鄧小平不僅把廣東和福建特區看成出口加工區，他還有更大的考慮。他要建設的是工業、商業、農業、畜牧業、房地產和旅遊業完備的綜合性大都市。[14]這些特區可以對各種辦事方式進行靈活試驗。現代管理制度不但能改善中國企業，而且可以為黨政機關所用，使之變得更有效率。一九八〇年五月十六日中共中央和國務院下發的第四一號公文說，四個特區將「實行不同於其他地方的制度和政策。經濟特區將主要受市場調節。」[15]

鄧小平得不到在全國搞這種試驗的支持，但對保守派來說，反對這種試驗更不容易。因為在

（400）

一地進行試驗、成功之後再加以推廣的思想，早就是中共慣有的智慧。[16]例如，在四川、江蘇、浙江就嘗試過工業管理方面的改革。但是鄧小平允許在廣東和福建的外國企業使用自己的人和管理制度，這種試驗遠遠超出其他地方的嘗試。蛇口進行的投票選舉試驗，遠早於其他地方的村民選舉。廣東比任何地方更合適做實驗室。鄧小平鼓勵經濟特區進行市場、工業、建築業、勞動力、金融和外匯的試驗。[17]由於廣東在風口浪尖上，也就成為反對者攻擊的目標，他們擔心中國變成資本主義國家，外國的帝國主義者會捲土重來，社會主義計畫體制受到破壞。廣東也成為內地省分反對資源集中在沿海地區的批評主體。

西方人、甚至一些中國的批評者也說，鄧小平是在搞資本主義試驗，只是不叫這個名稱罷了，但鄧小平並不這麼看。他決心擴大市場，他個人對私人企業沒有意識型態上的反對意見，他同意競爭是工商業的動力。然而他也要讓中共牢牢掌握控制權，防止資本家左右中國政治，他要保留土地公有，維持國有企業的重要作用，繼續國家的經濟計畫。鄧小平說，中國不會變成資本主義；錢進不了他鄧小平或華國鋒的腰包。[18]

即便是那些對外國「帝國主義者」沒什麼記憶，只是從黨的宣傳中有所耳聞的年輕幹部，對財大氣粗的外國資本家可能的行徑還是感到緊張。為何中國在擺脫了外國帝國主義三十年以後，現在又要把帝國主義者請回來？國營和集體企業的領導知道，中國企業在一九三〇年代如何被

（401）

外國企業的擴張擊垮，他們害怕中國的企業難以與資金雄厚、更加現代化的外國企業競爭。幹部們擔心，在國際貿易中經驗豐富的外國資本家會暗藏禍心，利用國際法律設下圈套，在中國取得壟斷權。鄧小平以十分謹慎的方式向公眾解釋他的理念。他和別人一起批評對外國制度亦步亦趨的人。他小心地不提外國文化更優越，只說可以在有限的範圍內，向外國文化學習，中國可以學習外國的「現代管理」。但是，對「現代管理」的學習有很大的包容性，事實上可以廣泛學習各種觀念和制度，而又不會惹惱那些堅信中國文化或「中國精神」更優越的愛國主義者。

開放廣東、福建和其他沿海省分的決定，很快導致工業從內地向沿海地區大批轉移。從一九六六年到一九七五年，遵循毛澤東要避免邊境附近國家安全受到威脅的政策，中國有一半以上的投資用於「三線工業」，貨物和人員都調去基礎設施很差的偏遠地區。[19]但是在一九七九年二、三月中越戰爭之後，鄧小平認為外來攻擊的危險已大為減少。中國的計畫幹部也明白，沿海地區在工業發展和國際貿易方面占盡天時地利：那裡交通便利，有更好的基礎設施，擁有大批專家和較低的成本。一九七九年廣東的出口僅占全國出口的一二％，而到了一九八〇年代後期，隨著出口的增長，中國每年有三分之一以上的出口來自廣東。[20]鄧小平承認，廣東和福建有可能先富起來，但是他宣布，這些先富起來的地區以後也要幫助其他地區致富。

北京那些試圖維持細緻有序的計畫體制的幹部，力求控制廣東的貨物進出，然而他們面對的

（402）

卻是廣東靈活政策造成的夢魘。廣東從國外賺到更多錢，可以高價購買貨物，這刺激了其他省分把完成本省計畫所必須的物資轉運到廣東。據估計，給予廣東和福建靈活政策的決策至少涉及六十四個中央政府單位。在指導各地的計畫與廣東相互協調的幹部中，有來自國家計委、外交部、財政部、國家建委和物資部的人。[21]廣東的幹部在一九七九年說服了北京當局，廣東與外國公司簽訂的協定不必事先交北京審批，但仍報送中央。但運往廣東的國有物資數量增長並不需要北京有關部委批准。[22]由於市場變化無常，計算不同的稅種變得極為複雜，於是北京同意廣東每年將稅收一次上繳國庫。

為了確保經濟特區不會搞政治試驗，陳雲堅持將特區改為「經濟特區」。一九八〇年三月，面對壓力的鄧小平同意此一改動。[23]他安撫保守派的同志：「它們是經濟特區，不是政治特區。」[24]但是鄧小平並沒有放棄他的想法：特區要在新的管理方式上開展廣泛的試驗。鄧小平以其典型的作風，接受改變名稱以避免爭論，但其實他還是要繼續闖下去的，他並沒有阻止廣東繼續進行廣泛的試驗。

中國的南大門

特區的一個可能地點是上海。一九三〇年代那裡企業林立，住著大約三十萬外國人，是亞洲

（403）

最國際化的城市。做為當時亞洲的主要金融和商業中心，上海遙遙領先香港。上海也是亞洲重要的工業中心，只有極少數日本城市超越它。但是在一九七八年，中國的規畫者擔心把上海搞成試驗區風險太大：它是中國主要的工業中心，對國家財政的貢獻大於其他任何地方；如果上海的工業和財政收入受到負面影響，那將是中國的災難。上海出身的陳雲也擔心，上海屈從於洋人的「買辦習氣」仍然很重，他反對把上海搞成試驗區，這個意見占了上風。

廣東、福建不同於上海，它們沒有多少工業，即使繞了彎路也沒有多大風險。它們的沿海地區靠近東南亞和香港，因此一九四九年後被認為有安全風險，北京在一九七八年以前一直限制沿海區的工商業發展。此外，即使與外國資本家的交往造成精神汙染，由於兩省地處邊陲，也不至於影響到北京的黨中央。更重要的是，移民東南亞和世界各地的華人多半來自廣東和福建，方言能通，很多人仍與這些地方保持密切的私人關係，對吸引新的投資會大有幫助。

鄧小平在一九七八年十月訪日時曾說，他來日本是為中國的現代化尋找「仙草」的。假如有一個地方能找到讓中國起飛的「仙草」，這個地方就是香港。從一九七九年到一九九五年的直接對中投資中，大約有三分之二來自或至少經由香港這個中國的「南大門」。[25]北京希望東南亞和美國等地的「海外華人」前來投資，但更想得到中國聲稱擁有主權的港、澳、台的「同胞」投資。當時，不含台灣，官方估計在中國大陸以外，大約有八二〇萬祖籍廣東和五〇〇萬祖籍福建的華僑。[26]兩省在尋找投資時，這些人是爭取資金的首選目標，雖然也歡迎其他來源的投資。一九七八年後回國的人大多數都是通過「南大門」返回他們在廣東和福建的故鄉。當時台灣和大陸還不能直接貿易，還要再等將近十年，台灣才允許居民去大陸旅行。

鄧小平一允許廣東敞開大門，香港就成為投資、創業和外界知識的來源。香港遍地都是企業家，包括一九四八年共軍攻取大陸後逃過去的成千上萬人。在一九四九年以前，香港一直是聯繫中國與世界的貿易樞紐。中共掌權後關閉了邊境，香港經濟也受到連帶打擊。當時一些從上海、寧波逃過去的企業主，在香港建立起紡織業和全球運輸業。到一九六〇年代時香港已成為國際領先的金融中心。一九七〇年代，早年在香港生活，後去英國、美加或澳洲留學的年輕才子開始回到這塊殖民地，他們熟知現代金融、高科技和國際市場。因此，香港在一九七〇年代末為中國提供了一些當年蘇聯絕對缺少的東西、一塊企業家的風水寶地，而這些企業家十分熟悉西方的最新發展，又與中國大陸有著相同的語言和文化，而且很樂於提供幫助。

在鄧小平著手改革的頭幾年，香港和大陸之間的大門只打開一部分。進出這道大門並非一直很順利。邊境檢查仍持續，中國居民多年來很難得到出入境簽證。很多非法逃港的人、或邊境另一邊有親屬在共產黨統治下受過罪的，根本也不想再跨過那道邊境之門。一九四九年以後，內地和三十年來急速發展的香港之間，存在著日益擴大的社會差距，彌合並非易事。一九八〇年代初期，香港商人言談之間會把邊境另一邊的內地人稱做不知現代世界為何物的鄉巴佬。廣東人和福建人見到來自香港的親人或同鄉，會忌恨他們派頭十足、財大氣粗，因為自己仍在受窮受苦。即使是大陸官員，當時的生活水準也僅在溫飽之上，他們看到衣著光鮮、洋洋自得的香港商人帶著一班幹練的人馬，擁有現代技術和全球關係網，也不免滿腹狐疑。但是，仍有不少香港企業家熱心於幫助家鄉，利用中國這個幾近無限大的市場。沒過兩三年，通過這個南大門的人流、卡車和資金，便從涓滴之水變為汩汩溪流，然後又變成了滾滾洪流。

在鄧小平時代，廣東和福建的幹部，尤其是經濟特區的官員，透過日益開放的電視、報紙和個人交往，在廣東開辦的工廠、飯店、餐館和商店，從香港這個大都會的人們那裡學到不少東西。在一九八〇年代初的廣東街上，僅憑外表和舉止就能分辨出兩種人，打扮時尚的人來自香港，另一些人則是土生土長的大陸人。然而這種差別逐漸消失了，到一九九二年鄧小平時代結束時，許多廣東南部的大陸人和香港居民已經難以區辨。

（405）從一九七八年到八〇年代初，中共在香港的組織是大陸官員瞭解香港形勢的主要依據，比如新華社、中國銀行、華潤集團、工會、「愛國學校」和「愛國」商人。但到一九八三年鄧小平開始接見更多的香港商業領袖時（如船王包玉剛），代表大陸的那個小群體已經基本完成聯絡員的特殊使命。

（406）

在香港工作的中共黨員不是香港社會的主流，他們缺少接觸香港菁英的管道，而現在北京急欲得到後者的合作。北京和廣東的幹部開始繞過香港的共產黨同志，直接與香港的主流領袖接觸。一九八二年，鄧小平把一名前省委書記許家屯派往香港，擔任中共在香港的最高代表，許和鄧本人及北京高層均有直接聯繫；他到港後開始直接和香港菁英接觸。

對香港的工廠來說，中國的開放可謂恰逢其時；由於香港勞動力短缺，工資和成本上升，他們已經開始在國際市場失去競爭力。而邊境另一邊低成本的勞動力，不但能夠挽救香港服裝廠、玩具廠和電子元件廠的老闆，還可以為他們提供廣闊的機會。轉變迅速出現，而且往往令人吃驚：據香港報載，一些香港工廠的工人早上到廠時發現，生產設備一夜之間就全部被運到邊境另一頭的村莊，那裡已經建起新工廠。在一九六〇年代和一九七〇年代香港繁榮期掌握了先進建造技術的香港建築公司，突然發現在邊境另一邊有著無窮無盡的機會。

歐洲和北美的商人在一九七〇年代和八〇年代初去中國時，通常都會取道香港，先乘火車到廣州，再從那兒飛往其他目的地。在動身前往大陸之前，他們會向香港商人瞭解情況，而後者有時會成為他們的合夥人或在中國大陸的代表。外國人受到本國法律的禁止不能行賄，便通過限制較少的香港代理人為自己在廣東的生意鋪路。台商由於台灣政府在八〇年代初禁止與大陸通商，也通過香港的合作夥伴與內地做生意。鄧小平開放連接廣東和香港的「南大門」試驗，使這裡成為外來投資、技術、管理技能、觀念和生活方式進入中國的最重要通道。

中國到八〇年代末時已經更加開放，內外交往擴展到包括北京在內的中國其他許多地方。香港商人與大陸打交道時使用的語言，就反映著這種交往的變化過程。在一九七八年後的最初幾年裡，香港和廣東之間通行的語言是粵語，這是香港和廣東很多地方的一種方言。然而到八〇年代末時，中國很多地方都愈來愈開放，於是普通話漸漸成為新的通用語言。深圳和珠海的很多居民來自北方，他們只說普通話，不講粵語。香港繼續扮演重要角色，粵語也繼續使用，但是香港商人要與全國的合作夥伴往來，於是也開始學說普通話。這種語言上的變化反映從地區性試驗逐漸變為全國範圍的對外開放過程。

廣東和福建的起飛

在廣東和福建獲得特殊地位後的三十年裡，中國的出口增長了一百多倍，從一九七八年的每年不足一百億美元增加到一萬多億美元，其中超過三分之一來自廣東。一九七八年時廣東沒有一家擁有現代生產線的工廠。三十年後來到廣東南部的人，卻可以看到摩天大樓、世界級飯店、高速公路和滾滾車流。

從廣州到香港之間的整個珠江三角洲都發生了巨變。在一九八〇年代，這個地區的村鎮（過

(407)

去的生產隊或公社）迎來一些小製造商在此地建造工廠，他們先是來自香港，後來是台灣等地。到八〇年代末，從香港到廣州一百六十多公里的路段上，道路兩旁的工廠已經連成一片。[27]一九七九年時毗鄰香港的深圳只是一個兩萬居民的小鎮，二十年後的深圳市則已經擴展到了周邊農村地區，人口接近一千萬，而且還在迅速增加。雖然沒有確切數字，到一九九二年鄧小平退休時，估計有一億人次湧入廣東沿海地區，其中不少人後來返回家鄉，但也有數千萬人留在那裡。

習仲勛和楊尚昆設法使北京批准一系列導致廣東經濟起飛的措施，但是從一九八〇年到一九八五年間領導廣東經濟起飛的卻是省委第一書記任仲夷。他的搭檔梁靈光省長以前是輕工業部部長，被派到廣東幫助其發展輕工業。鄧小平退出後，就像全國人民感謝鄧小平搞了改革開放一樣，廣東人也感謝任仲夷的大膽領導。多年以後胡錦濤視察廣東時，曾專程去看望已退休二十年的任仲夷，向他表達敬意（關於任仲夷，請參見「鄧小平時代的關鍵人物」）。

根據一九八二年一月的一份文件，涉及三千萬元以上的輕工業項目和五千萬元以上的重工業項目，廣東必須報送北京。[28]由於突破額度而受到北京指責時，任仲夷會巧妙規避，說那不是一個專案，而是恰好有關聯的若干專案，而每個專案都在上限內。任仲夷的下屬喜歡他為廣東發展與制度斡旋的熱忱，以及敢於為下屬撐腰的擔當。其實任仲夷自己就說過，他在廣東的任務是做一個變壓器，電流（廣東的政策資源）來自北京，他要使其符合當地需要。廣東幹部的說法則是

（408）

「上有政策，下有對策」。

得到任命的省級領導人在赴任之前，很少受到最高領導層的接見，但任仲夷和省長梁靈光卻與鄧小平單獨見了面，此外還去拜會華國鋒、萬里、陳雲和葉劍英。鄧小平與他們見面時說，他們的任務是為未來探索一條出路。鄧小平瞭解廣東的地方主義問題造成的強烈情緒，關於如何對待這個過去遺留的問題，他向任仲夷和梁靈光表達自己的看法：不可能完全不談過去，但要全盤地看問題，不要糾纏於小事。鄧小平說，只要在新的崗位上拿出適宜的政策，工作就能順利進行。鄧小平還表示，他希望廣東和福建的幹部能夠用自己的經驗為其他地方提供指導。萬里在會見他們時則大膽地說，如果北京的指示不適用地方情況，他們就應當做符合當地需要的事。[29]

廣東的試驗走在最前面，很容易被人批為搞資本主義。對那些害怕資本主義、不樂見對其他各省同樣有吸引力的廣東試驗被推廣到全國的人，任仲夷這些人便成為他們的靶子。任仲夷手下的幹部推崇他的機智，佩服他做出戰略選擇的能力，但是最能贏得他們忠心的，還是他在面對北京的批評時敢於承擔責任。

即使沒有來自北京的政治壓力，幹部們也感到難以勾畫出一幅全新的路線圖。例如，在研究建設廣深公路時，他們擔心預算有限，也無法想像汽車增長速度如此之快，便錯誤地採取謹慎策略，決定建一條雙車道高速公路，結果不到十年就被一條八車道的高速公路所取代。政治上的顧

（409）

慮以及缺少經驗，也使得一個十分敏感的領域（即如何與外商打交道）產生不少失誤——他們既想吸引外商前來投資，又不想被人指為對外來資本家示弱。最初，他們不知道如何確定稅收減免的合理數字、需要多少地方基礎設施、應當如何計價，以及哪些當地產品在國外有市場，因此犯了很多錯誤。還有些當地人辦事拖遝，甚至欺騙外國投資者。此外，新工廠的建設速度超前相關管理規章的頒布，結果新規章並不總是奏效。敢闖敢幹的地方領導走得太快，把較為謹慎的官僚拋在後面，這類情況所在多有，這麼一來，反而印證了向來持懷疑態度的保守派預言。

特區經驗的啟發

廣東和福建的幹部發現，為了吸引外資設廠，必須建立「一站式決策中心」。早期的外來投資者為了安排電力、運輸、建材和勞動力，拿到各種批文，必須跟不同的官僚機構打交道，使他們不勝其煩。到了一九八〇年代中期，最能吸引外資的地區都是那些重組政府機構、將決策集中的地方，這使地方官員在一個辦公地點就可以做出所有關鍵決策。

在如何向外資收費方面，人們也獲得不少經驗和教訓。最初，地方政府對如何在市場經濟中計算成本幾乎一無所知，一開始索取的費用往往不是遠遠高於、就是大大低於國際標準。過了幾年後，他們對海外市場的價格找到了感覺，開始定出更適當的價格。由於來打工的勞動力數量幾近無限，勞動成本仍然大大低於多數工業化程度較高的國家。

此外，為爭取投資而相互競爭的地方幹部早就發現，如果不讓外來投資者得到自認合理的投資回報，他們就會另尋他處。最初，幹部們聽說運到海外的產品能賣高價，於是也向外國人開高價，認為不這樣做就是讓中國勞動力受外國資本家剝削。但是漸漸地，中國官員開始接受國際市場的價格，認識到即使工人所得比做外銷的商人少得多，對政府和工人仍然有利。

做到信譽牢靠也是一個學習的過程。地方幹部認識到要想留住外國合作夥伴、擴大投資，就必須講信譽。外國投資者希望確保在出現問題時可得到公正解決，中國的幹部便以簽訂協定、引入法律程序等方式予以保障。他們發現，過去幾年做得好的地方，都是尊重協議的地方。這其實並不奇怪，如果外國投資者感到一地的幹部靠得住，能在早期野蠻、不講章法的中國市場上解決始料未及的問題，必要時還能在解決問題時發揮創造力，他們當然願意繼續投資。在外資公司工作的當地經理也學會了按時完成任務是多麼重要，學會了如何有效管理多重任務。還有一些管理人員學會了現代會計制度：知道如何編制進度表、計算成本、使用計算機和後來的電腦。

香港的建築師和建築公司曾在一九六〇和七〇年代香港建築業的繁榮期掌握了建造摩天大樓的技術，他們也開始向廣東的合作夥伴傳授，如何在內地組織和管理這類專案。他們同時帶來現代建築設備，並教當地工人如何操作。

（410）

服務業是中國迫切需要發展的另一個領域。在對外開放和引入市場之前，國營商店只賣品項單一的必需品。店員對顧客十分冷淡，他們公開表示，既然報酬少得可憐，他們可不想傻乎乎地賣力。香港商人在廣東經營的第一家現代飯店白天鵝賓館開張時，為了做好生意，從香港帶來行銷經理和服務人員，傳授飯店的清潔保養、有效組織以及如何滿足顧客的期望。飯店的餐廳立刻引來大批消費者，另一些餐館為了與之競爭，也開始提供不相上下的服務。

來廣東工廠和商店打工的農村人，很快就學會守時以及如何在工作中與他人協調。論件計酬的人學會如何在給玩具填充海綿，或為各種消費品安裝零件時提高效率。他們養成洗手和其他衛生習慣，生平頭一遭跟來自天南地北的同事一起工作，這也使他們的眼界更為開闊。他們學會了現代技術和流行時尚，這些知識很多來自於他們生產的那些，先是為出口、後來又轉而內銷的電子產品和服裝。在溫飽有保障後，他們學會了如何使用電視機、洗衣機、微波爐和空調。姑娘們追逐香港的時尚，學會了如何使用化妝品，如何梳理新髮型。[30]透過給家人寫信、或是時間長短不一的返鄉，這些農民工成為當地另一些嚮往現代生活方式者效法的榜樣。[31]

在世界各地都設有工廠的索尼公司聯合創辦人盛田昭夫（Akio Morita）說過，一般而言，沒有現代工業的國家，其官僚機構也效率低下，一旦採用現代工業的效率標準，這些標準會逐漸滲透到政府之中。按國際標準，當時的中國政府機關仍然效率低下，人浮於事。但是，中國工商業一

（411）

旦提高效率，包括鄧小平在內的一些黨政領導也會效法同樣的效率標準。

廣東的進步不能簡單用「開放市場」解釋，因為有很多存在著開放市場的國家並沒有取得如廣東的進步。不如這樣說，在廣東，不到十年前還在大搞階級鬥爭的中共組織，已經變成推動現代化的有效工具。黨維持著全面的紀律，鼓勵學習與競爭，而香港和日本也迅速提供了幫助。給予廣東福建的特殊政策、特區所特有的自由空間，使這些地方成為培養人才的孵化器，這些人才在大都市的現代工廠、商店和辦公室有出色的表現。這一些從企業學到的知識，很快就從廣東擴散到其他地區。

先行者面對保守政治逆風

閩粵二省的試驗一經開始，幹部就不斷感受到來自北京的政治壓力。雖然被賦予向前闖的責任，但在未卜的環境中，他們需要有創意地在無章可循之下完成任務，而這就使他們很容易受到那些擔憂變革的保守派批評。北京各部委發出一個又一個指示，最後都會加上一句廣東、福建也「不例外」。當時兩省的幹部必須盡力保持一種微妙而危險的平衡，既要吸引外資，又要避免落人口實，賣身外國帝國主義。鼓勵外國公司前來開工廠，應當提供多少減免稅優惠？如果允許一家合資企業生產某種產品，是否也應當允許它生產其他沒有得到批准的產品？部分的出口商品是否可以內銷？

由於在公私利益之間並無嚴格界限，可能會誘使當時仍然很窮的地方幹部利用職權中飽私囊。能否接受外商的宴請？外國商人新年送的紅包呢？用公司車上下班或接送孩子上學？外國企業（含港資）在廣東設廠可以得到獎勵，可是誰知道哪些公司不是廣東人為了得到稅負優惠而成立的「假洋鬼子」公司呢？保守派的幹部總是伺機阻撓「去計畫經濟」的做法，壓制改革派與外商合作的熱情，而且要找到值得批評的行為也並非難事。

（412）

其他地方的幹部也心懷嫉妒，尋機批評廣東幹部的做法。有人向北京抱怨說，他們同樣迫切需要的物資，卻必須送給廣東、福建。有些嫉妒的幹部想方設法拖延供應廣東，廣東為確保國家調撥給它的煤炭能夠到位，不得不向各轉運中心派出數百名幹部，以確保計畫用煤已經裝車。

一些北京高官對黨紀在文革中受到的破壞已有認識，他們對賺錢機會可能會進一步侵蝕黨的紀律更是深感憂慮。若要嚴明黨紀，還有比批評廣東、福建這些先行者更好的辦法嗎？陳雲一向對維持計畫體制的有效運轉、維護黨紀極為關注，於是一些有同樣擔憂的人便擁他為後台。與此同時，廣東的幹部則認為他始終是個頭痛的人。幾乎所有高幹都去過特區至少一次，並對特區的成就予以表揚，只有陳雲和李先念不去。陳雲每年都去南方過冬，比如杭州和上海等地，但他總是推說自己的身體狀況不允許他去廣東。

（413）

陳雲在一九八一年十二月二十二日的演講中承認，「要看到特區的有利方面」，但是他接著說，「也要充分估計特區帶來的副作用」。[32]十天後，他在一次省委書記會議上說，有四個特區就夠了，不要再搞新的特區。[33]一個月後他又說：「現在搞特區，各省都想搞，都想開口子。如果那樣，外國資本家和國內投機家統統出籠，大搞投機倒把就是了，所以不能那麼搞。」[34]陳雲還擔心特區設邊界線會使問題複雜化。他尤其反對發行特區貨幣，因為擔心特區貨幣會對投資者更有吸引力，從而削弱人民幣的地位。

陳雲處事果斷，但很少動怒。在他僅有的幾次公開發火中，有一次就是在聽聞廣東的嚴重醜聞之後。[35]當時有上萬名黨員參與了引進外國商品、說明建廠和銷售產品的活動，走私、行賄和腐敗成為嚴重問題。做為中紀委書記，陳雲對廣東幹部的違紀案件進行嚴肅調查。他批評廣東和福建的高層幹部沒有採取措施阻止這些現象發生。

鄧小平超然於紛爭之外，不為受審的幹部說話。總書記胡耀邦卻一直跟推動改革的地方官員保持密切聯繫。一九八〇年一月，當地方幹部因走私面對壓力時，胡耀邦前往珠海特區，支援那些因阻止走私不力而受責的幹部。幾個月後他從一份蛇口的報告中得知，對超額完成指標工人的獎勵制度受到北京官員阻撓，便對谷牧做出批示，確保蛇口能夠自由運作。當他看到另一份報告說北京官員阻礙蛇口的道路建設時，他再次向谷牧做出批示，制止那些部門的干預。據廣東的幹

（414）

部說，胡耀邦總是全力支持他們，想方設法提供幫助。

隨著有關特區腐敗的報告有增無減，陳雲與維護特區派兩者的矛盾也在升溫。做為遵守紀律的黨員，陳雲和胡耀邦避免分歧公開化，但是當一九八二年一月十四日中央書記處召開會議，第一次就特區問題進行長時間討論時，陳雲批評了普遍的腐敗現象。胡耀邦沒有對陳雲公開表示異議，但他在討論結束時說：「特區只能前進，不能倒退。」[36]

廣東省委、經委和紀檢委的高層幹部都是由北京任命，次一級的省幹部則由省裡的領導任命。北京的官員擔心下面人串通封鎖消息，因此要求所有的次級幹部都須向中央彙報省級領導人的情況，包括負面情況。這些廣東幹部雖是奉命行事，卻被當地同事稱為「打小報告的」。

廣東的兩個幹部，王全國和薛光軍，無論從個人關係還是職責上，都有理由讓北京的計畫派充分瞭解廣東的問題。副省長王全國同時兼任廣東省計委主任，他來自河北，之前在提拔省長時沒能如願。按照常規，當選省長的人應是像王這樣的中央委員，但任仲夷為了獲得當地大批幹部的全力支援，選擇早年在當地打過游擊、不是中央委員的副省長劉田夫。一九八一年廣東開會貫徹陳雲的調整政策時，王全國給北京寫信說，任仲夷在會上強調鄧小平的改革開放要求，不提陳雲關於緊縮的談話。[37]

廣東省委委員薛光軍也向北京彙報了廣東的腐敗問題。延安時期薛就在中央組織部陳雲的手

（415）

下工作，內戰時期在東北也是陳雲部下。薛直接聯繫陳雲，投訴廣東在搞資本主義，走私、賄賂和腐敗問題愈演愈烈，廣東的幹部沒有採取足夠的措施控制這種局面。[38]建設新工廠的工作已經開始，但與此同時，廣東仍苦於財政短缺，外匯不足。北京抱怨廣東對外匯和關稅的徵繳管得太鬆，廣東則抱怨它沒有得到足夠的煤炭，北京沒有建設足夠的運輸設施，以滿足它在三中全會之後日益增長的需求。[39]

一九八〇年十月任仲夷到任廣東時，正值陳雲大力推行調整政策，減少新建設，減輕通膨壓力。而廣東為吸引外資而擴大基礎設施的努力，難免會加劇原物料緊張，帶來通膨壓力。儘管任仲夷從個人角度十分尊重陳雲，內戰時期他也在東北做過陳的部下，但是他認為自己在廣東的首要職責是吸引外資，為廣東的快速發展做貢獻。

「二進宮」

一九八一年底，北京官員對廣東和福建經濟犯罪的憤怒已經達到頂點。為了平息陳雲對廣東走私和牟取暴利的不滿，鄧小平在一九八一年十二月採取守勢。他書面指示胡耀邦，北京要派一個小組去廣東清查，警醒全體黨員注意相關問題。一九八二年一月五日，陳雲提出一份嚴厲打擊走私活動的報告，由其領導的中紀委下發；鄧小平在報告上批了「雷厲風行，抓住不放」八個字回應。[40]

鄧小平的試驗遇到了壓力。他決定冬天去廣東度假（一九八二年一月二十日至二月九日）。[41]他說自己是去廣東休息的，既不想聽報告，也不想談工作。其實他還是用了一個半小時仔細聽取任仲夷對廣東、尤其是深圳和珠海真實情況的彙報。鄧小平對任仲夷說，他認為中央在這些地方實行開放政策是正確的，「如果你們廣東也認為正確，就把它落實好」。[42]儘管鄧小平的廣東之行及其與任仲夷的見面，表明他十分在意改革試驗，但他並沒有公開支持任仲夷表明自己的立場。[43]

（416）鄧小平去廣東時，在北京的陳雲於一月二十五日把姚依林和一些計畫幹部叫去，提醒他們大躍進時期貪大求快造成的後果。他說，各省都想搞經濟特區，如果允許這樣做，外國資本家和投機份子又會冒出來。[44]鄧力群也進一步加大批評經濟特區的火力，他說，特區有可能變得像解放前帝國主義者控制下的通商口岸城市的租界。

當任仲夷和劉田夫奉召進京，參加二月十三日至十五日由陳雲主持的中紀委會議時，形勢到了緊要關頭。地方官員把奉召進京稱為「進宮」（指帝制時代地方官員進京接受訓斥）。[45]會議要求兩人對何以未能阻止走私和腐敗做出解釋，並警告他們改進。任仲夷按要求做了自我檢討。他還從廣東帶了六十八個人上京，意在表明廣東幹部在推動改革、嚴肅對待走私問題上，是團結一致的。有這麼多廣東幹部在場，使陳雲的批評任務變得複雜，他無論如何也不會對任仲夷表示同情了。

會上，其他的北京幹部也加入批評的行列，甚至還說廣東正在出現階級鬥爭，資產階級正在從中漁利。[46] 胡喬木說，這種形勢關係到更大的政治和意識型態問題，廣東的官員這下子意識到問題的嚴重性。

離京之前，任仲夷私下請教了他在北京的重要支持者胡耀邦，問他回廣東後該如何向廣東的部下和工商業界傳達北京的意見，他擔心一旦把北京的嚴厲批評、尤其是階級鬥爭的說法傳達下去，很可能會窒息廣東的經濟活力。胡耀邦告訴他，傳達什麼不傳達什麼由他自己決定。任仲夷回到廣東後召開省委常委擴大會議，傳達了北京對走私問題的擔憂，但是他沒有將北京的憤怒和盤托出，也沒有提階級鬥爭。他說他們確實犯了一些錯誤，要加以改正，要終止不法活動。但他又說：「不要搞運動，也不要指責哪個人。要堅決反對個人牟利，但也要堅定地支持改革開放。我做為省委第一書記要承擔責任，我的下級就不必了。」任仲夷的部下十分感激，因為他們知道，假如不是任仲夷願意承擔責任，保護大家，廣東的試驗很可能出現大倒退。[47]

北京會議之後，陳雲對胡耀邦說，他對廣東的反應很不滿意。於是胡耀邦給任仲夷打電話說，他們沒有過關，還要再回來接受新一輪的批評。任仲夷問是否可以把劉田夫省長帶上，胡耀邦說可以。中央書記處的辦公會從二月二十三日開到二十五日，討論任仲夷在控制走私、腐敗和賄賂上的失誤。任仲夷和劉田夫省長抵京後，在會前即與胡耀邦和趙紫陽做了一次長談。支援廣

（417）

東改革的胡和趙向任仲夷解釋了對他們的批評。胡耀邦要任仲夷寫一份新的檢討，任仲夷答應了。劉田夫對這份檢查進行修改，加強了自我批評的力度，任也接受了。

在「二進宮」的正式會議上，到會的黨政幹部比第一次還要多，批評也更加嚴厲。中紀委的一名幹部說，廣東發生了種種怪事，這些幹部卻見怪不怪。另一名幹部說，廣東的領導是在「放羊」。還有一名批評者說，反腐敗鬥爭就是階級鬥爭。任仲夷做了深入檢討，但他和劉田夫也解釋了廣東為解決這些問題所做的努力。當兩人請求不要取消給廣東的特殊政策時，趙紫陽和胡耀邦保證，政策不會變，但廣東必須更嚴厲地打擊走私和腐敗。[48]

「二進宮」並沒有使事情了結。北京的兩次會議後，從四月到九月，谷牧用大部分時間在廣東搞調查。[49]中央紀委也派出一隊人馬，由一名老幹部、中紀委副書記章蘊帶隊，在廣東進一步調查了兩個月之久。兩個月後章蘊得出結論，任仲夷等人確實為解決問題做了很大努力。

鄧小平一直在閱讀各種會議報告，但也一直避免公開表示支持廣東和福建。不過，當他看過章蘊的報告，看到報告做出實際上有利於廣東的結論後，立刻把報告送交政治局。政治局於一九八二年十二月三十一日發出的第五〇號公文肯定了廣東打擊經濟犯罪的工作。文件還引用陳雲的結論：「特區一定要搞，但也要不斷總結經驗，確保把特區辦好。」鄧小平沒有動用個人權威就成功保住了試驗。廣東的幹部們也長舒了一口氣。[50]

（418）

直到離職之前，任仲夷一直處在北京的壓力之下，但他繼續推行改革，維持快速增長。[51]一九八五年任仲夷到了七十歲的退休年齡。一般來說做出過類似貢獻的地方幹部會被要求延期退休，但任仲夷還是光榮退休了。[52]他獲准保留自己的住房和各項特權。相較之下，福建省委第一書記項南的命運則糟得多，他被控要對福建晉江製售假藥案負責。項南以其工作能力和致力於改革的精神在北京改革派幹部中享有盛譽，但終究在一九八六年二月被撤職，還被迫寫了五份有損尊嚴的檢討，並受到中紀委的內部通報批評。儘管北京的保守派總想排擠任仲夷和項南，但他們在廣東和福建實行的開創性政策不但仍在繼續，而且擴大到其他地方。

向十四個沿海城市擴大試驗：一九八四

在將閩粵兩省的政策推廣至其他地區之前，鄧小平一直耐心等待有利的政治氣候。中紀委在一九八二年十二月肯定了廣東的努力後，敵意開始消散，這使鄧小平得以在一九八三年六月說：「現在，大多數人都在談論經濟特區的很多好事情。」[53]鄧小平鼓勵北京的幹部親自去深圳和珠海看一看，他知道一目了然的進步會令他們印象深刻。此時，黨內對鄧小平改革開放政策的普遍支持已形成一股強大的動力，而一度導致人們廣泛支持陳雲調整政策的諸多問題也開始消失。食品供應充足，經濟發展迅速，財政不平衡的情況好轉。一九八四年廣東的出口額超過一千億元，

（419）

比一九七八年增長二三八%。[54]

一九八四年一月二十四日，鄧小平在「冬季度假」乘專車到達廣州。他用兩週時間視察了廣東和福建，包括四個經濟特區中的三個深圳、珠海和廈門，還視察了中山和順德這兩個珠海附近發展迅速的縣。[55]他行前就對特區的發展持積極觀點，但在他聽取當地的報告、親眼看過之前，仍然持慎重態度，不輕易表揚。深圳的摩天大樓和現代工廠讓他十分興奮，他肯定了矗立在深圳市中心一塊大看板上的袁庚標語：「時間就是金錢，效率就是生命」。[56]視察完深圳和珠海回到廣州後，他才說：「深圳的發展和經驗證明，我們建立經濟特區的政策是正確的。」在深圳，幾平方公里的土地上高樓林立，這在一九七八年的中國是前所未見的景觀，亦使深圳已經具有現代西方城市的風貌。

一九八四年時電視剛開始普及，數百萬中國人得以在電視上看到鄧小平視察中所見的高大建築和工廠。鄧小平在視察閩粵後宣布：「現在看，開放政策不是收的問題，而是開放得還不夠。上海要搞十個大飯店，也可以讓國外海外的人獨資搞。」[57]他說，寶鋼二期工程今年就可以啟動，不必等到下一個五年計畫。有關鄧小平視察閩粵的成功經驗報導，對當年稍晚正式宣布開放沿海城市，並進行體制改革構成了有力支持。

當鄧小平說「建立經濟特區的政策是正確的」時，他並沒有為地方幹部辯護。事實上他所要

（420）

表達的意思是，走私、賄賂和腐敗不是政策本身的結果，而是政策實施中的問題，應當加以遏制。保守派批評海南、廣東和福建那些執行鄧小平政策的領導人，但只是成功地排擠了他們的打擊對象，並沒有使政策發生變化。鄧小平關心的不是個別官員的命運，而是把對外開放計畫擴大到沿海十四個城市和其他地區。這件事他做得既漂亮又成功。

回到北京不久，鄧小平在二月二十四日把胡耀邦、趙紫陽、萬里、楊尚昆、姚依林、宋平等人找來，為宣布再開放十四個沿海城市的政策做準備。鄧小平在談到經濟特區的建設速度時說，建築工人都是從內地城市來的，他們的效率要歸功於合約承包制，報酬多寡全看他們的勞動表現。鄧小平強調經濟特區在學習國外技術和管理手段上的優勢。他說，各地都立刻實行高工資一時還難以辦到，但是應當允許一些地方先富起來。[58]他又說，由於深圳有了新的就業機會，很多跑到香港的人現在又回到深圳。然後他指示姚依林和宋平把他的話轉告陳雲。

此後兩個月裡，中央書記處和國務院著手準備了一份文件，並於五月四日布達。文件宣布把開放政策擴大到十四個沿海城市，每個城市都可以採取符合當地情況的政策。[59]嫻熟協調對閩粵關係的谷牧，被指派協調北京和十四個沿海城市的關係。這種擴大特殊政策的做法，表明廣東和福建在發展現代工業和積累外資上取得的成功得到公開承認。當然，也證明其他地區希望獲得同等待遇的壓力確實存在。

為了安撫內陸幹部，文件還宣布，沿海地區要協助內陸地區，提供後者原料、財政支持和人員培訓。文件在表述方式上也有所考慮，以緩和陳雲和其他較保守幹部的反對意見。陳雲不反對逐步開放更多沿海城市，但對新的經濟特區設置界線很有意見，理由是這會給特區貨物的進出造成程序上的麻煩。

還有幹部批評，交給廣東的任務是培育高科技產業，它卻把重點放在發展低技術的勞動密集工廠和服務業上。幹部們很想讓中國迅速步入高科技產業領域。為了促使這些新開放地區技術升級，避開陳雲在一九八二年一月提出的暫停新建經濟特區建議，一九八四年的十三號文件規定將新的開放城市稱為「經濟技術開發區」，入駐的外國企業應當引入技術更先進產業。[60]

事實上，當時的廣東還缺乏能夠馬上引入高科技產業的技術和管理人才，外國公司來中國投資主要也是為了勞動成本低廉這一比較優勢。即便如此，為了平息批評意見，就如何建立和管理十四個沿海經濟技術開發區做出指示，包括鄧小平在一九八四年十月十二屆三中全會上簽署的「關於經濟體制改革的決定」。雖然這些文件白紙黑字，但地方幹部並沒有把它們當成有明確約束力的法律文件。他們相信，這些指令反映的僅僅是北京支持更進一步開放，以及在吸引外國投資意願採取更靈活的做法。他們的判斷無疑是準確的。

開放十四個沿海地區的決定讓廣東和福建的幹部如釋重負，他們把此視為對他們政策的肯

（421）

定。但是把特殊政策擴大到其他地區也給他們帶來新問題：競爭加劇。過去外國人和海外華人大多在閩粵投資，如今他們增加了在其他地方的投資。不過，總體結果是充足的外資源源不斷。到一九八〇年代後期，不但廣東和福建特區附近各縣蒸蒸日上（儘管成長率略低），廣東經濟特區（深圳、珠海和汕頭）的騰飛也仍繼續。汕頭經濟特區擴大到整個島，隨著台灣在一九八〇年代後期的開放，來自台、美和東南亞國家的投資不斷增長；臨近台灣的廈門特區也繁榮起來。

鄧小平大有理由對廣東的成功試驗擴大到其他地區感到滿意。一九八四年十月，鄧在一個高級幹部會議上說，他這一年做了兩件大事，一是用一國兩制的辦法解決香港問題，另一樁就是開放十四個沿海城市。[61]

廣東成為新的「大寨」

文革期間，大寨是毛澤東為全國樹立的，走向社會主義農業高級階段的偉大榜樣。廣東雖然沒有被正式樹為榜樣，但它的確成為推進現代化的楷模。全國各地的幹部，透過各種報告、考察之旅、廣東經驗研討會，或對在廣東工作或學習過的幹部的走訪等瞭解廣東。尤其是很多北京高幹，冬季應邀去廣東遊玩；邀請他們是為了獲得支持，這些人回到北京和其他北方城市後，往往會講述在廣東的所見所聞。

過去，一般民眾瞭解大寨是通過課堂和工作單位，書籍、宣傳課、海報、廣播或參觀。現在，人們瞭解廣東和深圳的發展，主要是透過在家看電視，而這些電視大多來自廣東的生產線。過去普通人去大寨，是因為被鼓勵這麼做；現在他們學廣東，並不是為了顯示自己思想正確，而是因為他們很想學習那裡的事情。真要說有什麼問題的話，也僅僅是那個榜樣過於強大，在其他地區還沒有條件複製閩粵試驗時，人們就已經滿懷憧憬、迫不及待。因此北京並不鼓勵學廣東，反而試圖打消人們以為能馬上複製廣東經驗的願望。

很多過去從香港引入的西方做法，而今通過南大門進入廣東，再傳播到中國其他地方。例如，當廣東在佛山附近建了全國第一座收費大橋時，那裡的幹部被批評說，這是一種用收費還債的資本主義做法。可是沒過幾年，發債與收費就成為籌資興建大橋與高速公路的慣用做法。一九八三年廣東成為中國第一個不再為多種食品（如稻米和魚類）定價的省分。這些商品的價格先是大幅上漲，隨著人們對市場做出反應，增加了產量以後，價格也隨之回落。還有一個例子是廣州引入了計程車。直到八〇年代初，幾乎所有的中國汽車都還是屬於工作單位，單位有司機駕駛；自從廣州向香港購買了一些舊計程車，成為中國商業計程車的先驅後，沒幾年，中國所有大城市都有了自己的計程車服務。

（422）

一九八七年十一月的第六屆全國運動會成為廣東新角色的標誌。在舉辦運動會的廣州新建體育場裡，電視大螢幕、喇叭和其他技術都是以一九八四年洛杉磯奧運會為標竿。這次盛會展示了廣東的建築、製造、服務業和組織能力方面在改革開放時期所取得的種種進步。多年前曾長期在廣東工作的趙紫陽總理回到廣州，在全運會上做了簡短發言，讚揚廣東為全國樹立了新的高標準。全運會的管理成為一九九〇年亞運會的典範，也成為中國申辦二〇〇八年北京奧運會的跳板。[62]

在整個八〇年代，廣東的變化步伐一直領先於全國各地，激勵各地的幹部繼續嘗試現代化的新路徑。鄧小平很好地利用了廣東，使其成為全國各地仿效的標竿。一九九二年鄧小平退休前的最後一次政治亮相，也是回到廣東向人們做出保證：在中國的現代化中，發揮了關鍵作用的南大門將保持開放。

經濟調整和農村改革

一九七八—一九八二

（423）

鄧小平推進經濟現代化時喜歡講「摸著石頭過河」。其實，過去五十年的經歷已經使他對如何過這條特別的河形成若干信條。其中之一便是必須堅持黨的領導。鄧的次子鄧質方曾對一個美國友人說：「我父親認為戈巴契夫是個傻瓜。」在鄧小平看來，戈巴契夫從政治體制改革入手，分明是誤入歧途，因為「他將失去解決經濟問題的權力。經濟問題解決不了，人民會把他撤職的」。[1]鄧小平喜歡成功，而且對如何使中國取得成功有獨到見解。他要中國人學習世界上所有的成功經驗，不管它們來自什麼制度、發生在什麼地方。他要掌握國內的真實情況，不想聽大躍進時期那種造成嚴重問題的浮誇報告。他認為人需要物質刺激，需要看到實實在在的進步才能保持幹勁。他堅信，經濟繁榮靠的是競爭，不但追求利潤的經濟生產者和商人如此，希望為當地帶來進步的幹部也是如此。

（424）

鄧小平明白實現四個現代化的道路十分複雜，他也知道自己缺乏研究全部細節的耐心。他本人在經濟事務上不是戰略高手，不如在外交和軍事領域；在這兩個領域，他固然會徵求多方意見以掌握當前形勢，也會閱讀專家報告，但是他自己就能把問題看透，無需他人建議便能運籌帷幄。然而在經濟問題上，他需要有人充當中國的戰略家：核察細節、確定問題、提出並評估不同的選擇、設計可能的行動路線。對於這些重要的工作，他先是仰仗陳雲，後來依靠趙紫陽，但他保留最後拍板的權力。他藉由平衡經濟及其他考量，解決重大經濟問題的政治分歧。他還肩負向大眾解釋經濟政策的責任。

「建設派」與「平衡派」：一九七八—一九八一

一九七八年十二月鄧小平成為頭號領導人時，剛剛回到最高領導層的陳雲提醒人們注意經濟中的潛在危險：經濟增長的前景難以預料、預算失衡、購買外國技術遠遠超出中國外匯存底的支付能力。在這個充滿未知數的新時期，許多領導人都試圖為經濟出謀畫策，各種意見眾說紛紜。不過，當最高領導層匯總各種觀點時，不同的意見逐漸形成對立的兩極。一方以「建設派」（the builders）為中心，他們熱中於引進新的工廠和基礎建設專案；另一方以陳雲為首，可以稱為「平衡派」（the balancers）2，他們行事謹慎，力求資源能用於所有國家重點專案。

（425）

從一九七七年開始，一些建設派領導人著手選擇可引進的外國工廠，使其在中國安家落戶。隨著經濟的開放，這些專案負責人利用一九五〇年代中國引進蘇聯新型工業和建設專案的經驗，從日本和西方尋找各種方案。建設派看到日本和「亞洲四小龍」（香港、新加坡、南韓、台灣）採用西方技術建設新設施，取得世界上最快的成長率，也想依法砲製。一九七八年谷牧訪歐之後，引進外國工廠的呼聲愈來愈高，上層幹部主要是主管工業和交通運輸的部委，在那些想使建設落戶當地的地方幹部支持下，列出了未來幾年希望獲得的各類工廠專案清單，然後派幹部去歐洲挑選可以提供技術和資金的合作夥伴。

謹慎的平衡派集中在財政部、國家經委、國家計委和各大銀行。就像其他國家處在同等位置的人一樣，平衡預算、確保有足夠的外匯償債、控制通膨等皆被財政主管官員視為己任。在制定經濟計畫時，他們盡力保證重點經濟領域能夠得到必要的原料、技術和人力，保證消費品不至於短缺。[3]

和華國鋒一樣，鄧小平內心屬於希望看到快速進步的建設派。他喜歡專案負責人，因為他們能在逆境中完成重大項目，讓人看到切實的進步。對細緻的計算沒有多少耐心的鄧小平認為，平衡派雖然必要，卻很煩人。

鄧小平成為頭號領導人時，最著名的專案管理群是從一九五〇年代開始就在一起共事的「石

（426）

油幫」，鄧小平在一九五二年到一九六六年擔任副總理，分管能源和重工業發展時曾與他們密切合作。「石油幫」的頭號人物余秋里因領導開發大慶油田而得到毛澤東的表揚，但他在文革中被打成「鄧派」成員。[4]一九七五年鄧小平掌管國務院時，余秋里被任命為國家計委主任，這讓平衡派頗不滿，因為此要職長期以來都是他們的人。毛去世後余秋里繼續擔任這一職務，華國鋒也依靠他領導從國外進口工廠設備的工作（關於余秋里，參見「鄧小平時代的關鍵人物」）。

在一九六〇和一九七〇年代，余秋里和其他專案負責人遭遇巨大挫折。在一般已開發經濟體中，專案負責人可以依靠別人提供必要的設備和基礎設施，而中國的專案負責人必須自行應付未經訓練的工人、設備缺陷、零件短缺、能源不足和原料供應延宕種種問題。成功的專案管理者都是集奉獻、堅毅和機智於一身，能夠應付各種意想不到問題的人。

毛澤東去世後，隨著華國鋒開始推動經濟發展，專案負責人的工作量驟增。國家計委、國家建委和其他相關部委的幹部忙得團團轉，他們要確定優先引進的技術、與外商談判、工廠選址、計算所需原物料數量、安排運輸和人手。此外，很多幹部是在文革離職多年後剛返回工作崗位，鄧小平在一九七五年啟動的「整頓和選拔新領導班底」的工作尚未完成，因此他們仍然要在政治鬥爭中與那些文革時出頭、現在大勢已去的無能幹部周旋。自毛去世後，以余秋里為首的專案負責人開始倉促編制打算引進的技術清單，他們確實無暇分析引進工廠並使之運轉所須的步驟。

毛去世後不到一年半，華國鋒不顧平衡派提出的質詢，根據余秋里等專案管理者開列的清單，向五屆全國人大提交一份專案清單，大約包括一二〇項大型建設。[5]這些專案預計需要一二四億美元，超過中國全年的出口總值。華國鋒宣布，這個計畫要求每年經濟成長率在一〇%以上。[6]他在一九七八年二月稱，這些計畫符合他的十年規畫，而這個十年規畫則是鄧小平一九七五年所提規畫的自然結果。[7]

華國鋒交給余秋里的一項具體任務是開發新油田，以期從一九七三年石油危機後的高油價中獲利。華國鋒的設想是，生產更多的石油，透過出口石油賺取外匯，支付全部進口專案。然而事與願違，儘管付出艱苦的鑽探努力，並沒有發現新的大油田。

在選擇和引進專案的熱潮中，各部委和地方官員的專案意向清單，很快就成為與外國公司簽訂合約的基礎。日後批評華國鋒的人說他是在搞「洋躍進」，他向部下施壓，倉促施行各種計畫，想以此帶來的經濟進步鞏固自己的權力。他的支持者則反駁，華國鋒是在困難條件下盡心盡力，加緊為中國建立現代工業。

鄧小平完全支持余秋里，且和他同樣熱中於引進外國工廠。一九七八年中，平衡派無力抵擋進口現代專案的熱潮，轉而向陳雲尋求支持，儘管陳雲當時還不是政治局委員。國務院經濟工作務虛會召開三週之後，未被邀請到會的陳雲寫信給李先念，表達他對部分同志過度熱中向外國借

（427）

貸及引進工廠的擔憂。在他看來，他們沒有保證中國能夠提供落實這些計畫所需的，訓練有素的人力、基礎設施和配套工業。陳雲建議擴大務虛會範圍，使不同意見都能得到充分討論。然而，會議的組織者並不想這樣做。在當時，關於國家未來是否有償付能力支付新專案，人們普遍樂觀，陳雲是唯一對此提出公開質疑的高層領導。8

一九七八年十二月，當黨內高層依賴鄧小平提供全面領導、並具體主管外交和軍事事務時，他們依賴陳雲提供高層人事問題和經濟政策方面的領導。他們相信，陳雲能一如既往地提供最好的經濟建議，他是新時期領導經濟工作，頭腦最清醒的人。

一九七八年十二月十日，陳雲在中央工作會議東北組的會上發言，對已經波及黨內最高層的那種失控的狂熱表示擔心。就像大人管教過度興奮的孩子一樣，他列舉出十年規畫中存在的問題，語氣中透著威嚴，彷彿暗示他已經知道自己就要進入中央政治局。他說：「要循序而進，不要一擁而上。……材料如有缺口，不論是中央專案或地方專案，都不能安排。」9

三中全會之前，鄧小平一直站在專案管理者一邊，但當陳雲於一九七八年十二月發出缺少周密計畫的警告，鄧轉而支持陳雲。一九七九年一月六日，三中全會剛結束兩週，鄧小平把與他共事的主要專案管理者余秋里、康世恩和谷牧叫來，對他們說，陳雲提出了「一些很重要的意見」，要他們降低一些計畫指標。要避免外債負擔過重，在制定計畫時首先要核實並確保必要的

（428）

原料供應，優先選擇投資回報快、能擴大就業的案子，為了避免陷入債務，實施專案之前要先積累資本。[10]簡言之，那個時候的鄧小平完全支持陳雲的穩健立場。陳雲後來責備華國鋒草率簽訂引進專案的合約引發了諸多問題。而鄧小平之前一直支持華國鋒盲目冒進的做法，卻從未被要求過為此做檢討，鄧在與華為伍時的影響被簡單地帶過去了。

為什麼鄧小平會從支持建設派轉而支持以陳雲為首的平衡派呢？鄧認識到，新時期的經濟必須有穩固的基礎。當年十二月的年度經濟數字已經反映出問題的嚴重性。當時只有四十億美元的外匯存底，而且大多數外匯收入已被拿去預付，卻簽訂了超過七十億美元的採購外國設備合約。[11]這種出超比起十年後的外貿數字固然微不足道，當時卻高得足以讓謹慎的官員害怕，因為他們已經習慣較小的數字，也擔心這種債務會成為資本主義國家手中的把柄。當時陳雲在黨內享有崇高威望，鄧小平也願意與他站在一起，反對華國鋒。同時還有一件事影響了鄧對經濟的考慮：他正準備幾週後入侵越南，這將使財政狀況進一步緊張，削減其他開支為明智之舉。

到一九七九年三月，陳雲蒐集了更多資料，做了更多分析，準備有系統地提出建議，削減引進外國工廠的合約，降低未來幾年的經濟指標。他的一些方案，甚至是其中的用語，都跟他在大躍進後恢復時期所推行的緊縮政策極其相似，但他沒有用過去的「緊縮」一詞，因為那聽起來太消極，故改用「調整」一詞。三月十四日中越戰爭已近尾聲，陳雲和李先念可以對它的花費做出估計了，於是他們提出在未來兩到三年間進行調整的方案。他們建議在國務院下面成立一個新機構：財政經濟委員會，負責監督經濟計畫和財政工作。陳雲被任命為這個財經委的主任，過去幾年裡負責經濟工作的李先念出任副主任，在他過去的導師手下工作。

陳雲對他的同志們解釋，他的健康狀況已大不如前，只能做一些最必要的工作。他會提供大方向的指導，但是他在過去幾十年裡所做的具體工作，只能靠手下人落實了。被任命為財經委祕書長、負責日常工作的領導人，是陳雲最器重的經濟幹部姚依林。

在一九七九年三月二十一日至二十三日的政治局會議上，陳雲對調整方案的必要性做了說明：

我們國家是一個九億多人口的大國，八〇%的人口是農民。我們還很窮，不少地方還有要飯的。大家都想實現現代化，但問題是我們能做到什麼？我們需要的是均衡發展。搞建設，必須把農業考慮進去。想生產更多的鋼，問題是一九八五年搞六千萬噸鋼根本做不到。電跟不上，運輸很緊張，煤和石油也很緊張。有些人笑話謹慎的人，讓人覺得似乎他們是專門主張搞少鋼的，而且似乎愈少愈好。哪有這樣的事！確實，我們需要借外國人的錢，需要外國人的技術，但是人民銀行有多少錢還帳，你有把握嗎？

（429）

必須有把握還上錢才行。究竟需要多少錢，沒有很好計算。地方工業跟大工業爭原料、爭電力。搞「三個人飯五個人吃」，不能持久。我們在工作中是犯過錯誤的，我們仍然缺少經驗。要我做工作，我只能量力而為。[12]

陳雲對計畫的基本態度是平衡：平衡收支、平衡貸款和償付能力、平衡外匯收支。他還要平衡在消費品和生產資料上的投資，平衡重工業和輕工業、工業和農業。一九七八年重工業在中國的工業產出中占到五七%，輕工業只占四三%。[13]像很多幹部一樣，陳雲認為自一九五八年以來經濟一直處於失衡狀態，食品和消費品為重工業做出的犧牲超出人民能承受。在他的指導下，一九八〇年重工業只增長了一・四%，輕工業增長了〇・四%；一九八一年重工業下降了四・七%，輕工業增長了十四・一%。[14]

宣布調整政策後不久，在一九七九年四月五日至二十八日召開的無錫會議上，地方幹部和各部委官員都抱怨中央的經濟計畫管太嚴。陳雲也願意讓下面的市場有一定的靈活性，但他堅持以計畫為主，難免讓那些希望在地方上建新廠的人不快。一個天津代表的發言反映了會議的主要情緒：「我們正情緒高漲，現在卻突然提出要進行調整，這是在潑冷水，打擊我們的熱情。」[15]胡耀邦向地方幹部保證，中央仍然希望推動工業發展。趙紫陽則表示支持調整，他解釋，調整能夠為以後的改革和發展提供必要的條件。谷牧的歐洲之行曾讓人歡欣鼓舞，但此時他也加入其中，解釋調整的必要性。趙紫陽和谷牧一開口，會議氣氛也隨之發生變化，地方幹部不情願地同意支持調整的會議報告。[16]鄧小平也像趙紫陽一樣解釋，為了給今後的發展創造穩固的基礎，調整政策是必要的。

受到調整政策約束的地方幹部想出各種對策，避免投資和開支降到陳雲所希望的水準。當時，陳雲本人生病，一九七九年十月二十四日他在杭州做了結腸癌切除手術，在醫院一直住到十二月四日。回到北京後，他又住院複檢，從五月二十日住到二十九日。到一九八〇年後期陳雲重返工作時，預算赤字大增，為中共建國以來最多的一年。問題之嚴重使陳雲痛下決心進一步加強管制，也使他爭取到包括鄧小平在內的更多幹部支持。赤字增加不僅是因為對越戰爭的支出，還因為對農民提高了糧食統一收購價，減少農業稅，以及重新安置下放農村的返城人員所產生的（431）花費。此外，中央政府為刺激地方積極性，開始允許各省和地方企業有更多自留資金，這一戰略也減少了中央政府的財政收入。[17]這給各省帶來極大的激勵，但陳雲認為嚴重的預算赤字已敲響警鐘，災難性的後果潛伏著。[18]

在一九八〇年的下半，陳雲和平衡派處於攻勢，又有鄧小平的支持。在九月的全國人大常委會上，贊成加快工業發展的人受到批評，被認為執行的是文革期間「錯誤的重工業政策」。[19]

（432）

為加強平衡派的勢力，鄧力群於一九八〇年秋天在中央黨校開課，分四講介紹了陳雲的經濟思想。他大力推崇陳雲，以至於有人指責他搞個人崇拜。鄧力群說，一九四九以來陳雲的政策建議都是正確的。大躍進錯在哪兒？錯在不聽陳雲的勸告。現在錯在哪兒？也錯在沒有充分採納陳雲的明智之見，全面落實調整政策至關重要。[20]

平衡派還抓住渤海灣鑽井平台傾覆事件大做文章，他們指責余秋里和康世恩試圖隱瞞這次導致七十名工人死亡的事件真相，這成為兩人撤銷行政職務的前奏。其實，余秋里和康世恩這樣有經驗的專家，很清楚要為自己的所作所為承擔責任，因此一向比敦促他們擴大項目的政治領導人更為謹慎。余秋里早在一九七八年二月的全國人大會議上就警告，中國很難再增加石油出口，因為近幾年並沒有找到新油田，即使找到新油田，從發現到投產也需要三年時間。[21] 鑽井平台傾覆後，余秋里仔細解釋了事件的過程和原因。甚至與陳雲關係密切的李先念後來也承認，余秋里是為不應當由他負責的事情承擔了責任。[22]

雖然余秋里的國家計委主任一職被撤銷，但仍留在政治局。況且，鄧小平仍然器重余秋里，他運用自己和軍隊的關係，安排余秋里擔任解放軍總政治部主任。但是，到一九八〇年後期，陳雲已經使主張對新專案和新基礎建設收緊財政控制的幹部牢牢掌管了經濟工作。[23] 相應地，陳雲的支持者王丙乾擔任了財政部部長。[24] 余秋里的接任者則是陳雲的長期盟友姚依林，姚因其管理能力和經濟知識廣受尊敬。[25]

一九八〇年十月二十八日，為回應對十年規畫的批評：是十年規畫導致不進行認真分析、單憑願望開列專案單的後果，鄧小平接受了陳雲的觀點，不再制定十年規畫。有關長期經濟發展的討論只集中於制定五年計畫這一更加慎重的過程。[26]

一九八〇年十一月為隔年定了很低的成長目標：三・七%，基礎建設資金從五百五十億元削減到三百億元。有些人反對說，這種限制會浪費寶貴的時間，陳雲反駁道：「鴉片戰爭以來耽誤了多少時間？再『耽誤』三年時間有什麼了不得？」他說，一九四九年以後延誤中國進步的最大原因是盲目冒進的左傾錯誤。[27]當時陳雲對制定第六個五年計畫（一九八一年至八五年）草案緊握控制權，對預算和赤字進行嚴格控制。[28]

到一九八〇年結束時，陳雲和平衡派已牢握中國的經濟政策。這一年的年底陳雲發表了支持嚴格執行經濟調整的重要演講。十二月十五日，排擠華國鋒的九次政治局會議接近尾聲時，鄧小平說：「我完全同意陳雲同志的講話。」他又說，陳雲的調整政策得不到切實的貫徹，是因為「全黨認識很不一致，也很不深刻」。為了克服這個問題，必須「去掉不切實際的設想，去掉主觀主義的高指標」。[29]簡言之，華國鋒要對不切實際的計畫負責，而鄧小平和陳雲團結一致，鄧小平支持陳雲更深入地貫徹調整政策的努力。

（433）

緊縮帶來另外一些問題：鄧小平必須向外國人解釋，中國為何片面撕毀引進工廠和設備的合約。北京有權對付失望的地方幹部，但撕毀與外國公司簽訂的合約將影響到外交關係，讓外界在很長一段時間裡質疑中國政府的信譽。

這個問題給中日關係帶來的麻煩尤其嚴重，因為有近半合約是跟日本公司簽訂；日本商界在與中國交涉時保持著克制，但撤銷已簽訂的協議還是讓他們感到惱火。早在一九七九年三月第一次減少開支時，與日本簽訂的大約二十七億美元的合約就被凍結。[30]尤其是寶山鋼鐵廠的延宕，對很多相關的日本公司造成巨大的負面影響。一九八〇年十月底，就在中國正式宣布推遲合約之前，和日方關係密切的姚依林被派往東京，以使日方對暫停合約的宣布有所準備。但是安撫日本高層領導人，將事情擺平，卻是鄧小平的任務。

鄧小平難免要失去他在一九七八年十月訪日之行中贏得的善意。與日本人在類似情況下的表現不同，鄧沒有謙恭地道歉，而是直截了當承認中國沒經驗，犯了錯誤，現在遇到困難，無力為原來要購的全部貨物付款，也沒有做好適當準備使用那些可能購買的工廠設備。但是鄧小平向日本人保證，中國願意對蒙受損失的日本企業給予補償；從長遠看，中國有了進一步發展，做出更好的準備後，願意恢復購買。

一九八〇年九月四日鄧小平向日本外相伊東正義做了解釋。[31]這次訪問之後，政府於一九八一年一月十三日公函通知寶鋼取消計畫中的二期建設。此後第一個會見鄧小平的日本要員是前外長大來佐武郎（Okita Saburo），這位中國的「老朋友」應谷牧之邀於二月份來到北京。他見到鄧小平時，鄧小平承認中方過去對石油產量過於樂觀。大來佐武郎表現得彬彬有禮、恭敬有加，但轉達了日本政府要求得到充分解釋的聲明，以及日本企業界的強硬態度，取消合約將嚴重影響中國在國際商業界的信譽。[32]大來佐武郎回國後解釋，那些本來有可能及時提供專業知識的中國官員之所以沒能發揮作用，主要是由於文化大革命的緣故。[33]

（434）

與大來佐武郎會見之後，鄧小平又見了一些人。三月十八日他會見了土光敏夫。德高望重、生活樸素的土光敏夫已屆八十五歲高齡，是日本最大的商業協會經團連的終身會長。[34]四月十四日鄧又會見了古井喜實（Furui Yoshimi）率領的日中友好議員聯盟訪中團，並談及推動太平洋共同體的日本前首相大平正芳。[35]鄧對這些人說了大體相同的話：中方缺少經驗，犯了錯誤，但打算日後恢復合約。

很多日本企業只好嚥下苦果，寄望未來和中國的業務關係。此外，日本政府也增加新的貸款，幫助執行中的項目得以繼續。大來佐武郎擔任日本海外經濟協力基金的領導人後，為這種支援提供了一個具創新意義的核心範例。海外經濟協力基金以政府機構的身分，為促進日本出口提供財政援助，具體做法是借錢給另外一個國家，使其能為第三國提供援助。大來佐武郎所做

（435）

的第一項安排，是把錢借給澳大利亞，使之向寶山運送鐵礦和優質煤炭，從而消除關鍵障礙。一九八一年秋天，寶山一期得以小規模恢復進行。到一九八二年秋天時，寶山的建設工地又熱火朝天地幹了起來。[36]一九八二年五月完工時，它成為中國第一家大型現代鋼鐵廠，為之後的工廠樹立了榜樣。[37]在它建成之前中國的產鋼量不及日本的四分之一，而在三十年後，寶鋼和其他類似的鋼廠使中國每年的產鋼量達到近五億噸，相當於日本或美國產量的五倍。[38]

一些有頭腦的中國官員相信，陳雲對急躁的鄧小平提供了必要的平衡。他們承認，中國剛開始現代化探索時，先冒進後緊縮是一件很不幸的事。但是他們認為，陳雲的調整政策十分必要，如果鄧小平當初能夠多聽取陳雲的意見，一九八〇年代後期的一些問題也許可以避免。

雖然調整政策隨著一九八二年九月的中共十二大而結束，但是調整政策中的一項重要計畫仍在繼續，即計畫生育。陳雲長久以來一直認為，以資源條件而論，中國的人口太多了。一九七八年十二月的一份中央文件承認，人均糧食消費甚至略低於一九五七年，農村的人均年收入不到六十元（當時匯率為三十九美元左右）。當時的外匯中有大約一二％要用於購買糧食。[39]毛澤東在世時，儘管採取了一些教育手段，提供避孕工具，但計畫生育進展不大。一九八〇年十二月二十日，做為調整政策的一部分，李先念向姚依林為首的國家計委提交一份實行計畫生育的重要文件。隨後於一九八一年一月四日出現第一號公文，要求幹部「運用法律、行政和經濟手段，鼓勵一對夫妻只生一胎」。[40]一胎化政策在城市地區無條件執行，但是由於政府沒有錢為農村提供養老福利，因此允許第一胎為女孩的農村家庭生第二胎，以便父母上了年紀後能有一個兒子照顧。世界上沒有哪個社會實行過如此嚴厲的節育政策。吊詭的是，毛澤東在城鄉建立的強大基層制度，變成實行計畫生育新政策的武器，而計畫生育是毛澤東強烈反對的。一胎化政策在城市地區實行後，大多數城市家庭都選擇只要一胎，有兩個以上孩子的農村家庭也不多。

鄧小平在一九七九年三月二十三日宣布，他堅決支持計畫生育政策，而李先念等人已在落實這項政策。在向民眾解釋這項政策時，鄧小平像通常一樣先講大局。他說，為了減少糧食進口，增加國外技術引進，在二十世紀末使人均收入大幅提高，這項政策是必要的。[41]在此後的幾次談話中，鄧小平也一再講到同樣的觀點。[42]就像對待其他有爭議的問題一樣，鄧小平為避免陷入困境而表現得很謹慎，他沒有提出具體措施，而是借助著名科學家和統計學家的工作和權威的科學分析，對計畫生育的必要性做出說明。調整時期實行的這項政策不但在鄧小平時代一直繼續，而且在他退休後的十幾年裡仍在執行。

萬里和農村改革

中國在一九七八年仍然沒有足夠的糧食養活所有人。從一九五五年開始實行、此後又進一步升級的集體化農業改進了水利灌溉系統，但也帶來大規模的饑饉。大躍進之後縮小了集體單位的規模，增加化肥的供應，使糧食產量有所上升，但糧食短缺依然嚴重。

三中全會時，有些幹部已經主張進一步縮小勞動單位的規模，但高層的氣氛仍然是堅決支持繼續實行集體農業：當時的幹部急於改善管理，提供良種，使用更多的化肥和農業機械。在三中全會上，農村實行包產到戶的話題仍屬大忌。公社和大隊幹部對維持集體制度也有既定利益，因此不願意承認集體化實際並不成功。一些黨的領導人甚至擔心，如果允許土地私有，貧苦農民最終會淪為佃戶，剝削佃戶的地主會重新出現，一九四九年以前的農村問題會捲土重來。還有些人認為，農村的黨組織也會被大大削弱。

一九六二年，陳雲在向毛澤東提出包產到戶的方案之前，曾私下問過鄧小平是否支持這種做法，鄧小平表示會支持。但是，假如鄧小平在一九七八年提出這樣的建議，很可能會面對他在文革時受到的指責：「走資本主義道路的當權派」。那麼，鄧小平如何既允許進行包產到戶的試驗，又能應付政治上的反對呢？突破來自正在領導安徽的萬里。

一九七七年六月，大約在鄧小平恢復工作的同時，華國鋒任命萬里擔任安徽省委第一書記。[43]前任書記仍然死抱著毛澤東所支持的高度集體化觀點，導致饑饉仍在蔓延。[44]安徽農村人口占絕對多數，是全國最窮的省分之一，在大躍進時期估計餓死了三百萬到四百萬人。

（437）

萬里於一九七七年八月一到安徽，就用十幾天時間視察該省的主要農村地區，對當地幹部進行觀察和談話。[45]目睹普遍的貧困現象讓他心碎。到處都是面容憔悴、缺衣少食、住房簡陋的人。有些地方甚至連木頭桌子也沒有，只有泥砌桌子。正如萬里對他的孩子說的，他不禁要問，共產黨掌權已經這多麼年了，為什麼情況還是如此糟糕？[46]

萬里到安徽之前，中央已經向農村政策研究中心做出指示，對安徽滁州地區幾個仍然有人餓死的縣進行調查，就解決糧食短缺問題提出建議。萬里在他們數月的調查研究和他親自走訪的基礎上，領導起草了解決安徽農村問題的「省委六條」。這一方案建議：(1)生產隊根據自身條件，只要能完成生產任務，可以把一些地裡的農活安排給生產小組甚至個人；(2)上級要尊重生產隊的自主權；(3)減少給生產隊和個人下達的定額；(4)實行按勞分配，放棄按需分配；(5)糧食分配的決策要兼顧國家、集體和個人利益；(6)允許生產隊的社員種自留地，在當地集市出售自己的產品。[47]文件沒有直接批評幾乎神聖不可侵犯的集體制典範大寨，萬里只是不提它而已。他知道陳永貴（大寨的英雄，當時仍是主管農業的幹部）會把「六條」視為資產階級路線。[48]

當萬里提出「省委六條」時，全國的政策仍然明令禁止包產到戶，萬里不能反對這項政策。但是，鄧小平和一些官員看到安徽省委在萬里領導下制定出的六條後，立刻肯定這一試驗的價值。[49]鄧小平說，在有嚴重饑荒的貧困山區，要允許農民自己想辦法免於饑荒。左派知道鄧小平是要允許把農業生產下放給貧困山區的農戶，卻很難反駁他讓農民想辦法免於餓死的說法。

一九七七年十一月，萬里在安徽的縣委書記會議上發言，討論貫徹省委六條的問題。會議的規模很大，開得很正規，足以讓那些擔心如果跟著萬里走，政治路線一變會被批為搞資本主義的人打消顧慮。萬里態度堅定，明確宣布「任何妨礙生產進步的做法或政策都是錯誤的」。幹部要依靠實踐找出最好的辦法，要充分發揮創造力，不要怕犯錯誤。萬里本人的信心、願意承擔責任的勇氣、他在一九七五年解決徐州鐵路困局時表現出的魄力，給了幹部向前闖的信心。[50]儘管心有餘悸，政策還是得到貫徹。萬里於一九七八年初允許各地繼續縮小生產單位的規模。有些地方，例如饑荒仍很普遍的鳳陽縣，實行了包產到戶。[51]

不久之後，鄧小平從緬甸前往尼泊爾訪問時途經四川，到四川後的第二天（一九七八年二月一日），他對四川省委書記趙紫陽講了萬里在安徽農村施行六條政策取得的成功。[52]其實趙紫陽已經允許生產隊「包產到組」，只是沒把這一步驟向北京全面彙報罷了。鄧小平鼓勵趙紫陽允許下面進行類似萬里在安徽的大膽試驗，趙紫陽遵照鄧的意見，很快提出在四川農業生產中實行分散承包的「十二條」。[53]趙說，基本核算單位可以是生產小組，但他不像萬里走得那樣遠，沒有允許包產到戶。[54]

生產小組取得的夏糧大豐收讓安徽的幹部歡欣鼓舞，他們在一九七八年秋天到處宣傳自己的

（439）

成就，努力消除與支持大集體的幹部之爭執。是年秋天在蘇州舉辦的中國農業經濟學會會議上，一名來自安徽省農業政策研究室的幹部鼓起勇氣說，不應當盲目學習大寨榜樣，政府不應當搞這麼多政治運動，干擾地方的經濟創新。[55]但是另一方面，仍然主管農業的陳永貴副總理指責，萬里暗中搞包產到戶。報紙上也批評萬里反對學大寨，搞資本主義復辟。但是試行分散經營權的地區取得的豐收使萬里有了信心，而且他也很快就在黨內贏得支持。一九七八年十一月受到陳永貴的批評時，素以敢做敢當著稱的萬里回答：「你說自己是從大寨經驗出發，我看大寨不過是個極左典型。……你走你的，我走我的，……你別把自己的觀點強加於我，我也不把我的觀點強加於你。誰對誰錯，咱們不妨走著瞧。」[56]

華國鋒靠邊站之前一直支持大寨樣板，主張通過引進良種、使用更多的化肥、水泵、拖拉機和其他農機促進農業生產。他的目標是五年內讓每個大隊都有一台大型拖拉機，每個生產小隊都有一台小型拖拉機。[57]一九七五年鄧小平仍在位時批准的十八個大型化肥廠，在七八年已全面投產。華國鋒繼續建設大型化肥廠，到八二年時全國化肥產量已是七八年的兩倍。從一九七八年到八二年，農村的用電量也加倍了。但是，華國鋒對這些措施在農業上積極作用的預期過於樂觀了。鄧小平不反對華國鋒工業支持農業的想法，但是他認為，建立成功的中國農業體系，也需要通過分散經營激發農民的積極性。

（440）

一九七八年十二月的三中全會仍然支持大寨樣板，這使安徽的幹部擔心以後會受到批評。[58]三中全會後不久，陳永貴不再擔任主管農業的副總理，但他的繼任者王任重仍然支持學大寨。一九七九年春，這位新上任的副總理給《人民日報》總編胡績偉寫信，請他協助阻止生產隊下放權力的做法。隨後一系列反對進一步放權的文章便相繼發表。政治局的多數成員也仍然十分謹慎，不想改變立場。[59]

在這種氣氛中，萬里十分懷疑自己容忍進一步放權的做法能否得到上面的支持。在一九七九年七月日的一次會議上，萬里把陳雲叫到一邊問他的意見，陳雲私下對他說：「我舉雙手贊成你。」萬里也問了鄧小平的看法，但鄧小平當時仍不想公開支持他，回答：「不必陷入爭論，你這麼幹下去就是了，就實事求是地幹下去。」[60]爭論雖然在升溫，萬里卻有陳雲和鄧小平悄悄為他撐腰。在北京的一次會議上，當一位農業部副部長批評包產到戶的做法時，萬里反唇相譏：「看你長得肥頭大耳，農民卻餓得皮包骨，你怎麼能不讓這些農民想辦法吃飽飯呢？」[61]

安徽試行包產到戶的地區在一九七九年又取得夏糧豐收。在安徽待過一段時間的前新華社記者吳象在北京高層的鼓勵下，對這些成就進行報導。鄧小平在一九九二年回顧自己一九七九年至八一年的活動時說，他知道當時仍有很多人反對包產到戶，甚至給它扣上「搞資本主義」的帽子。他沒有批評這些人，而是等著讓結果說話。人們逐漸認識到新政策的好處，沒幾年這種嘗試就變成全國性的政策。[62]確實，據估計到一九七九年底，農村一半的生產隊把勞動下放給生產小組，有四分之一與農戶簽訂了承包合約。

一九八〇年初萬里為了得到胡耀邦的支持，對他說，不能只讓下面的人偷偷實行包產到戶，他們需要得到上級領導的全力支持。萬里提議胡耀邦召集省委書記開個會，對這項政策公開給予明確支持。[63]

直到省委書記會議前夕，鄧小平才同意把農業生產分散到戶。一九八〇年五月三十一日他把胡喬木和鄧力群找來，表示自己支持包產到戶，並讓他們把他的意見宣傳出去。很多地區很快就開始包產到戶，但當時仍有一些地方幹部不清楚鄧小平的立場。鄧小平向他的兩個幕僚提出的要求，實際上標誌著毛澤東啟動的農業集體化結束了。毛在一九五五年七月三十一日的著名演講中說：「在全國農村中，新的社會主義群眾運動的高潮就要到來。我們的某些同志卻像小腳女人。……目前農村中合作化的社會改革的高潮，有些地方已經到來，全國也即將到來。」[64]鄧小平一九八〇年五月三十一日在與胡喬木鄧力群的演講中避免提及毛澤東當時那激動人心的號召，他說：

農村政策放寬以後，一些適宜搞包產到戶的地方搞了包產到戶，效果很好，變化很

（441）

快。安徽肥西縣絕大多數生產隊搞了包產到戶，增產幅度很大。……有的同志擔心，這樣搞會不會影響集體經濟。我看這種擔心是不必要的。……有人說，過去搞社會改造，速度太快了。我看這個意見不能說一點道理也沒有。……如果穩步前進，鞏固一段時間再發展，就可能搞得更好一些。……從當地具體條件和群眾意願出發，這一點很重要。65

鄧小平深知黨內保守派的反對，他沒有向很多聽眾表明自己的觀點，因為其中一定會有毫不留情的批評者；他只告訴兩個心腹，讓他們把他的意見傳播給廣大群眾。毛澤東鼓舞人心的演講四年後，有千百萬農民飽受饑饉；毛澤東演講二十五年後，集體公社被解散。與之相反，在鄧小平謹慎理性地對他的幕僚說明自己的觀點四年後，中國大多數農村都實行了農戶經營，農業產量飛速提高；鄧小平演講二十五年後，他所實行的體制仍在強有力地運行著。

政策變化也伴隨著人事變動。在一九八〇年初的十一屆五中全會上，鄧小平建立了他的領導班底，胡耀邦和趙紫陽領導國家，萬里擔任副總理、農委主任和分管農業的中央書記處書記。萬里做為國家農委主任，得到鄧小平的同意後，將農戶經營為榜樣推廣到全國。反對包產到戶的領

（442）

導人華國鋒、陳永貴和王任重，在一九八〇年八月分別被正式免去總理和副總理的職務，宣傳部門也開始批評大寨樣板是極左表現。

一九八〇年夏，萬里開始準備支持新政策的正式文件並於同年九月下發。在討論農業問題的省委書記會議上，萬里找來在農業方面極有威望的專家杜潤生，杜是中央農村工作部的書記，兼任農業政策發展研究室主任。杜潤生在發言中分析了安徽的成果，然後各省的省委書記發表了各自的觀點。最強烈的反對聲音來自黑龍江，那裡有適合種植旱地作物和採用機械作業的大片農田，分田到戶並不容易。部分地方選擇不實行包產到戶。

對農戶經營應當採取的形式也有不同意見。最終選擇的「包產到戶」方式保留土地集體所有制，允許地方幹部為每戶規定一定的生產指標。在和農戶簽訂的合約中，由村幹部具體規定農戶要種植的作物種類和向政府上繳的定額。合約中規定，地方幹部同意為農戶提供土地和農機，收穫之後農戶上繳一定數量的糧食和其他作物為回報。如果農戶不再有下地幹活的足夠勞力，村幹部可以把土地轉包給其他農戶。「包產到戶」一詞是由杜潤生提出的，跟其他提法相比，它可讓保守派放心，集體仍是承擔責任的一級地方單位。[66]從北京當局的角度來看，這種制度保證了國家對糧食、棉花和其他作物的需求能夠得到滿足。農戶可以按自己的方式種地，只要按合約交夠了數量，剩餘產品便可以自用或拿到市集上出售。

根據省委書記會議的文件和討論，萬里和手下的人起草了第七五號公文，於一九八〇年九月二十七日公布。[67]這份文件的起草十分認真，它允許農村集體將生產責任分散到戶，尤其是那些需要防止饑荒發生的特別貧困地區。到一九八一年十月，全國有過半的生產隊選擇了某種形式的包產到戶。到一九八二年結束時，九八%的農戶都與生產隊簽訂了某種形式的承包合約。[68]

為動員農民參加大型公共專案和集體農業大生產而在一九五八年成立的公社，於一九八二年被解散。三級集體所有制（公社、大隊和生產隊）中最高一級的公社，當初把經濟和政治功能集於一身，一旦解散，其政治功能轉移到鄉鎮政府或大的行政村，公社的工廠和其他經濟單位則變成獨立的「集體」企業。

化肥產量從一九七八年到一九八二年也加倍了，一九七九年糧食收購價提高了二〇%，這都有助於提高糧食產量和農民收入，儘管作用不如承包到戶那樣大。[69]農民收入在一九七八年到一九八二年大約增加了一倍。[70]

一些觀察家認為包產到戶的想法是農民自己的發明，但事實上很多幹部都知道這種想法，有些幹部甚至從實行集體化以來就一直在考慮它。更確切地說，如果讓農民在家庭農業和集體農業之間選擇，他們絕大多數都會選擇家庭農業。懷疑家庭農業的幹部也逐漸改變立場。一九八七年的中共十三大對憲法做了修改，確保農戶享有無限期的承包權。[71]

取消集體制度、實行農戶經營之後，要用幾年時間對供需做出調整，穩定全國有效的農作物生產銷售體系。在幾年時間裡，農業專家每年都要起草處理這些問題的文件，如農業組織、農機、增加農業生產投入等等。這些文件每年一月初以中央政府一號公文公布。在一九八二年的一號公文中，包產到戶和類似做法都被稱為「社會主義」，意識型態之爭也隨之結束。

實行包產到戶後，糧食生產持續快速增長。到一九八四年時糧食產量就超過四億噸，而一九七七年時還只有三億噸。一九八一年以後，糧食供應的增長導致政府鼓勵農戶改種蔬菜水果和經濟作物。據官方估計，一九七七年到一九八四年的人均糧食消費從一九五公斤增加到二五〇公斤，豬肉、牛肉和禽蛋的消費增長得更快。[72]

政府對一九八四年的大豐收完全沒有準備，結果是沒有足夠的倉庫收儲糧食，一些地方政府沒有足夠資金收購全部的糧食，只好給農民空頭支票。在此之前，政府由於擔心城市人口不滿，沒有把從一九七八年開始多支付農民的價格轉嫁給城市消費者。這種補貼造成了政府預算緊張。從一九八四年開始，政府才將這種成本轉移給城市消費者。八五年元旦，政府宣布不再義務收購農糧。一九八五年種地的農民因擔心賣糧拿不到全款，減少了糧食種植面積，該年的糧食產量下降了二八〇〇萬噸，降幅為七%，比剛開始實行包產到戶的一九八〇年仍高出六〇〇〇萬噸。一九八五年以後經過幾年的調整，糧食生產又恢復到一九八四年的水準，農業產量保持穩定，而

（444）

（445）

一九八九年的產量再次超過一九八四年的高峰，此後一直維持在較高的水準上。[73]這時糧食產量已很充足，於是政府取消糧食配給制，消費者已能夠買到他們需要的任何糧食。

包產到戶並不是治農村百病的靈丹妙藥。有些地方，尤其是有大片旱地、不種稻米只種小麥和高粱等作物的東北地區，農民使用拖拉機耕種大片田地，便是單一農戶無法做到的。這個地區的一些地方選擇保留集體農業。在集體制度下，經營得很好的生產隊能夠為沒有家人照看的老弱病殘提供一定照顧。但是由於公社消失，為基層提供福利變得很困難。二十五年的集體化農業造成破壞性後果，走極端的情況下更是如此。但農村集體化也比較容易擴大灌溉體系，發展扎根於集體所有制的強大地方黨組織。在包產到戶之後，組織並未完全消失。[74]

除了結束糧食短缺、提高農民收入，包產到戶也導致經濟作物增產，如棉花、亞麻和菸草。一九八一年時中國是全球第四大棉花進口國，四年後它開始出口棉花。農戶願意賣力幹活以完成他們答應的糧食生產指標，這使年輕人可以去鄉鎮企業打工。農民也進城叫賣農副產品，從而改善了城市消費者的食品數量和品質。即使反對取消集體化農業的幹部也發現，他們的妻兒很高興能有更多選擇，市場上有了品質更好的蔬菜、水果、雞肉和豬肉。在一九八〇年代，隨著冷凍和運輸條件的改善，蔬菜、肉類和水果的品種繼續迅速增加。千百萬農民脫離了貧困線。增長的收入又為正在擴張的輕工業提供銷路。不過，除了城郊地區，大多數農民一般說來仍比城市居民窮很多，衛生保健和教育水準都相對落後。

一九八一年完成包產到戶的轉變之後，鄧小平繼續關心每年農村政策的調整，但他投入的精力和參與程度，已不像一九七八年到八一年他親自過問的「去集體化」過程那樣多。鄧小平讓萬里告訴農村的地方幹部，他們要允許農民想辦法解決饑荒問題，然後他又讓人宣傳取得的成果，由此達到他要緩解中國糧食短缺的目標。鄧小平對家庭農業並沒有意識型態上的信念，他允許這樣做，是因為它能解決糧食問題和農戶生計的問題。為達此目標，他不得不將農業「去集體化」。鄧完成了這個艱巨的政治任務，既沒有在黨內引起破壞性分裂，也沒有使自己變成保守派幹部攻擊的靶子。群眾對農村改革的成果普遍充滿熱情，無論是獲得更多的自由和收入的農民，還是享受更多類食品供應的城市消費者。這大大加強了對進一步改革的支持。

鄉鎮企業

鄧小平在一九八七年與南斯拉夫官員會談時說：「農村改革中，我們完全沒有預料到的最大收穫，就是鄉鎮企業發展起來了，突然冒出搞多種行業，搞商品經濟，搞各種小型企業，異軍突起。」[75]鄧小平並沒有啟動鄉鎮企業的試驗，但這符合他的治國理念：只要是做了有效的事就支持。它也與趙紫陽的智庫建議相吻合：繼續實行計畫經濟體制，但只要市場不干擾計畫，就讓市

（446）

場發展。

一九八二年撤銷公社後，公社的小工廠和商店自動變成由剛成立的鄉鎮政府領導的企業。公社的小工廠依靠人力和原始機械，除了拖拉機和水泵外，這些機械幾乎都是在當地製造。由於交通體系很落後，公社企業要自己修理拖拉機維修灌溉農田的水泵。有些公社的工人編織藤條籃，還有一些小鑄造廠和機床用於製造犁鋤等簡單農具，供水牛、小型拖拉機或青壯年使用。很多鄉鎮有簡陋的食品加工廠，用來打稻米、生產醬油、烘乾瓜果或醃製蔬菜。一些公社有簡陋的磚窯，燒製低劣的磚塊，也有混凝土廠，用沙石製成供當地使用的水泥預製件。一些村子有生產或縫補衣服的縫紉機。丘陵和山區地帶的鄉鎮採集中藥材製成簡單的中藥，很多鄉鎮挖坑漚製有機肥，有的地方還有簡陋的小化肥廠。[76]

雖然鄉鎮企業不在計畫之內，但它們發展成長的條件已經成熟。公社的小工廠因公社取消而成為鄉鎮企業後，不但在一定程度上脫離了公社的管理獲得獨立，而且不再受公社地域的束縛，可以隨意生產產品，按個人意願把它賣到任何地方。不同於國營工廠，它們有適應需求的靈活性；也不同於仍受雇工不得超過七人這種限制的個體戶，它們被看成「集體」性質，在意識型態上更易於被人接受，因此規模也不受限制。公社社員幹活沒有積極性，在生產隊分給自己的地裡幹活的人則很賣力，這就減少了種地所需的勞力，有更多農村年輕人可以去鄉鎮企業打工。隨著

（447）

棉麻和菸草一類經濟作物產量的增加，鄉鎮企業可以把這些收成轉化成棉製品、帆布、菸草等各種產品。

湧入的外資也為鄉鎮企業的成長提供了動力。在整個一九八〇年代，鄉鎮企業一半以上的產量來自五個沿海省分：廣東、福建、浙江、江蘇和山東。[77]而這些省分的投資和技術又是來自香港、台灣和海外華人（見第十四章）。廣東的很多鄉鎮企業引進外國技術，與當地官員合作，建設日益現代化的工廠，為國際市場製造產品。簡言之，正如杜潤生所說，取消公社以及政府與企業分離後，過去的公社企業便能像經濟動物一樣行動，對市場需求做出回應。到一九八〇年代中期，面對政府要求國營企業提高效率的壓力，一些國企甚至把契約轉包給鄉鎮企業，讓它們協助完成生產計畫。

與國營企業相比，鄉鎮企業有很多優勢。國營企業，包括基礎產業、運輸業、公用事業和國防工業的所有企業，要按年度計畫生產一定數量，有固定的人員編制，工資分成若干等級。原料的購銷價格都由政府規定，以反映計畫中的輕重緩急。簡言之，國營企業缺少靈活性，而鄉鎮企業完全可以對市場條件做出靈活反應。此外，國營企業要為全體員工提供很多福利：住房、勞動保障、醫療和子弟學校等等。鄉鎮企業可以使用年輕的勞動力，不必提供老員工高報酬和福利支出。一九七八年只有三十萬人在農村的集體企業中就業，到一九九二年鄧小平退下來時，鄉鎮企業雇用了一・〇五八億人；一九七八年農村集體企業總產值是四九〇億元，一九九二年鄧小平退下來時，鄉鎮企業的產值是一七九八〇億元，幾乎增長了五十倍。[78]公社集體企業在一九七八年的全國工業產值中只占九%，一九九〇年鄉鎮企業已占到二五%，一九八四年更達到四二%。[79]鄉鎮企業也開始與國營企業爭奪原料和人力。例如，在長江三角洲地區，國營企業的工程師正常工作日在廠裡按計畫從事生產，週末則趕到上海西邊不遠的無錫、蘇州和昆山的鄉鎮企業幹活，企業的效率遠高於一般國營工廠。

到一九八〇年代末，鄉鎮企業消耗國有企業所需原料，小型鄉鎮企業浪費了本可以被國有企業更有效利用的燃料，輕裝上陣的鄉鎮企業加入競爭使國營企業更難賺錢和為老職工及退休職工提供福利，這些情況已經讓陳雲感到不滿。於是國家計畫和財政部門的平衡派開始要求對鄉鎮企業加強監管，防止它們從國營企業吸走太多的資源和人力。

個體戶

鄉鎮企業獨立於政府之外，但仍受制於地方幹部領導。與個人所有的私營企業相比，鄉鎮企業被視為「集體企業」，更易於被中共的保守派所接受。但是，對各類適合由個體企業提供的服務和產品，社會上存在著巨大的、被壓抑的需求。一九五五年至五六年實行集體化之後，城市私有企業被消滅。因此當一九七〇年代開始改革時，人們很想經營小餐館、雜貨店、修理鋪等等。鄧小平和其同事知道城市需要小型私營企業，但是，如何才能讓保守的幹部同意恢復呢？

答案是迫切需要給年輕人工作機會以免他們在城裡鬧事。到一九七八年失業人數已達數千萬，而從理論上講社會主義社會已經消滅了失業，甚至使用「失業」一詞在當時都很敏感，因此沒有工作的城市青年是在「待業」。在一九七七年之後的幾年，由於配給制使知青很難擅自回城，但是隨著農民在市場上出售的剩餘產品愈來愈多，城市家庭不需要配給票證也能想辦法養活他們的返城子女，於是愈來愈多的知青開始悄悄返回城市，雖然他們回城也找不到工作。再者，從一九七七年開始，在農村考上大學的青年可以進城讀書，仍留在鄉下的人心生妒意，也開始設法悄悄回城。

在一九七八年和一九七九年，估計有六五〇萬年輕人從農村回到城市。[80]到一九八〇年代初，估計共有二〇〇〇萬知青和工人（大多數原來是城市居民）回到城市。由於國家財政十分緊張，國營企業沒有錢雇用他們。到一九七九年，「待業青年」的相關犯罪報導有增無減，讓領導人益發感到不安。因此，鄧小平就像過去以饑荒為藉口允許農民「自己找活路」一樣，他在一九七九年也利用城市青年日益增長的犯罪說服其他領導人，讓這些年輕人做「個體戶」。[81]只要自食其力，不剝削他人的勞動，就應當把他們視為勞動者而不是資本家。鄧小平說，應當允許他們開小

（449）

吃店、修理鋪或其他「個體企業」。於是在一九八〇年初，城鎮開始湧現小商店和小食品攤。

但是，如何區分個體戶和資本家呢？馬克思在《資本論》第四卷中講過一個有八名雇員的雇主是在剝削他人勞動的例子。因此活學活用的北京政治領導人建議，只要個體戶雇工不超過七人，自己也從事勞動，就應當被視為「勞動者」。

一旦得到允許，個體戶便如雨後春筍般湧現出來，城鎮裡出現各種小攤：理髮的、修鞋的、磨刀的、修自行車的、賣飲料小吃和雜貨的。有些地方只允許這類活動在晚上營業，於是變成「夜市」。國務院在一九八一年七月頒布了指導個體經營發展的管理條例。地方政府開始就經營地點做出規定，並要求他們進行登記。城市服務業的復興就像包產到戶一樣大受歡迎，無論對能掙錢養活自己的人，還是能得到所需服務和商品的消費者都是如此。

一九八二年，由於發現有些個體戶雇工超過八人，立刻引起爭論。但鄧小平說，怕什麼呢，難道這會危害到社會主義？[82]他用了一個樸素的例子來說明自己的態度：如果農民養三隻鴨子沒有問題，他又多養了一隻鴨子就變成資本家了？給私人營業主能雇多少人畫出一條界線在當時仍是一個相當敏感的問題，需要鄧小平和陳雲這樣的人親自拍板。鄧小平對陳雲說，如果公開討論這個問題，會讓人擔心允許私營企業的政策有變。因此他建議「放一兩年，看一看」。一些企業害怕樹大招風，但也有一些企業在繼續發展壯大。這段時間鄧小平繼續避免公開表態，他的策略是允許私營企業發展，但不使其引起保守派的警覺。在一九八七年的中共十三大上，中共幹部正式同意個體戶可以雇用七名以上的員工。鄧小平用他的改革方式又一次贏得勝利：不爭論先嘗試，見效之後再推廣。

加快經濟發展和開放

一九八二—一九八九

（450）

到一九八二年，陳雲的緊縮政策已取得了成功，但有意思的是，這反而使鄧小平更有理由推行陳雲所不贊成的「中國經濟超增長」政策。一九八〇年中國的預算赤字高達財政收入的一一・七%，到一九八二年已降至二・六%。外匯存底在一九八〇年僅有四〇億美元，到一九八二年已升至一四〇億美元。此外，一九八二年的糧食產量為三・五四億噸，比上年增長了九%。經濟的實際成長率則達到七・七%，幾乎是目標數字四%的兩倍。[1]

鄧小平和陳雲在成長率上的分歧：一九八一—一九八三

到一九八一年，鄧小平對陳雲放緩成長率的經濟調整政策逐漸失去了耐心。他開始談論到西元兩千年工農業產值要增加四倍。他在一次會議上問，如果要使國民生產毛額從一九八〇年到

（451）

二〇〇〇年成長四倍，需要多快的增長速度。早已對此做過計算的胡耀邦立即回答：年均七．二％。[2]但是由於陳雲、姚依林和掌控各計畫單位的謹慎幹部限制建設的投資規模，一九八一年的經濟成長只有五．二％。

儘管鄧小平避免與陳雲公開鬧翻，但在華國鋒失勢後，鄧在政治鬥爭中已經不需要陳雲的合作，他開始加大推動現代化和經濟擴張的力度。有一次，鄧小平含蓄地提出這樣一個問題：中國實際成長率與計畫成長率相差那麼大，這是不是有用？陳雲則回答說，生產超過計畫目標沒有問題。事實上，在陳雲看來，制定較低的目標而後超越，比制定高目標要好。因為下面的幹部正幹勁十足，如果目標定得太高，他們會衝勁過大，超過經濟能夠承受的限度。結果會造成供應短缺和通貨膨脹，很快就會導致混亂，使增長受阻。

一九八〇年底，在討論下一年的年度計畫時，陳雲的支持者姚依林說，儘管可以力爭達到五％，但一九八一年可能實現的最高成長率是四％，而從長遠看，可能達到的最快增長速度是年均六％。胡耀邦則盡力維護鄧小平的目標，於是他反駁，如果如此，所有關於到兩千年成長四倍的討論就毫無意義了。[3]在一九八一年十二月的全國人大四次會議上討論「六五」計畫（一九八一年至一九八五年）和一九八二年的年度計畫時，有關增長速度的分歧如此嚴重，乃至全國人大既沒有通過年度預算，也沒有明確「六五」計畫的增長目標。[4]

（452）

一九八二年十二月，上海全國人大代表團去陳雲在上海的冬季寓所看望他時，他用黃克誠的比喻來說明自己的觀點：經濟「就好比一隻鳥，鳥不能捏在手裡，捏在手裡會死，要讓它飛，但只能讓它在籠子裡飛。沒有籠子，它就飛跑了。」對於那些想使經濟更加開放、更快增長的人來說，陳雲這種「鳥籠經濟學」成為阻礙市場發展的過時思維的象徵。陳雲後來解釋說，他所說的管制是指宏觀調控；鳥籠可以是一國一省，在某些情況下也許比一國還大。[5]然而這種解釋並沒有終止對他的批評。

儘管陳雲的批評者有時會讓人覺得他反對一切改革，但事實並非如此。陳雲支援趙紫陽在四川率先進行的讓企業自負盈虧的改革；他贊成中央在原料採購和產品銷售方面給予企業更大自由；他並不反對在農村實行包產到戶，並支持在工商業領域放鬆管制，讓下級幹部有更多的自由進行探索；他還同意在價格上要有一定的靈活性，使一些當時仍由計畫管理的小商品轉而進入市場交易。他也想讓經濟保持活力。[6]但是陳雲認為，自己有責任維護計畫體制的良好秩序，使重點工業部門得到所需的資源，並確保通膨不至於失控。在這些問題上他表現得很固執。

在中共十二大（一九八二年九月一日至十一日）和隨後的全國人大（同年十一月二十六日至十二月十日）公布的文件，已經反應出鄧小平和陳雲在增長速度目標上日益擴大的分歧。黨代會上的大多數文件都是由謹慎的計畫幹部擬定。但在鄧小平的堅持下，大會接受了到世紀末讓工農業生產總值

（453）

「翻兩番」（加倍再加倍）這一目標。鄧小平堅定地重申，計畫成長率大大低於實際成長率不是好事。[7]身為一名嚴守紀律的黨員，陳雲沒有公開批評鄧小平在本世紀末成長四倍的計畫，但是他也確實沒有表示認同。他再次強調未來二十年的經濟建設應當分為兩個階段：前十年用較溫和的增長打基礎，後十年再謀求更快的增長。[8]

經過修訂的「六五」計畫（一九八一—一九八五）在全國人大會議上獲得通過，它反映著謹慎的計畫幹部的勝利。未來五年的年均增長目標被確定為四％到五％。同期的建設投資為二三〇億美元，與第五個五年計畫相比幾乎沒有任何增加。投資的重點是能源和交通運輸，同時也將增加教育、科學、文化和衛生保健的支出。

此時胡耀邦認為，他能夠為現代化做貢獻的最佳方式之一，就是走遍全國所有縣市，給地方幹部打氣，聽取他們反應的問題，盡力消除發展經濟的障礙。根據他對農村的視察，胡耀邦確信各地有能力發展得更快。針對陳雲所主張的八〇年代增長要慢一些，以便為九〇年代更快的增長打好基礎，胡耀邦回應說，現任的領導人應當在八〇年代全力以赴，以免給九〇年代領導經濟工作的人留下不切實際的目標。在陳雲和其支持者（包括趙紫陽）謹慎的計畫幹部看來，胡耀邦竭力支持地方幹部的做法過於隨心所欲，而且他對遏制通貨膨脹也沒有給予足夠的關注。

胡耀邦在各地的視察使他和陳雲發生了衝突。雖然兩人在平反錯案上曾經合作得很好，而且胡耀邦對陳雲仍很恭敬，但陳雲對胡耀邦的意見愈來愈多。在一九八三年一月十二日一次討論年度計畫的會議上，鄧小平再次指出，一九八一年開始的「六五」計畫仍把年成長率定為三%到四%，可是實際成長率比這高了一倍多。

國內生產總值成長率

年份	一九七八	一九七九	一九八〇	一九八一	一九八二	一九八三
成長率	一一・七%	七・六%	七・八%	五・二%	九・一%	一〇・九%

資料來源：Jinglian Wu, Understanding and Interpreting Chinese Economic Reform (Mason, Ohio: Thomson/South-Western, 2005), p.362.

鄧小平再次問，計畫和實際情況差別如此之大，合適嗎？計畫幹部回答說沒問題。[9] 鄧小平於是採用他的典型風格：既避免對抗，又要讓他的戰略占上風。他並不公開批評陳雲和黨的決定，但也不限制地方幹部想方設法加快發展，不阻攔胡耀邦下去視察。面對他所不贊同的黨內共識，鄧小平的對策一貫是：「不爭論，大膽地闖」。

趙紫陽：構思改革

陳雲在一九八〇年同意趙紫陽，應當要有個團隊研究新時期的經濟問題，他承認此時已不同

（454）

於他建立計畫體制的時期了（趙紫陽的介紹，參見「鄧小平時代的關鍵人物」）。趙紫陽剛來到北京時贊成陳雲的經濟調整政策，陳雲因而也支援趙紫陽，讓企業經理有更多自主權和在農村實行包產到戶。在更一般的意義上，陳雲也很欣賞趙紫陽「講北京話」的努力，欣賞他願意放棄多年來形成的地方領導人的思維方式，轉而關注全國經濟大局。

趙紫陽希望避免政治鬥爭。雖然身為總理，他並不干涉陳雲和謹慎的計畫幹部領導計畫經濟的日常工作，而是和他的智囊團一起在常規的官僚體系之外，專注於如何引導相對封閉的經濟變得更加開放這一重大問題。當趙紫陽和其智囊團在北京工作了兩三年後，自然而然地形成了經濟發展方向的新觀點，鄧小平也開始轉向趙紫陽徵求意見。此時鄧小平已經對陳雲和謹慎的計畫幹部領導下的緩慢增長失去了耐心，他開始離陳雲而去，轉而借助趙及其智囊團，讓他們提供基本經濟政策的指導。

趙紫陽直接與日本顧問、世界銀行召集的各國經濟學家和經濟官員展開合作，為中國應當如何進行轉型構建思路。當時尚無任何社會主義國家成功且沒有造成嚴重動盪，從計畫經濟轉型為可持續的、開放的市場經濟。因此，當世界銀行官員和來自世界各地的著名經濟學家來到中國時，最重要的會談都是與趙紫陽進行的。趙紫陽雖然沒有接受過正規大學教育，但外國人對他的學識、求知的好奇心、掌握新觀念的能力、以及分析水準都留有深刻印象。[10]美國著名經濟學家傅利曼（Milton Friedman）一九八八年訪問北京時，與趙紫陽的會面原本預期為半小時，但這次只有趙紫陽、傅利曼和翻譯隨行的會談卻整整進行了兩個小時。傅利曼在談到趙紫陽時說：「他對經濟形勢和市場如何運行都很有洞見。」傅利曼把這次會見描述為「令人著迷」。[11]

趙紫陽有個小智庫「中國農村發展問題研究組」（約三十人），它在農村改革中發揮了關鍵作用。它最初是一群有見識的大學生組成的討論小組，他們在文革期間「下放」農村多年，對農村情況有深入瞭解。一九八一年十一月它成為中國社科院農村經濟研究所下屬的獨立機構。[12]此後又併入國務院農村發展研究中心，參與過制定包產到戶政策的工作，後來每年都為中央起草有關調整農村政策的頭號文件。[13]

趙的另一個智囊團是體制改革委員會，它是為研究根本性的體制改革而成立。由於它能就改革官僚部門建言獻策，一些官僚對它可能提出的建議很敏感。它最初是中國科學院下屬的一個體制改革研究小組，一九八二年改為體制改革研究室，受趙直接領導；隔年三月更名為體制改革委員會，升格為部級單位。在趙紫陽的領導下，它到一九八四年已有大約百名官員。[14]忠誠且勤於鑽研的官員鮑彤，最初是由中組部派到趙紫陽手下，此時開始成為趙紫陽班子的小領導。

在智囊團裡為趙紫陽工作的人，都十分尊重和欽佩趙紫陽。他們喜歡他毫不做作的隨和作風、不拘一格、廣納賢言的開放態度，以及能把想法轉化為推動國家前進的實際政策能力。

（456）

向國外學習

一九七八年六月二十三日，鄧小平在聽過教育部派遣留學生計畫的彙報後說，要把出國留學生的人數增加到幾萬人。鄧認為，中國要想快速實現現代化，就必須學習和採用在國外已經證明有效的思想觀念。蘇聯人由於害怕「人才流失」，不太願意讓有才華的學者和學生出國，毛澤東則對西方緊閉國門，甚至蔣介石也曾擔心一些絕頂聰明的年輕人會很快流向國外。然而鄧小平對於人才流失從來不擔心。正因為如此，在向發達國家學習現代化的祕訣這一點上，除了日本和南韓，沒有任何發展中國家能夠在廣度和深度上與鄧小平領導下的中國相比。而由於中國龐大的人口基數，它在學習外國的規模上很快就超過了日、韓兩國。

鄧小平派官員出國考察，邀請外國專家成立研究國外發展的機構，鼓勵翻譯外國文獻，舉措規模十分宏大。日本和南韓的領導人擔心國內企業會被外商的競爭壓垮，鄧小平則不同，他鼓勵外商在中國建立現代化工廠，幫助培訓中國的管理者和工人。他充分利用那些能夠幫助中國瞭解國外發展的海外華人。最重要的是，他鼓勵年輕人走出國門到海外留學。從一九七八年到二〇〇七年的三十年間，有超過百萬的中國學生出國留學。到二〇〇七年底，其中大約有四分之一已經學成回國。[15]為了學習外國經濟發展經驗，鄧小平同意由趙紫陽會見經濟學家；他本人更喜歡跟科學家，以及包玉剛、松下幸之助和洛克斐勒（David Rockefeller）這樣的成功商業領袖交談，從他

（457）

們那兒獲取如何使中國進步的想法。他還會見從事過國家經濟計畫工作的外國人，如日本的大來佐武郎和下河邊淳（Shimokōbe Atsushi）。從一九七九年初開始，中國的資深學者每隔幾天就出版一期《經濟研究參考資料》，概述對中國經濟有重要意義的國外發展狀況。代表團出訪也會撰寫考察報告，上呈給國家領導人。

在中國研究國外的經濟發展經驗方面，沒有任何機構其效用能與世界銀行相提並論，而世行在中國發揮的作用也超過了它所幫助的任何其他國家。[16]一九八〇年中國大陸取代台灣獲得在世行的中國席位後，世行行長羅伯特・麥克納馬拉（Robert McNamara）訪中為發展雙方的新關係鋪路。麥克納馬拉說過，沒有中國的世界銀行不是真正的世界銀行，他擋住了美國政府要求暫緩中國加入世行的壓力。中國官員當時仍然擔心外國會為自身的目的利用中國，但是麥克納馬拉的獨立態度使他們相信，世界銀行並不代表任何單一國家的利益。

麥克納馬拉與鄧小平會面時，鄧對他說，中國未來與世行的關係中，觀念比錢更重要。鄧說，中國的現代化是必然的，但與世行合作中國能發展地更快。在討論世界銀行駐中首席代表的人選時，鄧說，他不在乎首席代表是哪國人，他只希望是一個最勝任的人。[17]

鄧小平會見麥克納馬拉後，中國與世行的關係發展迅速。一個月後的一九八〇年五月十五日，中國通過世行的投票表決正式成為其成員國。世行的多數成員國是在一九四五年它成立之初就加入的，世行對他們的瞭解已有多年積累。但中國是個巨大的國家，而且取代台灣之前又與世行沒有交往，因此世行在向中國提供貸款之前，必須先對中國經濟有更深瞭解。一九八〇年十月，世行做出了一個在世行史上首創性的決定：組織一個由三十位世界級專家組成的團隊，前往中國進行為期三個月的考察。這些專家的研究特長包括中國經濟、農業、工程、衛生和教育等各個領域。中國也組織了一個相對應的專家隊伍一起工作，其中就有後來擔任總理的朱鎔基。朱是自願加入團隊的，因為他將之視為學習的好機會。

鄧小平親自支持使團隊成員不必再擔心，將來可能被指控洩密給外國人。為了增強雙方的信任，避免被中方猜忌有不可告人的動機，世行人員在中國期間沒有舉行任何未邀請官方參加的會議。中國團隊及其北京的上級深知自己被委以重任、打開國門，也熱切地希望弄清中國需要面對的獨特問題。世行團隊也清楚自己在中國對外開放中扮演的歷史性角色，同時意識到這是個瞭解中國的特殊機會，因此也努力與中方建立良好的長期合作關係。這個考察計畫是世行到當時為止承擔過最大、針對單一國家的研究項目。世行當時還沒有像後來那樣變成一個龐大的官僚機構，可以給予下屬團隊相當大的自主權去適應當地需要。麥克納馬拉訪中後不久，會講漢語的菲律賓華人林重庚（Edwin C. Lim）被任命為世界銀行中國專案的首席經濟學家。他是哈佛經濟學博士，有在東南亞和非洲為世行工作的經歷；他也是一九八〇年世行團隊在中國的實際領導者；一九八五年世行在中國設立駐京辦事處後，他出任該辦事處的首任駐中首席代表，持續到一九九〇年。他把中國和世行在一九八〇年代的特殊關係描述為「天造地設」。[18]

在中國的三個月裡，世行團隊與負責經濟工作的中方官員進行會談，還到地方實地考察。儘管中方負責接待的是財政部，但他們有機會和所有主要經濟部門的官員會面，其中既有建設派，也有平衡派。國家計委和國家統計局官員在中方團隊中發揮著重要的領導作用。中方官員都沒有受過西方經濟學理論的訓練，但他們有管理計畫經濟發展的經驗。西方專家中很多人也都在發展中國家工作過，因此與中國一樣，更關注具體制度環境下的實際情況，而不是學院派經濟學家所提供的理論性解釋。

世行團隊回去後，根據與中方所做的聯合研究撰寫了一份報告。報告講述了一九四九年後的中國經濟歷史，介紹中國的政策，並對中國經濟適合與不適合做出政策改變的領域做了認真區分。在一九八一年三月完成這三卷報告後，世行人員立刻與中方進行討論，並在六月提交世行董事會，為後者做出給中國第一筆貸款的決定提供參考。除了中國的專家外，趙紫陽和其他高官也讀過這份報告；後經中國政府批准，該報告得以公開發表。

當時首當其衝的大問題是，如何在維持中國經濟運行的同時，使它轉向更開放、更少管制的體制。世行報告建議中國要更加注重利用價格，促進更有效的投資決策，推進更靈活的對外貿易。它還建議讓國內人口更自由流動，使勞動力的使用變得更有效率。但是它也主張價格變動和其他改革都不宜操之過急。這個團隊不主張全面迅速的市場自由化或私有化。對於中方人員來說，參與這項研究，使他們有機會瞭解具有全球發展經驗的經濟學專業人士的視野，並學習用新的眼光重新審視自身體制。

中國成為世行成員後，雙方談判達成的第一筆借款是對高等教育的援助。鄧小平一向重視培訓，因此這個結果並不令人意外。在貸款之外，世行還設立了專門計畫，幫助培訓即將處理各種經濟問題的中國專家。在這方面，中國與世行的經濟發展研究所合作，由後者每年舉辦人員培訓課程。世行還在聯合國開發計畫署、及福特基金會資助下，在牛津大學設立了為期一年、專門培訓中國經濟學家的專案。從一九八五年到九五年，這項計畫培訓了將近七十名經濟學家，其中大多數後來都身居要職，領導中國的經濟發展。福特基金會還資助中國經濟學家在美國學習。世行還進一步的利用它與全球經濟學家無可比擬的關係網絡，應中國要求，組織不同領域的專家進行會談。（459）

一九八〇年代初，中國負責調整經濟體制的官員最初想從東歐國家尋求改革模式。他們首先關注的是南斯拉夫，一九八三年又將興趣轉向匈牙利把不同部門的所有計畫都合為一體的「全面改革」。中國派出兩個代表團訪問匈牙利，研究它的改革規畫，匈牙利也派了一批人到中國介紹

（460）

他們的改革經驗。熟悉匈牙利問題的人認為，中國應當使用更多的經濟手段取代行政手段，進一步放權給地方，並允許更加多樣化的所有制形式。匈牙利和日本一樣，採用以確定產出指標為主的「指導性計畫」，逐步擺脫了從前的指令性計畫——提前為各產業部門精確規定具體的生產投入。[19]然而，在探討東歐經驗的同時，一些中國官員也開始懷疑，東歐模式是否能夠解決中國面臨的複雜問題。

一九八二年八月應中方請求，世界銀行將東歐和其他國家既有理論眼光又有實踐經驗的著名專家，召集到浙江省的莫干山，探討社會主義體制改革的整體問題。中方代表以薛暮橋為首。來自波蘭、捷克斯洛伐克和匈牙利的東歐知名經濟學家包括弗拉吉爾茲·布魯斯（Włodzimierz Brus）分別介紹了他們的觀點。會上進行的討論和會後組織的外國顧問對中國各地的考察，大大加深了人們對東歐改革模式是否適用於中國的疑慮。東歐專家先前的結論是，如果只進行局部改革，會造成對下一步改革的抵制，因此必須一次性地進行全面改革。可是，中國的農村改革已經呈現出似乎不可逆轉的積極成果，因此沒有必要急於進行一次性全面改革。會後東歐的學者們去中國各地考察，開始同意中國東道主的觀點：一次性大膽進行改革的東歐模式在中國行不通，因為中國太大，各地情況千差萬別。中國唯一切實可行的道路是逐步開放市場和放開價格管控，然後再進行漸進式的調整。與會者的觀點先彙報給趙紫陽並獲得了他的認同，然後再上報給鄧小平，鄧也支持趙紫陽關於漸進改革、而不是一口氣大改革的意見。

一九八一年克勞森（A. W. Clausen）取代麥克納馬拉擔任世界銀行行長，兩年後出訪北京。鄧小平對他說，他認為世行在一九八一年做的報告很有意思，也很有用。隨後鄧請世行幫助評估中國到西元兩千年生產總值成長四倍的可行性。速度似乎一直是鄧小平的中心問題。他希望經濟盡可能快速增長，又要避免大躍進的危險；他擔心中國的幹部像過去那樣盲目樂觀，所以要聽聽外人的意見。他希望世行再次承擔一項研究，根據全球經驗對中國未來二十年實現這一目標考慮不同方案。應鄧小平請求，一九八四年世行再度派出人員齊備的代表團前往中國，仍由林重庚帶隊。依據中方合作者、世行人員、及相關顧問的研究，世行於一九八五年發布了一份報告。這份報告對制定「七五」計畫（一九八六年至一九九〇年）有重大影響。[20]它的結論是，二十年內成長四倍的目標是可行的。這無疑讓鄧小平感到放心。報告認為，中國通過重點刺激工業生產，或者促進包括服務業在內的各部門平衡發展，都有望實現這一目標。中國選擇了以工業為重點的道路。

一九八四年召開了又一次由中國青年經濟學家參加的莫干山會議，討論價格改革等問題，但這次會議世行人員沒有參加。[21]會議的結論是支持價格雙軌制，即一軌價格適用於國家計畫內產品，另一軌價格則要適應市場變化。完成定額的國營企業可以將超額部分以市場定價出售。這樣一來，很多企業會轉以市場為導向從事生產，而在向市場轉型的過渡期，又可以依靠計畫內價

（461）

格，獲得一定的穩定性。有些世行官員批評價格雙軌制，因為這會給國營企業的幹部製造牟取暴利的機會，他們可以用計畫價格購買商品、再以高價在市場上出售。但中國高層官員認為，他們有把握用行政處罰手段控制住腐敗。

一九八五年，在鄧小平取得政治勝利後，中國官員再次請世界銀行召集專家，為中國從管制經濟轉型為由市場發揮更大作用的經濟提供指導。中外專家在一艘名為「巴山輪」的船上開了一星期的會。在這條從重慶沿長江順流而下、經三峽抵達武漢的輪船上，他們進行了正式和私下的緊張討論。世行召集的西方人中，有諾貝爾經濟學獎得主詹姆斯·托賓（James Tobin），他介紹了運用宏觀經濟手段、尤其是通過調節需求控制市場的可能性。布魯斯和首次訪問中國的雅諾什·科爾奈（Janos Kornai）則介紹了東歐在調整中央計畫經濟體制過程中出現的問題。會議結束時，早已對東歐模式在中國適用性持懷疑態度的中方與會者進一步確認，社會主義經濟的結構問題是計畫體制內在的普遍性問題，比如允許業績不佳和重複生產的企業繼續生存的「軟預算約束」。這標誌著中國結束了對採用東歐改革模式的探討，轉而以更強的意願接納市場作用。

會議之前中方尚未充分理解的一個關鍵問題是：如何採用其他貨幣和財政手段來調節市場，以避免中國人一向認為的，資本主義制度總是大起大落。托賓的發言使他們相信，可以運用宏觀經濟手段調控市場體系。會後，中國經濟學家在引入宏觀調控手段的同時，對繼續擴大市場作用

（462）

也更加胸有成竹。

由於會議之前通膨已很嚴重，中國很快採用了從這次會議中得到的主要教益：運用宏觀調控馴服通貨膨脹。趙紫陽總理看過會議報告後接受了這一結論，經鄧小平認可後便開始著手實施。

一九八〇年代初期，中國領導人在探討東歐經驗和利用世界銀行顧問的同時，也在研究日本經驗。儘管日本是世行成員國，它與中國主要以雙邊的方式進行合作，合作規模超過中國與其他國家。中國對台灣和南韓的現代化經驗也有興趣，但中國大陸直到一九八〇年代後期才與之有直接交往，因此台灣和南韓在一九八〇年代初的經驗對當時的中國沒有起到太大作用。

鄧小平一九七八年十月訪日之後，大來佐武郎於一九七九年一月到訪北京。就經濟規畫官員來說，他在幫助亞洲國家經濟發展方面極富經驗。他此行要與谷牧探討成立日本顧問團的計畫，並更廣泛的探討日本在中國發展中可發揮的作用。大來佐武郎是大連市出生，工程學出身，曾在日本經濟安定本部扮演過核心角色。該部會曾經為日本經濟在二戰後脫離戰時經濟管制和對抗嚴重短缺提供指導。一九五五年後安定本部併入日本經濟企畫廳，企畫廳負責為日本經濟提供指導性計畫。大來佐武郎與谷牧商定，在中國正在進行的經濟轉型過程中，他將率一批有經驗的日本官員，同以馬洪為首的中方官員每年舉行一次會談。一九七九年十二月大平正方首相訪中時，當時已擔任外相的大來佐武郎陪同來訪。鄧小平對大來開玩笑說，你當了外相，還能繼續當中國的顧問嗎。確實，大來任外相期間，這些會談一度短暫地中止，但在他卸任後很快於一九八〇年七月恢復會談。日本國土廳前任長官下河邊淳也是大來佐武郎的日本顧問團成員，他向中國介紹了日本政府如何建立制度及保障必須的資源，推動各地區均衡持續發展。[22]這個顧問團與中國經濟官員的會議一直持續到一九九二年。

一九七九年初，中國效法日本成立了兩個機構：品質管制協會和企業管理協會。這兩個協會在北京為地方幹部開辦培訓班，再由這些幹部為各自地區的工廠經理培訓工業管理、傳授他們從日本人那裡學到的觀念。[23]儘管這些培訓計畫的作用難以具體評估，但是對中國那些習慣慢吞吞辦事的工廠經理和工人來說，這些榜樣的存在，加上官員的大力鼓動，確實促成了生產效率和品質控制的改善。

一九八〇年代，日本提供的援助和在中國開設的工廠多於其他任何國家。日廠為中國樹立了尺規，用以衡量中國在實現高效工業生產上取得的進展。中國在學習現代科技上主要盯的是美國，但中國工廠引進的新生產線來自日本的最多。池田勇人首相在一九六〇年代提出的「國民收入倍增計畫」，成為鄧小平使工農業產值在二十年內成長四倍的動力。自一九七四年以來，鄧小平會見的日本代表團也多於其他任何國家。

中國經濟官員在訪日期間看到，消費需求才是日本工廠的生產動力，從而減少了國家工業產品分配者的功能，這一點給他們留下了深刻印象。結果生產消費品的中國工廠也得到指示，要求他們直接徵求當地經銷點的意見，瞭解消費者購買意願。[24]

尤其令中國官員印象深刻的是日本通產省的一項重要職能：分析如何使不同產業的日本企業獲取在國際市場競爭中所需的資源和技術，並讓企業發揮主動性開發創新產品，以此推動整個國家的快速發展。鄧小平訪日期間，不但對日本企業內部的高度計畫性感到驚訝，更讓他吃驚的是這些計畫手段遠比中國更靈活、更能對市場變化做出反應。例如，通產省一方面為大公司提供鼓勵和支援，但同時也會讓他們為爭奪市場占有率而相互激烈競爭。

中國在一九八〇年至八一年施行的經濟調整政策，導致很多與日本簽訂的合約被取消、中日合作放緩（見第十五章）。但一九八二年最困難的調整步驟完成後，中日關係又得以復甦。八二年五月底六月初，趙紫陽訪問日本，除了尋求進一步投資和技術諮詢，也是為了恢復日本人對中國經濟的興趣。[25]日本通產省下屬的日本貿易振興會在中國設有若干個辦事處，負責研究中國經
（464）
濟，輔助日商在中國當地發現蘊涵商機的領域，也為中國工業部門的經理和技術人員提供培訓。

到一九八〇年代中期，引進國外機器的引進已經帶來了巨大變化。所謂「手工業式的重工業」，即工人光著膀子向煉鋼爐填煤、用大鐵錘把金屬鍛造成型的景象，被寶山鋼鐵廠裡具有連鑄設備和電子控制系統的現代氧氣轉爐所取代。現代生產線取代了用機床逐一加工機器零件的工

人，工業產出大幅增長。合資企業中與外國同行一起工作的中層管理人員，學會了使用現代電子設備、運用最新的現代管理技術，也為經濟起飛做出了貢獻，其中一些管理人員運用他們在外企學到的技能自己創業。一九八〇年代電腦在西方採用後，在中國企業中也迅速得到普及。

由日本、歐洲、香港和台灣公司（一九八〇年代後期開始）引入中國的新機器和新體制對其經濟增長所產生的累積作用，與北京領導層進行體制改革的影響同樣巨大。中國新的開放政策實際上帶來了輸入式的工業革命、資訊革命和消費革命。

鄧小平的經濟攻勢：一九八四

當經濟運行良好時，鄧小平更易於獲得加快改革開放所需要的政治支援。當經濟出現通膨之類的問題時，陳雲和謹慎的平衡派則獲得更大的勢力，使他們得以收緊計畫的轡繩，對抗通膨壓力。一九八二年和八三年經濟增長開始加快，通貨膨脹也得到了控制，氣氛轉而對鄧小平有利。不但糧食增產，而且紡織這一消費工業的重要部門也有了可觀的增長，導致布匹配給制的結束。依據官方數字，農民的人均收入從一九七八年的一三四元增加到了一九八四年的三五五元。[26]

在一九八三年六月二十六日至三十日舉行的中央工作會議上，鄧小平高調提出要將投資比重提高到陳雲和國家計委建議的水準之上。[27]一九八三年十二月，已對謹慎的計畫派感到不耐煩的

（465）

鄧小平說，對可能發生的事情進行科學預測是不可能的，如果只講穩定就很難取得進步，沒有一點闖勁，就不可能實現經濟成長四倍。[28]

在這種有利的氣氛下，鄧小平準備擴大開放其他沿海地區。一九八四年一月他去廣東和福建視察時宣布，經濟特區的政策已經證明是成功的（見第十四章）。透過電視鏡頭把深圳令人矚目的建設成就傳播到全中國，為民眾接受同年底其他沿海地區的開放打下了基礎。

一九八四年五月，國務院發布了《關於進一步擴大國營工業企業自主權的暫行規定》。這個授予國營企業更多自主權的方案基本上是由趙紫陽的智囊團成員擬定，文件建議要運用包括價格和稅收在內的宏觀調控手段管理經濟活動。長期以來支持給企業更大靈活性的趙紫陽，也進一步擴大企業在完成政府定額後參與市場的自由。

鄧小平在一九八四年六月開始使用「有中國特色的社會主義」一說。這個寬泛且模糊的巧妙概念完全符合鄧小平的基本思路：擴展可以被接受的意識型態框架，使國家能夠採行有效的政策。鄧小平利用這個概念來推動其擴大市場、在工商科教領域進行全面改革的目標。[29]在一九八四年九月三日至十日的莫干山會議之後，採用價格雙軌制的國營企業，獲准擴大使用市場價格。這使國營企業經理人把更多精力放在能為企業帶來更多利潤的市場上，由此他們在計畫體制仍為經濟提供穩定產出的同時，也學會了市場經濟。[30]在改革派（reformers）和保守派

（conservatives）持續不斷的拔河中，主張擴大市場作用的改革派取得了進展。

在一九八四年國慶日，鄧小平獲得的民眾支持達到了最高峰。在那一年的國慶遊行中，北京大學的學生遊行隊伍打出了一條寫有「小平您好」的橫幅。這是一種非官方的友好問候，而街道兩旁的群眾也自發加入到「小平您好」的行列中。這句話和這個場景，和十七年前紅衛兵遵照上面的指示高喊「毛主席萬歲」表達崇敬的做法形成了鮮明對照。一九八四年的這些學生自發地表達了全國人民的感情，他們感謝鄧小平結束文革動亂，克服糧食短缺，改善了他們的生活，終於帶領國家走上正軌。而且就在一週之前，鄧小平簽署了香港和平回歸中國的協定。

國慶日十幾天之後，鄧小平充分利用這種高漲的民意，促使中共十二屆三中全會批准了〈關於經濟體制改革的決定〉，這是當時對經濟改革最全面的闡述。它既包括宏觀理論分析，也概述了為全面擴大市場鋪路的措施。〈決定〉採納了鄧小平「有中國特色的社會主義」的說法，宣布社會主義和資本主義的根本區別不在於搞不搞計畫經濟，而在於是否實行公有制。社會主義的目標不是平均主義，而是共同富裕。領導起草這份文件的趙紫陽達到了鄧小平要求的目標：明確解釋為何社會主義能夠接納市場改革。

〈關於經濟體制改革的決定〉宣布，將逐步減少政府定價，進一步發揮市場定價功能。[31] 這個文件大大鼓舞了那些希望得到更大靈活性的各部委幹部。鄧小平在全會上發言支持此文件時指

（467）

出，準備文件和斟酌用詞這些艱苦工作都是別人做的，但他同意文件的全部內容。鄧小平說，文件最重要的內容是「尊重知識，尊重人才」。他重申了實行開放的基本論點：中國歷史表明，只有國家開放，才能取得重大進步（這個主題成為一九八八年六月的電視影集「河殤」的主題，它引發的爭議和影響超乎尋常。）[32] 鄧小平承認，開放難免會帶來一些問題，但他表示有信心解決這些問題。[33]

陳雲在三中全會上沒有公開批評《關於經濟體制改革的決定》，但是由於鄧小平開始大力推動加快增長和市場改革，兩人之間的關係變得益發緊張。在一九八四年的幾次會議上，陳雲對一系列資料都表示反對：一九八四年基建投資大幅增加三三％，國民生產總值增長一五％，零售物價指數上漲九％，這是改革以來最高的數字。[34] 確實，通膨已經令民眾極為憂慮。[35]

市場的擴大也要求政府對稅收體制進行調整。一九八四年十月，在經過試驗後，政府在全國實行新稅制，用繳稅的方式取代了原來的利潤上繳（「利改稅」）。在原來的制度下，政府為企業安排全部生產指標和稅收，缺少促使企業提高效率的任何經濟刺激。而在新的制度下，每個企業完全自負盈虧；企業繳完稅後管理者可以留下稅後盈餘，這就刺激了各地企業提高效率。而且，無論私營企業、國營企業還是合資企業都可以採用這個新的制度。不過，因為新制度運行之初工廠管理者缺乏經驗，中央財政收入在最初的七年並沒有增加。[36]

一九八四年底公布的資料讓陳雲深感擔憂。一九八五年二月十八日的政治局擴大會議，正值

（468）

鄧小平南下廣州，陳雲批評了嚴重的預算赤字、超額使用外匯存底和嚴格控制開支的失敗。他做出結論，計畫優先於市場的政策並沒有過時。[37]陳雲利用年底的資料，想把大膽向前闖的鄧小平拉回來。各省領導人被召集起來開了一系列緊急會議，結果是大規模削減建設、銀行信貸緊縮、嚴控漲工資和外匯使用。[38]按照中國標準而言的嚴重通脹，甚至使趙紫陽也轉向了加強控制和限制投資。面對這種大氣候，鄧小平最後也加入了努力給過熱的經濟降溫的行列中去。[39]

就像一九八〇年代初期一樣，陳雲再次利用他的中紀委書記一職，限制廣東和福建的改革試驗。他和他的支持者公開了與走私、外匯炒作、投機倒把和色情有關的案件。陳雲也很清楚，北京的各部委都在向經濟特區進行非法投資，這使執行黨的紀律變得更加困難。[40]

限制經濟過熱的努力之一是胡喬木去了趟福建，批評該省幹部讓十九世紀不平等條約下的通商口岸死灰復燃。姚依林去深圳時說，已經用國家的錢給深圳「輸血」太多，現在是「拔掉針頭」的時候了。[41]此外，一九八五年夏天，中紀委通報了一起走私案，海南幹部為促進當地發展，濫用特權將進口汽車賣給內地牟取暴利。[42]谷牧宣布，國家只會優先發展十四個沿海開發區中的四個：上海周邊、天津、大連和廣州。[43]在對特區不斷升溫的批評氣氛中，甚至鄧小平也不得不改為守勢。他對自己一九八四年初提出的經濟特區政策加以限定說，如果特區被證明並不成功，那就只當是一次試驗好了。[44]

（469）

在一九八五年九月十八日至二十五日，為了制定「七五」計畫（一九八六—一九九〇）的基本政策而召開的中共全國代表大會上，陳雲宣布經濟增長目標應當定為不超過六％或七％（大約是一九八四或八五年成長率的一半），儘管實際成長率可能要高一些。他又說，應當限制鄉鎮企業奪走國營企業所需要的資源，他還警告說，如果不加以限制，將會造成能源的嚴重短缺和交通運輸的瓶頸。[45]

這種新氣氛下鄧小平採取了守勢。為了鞏固自己的陣地，他提出要反對資產階級自由化，加強「教育」，讓幹部更好地抵抗腐敗和違法亂紀。鄧小平說，他完全支援把「七五」期間的成長率定為七％，這得到了政治局常委的一致同意。其實他對這個數字沒什麼不滿，因為他心裡清楚，由於過去兩年的高成長率，只要一直保持七％的成長，還是可以輕鬆實現讓國民生產總值到兩千年成長四倍的目標。[46]但是批評者仍認為，如果鄧在一九八四年不那麼急躁，情況可能會更好；也許可以避免伴隨著中國經濟過熱而產生的通脹和腐敗問題。

通貨膨脹的恐慌與反擊：一九八八

正如陳雲在一九八〇年至八一年的經濟調整政策為鄧小平加快發展和改革鋪平了道路那樣，陳雲在八五年至八六年的緊縮政策再次為鄧小平繼續向前闖提供了條件。隔年二月，在為即將於

（470）

秋天召開的中共十三大制定指導路線時，鄧小平直接跟陳雲的主張唱起了反調：「過去講以計畫經濟為主，現在不要再講這個了。」[47]在一九八七年與外國領導人會談時，鄧也表示要在自己退休前留下一個更開放的市場。

經鄧小平同意後，趙紫陽在一九八七年十三大上的重要發言中使用了「社會主義初級階段」這個說法。這又是一個巧妙的概念，這使鄧小平和趙紫陽可以對保守派說，他們堅持社會主義，沒有放棄社會主義高級階段的目標。但他們補充說，高級階段可以拖到一百年之後。「不再以計畫為主」和「社會主義初級階段」這些新說法為繼續向市場經濟前進提供了框架。趙紫陽宣布，「商品交換」要遵循「價值規律」，價格由價值決定；商品供應不足，價格就會更高。趙的發言還明確允許私營企業雇用七人以上。趙紫陽又說，將來股東可以分紅。陳雲在趙紫陽發言時中途離席。改革派認為他的離席是為了避免公開衝突，也在表明他對趙的講話有看法。[48]

一九八八年初，鄧小平決定要大膽推進改革，取消更多商品的價格管制。正如他在五月中對北韓人民武裝力量部部長吳振宇所說，中國人民的生活水準已經有所改善，能夠承受一定程度的物價上漲。[49]在鄧小平的強大壓力下，五月底召開的政治局會議（五月三十日至六月一日）批准了全面改革物價和工資的計畫。鄧小平多年來一直在瞭解物價改革的重要性，他知道市場價格是建立市場經濟的關鍵。他說，「長痛不如短痛」。長期以來不斷有人告訴他，即使物價上漲也只會是暫時的，市場的力量可以讓更多的供應者進入市場，價格自然會回落。

鄧小平此舉的另一個考慮是有增無減的腐敗，而價格雙軌制正是腐敗的原因之一。雙軌制使一些幹部能夠以國家公定的低價獲得物資，再按市場上的高價轉手賣出。因此，結束國家計畫價格將可消除腐敗的這個根源。[50]於是鄧小平像一位無畏的戰士，決定義無反顧地取消物價管制，宣布要在三到五年內完成物價改革。七月份菸酒價格開放，導致價格猛漲了二〇〇％以上。[51]但這並沒有擋住鄧小平闖關。

鄧小平的經濟顧問警告，進行物價改革的時機不對，因為在通膨壓力之下，很多商品已經供不應求。[52]在放開物價之前必須在供應上有所準備，以防物價暴漲。鄧小平沒有被這個警告嚇住。在北戴河的一次政治局會議（一九八八年八月十五日至十七日）上，對是否取消物價管制進行激烈辯論。鄧小平最終占了上風，政治局同意了他的全面放開物價計畫。會議剛結束，《人民日報》就在八月十九日公布了此一決定。社論一出，已經疲於應付通膨的城市居民立刻陷入恐慌，人們紛紛取出銀行存款瘋狂購物，以防未來價格上漲。商店的東西一售而空，群眾也開始上街示威。

鄧小平深知改變決策會削弱黨的權威，因而他自擔任頭號領導人以來一直堅決反對公開宣布任何決策變化。可是這一次他別無選擇。民眾的情緒太強烈了，鄧小平只好接受國務院八月三十日做出的決定，放棄取消物價管制計畫。這一次的出爾反爾，是鄧小平自一九七八年十二月重新

（471）

上台以來，在改革舉措上最戲劇性的倒退。

鄧小平宣布進行全面物價改革計畫這一決定，後來被證明大概是他一生中代價最高昂的錯誤。他對於從長期來看此項改革的必要性的估計是正確的——既然要向市場經濟轉變，就必須在某個時候放開物價。後來朱鎔基選擇在一九九〇代放開了物價，當時通貨膨脹壓力不大，民眾也已適應了物價的溫和上漲，因此更易於接受物價改革。朱鎔基設法避免了硬著陸，他的政策被認為是極大的成功。

鄧小平的錯誤出在對民眾情緒的短期評估上。他誤以為生活水準的提高能使民眾接受放開物價。八十三歲的他已經遠離了群眾，觸及不到普通中國人的感受。鄧的家人在幫助他瞭解百姓感情上有一定作用，但他們的往來大多是其他高幹家庭，通膨的壓力對他們要比對普通受薪階層的影響小得多。

鄧小平的錯誤不但使他失去了民眾支持，也導致他在黨內高層的權威受損。他的闖勁和使人服從的能力大為下降。但是軍人出身的鄧小平多年練就的本領是，他知道如何重整旗鼓。一九八八年九月十二日，鄧小平把趙紫陽、李鵬、胡啟立、姚依林、萬里、薄一波和喬石叫到家中商量物價改革問題，這些改革者和謹慎的計畫者兼而有之。他承認：「現在的局面看起來好像很亂，出現了這樣那樣的問題，如通貨膨脹、物價上漲，需要進行調整這是不可少的。但是，治理通貨膨脹、價格上漲，無論如何不能損害我們的改革開放政策……要保持適當的發展速度。」[53]鄧小平雖然只能選擇在放開物價管制上做出讓步，但是他清楚地表態，他對整個改革方案仍然深信不疑。

民眾對放開物價的反應也削弱了趙紫陽的地位。雖然這一次趙並不贊成取消物價管制，但他曾有過放開物價的先例，也曾允許通膨的壓力超出陳雲認為明智的程度。通過研究其他國家，他認為一定的通貨膨脹有助於加快經濟增長。然而，當時中國通貨膨脹的速度已經大大高於一九四九年以後的任何時期。一九八八年官方的零售價格指數比一九八七年高出一八・五%，一九八八年下半年的零售價格指數則較去年上漲了二六%。很多經濟學家認為，其他資料顯示的通貨膨脹率甚至更高。[54]

（472）

謹慎的計畫派完全不同意，趙紫陽在一九八七年和八八年初，所做的允許通貨膨脹加速的決定。在八八年九月二十六日至三十日召開的十三屆三中全會上，趙紫陽因為年初導致通脹失控的政策受到了批評。他同意為自己的錯誤負責，承認年初時的一些假設是錯誤的，而通貨膨脹問題沒有解決，是因為經濟過熱和需求總量過大。[55]有人認為應當撤銷他的總書記職務。趙設法保住了總書記的位子，但陳雲給了他一些有關經濟政策的訓導。一九八八年十月八日陳雲尖銳地批評趙紫陽說：絕對不能搞財政赤字，貨幣流通量已經太大；此外，應當一直保持經濟均衡發展，不

（473）

然就會引起混亂。[56]這些警告聽上去十分嚴厲，但與一九八三年陳雲批評胡耀邦不同，它不是在公開的大會上做出的。此後經濟決策權轉交給了李鵬，他在一九八七年十一月被任命為代總理，一九八八年三月成為總理。趙紫陽是個主張搞市場化的堅定改革派，李鵬卻要貫徹陳雲的緊縮政策，不消說，兩人的關係不會順暢。

趙紫陽雖然承認了錯誤，但他還沒有做徹底棄卒保帥（鄧小平）的準備。他沒有明確公開地宣布放開物價的決定是他做出的。據知情的中共官員說，儘管鄧小平此後仍繼續支持趙紫陽擔任總書記，但兩人的關係變得緊張，因為高層官員和群眾都認為鄧小平要對物價失控負責。

在八月份民眾恐慌及鄧和趙的權力被削弱後，謹慎的計畫派很快重新掌握了對經濟政策的控制權。國務院於一九八八年九月二十四日頒布文告，宣布今後兩年的工作重點是「改善經濟環境」。熟悉陳雲在一九七九至一九八一年經濟調整政策的人，都不會對一九八八年謹慎的平衡派掌權後所採取的經濟政策感到奇怪。一九八八年不再進行任何價格調整，企業和工作單位被告知不得漲價。中國人民銀行一直以遠低於通貨膨脹率的水準支付利息，此時也做出保證，在必要時存款利率將與通膨連動。各地被要求縮小建設規模。[57]投資受到壓縮，物價也被嚴加管制。銀行信貸受到嚴格控制，暫停向鄉鎮企業貸款。朱鎔基在一九九〇年代控制通膨時力求實現軟著陸，但陳雲在一九八八年底終止通貨膨脹的膽略，卻並不亞於鄧小平取消物價管制的氣魄。不出所料，一九八八年底出現了硬著陸。這從隨後幾年的成長率驟降中即可看出。

年份	成長率（％）	零售價格指數（％）	消費價格指數（％）
一九八八	一一・三	一八・五	一八・八
一九八九	四・一	一七・八	一八・〇
一九九〇	三・八	二・一	三・一

資料來源：國家統計局。轉引自 Jinglian Wu, Understanding and Interpreting Chinese Economic Reform (Mason, Ohio: Thomson/South-Western, 2005), p. 369.

一九八八年至九〇年期間，在經濟管制和政治決策的雙重作用下，國民生產總值的成長率從一九八八年的十一％驟降至隔年的四％，工業成長率從十五％下跌到五％。一九九〇年最後一季零售價格指數的增幅降至〇・六％。[58]消費支出停滯不前，失業人數上升，很多城市出現了騷動跡象。計畫派仍然致力於減少財政赤字，然而由於稅基太窄，預算赤字實際上不降反升。但是，儘管有這些令人不安的經濟指標，在因放開物價而引起強烈反對後的三年裡，鄧小平一直未能在黨內爭取到足夠支持，向陳雲的緊縮政策發起挑戰。

中蘇改革的比較

最先採用社會主義計畫體制的是蘇聯，之後又進入中國，旨在幫助後發展國家追趕已經實現工業化的地區。它使中國能夠累積資本，並將資源用於最優先的領域。就像早期蘇聯的情況，這種計畫體制使中國得以在一九五〇年代推動重工業發展。但是到一九七〇年代時，中蘇兩國的經濟都遠遠落後於更開放、更具競爭力的體制。然而，當一九九一年蘇聯和東歐的共產制度崩潰時，中國卻能自豪地宣稱，它在一九七八年以後取得了平均十%的年成長率。是什麼因素使中國在一九八〇年代的表現遠優於蘇聯和東歐？

中國較蘇聯具備很多優勢。它有漫長的海岸線，可以利用比陸路運輸更便宜、方便的海洋運輸。過去兩百年來，移居香港、台灣、東南亞和西方的華人及其後代子孫有兩千萬之眾，他們可以是資本和知識的來源，為中國所用。此外，中國大陸潛在的巨大市場吸引著世界各地的眾多商人，願意為中國的發展提供幫助，以便日後能夠進入這個有十億消費者的市場。政治動機也發揮了部分作用：中國在一九七八年實行開放政策後，很多西方國家想使中國進一步疏遠蘇聯，願意向中國慷慨提供資金和技術，歡迎中國的學生和遊客。

地理和種族的同質性也對中國的成功助益很大。由於稻作的特殊性質，中國包產到戶的政策使農民耕種的熱情空前高漲，農業產出大幅提升，這在擁有廣闊的旱地、更宜於採用大型拖拉機耕作的蘇聯是無法實現的。與各種少數民族超過總人口一半的蘇聯相比，人口中九三%為漢人的中國也更容易達成國家團結。由於蘇聯在過去百年裡不斷擴展到廣闊的新區域，新納入的少數民族一直在積極或消極地抵抗蘇聯的統治。與此相比，中國對它目前的大部分疆域都已經統治長達兩千多年，它也沒有通過占領反抗其統治的國家來進行過度擴張。

中國的統治者從國家的悠久歷史中形成了中國乃是文明中心的信念，而蘇聯的領導人長久以來一直覺得，蘇聯大大落後於西歐各國。再者，中國與其鄰居日本、南韓、台灣、香港和新加坡有某些共同的文化特徵，而後者不久前已成功轉型為富裕的現代國家和地區，可以供中國效仿。

然而，不論中國有哪些內在的固有優勢，鄧小平在關鍵問題上做出了與蘇聯領導人截然不同的選擇，鄧在刺激經濟增長方面被證明要成功的多。[59]首先，他堅持共產黨的權威。蘇聯的戈巴契夫希望通過廢除蘇共的壟斷權力，建立一套新的治理體系，而鄧小平有一個從未動搖過的信念：當初按蘇共模式建立的中國共產黨，應當保持中國唯一統治者的地位。在他看來，只有中共能提供在中國進行穩定統治所需要的忠誠、紀律和信念。鄧小平相信，中國需要單一的執政黨領導國家，他的這個信念與二十世紀中國的另外三位主要領導人孫中山、蔣介石和毛澤東，基本上一脈相承。

（475）

但是鄧小平也務實地面對需要改變之處。他知道他在一九七八年所繼承的中共，臃腫僵化、無法提供現代化所需要的領導力。他確信很多資深幹部，尤其是在文革的政治鬥爭中發跡的人，是不足以領導現代化的無能之輩。他沒有把他們大批清除出黨，因為這樣做會帶來破壞，導致分裂，使黨不能專心處理國家面臨的真正問題。但是他確實悄悄地把他們趕下了最重要的崗位，將位置留給那些有能力領導現代化的人。鄧在選拔高層領導人才上十分用心，而且鼓勵下級幹部也這樣做。這些領導團隊選定之後，就會給予他們相當大的空間使其進取。

鄧小平的做法是步步推進，不搞「大爆炸」式的一步到位。俄羅斯在一九九一年後聽從了某些經濟學家的建議，以「大爆炸」的方式迅速開放市場。與之相反，鄧小平根據世行推薦專家的建議，認同突然開放市場將導致混亂的觀點。很多把制度視為理所當然的西方經濟學家所不理解的事，他卻深諳其中道理：要建立全國性的制度，並配備能夠適應當地文化與環境的體制、規章、法律和訓練有素的人員，這是一項費時又至關重要的工作。中國缺少必要的經驗、規章、精明的企業家或私人資本，不可能突然轉向市場經濟。

鄧小平知道，十九世紀的日本和後來的其他東亞經濟體，都花了幾十年時間來建立足以追趕西方的制度，如果突然解散現有的國營企業，必然引起大範圍的失業，這從政治和社會角度都是難以承受的。因此他讓陳雲等人維持舊體制的運轉，提供一個穩定的經濟基礎，同時允許市場逐步發育，使人們獲取經驗，讓制度適應更加開放的經濟。鄧小平沒有強制推行新的體制，比如包產到戶、鄉鎮企業或私營企業，而是讓地方開展這類試驗，然後宣傳成功的經驗，讓其他地方按

（476）

自身條件加以採用。

鄧小平所有改革戰略的支撐點，正是他堅定地相信，中國必須從觀念到貿易都向世界全面開放。蘇聯領導人對於允許外國商人和企業在蘇聯開工廠十分謹慎，也不敢放手派遣大批蘇聯學生去海外留學。鄧小平知道，外國人和歸國留學生帶來的變化有可能使中國面對艱巨的調整問題，但是他堅信，一個國家只有保持開放才能最佳發展。有些人擔心外國人和各種外國做法會把中國搞得暈頭轉向，但鄧相信中共足夠強大，足以控制事態。鄧大力支持派遣官員和學生出國，翻譯外文書籍和文獻，歡迎外國顧問和商人來華。有人害怕外國人的競爭會危及中國的生活方式和利益，他對此類批評也有充分準備。他認為外國公司的競爭非但搞不垮中國經濟，反而能使中國人的生意愈做愈強。他也不擔心出國的人會有很大比例留在國外，因為他相信他們會繼續幫助自己的祖國。

中國在一九七〇和八〇年代巨變式的對外開放過程，並不是鄧小平啟動的。事實上，毛澤東在一九六九年的中蘇衝突後，率先打開了國門，周恩來和華國鋒又延續了毛所開創的路線。然而，鄧小平的獨到之處在於，他使國門大開，接納外國的觀念、技術和資本，其程度大大超過前人。無論經歷了何種挫折，他一直掌控著這個擴大開放的艱難過程。他把自己對中國潛力的深刻信念傳播給國人，並運用高超技巧，穿越政治險阻，開啟了中國歷史上的一個新時代。在鄧小平的領導下，中國人願意放下身段，承認自身的落後，不斷向外國學習他們所能學到的一切。

17. 一國兩制：台灣、香港和西藏

（477）

縱觀中國帝制時代的歷史，每當一個朝代衰落時，廣袤的邊境地區就開始試圖擺脫中央的控制。而在豪強興起建立新的朝代後，對這些地區的統治又會收回和加強。隨著中國最後一個王朝大清國在十九世紀九〇年代的衰落，朝廷大員李鴻章面對西方列強，被迫簽訂「不平等條約」，將中國一些沿海領土的控制權轉讓給西方國家。一八九五年甲午戰敗後，李鴻章將台灣割讓給日本；一八九八年又與英國簽訂租讓香港新界的法案。因而，李鴻章被視為對洋人卑躬屈膝的賣國賊，是中國歷史上最受詬病的官員之一。就像過去改朝換代的豪強一樣，毛澤東收復了晚清政府丟掉的大部分中國領土，包括上海、青島等地的租界，他卻未能收復台灣和香港。這個重任落在鄧小平的肩上。1

和過去的皇帝不同，毛澤東得以利用電台、電影、報刊和現代宣傳利器，獲取民眾對實現愛國主義目標的支持。他尤其擅長動員中國的年輕人，使他們對自己的偉大文明曾經遭受的屈辱義憤填膺。一旦民族主義的火焰煽動起來用以鞏固對自己的支持，就不會有任何共產黨領導人可能選擇背叛這種民眾情緒，鄧小平也不例外。所以鄧上台之後，便把收復台灣和香港視為自己最神聖的職責之一。

（478）

鄧小平也努力加強對中國邊境地區的控制。中國的北部、西部和南部邊境都是多山地區，那裡的少數民族過著勉強溫飽的生活，比平原地區的農民更加貧困。大多數少數民族人口有限、缺乏組織，也得不到境外支持以抗衡北京的控制。但是西藏有所不同，一千多年前藏人就已經擁有一片幾乎和當時的中國一樣大的區域，雖然藏人的領土逐漸縮小，但一些較小的藏民群體仍散居於中國的幾個省分，藏傳寺院和喇嘛廟也足以成為抵抗漢人統治的中心。在鄧小平時代，他們得到流亡印度的一個龐大團體的支持，該團體在政治上很活躍並一直與中國敵對。尤為重要的是，藏人有達賴喇嘛的領導，他在全世界的追隨者之眾超過任何其他亞洲領導人。

為了收回台灣和香港並維持對西藏的穩固統治，鄧小平就像其他中國統治者一樣，在必要時不惜使用武力，但他更願意以和平方式解決這些問題。為了獲得當地民眾的合作且避免使用武力，他願意給予他們相當大的自治權。一九七九年一月，鄧小平在成為頭號領導人不久後便宣布，中國對台灣和香港擁有主權和最終控制權，但允許這些地方享有高度自治。這一政策的基本思想是由周恩來提出的，但在鄧小平當政的一九八二年得到深入而系統的闡述，正式成為「一國兩制」的政策。這項政策允許香港和台灣在五十年甚至更長的時間內繼續保留不同的社會制度。鄧小平也願意給予西藏相當程度的自治，允許它保留自身的大量文化風俗。

謀求一統台灣

即使知道美國與中國恢復邦交仍會繼續對台銷售武器，鄧小平依然決心在自己掌權時期實現台灣與大陸的統一。[2]收復台灣的重要性並非來自地緣戰略的考慮，而是因為這個由中共的死敵所統治的島嶼，讓人痛苦地聯想到中共仍未徹底結束內戰。更令人難堪的是，台灣是一個觸目的象徵，代表了帝國主義者瓜分中國所帶來的百年恥辱。

（479）

一九七九年一月一日是中美正式建交日，其時正值鄧小平擔任頭號領導人幾週之後。鄧在元旦演說中申明收復台灣的重要性。他列出三個主要目標：⑴實現四個現代化；⑵中美關係正常化；⑶將台灣回歸列入工作日程。[3]幾天後，他又對參議員努恩率領的美國參議院代表團說，中國不排除使用武力收復台灣，否則就等於捆住自己的手腳，使和平解決台灣問題變得不可能。[4]鄧小平的理由很容易得到中國人的理解，在他們看來，如果沒有美國支持，台灣為避免被軍事占領只能選擇與大陸統一，因此，美國維持對台關係，便對和平解決台灣問題構成阻礙。一九八〇

（480）

年一月，鄧小平在說明未來十年的主要目標時，再次將統一台灣做為目標之一。[5]在與美國進行關係正常化談判時，鄧預期台灣將在幾年內回歸大陸，當時甚至伍考克也這樣認為。

歷史上的先例也為鄧小平提供實現這一目標的希望。鄭成功被剛建立的清朝打敗後，率領明朝餘部逃往台灣；二十二年後的一六八三年，當時統治台灣的鄭成功孫子同意台灣重歸大清管轄。一九四九年蔣介石被中共打敗後，也逃到台灣。鄧小平希望他在莫斯科的同窗、蔣介石之子蔣經國總統也會遵循鄭家的先例。一九七九年元旦的全國人大致台灣同胞書宣布，如果台灣回歸大陸，中國將尊重台灣的現狀。鄧小平也對努恩的代表團說，如果台灣回歸大陸，它可以保留自己的社會制度一百年不變。台灣必須降下自己的國旗，但可以保留軍隊。[6]但蔣經國得悉鄧小平的建議後，卻做出挑釁性回應：他重申增加軍事預算、加強軍力並最終光復大陸的意圖。[7]此外他也繼續堅持台灣的「中華民國」代表全中國，立法院委員則是中國所有省分的代表。

同時，美國國會使局勢變得更為複雜，它於一九七九年四月十日通過《台灣關係法》，使蔣經國大受鼓舞。該法案旨在調整美國與台灣的貿易、交往和其他領域的一系列相關條約。由於台灣政府不再是全中國的正式代表，這是必要的一步。但是，《台灣關係法》的內容和精神超出對具體條約的調整，它反映了很多反對美中關係正常化的國會議員的情緒。在中美關係正常化談判期間，國會一直被蒙在鼓裡；季辛吉和布里辛斯基一心想與中國恢復邦交，很少考慮台灣的安全，也未能充分預見到美國國內支持台灣的政治勢力之強大。[8]美方在一九七八年十二月的一個深夜把蔣經國叫醒，告訴他幾小時後將宣布與中國大陸正式建交，這一做法被國會認為具有侮辱性，加強了國會要幫助台灣的決心。國會中不少人得到過台灣慷慨的資金支持，或是與對台出售武器的公司有來往，他們認為正常化過程沒有以任何方式顧及到忠實的台灣朋友。法案要對美國的輕慢行為有所糾正，它要求美國向台灣提供必要的自衛武器，並宣布，以和平手段之外的任何方式解決台灣問題都將引起美國的嚴重關切。

《台灣關係法》的精神在美國政治中的含義是：美國忠實於它的盟友。但是它違背了與中國談判的精神，有人甚至認為它違背了一九七二年《上海公報》的精神，美國政府在該公報中承認「海峽兩岸的全體中國人都堅持只有一個中國，台灣是中國的一部分」。後來被國會議員視為重要的問題，即台灣是民主的一面旗幟，它尊重人權，實行法治，在一九七九年時還談不上，因為當時台灣當局仍實行動員戡亂法，用壓迫手段控制反對派，為此受到人權人士的批評，後來這些批評則以更大的規模指向中國大陸。

《台灣關係法》的通過讓鄧小平怒不可遏，他為此也受到一些中國高層領導人的批評，認為他在中美關係正常化談判中對美國的態度不夠強硬。鄧小平並不關心《台灣關係法》在法理上是否站得住腳，他擔心的是它的政治影響。該法案使他曾經為之奮戰多年並為此犧牲了數萬戰友的

（481）

政治使命變得更加困難，即結束國共戰爭並恢復對台的控制權，甚至在他有生之年都不可能實現了。鄧小平尤其反對的條款是，美國將繼續向台灣出售「足夠的防禦性武器，使其能夠維持充分的自衛能力」。美國承諾提供軍事援助，斷送了鄧小平原本具有的說服台灣自願回歸大陸的影響力。

為了增加與台灣達成協議的可能，鄧小平還能做些什麼呢？除了通過外交管道表現其「頑強好鬥」的一面，鄧小平還邀請美國國會議員訪中，向他們直接陳述中方的觀點。一九七九年四月十九日，鄧小平對參議院外交關係委員會主席弗蘭克．丘奇（Frank Church）參議員說，《台灣關係法》不承認只有一個中國。他又說，該法有協防台灣的條款，這違反了中美建交最基本的前提。（鄧小平後來表示，《台灣關係法》的頒布比軍售本身問題更為嚴重。9）同時，他還盡可能孤立台灣人民。他支持遊說其他國家將台灣排除在任何區域性或國際性組織之外。他還發誓要把跟台灣做生意的外國公司趕出中國大陸市場。

比《台灣關係法》更讓鄧小平懊惱的是羅納德．雷根（Ronald Reagan）競選總統。雷根發誓要給台灣以「尊嚴」，包括謀求與台灣建立正式關係。一九七九年八月二十二日，雷根的競選搭檔、副總統候選人喬治．布希前往亞洲，會見了憤怒的鄧小平。陪同布希訪中、後來擔任駐中大使的李潔明（James R. Lilley）在回憶他們的會談時說：「這是一次特別不愉快的訪問。」布希想讓中

（482）

國放心雷根不會實行兩個中國的政策，但是在會談中鄧小平的助手帶來了最新的新聞簡報，其中包括一次雷根記者招待會的報導：雷根在這次招待會上說，台灣是一個國家，美國應當恢復與台灣的外交關係，為台灣的自我防禦提供所需要的一切。鄧小平說：「他又在搞這一套。」10 他接著又說：「雷根不止一次說過，他支持與台灣建立官方關係。……不管在其他國際問題上有何觀點和立場，假如雷根的言論和共和黨的政綱得到貫徹，這必將損害中美關係。」鄧小平還宣布，如果共和黨繼續支持台灣，他將被迫起來維護「十億中國人民的利益」。布希盡量軟化美國的立場，但據李潔明說，「鄧小平仍然沒有消氣」。11

雷根當選總統後，由於他蓄意讓美台關係升溫，賣給台灣更多的先進武器，鄧小平兩年前訪美時形成的中美之間密切關係逐漸被中方日益增長的不滿所取代。鄧小平希望能與美國建立更密切的關係，他也想讓美國幫助中國搞現代化。但是他認為台灣問題對中國極其重要，假如美國給予台灣官方承認，他不惜讓美中關係倒退。鄧在這個問題上態度極為堅定。當時一位美國官員說，那時跟中國打交道，就像徒手掰蛤蜊那麼困難。

一九八一年一月四日，雷根宣誓就職的前幾天，鄧小平會見了共和黨參議員泰德．史蒂文斯（Ted Stevens）和二戰期間援中的美國空軍飛虎隊英雄陳納德將軍（Claire L. Chennault）的華裔遺孀陳香梅（Anna Chennault），向他們擺明自己的態度。他知道陳香梅是台灣的朋友、雷根就職委員會的成

（483）

員，他警告她，假如美國鼓勵台灣獨立，將會給中美關係造成嚴重後果。鄧告訴客人，他希望看到中美關係向前發展，但是中國對雷根的一些言論感到憂慮。他說，他知道競選人在大選前說的一些話與當選後的實際做法會有所不同，不過因為有一家美國報紙斷言只要美國採取反蘇立場，中國便有求於美國，對此他必須做出澄清。他承認那家報紙所說的一點，即中國確實是個窮國，但除此之外該報紙的言論全是錯誤的：中國靠自己的力量取得獨立，它絕不會低三下四有求於人，它會堅持自己的觀點。就算美國採取堅定的反蘇立場，中國也不會在台灣問題上忍氣吞聲。

他進一步警告，如果雷根向台灣派駐私人代表，中國將把這視為正式的官方決定，這既違反《上海公報》，也違反《中美兩國建交公報》。如果美國不能正確處理這些微妙的關係，鄧小平說，中國準備讓中美關係不是回到七〇年代，而是倒退到六〇年代的水準。他下了最大的決心，不能讓雷根與台灣達成協定，否則將使收回台灣從長遠看變得更為困難。他讓他的客人清楚知道，中國將靜觀雷根的一言一行。[12]

中國擔心雷根總統會把台灣視同一個國家，但此憂心因中國駐美大使柴澤民得以出席雷根的總統就職儀式而減弱。柴澤民曾威脅說，如果受邀的台灣代表到場，他將拒絕出席儀式。最終台灣代表並未到場，中國把這看作一個積極的信號。[13]不過，鄧小平仍然深為關切雷根與台灣的關係。

鄧小平隨後又想對台灣實行一系列的「胡蘿蔔外交」，好讓彼此關係改善變得更具吸引力。中國在廖承志的領導下擬定了一個說明對台政策的新文件，並在一九八一年三月向英國外相卡靈頓勳爵（Lord Carrington）出示文件的草稿。一九八一年九月三十日，這份文件由葉劍英元帥在國慶日前一天的公開演說中正式發布。讓葉劍英來做這件事，是因為早年國共結成統一戰線時他供職於黃埔軍校，在國民黨中有不少老朋友。葉劍英的「九點建議」包含以下內容：

- 談判將在中國共產黨和國民黨之間進行；
- 雙方應當為「三通」創造條件：通郵、通商、通航；
- 歡迎台灣人民來大陸投資經商；
- 統一之後台灣將享有高度自治，可以保留它的軍隊；
- 台灣現在的社會和經濟制度，包括私人企業和財產權，將保持不變。[14]

但是台灣沒有做出任何回應，而中國和雷根政府的關係依然緊張。鄧小平知道，使用軍事手段跟有美國撐腰的台灣對抗毫無勝算，於是他繼續運用自己手中的另一件武器。他威脅說，中國將減少甚至結束中美合作。在得知美國打算向中國大陸出售部分武器時，鄧小平回答說，如果這

(484)

意味著美國要提升向台灣出售武器的等級，中國不會接受這筆生意。

雷根手下的國務卿亞歷山大·海格（Alexander Haig）應鄧小平之邀於一九八一年六月訪問北京。六月十六日鄧小平會見海格時重複他對其他人說過的話：中國希望中美關係順利發展，但是假如不能正確處理對台軍售問題，則可能造成中美關係的停滯甚至倒退。[15]他還對海格說，中國同意與美國恢復邦交時，美國曾表示會逐漸減少對台軍售，但後來並沒有這樣做。中方要求美國全面停止向台灣出售戰鬥機。如果美國不減少對台軍售，他準備與美國斷交。海格相信，為確保中美合作對抗蘇聯，必須做出讓步，於是向鄧小平保證，在可以預見的未來美國只會繼續向台灣銷售「經過仔細挑選的防禦性武器」。[16]

鄧小平向海格表達他的強硬觀點三天後，雷根總統會見了應邀前來華盛頓討論台灣和中國關係的新加坡總理李光耀。李光耀在回答雷根的問題時說，他認為以台灣的安全狀況並不需要美國擬售的ＦＸ－15戰鬥機。會談結束時，雷根請李光耀給台灣的蔣經國總統捎信，告訴蔣美國難以滿足台灣的全部要求，台灣現在不應當提出對高科技武器的要求，但雷根總統也不會扔下蔣經國不管。數日之後，李光耀就把這個口信帶給蔣經國總統。[17]

與此同時，鄧小平和下屬繼續向美國施壓。海格訪中後不久，當時國務院的中國問題資深專家、駐中大使恒安石（Arthur Hummel）收到中國外交官交給他的一份照會，其中提到，美國繼續對台

（485）

軍售將會給雙方戰略合作造成嚴重後果。鄧小平在八月底接受香港報紙採訪時再次警告，北京已經為中美關係惡化做好準備。在十月的墨西哥坎昆峰會上，趙紫陽總理對雷根總統說，中國希望與美國合作對抗蘇聯，但台灣問題仍是這一合作的障礙。同樣是在坎昆會議上，外交部長黃華告訴國務卿海格，中國要求得到一個明確日期，在此期限之前售台武器的數量和品質不可超過卡特當政時期的水準，他還要求每年逐漸減少對台軍售，並確定一個具體日期完全停止出售。一週後黃華外長又轉達鄧小平的要求，即在中美軍事合作談判結束之前，美國不能與台灣達成任何出售武器的協議。美國接受了鄧小平的要求。海格答覆黃華，美國不同意為停止對台軍售規定一個時限，但是向台灣出售的武器將是「有限的和有選擇的」，並且不會超出卡特政府時期的水準。[18]

為了表明北京對美國未減少對台軍售的不滿，趙紫陽不但拒絕雷根發出的慶祝一九七二年《上海公報》發表十週年的訪美邀請，甚至沒有對他的邀請函給予答覆。中國按「殺雞儆猴」的古訓，以荷蘭向台灣出售兩艘潛艇為由將中荷外交關係降級。一九八二年一月，美國派助理國務卿何志立（John Holdridge）出訪北京，以防關係進一步惡化。[19]何志立一行人受到的接待十分冷淡，但是當何志立告訴中方官員美國決定停止向台灣出售ＦＳＸ戰鬥機後，中方又變得親切起來。然而何志立還肩負著自己的使命：在美國決定向台灣出售哪些武器系統之前，和北京就中美關係的框架達成更廣泛的協定。何志立帶來一份框架協議的草稿，但中方認為它過於含糊其辭，沒有對他們關心的問題做出回應。北京方面要求，為使談判繼續，美國必須不再向台灣運送任何武器。[20]這相當於已經畫出中方的底線。一九八二年最初幾個月，中國媒體仍不斷抨擊美國干涉台灣問題，中國認為這是自己的內政。

為了打破這種緊張關係，雷根總統致信北京，建議讓副總統喬治·布希出訪亞洲時順道訪中，他與鄧小平和其他一些中國重要官員有良好關係。中方沒有立即答覆，直到布希已經訪問了幾個亞洲國家後才通知美國，北京歡迎布希來訪。布希在抵京後的最初幾天發現，北京對軍售問題依然態度強硬。隨後鄧小平請他前去會談。會談過程中鄧提議和布希去旁邊一個房間單獨交談一刻鐘，只允許恒安石大使和翻譯員在場。一小時後，布希和鄧小平達成非正式諒解，最終這被納入美國限制對台軍售的正式文件。鄧小平知道已經得到他所期望的最佳結果：美國不會停止對台軍售，但對軍售做了限制；而隨著美國對台軍售的減少，鄧小平可以樂觀認為，從長遠看，台灣終將回歸大陸。這次談話後中方對美國的責難便消失了，氣氛也變得輕鬆起來。[21]一年多來像一位軍人那樣以強硬姿態氣勢洶洶教訓美國官員的鄧小平，又變成一個幽默風趣的合作夥伴。[22]

鄧小平和布希在會談中達成的諒解，成為恒安石和中方同行之間進行具體談判的基礎，並形成《關於美國對台售武的中美聯合公報》（一九八二年八月十七日簽署）。該協議對美國售台武器做出限制，明確表示美國「無意侵犯中國的主權和領土完整，……無意執行『兩個中國』或『一中一台』的政策」。公報還規定，向台灣出售的武器「在性能和數量上將不超過中美建交後近幾年供應的水準，……美國願意逐步減少對台灣的武器出售，並經過一段時間達成最後的解決」。[23]為了安撫台灣及對公報持反對意見的國會議員，雷根總統邀請三十位參議員和眾議員開了一個情況介紹會，向他們解釋為何這一協議並未傷害台灣。

八月十七日公報一公布，鄧小平就邀請恒安石與他非正式會面。在和藹的交談中，鄧小平祝賀恒安石達成協定。這份《八一七公報》，連同一九七二年二月二十七日的《上海公報》和一九七九年一月一日的《中美建交公報》一起，成為美中關係的三個基礎文件。[24]此後直到天安門悲劇為止，它為中美關係提供穩定的基礎。它也為雷根總統一九八四年四月下旬為期六天的中國之行鋪路，使他成為兩國建交後第一位訪中的美國總統。雷根訪中期間與鄧小平進行三個小時的友好會談。鄧在解釋了中方的對台立場後，請雷根從中方觀點考慮問題，不要因為蔣經國而本末倒置。[25]雷根感到這次訪問很愉快，他說鄧小平「看起來不像共產黨」。[26]

（487）

在一九八〇年代中期，鄧小平對自己能在「去見馬克思」前解決台灣統一問題仍存一線希望。他和蔣經國有私交，兩人在一九二六年曾是莫斯科中山大學的同學。一九八五年九月二十日鄧小平會見李光耀時，知道李不久前曾見過患有嚴重糖尿病的蔣經國，就問他蔣經國對接班人問題是否有所安排。李光耀回答，自己沒法說誰最終會接蔣經國的班。鄧小平則說他擔心蔣經國去

（488）

世後台灣會發生混亂，因為那裡有部分勢力想跟美國和日本合作，尋求台灣獨立。鄧小平隨後請李光耀轉達他對蔣經國的問候以及兩人見一面的建議。沒過一個月，李光耀就飛到台灣捎去這個口信。然而蔣經國有著多年與共產黨打交道的痛苦記憶，他說他無法相信他們，拒絕會面的邀請。[27]此事過後，已屆八十一歲高齡的鄧小平再沒多少理由指望自己能解決台灣問題了。他唯一能做的，就是阻止台灣做出任何走向獨立的舉動，為他的繼承者有朝一日重新控制台灣鋪路。

兩年後的一九八七年，蔣經國在病榻上廢除實行已久的戡亂法，使反對黨合法化，從而為台灣的民主化打下基礎。他也第一次允許台灣人民去大陸探親，但不能直接前往，而是要繞道香港。台灣人很快就開始前往大陸探親，並在那裡做起生意。由於很難區分台灣人是否在大陸有親戚，因此不久後便允許所有台灣人前往大陸。鄧小平歡迎台灣人來大陸探親和做生意，他把這視為走向最終統一的步驟，儘管在他生前也許不可能實現。鄧小平的說法是：「實現國家統一是民族願望，一百年不統一，一千年也要統一的。」[28]

收回香港主權

一九七五年五月二十五日，鄧小平陪同毛澤東會見一九七〇至七四年擔任英國首相的愛德華・希思（Edward Heath）。毛澤東當時表示，解決香港問題的時機還不到，他指著旁邊的鄧小平和另一些年輕幹部說：「這個問題讓他們去解決吧。」[29]

鄧小平一九七七年復出後對香港問題產生濃厚興趣。然而，一九七七年在與葉劍英元帥共同出訪廣東時，他們的討論重點並不是收回主權，而是香港能為大陸的現代化提供什麼幫助。鄧小平很清楚，中國可望在金融、技術和管理領域大大得益於香港。即使中國收回主權後，也要讓香港繼續保持繁榮。眼前的任務是減少文革期間紅衛兵的劣行給香港商人造成的恐懼和反感。文革中的紅衛兵不但迫害港人住在大陸的親屬，還湧入香港讓港人心驚膽戰，使他們普遍憎惡毛澤東的統治。[30]

鄧小平在一九七八年四月成立國務院下屬的港澳事務辦公室和以廖承志為組長的領導小組。廖承志可以說是這個職務的不二人選：他的家鄉在惠州附近一個小村莊，距香港只有五十多公里。另外他與香港和日本都有很深的淵源，他一九四〇年代後期曾在香港居住，其堂妹是香港首席大法官的妻子。

廖承志最初的任務之一是籌備和召開文革後的第一次港澳問題會議。這次會議開了將近一個月，主題是放棄導致港人疏遠大陸的「極左」政策，最初的工作重點是改善中國與港澳工商界的關係。

北京在提到香港時，長期以來習慣稱「港澳」，彷彿說的是一個地方。對鄧小平等中國領導

（489）

人來說，澳門這塊隔珠江三角洲與香港相望的葡萄牙殖民地只是個小地方，相對而言並不重要，經濟活力來自於香港；況且，雖然與葡萄牙的租約到一九九九年才到期，澳門實際上已處在大陸的控制之下。葡萄牙在一九六七年和一九七四年曾兩次提出將澳門歸還中國，北京已與葡萄牙達成協議，大體勾畫出歸還澳門的方案。北京擔心這個決定會對極不穩定的香港民意造成負面影響，因此一直對協議保密，公開的說法是還沒有做好收回澳門的準備。對鄧小平而言，「港澳」指的就是香港。

從一九四九年到七八年的冷戰期間，香港一直是中國與外界溝通的最重要窗口。港英當局允許共產黨和國民黨在這裡共存，甚至相互搞諜報活動，只要他們不公然開啟戰端，能讓港英殖民政府維持法律和秩序即可。[31]北京利用香港這個地方賺取外匯，進口技術，獲取外部世界的資訊。但是到一九七八年為止，這個窗口只開了一道縫，大陸與香港的關係仍受到極大限制。中國原本可以切斷對香港的飲水和食物供應，但即使在文革期間它也沒有這樣做。一九六〇年代俄國人對中國批判修正主義聽得厭煩，便恐嚇香港人，假如中國真反修，它不妨證明給世人看看，把家門口那塊帝國主義的殖民地收回去。北京則回答，香港屬於歷史問題，要等到適當的時機才會加以解決。北京對香港的戰略是「長遠打算，充分利用」。[32]

為了解決「收回香港主權」的問題，鄧小平要認真做準備。一九七八年他還沒有籌畫處理這件事的路線圖。當時鄧小平僅僅做出中國將維護香港繁榮的一般性保證。然而，廖承志在一九七八年八月十九日遵照鄧小平的指示，對一批香港客人保證，香港可以長期保留它的現行制度，中國不會在香港搞群眾運動。[33]

一九七八年十一月，儘管鄧小平正忙於出訪東南亞以及為成為頭號領導人做準備，他還是抽空接見了香港船王，即當時香港最有名大概也是最有錢的商人包玉剛。[34]鄧小平賞識的不僅是包玉剛的成功，還有他對國際商業界第一手知識的掌握、對見過面的世界各國政要的敏銳觀察力、對香港商業精神的直率讚揚、他的務實作風，以及希望為中國現代化提供幫助的真誠態度。在中國大陸以外，沒有任何家庭能像包玉剛的家庭那樣與鄧小平一家人形成密切關係。[35]一九七八年十一月，鄧小平和包玉剛專門討論了香港商人在中國現代化中能夠發揮的作用。

（490）

一九七八年十二月，對外經貿部部長李強被派往香港，考察香港能為中國、尤其是廣東的現代化提供哪些幫助。李強在訪港時首次宣布，中國將接受外商投資，歡迎貸款。李強還邀請香港總督麥理浩訪問北京。鄧小平知道港督麥理浩通漢語，在倫敦很有威望，與中共駐港代表也有不錯的工作關係。他還知道，對香港在一九九七年之後的命運，最終還是要跟英國人認真磋商。[36]在口頭邀請麥理浩之後，中方又發出正式邀請函，這是由一位中國部長寫給港督的第一封信。麥理浩認識到中方這種姿態的歷史性意義，他說：「鑒於中國現代化計畫的大背景，這是一個嚴肅

（491）

的倡議。人人都同意，我當然應當走一趟。」[37]（關於香港在四化中作用的更多內容，見第十四章。）

一九二〇年鄧小平赴法國時乘坐的輪船曾停靠香港，當時他就對香港產生了興趣，一九二九年至三一年他被派往廣西領導城市暴動時曾取道香港，在那裡住過數月，對香港有了更多瞭解。[38]鄧小平對殖民歷史有大致的瞭解：香港島在一八四二年鴉片戰爭後割讓給英國，一八六〇年又割讓了大陸的一小塊地方九龍，北邊的「新界」則於一八九八年租借給英國九十九年，將於一九九七年到期。鄧像中國的其他愛國者一樣認為所有三個條約都是不合法的，都是在中國無力抵抗之際被強加的「不平等條約」。

從一九四九年到七八年，中共在香港維持著一些自己的組織，在一般港人中也有為數不多的追隨者。[39]共產黨對所有其他人，包括國民黨、英國人和美國人，都懷有極深的猜疑，但是大多數港人害怕給自己找麻煩，像對待瘟疫一樣躲避政治。中共的新華社香港分社在當地出版報刊和圖書，向大陸提供有關香港和世界各地的公開或機密報告，外交部也派有駐港官員。中國銀行香港分行負責照顧大陸的商業利益，中國中央企業華潤集團則代表外經貿部和中國地方政府在香港做生意。中國在香港也有自己的零售商店、情報組織、左派學校和工會。這些組織在寫給北京的報告中，一味吹噓中共在香港得到的支持，這使鄧小平等領導人低估了香港華人居民事實上對英人統治的滿意程度。其實，大多數港人都害怕剛搞過文革的中國會對香港幹出什麼名堂。[40]

一九七九年三月二十四日麥理浩與鄧小平見面時，一些英國外交官已經開始猜測，一九九七年把租約到期的新界歸還中國時，英國將不得不放棄對整個香港的主權，因為香港新界以外的地方無法以獨立的行政單位存在。但是當時的北京政權怎麼可能提供，維護香港穩定和繁榮所需要的明智領導呢？它剛剛走出文革，完全缺乏治理一個現代資本主義城市的經驗，甚至還在一九五〇年代初消滅大陸所有私營企業，不僅香港的外國商人，甚至香港華人也深表疑慮。港英官員和很多一般市民都希望，即使英國人在一九九七年放棄主權，中國也應當允許英國官員繼續管理香港。[41]

在去北京訪問的途中，英國官員已知道鄧小平一定會談到香港能為中國現代化提供什麼幫助。但是讓他們感到意外的是，鄧小平在對麥理浩的開場白中就提到香港的最終命運問題。他宣布，兩國商討解決方案必須以香港是中國的一部分為前提，但是直到下世紀相當長的一段時期，香港仍可繼續保留資本主義制度，儘管大陸實行社會主義。[42]三年以後鄧小平才正式提出「一國兩制」的政策，但是在這次最初的會見中，他已經向麥理浩說明這項政策的要點。

麥理浩和隨行的中國問題專家意識到，如果向鄧小平提出一九九七年後能否仍由英國繼續管理香港，無疑會使他動怒。於是他們決定間接談及這個問題，提出如何給那些要簽訂十五年以上租約的人提供保障，因為這些租約在一九九七年之後仍然生效。出於同一思路，麥理浩還提到在

（492）

一九九七年之後局勢尚不明朗的情況下，香港投資者對從事新的貸款、抵押和其他投資活動所產生的擔憂。麥理浩建議，把「規定一九九七年租約到期」的官方文件用語改為「只要英國繼續管理這一領地」。據陪同麥理浩的柯利達（Percy Cradock）說，鄧小平顯然沒有理解商業上採用的十五年租約與有關新界的九十九年政府租約之間有何區別。[43]鄧小平一直避免就租約問題表明看法，但是他說投資者可以放心。[44]在回答英方對大量中共幹部將被派往香港的關切時，鄧小平立刻回答，中國會採取措施避免這種問題發生。

麥理浩返港後沒有公開北京會談的細節，但轉達了鄧小平保證中國不會損害投資者利益的訊息。港人得悉此說後如釋重負，而對中國變得更加開放的印象，以及香港媒體有關三中全會之後鄧小平領導中國走上更加務實道路的報導，均加強了他們這種感覺。第二年香港股市和房地產價格飆升。[45]

接下來的幾個月，又有一些英國高官飛到北京與鄧小平和其他中國官員會談，華國鋒也在十一月訪問英國。所有英國官員都向中國同行表達同樣的基本觀點：應及早做出有關香港的決定。然而鄧小平仍未準備好著手進行談判，他只是一再重複對麥理浩講過的話：香港在一九九七年之後可以保留它的制度，中國會保護投資者的權益。[46]

一九八〇年十二月的政治局會議解決了對毛澤東的歷史評價和華國鋒的去留問題，這為鄧小平處理香港問題提供一個重要突破口。這一進展意味著，他不必再擔心那些保守派，他們對收回主權後仍允許香港保留資本主義制度五十年不變，持反對態度。在建立好以胡耀邦和趙紫陽為首的新團隊後，鄧小平有理由相信，他的領導班子具備管理一個現代資本主義城市的能力。

一九八一年初，鄧小平同意開始就香港前途進行談判。雷根一九八一年當上總統後，鄧小平知道自己不可能在台灣問題上很快取得進展，此時把工作重點轉向香港，可以使那些對中國政府在收復台灣上表現軟弱感到不滿的愛國青年，轉而關注收回香港主權的奮戰，而鄧小平在這件事上穩操勝券。中國在邊境一側有大量駐軍，英國在香港的一小批軍隊不可能進行有意義的抵抗。中國還控制著香港的食物和用水。此外，中國在一九八一年初已經和包玉剛等香港商界領袖建立了工作關係。當初為解決台灣問題提出的「一國兩制」政策，可以很容易地用來為中港關係提供框架。如果在安撫港人方面取得成功，這甚至可能有助於減少台灣民眾對統一的恐懼。

港澳辦公室於一九八一年三月在北京召開討論香港前途的會議。[47]在這次會議上，外交部副部長章文晉傳達了鄧小平的觀點：不收回香港，我們將無顏面對祖宗、面對十億中國人民和子孫後代，以及第三世界的人民。在章文晉傳達鄧小平的意見後，問題迎刃而解，誰也不敢再提在新界租約期滿後讓英國繼續管理香港的事了。[48]

雖然英國不太可能派出軍隊保衛香港，但當時正值英軍考慮出兵福克蘭群島，中國不能排除

（494）

英國有可能對香港做出同樣舉動。鄧小平一向會做最壞的打算，因此他解決了英國一旦出兵中國該如何應對的問題。一九八二年九月中旬，在瑪格麗特・柴契爾（Margaret Thatcher）到訪北京前一週，鄧小平與李先念等人見面時說，中國要準備把使用武力做為保衛香港的最後手段。

鄧小平下定決心完全收回香港主權後，中國官員立刻開始準備文件草稿，供中國內部討論在一九九七年之後如何統治香港。鄧小平也閱讀有關香港的報導，並會見更多香港商界領袖。例如，親北京的港商做為人大代表在北京出席全國人大會議期間，鄧小平特別與他們見面，交流有關香港的看法。[49]

與其他中國官員一樣，鄧小平也擔心從一九七九到九七年這段時間裡英國有可能留下一些「毒藥」，使中國在一九九七年恢復行使主權後的統治問題變得複雜化。英國有可能讓英國公司參與大型公共專案，花光香港的資產，使政府債台高築。港英政府有可能大量出租土地，不給中國人在一九九七年之後留下多少收入來源。港英政府還可能為政府官員加薪，使中國在一九九七年之後難以平衡預算。當時，鄧小平還沒有預見到他和其他幹部後來才意識到的另一枚毒藥：用「民主」改革削弱政府的權力。

一九八一年十二月二十一日至一九八二年一月六日的統戰會議，提出了北京對香港前途的基本立場。這次會議結束後不久中英就展開初步的談判。一九八二年一月六日英國外交大臣漢弗

（495）

萊·阿特金斯（Humphrey Atkins）會見了趙紫陽總理。在這次會談中，北京首次做好開啟談判並討論具體問題的準備。趙紫陽對阿特金斯說，香港仍將是一個自由港和商業金融中心，中國將保證香港繼續繁榮。訪問結束時兩國宣布，做為對華國鋒主席一九七九年十一月訪英的回訪，瑪格麗特·柴契爾首相將於一九八二年秋天訪中，同時雙方將開始進行富有誠意的談判。[50]一九八二年三月鄧小平正式批准一月的統戰會議提出的基本方案，並提交黨中央。

此後的幾個月裡，鄧小平多次參與有關香港問題的討論，包括與香港大約十二個團體或個人的會面，其中有包玉剛和另一位長期跟大陸友好的商人霍英東。[51]在會見英國官員時，鄧小平發誓，一九九七年後將把政治權力交到港人手裡。一貫強調培養接班人的鄧小平說，在剩下的十五年裡，香港的商業界、教育界和文化界領袖要推薦一些有前途的香港「愛國」青年，讓他們立刻開始準備一九九七年之後接手不同領域的職務，以保證平穩交接和穩定繁榮。[52]鄧小平會見的重要客人之一是香港大學校長黃麗松，該校是香港高等教育的明星學府，在培養未來政府官員中發揮著重要作用。

在一九八二年四月六日接見前英國首相希思時，鄧小平引用了一月會議提出的「十二條」，十分具體地表明態度：香港仍將是一個自由港和全球金融中心，它將由包括英國人和其他國家人士在內的香港人自己管理；它將由商人領導，將容納所有社會各階層人士；它將叫做「中國香港」，但一切商業活動照舊進行。鄧小平對希思解釋：「我們新憲法有規定，允許建立特別行政區。」[53]

柴契爾首相訪中

柴契爾首相在一九八二年六月份的福克蘭戰爭取得決定性勝利後不久，於九月二十二日抵達北京。這次勝利使她變得過於自信，這讓她的顧問愛德華・尤德（Edward Youde）等人感到憂心。他們並沒有強有力地向柴契爾夫人解釋清楚，想讓鄧小平允許英國在一九九七年後繼續保留對香港的主權是多麼不可能。外交部的兩位主要中國問題專家柯利達和艾倫・唐納德（Allen Donald）為了避免對抗，確實試圖解釋清楚鄧小平的決心。[54]然而自信的「鐵娘子」柴契爾夫人錯誤地以為，中國拒絕考慮英國在一九九七年後繼續保留主權，只不過是一個可以談判的條件。[55]柴契爾夫人在北京首先會晤的是趙紫陽總理，但趙在與柴契爾見面之前就對香港記者說，中國當然要收回主權，主權交接不會影響香港的繁榮穩定。他把這一基本立場先透露給新聞界，意在向柴契爾表明這種觀點不容談判。鄧小平會見柴契爾夫人時也表達了同樣的觀點。[56]

九月二十四日上午，「鋼鐵公司」鄧小平和「鐵娘子」柴契爾見面，兩人進行了兩個小時半的會談。柴契爾夫人後來把這次會談描述為「生硬粗暴」。不過參加會談的英國官員證實，柴契

（496）

爾夫人過於誇張了與鄧小平之間的對抗，事實上對抗的感覺僅僅來自會談後柴契爾夫人對媒體的講話以及中方的反應。據英方參加會談的人說，柴契爾夫人的言論既雄辯又富魅力，儘管如此，鄧小平所擁有的幾乎不受限制的權力也給她留下深刻印象。[57]

鄧小平在開場白中宣布，中國將在一九九七年收回主權，將支持香港的繁榮，並希望能夠得到英國政府的合作。[58]但柴契爾夫人回應，在英方看來，根據三個條約香港是屬於英國的，這些條約在國際法上都是有效的，只有經雙方協議才能做出變動。她說，英國在過去一百五十年裡學會了如何管理香港，成效很不錯。她又說，只有在做出保證香港繁榮穩定的安排後，才能談到主權問題；只有英國的統治能夠為香港的繁榮穩定提供保障，沒有英國的這種保障，商人不會再願意投資。不過柴契爾夫人確實做出一個讓步：假如能就香港的管理權做出令人滿意的安排，她可以考慮向議會提出有關主權問題的建議。因此雙方應當通過外交管道開始談判，尋求達成令人滿意的協議。

鄧小平斷然拒絕她的建議。[59]他說，有三個主要問題：⑴主權；⑵中國在一九九七年後如何治理以維護香港繁榮；⑶中英兩國政府如何共同避免在一九九七年之前發生大混亂。他說：「主權問題不是一個可以討論的問題，中國在這個問題上沒有迴旋的餘地。」他說：他不會做當年簽訂不平等條約的李鴻章，主權意味著完全的主權；為了維護香港一九九七年後的繁榮，香港目前

（497）

的政治制度和大多數法律將繼續有效；中國會和香港人民進行廣泛協商，制定出對投資者有利的政策，包括英國投資者。但是，讓英國政府或商業界滿意也是有限度的。鄧小平警告，如果港英政府在一九九七年之前挑起嚴重對抗或從香港撤走大批資金，中國將「被迫不得不對收回〔香港〕的時間和方式另做考慮」。鄧小平確實表示，他要與英國合作，他同意雙方應當立刻通過外交管道進行磋商。[60]但是他又補充，如果雙方在兩年內無法就主權移交達成滿意的協議，中國將單方面宣布自己的政策。[61]駐北京的外交官大都知道鄧小平常用吐痰來強調重點；在場的人看到，鄧小平和柴契爾會談時，不時往痰盂裡吐痰。[62]

柴契爾夫人與鄧小平結束會談走下外面的台階時，被一名記者的提問分神，腳下一滑導致膝蓋著地。這一插曲被電視鏡頭捕捉到並在香港的晚間新聞播出，之後又在香港電視上反覆播出。這個畫面給人的印象是，柴契爾夫人受到鄧小平強硬姿態的震懾，差點磕了個頭，幸虧有身邊的柯利達攙扶才沒有跪下。[63]

後來柴契爾夫人談到鄧時，仍然給了他正面的評價，認為他非常直率但並不粗魯。柴契爾夫人離京前舉辦的答謝宴會上，由於鄧小平要出席為金日成舉辦的宴會，趙紫陽總理成為主賓。柴契爾在宴會中以更為和解的姿態對趙紫陽說，會談使她對中國有了更清晰的看法。她用了一句中國的成語：「百聞不如一見。」[64]

（498）

由雙方代表擬定的柴契爾夫人與鄧小平會談的公報中說：「兩國領導人在友好的氣氛中，就香港前途舉行深入會談。雙方領導人表明了各自對這個問題的立場。雙方同意把維護香港的穩定與繁榮做為共同目標，將在訪問後通過外交管道開始舉行談判。」[65]與鄧小平不同，柴契爾夫人對英國在香港發揮的歷史作用感到自豪，而且確信以往的條約具有合法性。離開中國前，她在BBC的採訪中說：「如果簽約一方對〔現存的〕條約或協議說，『我不同意，我打算違約』，那麼你也很難相信他們會尊重新的條約。」當她在香港的記者招待會上重複這些話時，英國外交部的中國問題專家聽得不寒而慄，因為他們知道這些話會毀掉他們一直以來與北京達成的善意。不出他們所料，中方對此大發怨氣。在柴契爾夫人訪中後的一週裡，香港股市下跌了二五%，恒生指數從六月的一千三百點跌至十月底的七百七十二點。[66]

柴契爾夫人訪中後中英談判被延遲了，因為中方堅持談判協議的前提和基礎必須是中國一九九七年後完全收回主權，而柴契爾夫人不願意接受這一條件。隨後中國發出警告：一九八三年二月底英國被告知，中方有關一九九七年後香港政策的單方面方案草稿已接近完成。實際上，假如不談判，中方將在一九八四年九月宣布它自己的香港前途方案。[67]北京的柯利達大使和港督尤德十分擔心中方會向六月份召開的全國人大提交他們的單方面方案，於是在三月初飛回倫敦與柴契爾夫人協商。此時香港股市再創新低，乃至柴契爾夫人也開始相信中方不會在主權問題上讓步。為了打破僵局，柯利達建議柴契爾夫人致信趙紫陽總理，於信中重申她在北京說過的話，但在措辭上稍加改動為：假如能夠做出讓香港人民滿意的安排，她「準備向議會建議移交主權」。柴契爾夫人接受這一建議，此信於一九八三年三月九日發出。由於此信沒有滿足中方關於談判之前必須就主權問題達成一致的要求，中方沒有立刻做出答覆，過了兩個月才同意開始舉行談判。鄧小平後來對出席全國人大的香港代表說，他在談判議程的順序上寬鬆，是為了讓英國人擺脫尷尬局面。雙方就下一步談判達成的議程是：第一，有關一九九七年後維護香港繁榮穩定的安排；第二，一九九七年之前的安排；第三，主權問題。第一次談判於七月十二日舉行，距柴契爾夫人訪中已經過了十個月。[68]

為了給談判做準備，同時與香港各界的重要人物建立聯絡，並培養將於一九九七年後接管香港的官員，鄧小平認為北京必須向香港派出一名更高級別的黨幹部。這位派往香港的高官應該授予相當大的自由，使他能夠與香港各界有影響力的人士公開對話，並直接向北京的最高層彙報。鄧小平需要的人要瞭解北京的想法，要能跟香港的領袖人物平起平坐，還要有信心向大陸高層提供全面而坦率的報導。他想到的一個人選是許家屯。

一九八三年鄧小平攜家人去上海過春節時，順道走訪附近的江蘇，江蘇省委書記許家屯一路陪同。鄧小平之前並不瞭解許家屯，儘管一九七五年鄧在全國進行整頓時，許家屯先是在南京、

（499）

繼而在江蘇全省的整頓工作中發揮關鍵作用。他們在一九八三年春節見面時，本來的安排是許家屯用二十分鐘向鄧小平彙報江蘇省的發展情況，結果談話持續了兩個小時。在許家屯的領導下，江蘇的國民生產總值在過去六年成長了一倍；他們見面時江蘇的工農業產值在全國首屈一指。做為臨近上海的沿海省分，江蘇也開展國際貿易，許家屯是率先允許發展市場的人，為此還被江蘇一些行事謹慎的計畫幹部向陳雲告過狀。事實上，陳雲曾要求把許家屯調離江蘇，但鄧小平看出他是一個大膽的改革派，堅持把他留在那裡。

負責高層幹部任免的胡耀邦知道鄧小平十分賞識許家屯，於是在鄧與許家屯春節見面後不久，胡耀邦便向他提議由許家屯擔任香港的新職務。得到鄧小平同意後，一九八三年四月胡耀邦通知許家屯要把他調到香港，全面負責大陸與香港的關係，為一九九七年的過渡做準備。[69]一九八三年六月三十日，中英第一輪談判結束後不久，許家屯獲正式任命為中共中央港澳工作委員會黨組書記，並派往香港工作。許家屯的重要職責之一，是挑選香港有力人士，邀請他們訪問北京，他們將有機會見到鄧小平。[70]

為赴任做準備的許家屯，前往北京拜訪了他後來要在香港問題上與之打交道的領導人：除鄧小平外，還有李先念、趙紫陽、胡耀邦、楊尚昆、萬里、姬鵬飛和胡啟立。他發現他們全都敏銳地意識到，必須對駐港的中共組織進行大刀闊斧的改造才能領導香港的過渡。當時香港的中共組

（500）

織成員多是廣州當地人，他們習慣於重複左派口號，幾十年來一直在批評香港商界和政界領袖。這群人在思考香港的未來時也缺乏想像力。即使在這種情況下，許家屯最終還是將香港的共產黨創造性地轉變成一個新團體，使它能夠培養富於想像力和親北京的新成員，這些人將在一九九七年管理他們的故土香港。這些培養中的領導者未必是黨員，但他們願意與新的中共菁英合作。

許家屯赴任前拜訪的幹部中也包括廖承志，但他在許家屯上任前的六月十日便不幸去世。後來鄧小平宣布由李先念和趙紫陽負責香港事務。在北京處理香港問題日常工作的是前外交部長姬鵬飛，香港則由許家屯負責。

許家屯在香港的正式身分是新華社香港分社社長。他以這一身分出席公開場合，但他的權力卻來自他的中共港澳事務委員會書記一職，這也是公開的祕密。他的抵港引起極大關注，因為他是到那時為止中共派駐香港的最高級別官員。過去的新華社香港分社社長都是有外交部背景的廣東當地人。許家屯講普通話，他的上任表明香港現在已被中央領導人視為國家大事。[71]

許家屯離京赴香港之前，諾貝爾獎得主楊振寧對他說，他應當讓大陸增加對香港的理解。楊由於常在香港過冬，與當地知識界關係密切。做為回應，許家屯聘請楊振寧的弟弟楊振漢在香港組建一個不大的獨立智庫，為中國官員分析及解釋香港的經濟及學術形勢。許家屯還把中國社會科學院的學者帶到香港，以便增進北京對香港及其在世界經濟中的地位之瞭解。

許家屯到達香港時，恰逢中英第二輪談判即將開始，他要做的第一件事就是幫助北京的中方談判人員瞭解當地情況，為下一輪談判做準備。最初很多港人懷疑許家屯要加強中共對香港的控制，對他持有戒心。但是許家屯的開放態度和瞭解香港的真誠願望贏得他們的信任。他傳遞了這樣一個基本訊息，中國將在一九九七年後收回香港，但是不必為此擔心，一切都會保持原樣。[72]「一九九七之後會是什麼」這個謎語在當時的港人中間不脛而走，謎底則是「一九九八而已」。許家屯參觀學校、銀行和公司，經常在各種集會、慶典和體育活動中演說，與窮困市民交談，參觀各種類型的機構。他實際上成為影子港督，而且確實被人私下稱為「總督」。在新華社駐港分社的總部，他挑選一些有前途的當地人加入他的團隊，使團隊人數從一百人增加到大約四百人。他把他們分成不同的小組，派去瞭解香港政府各個部門和新界的每個民政事務處。他們使許家屯能隨時瞭解所有領域的動態。在接管之前的十五年裡，他們成為名副其實的「見習政府」。[73]那些能證明實力的人有望在一九九七年後擔任重要職務。

許家屯抵港三個月後返回北京，向趙紫陽和李先念彙報香港的整體氣氛、經濟狀況和當地中共官員的素質。他的觀察讓北京的領導層感到意外。香港的中共黨員長期習慣於投北京之所好，總是大唱讚歌，說港人如何反帝，如何熱切期盼大陸來解放香港。即便那些想討大陸歡心的港商也說，港人是多麼熱情期盼中共領導的前景。許家屯卻大膽說出令人不快的事實，他彙報

（501）

說，港人對共產黨有著根深柢固的不信任，他們有時感到前途黯淡。[74]他還說，香港華商的主流意見是，他們尊重港英政府和法治，懷疑北京是否有能力為香港提供良好的領導。此外，很多在一九四九年以後逃離大陸的香港商人認為絕對不能再相信共產黨。他們見識過共產黨在一九五〇年代曾承諾善待與之合作的工商界人士，然而後來卻自食其言，對他們進行迫害，沒收他們的家業。[75]許家屯的報告讓李先念深感不安，他說，要把重新贏得香港的民心做為頭等大事。[76]

許家屯的報告如同醒腦劑，但它並沒有改變鄧小平要收回主權的全面計畫。在無功而返的第二輪談判後，中國公布了為一九九七年後的香港制定的十二條原則，意在提醒英方談判人員，如果在一九八四年九月之前達不成協議，中方將單方面準備自己的方案。一九八三年九月十日，經過第三輪仍陷入僵局的談判之後，鄧小平會見了英國前首相希思。他對希思說，英國想用主權換治權的策略是行不通的。他說，他希望柴契爾首相和英國政府採取明智態度，不要把路走絕了，因為任何事也阻擋不了中國在一九九七年收回香港主權。鄧小平希望，英國在下一輪談判中應該改變思路，和中國一起制定出保證平穩過渡的方案。[77]

第四輪談判仍然沒有取得進展，隨後港幣幣值跌至歷史新低，商店出現搶購潮，大量資本開始從香港流向海外，有錢的家庭紛紛在加拿大等地購置房產。很多人認為，這是香港自第二次世界大戰以來最嚴重的危機。柯利達徵得柴契爾夫人的同意後，建議在一個有條件的基礎上，探討

（503）

中方提出的應該在一九九七年後做些什麼的問題。在第五輪談判中，中方對英國表現出一定的靈活性感到高興，但仍然懷疑英國是在耍花招，談判依然沒有取得多少進展。[78]

柯利達在第六輪談判中表示，英國真誠希望搞清楚中國在一九九七年以後的政策，如果能做出令人滿意的安排，英方願意在一九九七年之後放棄治權。這成為談判的轉機。第六輪談判之後，中共的媒體不再抨擊英國的立場。現在輪到中方提出他們的方案了，但是他們在第七輪談判中尚未準備好提出新的建議。從一九八四年一月二十五至二十六日展開的第八輪談判開始，雙方的會談變得更有成效，英方提供他們如何治理這個全球化城市的詳細分析，中方把其中的很多內容納入他們的文件。[79]隨著談判的進行，雖然雙方尚未就主權問題具體達成一致，但中國將在一九九七年收回主權這一點上已經日趨明朗。

第十二輪談判之後，英國外交大臣傑佛瑞·豪（Geoffrey Howe）飛到北京，在一九八四年四月十八日跟鄧小平會談了兩小時。鄧小平強調了一些基本的關注，例如，如何阻止英資公司和港英政府從香港撤資，如何阻止港英政府批租土地。鄧小平建議雙方成立一個聯合機構，隨時瞭解香港在一九九七年之前的形勢；成立一個北京、倫敦和香港官員的聯絡小組，共同處理一切問題。鄧小平對豪外相明確表示，雖然香港的制度在一九九七年之後不會改變，但中國將在香港派駐軍隊。[80]他為此也做出一些程序上的讓步，希望由此可以在九月之前達成協議並且得到英國議會和中國全國人大的批准。豪外相在從北京去香港時，第一次公開承認政治上敏感的香港人早就明白的事情：「想達成一個能讓英國在一九九七年後繼續治理香港的協議是不切實際的。」雖然港人情緒低落，有些人甚至感到意外，但商業界還是鬆了一口氣，不確定因素終於排除了。[81]

但顯然不是每個人都明白鄧小平的具體意圖。一九八四年五月二十五日鄧小平會見香港的全國人大代表時，許家屯告訴他，一些幹部說了一些不符合他的政策的話。前國防部長耿飆對香港記者說，一九九七年後中國軍隊不會駐紮在香港。鄧小平聽後勃然大怒。他立刻接見出席全國人大的香港代表和採訪大會的香港記者，向他們澄清任何可能的誤解。鄧小平厲聲說道：耿飆是在胡說八道，他關於將來不在香港駐軍的言論不是中央的意見。中國會向香港派駐軍隊。既然香港是中國領土的一部分，為什麼不能駐軍？[82]鄧小平很快又在電視上極為清楚地表明他的觀點：一九九七年後中國將在香港駐軍。香港的大眾媒體一向把鄧小平視為務實的溫和派，這次卻被他的強硬發言搞得灰心喪氣，不過，這個問題逐漸離開了人們的視野。中國在一九九七年確實向香港派出部隊，不過他們很少離開軍營，他們的存在從未引起多大關注。

一九八四年，香港正在等待聯合公報的公布時，三位香港行政局成員飛往北京，表達很多港人對中國治理香港能力的關切。鄧小平在一九八四年六月二十三日接見了他們，他開門見山說，他歡迎他們以個人身分來北京談一談、看一看。鄧小平的意思很清楚：他不承認香港行政局擁有

（504）

決定香港未來的任何權力。一些香港和英國的官員曾想搞「三腳凳」，讓港、英、中三方都有代表，然而鄧小平擔心這會讓談判變得複雜而緩慢，他明確表示，談判只能在英國和北京之間進行。

在會見中，行政局首席非官守議員鍾士元表示，他懷疑中共下級幹部是否具備處理香港複雜問題的能力。鄧小平厲聲答道，這種觀點無異於說只有外國人能管好香港。他說，這種態度反映了殖民地心態的影響。鄧小平接著對這些人說，他們應當好好瞭解中國人民和中華人民共和國。他向他們保證，香港的資本主義制度將保持五十年不變。他又說，做為愛國者，要尊重中華民族，支持中國恢復行使主權，不要破壞香港的繁榮穩定。他說，這與相信資本主義、封建主義甚至奴隸制無關。他還指出，在收回主權之前還有十三年時間，中央和香港行政局議員一樣關心這段時間的穩定。鄧小平提到殖民心態後，三位香港行政局的議員不再爭辯。其中一人譚惠珠甚至主動表示，自己也是中國人。[83]

為避免英國在剩下的時間轉移香港財富給社會造成麻煩，鄧小平提議成立一個由中、英、港三方組成的聯合委員會來處理一九九七年之前的問題。英國擔心這會影響他們有效治理香港的能力，沒有接受這種分散權力的做法。一九八四年七月，副外長周南向柯利達和高德年（Anthony Galsworthy）提出另一種選擇：成立一個沒有實權的中英聯絡委員會以方便溝通。這一想法得到雙

（505）

方的同意，於是雙方開始著手起草最後文件。經過從一九八三年七月十二日到一九八四年九月六日的二十二輪談判後，《中英聯合聲明》終於擺上檯面。

鄧小平在一九八四年七月三十一日會見豪外相時，雙方就聯合聲明達成的正式協定已是呼之欲出。剛從北戴河度假歸來的鄧小平皮膚黝黑，神采奕奕。一百四十年來，中國的愛國者一直想收回香港主權，但始終沒有成功。鄧小平在英國的合作下和平達成了這一目標，當然中國很好地運用了自己的底牌。鄧小平甚至說了柴契爾夫人幾句好話：他說，雙方的協議「為世界樹立了一個解決國與國之間歷史遺留問題的榜樣。……戴高樂將軍結束了法國的殖民統治，現在我們可以說，瑪格麗特·柴契爾首相結束了英國的殖民統治。」在慶賀《聯合聲明》的聚會上，鄧小平開玩笑說，他對身邊圍繞這麼多英國騎士感到高興。一位英國官員記錄下鄧小平的話：「我們認為英國人民和英國政府是值得信賴的。請轉告你們的首相，我們希望她能來簽署協議；請轉告你們的女王，我們希望她能來中國訪問。」這位英國官員又說，鄧小平不但態度和藹，而且既熱情又彬彬有禮。[84]次日，雙方正式同意成立聯絡組，分別在北京、香港和倫敦開會。

豪外相隨後從北京飛往香港，率先宣布已經達成協定的消息。他向香港市民宣布，香港將在一九九七年移交給中國，他們可以放心，香港會繼續保持其現有的社會和經濟制度，他手上具有法律約束力的文件將保證香港繼續實行自治。香港和倫敦的媒體都做出積極反應，民眾也如釋

（506）

重負，充滿不確定性的時期終於結束，他們相信內容詳盡的協定已為香港的繁榮穩定奠定牢固基礎。豪外相在香港演說的當天，香港股市出現自柴契爾夫人兩年前訪中使股市大跌以來的單日最大漲幅。[85]

隨後由英國外交官衛奕信（David Wilson）和中國外交部官員柯在爍率領的團隊花費了很長時間敲定協議的細節。九月二十六日，伊文思（Richard Evans）大使和副外長周南正式簽署最後文件。中方在附件中詳列有關保留在港英政府工作的外國人和當地官員的十二條計畫。文件還同意保留現行法律和司法制度、國際金融中心、海運系統和教育體系。中方同意這些基本條款將保持五十年不變，而英國在一九九七年之前一直對香港承擔責任。[86]十月三日鄧小平會見香港國慶觀禮團時再次向他們保證，北京的政策不會改變。[87]十二月十八日柴契爾夫人飛到北京，在次日簡短的儀式上，她和趙紫陽分別代表兩國政府簽署《聯合聲明》。[88]

隨著《聯合聲明》塵埃落定，中國開始轉向制定《基本法》的工作，它實際上是一九九七年之後香港特別行政區的憲法。這部規定了未來北京和特區之間關係的基礎性法律是由中方的一個委員會起草的，該委員會由來自大陸的三十六人和香港本地的二十三人組成。許家屯負責挑選香港代表，為了爭取那些可能反對中共統治的人，他挑選了香港主流社會中代表不同團體和觀點的重要人物。起草委員會第一次全體會議結束那天，鄧小平為表示對他們的支持，和其他高官一起

（507）

接見全體成員並合影留念。[89]

經過此後幾年為起草《基本法》而召開的十次全體會議的協商，所有重大問題都得到討論：特區首長的性質以及向誰報告工作，立法會如何形成，香港是否擁有終審法院，還有法院和行政部門的關係。起草人團體高度多元化，有著十分不同的觀點，但是他們努力合作共事，因為他們深信維持香港的穩定與繁榮是他們的共同利益。很多香港華商對西方式民主並不比北京的中共領導人更熱心。但香港民眾對中共將如何統治香港十分擔心，因此很多香港起草人都支持李柱銘，他是一名大膽敢言的律師，為香港力爭更多的法律保障。香港的起草人尤其想確保香港高等法院（它因其公正性而在香港享有崇高威望）的裁決不會被北京的政治領導人推翻。為了增強港人對每個決定的信心，中國領導人同意在每次全體會議後向大陸和香港的記者通報情況。[90]

許家屯提醒過鄧小平和北京的其他高層領導人，香港民眾對中共統治持有疑慮，但是港督尤德於一九八六年十二月五日去世後幾週內，香港民眾迸發的對英國統治的擁護還是讓北京領導人感到吃驚。尤德是個工作勤奮而又親民的總督，他的離世使他成為港英政府最優秀的公務員象徵。當邊境的另一邊正在殘殺和挨餓的時候，他曾在亂世中維持香港的安寧，因而他也代表了那些為這塊殖民地的繁榮而建立公正統治制度的英國官員。香港有數十萬人湧上街頭悼念尤德總督，同時表達他們對其他曾在此任職的英國官員之敬意。很多港人懷疑，一九九七年後統治香港

（508）

的官員能否保持現任政府的水準。

鄧小平意識到港人的情緒很不穩定。一九八七年當港人對回歸的恐懼達到高點時，他為了安定人心，未準備講稿就親自到《基本法》起草委員會第四次全體會議上演講。有隨行人員帶著痰盂來到會場。他首先說：「我有三個毛病，喝酒、吐痰、抽菸。」[91]他說，中國堅持社會主義和共產黨領導的信心不會動搖，否則可能保不住現在的經濟發展氣勢，這反過來對香港也不是好事。他說，但是中國仍會繼續致力於改革開放。香港基本的政治和管理制度將保持五十年不變。他又說，香港一直以來的制度就既不同於英國也不同於美國，不適合完全採用西方的制度搞三權分立。他然後具體說明港人可以期待的個人自由：一九九七年以後仍會允許香港人罵共產黨，但是假如把言論變成行動，打著民主的旗號跟大陸對抗，北京就不得不進行干預了。不過只有在發生嚴重騷亂時才會動用軍隊。[92]鄧小平的演講直截了當，正是港人希望聽到的。這番演講緩和了他們的擔憂，甚至結束了有關三權分立的所有討論。[93]

一九八九年二月十六日在廣州舉行的起草委員會第八次全體會議上，對即將公布的《基本法》草案進行最後表決。每個委員都要對《基本法》的一百五十九條逐條進行投票。有幾名委員已經去世，但是出席會議的五十一人中至少有四十一人在草案的每一條上簽了字。鄧小平次日接見起草委員會，祝賀他們取得的成功。他把他們的文件稱為「富有創造性的傑作」。[94]一九八九年二月二十一日，《基本法》的初稿公諸於世。[95]

在討論過程中，起草委員會中兩名親民主的委員李柱銘和司徒華，試圖讓行政長官和立法會議員由公投產生，但未獲成功。最後全國人大常委會保留了對《基本法》的最終解釋權，北京有權任命行政長官、派駐軍隊和對影響外交及國防的問題做出決定。香港有權保留它的政治制度至少五十年不變。它仍將是一個開放的自由港；可以發行自己的貨幣，享有言論自由，包括批評共產黨的自由；保留它的法院系統和當地法律，只要不影響中國的安全和外交，它有權做出終審判決。主張在香港實行全面民主的李柱銘和司徒華認為，《基本法》是對香港人民的背叛。但是在北京領導人看來，「一國兩制」的政策給予香港的自治權，遠遠超過任何西方中央政府給予它所統治的地方的權力。[96]《基本法》公布後，在中國大陸和香港都得到熱情接受。

可是，表決剛過四個月，香港的樂觀氣氛便被天安門廣場的悲劇徹底斷送了。香港不久之後將由一個竟敢在街頭向自己人民開槍的政權統治，這個噩夢籠罩整個香港。一九八九年六月四日，出於對爭取自由的北京抗議學生的同情，也是出於對自身未來命運的擔憂，五百萬香港居民中估計有一百萬人走上街頭，這是香港有史以來規模最大的遊行。成千上萬有經濟能力的港人購買海外資產，送孩子出去留學，爭取外國公民身分。「六四」之前進展順利的中英關係也迅速惡化。[97]甚至新華社香港分社的工作人員也蜂擁加入抗議人群，而許家屯並沒有處罰這些抗議者。[98]

（509）

當香港商界領袖包玉剛和李嘉誠在「六四」後不久拜會鄧小平時，鄧依然態度強硬，沒有做出任何讓步。他說，對英國政府一定要硬碰硬。99

許家屯在一九九〇年一月被周南取代。許已經過了七十歲的正常退休年齡，但更重要的原因是，他為那些批評北京鎮壓天安門示威運動的香港人辯護，而且眾所周知他和天安門鎮壓後被軟禁在家的趙紫陽關係密切。他過去在溝通北京與香港方面成就卓著，但在天安門悲劇之後，北京官員和港人之間出現的巨大裂痕是許家屯無力彌合的。

周南會講英語，曾經以外交部官員身分處理香港事務，他的管制要嚴格得多，並以令人厭煩的照本宣科方式忠實傳達北京的意見。許家屯在香港多麼深得眾望，周南在香港就多麼不得人心。幾週後許家屯逃往美國，在那裡獲得庇護權並撰寫自己的回憶錄。許家屯下台後，新華社很多像他一樣同情抗議運動的人也紛紛被大陸新派來的外事幹部取代。

「六四」之後不久，中英關係中傑出的問題化解者柯利達祕密出訪北京，旨在避免兩國關係的破裂，這與布倫特·斯考克羅夫特（Brent Scowcroft）及時祕訪北京以期減輕美中關係受到的損害如出一轍。儘管天安門悲劇造成局勢緊張，中國外交部長暨政治局委員錢其琛與英國外相道格拉斯·赫德（Douglas Hurd）仍在繼續密切接觸，力求克服《基本法》中一個已經成為爭論焦點的難題：香港立法會議員的公選人數。天安門悲劇數月之後，一九九〇年二月十三日至十七日《基本法》起草委員會的第九次和第十次（也是最後一次）全體會議對《基本法》進行最後表決，全國人大於一九九〇年四月四日通過《基本法》。[100]

在天安門悲劇之前，英中兩國曾共同致力於實現一個所謂「直達車」的方案，即建立一個能夠順利延續到一九九七年之後的政治架構。在鄧小平退出政壇的一九九二年，英國派了一名重要政治人物彭定康（Chris Patten）出任香港新總督。之前在一九八七年至九二年擔任總督的衛奕信像他的前任者一樣，是一名熟悉中國的外交官。天安門悲劇引起的騷動之後，衛奕信盡力保住了受到中國官員批評的香港新機場等項目，同時悄悄擴大選舉範圍，支持要求更多自由的人。儘管氣氛緊張，他仍能以專業的態度與中國同行維持工作關係。

彭定康則採取完全不同的方式。[101]他在上任前沒有去北京；做為總督他高調鼓吹擴大自由，增加民選官員的數量。他沒有接受外交部資深官員柯利達的意見，後者認為彭定康忽略了中英之間的某些默契。彭定康在整個任職期間與中國官員的關係都極為對立。一九九七年中方接收香港後，否定了彭定康的改革，他們譴責英國政府在統治行將結束時通過彭定康搞民主改革，是想強迫中國接受英國自己在統治香港的一百五十年裡從未實行過的政策。喜歡彭定康的人說，他盡了最大努力表達香港人民的願望，為了自由勇敢戰鬥，他在這一過程中給香港人帶來的民主經驗，在一九九七年之後仍是引領他們前進的火炬。香港和北京批評彭定康的人則指責他是在謀取私利——他回到英國後名聲大振，成為一個為自由而戰的人，而那些留在香港的人卻要收拾他在香港和中國之間製造麻煩。

一些香港居民認為，是彭定康讓「直達車」出軌，因為他在香港搞的民主改革並沒有延續到一九九七年之後。但是從更廣闊的視角看，儘管有彭定康任內造成的爭議，「直達車」還在。鄧小平通過《聯合聲明》和《基本法》建立起來的制度，確實如他所說得到落實。中國始終遵守著鄧小平的承諾，允許香港的資本主義和法律制度毫無中斷地繼續存在，允許「港人治港」。大陸城市變得更像香港了，而不是相反。香港居民可以繼續公開批評中共，出版在大陸被禁的報刊雜誌和書籍。香港民選官員的數量增加了而不是減少了。香港為自由和法治樹立起準繩，成為很多選擇在那裡生活的人的保護傘，也為住在大陸的人提供標竿。主權移交之後，香港仍像過去一樣是一個國際大都會，一個崇尚言論自由和尊重法治的城市。

（511）

鄧小平經常說，他希望自己能活著看到香港回歸，但是他在一九九七年二月十九日去世，當時距中國恢復行使主權僅差幾個月。如果他能活到一九九七年六月三十日，他無疑會為自己在創立「一國兩制」政策中所起的作用感到自豪。一國兩制使香港重新成為中國的一部分，儘管它保留了另一種制度。鄧小平也會同意錢其琛外長對那一天的描述：「主權交接儀式的一整天都在下雨，但是我相信普天下所有中國人都會覺得，這是為中國人洗刷恥辱的一場雨。」[102]

（512）

遏制西藏的自治要求

鄧小平在一九七八年底成為頭號領導人後，希望設法改善北京領導層與藏人的關係。為此他試圖與一個他認為可能幫助實現這一目標的人重新建立聯繫，此人便是當時與八萬流亡藏人一起住在印度達蘭薩拉的達賴喇嘛。鄧小平給恢復接觸設了一個很低的條件：一九七八年十一月二十八日，即華國鋒屈服於中央工作會議的新氣氛三天之後，鄧小平對長期向外界傳播中共觀點的著名記者亞奇・斯蒂爾（Arch Steele）說：「達賴喇嘛可以回來，但他要做中國公民。……對於台灣和西藏的上層人士，我們的要求就一個：愛國。」[103]同月，鄧小平為了表示他與達賴喇嘛接觸的誠意，下令釋放一批西藏的犯人。

鄧小平知道，完全消除藏漢對立是不可能的，但他想恢復一九五六年以前北京和西藏之間那種比較和平的關係。一九五六年是關鍵的轉捩點，這一年在四川藏區開展的「民主改革」點燃藏人反抗的火焰，並在一九五八年蔓延至西藏地區，直到一九五九年才結束。當時一些最好戰的藏人翻山越嶺逃往印度北部，定居於達蘭薩拉。

毛澤東在一九五〇年代曾與藏民建立相對良好的關係，他在一九五一年讓剛滿十六歲的達賴喇嘛在統治西藏上享有相當大程度的自由。和漢人聚居的中國其他地方相比，在只占人口七％的少數民族地區，毛澤東願意暫緩對控制權的掌控。而與對待其他少數民族相比，他也願意給藏人更多的耐心，希望能爭取到達賴和其他藏族領導人的積極合作，最終建立起社會主義制度。當達賴及其追隨者在一九五九年逃跑時，毛澤東甚至下令中國軍隊不要向他們開火，希望最終能讓達賴回心轉意。

一九五〇年五月中國軍隊占領西藏（後來成為西藏自治區）的東部後，毛澤東把西藏領導人請到北京，與漢族官員簽訂了西藏《十七條協議》。據此協議，西藏接受中國對西藏的政治控制，但允許藏人一定程度的自治，藏人可以從事他們的宗教活動、保留寺院、使用自己的語言、維持自己的風俗。[104]該協議確立了一個框架，規定藏人接受中國的主權，但中國同意達賴喇嘛無限期治理西藏本土（即後來的西藏自治區），大約四百萬藏人中有一半居住在這裡。毛澤東同意，只有在西藏地區的宗教和貴族菁英同意的情況下，才會對自治區的社會和宗教進行變革。西藏《十七條協議》之後，達賴喇嘛領導的藏人仍然可以徵稅、調解糾紛、使用自己的貨幣、甚至保留自己的軍隊；共產黨則控制著外交、軍事和邊防。在進行社會主義改造之前，西藏在一九五〇年代保留了很多清王朝做為其宗主國時的特點，基本上是藏人治藏，中國政府只管外交。

一九五四年至五五年，達賴喇嘛去北京出席了第一屆全國人民代表大會，他在北京時會見了毛澤東和其他領導人，與他們建立親密的關係。毛澤東等中國領導人也以極大的敬意對待達賴，因為他不但是偉大的宗教領袖，而且是與北京簽訂了正式協定的西藏政府首腦。當時，達賴喇嘛同意成立一個以他為首的自治區籌備委員會，也同意將軍隊減少到一千人並不再使用自己的貨幣，儘管事實上最終西藏的軍隊規模並未被減少，而毛澤東也允許西藏繼續使用自己的貨幣。一九四八年至一九五〇年，中共在中國的大多數地區都成立了過渡政府，並在一兩年內建立了正式政府。一九五六年四月十六日，已從北京回到拉薩的達賴喇嘛以隆重儀式歡迎北京代表團的到來，他們將幫助建立臨時政府的框架，並計畫在兩到三年內變成正式政府。[105]

中國政府與藏人之間的問題爆發於一九五五年以後，這一年全國各省領導人被要求加快農業集體化的步伐。毛澤東說，在條件成熟的少數民族地區也要開展包括集體化改革在內的「民主改革」，但在西藏暫不實行。西藏本土以外的兩百萬藏人大多居住在四川、雲南、青海和甘肅等地。四川領導人搞了一個計畫，不但要加速實現農業集體化，而且開始在四川的藏民和其他少數民族聚居地區實行「民主改革」。

一九五六年，四川藏區開始實行集體化改革，包括沒收一些寺院。這很快在當地引起嚴重的流血反抗，尤其是在大多數四川藏人集中的康巴藏區。由於康巴的血腥報復和劫掠事件一向層出不窮，當地幾乎每個藏民家中都有槍支並知道如何使用，因而這裡引發的流血反抗尤為嚴重。康巴藏人最初取得了成功，但很快便被更強大的人民解放軍擊敗，於是他們在一九五七年到五八年帶著武器逃入西藏本土。一九五七年正值冷戰高峰，美國中央情報局開始在科羅拉多訓練一小

（514）

批康巴人，然後派他們潛回西藏蒐集情報。[106]北京要求達賴喇嘛將康巴人送回四川，但被達賴拒絕。印度早先曾邀請達賴去印度定居，於是一九五九年三月達賴率領眾多驍勇好戰的藏人翻山越嶺逃往印度。此後的兩三年裡又有藏民追隨他而去。

一九七九年鄧小平成為頭號領導人後，他在爭取藏人積極合作時所面對的困難遠比一九五〇年代的毛澤東嚴重。一九五九年以後北京為加強控制，向西藏派去大批中共幹部，此舉激起當地的反抗。文革期間在中國大多數地方，紅衛兵都被視為進行革命運動的小將，而在西藏，由於紅衛兵搗毀寺院和喇嘛廟、破壞藝術品，他們的行為則被視為漢族青年對西藏文化的毀滅。

一九七九年之後，鄧小平力求彌合文革在西藏以及其他地方造成的創傷。他理解藏民對其宗教領袖達賴喇嘛有著極虔誠的崇拜。他知道達賴喇嘛被藏民看作神明轉世，因此被視為活佛。十三世達賴喇嘛去世後，一個兩歲的男童在一九三七年被認定為轉世靈童，於是成為十四世達賴喇嘛。他精研西藏文化，後來成為極其虔誠而又博學的人。鄧小平一九七八年時希望通過藏族中間人，而能與達賴喇嘛建立聯繫，達成一定的和解，減少中共幹部和藏民之間的對立。

鄧小平本人在五〇和六〇年代就與西藏有過交涉。一九五一年派往西藏取得軍事控制權的中共軍隊，就是鄧小平麾下的西南軍區和西北軍區。當時藏族軍隊過於弱小，幾乎沒有進行武裝抵抗。一九五〇年代擔任總書記期間，鄧小平既貫徹過毛澤東對西藏本土較為「寬大」的政策，也

(515)

執行過在四川等地的藏人中間強制搞集體化的政策。

一九七八年，很多原因促使鄧小平努力減少漢人與西藏少數民族之間的對立：更加安定的民族關係可以加強藏人與中國的聯繫，形成一個堡壘以對抗蘇聯可能對西藏的滲透；可以減少因藏族反抗漢人而觸發其他少數民族連鎖反應的風險；可以減少因為不斷與藏人衝突而給國家資源造成的緊張。大概最重要的是：當鄧小平要為實現現代化而與西方搞好關係時，良好的漢藏關係可以緩解外國人對中國處理西藏問題方式的批評。鄧小平在一九七五年十二月會見福特總統時，福特就提到過達賴喇嘛。他在一九七七年九月二十七日會見喬治·布希時，布希不但特別關心西藏和達賴喇嘛的命運，而且提出去西藏訪問的請求。由於布希是「中國的老朋友」，鄧小平特准布希成行。[107]

一九七八年底鄧小平開始聯絡達賴喇嘛的中間人。居住在印度的八萬藏民最不認同漢人統治，他們成分複雜，達成一致並不容易，而且與留在中國的很多藏民相比，他們更不願意在重要問題上做出妥協。此外，由於漢人不允許中國境內的藏民組織起來表達自身利益，印度北部達蘭薩拉的這個流亡團體便成為全體藏人的代言人，並且採取強硬的反中立場。

鄧小平和達賴喇嘛溝通的最佳管道是達賴喇嘛的胞兄、會講普通話的嘉樂頓珠。鄧與嘉樂頓珠的會面是由新華社香港分社第二社長李菊生安排的，李之前在香港已經與嘉樂頓珠接觸過幾

（516）

週。鄧小平在會見嘉樂頓珠時說，他希望達賴喇嘛能回來看一看西藏，如果願意也可以留下來。達賴喇嘛也可以先派代表，回來考察一下國內的形勢。鄧小平答應嘉樂頓珠，在達賴喇嘛回來之前，中國會做一些政治工作。[108]

一九七九年三月十七日，鄧小平會見嘉樂頓珠幾天後，新華社宣布「西藏自治區司法機關決定對所有參與過（一九五九年）西藏暴亂的人給予寬大處理」。[109]同日，在召開了西藏四個地區的會議之後，宣布為文革期間受到錯判的許多西藏幹部平反。但是鄧小平在推動和解時依靠的是西藏中共幹部的報告，因此並不清楚藏人反抗的嚴重程度和達賴喇嘛在全世界的巨大影響。在一九七九年八月會見美國副總統孟代爾時，鄧小平對他說：「至於達賴喇嘛，這是一件小事。……達賴是個無足輕重的人物。」鄧小平又說，達賴想建立一個獨立的國家，這不過是空想。[110]

當時鄧小平有理由期待西藏的局勢將得到改善。他會見嘉樂頓珠後就做出安排，由達賴喇嘛派達蘭薩拉流亡者代表團回來考察形勢，會見當地幹部。在此後幾個月裡，又有兩個達蘭薩拉的代表團訪問中國。然而，給鄧小平出主意的漢族幹部嚴重低估了藏民對漢人的反抗情緒，和達蘭薩拉藏人的到訪可能激起的對漢人統治的反抗。流亡藏人的一個代表團訪問青海省時，受到當地大批藏民的歡迎，他們欣喜若狂地表達對達賴喇嘛的擁護，這讓北京的官員既吃驚又尷尬。為避免再有不愉快的意外發生，漢族幹部馬上去問西藏自治區黨委第一書記、前將軍任榮，這個代表團訪問拉薩時會發生什麼情況。任榮預言不會出任何問題。然而，在拉薩爆發對達賴喇嘛的擁戴甚至更強烈。

任榮的誤判導致他被胡耀邦撤職。胡指示讓任榮離開西藏，以免影響與藏人搞好關係的努力。取代任榮的是另一個同為將軍出身的漢人陰法唐，他不久就成為鄧小平在西藏的親信。陰法唐在西藏工作了二十年，十分關心西藏的建設，從黨委書記一職退下後仍留在當地幫助建設學校。

達蘭薩拉藏人的三個代表團來訪的效果適得其反。鄧小平本來以為，在中共的領導下，西藏自一九五九年以來已取得相當不錯的穩定局面和經濟發展，流亡藏人代表團在西藏的所見所聞會給他們留下正面印象。然而恰恰相反，他們更加嚴厲批評中國對待藏人的方式。

儘管三個代表團的訪問暴露出問題的嚴重性，鄧小平仍然努力彌合與藏人的分歧。他繼續執行修復西藏寺院和其他文化設施的政策。他指示新上任的總書記胡耀邦及副總理萬里帶領重要代表團到訪西藏，力求修復漢藏關係。

經過一兩個月的準備後，胡耀邦率領一個八百人的代表團在一九八〇年五月二十二日抵達西藏，準備於次日參加與西藏簽署的《十七條協議》二十九週年慶典，此協議是毛澤東於一九五一年為開展對西藏的懷柔政策提出的。胡耀邦花了一週時間瞭解情況並與當地幹部座談後，在一

(517)

個五千人大會上發表了激動人心的演講，與會者多數為藏族幹部。他在題為「努力建立團結、繁榮、文明的新西藏」的演講中說：「我們的黨讓西藏人民受苦了。我們十分難過……西藏人民的生活沒有得到顯著改善，我們難辭其咎。」他提出六項任務：(1)讓西藏人民成為自己生活的主人；(2)減輕經濟負擔，三到五年內對西藏人免稅，免徵購；(3)農業生產實行「承包到組」；(4)努力發展農業和畜牧業；(5)促進教育，著手籌辦西藏大學；(6)加強漢藏團結，把大多數漢族幹部調離西藏，培養更多當地藏族幹部。[111]

胡耀邦的演講是改善北京和西藏關係的一次大膽努力。胡耀邦講完話後，會場上對他這位新來西藏的英雄報以熱烈掌聲。胡耀邦表現得十分誠懇，他真誠看待西藏遭受的傷害，代表中共為西藏經受的苦難承擔責任，並說明將來改進工作的方式。在一九八七年下台之前，胡耀邦一直支持與西藏和解的政策。

在胡耀邦去西藏之前，分布於各省藏區的軍工廠壟斷生產藏民所喜愛的氈帽、皮靴和其他貨物。胡耀邦的西藏之行後，軍隊的壟斷被打破，西藏政府下屬的工廠也得到允許生產這類產品。在胡耀邦一九八〇年訪問西藏後的幾年裡，在提拔藏族幹部、改善藏民生活水準方面都取得一定進步。一九七八年時西藏的幹部中只有四四．五%是藏人，一九八一年這一數字上升到五四．四%，一九八六年時達到六〇．三%。[112]寺院獲准接納少量僧人，藏語得到正式認可，對祈禱、朝拜和各種宗教儀式的壓制也減少了。

儘管胡耀邦試圖以誠懇的態度解決西藏問題，一年後他的努力仍以失敗告終，這既是因為他同時激起西藏和北京漢族幹部的抵制，也因為他的努力仍然未能讓藏人滿意。鄧小平受制於漢族幹部，達賴喇嘛則受制於達蘭薩拉好戰的流亡團體，兩人難以架起溝通的橋樑。

在那些努力維持西藏秩序的漢族幹部看來，胡耀邦的政策是在批評他們對藏人過於嚴厲。為了給當地藏族幹部讓路，一些漢族幹部被調到其他地區，仍留在西藏的漢人大多反對胡耀邦的政策——漢族幹部得到命令不但要學藏語，還要傾聽藏人的意見，這使他們難以保持維護政治秩序的權威。負責西藏治安的漢族幹部特別擔心藏人的喇嘛廟，它們在獲得更多的自由之後，成為西藏民族主義的溫床和組織藏人反抗的中心。（據一九五〇年代末期的數字，在西藏自治區的全部兩百萬人口中有十五萬僧人。）北京那些謹慎的幹部也像西藏的漢族幹部一樣，高分貝批評胡耀邦沒有認識到在外國人支援下的西藏「分裂份子」的危險。[113]

達蘭薩拉的流亡藏人所要求的自治程度比台灣得到的條件尤有過之，這是進一步加劇緊張關係的另一個因素。他們要求在西藏實行不同於中國其他地方的政治制度。他們還要求建立「大西藏」，將中國的所有藏區合併成一個政治上的新自治區。即使在最開明的北京幹部看來，這些要求也大大超出他們認為合理的範圍。因此，談判毫無結果。

共產黨在一九八〇年代給予藏人比一九五〇年代更多的自治權，允許當地藏民使用自己的語言、服飾，在人民代表大會中有一定的代表。此外中共允許藏人比漢人多生孩子。藏人上高中和大學的入取分數也低於漢人。但真正重要的決策權掌握在拉薩的中共漢族幹部手中，而他們則要聽從北京的指示。

另一個難以克服的分歧是，藏人要求把西藏的疆域擴大到其他省分的藏人居住區。藏人在七世紀曾控制著幾乎和當時中國一樣大的區域，此後一些較小的藏民社區便一直保留在四川、青海、甘肅和雲南各省。即使是最開明的漢族幹部，也反對這種藏人對疆域的巨大擴張。

達賴喇嘛看了他派去考察中國藏人狀況的三個代表團的報告，在胡耀邦的西藏之行後，他於一九八一年三月二十三日致信鄧小平：「我們必須通過更好的相互理解，發展藏漢人民的友誼。」但是他又說：「實際上有九〇%以上的藏人都受到身心摧殘，生活在焦慮之中。這種情況並非自然災害所致，而是人為的。」[114]北京需要一些時間才能對此做出答覆。

北京官員拖了大約四個月，直到一九八一年七月二十七日胡耀邦在北京會見嘉樂頓珠時，才表明他們對達賴此前來信的觀點。胡耀邦在一九八〇年去西藏時被授予相當大的自由度，以贏得藏人的善意。但是這次會見的情況不同：他接到的指示是傳達中國的新政策，要對西藏的分裂活動加強控制。胡耀邦向嘉樂頓珠列出北京歡迎達賴回來的具體條件：達賴喇嘛可以享有一九五九

（519）

年之前的政治地位和生活待遇；他要住在北京而不是西藏，但可以訪問西藏；他可以擔任全國人大副委員長和政協副主席。

藏人知道，接受這些條件可以使達賴喇嘛得到榮譽地位和一定的宗教自由，但政治權力仍牢牢掌握在漢人手中，因此他們拒絕了。達賴喇嘛決定不回國。鄧小平要促成雙方更親密、更積極關係的努力落空了。但他和達賴喇嘛都不想把關係搞得更僵。達賴在一九八一年十月派了一個談判小組前往北京，這個小組雖然也未能彌合分歧，但避免了達賴喇嘛和北京領導人公開決裂。[115]

一九八一年至八二年的溝通失敗後，鄧小平把西藏問題放到一邊，直到一九八四年中國市場化進程得到更廣泛的民眾支持，這為處理西藏問題提供了新的前景：經濟成長，以及西藏與其他省分不斷加深的聯繫（包括市場聯繫）將成為新的著眼點。一九八四年二月二十七日至三月六日，第一次西藏工作座談會四年之後，北京召開第二次西藏工作座談會（正值鄧小平在廣東宣布經濟特區的政策是正確的），肯定了進一步開放西藏的政策。在此之前，獲准去西藏的遊客和外地商人寥寥無幾，而在這次會議之後，商人可以幾乎不受限制地去西藏做生意。鄧小平希望，通過把藏人與全國的經濟聯繫在一起、加快西藏經濟發展的做法，能增加藏人對政府的擁護，一如其他地方那樣。他確實把發展西藏經濟放在全國重點工作中很優先的位置。中央鼓勵富裕的省分為西藏提供財政援助，派遣懂經濟的幹部幫助推動西藏發展，由此加強西藏和各省政府的聯繫。

（520）

做為減少分裂主義危險的一種努力，一九八五年有四千名西藏的優秀中學生被送到其他省分的學校以獲得更好的教育機會，俾使西藏和全國其他地方進一步聯繫在一起。一九八四年北京與西藏流亡團體也舉行過若干次會談，但未取得任何進展。

這些會談失敗後，達賴喇嘛為打破與北京關係的僵局，試圖通過向西方尋求支持以對北京施壓。他向各國派出信得過的年輕人介紹西藏的境況，例如洛地嘉日被派往華盛頓，數十年間都在推動藏人的事業。然而這些年輕人沒有一個能與達賴喇嘛本人的影響力相比。達賴喇嘛會講英語，能夠以他至高的靈性打動西方人，讓很多西方人覺得那正是他們在自己物質化的日常生活中所失去的品質。他們把達賴視為一個為爭取民族自由而與中國壓迫者不斷抗爭的和平主義者。沒有任何其他亞洲領袖贏得過那麼多虔誠的西方追隨者。

達賴喇嘛的名望，使只占中國人口〇．三％的藏人引起西方世界的極大關注，超過中國任何其他少數民族，包括那些人數遠多於藏族的少數民族。不過，儘管有外國對達賴喇嘛的普遍支持，沒有任何外國政府正式承認西藏。而在中國政府看來，達賴喇嘛偶爾高調承諾願意接受中國的主權，卻不願意達成對他有約束力的協定。中國逐漸認為他因受制於流亡印度的八萬極端份子而沒有任何談判的空間。通過中共宣傳工具瞭解西藏的中國漢族民眾則相信，中國政府已經提供慷慨的財政援助，西藏人卻不知感恩。隨著矛盾的加劇和西藏漢族幹部的收緊控制，藏人更把漢

(521)

族視為壓迫和反對西藏的人。

達賴喇嘛成功爭取到歐洲人、美國國會議員、人權活動家和外國非政府組織的支援，這使西藏的僧人變得意氣風發，他們大膽施壓要求更多的自治。一九八七年九月二十七日，即達賴喇嘛九月二十一日在美國國會人權委員會的聽證會上演說後不久，拉薩僧人的示威演變為一場騷亂。很多藏人樂觀以為，他們在西方人的支持下能夠強迫中國政府讓步。然而恰恰相反，北京的官員進一步加強控制。一九八八年六月達賴喇嘛在歐洲議會演講時，重申藏人應當有權決定與西藏有關的一切事務，沒出幾個月，拉薩就在十二月又發生一次嚴重騷亂。一九八九年的諾貝爾和平獎頒給達賴喇嘛，也讓西藏僧人大受鼓舞，重演抗爭活動，再次導致中共領導人收緊控制。

達賴喇嘛在國外的成功使得西藏僧人的反抗有增無減，這促使中國領導人想辦法利用外國團體孤立達賴喇嘛。有些外國團體對中國的壓力做出讓步，但總體而言，中國的做法反而增加外國人對達賴的關注，加強了外國對中國的批評。在西藏，僧人日益增多的反抗導致中國官員強化西藏的治安力量，對寺院實行更加嚴厲的管制。

中國官員指責外國人權團體的援助旨在削弱中國。當外國人批評中國不給予藏人更多自治權時，有的中國官員則反唇相譏，說他們的政策要比美國當年驅逐和消滅美洲土著居民的做法人道多了。

鄧小平和達賴喇嘛無法解決他們之間的分歧，但雙方都想避免全面衝突。一九八八年初北京釋放了數位因從事政治活動而被捕的僧人。中國在一九八八年四月宣布，只要達賴喇嘛願意放棄爭取獨立的做法，他就可以回西藏居住。達賴喇嘛則繼續說，他接受中國的主權，他希望以和平的方式使西藏人獲得更多自由。

一九八九年一月，鄧小平為了控制騷亂，向西藏派了一名新的黨委書記——胡錦濤。胡錦濤和不同的西藏領袖談話，但其基本目標反映了鄧小平的政策：發展經濟，擴大普通話教育，加強外部聯繫，和一些藏人展開合作，以及保持對分裂主義活動的嚴密控制。一九八九年春天，在北京學生示威的同時，西藏再次發生騷亂，對此胡錦濤宣布實行戒嚴。

一九八九年初，當西藏的另一位宗教領袖、在藏人中信徒人數居第二位的班禪喇嘛去世時，又出現一線希望。達賴喇嘛接到以宗教領袖身分前往北京參加葬禮的邀請。北京的判斷是，達賴總體上比藏人流亡團體態度更靈活，鄧小平或許可以在達賴喇嘛來訪時與他啟動有益的會談。但是達蘭薩拉的流亡團體明白北京的領導人想拉攏達賴，於是說服達賴喇嘛不要前往。這次邀請被拒絕後，鄧小平和他後來的接班人便放棄與達賴合作的努力，使打破僵局變得遙遙無期。有觀察家認為達賴喇嘛錯過了一次在消除分歧上取得進展的良機。此後，雖然達賴喇嘛數次派代表前去中國磋商，但雙方都沒有在基本立場上讓步。

（522）

一九八〇年代中期以後形成一種一直延續至今的惡性循環：達賴喇嘛在國外的名望鼓舞著當地藏人反抗，從而導致北京的鎮壓；而外國人知道鎮壓的情況後會譴責北京，這又鼓勵了藏人的反抗，如此反覆不息。

藏人和漢人都很清楚，始於一九八〇年代中期對外部市場的開放以及對西藏的經濟援助，給西藏帶來的長期後果：生活水準的改善和經濟獨立性的衰落。在一九五〇年代，定居西藏的外地人多為北京派去的中共漢族幹部和軍隊。一九八〇年代中期以後，居住在拉薩的外地人幾乎全是商人，他們都想利用中國對西藏的經濟援助所帶來的商機。很多人是來自鄰近窮困省分的回族或其他少數民族。過去外地人幾乎從來不住在西藏的農村，但是到了一九九〇年代末，拉薩外地人的數量大有超過藏人之勢。[116]由於愈來愈多的藏族青年為了自己的前程而學習普通話和接受漢族教育，無論是藏人和漢人都能看到，長遠的趨勢是將有更多的藏人學說普通話、上漢族學校、接受漢族文化的各方面、並融入外部的經濟，雖然他們不會放棄自己的藏族身分和忠誠。

自從鄧小平一九八〇年派胡耀邦去西藏以來，中共再沒有做過重大努力使藏人和北京達成和解。流亡藏人與北京領導人的僵局也就一直這麼持續著，前者決心建立擁有真正自治權的大西藏，後者則相信通過發展經濟、推動藏人接受漢族的教育和文化，將使西藏進一步融入全國的經濟和文化。一些外國人和北京領導人之間的對立也在繼續，前者想幫助藏人得到更大的自治，後者則因為中國的崛起而對阻止外國人這些做法的能力變得更加樂觀。

為軍事現代化做準備

（523）

一九七七年夏天鄧小平復出後，開始著手和葉劍英等老幹部一起為中國軍隊的現代化打基礎。然而未過一年這項工作便被延後，因為他斷定國家安全受到嚴重威脅，必須立刻準備對越南採取軍事行動。一九七九年三月對越戰爭結束後，他認為近期再發生軍事衝突的可能性很低，因此對現代化軍事裝備的大規模投入可以繼續拖延，以集中力量搞好國民經濟。但是鄧小平確實重新恢復他在一九七五年啟動的軍隊改進工作：軍隊裁員，招募受過更好教育的軍人，全面加強紀律和訓練。這樣一來，等到他退休的時侯，中國不但能具備更強大的經濟基礎，而且會有一支更精幹、更加訓練有素的軍隊，這支軍隊將有充分的準備，可以更有效運用那些在他退出舞台後才得以購進的現代武器。[1]

在一九七七年，鄧小平表面上仍要服從尚任中央軍委主席的華國鋒，但實際掌管軍隊的是他

（524）

和葉帥這兩位中央軍委副主席。華國鋒當過公安部長，但是除了抗戰時參加過遊擊隊、林彪事件後擔任過軍隊政委外，並未在軍隊工作過，缺少領導軍隊的經驗。以軍事經驗、知識、在軍隊高層中的威望而論，他都無法與鄧小平或葉帥相比。因此，一九八一年六月當華國鋒正式靠邊站、鄧小平成為中央軍委主席時，這不過是正式承認自一九七七年以來鄧和葉已在領導著軍隊的事實而已。[2]軍事政策並沒有發生任何變化。

鄧小平並不迴避中國軍隊的問題。他說：「指揮現代化戰爭，包括我們老同志在內，能力都不夠。要承認這個現實。」[3]他知道中國在軍事技術上已經大大落後，需要調整戰略以應付主要對手蘇聯。他還知道，林彪時期把軍隊幹部派到地方任職，分散了對軍事問題的注意力。

在鄧小平失去權力的十八個月裡，他對軍隊的擔心並不是「四人幫」會建立穩固的勢力，因為他們只在張春橋領導的解放軍總政治部確有一些根基。這段時期讓他感到不安的，是浪費了本來可用於整頓和改善軍隊的兩年寶貴時間。一九七五年鄧小平和葉帥任命的軍隊領導人並未完成他們早先確定的裁軍目標：原計畫是於一九七六年底之前裁減二六%，但實際軍隊人數只減少了一三·六%。[4]毛澤東去世後，鄧小平曾直言不諱地談到毛澤東時期給軍隊造成的問題，儘管毛歸罪於林彪。

鄧小平在一九七七年分管的工作包括軍事、科技、教育和外交，這使他理所當然地重視提升軍隊的科技水準。他在兩年前就提出要把教育和訓練提升到具有戰略重要性的高度來認識，但當時他沒有機會加以落實。在一九七七年八月二十三日的中央軍委座談會上，他重申這一觀點並強調其重要性。他所指的提高教育和訓練，不僅是指加強紀律和政治教育，也是要讓軍隊領導人認識到，他們需要怎麼做才能改進自身的專業技術知識、進行軍事演習，以準備與擁有現代技術的敵人作戰。[5]

鄧小平和葉帥在一九七七年繼承了以彭德懷為領導的一批軍隊領導人的遺志，這批人在一九五〇年代就曾試圖建設一支更加專業化的軍隊，但這個目標從未得到毛澤東的完全認可。[6]彭德懷過去曾想得到蘇聯的技術援助。鄧小平在一九七七年很清楚西方不願意出讓尖端軍事技術，但他一直抱有希望，至少能從西方獲得民間技術的幫助，這也可以間接幫助軍事現代化，甚至能在不放棄獨立的條件下獲得一些軍事技術。

為了達到建立一支專業化軍隊、逐漸為其配備現代裝備這一目標，鄧小平和葉劍英首先要撤掉那些已經變得「軟、散、驕、懶」的人，為老幹部建立退休制度，為裁軍提供一個框架。同時，他們還要大力加強軍事訓練和演習，以確保精簡後的軍隊戰鬥力。[7]

鄧小平和葉帥要為每個軍事單位選定一個領導班子，讓他們致力於把解放軍改造成一支更加現代化的軍隊。鄧小平希望招募教育水準較高的年輕人，包括能夠在新技術的發展過程中不斷吸收學習的大學生。為了選拔能幹的年輕人，他採用包括筆試在內的一套錄用標準。

軍事院校是提升訓練的核心。鄧小平說，軍事院校要聘用優秀教師，他們不但要有很高的學術素養，還要有意願來熟悉實際作戰條件，其工作精神能為學員樹立榜樣。[8] 一九七七年八月二十三日鄧小平對中央軍委會說，部隊過去是在戰鬥中得到鍛鍊，根據戰場表現提拔幹部。「現在不打仗，你根據什麼來考驗幹部，用什麼來提高幹部，提高軍隊的素質，提高軍隊的戰鬥力？」[9]

明治時期的日本領導人認為，現代化不僅是學技術，還要進行「啟蒙」。鄧小平也同樣認識到，有效的軍事現代化需要新的眼光和全面的知識基礎。因此軍隊開始向一小批有才華的入伍青年教授外語，隨同國內第一批留學生派到國外。他們學習的不是軍事專業的課目，而是更廣泛的課程，如管理、科技、國際關係等等。

同時，對臃腫落後的軍隊進行裁員仍是頭等大事。一九七七年十二月軍隊裁員的新方案準備就緒，中央軍委批准通過《關於軍隊編制體制的調整方案》，其中描述了現代軍隊需要什麼樣的體制。在一九七八年三月二十日由解放軍總政治部主持召開的座談會上，鄧小平宣布了讓五十萬部隊幹部轉業的計畫。[10]

在三中全會上成為頭號領導人之後，鄧小平於一九七九年一月二日第一次向軍隊發表談話，

（526）

他在中央軍委召開的高級幹部座談會上坦率地說：

我們軍隊成堆的問題……不是這個人那個人的問題，而是機構臃腫，人浮於事。這才是最根本的。現在這種臃腫的狀況，使好多事情辦起來不便利。一個指揮機構打麻將有五、六桌，你怎麼辦事呀！……我們的軍隊名譽也變壞了。……我現在實在想當顧問……，但現在不可能。我希望一九八五年當顧問，真的，不是假的。有什麼不好啊？還可以多活幾年。無非是沒有祕書，車子還是有得坐的。……幹部年輕化，首先是一些老同志要反對，原則擁護，具體反對。[11]

在消除軍隊的臃腫問題方面，鄧小平取得顯著進展。他在一九七五年著手啟動這項工作時，中國的軍隊人數是六百一十萬人，一九七九年降為五百二十萬，一九八二年又下降到四百二十萬，到一九八八年時只剩下三百二十萬。[12] 裁軍工作在一九七八年底因準備攻打越南而中斷，而戰爭過後的幾年內仍未能恢復，因為仍要派駐軍隊在中越邊境參與小規模的軍事衝突。

（527）

攻打越南：一九七九年二月十七日—三月十六日

一九七八年夏天，蘇聯和越南不斷加強合作，使中國官員擔心越南軍隊可能利用便於調動機動化部隊的旱季進攻柬埔寨。越南在一九七七年七月已經占領寮國，而十二月就將進入旱季。

鄧小平曾對美國人說，為遏阻蘇聯的擴張，必須展示不惜一戰的決心。柬埔寨已經成為中國的附庸國，如果中國對入侵柬埔寨的行為不做出強硬反應，蘇聯和越南就有可能自信地以為它們可以擴張到泰國和麻六甲海峽。如果越南打算入侵柬埔寨，蘇聯很可能會送去更多的人員和軍事裝備幫助它進行侵略。鄧小平堅信，中國必須對越南入侵柬埔寨做出強硬反應。

柬埔寨領導人波布在一九七八年夏天已經認識到越南威脅的嚴重性，他請求鄧小平派「志願軍」幫助柬埔寨抵抗越南入侵，就像毛澤東當年對抗南韓和美國入侵北韓一樣。儘管波布對人民的暴政受到西方的強烈譴責，鄧小平還是準備與他合作。鄧小平認為，波布是唯一能夠有效抵抗越南的柬埔寨領導人。

然而鄧小平並不想出兵柬埔寨，他認為這會讓中國陷入代價高昂的戰事而難以自拔，乃至對這個地區的事態失去控制力。他更希望打一場「速決戰」，就像一九六二年中國軍隊在中印邊境取得的成功那樣。他想迅速而短暫地攻入越南，向越南和蘇聯證明繼續擴張將付出難以承受的沉痛代價。

中國很多高層的軍方和文職官員都懷疑攻打越南是否明智。有些人覺得，中國剛開始搞現代化，把建設現代工業亟需的稀缺資源挪作它用並不明智；有人擔心中國軍隊尚未做好適當準備；還有人從原則上反對進攻一個共產黨友邦；有人認為軍事攻擊將導致越南長期敵視中國。

還有一些官員擔心，這有可能把蘇聯的龐大軍力拖入衝突。鄧小平本人則相信，蘇聯當時處在與美國談判「戰略武器限制條約II」的最後階段，不太願意因捲入亞洲的陸地戰爭而使談判破裂。[13]但是考慮到可能帶來的巨大風險，鄧小平徵求了其他老幹部對蘇聯可能干涉的看法。陳雲做了仔細評估後認為，蘇聯在中蘇邊境（這是最有可能進攻中國的地方）的兵員嚴重不足，進攻中國需從歐洲調兵，而這至少得一個月才能完成。陳雲的結論是，如果作戰時間很短，蘇聯插手的機會極少。

聽了陳雲的評估後，鄧小平宣布作戰時間不會長於一九六二年攻打印度（三十三天）。只打地面戰，不動用空軍。[14]鄧小平知道當時越南飛行員在訓練上強於中國，況且中國也沒有接近越南的機場。再者，避免空戰可減少蘇聯介入的機會。鄧小平仍然很擔心蘇聯可能做出的反應，他從靠近中蘇北部邊境的伊犁撤走大約三十萬中國平民，並命令情報人員密切監視蘇軍在邊境地區的一舉一動。[15]

鄧小平遭到中央軍委其他成員的普遍反對，因為他們覺得中國軍隊沒有做好作戰準備。人民

（529）

解放軍還沒有從文革的破壞中復元，紀律渙散，訓練不足。除了一九七八年在邊境線上與越南有一千一百多次小摩擦之外，中國軍隊自一九六二年中印邊境衝突以來從未打過仗；而越南軍隊卻跟法國、南越和美國軍隊打了幾十年仗。他們還擁有蘇製現代裝備，而且蘇聯在一九七五年美國越戰失敗後一直為越南提供大量經濟援助。[16]

最終，鄧小平的權威和他認為必須對蘇越威脅做出強硬反應的信念，勝過其他人對打越南的顧慮。北京的一些幹部相信，鄧小平發動並具體指導這場戰爭，是為了使他自己在掌權後加強對軍隊的個人控制。還有人認為，鄧小平知道美國因為與日本和南韓是盟國而向它們無償提供技術，所以他要向美國表明中國打越南就是要與蘇聯畫清界線，不存在與蘇聯人修好的可能。儘管沒有可靠的證據證明鄧小平到底如何權衡這些不同的考慮，但有一點是清楚的：鄧小平對越南的野心很惱火，他對蘇聯在該地區的擴張深感擔憂。

廣州和昆明兩大軍區與總參謀部研究了增加邊境駐軍的可能需要。但是直到一九七八年九月的中央軍委會議之後，他們才開始制定對越作戰計畫。[17]在這次中央軍委會議上，首先由總參情報部通報中越邊境軍事摩擦增加的情況，相鄰的兩個軍區——廣州軍區和昆明軍區——則得到命令集結兵力為打越南做準備。從十一月二十三日開始，空軍、海軍、總參作戰部和情報部的高級將領開了為期一週的會議。會後，東北、華北和西北的軍區全部進入一級戰備狀態，嚴密監視蘇聯可能的軍事反應。

十一月，十一個大軍區中有十個軍區的軍隊開始向靠近越南的邊境集結，這些軍隊多數來自廣州和昆明軍區。中越邊境長達一千三百公里，大約一半位於雲南境內，由昆明軍區管轄。另一半在廣西，由廣州軍區管轄。中國軍隊被部署在整個邊境線上，由許世友將軍統一指揮。就像國共戰爭和韓戰時一樣，中國軍隊向越南邊境的調動都是在夜間進行，以便做到出其不意。美國方面估計參戰軍隊至少四十五萬，其中包括在中國境內提供後勤支援的人，越南的估計則是六十萬人。[18]

十二月八日，中央軍委下令廣州和昆明軍區在一九七九年一月十日前做好進攻越南的準備，廣州軍區司令員許世友在十二月十一日開始部署部隊。不久後的十二月二十一日，許世友在臨近越南的廣西南寧設立總指揮部，在那裡和他的部下制定了具體的進攻計畫。[19]

同時，中央軍委預計越南即將入侵柬埔寨，因而在十二月二十日召集一個座談會，由軍隊領導人仔細評估越南的動向，並審查進攻計畫。不出所料，十二月二十五日越南的十二萬大軍入侵柬埔寨，並在十二天後占領金邊。

除了為進攻越南做準備，鄧小平還做了外交努力。他分別於一九七八年十一月和一九七九年一月向李光耀和卡特通報進攻越南的計畫。一九七九年二月初訪美回國途中他在日本停留，把進

（530）

攻越南的打算告訴日本人，勸說日本不要向越南提供財政或其他援助。他在東京時還會見美國駐日大使曼斯斐爾。鄧小平知道他能影響美國國會的觀點，便把已經對日本和卡特說過的話又對他說了一遍：越南和蘇聯計畫包圍中國，中國打越南是要給它一個教訓。[20]

在進攻越南前的那段日子，鄧小平忙於中央工作會議、三中全會、與美國關係正常化、以及為承擔頭號領導人的責任做準備，但是他仍抽時間領導著與對越戰爭相關的外交和軍事準備工作。戰事一開始，他每天都深度投入軍事指揮之中。約翰．路易斯（John Lewis）和薛立泰後來研究鄧小平在打越南中發揮的作用時得出結論：「無論是這次進攻的戰略思考還是戰爭目的及規模的確定，都是來自鄧小平本人。他選定自己最高級的戰將擔任戰場司令員，動員相關各省支援戰鬥，批准作戰細節，下達作戰命令。這是一場鄧小平的戰爭。」[21]在整個戰事期間，鄧小平一直提供全面的領導，有人說他對中國軍隊的調動熟悉到排級。[22]

就像中國的許多司令員一樣，鄧小平想打一場殲滅戰。當年打淮海戰役時，軍隊的目標是把國民黨軍隊殲滅在長江以北；同樣，鄧小平想迅速攻入越南，以速戰速決的方式殲滅越南軍隊的主力部隊，這次決定性戰役可以使越南威脅中國的能力延後多年。越南的軍官曾跟中國人密切合作抗擊美國，對這種戰略自然不會感到意外。他們迅速將主力部隊從中越邊境撤到河內附近，而他們在柬埔寨的軍隊則按兵不動，讓熟悉當地地形和居民的地方部隊和民兵與中國人周旋。

（531）

中國軍隊選在越南進入旱季、中蘇北部邊境烏蘇里江上的冰開始融化之後進攻越南，此時蘇聯軍隊無法從北部利用冰面越境進攻中國。[23]二月九日至十二日召開的中央軍委會議做出進攻決定，二月十三日鄧小平會見了他的柬埔寨盟友西哈努克親王。二月十六日，距發動進攻只有十七小時前，由華國鋒主持會議，鄧小平向中央高層幹部通報作戰計畫。[24]由於華國鋒難以擺脫參與作戰準備過程的干係，因此即便發生嚴重問題，他也無法批評鄧小平。

二月十七日黎明，大約二十萬中國軍隊從分散在整個邊境的二十六個地點同時向越南境內發起進攻。進攻之前中國就在邊境不同地點發動襲擊以分散越南的兵力。中國要用優勢兵力集中奪取俯瞰五個越南省會城市（諒山、高平、老街、河江和老山）的山頭，他們預計幾天之內就能攻下這些地方。

鄧小平的這次入侵行動發生在一個戰略時刻：不到三週之前他剛成功結束訪美之行，並在日本做了短暫停留。鄧小平的出訪使蘇聯擔心美國可能向中國提供情報，假如蘇聯採取行動，美國有可能支持中國。布里茲涅夫甚至給卡特打電話，想讓美國保證不會暗中幫助中國。但是卡特向他做出保證後，布里茲涅夫疑心猶存。[25]

中國軍隊一攻入越南後就發現，越南人的有效抵抗超乎他們預料。中國軍官因準備不足而陷入慌亂。入侵的中國軍隊都被安排了具體任務，然而他們缺少情報，與上級通訊不暢，無法迅速採取行動。各部隊之前的協調也很差，供給線拉得太長，只好派一部分軍人回到中國處理物資供應。中國軍隊用砲兵支援部隊推進，試圖集中優勢兵力對付抵抗。然而與對日抗戰和國共戰爭時不同，那時共產黨軍隊能依靠當地老百姓的幫助，而越戰中的越南當地民眾卻在為越南軍隊提供情報和後勤支援。

中國預計一週內拿下全部五個省會城市，但開戰三週後才攻下諒山。而最慘烈的戰鬥就發生在諒山附近，中國軍隊在這裡集中兵力要取得對通向南邊河內要道的控制權，向越南人表明他們可以威脅到越南的首都。中國軍隊人多勢眾，決心堅定，確實攻下了五個省會，但傷亡人數遠高於越南。據估計，中方在這次戰鬥中有兩萬五千人陣亡，三萬七千人受傷。[26]

三月六日攻下諒山後，中國立刻宣布取得勝利並開始撤軍，並在撤退過程中盡量破壞越南的基礎設施。鄧小平曾保證，戰鬥不會長於一九六二年三十三天的中印戰爭。中國軍隊從越南撤軍始於三月十六日，距入侵時過了二十九天。[27]

在入侵越南之後的宣傳中，無論對內對外，中方都把它稱為「自衛反擊戰」。中方辯解，這是對一九七八年越南人在邊境多次襲擊做出的回應。駐紮在邊境地區並要對付越南人襲擊的軍官以及他們的上級，都不難理解「反擊戰」的必要。還有些中國官員也像鄧小平一樣，為越南不顧中方警告而繼續對華人進行迫害和驅趕感到憤怒。但是也有一些中國高階將領從未對這場戰爭表

（532）

示支持。

鄧小平聲稱中國已經給了越南一個教訓，但西方的軍事分析家在評估這場戰爭後認為，事實上是久經戰火考驗的越南人給了中國一個教訓。[28]正如軍事分析家指出的，這場戰爭暴露出中國軍隊除了缺少現代武器外，還有很多弱點。中國軍隊從十一月到次年二月匆忙開戰，意味著它沒有做好充分準備。中方的指揮和控制功能薄弱，而且缺少準確的情報。具體說來，兩大軍區的指揮部在越南作戰時缺乏相互協調，互相不瞭解對方的行動；它們分別給下級單位下達任務，卻不知道另一方的下級單位在做什麼。解放軍很難為它的表現感到自豪；有些司令員抱怨，應當允許他們一直打到金邊，奪取全面勝利。軍隊的很多將領，包括葉帥和粟裕在內，雖然沒有公開說出自己的觀點，但他們完全反對打這場仗，他們覺得中國受到的包圍還沒有危險到非要發動這次進攻。[29]民眾也有自己的懷疑：北京民主牆上的一些大字報指出中國軍隊的糟糕表現，有些人甚至批評鄧小平發動這場戰爭。[30]

（533）

但是，無論是在黨內還是對外國客人，鄧小平都說中國完成了它所宣布的攻占五個省會城市的軍事目標，更重要的是達到了整體戰略目的，即向蘇聯和越南表明，蘇聯在這個地區進一步擴張要付出難以承受的代價。李光耀認為：「西方媒體認為中國的懲罰行動是失敗的。但我相信它改變了東亞的歷史。越南人知道了如果他們越過柬埔寨再進攻泰國，中國將會發動攻擊。蘇聯人不想在亞洲一個遙遠的角落陷入長期戰爭。」[31]事實上，蘇聯九個月後對阿富汗的入侵確實給蘇聯造成沉重的負擔，因此，即使中國沒有進攻越南，此後蘇聯在東南亞擴張的危險原本也變得很低了。

中國軍隊的官員試圖掩蓋戰爭成本，但一九七九年的國防經費支出是兩百二十三億元，大大高於一九七八年和一九八〇年；與越南接壤的省分所承受的負擔使這場戰爭的成本更高。西方分析家估計，僅戰爭的物資裝備成本一項就高達五十五億元。[32]外交人員關心的則是另一種成本：這次進攻使中國難以站在一個有原則的立場上批評西方干涉別國內政。國內批評對越戰爭失敗的意見未見公開，而中國和越南在一九九〇年代恢復關係時一致同意不再提過去的衝突。[33]官方的三卷本《鄧小平軍事文集》收錄了他從一九七八年到七九年的二十六篇談話，其中只偶爾提及中國的對越戰爭，但沒有一篇談話與這場戰爭直接有關。[34]有些中國人把攻打越南稱為「中國最後的戰爭」。鑒於中國沒有關於這場戰爭的公開討論，不妨把它稱為「中國被遺忘的戰爭」。

沒有證據表明鄧小平對攻打越南是否明智表示過懷疑。但戰爭之後，鄧小平確實利用軍隊在越南戰爭中的糟糕表現強化了他自一九七五年就開始的工作：讓無能的軍官退休，嚴整紀律，增加軍事訓練，使用教育程度更高的軍官。他指示解放軍認真分析戰爭中暴露的弱點。中國軍隊終於開始正視美國軍事分析家曾指出的很多問題：戰爭前後情報品質低下，各單位之間通訊不暢，裝備品質差，軍隊領導沒有能力提供全面協調。[35]

戰爭之後，鄧小平指示中國軍隊在中越邊境駐紮大量軍隊，對越南人進行騷擾。正如鄧小平對到訪的美國參議員傑克遜所說，他要殺一殺越南人的氣焰，繼續教訓一下他們膨脹的野心。[36]此後幾年裡，至少有十四支師級部隊被選派，輪流駐守於中越邊境靠近老山的中國這一側。[37]越南則在它的北部邊境駐紮了八十萬軍隊以防中國進攻。越南人口大約只有中國的二十分之一，它在此後十年為保衛其邊境耗費大量資源。

在此期間，中國利用中越邊境上不斷的小型衝突來訓練自己的軍隊，衝突的規模偶爾能達到動用一個師的兵力。在一九八〇年代，中國大多數步兵部隊都曾輪流派往邊境參與小型衝突。有軍事分析家指出，與世界上最驍勇善戰的地面部隊打仗，為中國軍隊提供極好的訓練。大量中國軍隊的駐守也使蘇聯在為越南提供更多援助時變得更加謹慎。

越南對較弱小的東南亞國家的威脅，加強了後者與中國合作對抗這種威脅的願望。越南的侵略行為也導致東南亞各國加強東盟組織的合作。[38]當越南在一九八四年奪取柬埔寨一條通往泰國的要道而威脅到泰國的安全時，中國發動了自一九七九年以來最大的一次邊境攻擊，迫使越南人撤退。[39]鄧小平在一九七九年攻打越南以及在中越邊境不斷進行的軍事活動，增強了其他東南亞國家抵抗越南野心的信心，它們知道中國會像幫助柬埔寨和泰國那樣幫助它們。

（535）

就像下圍棋一樣，鄧小平要阻止蘇聯和越南占據有利空間圍住中國，同時又要控制住進攻點。他在一九八四年盡力護住眼位，阻止越南進入泰國進而染指重要的麻六甲海峽。在鄧小平看來，到一九八〇年代初時，包圍中國的威脅已經消除。

越南對柬埔寨的占領和中越邊境不斷的軍事摩擦讓它不堪負荷。早在一九七九年八月鄧小平會見來北京訪問的美國副總統孟代爾時就已經看到這種可能。他對孟代爾說：「越南現在的處境還不算太難，不會接受政治解決。或許，越南人的麻煩多到無法承受時，他們就會接受了。」[40]他對孟代爾說，越南背著沉重的雙重負擔，它要占領柬埔寨，又要在中越邊境維持一支六十萬到一百萬的大軍，越南人遲早會認識到，蘇聯不可能滿足他們的所有請求。

鄧小平的話是有遠見的：一九八八年越南從柬埔寨撤走一半軍隊，第二年又撤出其餘的軍隊。越南未能實現它稱霸東南亞的野心。鄧小平退休時越南已不再威脅東南亞各國，而是開始謀求與諸國建立友好關係。一九八〇年代初，正是由於越南對這個地區的威脅才導致東南亞各國加強東盟合作。有意思的是，一九九〇年代越南自己也開始努力與東盟改善關係，並在一九九五年被接納為東盟成員國。

減少蘇聯的威脅

毛澤東說過，戰爭是不可避免的，鄧小平有時也重複毛的這個說法。但在解放軍從越南撤兵後，他有理由變得更加樂觀：中蘇開戰的危險本來就不大，在他的努力下又進一步降低了。早在一九七七年十二月鄧小平在中央軍委全會上致詞時就說過，由於蘇聯仍在忙於擴大它的戰略部署，美國則處於守勢，因此「可以爭取延緩戰爭的爆發」。[41]進攻越南時有一點已經變得很清楚——中國決心捍衛它在東南亞的利益，這使蘇聯不敢在東南亞貿然與中國對抗。而東歐的問題、漫長的中蘇邊境線、再加上鄧小平攻打越南後的九個月蘇聯對阿富汗的入侵，這些事已經讓蘇聯人疲於應付，而且由於中國已同美國實現邦交正常化，蘇聯領導人拿不準如果它進攻中國，美國是否真的會袖手旁觀。

鄧小平通過展示中國的決心，打消了蘇聯急於在越南建立軍事基地的想法，他接著又開始進一步緩解與蘇聯的緊張關係，以便能夠集中精力發展經濟。[42]短暫的對越戰爭剛結束，鄧小平就（536）指示外交部長黃華「就懸而未決的問題與蘇聯進行談判，改善兩國關係，簽署相關文件」。[43]中國從越南撤軍剛過兩週，黃華外長就在北京會見蘇聯駐中大使謝爾巴科夫（Yuri Scherbakov），提議就兩國關係正常化舉行新的一輪會談。[44]從一九七九年四月到十月中旬，中蘇兩國為改善兩國關係舉行了五次副外長級的會談。中方在這些會談中表示，希望討論在兩國關係正常化和兩國的貿易與科學文化交流中存在的阻礙。[45]

一九七九年八月二十九日第一個中國代表團赴蘇聯之前，鄧小平指示，代表團要向蘇聯轉達改善中蘇關係的兩個條件：一是蘇聯要從蒙古撤出軍隊，二是不幫助越南占領柬埔寨。鄧小平還建議雙方同意不在邊境地區駐紮軍隊。他指示王幼平，中國代表團不能示弱，不要急於達成協議。他說，來個馬拉松也沒關係。[46]

從一九七九年九月二十五日到十二月三日，中國代表團與莫斯科的對手舉行了數輪會談。對中方一直立場堅定的兩個條件，蘇聯並沒鬆動，但兩國二十年來第一次舉行的這些談判是在友好氣氛中進行，蘇聯給予熱誠的接待。雙方一致同意，蘇聯將派代表團去北京做進一步的會談。[47]

莫斯科會談幾週之後蘇聯入侵阿富汗，使蘇聯代表團出訪北京遭延遲，但也進一步降低蘇聯進攻中國的可能。蘇聯入侵阿富汗後不久，鄧小平加上了中蘇關係正常化的第三個條件，蘇聯必須從阿富汗撤軍。要等到將近十年以後蘇聯才打算同意這三個關係正常化的條件，但鄧小平並不著急。他已經達到他的短期目標：減少與這個他認為最危險的超級大國發生衝突的危險，使中國可以集中精力發展國民經濟。[48]鄧小平在一九八〇年三月的一次重要致詞中說：「冷靜判斷國際形勢，多爭取一點時間不打仗還是可能的。」[49]不久之後鄧小平說得更具體，他說，中國有能力在未來十到二十年內避免戰爭的危險。[50]

（537）

鄧小平為緩和中蘇關係緊張所做的努力，使蘇聯更容易以同樣的姿態做出回應。一九八二年三月二十四日，布里茲涅夫在塔什干的演說中承認中國是社會主義國家，並表示願意改善彼此關係。鄧小平對這種語氣的變化很快做出反應，他指示錢其琛外長對這一演說做出積極的回應。鄧小平斷定，蘇聯要極力趕上美國的軍力發展，又占領著阿富汗，它感到緩和中蘇關係符合它的戰略利益。[51]布里茲涅夫在不久後的十一月十日去世時，鄧小平指示黃華參加他的葬禮，這是他要與蘇聯修好的又一個姿態。[52]

除了與蘇聯談判，鄧小平還試圖把美國拉進來以降低蘇聯和越南擴張的危險。他知道美國當時沒有興趣捲入亞洲的地面戰爭。為了不使蘇聯稱霸越南附近的海域，如果能讓一家美國石油公司在那裡鑽探石油，豈不是一著妙棋？一九七九年一月之後，做為經濟調整政策的一部分，中國減少了與國際石油公司合作的計畫。一九七九年三月十九日，中國一個石油代表團訪美期間僅簽訂了一份合約，而合作方就是美國的阿科公司（ARCO）。它是唯一一家提議在海南和越南之間鑽探石油的美國公司。中國授予阿科公司在南中國海的特定區域獨享探勘權，那裡距越南的飛機航程只有不到三十分鐘。既然有一家美國大公司在近海搞石油項目，鄧小平有理由預期蘇聯對越南港口的使用會更加慎重。中方在中國軍隊撤出越南三天後簽訂了這份合約。

鄧小平還要確保中美安全合作已引起蘇聯的注意。當美國飛機裝載著監視蘇聯核武器動向的

（538）

設備，降落在北京機場的停機坪時，中方讓飛機停靠在蘇聯航空公司的飛機旁邊，有意使蘇聯明白那是什麼設備；當這些設備運往靠近蘇聯邊境的新疆時，中方故意不加隱瞞，意在讓蘇聯不敢對中國貿然發起可能把美國牽扯進來的攻擊。

和美國的軍事合作

鄧小平從未表示過他有跟美國結盟的考慮，就像過去的毛澤東一樣，他希望中國在安全問題上完全獨立。但他確實想通過中美合作獲得更多現代軍事技術。事實上，一九七九年一月鄧小平會見卡特總統時，就提到過從美國轉移軍事技術的可能性。從中國進行越戰準備直到作戰期間，卡特都顯得並不願意合作，但鄧小平從越南撤軍後，有關這種合作的會談有所升溫。鄧小平沒有表現得很急迫，但每次有機會他都會提到分享軍事技術的問題。美國注意到這一點：當鄧小平在一九七九年八月底會見美國副總統孟代爾，對美國決定不向中國提供高速電腦感到失望時，孟代爾答覆，美國準備了一份能向中國但不能向蘇聯轉移的技術清單。53

孟代爾極為成功的訪中之後，美國決定派國防部長布朗去北京討論安全問題。這次訪問計畫有助於推動技術轉移的議程，儘管美國不會向中國出售武器，但同意以個案方式考慮轉移軍事設備。由於蘇聯在一九七九年十二月入侵阿富汗，這支持了那些希望通過加強美中合作向蘇聯施壓的人。一九八〇年一月國防部長布朗抵達北京時，中方已研究了美國的流程，搞清楚美國考慮向中國轉移技術的範圍。中國向美方提供他們希望得到的技術清單，並同意以商業方式評估具體個案。為了強調美國有積極考慮向中國轉移技術，布朗舉出向中國提供陸地衛星D型（Landsat-D，一種蒐集自然資源資訊的衛星）的例子，美國後來把它提供給中國而沒給蘇聯。在這次會談中雖然取得一些合作上的進展，但中方並不想依靠美國的安全保護傘。他們仍然拒絕美方關於增加磋商和軍艦互訪的建議，不接受兩國建立熱線電話。[54]

國防部長布朗對鄧小平解釋，蘇聯過去一年的一些行動在美國民眾眼中是負面的，美國目前正加大國防投入，加強太平洋艦隊，在中東增加兵力部署。鄧小平在一九七八年五月就曾對布里辛斯基提出意見，認為美國未對蘇聯的舉動做出足夠的回應；他在一九八〇年一月又向布朗表示，他贊成美國現在更積極地應對蘇聯的威脅。但是鄧小平說：「如果這事做得更早一點，那就更好了。……我個人的判斷是，長期以來西方沒有對蘇聯的行動做出有效的反應。」他說，他不反對與蘇聯簽訂條約，但是這對限制蘇聯沒有多大價值：「對付蘇聯只有一種方式」，就是展示武力。

鄧小平在會見中還提到另一些問題。他很高興美國現在開始向巴基斯坦提供援助，這是他早就主張過的。他認為各國應當向阿富汗提供幫助，使其成為蘇聯的泥淖，就像他在邊境牽制住越南人一樣。他婉轉提醒布朗中國在購買戰鬥機方面的興趣，說：「我不會再提購買F－15或F－16戰機的事，」但他補充：「技術轉移的範圍太窄了。」[55]

副總理兼中央軍委祕書長耿飆被選定回訪華盛頓。耿飆在江西蘇區、長征、抗戰和內戰期間一直在軍隊工作。一九五〇年至六五年他擔任過大使（在斯堪的那維亞、巴基斯坦和緬甸），任職時間長於其他任何中國外交官。一九八〇年五月耿飆在華盛頓與卡特總統以及萬斯國務卿的繼任者埃德蒙·馬斯基（Edmund Muskie）會面，但他的主要東道主是國防部長布朗。他和布朗國防部長探討了假如蘇聯從中東向印度洋和東南亞方向擴張，美中兩國對蘇聯威脅做出有效反應的具體方式。耿飆的言論反映著鄧小平的觀點，他說，中國在邊境一帶成功牽制六十萬越南軍隊，這既削弱了越南控制柬埔寨的能力，也阻止了越南控制麻六甲海峽。

耿飆訪美之行完成時，兩國間的技術交流開始起步，在戰略問題上也有更廣泛的合作基礎。這些會談也使中國後來有了向美國派出中國軍事院校代表團和軍事後勤專家的安排。美國陸海軍高層官員也回訪中國。[56]中美兩國的軍事交流在一九八〇年代迅速增多，包括中美國防部長的互訪，美國向中國的技術轉移和武器出售，以及學術專家和考察代表團的互訪。雖然這些互動無法跟美國與日本和南韓軍事交流的層次相比，但雙方確實形成良好的工作關係。這些交流因一九八九年的天安門悲劇戛然而止，直到二十年後也未能完全恢復。

（541）

延緩軍事現代化

在鄧小平認為與蘇聯交戰的可能性減少後，他開始不再把國家資源投向軍事現代化，而是轉向其他三個現代化，尤其是陳雲宣導的優先領域：農業和輕工業。軍事現代化可以等一等。一九七九年三月十九日，中國從越南撤軍三天後，鄧小平在中央軍委科學技術裝備委員會的會議上說：「看來，世界大戰十年打不起來，不必那麼急。現在軍隊的數量也太大，首先要把規模縮小。……不要項項都搞，要集中搞幾項。」[57]鄧小平眼光長遠，但他或許還是低估了中國現代化所需的時間，儘管中國發展迅速。他談到要在二〇〇〇年實現現代化。

然而軍隊高層並沒有那麼多耐心。很多人自一九五〇年代以來就等著獲得現代軍事裝備，而他們屢屢失望，先是因為大躍進和文革，現在則是因為鄧小平要先搞國民經濟。鄧小平必須對失望的軍官一遍遍做出解釋，為什麼首先發展國民經濟、再搞軍事現代化是符合國家利益的。鄧小平有資深的軍人背景，因而他大概是當時唯一一個具有權威、決心和政治技巧並能以此避免這些軍官對政策發起嚴重抗議的領導人。

在一九七九年和一九八〇年初這個關鍵時期，鄧小平仍然擔任總參謀長，身邊是一群既對過早退休的前景不快、又對新武器研發將被延後的消息不滿的將軍。此後，接任總參謀長一職的楊得志，也接過繼續解釋為何要延緩軍事現代化、先搞好國民經濟的責任。楊得志承認：「廣大

（542）

官兵……希望迅速改變我們的經濟、軍事技術和裝備落後的狀況。……這種感覺是完全可以理解的。但是……國防現代化迅速取得很大進步是不可能的。」[58]曾短暫擔任過國防部長的耿飆和一九八二年被鄧小平任命為國防部長的張愛萍（一九七五年後一直主管軍事科技工作）也得向不滿的軍隊幹部解釋鄧小平的戰略。張愛萍在一九八三年三月說得直截了當：「軍隊要考慮其他部門的需要，……把預算嚴格控制在有限的資金所能允許的範圍以內。」[59]

因此，整個一九八〇年代中國政府一直在減少軍費在預算中所占比例。儘管中國的資料不完整——因為它不包括軍事工業的收入和預算外收入，但根據官方數據，軍費開支從一九七九年開始改革時占國民生產總值的四．六％，不斷下降到一九九一年的一．四％。[60]一九八〇年代，中國購買外國武器的花費只及越南的六分之一、台灣的一半，但中國的人口卻分別是越南的二十倍和台灣的五十倍。[61]此外，考慮到一九八〇至八九年的通貨膨脹為一〇〇％，美國分析家估計這十年的國防預算名義上增加了三〇％，但軍隊可以使用的資金其實是下降的。[62]

鄧小平的軍隊領導班子

所有中共領導人都不斷說「黨指揮槍」，但毛澤東和鄧小平很清楚，在關鍵的權力鬥爭中，軍隊主要領導人的忠誠至關重要。因此鄧小平既要通過正式制度控制軍隊，也要抓個人控制。他對自己未被任命為總理沒有提出強烈反對，但他認為在制度上獲得對軍隊的控制權十分重要。一九八〇年十二月華國鋒靠邊站後，鄧小平成為中央軍委主席；這一職位使他對軍隊事務掌握著無可挑戰的控制權。一九八七年鄧小平放棄了黨的副主席和副總理職務，但一直保留中央軍委主席一職，直到一九八九年秋天才轉交給江澤民。

鄧小平選拔黨政官員時任人唯賢，而無視於他們的來歷、親疏或是由什麼人推薦。對軍隊高級職務他也是選賢任能，但個人忠誠也同樣重要。軍隊中最可靠的人際關係是內戰時在同一野戰軍服役的戰友關係。就像林彪用了很多四野的人擔任軍隊最高職務一樣，當鄧小平在一九八〇年能為各軍兵種任命自己的班子時，十一個大軍區中有五個司令員是他在二野的同志，包括至關重要的北京軍區司令員秦基偉。[63]鄧小平在擔任最高軍事首長期間一直依靠自己過去的部下。一九八〇年代後期的中央軍委六名非文職成員中有一半是二野的人，包括國防部長秦基偉和總政治部主任楊白冰，另外三個位置中三野和四野各有一人。[64]鄧小平在一九八八年授銜的十七名將軍中有十人來自二野。

擔任軍隊關鍵職位的，即便不來自二野，也是對鄧小平抱有個人忠誠的人。華國鋒正式卸去中央軍委主席一職（一九八〇年十二月）後，鄧小平任命楊尚昆擔任中央軍委祕書長。楊尚昆也是四川人，比鄧小平小三歲，一九五六年到六六年鄧小平擔任總書記時他是中央辦公廳主任，與鄧有過密切的工作關係。長久以來達成的信任使他與鄧交往自如。楊尚昆在一九八二年九月被提拔為負責日常工作的中央軍委第一副主席。他是一名出色的管理者，實際上成為鄧小平在中央軍委的代言人，他代表鄧小平的觀點，向鄧小平彙報軍委其他成員的看法。鄧小平相信楊尚昆能管好軍隊，這使他得以脫身處理其他問題。

一九八〇年二月，鄧小平完成權力過渡、任命自己的人之後，遂辭去總參謀長職位，將軍隊的日常工作交給楊得志。楊得志在攻打越南時曾指揮昆明軍區的軍隊，對鄧小平忠心耿耿。一九八二年鄧小平任命張愛萍擔任國防部長；由於林彪一九七一年墜機後國防部長一職的權力被削弱，又任命張擔任中央軍委副祕書長。一九七五年張愛萍在鄧小平手下工作時曾經卓有成效地建構軍事科技計畫。對高技術武器研發的戰略意識和卓越的管理能力，使他成為為中國軍隊遴選重要專案、為高技術研發打基礎的最佳人選。（543）

擴大國防戰略

鄧小平從毛澤東那裡繼承的國防戰略，嚴重依賴兩種極端方式的結合：「人民戰爭」和核武器。「人民戰爭」是指動員地方民眾騷擾和消耗裝備更精良的入侵之敵，這在抗戰時期曾有效地用於對付日本的長期占領。它也使蘇聯在一九六九年進攻中國時不敢長期占領，而且確實仍是讓

（544）

蘇聯不敢再發動進攻的一種有效方式，從而使蘇聯進攻的可能性變得更低。由於缺乏雄厚的經濟基礎，毛澤東不能指望在所有領域實現軍事現代化，所以他把資源集中用於他認為最關鍵的領域：導彈和核武（中國於一九六四年試爆第一顆原子彈，一九六七年試爆第一顆氫彈）。[65]毛給自己的繼承人留下一個不大的核武器庫，它在數量和技術品質上都無法與美國或蘇聯相比；還有一些中程導彈和衛星技術（中國在一九七〇年發射了第一顆衛星）。[66]導彈、衛星和潛艇的研究在文革期間普遍受到保護。[67]儘管如此，中國的軍事技術在文革時期只取得有限的進步，大大落後於互不示弱而有巨大軍事投入的美國和蘇聯。

鄧小平上台時，蘇聯在遠端戰機和導彈上取得的進步，使毛澤東從邊境遷往內地的「三線」工業頓顯其防禦能力不堪一擊。但和過去的毛澤東一樣，鄧小平相信即使敵人擁有占優勢的軍事技術，「人民戰爭」和核武器的威脅可以降低中國受到攻擊的可能性。但是中國也要針對蘇聯的技術進步做出調整。[68]鄧指示中國軍隊要做好準備，打一場「現代條件下的人民戰爭」——這一概念由淮海戰役的功臣、後來領導研發先進武器的粟裕於一九七七年提出。

在一九八〇年秋天的一次會議上，中國的軍事領導人開始就中國的戰略指導路線形成共識，即不再被動地誘敵深入，而是準備進行更為積極的防禦。[69]軍事科學院院長宋時輪在一九八一年六月比較具體地闡述了「現代條件」的含義。在受到全面軍事入侵的情況下，就像毛澤東時代一

（545）

樣，要用人民戰爭消耗敵人。但是宋時輪說，還要有另外一些對策，因為中國不能放棄城市，也因為現代技術需要更長的供應線、對工業基地的保護、陸軍和空軍等多兵種的協調，以及更強的專業化。因此，⑴解放軍要用陣地戰阻擊敵人，使其無法深入中國腹地；⑵不但要以步兵，而且要用包括空軍在內的多兵種對抗敵人；⑶要準備保護戰場之外漫長的後勤補給線；⑷軍隊應當放棄毛澤東時代由軍政委承擔政治工作，把這些工作移交地方，軍隊只集中精力完成軍事任務。這些分析並不是由鄧小平提出的，但是他支持解放軍為了適應這些「現代條件」，而對現行指導思想、體制、訓練和徵兵方案進行調整的努力。[70]

改革開放之初，中國並沒有參加如何阻止核戰的複雜討論和計算，這些是美國與蘇聯的專家投入大量精力開展的領域。但到了一九八〇年代中期，赴國外攻讀西方戰略思想的研究生和青年學者陸續回國，開始向國內介紹這些更加深奧的新知識。自從發展出核武器以後，中國一直在計畫獲得二次打擊能力。隨著新知識的引入，現在他們拓寬了思路。中國不再只強調「人民戰爭」和核打擊，開始考慮發展有限核打擊和戰術核武器的可能性，此能防止戰爭升級為全面核衝突。[71]

鄧小平從毛澤東那兒繼承一支海軍，它規模很小，而且已經完全過時。一九七五年鄧在毛手下主政時，蘇振華領導的海軍提出過一個新的發展計畫。一九七八年之後，由於對外貿易尤其是石油、無煙煤、和鐵礦石進口的大幅增長，中國的計畫幹部開始更加關心保障中國海上運輸線的安全。中國還開始在渤海灣和南海擴大海上能源的探勘，這使得保護有爭議海域的探勘成為必需。[72]但是當中國開始考慮發展應對這些新挑戰的能力時，鄧小平卻要求有所節制。他在一九七九年七月對海軍幹部的演講中，仍對發展海軍的計畫做了限制，他說，海軍的作用是防禦性的，旨在保護中國近海，中國沒有任何稱霸的野心。[73]

甚至在十分優先的軍事領域（導彈、衛星和潛艇）重點也仍是放在技術研發而不是大規模生產上，只期望在必要時能夠迅速生產更多武器。一九八〇年中國試射了第一枚洲際彈道導彈，並在不久後開始部署。中國早在一九五八年就開始研製核潛艇的工作，一九八二年成功試射第一枚潛基彈道導彈。[74]在鄧小平時代，這類系統的部署一直以適度的規模進行。[75]鄧小平時代之後，做為對李登輝總統一九九五年試圖搞台獨的反應，此類研發和生產的步伐加快。

一九八四年之後，由於蘇聯在阿富汗愈陷愈深，與美國的軍備競賽也讓它不堪負荷，中央軍委正式表達鄧小平本人早先得出的結論：與蘇聯發生全面戰爭的危險性很低。鄧小平在一九八五年對中央軍委的演說中總結了他對全球性威脅的看法，他說：「過去我們的觀點一直是戰爭不可避免，而且迫在眉睫。」他說，只有兩個超級大國有能力發動大戰，但不用擔心，它們都「受到了挫折，都沒有完成，因此都不敢動」。[76]這使鄧小平可以繼續壓低軍費開支，把資源用於發展國民經濟。

（546）

儘管與超級大國發生全面戰爭的風險已經減少，但鄧小平和他的同事擔心，隨著兩極世界被多極世界所取代，小範圍戰爭的風險卻在增加。日本、印度、越南、南韓和歐洲加強了它們在世界舞台上的經濟和軍事地位。因此解放軍要把計畫和訓練的工作重心放在中國周邊地區的小規模衝突上，相較於超級大國的全面戰爭，中國的軍力更適合應付這一類衝突。大軍區經過裁軍之後從十一個減為七個，它們要針對邊境地理和氣候以及潛在對手的性質進行計畫和戰備。軍隊為此提出要求，要用更多資金研發適合地區戰爭的關鍵技術，如坦克、大砲、航空電子設備以及指揮和控制系統。軍事戰略家在制定計畫時的指導思想是鄧小平偏愛的速決戰。他們仔細研究了其他國家運用這種戰略的經驗，尤其是英國在福克蘭群島的作戰和以色列入侵黎巴嫩。快速反應可以使其他國家和世界輿論來不及對結果做出反應。[77]

精簡軍隊

一九八〇年三月十二日，鄧小平確立領導地位後不久，向中央軍委常委說明了他對軍隊問題的整體看法。他說，軍隊面臨四個問題：第一，「消腫」；第二，改革體制；第三，訓練；第四，加強政治思想工作。「軍隊要提高戰鬥力，提高工作效率，不『消腫』不行。……減少軍隊人員，把省下的錢用於更新裝備，這是我們的方針。如果能夠節省出一點用到經濟建設上就更好

（547）

了。……我們這次精簡，主要是減少不必要的非戰鬥人員，減少統率機構、指揮機構人員。最主要的是減少幹部。」[78]

中共領導層早就在考慮為軍界和政界的高級幹部規定強制性退休年齡，但一直未能建立這種制度。鄧小平說：「要有退休制度。……軍隊幹部的退休年齡要比地方幹部小一些，因為軍隊要打仗。」[79]退休是個很棘手的問題。幹部沒有任期限制，並且他們因為「對革命的貢獻」而覺得自己理應享有這樣的待遇。雖然所有重要的軍事決策都是由鄧小平拍板，但他花費時間精力最多的還是裁減軍隊老幹部的問題。鄧小平解釋：「就軍費而言，世界各國軍費用到人頭上的並不多，主要是用在裝備上。我們有一個很不好的情況，主要是人頭上花錢多。我們指揮機構的人太多，戰鬥部隊並不多。」[80]實際上，鄧擔任頭號領導人期間，在幾乎所有軍隊幹部會議上都會談到退休問題。

在整個一九八〇年代，鄧小平繼續從事他在一九七五年開始的工作，讓幹部制定新的裁員編制表，然後落實政策，堵上那些精明的幹部可能為規避政策而發明出來的漏洞。他鼓勵地方單位為軍隊的退休老幹部和服完正常兵役的人安排工作。為了使退休更具吸引力，他情願讓老幹部保留他們在軍隊中享有的很多特權——住房、用車、醫療，甚至優厚的收入。鄧在一九八二年成立中央顧問委員會後，軍隊中的很多老領導成為該委員會的成員。

（548）

一九八五年六月召開的中央軍委擴大會議提出要將解放軍裁員一百萬，有人認為這會削弱軍隊的戰鬥力，使中國在衝突中處於劣勢。鄧小平回答，在發生戰爭的情況下，為了使部隊有效作戰，縮小規模也是必要的。[81]但是他要保留很多召之能戰的老兵做為預備役部隊。大規模的軍隊裁員始於一九八五年，到一九八八年基本完成。從一九八〇年到八九年，地方單位在上級的要求下，總共為一百五十四萬名軍人提供地方上的職位。[82]一九八二年農村公社制度的終結，使很多過去能為退役軍人提供機會的職位也隨之消失。[83]為了幫助退役軍人就業，鄧小平提出由軍隊提供更多的職業培訓，使軍人退役後能在地方經濟中發揮作用。[84]

為了給退役軍人找到就業機會，鄧小平提出特殊培訓課程。他在一九八〇年三月對中央軍委常委說：「我建議組織各種訓練班進行訓練，訓練什麼呢？就是準備到哪個行業就專門學習那一行的業務。」[85]鄧小平還繼續他在一九七五年開始的恢復和擴大軍事院校的工作。其中最頂級的院校是一九八五年九月成立的中國國防大學，用於培養有前途的軍官。一九八〇年三月鄧在中央軍委擴大會議的重要發言中說：「不打仗，部隊軍事素質的提高就得靠訓練。」但是與美國和蘇聯軍隊相比，中國針對高技術戰爭開展的部隊培訓計畫仍處於早期發展階段。[86]

軍工業的「民營化」轉向

鄧小平成為中國頭號領導人時，深知生產大多數軍用裝備的地方工廠和直接受軍隊控制的軍工業都是靠政府財政過日子。這些企業效率低下，無法生產能夠與先進軍事大國相媲美的武器裝備。因此他關閉效率低下的工廠，並對另一些工廠加強監督以提高效率。

為達到這些目標，鄧小平鼓勵地方軍工業和軍工廠生產更多具市場競爭力的民用產品。鄧甚至在三中全會以前就提出了這種戰略。他說，中國應當擺脫嚴格畫分軍用與民用產品這種無效率的蘇聯模式。[87]新政策要致力於滿足對基本消費品受到抑制的需求，減少政府的財政負擔，以及為那些原本可能會下崗的人繼續提供就業崗位。

這些企業受到的競爭壓力反映在大量工廠的關閉上：從一九七九年到八二年，接近一半的地方軍工業要麼關門，要麼開工率大幅降低。[88]一九八〇年代後期仍在開工的企業成功轉向民用生產，尤其是電子消費品，但也生產其他各種商品，如鋼琴、冰箱、洗衣機、嬰兒車、獵槍，甚至客機。[89]為了使軍工業對市場做出更好的反應，很多企業獲准成為不受政府控制的營利性公司。[90]一九七八年，與軍工相關的國營企業生產的軍品占其全部產值的九二%，民品只占八%；到一九八二年這些工廠生產的軍品比重下降到六六%；一九九二年鄧小平退下來時又進一步降至二〇%。[91]

（549）

此外，鄧小平還要求軍隊把部分設備和技術轉向發展國民經濟。例如，鄧小平在一九八四年十一月一日中央軍委召開的座談會上提出，軍用機場可以向社會開放，海軍港口可以軍民兩用。隨著新政策的落實，部隊單位把食堂變成餐館，招待所改為酒店，供應中心成為商店，軍隊醫院向地方開放，接受平民付費看病。從一九八五年到九〇年，軍隊企業的產值增長了七倍。[92]

另一個為單一軍用轉向多樣化提供機會的領域是農業。軍隊的國營農場受到鼓勵開展多種經營，在市場形成後把部分產品在地方食品市場上出售。由於軍隊占用著數量可觀的土地，它們也把土地出租給開發商和其他政府單位或企業，甚至成為這些企業的股東。當外國公司尋找設廠地點時，很多部隊農場用它們價值不菲的地產作為資本入股，成立可以得到西方技術的合資企業。[93]

軍轉民的商業活動使部隊幹部有機會改善單位的住房、醫療和娛樂設施，即將退休的人員也可以獲得住房補助和其他好處。軍事單位賺了錢，甚至普通士兵的生活條件也得到改善。[94]這些新的收入來源可以使官兵也成為鄧小平改革的受益者。

鄧小平面對的最大問題之一，是讓內地的地方軍工業和軍工廠適應新的市場經濟。處於中國腹地的工廠運輸成本太高，幾乎不可能讓它們變成能夠在開放市場上與沿海企業競爭的營利性企業。一九七八年時一半以上的國防工業位於內地的「三線工廠」，這是當年毛澤東為降低受到外來攻擊的威脅而遷過去的。現在中國已經與各國建立和平的關係，有些工廠、或至少是工廠的一

（550）

部分，獲准搬回沿海地區，這使它們不但能減少運輸成本，而且可以更好地利用商業機會、外國技術和管理方式。[95]例如，為軍隊生產電子產品的內陸工廠在深圳成立分支機構，生產收音機、電視機、計算器，以及其他內銷和外銷的電子消費品，這樣既可以更快引入外國技術、打入民用市場，還可以把新技術轉移到仍留在內地的工廠。

在一九七八年，中國的軍事技術比民用技術先進不少，但是鄧小平很關心技術軍轉民的「溢出」，也關心國外先進的民用技術向中國軍事工業的「溢入」。例如，鄧小平很想學習日本二戰後如何迅速將軍用工業轉為民用工業。[96]但是他也從日本的經驗學到利用「溢入」效應。一九七八年六月二十八日至二十九日，他建議中國學習日本在二戰後對造船技術的利用：日本通過生產過程的轉型在民用船舶製造上取得巨大進步，這使之後的日本不但能造船，而且能夠為海軍建造現代軍艦。[97]

一九八二年中共十二大後，大批軍企轉為民企身分，並獲得了在市場上賺錢的機會，這一變化在一九八五年以後有助於減小軍隊的規模。例如，大批鐵道兵和工程兵成為鐵道部和首都建築公司的下屬單位。而深圳能在十年間從一個小鎮變為大城市，過程中發揮重要作用的地方建築公司，主要就是由過去軍隊的建築單位在軍轉民之後成立的。

在這些變化發生之前，制定科技規畫相對容易，然而向國際民用技術開放所導致的複雜性卻

（551）

要求全新、更為廣泛的協調能力。一九八二年一個新的機構「國防科工委」成立了，以便為規畫民用和軍用技術的迅速發展提供全面協調。一九八六年又制定了「八六三計畫」，協調民用和軍事先進技術的研發。[98]

一九八〇年代軍隊運作的商業化是個混亂失序的過程，它對試圖控制這一過程的官僚機構而言無異於一場噩夢。但它最終也帶來鄧小平所設想的很多好處。它減少了軍隊對政府財政的需求，滿足了受到壓抑的消費需求，使企業變得更有效率，改善了軍官和普通士兵的生活條件，為退役軍人提供了就業機會，使民用技術的進步及生產效率的提高能夠應用於改進軍事生產。儘管如此，這仍然僅僅是個開始。雖然鄧小平在一九八〇年代對國防工業和軍企的調整取得一定進展，但軍企從內陸地區向沿海轉移、克服官僚作風和提升人員水準的過程仍需多年才能完成。

不論軍事活動的商業化有多少好處，把軍隊與私人利益攪在一起，也造成腐敗和貪婪的機會，背離了軍隊奉獻於自身使命的精神。很多軍隊領導人對非法斂財的行為及其對愛國主義戰鬥精神的侵蝕深感擔憂。被這些問題困擾了幾年之後，較下層的軍事單位收到禁止參與商業活動的命令；然而較高層的、專業化的商業活動仍在繼續。儘管有很多解放軍企業以失敗告終，也有一些在改革開放早年成立的合資企業發展得非常成功，少數企業後來還成為世界級國際公司。

（552）

軍隊現代化的基礎

一九九一年的波斯灣戰爭使中國領導人看到，外國的軍事技術在一九八〇年代取得了多大進展、中國已經變得多麼落後，而鄧小平在這個時期卻限制軍事預算，將資源轉向國民經濟。但是，通過把軍事衝突的風險控制在低水準上，鄧小平成功推動了經濟的快速成長，也沒有危及國家的安全。

然而，在一九九五年，當鄧的接班人面對李登輝總統可能會宣布台灣獨立這一真實的可能性時，他們斷定這一危險已足以促使中國必須做好軍事準備，不僅要攻打台灣，還要阻止美國在可能的衝突中支持台灣。中國需要阻止美國的軍艦、飛機和軍隊接近台灣，以增加美國武力干涉的成本。從一九九五年開始，由於江澤民在軍事現代化方面所做的努力，軍費的增加遠高於國民生產總值的增加。中國的軍事現代化很快就超出阻止美國接近台灣所需要的能力。由於中國的能源要依靠海上通道，中國也開始發展海軍，致力於成為一個全面的軍事大國。鄧小平既不是這一過程的啟動者，也沒有為他的接班人制定建立現代軍隊的計畫；但是他留下一支規模更小、教育水準更高、對現代戰爭的要求理解更深刻的軍隊，以及一個更強大的國民經濟與民用技術基礎，使他的接班人得以繼續致力於軍事現代化。

19. 政治的潮起潮落

（553）

一九八〇年八月十八日，一位中國公民對中共幹部做出了嚴厲批評，堪稱鄧小平時代最辛辣、最全面的批評之一。他指責他們「濫用權力，不切實際，脫離群眾，愛擺門面，好說空話，思想僵化，墨守陳規，機構臃腫，人浮於事，辦事拖拉，不講效率，不負責任，不守信用，公文旅行，互相推諉，以至官氣十足，動輒訓人，打擊報復，壓制民主，欺上瞞下，專橫跋扈，徇私行賄，貪贓枉法，等等」。這位公民是誰？鄧小平。[1] 和毛澤東一樣，鄧希望確保幹部能一如既往地得到人民的支持。

當鄧小平在一九八〇年八月說這番話時，東歐的共產黨正在失去人民的支持。他講話前一個月，波蘭團結工會發動了規模最大、持續時間最長的罷工。很多中共領導人最初同情團結工會，認為工人應當有自己的組織，但他們也擔心如果中國工人罷工會發生什麼情況。鄧小平和胡耀邦試圖打消幹部們對出現類似混亂的擔憂，他們說，中國的領導層不同於東歐，不必屈服於蘇聯不得人心的要求。此外，中國從十一屆三中全會開始的改革受到勞動人民的歡迎。[2]但是鄧小平和胡耀邦也非常擔心，所以他們決定要降低這類問題在中國發生的風險，他們要擴大自由，使人民有機會對幹部表達合理的意見，努力解決使群眾有意見的問題。

（554）

鄧小平八月十八日的講話是他對允許更多自由的一次高調表態。在講話中，他對民主做了積極評價。他沒有走到主張實行投票選舉或改變中共角色這一步。事實上，他用「資產階級思想」、「極端個人主義」和「無政府主義」一類術語批評了西方民主。但是，鄧小平將批評的鋒芒主要指向了「封建主義」（極左思想的代名詞）及其對敢講話者的迫害。他主張擴大自由，要求黨的領導人傾聽批評意見，這使知識份子產生了期待，以至多年以後他們仍把這篇講話視為希望的燈塔。

講完幾週後，波蘭的亂局仍在持續，中共上層的氣氛也開始發生變化。領導層擔心鄧小平給了抗議者太多鼓勵，中國的局勢也有可能很快像波蘭一樣失控。鄧小平講完差不多一個月，胡喬木給胡耀邦總書記寫了一封長信，希望明確支持對騷亂做出更堅定的回應。胡喬木的信也反映了陳雲的觀點，雖然陳雲從前當過上海的工會領袖，但他在江西蘇區時就對工人說，現在是無產階級掌權，工會的主要任務之一是增加生產。胡喬木在信中警告，獨立的工會可以使異議份子團結在一起，造成大麻煩。

胡耀邦較同情中國獨立工人組織的發展，沒有給胡喬木答覆。他仍然相信波蘭給中國的真正教訓是必須加快改革開放。[3]然而風向已變。十月九日，胡喬木的信發出兩週後，中央書記處將此信稍加修改後下發各單位。保守的中宣部部長王任重指示，不要再討論鄧小平的八月講話。在一九八〇年十二月二十五日中央工作會議的閉幕會上，鄧小平也變了卦，宣布進行政治改革要慎重。[4]

鄧小平對一九八〇年波蘭罷工的反應，類似於一九五六年毛澤東對匈牙利和波蘭起義的反應。先是允許開放言論，意在幫助改正官僚體制中最嚴重的弊端，爭取那些感到需要有所改變的批評者。但是一旦發現對黨的敵意威脅到黨的領導，就要進行壓制。鄧小平知道，毛澤東在一九五七年開展無情的反右運動時失去知識份子的擁護，因此他在一九八〇年試圖走溫和路線，既要限制言論自由，又要讓知識份子繼續積極支持現代化。

鄧小平沒有像一九五七年的毛澤東那樣（在鄧的幫助下）開展全面打擊知識份子的運動，但他顯然進行了壓制。在一九八〇年十二月的演說中，鄧小平沒有直接否定自己八月的講話，他繼續從正面使用「民主」一詞，但仍堅持「民主集中制」，即黨的決定一旦做出，黨員就要執行。此外，胡喬木的信下發後，鄧小平小心地不再像八月那樣寬厚，他重申堅持「四項基本原則」的重

(555)

要性。鄧並沒有放棄進行政治體制改革的想法，但只有在斷定時機成熟後他才會重提此事，而這個時機直到一九八六年才到來。

老幹部退休

在一九八〇年八月十八日的講話中，鄧小平還談到另一個容易引起分歧的問題：「〔老同志〕現在首要任務，是幫助黨組織正確選擇接班人，……讓比較年輕的同志走上第一線，老同志當好他們的參謀。」[5]當時還沒有關於退休年齡的規定，很多老幹部在找接班人的問題上拖拖拉拉。他們在事業高峰期趕上文革，被革職近十年，認為自己為黨的事業做出了個人犧牲，現在終於能讓他們發揮渴望已久的作用，但剩下的時間又沒有幾年了，因此不想放棄權力。再者，這些老幹部也不想放棄官員的特權：住房、專車、勤務人員、重要會議上的座次和氣派的宴會。

此時中共還沒有為高級幹部建立全面的退休政策。如何處理下級幹部的退休事務不是問題：上級幹部制定規章，下面執行就是。麻煩在於如何對待北京的高層領導人。關於需要制定有關退休的一般原則，黨的領導人能夠達成共識，但是棘手之處在於細節：中國正進入一個關鍵時期，需要這些老幹部訓練和培養新一代接班人，因此要如何處理這幾百名老幹部的退休問題？

在八月十八日的講話中，鄧小平對他的計畫做了說明。成立一個地位崇高的中央顧問委員會，讓老幹部擔任榮譽職務，繼續享受與職務掛鉤的各種特權。老幹部不難看出鄧小平是要讓他們變得「有名無權」；早在一九七五年七月鄧小平就對軍隊的退休問題提出過類似方案。後來，政治局的老幹部確實變成了中顧委的核心成員。

此時，鄧小平本人也打算在幾年內退休。八月講話的幾天後，記者法拉奇問他是否會辭去副總理職務，鄧小平說：「不但我辭職，我們老一代的都不兼職了。……過去……實際上存在領導職務終身制，……〔這個〕制度上的缺陷在六〇年代還看不出來，那時我們還年輕。……所以我們說，老同志帶個頭，開明一點好。」[6]

幾週以後，鄧小平又對老一代不「開明」表示氣惱。十二月二十五日，在為籌備六中全會和十一大而召開的一次為期十天的會議結束時，鄧小平說：「中央在最近一年中多次強調，老幹部要把選拔和培養中青年幹部，做為首要、莊嚴的職責。別的工作做不好，固然要做自我批評，這項工作做不好，就要犯歷史性的大錯誤。」[7]

一九八二年二月中顧委正式成立，鄧小平希望其成員辭去（在黨和政府中的）正式職務。規定中顧委成員要有四十年的黨齡和領導經歷，鄧小平是第一任主任，有參加政治局常委會議的特權。[8]中顧委的全部一百七十二名成員保留全薪、級別和各種待遇，但不再在正式決策部門任職。[9]鄧小平宣布，中顧委只會存在十到十五年。他解釋說，之所以成立中顧委，是因為它的委

(557)

員擁有過渡期所需要的特殊革命經驗。

鄧小平讓老幹部有名無權的努力只取得了部分成功。很多老幹部，包括陳雲、王震和宋任窮，都成為中顧委委員，但仍保留過去的職務。他們退休後，趙紫陽說，在一九八〇年代，他和胡耀邦雖說是總書記，其實只是辦公室主任，因為在這十年裡實權一直掌握在鄧小平、陳雲、李先念和「六人小組」（薄一波、彭真、鄧穎超、宋任窮、楊尚昆和王震）手裡。鄧小平雖然位高權重，但也沒有絕對權力強迫其他人退休。事實上，一九八二年三月，面對來自老幹部的壓力，黨刊《紅旗》雜誌宣布，由於黨和國家規模之大，讓「二、三十名老同志留在黨和國家的領導崗位上」是必要的。[10]但是鄧小平確實確立了在這些老革命辭世後將取消中顧委的原則。以後所有的職務也都會有任期限制。中顧委按原定計畫於一九九二年解散，它給了老幹部榮譽地位，減少了他們的權力，但並沒有使他們完全放棄權力，直到鄧小平本身在一九九二年完全退休為止。

〈苦戀〉和文化限制

胡喬木和鄧力群在一九八一年七月請鄧小平拍板決定，剛拍攝完成的電影〈苦戀〉是否可以公映。提請鄧小平注意是因為它的內容頗具爭議性，而且有可能成為近年來最熱門的影片之一。這部影片根據同名劇本拍攝，電影劇本〈苦戀〉於一九七九年九月刊登在《十月》雜誌上，講

（558）

述一名藝術家在日據時期被迫逃離中國，在海外過了一段好日子後，一九四九年決定回來報效祖國。因為有海外經歷，這名藝術家總是受到懷疑與迫害，但他始終忠於自己的國家。藝術家的女兒打算出國時，他不願讓她走，失望的女兒對父親說：「你愛祖國，苦苦留戀祖國，而祖國愛你嗎？」兩人談話後不久，藝術家死在逃避紅衛兵迫害的路上。在鄧小平所觀看的電影版本中，父親思考著女兒的問題，在雪中蹣跚而行，最後倒地而死，他的身體在雪地上留下了一個大大的問號。

鄧小平看過電影後說，它「只能使人得出這樣的印象：共產黨不好，社會主義制度不好」。他承認電影拍得不錯，但這只能使它更加危險：「這樣醜化社會主義制度，作者的黨性到哪裡去了？」[11]鄧小平的這個結論，為那些試圖對文革受難文學進行區分的宣傳幹部提供了一個指導原則。[12]抹黑整個黨的要禁止，只反映某些個人不好的可以放行。

鄧小平想製造一種比毛澤東時代更自由的氣氛，因此劇本作者白樺儘管受到批判，鄧小平仍允許他留在黨內。當時，另一位著名的報導文學作家劉賓雁，以生動的第一手資料寫下有關腐敗幹部的文章，鄧小平也允許他保留黨籍。甚至胡喬木這位正統思想的捍衛者也說，中央文件要放棄「文學為政治服務」這種讓很多知識份子反感的說法，他的替代說法是「文學為人民和社會主義服務」，這擴大了可接受作品的範圍。[13]

（559）

但是，描寫過去的小說不計其數，要把可允許的作品和不能允許的作品截然分開是不可能的。分歧依然嚴重。鄧小平批評〈苦戀〉十幾天後，在中宣部召開的思想戰線問題座談會上，鄧力群和胡喬木試圖借助鄧小平對〈苦戀〉的評語，築起一道強大防線，抵禦那些批評共產主義和共產黨的文學作品。但同樣是在這次會議上，一九五〇年代的「文藝沙皇」周揚卻發表了贊成文藝多樣化的談話，內容令人振奮，受到與會者的熱烈歡迎。文革期間受過衝擊的周揚，如今宣導的是他二十五年前身為「文藝沙皇」會批判的文學。他在座談會上問，是讓文藝變成死水一潭好呢？還是讓它成為滾滾長江好？他自問自答：當然是滾滾長江好，儘管會帶來一點兒泥沙。

與會者對周揚的熱烈支持使胡喬木處境難堪，他承認同志們有不同觀點。但他堅持說，反對「資產階級自由化」是一項重要的任務。「資產階級自由化」是他本人、鄧力群和鄧小平在整個一九八〇年代，用來批評那些他們認為過分迷戀西方自由之領導人的概念。[14]

王震強化對中央黨校的控制：一九八二—一九八三

中國的年輕人和很多知識份子在一九七八年以後感受到西方吹來令人振奮的自由之風。但是高層官員對於應該讓民眾享有多大自由卻存在內部分歧。他們當中很多人受過政治迫害，誰也不想回到一九四九年之前或文革期間的混亂狀態。在高層官員中，胡耀邦最同情想得到更多自由的

（560）

知識份子和希望有更多靈活性的地方幹部，但他不斷遭遇保守派的壓力，後者害怕寬鬆氛圍帶來的後果。鄧小平則是只要認為必要時就會加強紀律，但他繼續支持胡耀邦，哪怕在胡受到保守派批評時。

一個重要戰場是中央黨校。一九七八年十二月以後，身兼中央黨校實質校長的胡耀邦很少有時間過問那裡的事，但是得到他支持的教員及其所宣導的黨校自由探索精神，繼續滋養著有前途的年輕幹部的成長。黨校理論部的學者因在撰寫〈實踐是檢驗真理的唯一標準〉一文和批評「兩個凡是」中發揮作用而享有盛名。三位聲譽正隆的學者：吳江、孫長江和阮銘，在副校長馮文彬的支持下繼續推動言論自由，這讓擔心黨的紀律和原則受到損害的黨內老幹部深感不安。去黨校講過課的鄧力群向王震和陳雲彙報了黨校的情況，他們對於在寬鬆氣氛中不斷增長的對中共的批評尤其不滿。一九八一年八月中組部派了一批人去黨校調查上述三位學者，陳雲也給黨校培訓部主任寫信說，黃埔軍校培養出紀律嚴明的青年軍官，他希望黨校也要培養紀律嚴明的黨員幹部，而不是鼓勵批評中共的人。

一九八一年中央黨校需要任命新校長時，胡耀邦支持任命項南，他是個思想開明、受過良好教育的中共幹部，後來擔任福建省委書記一職；陳雲則支持任命王震，以對學校的寬鬆氣氛加以限制。[15]讓王震這樣一個對外部世界所知不多、被看成粗人的人來領導國家最開明的一批學者，這讓有求新思想的黨員感到憤怒。[16]但是鄧小平批准了對王震的任命，於是王震在一九八二年接管了黨校。

王震一上任就將馮文彬、阮銘和孫長江撤職。阮銘獲准移民美國，他在那裡詳細寫下了這段經歷。[17]孫長江被安排到首都師範大學這所二流學校教書。（有一次，孫長江開玩笑說，他要感謝王震讓他去了最小的大學，而沒讓他去最大的小學。[18]）吳江則被調到中國社會科學院。

王震清除了他認為思想過於寬容的教員後，並沒有在黨校發揮多少作用。陳雲雖然政治上保守，但他也重視教育水準，讓受過良好教育的知識份子蔣南翔擔任黨校的實際負責人。蔣南翔既提高了黨校的知識水準，也對思想表達的自由做出了限制。人們普遍認為，對黨校教員的整肅和思想路線的轉向是對胡耀邦的間接批評，因為正是他首先創造了更為寬鬆的氣氛。

王震和陳雲也支持對中宣部加強控制。陳雲說，搞不好經濟工作和宣傳工作這兩件事，黨的領導就難以為繼。王震和陳雲認為接替胡耀邦中宣部部長職務的王任重是個合格的保守派，可是王並沒有證明自己是個能幹的領導人，於是鄧小平在一九八二年三月二十三日任命鄧力群，取代了王任重。

毛澤東曾在一九七五年支持「四人幫」進行嚴厲的思想控制，同時讓鄧小平全面主持政府工作。與此類似，鄧小平在一九八二年讓鄧力群抑制對黨的批評，同時讓胡耀邦繼續主持黨的工

（561）

作。[19]儘管鄧小平並不在意要一絲不苟地堅持意識型態的正統性，但他決心避免讓寬鬆的環境招致人們發表文章和小說詆毀黨的作用。

陳雲對胡耀邦的批評

另一個戰場針對的是胡耀邦給予地方幹部靈活性的做法，這場鬥爭因陳雲在一九八三年三月十七日批評胡耀邦而達到頂峰。一九八三年一月趙紫陽出訪非洲十一國，為期一個月，胡耀邦接過了趙紫陽在政府中的部分工作。胡的作風比趙紫陽隨意得多，例如，他知道煤炭短缺後，便跑到礦區鼓勵人們盡其所能增加產量。他沒有考慮到採煤時可能發生的問題，比如對環境的嚴重破壞，也沒有預料到私人礦主經常不採取最基本的安全措施，結果發生了許多礦災。在慎重的計畫工作者看來，胡耀邦是個不守紀律的鼓動家，他不充分考慮行動的後果，也不嚴肅看待他們精心制定的經濟計畫。

陳雲聽到胡耀邦不夠尊重經濟計畫的彙報後很不高興。他在三月十四日把自己的意見告訴了鄧小平。[20]第二天鄧小平便把胡耀邦、趙紫陽和胡喬木叫來，批評了胡耀邦不嚴謹的領導方式。[21]一九八三年三月十七日在中央政治局常委和書記處召開的聯席會議上，趙紫陽沒有點胡耀邦的名，但嚴厲批評了他的活動，認為這干擾了有序的經濟管理。胡耀邦的友人認為趙的批評大大超出必要，儘管趙後來對此予以否認。22

在三月十七日的這次會議上，陳雲還談到十個問題：

(1) 一九八〇年提出調整經濟是對的，沒有調整就不會有今天這樣好的形勢；

(2) 二〇〇〇年之前的這個時期要分成兩個十年，頭十年是打基礎，後十年振興。如果前十年不謹慎，後十年就困難了；

(3) 可以利用銀行貸款或出售黃金暫時彌補預算赤字，但不能持續出現赤字；

(4) 必須嚴肅看待各部委，尤其是綜合部門，有關當前經濟形勢的報告；

(5) 說第一個五年計畫期間的一百五十六個項目走了彎路是不對的；

(6) 經與李先念協商後而在一九七三年至七四年購入的黃金儲備並不過量（陳雲當年年初做出購買黃金的決定，後來被視為一項極為明智的決定，因為此後十年黃金價格飆漲）；

(7) 國家計委要從各部委和地方集中資金，搞重點建設；

(8) 中央書記處和國務院對財經工作都要管，但重點在中央財經領導小組；

(9) 對亂上項目、亂用基建投資的現象，必須制止；

(10) 中央書記處（當時由胡耀邦領導）對經濟問題要研究，但方法要改進，特別要瞭解綜合部門

（563）

的情況。

仍然支持胡耀邦的鄧小平顯然對陳雲批評胡耀邦感到不安，會議一結束鄧小平就說，今後由趙紫陽領導的中央財經領導小組全面負責經濟工作，其他人不要插手。[23]

雖然陳雲的十點意見都是針對保持對經濟的控制提出的，但最後幾點也是對胡耀邦的強烈批評，而且是在間接批評鄧小平推動經濟過快發展的政策。鄧力群未經授權，當天就把陳雲的講話內容透露給新聞單位。鄧小平把鄧力群叫去，批評他這種違反黨紀的做法。然而危害已經造成：胡耀邦在黨內的權威被削弱，有些幹部開始懷疑胡在自己的位子上還能待多久。[24]一些和胡耀邦一起工作並且同樣贊成擴大言論自由的幹部對鄧力群十分氣憤。

胡耀邦處境艱難。北京的「婆婆」太多，胡耀邦處在他們的壓力下很難真正控制黨組織。他有名義上的權力，也有鄧小平為他撐腰；他仍在主持會議，領導日常工作。但是他把大量時間用在了北京以外。他去全國各地視察，鼓勵當地幹部努力克服現代化的障礙。在胡當政的幾年裡，他總共走訪了一千七百零三個縣，占全國總縣市的八〇%以上；走訪了全國一百八十三個地區中的一百七十三個。一九八七年一月被革職之前，他還打算視察餘下的十個地區。[25]

在這段時間裡，要避免使陳雲和鄧小平的嚴重分歧被手下要員覺察到是不可能的，兩人不和的謠言也傳到了香港媒體。對於自己的得力幹將遭痛批、開展工作的權威被削弱，鄧小平不可能感到愉快。[26]陳雲當初是支持任命胡耀邦當總書記的，但當他看到胡耀邦更願意回應鄧和鄧的政策而不是他本人的，心中自然不悅。但是這兩位黨的領導人都知道，公開鬧翻會招致外界的強烈攻擊，這將毀掉黨，因此兩人都有所節制，不把他們的分歧公之於眾。

（564）

反對精神污染及其迴響

一九八三年初，敢言的自由派理論家再一次從哲學角度，主張擴大思想自由的範圍，令保守派擔心共產黨的權威受到了那些不把對黨的忠誠視為最高信仰的人的挑戰。《人民日報》副總編王若水在一九八三年一月寫道：「社會主義的人道主義……意味著堅決拋棄十年內亂期間的『全面專政』和殘酷鬥爭；拋棄把一個人神話而把人民貶低的個人崇拜；堅持在真理和法律面前人人平等，公民的人身自由和人格尊嚴不受侵犯。」[27]不久後，在三月七日中央黨校紀念馬克思逝世一百週年的會議上，周揚也表達了自己的觀點，他說，不但資本主義社會存在著異化，如果缺少民主和法制，幹部濫用權力，社會主義社會同樣存在異化。胡喬木和鄧力群試圖阻止發表周揚的言論，但它還是刊登在三月十六日的《人民日報》上，且引起巨大迴響。[28]將人道主義和異化視為普遍原則的觀點，在鄧小平等中共領導人看來是對黨的最高權威的根本挑戰。在西方觀念中，超驗的神可以批判世俗統治者，但這並不是中國的傳統。

鄧小平沒有匆忙終止一切有關人道主義和異化的討論，但他在一九八三年九月份決定對寬鬆的氣氛加以限制。他讓胡喬木準備一篇講稿，要對他稱為「精神污染」的觀點採取更強硬的路線。[29]鄧小平承認社會主義社會也存在各種問題，但是他宣稱，根據馬克思的理論，「異化」是指工人因為其勞動受到追逐利潤的資本家剝削而產生的一種感受，因此在社會主義社會並不存在這種問題。鄧小平主要針對的是那些攻擊中共權威的人。[30]

鄧力群批評胡耀邦把愛國主義放在共產黨之上，但鄧小平本人並未區分兩者的先後。假如讓鄧小平表達自己的看法，他也許會說，在數百年內愛國主義會綿延不絕，但至少近幾十年內沒有什麼可以取代共產黨，對黨的完全支持是絕對必要的。鄧小平說，有些在文革中受過罪的青年知識份子在暗中搞秋後算帳的活動，有些人充滿狂妄的野心，對這些人必須撤職和開除黨籍。基本問題是什麼？「黨的紀律鬆弛，甚至保護了一些壞人。」鄧小平的解決辦法是，思想工作者要幫助教育人們「正確看待過去，理解當前，堅定對社會主義和黨的領導的信念」。[31]北京的幹部知道，就像陳雲在三月份的講話一樣，鄧小平的講話也包含著對胡耀邦含蓄的批評，因為胡耀邦一直主張為知識份子擴大自由的範圍。

一九八三年十月十二日，在十二屆二中全會上，鄧小平把批評擴大為一場全國範圍的反對精神污染的政治運動。鄧小平很不願意搞政治運動，這會打亂正常工作，讓所有可能受到批評的人產生對立情緒，可是他又找不到政治運動以外的辦法去遏阻「精神污染」。這是鄧小平一九七八年上台以來發動的第一場政治運動。但是為了避免重蹈過去政治運動極端化的覆轍，鄧小平一開始就警告：「過去那種簡單片面、粗暴過火的所謂批判，以及殘酷鬥爭、無情打擊的處理方法，決不能重複。」[32]

儘管鄧小平發出警告，一些奉命搞運動的幹部還是採用了他們所熟知的恐嚇式批判。但是也有一些富有同情心的幹部試圖淡化批判。當一些局級負責人開會討論如何反駁「人道主義」以及社會主義同樣會存在「異化」的觀點時，農村問題的重要顧問杜潤生問他們是否知道「異化」的含義。大多數人承認不太清楚，杜潤生對他們說，那麼你們怎麼能讓農民明白什麼是異化？杜潤生說，在農村搞這種批判運動是很荒謬的。萬里也認為不應當在農村搞這種運動。趙紫陽說，不要讓運動干擾經濟。方毅則認為不應讓運動干擾科技領域的工作。當時任總政治部主任的余秋里很快就阻止了在軍隊中開展這場運動。這些幹部成功限制了運動的範圍。鄧小平既覺得有必要限制對黨的批評，又知道對政治運動存在著普遍反感，他想在這兩者之間達到平衡，因此沒出一個月他便讓這場運動偃旗息鼓了。一九八四年一月三日，胡喬木在一篇長文中對異化做出權威性闡述，基本上結束了這場運動，但此文也為言論自由設定了界線。[33]

（566）

在很多知識份子心中，鄧力群要對這場運動負責。結果是他退居守勢並做了自我批評。他被批評為又一次反右運動的始作俑者。[34]像很多知識份子一樣，胡耀邦的長子胡德平以及鄧小平的長子鄧樸方，批評鄧力群把這場運動搞得超出了鄧小平的本意。鄧力群明確表示，發動政治運動的人是鄧小平。他拒絕保護上級領導的行為並未被迅速遺忘：十五年後給鄧小平開追悼會時，鄧樸方明確表示不歡迎鄧力群參加。在敢言知識份子的壓力下，胡喬木後來甚至承認反精神污染運動是一個錯誤。其實鄧力群也認識到反精神污染的鬥爭沒有達到目標，他在一九八四年三月十四日對胡喬木說：「反對精神污染將是一場長期的鬥爭。」[35]

為了讓那些被已經終止的、運動灼傷的知識份子放下包袱，從一九八四年到八五年鄧小平採取了比較寬容的態度。因堅定的信念與勇氣，受到很多知識份子敬佩的王若水，得以繼續撰寫人道主義的文章，甚至在一九八四年一月受到批評後，他仍在香港發表了一篇文章，為自己的立場辯護。直到一九八四年底他才被開除黨籍。

鄧小平限制反精神污染運動的寬容態度使作家們受到鼓舞，他們再次信心大增。一九八四年十二月二十九日至一九八五年一月五日中國作協召開第四屆全國代表大會，會議組織者竟然敢不邀請胡喬木和當時仍是中宣部部長的鄧力群到會。胡耀邦在會上致詞，照本宣科地表達了黨要限制言論自由的觀點，但他到會的事實本身就給了與會者一定信心。不出所料，胡耀邦與會，加之會議沒有制止直言不諱的批評，均讓保守派感到憤怒。大膽的作家們選出被胡喬木和鄧力群批評過的、一九三〇年代就已成名的小說家巴金擔任作協主席。著名報導文學作家、過去的右派、也是對黨的知識份子政策最敢言的批評者之一劉賓雁當選副主席。劉賓雁利用這次會議批評了那些在反精神污染運動中攻擊過他的人。

夏衍在評價這次會議的重要性時宣稱，這次大會堪稱作家們的遵義會議。就像毛澤東在一九三五年一月的遵義會議上擺脫蘇聯的控制一樣，中國作家在這次會議上擺脫束縛，宣告了自身的獨立。[36]這類言論激怒了保守派。出席會議的很多人都是黨員，但李先念從他的女婿、與會的部隊作家劉亞洲那兒瞭解到會議情況後，把它斥為一次反黨會議。胡喬木和鄧力群也被作家們的叛逆精神所激怒。鄧力群稱之為一次「群魔亂舞」的會議。一九八五年一月二日會議仍在召開時，得知會議進展的鄧小平把胡耀邦叫去做了一次私下談話。胡耀邦跟鄧小平談過話後，在會議閉幕式上對當時流行的風氣提出了比他早先講話更為嚴厲的批評。[37]

作協會議對中共權威的放肆挑戰讓鄧小平十分惱火。在鄧小平看來，胡耀邦在爭取知識份子的人心上過於寬宏大量，卻未能使黨的紀律得到加強。此外，胡耀邦的寬容使鄧小平顯得像是一個專橫的、過分嚴厲的專制主義者。[38]

同時，為了讓保守派和知識份子取得一定共識，胡喬木協助胡耀邦起草了一篇發言稿〈關於黨的新聞工作〉，由後者在一九八五年二月八日中央書記處的報刊工作會議上發表。[39]這篇講稿的基調是保守的，但胡喬木試圖在保守派和知識份子之間取得平衡。胡喬木寫道，既要反對精神污染，又要避免使用或盡量少用「精神污染」這種說法。[40]據說鄧小平對胡喬木改變調子，及其對挑戰中共權威的限制上做出讓步也感到不滿。[41]

在這種更加自由的氣氛中，三十年前被打成右派的著名報導文學作家劉賓雁於一九八五年三月發表了〈第二種忠誠〉一文。他在文中對兩種黨員做了對比，一種黨員對上級領導唯唯諾諾，另一種黨員具有良知、獻身於黨的理想。劉賓雁這篇文章深深觸動了那些曾經為是否執行黨在大躍進和文革時期的政策而受到內心煎熬的人，而對試圖擺脫中共、富於理想的青年也產生巨大影響。一貫堅信黨的紀律至關重要的鄧小平認為劉賓雁的觀點是在挑戰黨的領導，結果，劉賓雁在一九八七年被開除黨籍。但是與毛澤東不同，鄧小平並不是一個喜好報復的人。他在一九八八年允許劉賓雁和王若水出國。同時，鄧小平也因完全知道鄧力群的作為已招致知識份子離心離德，於一九八五年七月撤去了鄧力群的中宣部部長一職，取代他的是當時在家鄉貴州擔任省委書記的朱厚澤。[42]

朱厚澤不能完全控制中宣部，因為那裡仍有許多保守派，但是他的任職對於追求更多自由的人來說是一次重大勝利。熟悉中宣部的幹部說，誰當了中宣部部長誰就會變得保守，因為他的職

（568）

責是維護黨的正統思想，但只有朱厚澤是個例外，他宣布了新的「三寬政策」：寬鬆、寬容、寬厚，這讓希望表達不同意見的黨員為之一振。

朱厚澤在文革之前和文革期間都挨過整，但由於他在領導貴州這個落後省分上取得的成就，被選定為有前途的省級領導人。一九七八年中央黨校重新開學後他參加了第二屆為期一年的培訓班，而當時領導中央黨校的人正是胡耀邦（朱在黨校的同學之一，是二〇〇二年成為中國最高領導人的胡錦濤）。朱厚澤到北京上任後，支持思想開放、有創造性的著名作家王蒙擔任文化部部長。[43]鄧力群等保守派理論家認為，朱厚澤允許方勵之、王若望和王若水等人享有更多自由，會讓事情變得更糟。[44]他們擔心這終將導致混亂。朱厚澤的做法讓大膽敢言的知識份子歡欣鼓舞，卻讓鄧力群及其支持者心灰意冷。

鄧小平繼續做著一件幾乎不可能辦到的事：既要堅持黨的紀律，又不徹底疏遠知識份子。在一九八五年九月十八日至二十三日舉行的全國黨代表大會上，鄧小平將社會主義的積極力量與資產階級的自私自利做了比較。[45]他說，通過保留土地公有制和企業國有制，中國能夠「消除資本主義……所必然產生的種種貪婪、腐敗和不公正現象。……資產階級自由化的宣傳，也就是走資本主義道路的宣傳，一定要堅決反對」。[46]但是他仍然試圖阻止對知識份子的全面批判。他說：「我們仍然堅持『雙百』方針；堅持憲法和法律所保障的各項自由；對思想上的不正確傾

（569）

向，堅持以說服教育為主的方針，不搞任何運動和『大批判』。」[47]

準備交接班：一九八五

一九八五年到來之前，鄧小平為了解決已經拖延一段時日的高層交接問題，提議在一九八五年召開黨的第十三次代表大會，這比規定的時間一九八七年提前了兩年。由於其他人強烈反對更改黨代會的正常會期，鄧在一九八五年九月十八日至二十三日召開了一次特殊的「黨的全國代表會議」，宣布重要的人事退休與潛在接班人的任命。出席會議的共有九百九十二名幹部，規模幾乎和黨代會一樣大。[48]由於會議沒有選舉中央委員的正式權力，因此在九月十六日，即代表會議開幕之前召開了中央四中全會以接受辭職，又在代表會議閉幕後的九月二十四日召開五中全會宣布了新的任命。沒有人公開討論過鄧小平的交接班問題，但是這個問題在四個月前的五月十日胡耀邦接受陸鏗（過去的右派、香港半月刊《百姓》的副主編）採訪時，就已經有各種傳聞了。

採訪刊登出來後，鄧小平讓喬石轉達了他對胡耀邦的不快。他對喬石說，胡耀邦是想把自己打扮成一個開明的領導人。[49]此外，當陸鏗問胡耀邦「鄧小平為何不在自己身體尚好時就把中央軍委主席一職交給你」時，胡耀邦沒有斷然否認他想從鄧小平手中接過這一可以使他成為第三代領導人的關鍵職務，而是回答說，鄧小平一句話就能解決軍隊的問題，我得說五句。[50]

鄧小平雖然讓胡耀邦知道他正在考慮退休，但他不想讓別人催他退休。他要按自己的步調行事。他知道胡耀邦過於我行我素，不能充分考慮全盤計畫的平衡，因此已經失去陳雲等保守派的支持。在他們看來，胡耀邦以他的寬容大度贏得了知識份子的人心，卻把限制知識份子的任務留給別人去做。胡耀邦的對手私下蔑稱其為「蟋蟀」——「瘦小，機靈，總是上竄下跳」。[51]胡耀邦的支持者以為，胡耀邦可能確實在黨的代表會議上被任命為中央軍委主席了，只是他沒接受罷了。[52]鄧小平後來對楊尚昆說：「如果說我犯過什麼錯誤，這個錯誤就是看錯了胡耀邦。」[53]

在黨的代表會議上沒有明確討論接班問題，但在很多與會者看來，鄧小平當時已經決定讓比他年輕十五歲（而胡比鄧年輕十一歲）的趙紫陽做為主要候選人。趙紫陽在城市經濟改革上成績斐然，而且他不疏遠保守派領導人，具備領導人的氣質。鄧小平很少公開表揚哪一個幹部，但是他在會議期間接見幾位作家時公開表揚了趙紫陽，還特別提到他擁護四項基本原則。[54]

在代表會議之前的四中全會上，總共有六十四名擔任中央委員或候補委員的老幹部宣布退休，約占全部委員的五分之一，其中包括九名政治局委員。這六十四人中有六十一人都過了六十七歲。其中一人是政治局常委葉劍英，由於沒有提名其他人取代他，政治局常委的人數從六人減為五人，除了鄧小平以外，還有陳雲、李先念、胡耀邦和趙紫陽。

在選拔新的高級官員時，主要的考慮：一是年齡，二是教育程度。由政治局和書記處操辦的選拔過程十分慎重，從一九八五年五月份開始持續了數月。在中央委員會新當選的六十四名委員中七六%有大學文憑，平均年齡五十出頭。政治局實際上以老幹部那些更年輕、教育程度更高的追隨者取代他們本人：姚依林與陳雲關係密切，胡啟立跟胡耀邦關係很好，田紀雲是趙紫陽的人，喬石是彭真的人，李鵬則是鄧穎超的養子。[55]

在這些較年輕的新高幹中，五十八歲的李鵬和五十七歲的胡啟立，被視為總理和總書記的潛在人選。水利工程專業出身的李鵬確實在一九八七年十一月當上了代總理，後來又成為總理且一直幹到一九九八年三月。胡啟立畢業於北京大學物理系，一九八〇至八二年任天津市委書記，後回到北京擔任中央辦公廳主任和中央書記處書記。他會講英語，眼界開闊。[56]他於一九五一年畢業後在北京大學當了五年共青團書記，一九七七年清華大學恢復教學後他成為校黨委副書記。

在當選候補委員的年輕幹部中，還有江澤民和胡錦濤。他們在一九八五年後能夠出席政治局會議，只要黨認為他們有前途，不犯大錯誤，就有望登上更高的職位。

（571）

鄧小平要求新當選中央政治局候補委員的年輕幹部和其他新領導人學習老幹部們建設黨、團結國家、至今仍在為四化努力工作的精神。他要求他們為人民服務，求真務實，公私分明，學好馬列，研究和適應不斷變化的新情況。[57]事實上這些新的領導人成為老幹部的學徒，他們會受到培養和考驗，以便將來擔任更高的職務。

（572）

這一次的大輪家是鄧力群，知識份子都把反精神污染運動歸罪於他（雖然有人認為鄧小平才是始作俑者）。黨的全國代表會議後不久，鄧小平就批准了宣布鄧力群不再擔任中央書記處研究室主任的通知，通知於一九八五年九月二十八日發出。據政治嗅覺靈敏的知識份子推測，這是要讓他為那場不得人心的運動承擔責任。按照慣例，這種人事變動應事先通知政治局常委，可是這一次常委們並未得到通知。[58]可能是由於陳雲的緣故，通知在發出半小時後又被撤回。事實上，鄧力群的研究室又過了兩年才終於被解散，在這之前鄧力群一直在位。

政治改革：一九八六—一九八七

一九八六年六月十日，在與趙紫陽、余秋里和萬里等人開會時，鄧小平談了三個需要處理的重要問題：農業、外匯和政治改革。這也是一九八〇年以來他第一次談到政治改革。鄧小平說：「一九八〇年初就提出政治體制改革，但沒有具體化，現在應該提到日程上來。不然的話，機構龐大，人浮於事，官僚主義，拖拖拉拉，互相扯皮，你這邊往下放權，他那邊往上收權，必然會阻礙經濟體制改革，拖累經濟發展。」他又說，必須精簡政府機構和人員，減輕國家財政的沉重負擔。[59]

時機似乎終於成熟。一九八五年的巴山輪會議標誌著經濟體制改革基礎研究的結束，需要進行一些政治體制的變革以配合新經濟體制的發展。一九八〇年時，鄧小平及身邊幹部擔心中國會發生類似於席捲東歐的示威。一九八六年，他們則為亞洲新的一波民主示威浪潮感到緊張。繼年初將馬可仕總統趕下台的「人民力量」運動之後，這股浪潮已驅使蔣經國在鄧小平召開六月代表會議的三個月前宣布要研究政治體制改革。若在此時向國內外公眾表明大陸和台灣一樣開放，豈不是明智之舉？

在對待抗議活動時，鄧小平像其他中共領導人一樣，既要嚴加控制，同時也想消除民怨的根源。隨著有關示威活動的消息四處傳播，鄧小平繼續向中國民眾解釋，社會主義公有制優於資產階級民主；他指出資本家剝削工人，實行三權分立的國家難以及時做出決策。但是鄧小平也決心走在群眾運動的前面，適時進行政治改革，因此他做出指示，要認真研究各種政治體制，搞清楚哪一些體制持久、哪一些體制易垮台及其中的原因。

順理成章的便是，選擇一位政治體制改革研究小組的領導人，擔負起實施未來政治體制改革的重責大任。假如胡耀邦是鄧小平的接班人，那麼他自然會是這個小組領導人的合理人選。然而鄧小平在一九八六年五月告訴胡耀邦，在定於一九八七年秋天召開的十三大以後他將卸下中央軍委主席一職。不出鄧小平所料，胡耀邦回答說他也會從總書記的位子退下。鄧小平說，胡可以繼續工作，但發揮的作用要小一些。鄧小平解釋，決定是否讓胡耀邦擔任中央軍委主席或國家主席

（573）

為時尚早。[60]

此時，趙紫陽已被指派全面負責為黨的十三大準備文件。很多人預計他大有機會在十三大之時成為主持日常工作的最高領導人。鄧小平在一九八六年九月又讓趙紫陽負責研究政治體制改革，人們估計他有可能負責領導未來的政治改革。趙紫陽是一個合適的人選，因為他和他的智囊團已經研究過各種經濟體制。他在領導研究經濟體制上的經驗，使他很適合思考與經濟變化相配合的政治改革。

一九八六年六月二十八日，鄧小平在政治局常委會議上指示，在籌備將於一年後召開的十三大時，中央書記處必須制定一個計畫，用一年時間研究政治體制改革，然後提出行動綱領。他提醒：「不搞政治體制改革，經濟體制改革也搞不通。」[61]他的部下要在一九八七年七月拿出文件初稿，在八月或九月召開的七中全會上進行討論，以便最後定稿能在十月的中共十三大上公布。[62]

在為研究政治改革設定進程時，鄧小平強調黨政職能分離的必要性，這是他早在一九四一年就贊成的觀點。[63]事實上，一九八〇年代時的黨政重疊制度是在一九五〇年代形成的，旨在解決一個現實問題：中共掌權後政府中仍有一些高級幹部不是黨員，因此每個政府部門都成立了黨組織以確保黨的控制。但是到了一九八〇年代幾乎所有擔任重要職務的政府官員都是黨員，因此很多人覺得沒有必要再保留黨的監督。此外，很多人認為黨多出來的一層監督使各部委或各省領導人無法以及時、靈活的方式協調各自單位的工作。理順政治體制，正當其時。[64]

於是，趙紫陽根據鄧小平的指示，在一九八六年九月中旬成立「中央政治體制改革研討小組」，成員有胡啟立、田紀雲、薄一波和彭沖。這個小組配備了一班人馬，下設政治體制改革辦公室，趙紫陽給政治局常委鄧小平、陳雲、李先念和胡耀邦寫信，提出人選名單。按鄧小平的指示，趙紫陽在信中闡述了政治體制改革的目標：為現代化服務，為長治久安提供保障。鮑彤被任命為體改辦主任，他在一九八〇年由中組部派去為趙紫陽工作後，已經證明自己是個得力助手。[65]

雖然鄧小平所希望的政體改革的目標範圍相當有限，但他給了趙紫陽很大權力，讓他研究各種政治體制，聽取國內不同專家團體的意見。前《人民日報》記者吳國光是體改辦的成員之一，他後來在普林斯頓大學寫的博士論文就是以一九八六年至八七年的中國政治改革做為題目，他指出鄧小平和趙紫陽的政體改革觀的不同。鄧小平希望通過高度積極的人員提高管理效率，趙紫陽則想更大範圍地減少黨在經濟和社會單位中的作用。但是，即使是鄧小平較為狹小的目標，也需要政治改革的研究者思考提高人員士氣的方式。身為探討這個問題的小組成員，他們自然而然開始思考何種機制能讓下級表達意見。[66]

(574)

（575）

從一九八六年十一月到一九八七年四月，體改辦和不同的幹部專家一共組織了三十多次研討會。[67]雖然報告的定稿需要鄧小平批准，但趙紫陽和鮑彤有權力選擇參加會議的專家。他們所選的專家包括瞭解東歐國家的政改、西方政治史和一九四九年前後中國政治體制的人。體改辦評估了黨、政府和全國人大的作用，聽取了處理過不同地區實際問題的地方幹部的意見。政體改革小組還致電中國駐世界各國的大使館，讓它們蒐集有關不同政體的資訊。新華社和中共駐港機構也協助蒐集了世界各國政治實踐的資訊。雖然之前討論經濟體制改革時邀請了很多外國專家，但並沒有請他們參加討論敏感的政治體制改革問題。

研討會的發言者對於「政治改革」的涉及範圍持有不同看法。「政治改革」一詞自然而然吸引了懷抱希望的知識份子和學生，他們回應鄧小平的號召，對政治體制問題進行廣泛的討論。他們謹慎重複鄧小平對效率的強調，但是有些知識份子也提出一些遠超出行政效率的問題，如中國社會科學院政治學研究所所長嚴家其。鮑彤在公開講話中有意識地引用鄧小平的話，以表明自己是在遵令辦事。但趙紫陽和鮑彤顯然堅信黨應當放棄對政府、企業和學術機構的嚴密監督。他們認為，這樣其實可以使黨更有力行使全面領導。[68]就像政府可以用宏觀調控、間接引導經濟一樣，黨可以退出日常管理，只提供總體性的指導。

一九八七年一月，在學生示威受壓、胡耀邦下台、反對資產階級自由化運動開始後，北京的政治氣氛轉趨保守。為應對這一股寒流，趙紫陽請胡喬木和鄧力群參加政治改革研討小組的會議，以便讓思想正統的老同志也能在討論中充分表達意見。[69]新的氣氛限制了有關政改的討論，但並未使其停滯。趙紫陽在一九八七年二月四日提議加強工會的獨立作用，給其更大的活動空間以代表工人利益。薄一波還記得在一九四九年前後的一段時間，工會曾受到鼓勵發揮更大力量抵制資本主義趨勢，因此他預期黨在未來會重新鼓勵獨立工會，以限制新自由市場經濟中的企業主。研究者也討論改變全國人大的可能性，希望人大從一個徒具形式而無實權的橡皮圖章，轉變為一個能夠代表不同觀點、進行有意義討論的權力機關。[70]

鄧小平在一九八七年三月與喀麥隆總統保羅·比亞（Paul Biya）的會談中說，政治體制是否健康，要看政局是否穩定，是否有益於國家的團結和人民生活水準的提高，生產力能否持續發展。[71]他沒有提到擴大自由或傾聽民眾的聲音。但是鄧在一九八七年四月二十八日跟趙紫陽見面時則明確表示，雖然要繼續批判資產階級自由化，他希望繼續考慮政治改革。趙紫陽對收緊的政治氣氛有所擔心，請求鄧小平同意重印一九八〇年八月鄧支持政改的談話。鄧小平答應了此一請求。

鄧小平在審閱趙紫陽十三大報告的草稿時，更加明確拒絕了知識份子提出的擴大自由的要求：「我們改革的主要目標，是保證行政機構的工作效率，不受外界太多的干涉。……對民主不要感情用事。……民主只是手段，民主應該同法制結合在一起。只有依靠法律，我們才能有一個穩定的環境。」[72]很多知識份子在一九八六年底一廂情願地希望可以在政治體制改革上取得突破，但該願望在一九八七年並未實現。聽過鄧小平的意見後，趙紫陽在五月十三日發表了有關中共十三大籌備工作的談話，這次談話標誌著反資產階級自由化運動的結束，表明十三大將把政治改革計畫列入會議內容。但至少就當時而言，政治改革並不包括擴大民主實踐的步驟。

學生運動和胡耀邦落馬

一九八六年春天，菲律賓的「人民力量」運動把腐敗的馬可仕總統及其妻子伊美黛趕下了台，由此觸發東亞各國的學生示威，中國電視上的這些新聞也點燃了中國學生的抗議活動。中國在一九八〇年初只有大約三百五十萬台電視機，隨著電視機產量爆炸性的成長，到一九八五年初已超過四千萬台。[73]一九八六年的中國電視觀眾從電視上瞭解國內外大事，包括蔣經國在一九八六年九月允許反對黨合法存在。國外的學生運動和台灣的大選在在激動人心：中國的學生也開始呼籲「人民的力量」，要求實行西方式的民主。

一九八六年的學生示威活動是自一九七六年「四五」運動以來出現的第一次大規模學生示威。一九八七年五月二十九日，在學生示威漸趨平靜幾週之後，趙紫陽對新加坡副總理吳作棟說，中國實行對外開放後，過去跟外界沒有多少接觸的學生缺少判斷是非的能力。看到美國和日

（577）

本更發達，有些人便得出錯誤的結論，主張中國應當全盤西化，不理解這在國情十分不同的中國是不可能的。趙紫陽承認一些學生得出這種結論不足為怪，因為在一九七八年以前社會主義制度確實有一些失誤。他批評有人放鬆了黨對遊行示威的管制。[74]但他並沒有提到要為此負責的人，即胡耀邦。

在整個二十世紀，中國的學生示威大多發源於北京，可是這一次卻始於安徽省省會合肥以及相鄰的南京和上海，起因是國際知名的天體物理學家、時任中國科技大學（位於合肥）副校長的方勵之在這些地方演講。方勵之是一名充滿活力的演說家，不管他在哪裡發表激進言論都會聽眾如雲。例如，一九八六年十一月十八日他在上海同濟大學說：「第二次世界大戰結束以來，沒有哪個社會主義國家是成功的。」他又說，現在的中國政府是現代形式的封建主義。他向聽眾講述歐洲中世紀的科學家如何衝破教義傳統的束縛，並嘲笑毛澤東稱讚沒有受過教育的人富有智慧。他斥責胡喬木，說他如果懂天體物理學，那麼科學家會歡迎他講話，不然他還是少說為妙。在安徽的一次公開會議上，安徽省前省委書記、也是最開明高層領導人之一的萬里想限制一下方勵之，說他已經給了方勵之足夠多的民主。方勵之則回答說，萬里當副總理並不是人民選出來的，他無權決定允許多少民主。

如果方勵之只是一名普通的知識份子，不難及時把他打壓下去。然而方勵之是十分傑出的科

（578）

學家，是中國試圖培養的知識份子的楷模。他十六歲考入北京大學物理系，後來成為中國最年輕的正教授。一九八六年夏末正值他在普林斯頓大學高等研究院訪學數月後歸國，無論走到哪裡都會吸引大批熱情的追隨者。當時還不是網際網路時代，但聽眾把他的講話錄音和講稿向各地的朋友傳播。一九八六年十二月四日方勵之在中國科技大學演講之後，隨即爆發大規模的學生示威。

在十二月八日胡耀邦主持的中央書記處會議上，胡為了安撫學生，承認大學的條件確實有待改善，這也成為後來保守派批評他對示威學生太軟弱的理由。第二天是一九三五年「一二・九」（即十二月九日）學生愛國運動的紀念日，武漢、西安和合肥的學生再度走上街頭。雖然中國的電視台封鎖消息，但學生們熱切收聽VOA（美國之音）和BBC有關示威的新聞。

鄧小平在搞四個現代化之初就有言在先，一些人會先富起來。但在大多數學生看來先富起來的卻是最不該致富的人：貪婪的個體企業老闆和腐敗的官員，而不是品行正派、勤學多年以後為國家利益而工作的幹部。學生的生活條件往往很糟，八個人擠在一間狹小的宿舍裡。他們能通過錄取率極低的高考必是經過多年的艱苦學習。考上好大學的優秀學生，對靠關係得到更好機會、過著優裕生活的高幹子女感到憤憤不平。[75]此外，當時仍不允許大學畢業生自主擇業，而是由國家分配工作，進行分配的部分依據則是分管學生工作的政工幹部所寫的評語。很多學生覺得別無選擇，只能去討好這些政工幹部，而在他們看來這些人往往專橫跋扈、不學無術。[76]

在方勵之點燃了喚醒學生的星星之火後，示威活動蔓延至北京和其他大約一百五十個城市。各地領導人承擔著控制學生運動的責任。十二月十八日，示威蔓延到上海，市長江澤民出現在大批學生面前。他一開口講話就有學生發出質問，還有些學生根本不把他放在眼裡。於是他停下講話，請學生中間的一些人上台陳述自己的觀點。學生講出自己的觀點後，江澤民說，同學們對西方和中國的差別缺乏足夠瞭解，你們對西方民主的瞭解都是通過翻譯過來的東西，你們應當直接從外文去更瞭解民主。然後他用英語背誦了一段林肯的蓋茲堡演說，這讓很多學生大為折服。此後幾天，由於學生們忙於期末考試，同時上海市政府宣布任何示威都要事先獲得批准，學生遊行也隨之結束，沒有發生任何意外。[77]江澤民在北京高層領導人那裡得了高分，他們讚賞他平息了示威而沒有發生衝突。

十二月二十七日，鄧力群、王震、胡喬木、彭真、薄一波、余秋里和楊尚昆被召集到鄧小平家中彙報學生運動的情況。他們說，形勢十分嚴峻。[78]在鄧小平等一些老幹部看來，胡耀邦有嚴重缺點，而他控制學生運動的無能成為導火線。鄧小平認為，無論對學生運動還是對胡耀邦的領導職務，最好立刻採取行動。過去他沒等到黨的十二大就讓華國鋒靠邊站，這一次他也不想等到十三大再讓胡耀邦下台。

鄧小平知道讓胡耀邦下台會帶來麻煩，因為胡耀邦得到群眾的廣泛支持。把胡耀邦撤職也會讓人們懷疑鄧小平當初選擇胡耀邦是否明智，就像毛澤東和林彪翻臉使人懷疑毛澤東當初對林彪的判斷是否明智一樣。鄧小平也知道，在獻身改革、爭取知識份子和地方幹部的熱情支持上，沒有哪個人比得上胡耀邦。鄧小平在一九八六年五月曾問過鄧力群對胡耀邦和趙紫陽的看法，至少從那時起他就開始考慮替換胡耀邦這個問題。但鄧沒能預見到對胡耀邦的撤職會在僅僅兩年後胡去世時引發那麼大的騷亂。

一九八六年十二月三十日，鄧小平把胡耀邦、趙紫陽、萬里、胡啟立、李鵬等人叫來，宣布必須結束對學生運動的寬容態度。他對他們說：「凡是鬧得起來的地方，都是因為那裡的領導旗幟不鮮明，態度不堅決，……要旗幟鮮明地堅持四項基本原則，否則就是放任了資產階級自由化。」胡耀邦意識到自己要對「態度不堅決」負責，他知道遞交辭呈的時候到了。

鄧小平接著批評方勵之說：

> 我看了方勵之的講話，根本不像一個共產黨員講的。這樣的人要開除。……我們講民主，……不能搬用資產階級的民主。……美國的當權者……他們實際上有三個政府，……對內自己也打架，造成了麻煩。這種辦法我們不能採用。……反對資產階級自由化至少還要搞二十年。民主只能逐步發展，不能搬用西方的那一套。搞資產階級自

由化，否定黨的領導，弄得十億人民沒有凝聚的中心。[79]

一九八七年一月一日的《人民日報》社論強調了四項基本原則的重要性，抨擊了資產階級自由化。這使群眾對隨後胡耀邦在這兩個問題上受到批評有了心理準備。次日，胡耀邦正式提出辭去總書記一職。鄧小平與趙紫陽、薄一波、楊尚昆、萬里和胡啟立幾個高層幹部做了溝通，他們都同意接受胡耀邦辭職。然後鄧小平讓他們組成一個委員會，做為籌備十三大的領導班子，並告訴他們在對胡耀邦進行公開批評前，馬上在一月八日組織一次「黨內生活會」（實際上是鬥爭會）。[80]胡耀邦的支持者後來說，利用「生活會」批評胡耀邦，違反了解除總書記職務的正常程序，因為把如此高職位的人解職首先要得到政治局的批准，然後要有中央全會的批准，最後要經黨的代表大會批准。鄧小平則選擇在把胡耀邦的問題提交政治局擴大會議之前，就用「生活會」給他定了案。

從一九八二年到八六年，每年的中央一號文件都與農業有關，但一九八七年一月六日發給全黨的一號文件內容卻是鄧小平關於處理學生示威的指示要點。鄧小平說，反對資產階級自由化的鬥爭關係到國家的未來，必須態度堅定。對拒不接受「教育」的人要做出嚴肅處理。[81]沒過幾天示威就停了下來，沒有任何有關示威者死亡的報導。[82]

（580）

（581）

鄧小平在一月六日也見了胡耀邦一面，通知他要召開批評他的「黨內生活會」。在組織這些會議時，鄧小平指示黨內幹部「態度要溫和」。[83]他說，胡耀邦的問題沒有那麼嚴重，不要搞成路線鬥爭，也不要搞成打擊派系，開會不是為了打擊報復。[84]但是，胡耀邦在上層的自由派幹部、地方幹部和知識份子中間畢竟有眾多追隨者，鄧小平認為，為了消除胡耀邦的影響，有必要對他的問題做出詳細而全面的說明。批判胡耀邦最堅決的人是鄧力群，他被請來起草這個批胡的文件。同時趙紫陽也與胡耀邦見了面，通知胡說，允許他保留政治局常委一職，但他要對次日召開的批評會做好精神準備。趙紫陽還勸說他，如果再發生學生示威，一定要堅定公開表明反對的立場。[85]

一月十日至十五日，在由薄一波主持、根據鄧小平的要求召開的「黨內生活會」上，有二、三十名高層幹部對胡耀邦進行了批評。鄧小平和陳雲兩人地位太高不宜到會參與批評，不贊成把胡耀邦撤職的李先念藉故留在上海，也沒有參加。有人說，如果葉帥沒有死（他於一九八六年十月二十二日去世），他會保護胡耀邦，絕對不會允許開這種批評會。

胡耀邦在會上首先做了自我檢討。他承認自己未能承擔起責任，按鄧小平的指示阻止學生示威。「自一九八六年十一月以來，小平同志曾就這次十年來最大的學潮給我做過三次指示。」此外，他知道自己會在哪一些具體問題上受到批評，於是對每個問題都做了嚴肅的交代；他承認自己有錯誤，但也試圖做出辯解：

- 關於他未能堅持四項基本原則：「我確實講過一些話，也抓過一些事，但沒有嚴格把握這些基本原則。」
- 關於資產階級自由化：「我不認為這個問題很嚴重，我覺得只要幹好工作，問題自然會得到解決。」
- 關於精神污染：「小平同志講過之後，我沒有及時採取正確的措施，制止一些錯誤言行。」
- 關於培養幹部接班人問題：「黨中央，特別是一些老革命，一再要求我培養好接班人，大膽提拔德才兼備又有經驗的同志。對此我是堅決擁護的。我在提拔和安排幹部上，從來沒有以自己為中心，總是集體開會討論。我沒有提拔過有私人關係的人或支持過小圈子，……但我也犯了一些錯誤。」
- 關於外交活動：「一定要特別慎重。負責接待外賓的部門請我見陸鏗，我沒有拒絕，這是個錯誤。我在同他談話時，……沒有斷然否定他的一些說法。」
- 關於「思想」：「我犯錯誤的主要原因是，文革之後，我在思想鬥爭中總想維護安定，擔心出亂子。我把精力主要用於防左，沒有防右。……把一些次要的事情看得太重。……在長期任職之後，我變得過於興奮急躁。……不能冷靜聽取別人的意見。」

• 關於答應下面的事太多：「我從來沒有批准過超出自己職權範圍以外的事。」[86]

胡耀邦對隨後受到的猛烈批評完全沒有準備。他後來說，如果他知道「黨內生活會」是那個樣子，他就不會交辭職信，也不會做這種全面檢討。[87]

鄧力群對胡耀邦的詳細批評占去了一月十二日整個上午和次日的半個上午，總計五個多小時。鄧力群一一列舉了胡耀邦的「錯誤」。他說，胡耀邦最大的失誤是對四項基本原則和反精神污染鬥爭關注不夠。他沒有做到團結全黨，他主要使用跟自己觀點相同的人，在重要的人事任免上沒有充分徵求老領導的意見。[88]

趙紫陽在一月十五日也對胡耀邦提出了批評。後來，一九八九年趙紫陽被軟禁後，他在跟別人的交談和錄音中痛心地表示，雖然他和胡耀邦有分歧，但他對胡的批評並不過分，他和胡耀邦對改革有著一致的看法，並曾合作共事。他說自己「沒有對胡耀邦落井下石」。[89]當時，在一月十五日的生活會上，趙紫陽批評胡耀邦，說他雖然大公無私，但是也有弱點。「他喜歡標新立異，搞些噱頭。他不服從紀律。……如果他有更大的權力，問題就會更大。……為什麼他對

（583）

劉賓雁、王若水這種放肆的人那麼寬容？他大概是想在國內外樹立一個開明形象。」趙紫陽又說：「耀邦同志不遵守紀律。如果條件有了變化，小平同志和陳雲同志不在了，我是無法繼續與他共事的，那時我就要辭職了。他不管你常委會怎麼定的，黨代會怎麼定的，或過去怎麼定的，他想怎樣就怎樣。」[90]胡耀邦對這些話很吃驚，他沒有想到趙紫陽會這樣批評他。胡的朋友也覺得趙紫陽確實是在「落井下石」。[91]

十五日上午的「黨內生活會」結束前，胡耀邦做了最後的檢討，他表示要為自己的全部錯誤承擔責任。但是他也要求組織繼續調查自己是否真有野心，是否搞過派系。生活會結束後，有人看到胡耀邦在會議廳的台階上黯然落淚。[92]

一月十六日政治局召開了更加正規的擴大會議，與會者包括中顧委的十七名老幹部，沒有參加「黨內生活會」的陳雲表明了他的意見。他說，他在一九八〇年完全支持提拔胡耀邦擔任總書記的決定。但是一九八〇年至八一年這段時期他觀察到胡耀邦領導的書記處並沒有把工作做好。胡耀邦讓一百多個部級單位向他提交報告，卻不解決要害問題。此外，他到下面亂跑，一個星期就能跑二十二個縣，沒有把精力用在他本應深入研究的主要問題上。他也沒有定期召開政治局會議和常委會議，而即使是為了搞好黨內民主，也應當定期開會。陳雲又說，他在一九八三年三月批評過胡耀邦後，曾希望胡耀邦能改正錯誤，可是胡耀邦顯然沒有完全理解他的意思。選拔幹部

(584)

應該選來自五湖四海的能人，胡耀邦卻只選自己圈子裡的人。選拔幹部要考慮「德才兼備」，但「德」（對黨的忠誠）是第一位的。不過陳雲強調，解除胡耀邦的職務要遵守黨內程序，這一點十分重要。[93]

未經正式程序胡耀邦就被解除了總書記一職。趙紫陽仍然擔任總理，但接替胡耀邦成為代總書記。趙紫陽說，他不想當總書記，他更適合擔任總理。但是一些知情的觀察者認為，在鄧小平的人中間並沒有既適合這個職位、同時又能得到其他領導人贊成的其他人選。與會者確實普遍認為趙紫陽在經濟工作上表現出眾，因此沒有太大爭議就通過了讓他擔任代總書記的決定。這些決定後來得到了中央全會和十三大的正式批准。胡耀邦仍保留著黨員和中央委員的身分，而且名義上暫時仍是政治局常委，但事實上他完全靠邊站了。

一些思想開明的黨員擔心，胡耀邦下台後保守派可能會取得控制權，放慢改革開放的步伐。但是，繼續領導黨的日常工作的「五人小組」：趙紫陽、楊尚昆、薄一波、萬里和胡啟立都親近鄧小平，願意聽從他的領導。[94]鄧小平和趙紫陽都堅持改革開放不能變。[95]

胡耀邦的祕書在一月十七日告訴胡的家人說，胡耀邦現在身心憔悴，要在中南海勤政殿休息一段時間，他要求家人不要去看他。兩週以後，胡耀邦經由一條專用通道，從中南海走回了只有幾分鐘路程的家中。他讓助手收拾好他過去十年裡的講話、報告和各種文件，在家裡花了三個月閱讀這些資料，最後斷定自己沒有犯過原則性的錯誤。他在家裡也看電視，重讀馬列全集的一些章節。他很少會客，也幾乎不參加黨的活動，但他出席了解放軍「八一」建軍節的慶祝活動、七中全會和中共十三大。

一月十九日中央印發三號文件，列舉了解除胡耀邦職務的原因：[96] ⑴他抵制黨為反對精神污染和資產階級自由化而做出的努力，縱容全盤西化的要求，導致學潮的發生；⑵沒有充分堅持四項基本原則，只批左，不批右；⑶在經濟工作中鼓勵經濟過快成長和消費，造成經濟失控；⑷在政治工作中經常違反程序；⑸在外交活動中說了一些不該說的話，例如在毫無準備的情況下就邀請三千名日本青年訪中；⑹經常不遵守黨的決議，未經中央授權就講話。[97]

三號文件還附有胡耀邦本人的檢討摘要。他在檢討中承認自己犯了嚴重錯誤，給黨、國家和人民造成重大損失。不過他沒有說自己對思想的寬容態度導致了精神污染、資產階級自由化或學生示威。三號文件中還說，鄧小平、陳雲和李先念這些老幹部只要身體健康，今後仍會繼續為其他幹部提供指導，這是指總書記和總理。三月和五月又印發了三號文件的補充文件，對胡耀邦擔任領導期間的問題做了更具體的說明。[98]

在很多自由派幹部看來，這是一場有失公正的悲劇：像胡耀邦這樣為國家辛勤工作、大公無私的人，其治理方針本可行之有效，卻被他為之忠心效力的人罷了官。[99]和鄧小平一起工作過的另一些幹部則認為，假如胡耀邦繼續在台上，社會秩序將蕩然無存，因為胡缺少維護黨和國家的權威所必需的堅定立場。他們感謝鄧小平精心安排，沒有給黨造成損害就撤掉了胡耀邦，保持了黨內高層的團結，使鄧小平的改革得以繼續。兩年後胡耀邦去世時，這兩種分歧嚴重的觀點再次交鋒，並且造成了更加可悲的後果。

一九八七年二月，在傳統上親友相互拜訪的春節期間，胡耀邦和妻子去鄧小平家拜年。鄧小平問胡耀邦對自己的問題是不是想通了，胡耀邦沒有回答。鄧小平還數次邀請胡耀邦去他家打橋牌，都被胡婉言謝絕，只有一次例外：一九八七年十二月三十日，即胡耀邦得知自己要被解職那天的整整一年後，他接受了鄧小平的邀請。[100]在一九八九年四月胡耀邦的追悼會上，鄧小平伸出手去，想跟胡耀邦的遺孀李昭握手，但李拒絕了。她說：「都是因為你們這些人。」[101]

反資產階級自由化：一九八七

胡耀邦下台後，鄧小平多管齊下，加強他認為在胡耀邦領導時期日益鬆弛的黨內紀律。為了減少胡耀邦的影響力，鄧小平公開宣傳胡耀邦的「錯誤」，並把批評中共但一直受到胡耀邦保護的一些追隨者撤職。鄧小平還意在遏制對人道主義、自由、民主等西方觀念日益廣泛的渴求，他認為有人利用這些觀念來挑戰黨的最高權威。

（586）

鄧小平在親自參加的一月十六日政治局擴大會議上，宣布了要開展批判資產階級自由化的運動。鄧小平還同時宣布，要繼續實行全面改革和對外開放。[102] 一月二十八日春節前夕發布了中央四號文件〈關於當前反對資產階級自由化若干問題的通知〉，對即將開展的運動做了說明。[103]

受到胡耀邦保護的知識份子方勵之、劉賓雁和王若望被開除黨籍；朱厚澤在三月也被撤銷了中宣部部長一職。劉賓雁為自己辯解，他的報導文學批評的是一部分中共幹部，並不是在攻擊黨；但有些高層幹部認為，他的批評以及對人道主義理想抱「更高忠誠」的呼籲使人們對黨產生了消極印象。還有不少人雖然未在媒體上遭到批判，但受到了內部批評，包括中國社會科學院政治學研究所所長嚴家其和一些大學行政幹部中的黨員。[104] 為避免在知識份子當中造成嚴重的負面反應，鄧小平宣布運動只限於黨內。

很多在胡耀邦手下工作過的有經驗的黨內高官，如朱厚澤、吳明瑜、于光遠和任仲夷，依然堅信：方勵之、王若水和劉賓雁不會危及社會安定；示威活動能夠通過協商加以解決；擴大開放，只會加強而非削弱國家實力；鄧小平高估了國家穩定受到的威脅，做出過度反應。

鄧小平試圖在主管宣傳工作的高層幹部中加強紀律，要求他們維護社會主義理想。三月二十九日中央印發了一個改進報刊與出版工作的文件，然後便出現了一篇又一篇批判資產階級自由化的文章，廣播也在不停宣傳同樣的內容，包括批判主張個人主義和腐化墮落的西方思想。[105]

媒體還歌頌愛國主義，讚揚中國人民的創造精神和科學成就。[106]

鄧力群在推動反對資產階級自由化的運動中扮演關鍵角色。相反的，趙紫陽設法限制這場運動對經濟部門的負面影響。他說，對資產階級自由化的批判不應干擾經濟，群眾對政治運動已經感到厭倦。在為推動運動召開的四月六日至十二日的宣傳工作會議上，鄧力群漫無邊界地大批資產階級自由化，引起很多與會者的憤怒。趙紫陽的助手鮑彤拿到鄧力群的講稿後，趙紫陽把它交給了鄧小平。鄧小平做出了趙紫陽和鮑彤所期望的反應：他同意鄧力群走過了頭，疏遠了過多的知識份子和自由派幹部。有些自由派黨員擔心鄧小平可能會考慮讓鄧力群成為胡耀邦的接班人。鄧小平此時的反應標誌著運動的一個轉捩點，也標誌著鄧小平不再支持鄧力群了。

在確認了鄧小平對自己的支持後，趙紫陽在一九八七年五月十三日發表談話，含蓄批評了鄧力群，實際上也標誌著反對資產階級自由化運動的結束。幾週後的七月七日，趙紫陽解散了過去鄧力群維護正統思想的根據地——中央書記處研究室，鄧小平並未對此表示反對。政治氣氛的這種變化加強了趙紫陽的地位，削弱了鄧力群的影響，為趙紫陽在十三大提出更開明的工作計畫鋪平了道路。[107]

七月十日，曾在一九五〇年代短期擔任過毛澤東祕書的李銳交給鄧小平一封信，信中含有詳細批評鄧力群的內容。李銳說，鄧力群在延安時代曾濫用職權調查李銳，並不斷找李的妻子談話，隨後又引誘她。李銳還批評鄧力群也整過一些好幹部。[108]

當鄧力群受到攻擊時，趙紫陽也感受到來自保守派的壓力，後者將趙視為對保守的經濟政治方針的威脅。趙紫陽後來回憶說，他之前還與保守派維持著比較不錯的關係，但是在他撤掉了鄧力群的根據地（中央書記處研究室）之後，他與陳雲和李先念的關係受到了傷害。[109]趙紫陽還說，十三大之後這些保守派領導人擔心他會利用自己的領導地位在黨的代表大會上推動「政治體制改革」。[110]

中共十三大：趙紫陽主政

鄧小平很清楚，毛澤東像皇帝一樣至死不退造成了極大危害。所以他決心建立一種新的模式，對高層領導人的任期要有限制，到期就退休。然而就鄧小平本人而言，退休是有附加條件的。趙紫陽在一九八九年五月向戈巴契夫透露說，中共高層領導人中有一個內部約定，即使鄧小平已經退休，但在大事上他仍保留最後拍板的權力。

與鄧小平同齡的那一代老幹部知道，只要鄧小平決定退休，他們也只能跟著退。一九八五年鄧小平開始提出他可能退休的問題時，有些老幹部請求他留任。就像其他對權力交接的時間和過程並無明確規定的國家集權統治者一樣，鄧小平及同事有理由懷疑一些沒有耐心的年輕幹部甚至在老幹部還不打算退休時，就開始為他們的退休做準備，或至少熱切期盼他們退休。一九八六年十一月十一日，在為籌備一年後的十三大而召開的小型會議上，胡啟立就提到過鄧小平和一大批老幹部將要退休的事。薄一波聽到這話臉都氣紅了，問胡啟立：「你是不是盼著我們都早點死啊？」[111]胡啟立客氣地回答說，他希望他們繼續幹下去。從來不知隱瞞情緒的王震，也曾在另一個場合大罵胡耀邦在為老幹部退休做準備，他其實說出了其他人的心聲。[112]

在一九八七年十月二十五日到十一月一日召開的中共十三大上，鄧小平辭去了所有黨政職務，退出了中共中央委員會、政治局和政治局常務委員會，但保留了中央軍委主席和國家軍委主席的職務。[113]其他老幹部別無選擇，也只好從正式職務上退下。陳雲獲准取代鄧小平成為中顧委主任，第一線的工作則交給了趙紫陽。

黨的十三大是趙紫陽的大會。鄧小平知道，為了使接班人有效行使領導權，必須給他相當大的活動空間。除非鄧小平認為事態緊急，趙紫陽就是當家人。把胡耀邦解職後，鄧小平讓趙紫陽放手籌備並領導了十三大。趙紫陽在五月十三日的報告不但標誌著反對資產階級自由化運動的結束，也是趙紫陽為期半年、全力以赴領導十三大籌備工作的開始。[114]為使西方民眾對此變化有所準備，趙紫陽在一九八七年九月二十五日接受了美國電視節目主持人湯姆．布羅考（Tom Brokaw）的採訪。在聚光燈下，趙紫陽因自己將在一個月後的黨代會上正式成為新的第一線領導人而顯得

（589）

躊躇滿志。115

趙紫陽雖然成為當家，但他仍是在鄧小平畫定的範圍內做事。他堅持四項基本原則，反對資產階級自由化，表明自己對進一步推動對外開放和經濟改革的信念。鄧小平長久以來一直贊成黨政分家，趙紫陽也緊跟這一路線。儘管如此，趙紫陽還是獲得了相當大的活動空間，因為鄧小平甚至陳雲都清楚，在趙紫陽的領導下經濟和政治體制都會繼續發生變化。

一九八七年五月二十九日，在綠燈亮起的兩週以後，趙紫陽對新加坡總理吳作棟說，他正在為十三大準備一個政治改革綱領，改革的長期目標是「建設高度民主的社會主義」。趙紫陽說，這個過程需要保持政治穩定，也將經過很長時間才能成功。改革要循序漸進，一個省一個省地進行。趙紫陽說，將來黨不會再插手政府事務，黨內將會有高度的民主。116

為了反映各級幹部的意見，文件歷經八次修稿。九月二十七日鄧小平看過文件後決定不再做任何修改，只是簡單批示說：「看了，沒意見，寫得好。」根據趙紫陽的指示，文件以「建立健全社會主義民主政治」為標題提交給十三大。鄧小平在大會前夕發表簡短談話，表明他完全支持這個報告。117

像鄧小平一樣，趙紫陽也力圖迴避會引起爭議的觀點。十三大的文件既支持繼續改革開放，也避開了容易引起爭議的具體問題。趙紫陽選擇了「社會主義初級階段」為主題，這是此概念第

(590)

一次被黨的代表大會所採用。它的好處是既可以讓社會主義意識型態的擁護者，繼續堅持中國最終將走向社會主義的信念，又給予相信市場的人發展生產力所必需的自由空間。當有人問到這個初級階段會持續多長時間時，趙紫陽說：「社會主義現代化的大體實現……至少需要上百年時間。」[118]

實際上，趙紫陽是將社會主義高級階段無限期延後，他要讓那些希望經過短期整頓後，黨會再次邁向社會主義高級階段的人打消這種念頭。十三大為經濟體制提出了「有計畫的市場經濟」這一新說法，反映市場正在變得更加重要，這與過去宣稱計畫優先的文件相反。國家調節市場，市場引導企業；詳細硬性計畫的作用將持續下降。要建立勞動力、技術、資訊和房地產市場。趙紫陽說，長遠目標「是建立高度民主、法制完備、富有效率、充滿活力的社會主義政治體制」。報告為進一步改革提供了方向：

(1) 實行黨政分開，減少黨在領導政府事務中的作用。各級黨委不再設立不在政府任職但又分管政府工作的全職書記。

(2) 進一步下放權力。

(3) 政府各單位要確立職責，減少職權的重疊。

(4) 提拔、降職和獎懲要以工作表現做為依據，培訓、工資、福利和退休的權利都要有法律加以保障。

(5) 在關係到地方群體的問題上，政府要與地方幹部進行協商並向群眾告知結果。

(6) 加強「社會主義民主」，要允許各種群眾組織，如婦女、工會和其他團體，表達他們所代表的群眾的意見。要加強民族區域自治，大力培養少數民族幹部。

(7) 加強社會主義法制。[119]

大會還批准了一些程序上的改革。為了有更多時間瞭解情況，中央委員會全會從一年一次改為兩年一次。政治局會議的重要決定將不再保密，而要在媒體上公布。對工廠、學校、醫院、企業的黨組織進行精簡，使這些單位能夠更加自主地做出有關自身工作的決定。

在十三大召開前的幾個月裡，趙紫陽全面負責人事上的變動，但在選拔過程中老幹部其實仍發揮重要作用。政治局的新常委趙紫陽、李鵬、胡啟立、喬石和姚依林都不是極端派。姚依林被公認是精明能幹的管理者，得到陳雲的強烈支持。好在胡啟立和喬石都堅定支持改革，這就保證了趙紫陽在常委中能成為改革的多數派。和兩年前黨的全國代表大會一樣，選拔標準強調教育背景、領導業績和相對年輕。經過這次人事變動後，政治局委員的平均年齡降低了五歲。

在中共歷史上，中央委員的候選人數第一次多於當選人數，因此就排除了最不受歡迎的候選人，保證了當選者至少擁有其他人最低限度的支持。大會第一輪投票時，候選人比實際名額多出十人，因此得票最少的十人落選。鄧力群便是落選的十人之一。[120]這反映著鄧力群受到普遍排斥，也表明胡耀邦得到普遍同情。[121]隨著鄧力群離開中央委員會，兼之他的主要工作單位書記處研究室被解散，趙紫陽不像胡耀邦，他不會再被這個中國最執著的保守派揪住不放了。

十三大避免了害怕改革的保守派和擔心停滯的改革派之間的尖銳分歧。兩個最具爭議、各自代表對立兩派的幹部：總書記胡耀邦和其批評者鄧力群，都被撤職，這使中間派更容易齊心協力繼續推動市場改革與溫和的政治體制改革。實際上，保守派和改革派所爭論的關鍵問題在十三大之前的幾年裡就已經轉向更開放、更多的言論自由和更多的市場改革。趙紫陽在十三大上進一步推進了這一轉向，儘管鬥爭仍在繼續。鄧小平把他認為過於寬容的胡耀邦成功搞下了台，並沒有破壞中共上層的團結。趙紫陽堅持鄧的四項基本原則，推進鄧的經濟和政治設想，鄧有理由希望在自己退出之後，趙將有效引導中國走向改革的下一階段。

鄧小平時代的挑戰

一九八九—一九九二

20. 北京之春

一九八九年四月十五日—五月十七日

（595）

從一九八九年四月十五日到六月四日，在舉世矚目之下，成千上萬的中國青年走上北京和其他城市的街頭。[1] 四月十五日胡耀邦驟然離世後的最初幾天，示威者絕大多數是涉世未深的年輕人，他們要向這位剛離世的英雄和他所支持的民主表達敬意。最初開始集會時，他們表現出對中共的尊重，遊行過程秩序井然，並未給交通造成干擾。起先他們也沒有政治綱領，然而，隨著示威日益擴大，要求變得愈來愈強烈，內容也愈來愈激進，示威者與當局的緊張關係不斷升高。衝突在六月四日達到頂點，軍隊在這一天向北京街頭手無寸鐵的平民開槍，恢復了秩序。

當時鄧小平已八十四歲，他沒有去街頭會見示威學生，也沒有插手中共每天做出的反應。但是他身居幕後，一直關注著局勢的演變，是最終的決策者。他並不贊同示威者的言行，他們都是鄧所推動的改革開放和為經濟成長奠基的政治穩定的受益者，而現在他們正在威脅這種穩定。

（596）

鄧小平試圖避免東歐發生的事情在中國重演，那裡因國家領導人向民眾的要求讓步而導致失控。鄧小平最初想避免流血，他知道那只會給示威者火上澆油。但是他從事發之初就相信必須立場堅定，尤其是在胡耀邦追悼會之後，他開始更直接參與掌控黨對示威者的反應。他要確保幹部能夠落實他認為恢復秩序所必須採取的措施。

在六月四日之前，無論何人，不管是中共領導人、知識份子還是學生領袖，事實上都無法阻止愈演愈烈的亂局。舉凡黨內領導層的分裂、對中國當時能容許多少自由的分歧、曾為革命浴血奮戰的老幹部和慣於舒適生活的學生之間的觀點差異、城市居民擔心通貨膨脹與就業的不安全感、示威運動的浩大規模、學生領袖在控制自身運動上的無能、國內外民眾對示威者的同情、中國軍隊在控制群體事件上的缺乏經驗等，都使中共領導人在控制局面上一籌莫展。

中共老一代領導人在一九四九年以前參加的學生運動，有著良好的組織，經過周密思考的計畫和綱領，到一九四九年時學生領袖們已經共同奮鬥了多年。相較之下，一九六〇年代後期的學生有參加紅衛兵的經歷，但是在一九八九年以前的十幾年裡，嚴密的控制阻礙了有組織的獨立學生運動的發展。一九八九年聚集成群的學生沒有任何組織經驗。能言善辯的演說家可以脫穎而出成為領袖，但他們缺少組織、綱領以及確保服從的程序，因而沒有代表其他學生與政治領導人談判的基礎。

（597）

市民沒有和政府站在一起限制示威者，因為他們贊同學生的批評。即使有些遭多年政治打壓的老知識份子試圖阻止學生採取激進行動，但實際上也讚賞學生們大膽表達他們自己所不敢表達的觀點。最初自發、和平悼念胡耀邦的行動，演變成遊行、政治辯論、露營、憤怒的示威、絕食和日益失控的衝突。

示威學生要求改善生活條件，他們不滿於自己既有能力又辛苦工作，得到的報酬卻少於沒有受過教育的企業主。不過他們也從一九八六年學生運動的失敗中汲取教訓，即爭取廣大群眾的支持對於他們的事業很重要。因此他們在一九八九年不再抱怨自己可悲的生活條件，而是採用了能引起民眾共鳴的籲求：民主、自由、更加人道和負責任的黨，以及獻身公益的幹部隊伍。

全世界的電視觀眾被中國青年這些發自內心的溫和訴求所打動，這反過來又讓示威者更加振奮。外國駐中記者的工作長期受到中國官員的騷擾，他們的活動被監視，敢於揭露問題的受訪人被逮捕，因此外國記者熱中於傾聽學生的要求。在四月十五日之前，大多數學生還不敢跟外國記者公開交談，然而在一九八九年春天的事件過程中，他們的膽子變得愈來愈大，記者將他們對民主社會的憧憬傳播出去，為他們贏得全世界的同情。

學生一方情緒高漲，不僅因為他們在國內外獲得巨大支持，還因為政府最初限制示威的努力以失敗告終。當大批學生突破員警的封鎖線時，學生和外國觀察者都產生不切實際的希望，以為政府最終會向他們的理想讓步。當時學生們很難想像政治領導人會動用武力，人民解放軍會向北京街頭手無寸鐵的市民開槍。

中國的領導層一方能看到外國人的關注與支援在鼓舞學生，但他們很難相信中國民眾對自己的領導人會那麼憤怒，因而易於認為示威有國內外的「幕後黑手」從中操縱。有關這些「幕後黑手」的傳言在高層幹部中間廣為流傳，並被保守派用來做為促請鄧小平採取強硬措施的理由。

胡耀邦去世

胡耀邦從南方過冬返回北京後不久，出席了一九八九年四月八日召開的政治局會議。會議開始還不到一小時，他便因嚴重的心臟病發作而栽倒在地，緊急送往醫院後似乎有恢復的跡象，但在四月十五日凌晨猝然去世。群眾從晚間七點的電視新聞中得知他的死訊，次日的電視和報紙又發布正式的訃告。這一消息令舉世震驚，他的去世完全出人意料，引起了巨大的同情，甚至連一些強硬派也不例外。[2] 鄧力群是胡耀邦最高分貝的批評者和一九八七年一月批胡的帶頭人，但這時他也讚揚了胡耀邦。他後來寫道，胡耀邦從來不搞陰謀，胸懷坦蕩，對人不抱惡意。鄧力群還說，與胡相比，趙紫陽則參與過陰謀和整人。[3]

群眾能夠長期被胡耀邦所感動，不僅因為他熱情親切，還因為他做人正派，對黨忠心耿耿。

（598）

（599）

他是知識份子的希望，曾為他們做過勇敢的奮戰。他是他們心目中好幹部的表率，有崇高理想，無任何腐敗劣跡。他曾長期擔任團中央總書記，能夠與他所培養和提攜的年輕人打成一片。然而他在一九八七年卻被冷酷地免職，因為他被指責為對一九八六年的學生示威太軟弱。

一九八九年的示威活動是對鄧小平無意促進民主和沒有支持胡耀邦工作的含蓄批評。胡耀邦的朋友覺得他受到了不公正的批評。據他們說，胡耀邦為此深受傷害。他曾忠心耿耿為鄧小平工作，鄧的批評尤其讓他傷心。一九八七年被免職後，胡耀邦不再看電視，人也瘦了下來。[4]很多人認為他死於徹底失望，是自由民主事業的烈士。但是，很多參加示威的人關心的並不是胡耀邦個人，而是把他用作推動自由民主的一個契機。事實上，很多知識份子後悔自己在一九八六年的學生運動中過於順從，使運動輕而易舉地得到平息。現在他們決心更堅定地站出來。

當學生們利用悼念胡耀邦去促進自由民主事業時，一九七六年四月五日的示威（為悼念周恩來）和一九八九年四月的示威（為悼念胡耀邦）之間明顯的相似性，足以使學生們受到鼓舞，也令中國領導人感到擔憂。一九七六年的示威稱為「天安門事件」，而一九八九年的示威也同樣發生在天安門廣場。像周恩來一樣，胡耀邦努力保護人民，含恨而終。不論一九七六年還是一九八九年，群眾對於受他們愛戴的人沒有得到更多的尊重而義憤填膺。一九七六年的示威者藉機抨擊「四人幫」，現在不是也可藉機批評鄧小平和總理李鵬嗎？一九七六年春天被逮捕的人在一九七八年秋天就得到了平反並被稱為愛國者，那麼一九八九年的示威者難道不可能以後被稱為愛國者嗎？在那些希望有個更仁慈政府的人們中間，胡耀邦已經取代了周恩來，成為當時的大英雄。

騷動的根源

一九八九年春天，高層領導人（特別是趙紫陽與李鵬）之間的政治分歧，加上鄧小平逐漸退出對日常工作的領導，導致了相互衝突的信號和困惑。這種不確定的環境使得引發社會騷動的嚴重問題在下層進一步發酵和加劇。在一九八〇年代末，大多數學生更加關心的不是政治自由，而是他們個人的自由，如自主就業和擺脫「政治輔導員」的權利。大學生們通過艱難的高考證明了自己的能力與勤奮，覺得有資格獲得想要的工作。但是在一九八九年，由於重要的產業和政府機關缺少訓練有素的大學畢業生，政府的政策仍然要求大學畢業生服從工作分配。由於每個學生的工作分配部分取決於跟學生住在一起的政治輔導員在學生的檔案中寫的「小報告」，政治輔導員便成為政府監控的象徵。這些給學生寫報告的政治輔導員的教育水準很少趕得上學生，有些輔導員被懷疑有偏向，有些甚至炫耀自己有權影響學生的前程。很多眼界開闊、思想獨立的學生，對於要不斷討好輔導員深惡痛絕。對他們來說，「自由」就是取消這些政治輔導員，使他們能夠自主擇業。學生們其實很少花時間討論選舉制度。

知識份子，不論年輕年長，仍對一九八三年的反精神污染和一九八七年的反資產階級自由化運動耿耿於懷。大受歡迎的電視記錄片《河殤》在一九八〇年代末播放了不長的一段時間（後被保守派封殺），它批判象徵傳統中國的黃河，讚揚給中國帶來國外新思想和現代行為方式的藍色海洋文明，引起很多知識份子的共鳴。[5]

對一般民眾來說，主要的擔憂則是通貨膨脹。黨政機關工作人員和國企職工等拿固定工資的人，看到有錢的私人經商者炫耀其物質財富，推高市場價格，威脅到工薪階層獲得基本溫飽的能力，這讓他們感到憤怒。這個問題又因腐敗而加劇：鄉鎮企業的從業者從政府和國有企業獲取短缺的原料和資金以自肥，自主經營的企業家賺到的錢至少部分來自鑽政府的漏洞。「官倒」（編按：指有官方背景的倒買倒賣投機者。他們利用職權，藉價格雙軌制謀取利益）想辦法把社會財富裝進自己腰包，遵紀守法的幹部的收入卻停滯不前。[6]農民工開始紛紛湧入城市，也加劇了通貨膨脹問題。

官方指數儘管低估實際變化，仍顯示一九八七年至八八年北京的消費物價上漲了三成以上，這使那些依靠固定工資、過去三十年來一直有著物價穩定預期的家庭感到恐懼。此前為養老和以後生病而攢錢的節儉家庭，卻痛苦看到自己的存款在貶值。由於物價持續上漲，政府又聲稱要進一步放開價格管制，使憤怒變成了恐慌。

靠固定工資過日子的政府幹部一向受到為社會利益而工作的教育。令他們憤怒的是，中國社會中最不道德的人，亦即只為自己幹活的人，以及為謀取私利而攫取公共資源的人，如今能夠出入高檔餐館，住好房子，穿著時尚，買得起摩托車甚至汽車。沒有哪個城市像北京那樣，集中了如此之多拿工資的機關幹部或將在畢業後靠固定工資過日子的大學生。這些人認為，國營企業應當用它的更多收入給職工加薪或至少提供更多福利。在一九八九年春天群情激憤的氣氛中，甚至一些憤怒的機關幹部也冒險加入了示威，並且打出自己機關單位的行號。不過，即使對於普通百姓來說，學生們反通膨、反貪官的口號，也釋放出他們積蓄已久的憤怒。

中國民眾提到「貪官」時，並不是在說犯法的人，因為合法性的觀念沒有那麼強；他們指的是那些利用別人沒有的職務或個人關係謀取私利的人。對「官倒」怒不可遏的抗議學生要求公布他們的收支、他們擁有的別墅數目以及他們子女的金錢來源。[7] 一九六六年時有很多高幹子女踴躍參加紅衛兵反對「走資派」，但在一九八九年高幹子女很少加入抗議活動。相反的，他們和父母一起因為享有特權而受到抨擊，因為他們把權力地位變成了在新的市場經濟中謀利的資本。

對於國企職工來說，企業被迫進入市場後，他們可能丟掉「鐵飯碗」，不再得到保障的工作和福利，這比通貨膨脹還可怕。政府已經開始向虧損的國企施壓要求其降低成本。一些企業甚至獲准破產，引起職工的恐慌。這對工人們有極其重大的利害關係，因為中國當時沒有全國性的社

（602）

會保障和醫療制度。大型國有企業很像美國的軍事基地，不但是經濟單位，而且是一個完整的社會，它們提供有補貼的住房和醫療，甚至職工子女的教育。對於國企職工來說，失去工作就等於失去一切。因此，自由市場會把國有企業淘汰出局的前景十分可怕。

在一九八〇年代中期，隨著經濟的擴展，很多農民工湧入北京和其他城市打工，尤其是機械的使用尚不普遍、需要大量人力的建築業。但是一九八八年底為控制通貨膨脹對經濟所採取的緊縮政策，使他們當中很多人失去了工作機會。很多失業後仍留在城裡艱難度日的人，卻看到「官倒」和生意人在炫耀財富。總之，對很多人來說，市場力量帶來的巨變讓他們深感不平。

除了這些不滿的來源，還有很多人想得到自由遷徙之外更多的權利。他們厭倦了生活在因「政治錯誤」而挨整和受罰的恐懼之中。自由民主的呼聲和對胡耀邦的讚美凝聚成一種欲求，要擺脫國家的監管，擺脫官方強加的批評會。

從悼念到抗議：四月十五日—二十二日

四月十五日傍晚，在宣布胡耀邦去世幾小時後，北京大學的牆上就貼滿了悼念他去世的大字報。[8]次日，大約八百名學生從學校遊行到天安門廣場，在廣場中央的人民英雄紀念碑前向胡耀邦敬獻花圈。員警對於從大學前來悼念的人並未加以干預。

隨著廣場上的人群愈聚愈多，悼念活動也開始有了政治意味。四月十八日一大早，數百名學生穿過天安門廣場來到人民大會堂，向全國人大常委會提出幾條要求，包括要求更多的民主自由，停止反資產階級自由化運動，推翻一九八六年懲罰抗議者的決定，公開領導人及其子女的收入。當晚十一點左右，數千名憤怒的抗議者從天安門廣場來到幾百公尺開外的黨政機關所在地中南海的新華門前。他們不斷高呼口號，要求進入中南海。員警請求他們離開但遭到拒絕。人群一直堅持到次日凌晨四點，員警才終於將其驅散。自共產黨一九四九年掌權以來，這是第一次有示威者要求進入中南海。正如李鵬所說，在四月十八日這一天，示威的基調從悼念變成了抗議。[9]

中南海裡很容易聽到新華門外人聲鼎沸，這使高層領導很快意識到事態的嚴重性。得知胡耀邦去世後匆忙從日本回國的李鵬，在採取什麼措施上與趙紫陽發生了分歧。李鵬對趙紫陽說，要做出強硬的反應；當家的總書記趙紫陽則認為，最好不要激怒學生，只要不發生打砸搶，採取強硬行動就是不明智的。[10]

四月二十一日的示威規模進一步擴大，廣場上的演講者也開始要求更多的民主。[11]為了使學生平息下來，國家教委主任李鐵映指示大學幹部維持校園的各項正常活動，對學生的示威要加以限制。中南海增加了一個團的兵力，以防學生衝進大門。《人民日報》宣布禁止遊行示威，並警告學生「不要把政府的容忍誤以為是軟弱」。但是領導層嚴重錯估了形勢，學生們誇示著自己的力量，拒絕平復下來。

四月二十二日胡耀邦追悼會那天，大約有二十萬人聚集在天安門廣場，通過廣播喇叭仔細聆聽二十分鐘的悼詞。胡耀邦的追悼會在人民大會堂隆重舉行，遺體被送往安葬高級幹部的八寶山。追悼會過後，三名學生代表跪在人民大會堂的台階上，等了三小時要求見李鵬。他們後來抱怨說，他們受到鼓勵，相信李鵬或另一名高級幹部會出來見他們，但李鵬和其他官員聲稱李鵬對此並不知情。[12]當時李鵬不願接見任何學生團體，因為他擔心這會使這些團體獲得他所不願給予的合法性。李鵬還擔心這樣做會削弱官方學生組織，他們才是黨所支持，也是黨較能掌控的。

李鵬和鄧小平的「四二六社論」

學生悼念胡耀邦時，鄧小平對他們沒有採取任何限制措施。不論鄧小平在胡耀邦掌權的最後幾年如何批評他，胡仍然被認為是一個為改革開放做過貢獻的忠誠幹部。鄧小平知道，壓制學生的悼念活動只會激怒他們，就像一九七六年四月阻止悼念周恩來逝世點燃了抗議者的怒火一樣。但是，悼念活動一結束，鄧小平已經打算向學生發出警告。恰在這時，主張採取強硬路線的李鵬臨時取代趙紫陽，接過了處理示威活動的工作。

按照早已確定的行程，趙紫陽出訪北韓將從胡耀邦追悼會後的四月二十三日開始。據趙紫陽說，他動身之前去見鄧小平時，鄧小平告訴他仍然應當去北韓訪問，並且他回國後將被提拔為中央軍委主席，這說明當時鄧小平仍把趙紫陽視為他的接班人。因此趙紫陽按照行程於四月二十三日準時從北京火車站動身前往平壤。[13]李鵬為了平息他與趙紫陽有衝突的傳言，去火車站送趙紫陽離京。趙紫陽對李鵬說，自己不在時李可以自行決定召開政治局會議。

趙紫陽等人希望，胡耀邦追悼會之後人群就會散去，然而他們並沒有散去。就在趙紫陽離京的當天，儘管有不允許學生成立組織的禁令，來自二十一所高校的學生開會成立了「北京高校學生自治聯合會」，他們決定不能像一九八六年的學生那樣輕易結束示威，現在這個學生團體要更加頑強。學生的組織者早先曾宣布將在五月四日以後復課，現在他們推翻了這一決定，宣布將無限期延長罷課時間。[14]

趙紫陽出國後，臨時接過工作的李鵬知道責任重大，於是去諮詢楊尚昆。楊尚昆認為，鑒於局勢的嚴重性，應當向鄧小平彙報。當天傍晚李鵬和楊尚昆就向鄧小平彙報了他們的看法，認為對抗議活動要採取堅決果斷的行動。李鵬說，學生已經開始批評鄧小平本人，而且還有另一些令人不安的進展：新華門前的扭打，六萬名學生仍在罷課的報告，交通受阻，有關試圖推翻共產黨和社會主義制度的「幕後黑手」的報告，所有這些都表明了事態之嚴重。[15]鄧小平同意要對學生發出警告，說明他們行動的嚴重性。此後，鄧小平便深深捲入了應對示威者的決策之中。

（605）

李鵬於次日召集政治局會議，聽取了負責監控首都事態的北京市領導陳希同和李錫銘的彙報。有觀察家認為，這兩人由於害怕為可能出現的問題承擔責任，誇大了示威的嚴重程度，使鄧小平對實際情況產生了誤解。但其他幹部認為形勢確實嚴峻，李錫銘和陳希同對天安門廣場情況的報告是準確的。

四月二十五日上午十點鄧小平在家裡與李鵬和楊尚昆會面，聽他們彙報情況。李鵬在日記中說：鄧小平在四月二十三日就決定了必須發出嚴厲警告。[16]聽完他們的彙報後，鄧小平說，必須終止這場動亂。像波蘭那樣縱容示威活動的其他共產黨國家，黨的權力垮掉了。因此中國領導人必須明確堅定地結束動亂，控制住局勢。鄧小平還說，要立即發表一篇權威社論向學生發出警告。要告知北京地區的領導人堅定立場，並指示高校的黨政領導把事態平息下去。[17]

鄧小平對社論的內容親自做出指示，就像通常做出重要決策時一樣，他認真準備了自己的意見。胡啟立受命負責起草社論，由幕僚胡喬木定稿。社論於當晚在電台播出，第二天即四月二十六日刊登在《人民日報》上。[18]社論讚揚了大多數悼念胡耀邦的人，但也譴責一些悼念者有不當言行。按照社論的說法，一些示威者攻擊黨的領導和社會主義制度，甚至成立非法組織，試圖從得到政府批准的學生組織手中奪權。他們參與罷課，引發試圖推翻共產黨領導的「動亂」。他們打著民主旗號破壞中國式的民主。不制止這場動亂就會導致社會混亂。對抗是嚴重的，要立

（606）

刻解散一切非法組織，禁止非法遊行。對任何造謠惑眾的人要追究其刑事責任。[19]

李鵬及其支持者指望社論能夠嚇住學生使其屈服，畢竟，社論發出的嚴厲譴責等於政府公開威脅要逮捕很多學生領袖。然而令鄧小平失望的是，結果適得其反，學生領袖非但沒有退縮，反而益發堅定，並動員了更多的學生加入他們的行列。李鵬在日記中說，「四二六社論」取得了成功，然而來自廣場的報告認為它不過是激怒了學生。比李鵬更瞭解學生情緒的大學校長和管理人員覺得，社論毀掉了本來可以和平化解學生不滿的對話的基礎。在他們看來這篇社論的語氣太強硬了。[20]八十四歲高齡的鄧小平很少出門，也很少跟人交談，不再能敏銳地感受民眾的情緒。有些幹部相信，倘若周恩來還活著，他會取得學生的諒解。但是在一九八九年四月，沒有哪個領導人既擁有提出解決方案的權威，又具備在革命老幹部和青年之間建立溝通管道的能力。即便是趙紫陽，儘管他後來主張與學生對話，撤銷「四二六社論」，但當時他也是態度疏離，並沒有被學生視為同情他們的盟友。學生指責他的兒子腐敗，批評他打高爾夫球。

戰線隨著「四二六社論」的出現拉開。示威領袖把鄧小平和李鵬視為敵人。示威的規模愈來愈大，輕易便能突破員警的警戒線，因為員警被通知反應要有節制，以免造成流血。[21]但是，領導層也不願有絲毫動搖。鄧小平不肯撤銷「四二六社論」，因為他擔心這將削弱黨的權威。雖然李鵬等官員一改最初不願與學生見面的態度，但他們在會見學生時仍堅守防線，未能緩解局勢。

例如，在國務院發言人袁木和教育部副部長何東昌四月二十九日下午會見四十五名學生時，袁木拒絕承認腐敗是個嚴重問題，並且否認存在新聞審查制度。學生們離開時比此前更加憤怒了。[22]學生獲得如此廣泛的同情，以至於李鵬很難在下級官員中為鎮壓行動獲得支持。分管宣傳工作的政治局常委胡啟立對他的同事解釋說，很多報社記者對於他們報導廣場真實事態發展的文章不能發表感到不滿。被告知要平息示威的高校幹部按照要求把上面的指示傳達給學生，但很多人內心並不贊同。[23]李鵬甚至無法指望官方媒體支持他。有幾天根本見不到一份報紙出刊。在國家電視台上，報導廣場情況的節目會突然中斷，螢幕一片黑，畫外音也完全消失。有一天，一位播音員說：「今天沒有新聞。」[24]六月四日以後中宣部部長和《人民日報》總編被免職，因為他們被認為在示威期間過於同情學生。

李鵬和趙紫陽的分裂：四月二十九日－五月十二日

面對規模日益擴大的群眾示威給政府和黨造成的壓力，高層領導出現了兩極分化。害怕混亂的一方認為必須進一步加強控制，另一方則相信應該對學生的要求採取更寬容的態度。李鵬是前一派的象徵和中心人物，趙紫陽則代表後者。李鵬的日記中每天都記錄著對趙紫陽的批評，他說鄧小平在一九八八年秋天之前就已經對趙紫陽處理經濟工作的表現有所不滿；鄧還不滿趙紫陽在政治上軟弱，沒有堅定支持反對資產階級自由化的運動，並且不願意為惡性通貨膨脹和群眾對放鬆價格管制的反應承擔全部責任。[25]趙紫陽則說，局勢是在他出訪北韓以及李鵬向鄧小平彙報了示威可能帶來的威脅之後惡化的。[26]鄧小平和其他黨內元老以及公安力量都支持李鵬。從北韓回國後即主張撤銷「四二六社論」的趙紫陽，則獲得了知識份子、改革派、學生和廣大群眾的支持。

李鵬和趙紫陽都設法避免使他們的分歧公開化。李鵬四月二十三日為趙紫陽出訪送行，又照例於四月三十日迎接趙紫陽回國。然而，他們個人之間的分歧與對抗，以及各自壁壘的影響力，卻遠遠強過他們合作的願望。自一九八八年夏天以來，兩人之間的矛盾就因為經濟問題的累積和趙紫陽要對中國的高通膨負責而不斷加劇。當時趙紫陽名義上仍是財經領導小組組長，但對政府經濟班子的控制權已經從趙紫陽轉移給了李鵬。責任重疊之處，便成為改革派的趙紫陽與李鵬這個謹慎計畫派之間的戰場。

李鵬是個穩重的幹部，學水利工程出身，有盡責、有效率的行政官員名聲。他是革命烈士的後代，也是周恩來、鄧穎超夫婦的眾多養子之一，這使他有著特殊身分。事實上，他想必具有很高的才能，才得以通過嚴格的篩選去蘇聯學習先進科學知識，但他在領導人中間並不以才華著稱。他表達個人見解時總是態度謙遜，對黨十分忠誠，工作勤懇而投入。無論老幹部們的指示多

（608）

麼不受歡迎，他總是樂於依照他們的意願行事。他固執而又謹慎的性格，與熱情且富有同情心的胡耀邦、或者超然而具有紳士風度和分析才能的趙紫陽形成鮮明對比。李鵬難以掩飾他對示威者的輕蔑，因此他與他們見面只會激化而不是平息他們的怒氣。

當四月二十五日鄧小平向李鵬說明他認為有必要發表一篇社論時，鄧的講話要點也送達了還在平壤的趙紫陽。趙在一間掛著黑色窗簾的密室裡讀了鄧小平的意見後，立刻發回電報說：「我完全同意鄧小平同志對目前的動亂問題做出的決策。」[27]李鵬在日記中強調，趙紫陽對社論是同意的。但事實上趙紫陽同意的是鄧小平四月二十五日的講話，而不是根據講話寫成的《人民日報》四月二十六日社論。

趙紫陽訪北韓回國後，很快就斷定黨和學生之間已經形同水火，若不撤銷社論，幾乎毫無和解希望。他甚至一度同意，如果撤銷社論，他願意為此承擔全部責任。[28]趙紫陽很瞭解鄧小平，想必知道讓鄧小平撤銷社論的希望很渺茫。確實，鄧小平認為優柔寡斷和推翻決定只會削弱黨的權威，因此拒絕撤銷社論。對於學生一方，趙紫陽盡量緩和矛盾：他強調絕大多數學生都是愛國的，試圖以此讓他們放心不會受到懲罰；他還鼓勵他們離開廣場回到課堂。

五月一日，即趙紫陽從平壤回國後的兩天，他主持召開了政治局常委會，研究如何應對紀念五四運動七十週年時可能發生的示威。他主張發表一個聲明，表明黨支持加強民主、提高政治生活的透明度，以適應時代的變化。但李鵬認為政府的頭等大事是穩定，他批評了非法組織和散布謠言。他堅持認為，如果放任這些年輕人，中國就會發生大倒退。趙紫陽反駁說，儘管中國確實需要穩定，但學生的口號，如擁護憲法、促進民主和反腐敗，與黨和政府的立場是一致的。[29]

與李鵬生硬而嚴厲的語調相反，趙紫陽的態度就像一個寬厚的長者去勸說本質不錯的孩子。五月三日和四日，趙紫陽在兩次重要的公開致詞中說明了要正面看待學生要求的理由。他在五月三日紀念五四運動的大會上說，七十年前的示威者推動了科學與民主，今天的示威者也應當重視科學和民主在實現中國現代化過程中的重要作用。他強調了穩定和鄧小平的四項基本原則的重要性，但他同時又說：「廣大群眾包括廣大學生希望推進民主政治，要求懲處貪污腐敗，……這也正是我們黨的主張。」[30]像往常一樣，黨的領導層試圖表現出他們的一致面。趙紫陽的講話在文字上做了仔細推敲，使保守派無可指責。

在五月四日亞洲開發銀行年會的講話中，趙紫陽也努力向外國投資者保證，中國的社會和經濟秩序沒有陷入混亂，學生示威很快就會得到控制。趙紫陽五月三日的講話在發表之前要送其他領導人圈閱，這次講話則不必經過高層領導的審查，因為他在亞洲開發銀行這樣的經濟機構講話不需要事先得到批准。儘管如此，後來他還是受到批評，說他沒有事先把講話內容送老幹部過目。[31]這篇由鮑彤推敲過措辭的講話也對學生進行了廣播。趙紫陽在講話中承認，黨內確實存在

（610）

腐敗問題，他將之歸咎於社會主義法制不完善、缺乏開放性和民主監督。他重申學生是愛國的。[32]學生因趙紫陽的講話而平靜下來，天安門廣場的示威人數驟減。

此時，香港媒體特意點出趙紫陽講話和李鵬與學生對話的差異，並開始推測兩人之間的分歧。負責向高層彙報示威情況的北京市委書記陳希同是站在李鵬一邊的，他在七月六日向全國人大彙報「反革命暴亂」時說，就在李鵬準備更加強硬時，趙紫陽卻擺出了諒解的姿態。陳希同與李鵬和鄧小平站在一邊，批評趙紫陽五月四日的講話背離了「四二六社論」精神。陳希同說，很多和他一樣的基層幹部正在努力控制違法亂紀的學生，他們覺得自己被趙紫陽的講話出賣了。他們正在試圖使學生讓步，在他們看來趙紫陽過於同情學生。陳希同還說，很多知識份子在趙紫陽講話的鼓舞下，言論變得更加囂張，引起新一輪示威，造成了更大的動亂。[33]而趙紫陽的追隨者則認為，李鵬這一派使他們爭取學生合作的工作變得更加困難。

為戈巴契夫訪中做準備和絕食抗議：五月十三日—二十四日

對鄧小平來說，戈巴契夫五月十五日至十八日對北京的訪問既是中蘇關係的一個歷史轉捩點，也是他個人的一次勝利。兩個最大的社會主義國家之間長達三十年的疏遠關係即將結束，關係正常化露出了曙光。早在一九八〇年代初，鄧小平就提出中蘇恢復正常關係的必要條件：蘇聯從阿富汗撤軍，同時將軍隊從中國東北邊境附近撤離，越南人離開柬埔寨。他之前曾估計，蘇聯因戰線拉得太長，需要調整自己的外交政策，這一估計已被證明是正確的。戈巴契夫同意了所有三個條件，將按照鄧小平的條件前來北京訪問。這是鄧小平一生成就的巔峰之一。為了這次勝利，他準備做一個熱情的東道主，歡迎世界各地的記者前來共襄盛事。

隨著戈巴契夫訪中日期臨近，全世界大批的文字和攝影記者齊聚北京，準備全程報導這一事件。很少出國的美國電視新聞主播丹·拉瑟（Dan Rather）也像其他西方知名播音員一樣親自來到北京。不難理解，鄧小平打算在戈巴契夫到達之前竭盡一切手段清空天安門廣場。趙紫陽五月四日的講話後學生開始返回校園，因此有理由期待事態將有所好轉。北京地區較為溫和的學生已經用腳投票，回到了自己的教室。但是那些更為激進的北京學生和外地學生仍然在廣場上安營紮寨。

五月十三日上午，離戈巴契夫訪中還有兩天，激進的學生領袖對於如何使正在消退的運動保持活力感到無望，同時相信政府不會在戈巴契夫訪中期間抓人，於是他們宣布了一個中國示威傳統中不曾有過的奇舉：當天下午開始絕食。一千多名學生步行來到天安門廣場，聲稱政府若不答應他們的要求，他們就不吃飯。學生們宣布：「我們不想死，我們也希望活著，充實地活著。……但是如果一個人或幾個人的死能夠讓更多人活得更好，或者他們的死能使祖國更加繁榮富強，那麼我們沒有權利苟且偷生。」[34]

（611）

大多數絕食者只喝水及飲料。也有假裝絕食、其實吃東西的。還有人既不進食，也不喝水，沒過多久就暈倒了。抱定一死的決心使絕食者的抗爭超越了現實政治，並在民眾中獲得了道德優勢。絕食者的電視畫面引起了國內外的同情。一些指責學生阻斷北京交通的旁觀者也開始同情這些決心犧牲生命的學生，把他們看作英勇的受害者而不是麻煩製造者。政府官員從一開始就很清楚，任何絕食者死亡都將激怒群眾，因此在對待絕食者上行動節制。沒有學生受到攻擊或逮捕，政府在雨天給他們提供大客車避雨，為他們提供公廁，派政府人員去清掃廣場。同情學生的醫務人員在廣場上治療暈倒的人，把情況嚴重者送往附近醫院。據官方統計，從五月十三日到二十四日，共有八二〇五名絕食者被送往醫院治療。[35]在良好的醫療照顧下，沒有學生死亡，但死亡的危險增加了示威運動的戲劇性。

絕食抗議完全出乎中央領導人的預料。五月十三日，即絕食開始的當天，為此憂慮的鄧小平會見了趙紫陽和楊尚昆。他說這場運動拖得太久了。他要求在戈巴契夫抵達之前清空廣場。當鄧小平問到群眾的情緒時，趙紫陽說，廣大學生知道不能拿國家的榮譽當兒戲，不太可能干擾歡迎儀式。趙紫陽承受著壓力，他要保證戈巴契夫訪問期間北京平安無事。他也被賦予很大的自由，可以採取他認為必要的任何措施清空廣場。

五月十四日，幾位著名知識份子意識到戈巴契夫到訪之前清場的重要性，同時也擔心發生暴力衝突，因此盡最大努力試圖化解對抗。十二名中國最著名的作家和評論家，包括戴晴、劉再復和嚴家其在內，發表聲明批評政府對待學生的方式和不公布運動真相的錯誤。為了達成和解，他們呼籲政府承認獨立的學生組織，但也敦促仍留在廣場上的學生返回學校。[36]他們勸解學生說：「民主是逐步建立起來的。……要保持十分清醒的頭腦。……我們懇請你們充分運用學生運動最寶貴的精神，即理性精神，暫時離開廣場。」[37]

趙紫陽沒有親自來到學生中間，而是派統戰部部長閻明復代替他去了廣場。閻明復在五月十六日看望了學生。閻明復雖然身為中央書記處書記，但對學生的要求抱有同情。由於迫切希望達成一致，他開誠布公地向學生們披露了黨內的分裂，敦促他們離開廣場以保護趙紫陽。他答應次日再來見他們，並保證只要他們返回校園，就不會受到懲罰。閻明復甚至提出，為了確保他們受到保護，自己可以充當人質。[38]然而，他的努力並未奏效。

儘管參加絕食示威的學生是在爭取民主，但是他們自己並沒有遵從多數這項原則。舉止大膽的學生領袖吾爾開希說，他們有一個協定，哪怕只有一個學生想留在廣場上，運動也要繼續下去。[39]學生們一直舉止得體，升國旗時會莊重地起立唱國歌。但是全社會鋪天蓋地而來的同情，也堅定了他們絕不退讓的決心。看到學生顯然不會離開廣場，閻明復明白這對趙紫陽的政治生涯意味著什麼，也擔心由此給國家帶來的後果，不禁傷心落淚。[40]

（613）

戈巴契夫訪問北京：五月十五日—十八日

五月十五日戈巴契夫抵達北京那天，支持學生的群眾再次擴大。五月十六日是鄧小平會見戈巴契夫的日子，政府在凌晨一點做了最後一次清場的努力。廣場上的大喇叭廣播說，政府正在與學生代表對話。官方的廣播敦促學生考慮國家利益，停止絕食，返回校園。學生在他們製作的歡迎戈巴契夫的橫幅下聽著廣播，他們把戈巴契夫視為值得中國效仿的政治改革家。其中一條橫幅上寫著「向民主的使者致敬」。[41]但他們仍然拒絕離開廣場，而且有愈來愈多的人群前來支持他們。政府別無選擇，只好取消原定在廣場舉行的歡迎儀式，改在有重兵把守的機場舉行了一個規模很小的儀式。鄧小平和戈巴契夫的會見地點是人民大會堂，示威者試圖衝進去，事件過程中打破了一扇窗。

在絕食導致的紛亂中被迫改變歡迎儀式地點，這讓鄧小平和老幹部們臉上無光，他們連自己首都的秩序都維持不了。不過，鄧小平和戈巴契夫的會談進行得很順利。在中國領導人中間，沒有任何人像鄧小平那樣在中蘇之爭中扮演著核心的角色。他曾在一九六〇年代初負責起草九評蘇共中央的公開信，又在一九六三年訪問莫斯科，代表中國與蘇斯洛夫交鋒。但是，他也曾兩次親自為改善兩國關係打下基礎：一次是在一九七九年攻打越南後不久，另一次是一九八五年他請來訪的羅馬尼亞領導人西奧塞古向蘇聯領導人轉達中國就中蘇關係正常化提出的條件。中蘇兩國外交官之間的談判一直持續到一九八九年二月，雙方才就越南停止占領柬埔寨的聯合公報上的措辭達成一致，並宣布戈巴契夫訪問北京、開創友好關係新時代的日期。[42]

鄧小平特別與美國官員保持溝通，以防中蘇關係的改善損害中美關係。中蘇雙方一達成協定，鄧小平立即在一九八九年二月二十六日會見了參加日本天皇葬禮後到中國進行短暫訪問的美國總統喬治·布希。鄧小平向布希保證中蘇關係的改善不會影響中美兩國的友好關係。他首先回顧了中蘇關係史，明確表示中國不會與蘇聯發展出一九五〇年代那樣的親密關係。他說，中國將繼續加強與美國的關係，因為這符合中國的戰略利益。[43]五月份，就在戈巴契夫到訪前夕，他又派萬里去消除美國和加拿大官員的疑慮，包括在五月二十三日向布希總統的報備，藉此表明與戈巴契夫的會談不會損害中國與美國和加拿大的關係。中蘇會談之後，他派錢其琛外長向美國通報了會談的內容。

五月十六日鄧小平與戈巴契夫兩個小時半的會談中，錢其琛外長也在座。據他說，鄧小平在會談中興致勃勃，甚至有些興高采烈，因為他是依照自己的條件彌合了與蘇聯的裂痕。鄧小平和戈巴契夫都是改革家；八十四歲的鄧小平即將結束他的政治生涯，而五十八歲的戈巴契夫才剛剛開始。鄧小平毫無敵意地談到過去與蘇聯的矛盾，他承認親自參與過中蘇之間的意識型態之爭，但是他說，爭論的雙方講的「全是空話」。[44]他坦承「我們也不認為當時我們說的話都是對

（614）

的」。鄧小平不靠筆記，僅憑記憶就清楚細述了跌宕起伏的中蘇關係。他說，問題的原因在於蘇聯對中國不能總是做到平等相待。但是他又說，中國絕不會忘記蘇聯的援助為新中國打下了工業基礎。鄧小平同意結束過去的爭論，放眼未來，使中國能夠與各個鄰國建立睦鄰關係。戈巴契夫對歷史背景有很好的瞭解，他言談謹慎，表示贊同鄧小平的看法，中蘇做為鄰國應當努力發展友好關係。[45]

鄧小平對戈巴契夫發表了具有全盤性和前瞻性的言詞，但他當時一反常態地有些緊張。在歡迎戈巴契夫的宴會上，他面對鏡頭時手有些顫抖，餃子竟從筷子上滑落下來。[46]就在這一天，有大約兩百名絕食者被緊急送往醫院治療，廣場上的絕食者還有大約三千一百人。[47]鄧小平很難將不斷惡化的局勢拋諸腦後。

戈巴契夫在五月十六日下午會見趙紫陽時說，他已經見過鄧小平，但現在見到趙紫陽總書記，全部協定才算是得到了正式認可。趙紫陽解釋，鄧小平仍在工作，中國仍然需要鄧小平的智慧和經驗，「因此一九八七年的十三屆一中全會鄭重做出決定，在最重要的問題上仍要由鄧小平同志掌舵」。[48]鄧小平得知趙紫陽這些話後很不高興。趙紫陽的支持者後來解釋，趙紫陽理所當然要糾正戈巴契夫的印象，因為他與鄧小平的見面也是正式的官方會見。趙紫陽後來也說，他是想保護鄧小平的形象，而不是損害。[49]然而李鵬在日記中提出了不同的觀點，他承認趙紫陽的說法是準確的，但他認為趙紫陽在這種場合說出來，是想把一九八八年的經濟問題和導致學生示威運動惡化的決策責任推給鄧小平。[50]事實上，像李鵬一樣，鄧小平確實認為趙紫陽的話是在指責他要對當前的問題負責。[51]

全世界的記者聚集在北京，本來是要報導中蘇和解的過程，卻發現學生運動更加引人入勝。確實，廣場上的大戲很快就使戈巴契夫的訪中黯然失色，不再是媒體關注的焦點。外國記者們很難不被學生的理想和熱情所打動，而學生也遠比以往的中國人更加大膽敢言。在國際社會的關注下，他們愈加相信解放軍不會對他們動武。有些學生意識到這是向世界展示訴求理由的機會，便派會講英語的示威者站在遊行隊伍的周邊，向全世界講述他們對民主自由的渴望和消除高層腐敗的必要性。一些連續報導此事的外國記者力求做到不偏不倚，他們說，大多數學生其實對民主自由瞭解很少，對如何實現這些目標也沒有多少想法。[52]

在戈巴契夫訪中期間，廣場上的學生數量日見增長。五月十八日儘管下雨，據國家安全部估計廣場上大約仍有一百二十萬人。[53]抗議活動也擴散到了其他大城市，另有大約二十萬學生從外地湧入北京，路途遙遠的甚至要坐數天火車。有些學生認為自己是為正義而來，因此像文革期間的紅衛兵那樣要求免費乘車。原定於在人民大會堂舉行的戈巴契夫記者招待會，由於車隊無法通過廣場，最後一刻改在釣魚台國賓館舉行。[54]但是大批記者並沒有去記者招待會，而是仍然留在

（615）

天安門廣場。

戈巴契夫的到訪不僅標誌著中蘇關係的轉捩點，也是學生運動的轉捩點。在此之前，鄧小平希望學生能夠聽從向他們發出的愛國主義呼籲，在戈巴契夫抵京前離開天安門廣場。對鄧小平來說，按中國的條件結束中蘇分裂是一件大事，絕不能放棄把天安門廣場做為舉行歡迎儀式的地點。可是學生卻不願讓步。當時鄧小平不想派軍隊進來，讓可能導致的衝突破壞戈巴契夫的訪中。但是，當學生們在戈巴契夫訪問期間固執地不離開天安門廣場時，鄧小平認為他們做得太過分了。他準備動用軍隊。

天安門悲劇

一九八九年五月十七日—六月四日

（616）

當鄧小平開始準備調動軍隊的方案和宣布戒嚴令時，趙紫陽等一些自由派官員也在為避免暴力鎮壓做最後一次絕望的努力。五月十六日會見戈巴契夫之後，趙紫陽在晚上十點召開政治局常委緊急會議，再次表明他的看法：除非黨撤銷「四二六社論」，否則問題不可能得到和平解決。但只得到胡啟立的支持。在政治局之外，中央顧問委員會的一批自由派退休幹部，包括李昌、李銳、于光遠和杜潤生也聚在一起，為發表一份把學生運動宣布為愛國主義的聲明做最後安排。第二天一早，已無退路的趙紫陽給鄧小平辦公室打電話，希望私下面見鄧小平，或許能說服鄧不動用軍隊。趙紫陽被告知可以下午來，但去了之後才知道，他不是與鄧小平單獨見面，其他政治局常委也都在場。鄧小平顯然不想接受他的意見。[1]

（617）

戒嚴令和趙紫陽離職：五月十七日—二十日

在戈巴契夫到達北京之前，鄧小平已經在考慮學生如不撤離廣場的應急方案。四月二十五日，即決定發表警告學生的社論當天，鄧小平就下令解放軍進入戰備狀態，五月初就取消了一切軍人請假外出的許可。[2]後來，當戈巴契夫訪問結束、外國媒體的最重要人員也都離開後，鄧小平準備採取行動。五月十七日下午四點，鄧小平召集政治局常委（趙紫陽、李鵬、喬石、胡啟立和姚依林）和他在中央軍委的聯絡人楊尚昆，決定下一步的行動。與會者都可以表達自己的看法。趙紫陽解釋，局勢很嚴峻，每天仍然有三十萬到四十萬人在示威。他認為除非撤銷嚴厲的「四二六社論」，否則學生不會自願離開廣場。[3]

聽過其他人的意見後，鄧小平說，解決全國的問題，必須先從北京開始，因為首都的任何騷亂都會對全國造成影響。他們必須立場堅定。例如匈牙利，國家領導人的讓步僅僅導致了更多要求。假如中國領導人也做出讓步，中國就完了。鄧小平又說，上海的江澤民採取強硬、自上而下的措施，查封不聽指示的《世界經濟導報》（這對平息那裡的學生示威很有幫助），成功恢復了秩序。鄧小平相信，現在需要的就是這樣的鐵腕措施。但是鄧小平認為，現在北京的員警已不足以恢復秩序，需要動用軍隊。軍隊的調動要快速果斷，在行動之前部署軍隊的計畫要暫時保密。[4]會上有人表示擔心，外國人可能對動用武力做出負面反應時，鄧小平回答，行動要迅速，「西方人會忘記這件事的」。[5]

李鵬和姚依林馬上表示支持鄧小平的意見，儘管胡啟立也表達了一些顧慮，但只有趙紫陽明確反對。趙紫陽發言時，有人提醒他少數要服從多數。趙紫陽回答，做為黨員他接受，但他仍要保留個人意見。[6] 趙紫陽意識到，身為總書記，將由他宣布實施戒嚴並監督其執行。他擔心這種動用軍隊（即使是不帶武器的軍隊）的決定只會給衝突火上澆油。

與鄧小平的會面一結束，趙紫陽就請助手鮑彤為他準備一份辭職信。趙紫陽知道，他無法強迫自己執行戒嚴令，而這一決定意味著他政治生涯的結束，但是他也堅信自己的決定將使他站在歷史正確的一邊。在與家人吃晚飯時，他告訴妻子梁伯琪和女兒王雁南他打算辭職，他的決定可能使全家人受連累。之後家人打電話告訴趙紫陽在澳門和海南的兒子，他們都理解並接受父親的決定。[7]

當天晚上趙紫陽尷尬地主持了政治局常委會，在沒有鄧小平在場的情況下研究如何貫徹鄧小平實行戒嚴的決定。趙紫陽在會上宣布，他不能執行戒嚴決定。他清楚自己的政治生涯已經結束，他說，他的時間到了。

次日凌晨五點，趙紫陽來到天安門廣場表達他對學生的關切。在負責監視他的李鵬陪同下，趙紫陽拿著手提擴音器說：「我們來得太晚了。……你們說我們，批評我們，都是應該的。」全世界的人都在電視上看到趙紫陽聲音顫抖、眼含淚水的情景。他說，他也年輕過，也參加過遊行，並不去想後果會怎樣。他勸說學生放棄絕食，愛惜身體，積極參加四化建設。[8]有些聽眾把趙紫陽的講話解釋為警告，表明他已無法再保護學生。這是趙紫陽最後一次公開露面。

五月十七日被迫決裂之後，趙紫陽對計畫戒嚴的會議不再知情，他也拒絕向公眾宣布實行戒嚴。五月十九日趙紫陽致信鄧小平，再次試圖勸說他軟化「四二六社論」的立場，儘管此時他已經知道幾乎不可能成功。他一直沒有收到回音。

當楊尚昆最先得知趙紫陽要遞交辭職信時，他勸趙紫陽收回，以免向公眾暴露領導層內部已經公開分裂，儘管對趙在廣場上出現很不滿的鄧小平覺得這種分裂已顯而易見。趙紫陽拒絕主持宣布戒嚴的會議，但他確實同意收回辭職信。儘管沒有辭職，但他以身體勞累為由，請了三天病假。[9]正是在這三天內實行了戒嚴。

五月二十八日趙紫陽又給鄧小平寫信，試圖解釋他對戈巴契夫說的那些令鄧小平氣憤的話。同一天他被軟禁家中。他的助手鮑彤被捕，並被送入關押高級囚犯的秦城監獄。雖然鄧小平又活了八年，但他從未回覆過趙紫陽的信，他們也沒再見過面。

從五月二十四日到二十六日，北京的黨中央把各省黨委書記和省長以及港澳負責人叫到北京，向他們解釋實施戒嚴的理由，以期得到支持。[10]而正式處理趙紫陽的程序是在六月四日以後

（619）

才開始的。趙紫陽深知胡耀邦在一九八七年承認錯誤的後果，因此他拒絕認錯，他說，他沒有做錯任何事。在軟禁期間，他享有舒適的生活條件，但直到二〇〇五年去世，能拜訪他的人一直被嚴格限制，他本人出門時也受到嚴密監控。[11]

五月十七日鄧小平與政治局常委見面後，戒嚴計畫迅速實施。第二天上午中央軍委召開擴大會議，楊尚昆宣布實行戒嚴的決定。當天下午中央軍委又召開工作會議，最終確定實施戒嚴的細節：戈巴契夫將在五月十九日上午離開北京，當晚將有五萬軍人快速行動，於五月二十日星期六早晨到達天安門廣場。[12]十九日晚十點，李鵬在一個有大批高層黨政軍幹部參加的大會上講話，把調動軍隊的情況對他們做了說明。次日上午九點半李鵬宣布戒嚴將從十點開始。[13]楊尚昆指示軍隊的指揮官，士兵即使受到挑釁也不要開槍。大多數士兵甚至沒有攜帶武器。

戒嚴失敗：五月十九日—二十二日

鄧小平和軍隊領導人堅信軍隊很快就能到達目的地，不會發生任何意外，因此甚至沒有告知士兵假如遇到抵抗該怎麼辦，也沒有為他們提供路線圖，以便在道路被封堵時可以選擇其他路線。同時，學生在五月十九日下午獲悉運送軍人的坦克、卡車和裝甲運兵車正進入京郊。廣場上的學生預計軍隊將在黎明前到達，心情既緊張又害怕。一些北京的學生回到校園，但是有更多激進的學生，以及從外地來的學生（鐵道部的報告說，從五月十六日下午六時到十九日上午八時，共有五萬六千名學生乘坐火車抵達北京）仍堅持留在廣場上等待最壞的情況發生。14

不論廣場上的學生還是高層領導，都沒有預料到接下來的一幕：大批北京市民蜂擁走上街頭，徹底堵住從東南西北（六條主要道路和其他幾條小路）各個方向進城的五萬名軍人。李鵬在五月二十日的日記中簡單寫道：「我們沒預料到會有大的抵抗。」他又記述，各處的部隊全被擋住。有些軍人試圖通過地鐵進入天安門廣場，但地鐵入口也被封死。有些部隊想利用郊區的鐵路線，但市民躺在鐵軌上。有一支兩千人的部隊從外地乘火車到達火車站，一下車就被團團圍住而動彈不得。15當時還沒有手機，人們用普通電話聯絡熟人，而有無線對講機的人守候在主要的十字路口，看到軍隊到來便發出警報，使人們能夠一擁而上將他們堵住。人們組成摩托車隊及時傳遞軍隊進城的消息。有些官員指責趙紫陽的助手鮑彤向示威學生透露部隊前進的路線和目的地。然而，即使鮑彤是個再傑出的組織者，也無法通報或組織街頭上洶湧的人潮。

那天夜裡皓月當空，照亮北京城。外國記者看到人群從四面八方湧上街頭，人數有幾十萬之眾。據記者報導，整個城市都加入了示威，形成北京城裡史無前例的景觀。不僅學生得到普遍的同情，而且大多數人都反對戒嚴。16第二天凌晨四點半，被學生控制的天安門廣場上的大喇叭興高采烈地宣布，各個方向的部隊都已被堵住，無法到達廣場。廣場上的示威者歡呼雀躍。

（620）

（621）

進城的士兵大多是農村青年，與城市大學生相比沒有受過多少教育，遠不如他們見多識廣，對自己遇到的事情毫無準備。外國記者報導，他們之間有很多人顯得手足無措。他們被告知不要對辱罵做出回應，不能造成流血。他們遵守了命令。士兵幾乎都沒有攜帶武器。學生很快就組織起來，與被堵卡車上的士兵交談，試圖讓他們相信學生在從事正義的事業——他們要爭取更多的自由，結束腐敗。有印刷機可用的圍觀者很快印出反對戒嚴的宣傳單到處散發。有些士兵既不瞭解情況又準備不足，顯得有些同情學生的要求。[17]

李鵬在五月二十二日的日記中承認，軍隊在五十個小時裡無法移動。他還說，鄧小平擔心有可能「軍心不穩」。對鄧來說，這成為一個嚴重的問題。有這麼多青年反對他們，軍隊還能維持秩序嗎？士兵是否會受到學生的影響，失去遵守紀律的決心？有些士兵看上去又累又餓。[18]

五月二十二日星期一早上七點，部隊接到撤退的命令。然而開始撤離時卻發生混亂。有些市民認為軍隊只是想換一條路線進入市中心，因此繼續阻止他們移動。不過到五月二十四日，部隊都已撤到市郊駐紮下來。戒嚴令並沒有正式取消，但是隨著部隊的離去，示威群眾開始慶賀勝利。[19]自一九四九年以來，甚至在文革期間，在北京也從來沒有這麼多人自發地示威，反對黨的領導。鄧小平現在面對的是一場毛澤東有可能引以為傲的群眾運動，如果運動的矛頭不是指向他自己的共產黨的話。

（622）

準備武力鎮壓：五月二十二日—六月三日

五月二十日一過，鄧小平讓軍隊暫時撤退的同時，立刻指示楊尚昆準備坦克、裝甲運兵車、卡車和足夠的武裝部隊，以便克服一切抵抗。這時北京的最高領導人已十分擔心軍隊和高層在面對市民反抗時能否保持堅定的立場。五月二十日，八位在實施戒嚴時未被徵求意見的退休將軍交給鄧小平一份反對使用武力的聲明。鄧小平和楊尚昆派了兩名最高層的軍事領導人逐一拜訪這些將軍，向他們解釋實施戒嚴的原因。[20]

此後幾天，李鵬努力爭取全國高層幹部的支持。在五月二十日以後幾天的李鵬日記中，滿是與全國各地領導人進行電話交談的記錄。他在電話中解釋發生的事，希望能得到他們的贊同，並記下他們對北京領導層的決定表示擁護的聲明。[21]據李鵬的記錄，到五月二十一日已有二十二位省級領導表示支持戒嚴。鄧小平則一直忙於和其他高級領導人協商，以確保得到他們的支持。陳雲在這場危機中也支持鄧小平，他說，堅定立場絕不後退，這一點很重要。[22]鄧小平也會見了李先念、彭真等老幹部，以確保高層不發生分裂。

五月中旬萬里正在北美訪問。由於擔心他可能支持趙紫陽，中央領導人通知他不要直接回北京，而是先去上海。五月二十六日凌晨三點萬里到達上海機場，迎接他的是江澤民和丁關根。丁是政治局候補委員，他向萬里通報了形勢。第二天丁關根根據北京的指示，向萬里做更全面的彙報。江澤民交給萬里一些北京準備好的文件，解釋為何要讓趙紫陽下台。[23]雖然萬里在北美時說過一些贊成民主的話，但是回到上海後，這位一貫忠誠的中共黨員表示支持鄧小平的政策。[24]然後他才獲准回到北京。

籌備新的領導班子

甚至在五月二十日實行戒嚴之前，鄧小平已經忙於考慮新的領導班子，準備在恢復秩序後立刻向社會公布。在宣布免去趙紫陽職務之前，鄧小平先花時間重申一九八七年召開的十三大的決定，因為他要向群眾表明趙紫陽所執行的政策仍會繼續：不但要繼續開放市場，而且要進一步擴大。外國公司正在進行的項目，甚至引起很大爭議的海南洋浦項目（由日本商社熊谷組領頭），都要繼續。他另外還宣布，要花大力氣解決官場腐敗問題。[25]

為了重新贏得民眾支持，鄧小平需要任命一位與天安門鎮壓無關的新領導人，並在軍隊占領天安門後向社會公布。實行戒嚴的前一天五月十九日，鄧小平、陳雲和李先念就已選定江澤民做總書記，他們打算在四中全會後立刻宣布此一任命。[26]鄧小平表揚江澤民的果斷行動：他以巧妙的方式關閉了《世界經濟導報》而沒有引起過激反應。江澤民從一九八三年到一九八五年當過電子工業部部長，曾在一九八五年向鄧小平彙報工作。鄧小平、陳雲和李先念冬季去上海度假時，

（623）

（623）

江澤民做為市委書記接待他們，所以他們對江都很瞭解。他做為較年輕的政治局委員已經工作了三年，因此熟悉中央事務。此外，他立場堅定，致力於改革，瞭解科技，有處理外交事務的經驗，這些都是鄧小平認為領導國家所需的重要素質。

鄧小平、陳雲和李先念還在考慮新的政治局常委成員。天津市委書記李瑞環也是一位能幹的改革派領導人，他將進入政治局常委分管宣傳，取代與趙紫陽走得太近的胡啟立。宋平既有經驗，人緣也好，善於處理困難的組織問題，根據陳雲的建議將進入政治局。李鵬已經證明自己能夠堅定貫徹鄧小平的意願，將繼續擔任總理，姚依林仍擔任副總理。新的任命將立即宣布，並在下一次中央全會上正式確認。[27]趙紫陽將離開政治局。鄧小平沒有指責趙紫陽鬧派性，但是他說，趙紫陽和胡耀邦一樣，都只與一個小圈子的人共事。[28]

決定了新的領導班子後，鄧小平與政治局常委兩位留任者見面：李鵬和姚依林。如果說他們對把總書記這一最高職位讓給別人感到不滿，這也屬人之常情，因此鄧小平耐心向他們解釋，為了維持國家的秩序，需要新的面孔。他還鼓勵他們採取切實措施打擊腐敗，向群眾表明黨的領導人嚴肅對待這個問題。鄧小平說，江澤民等新領導人上台後的頭幾個月，需要採取一些有力行動來證明他們致力於改革的決心。鄧小平認為江澤民不應該帶著他在上海的班子來任職，相反的，他要求大家團結在江澤民周圍，形成一個堅強的領導集團。[29]新的領導班子一到位，鄧小平就會

（624）

宣布他徹底退休的打算。即使沒有任何頭銜，鄧仍具備一定的影響力；但江不同，他缺少革命領袖的個人威望，需要授予正式頭銜以提供領導國家的權威。

江澤民並不知曉這些有關他未來角色的高層討論。李鵬打電話通知江澤民立刻飛到北京，但沒有解釋理由。江澤民抵京後，李鵬對他說鄧小平要見他。然後鄧小平便通知他已被正式指定為最高領導人。江澤民在北京私下拜見了另外兩位元老陳雲和李先念，並立刻開始為自己的新工作做準備。

江澤民的背景使他有足夠的資格成為下一代領導人的人選。他生於一九二六年，經考試入讀揚州中學和交通大學，後者是中國當時最好的工程類名校之一，這說明他有很高的智力。他在上學期間學過一些英語和俄語，做為交換學生在蘇聯生活過兩年。他還學過一點羅馬尼亞語。江澤民十三歲那年父親去世，他的叔叔（一個中共的革命烈士）成為他養父，這一變化使江澤民本人有了革命背景。他於一九四九年之前加入中共地下黨。一九八〇年後在谷牧手下擔任外國投資領導小組的書記，獲得改革開放方面的經驗。他又在長春第一汽車製造廠（中國最大的工廠之一）當了六年黨委書記，在重工業領域有堅實的基礎。他於一九八五年擔任上海市長，次年成為市委書記，一九八七年成為中央政治局委員。

中共最高領導層在選拔接班人時偏愛出身中共革命者家庭、特別是烈士家庭的人，因為他們在緊要關頭靠得住，絕對忠於黨。鄧小平需要完全忠於改革並理解改革的人，而江澤民正是這樣的人。鄧所需要的人也必須能果斷嫻熟地處理危機，江澤民在處理學生示威和查封《世界經濟導報》時就表現出這種素質。鄧小平所尋找的人還必須能與各種人搞好關係，而江澤民在上海和北京都證明他能夠與其他幹部和睦相處。在開朗的外表背後，江澤民其實是個聰明成熟的政治人才。雖然他沒有在北京黨的權力結構內部工作過，但他利用在政治局的三年熟悉黨的領導人和中央事務，並公認為能有效處理政治問題的人才。[30]

（625）

強硬派學生的堅持：五月二十日—六月二日

五月二十日軍隊在北京實行戒嚴失敗後，愈來愈多人蜂擁回到廣場，群眾的支持和對實行戒嚴的憤怒使他們士氣高昂。雖然有些學生因疲倦或害怕回到校園，但不斷湧入的外省學生填補了他們的位置。

五月二十九日晚，面對著天安門上毛澤東的畫像，豎起了一尊仿美國自由女神製作的「民主女神」巨大石膏像。學生還舉行一場簡短的儀式，引起國內外的廣泛關注。[31]這尊塑像是由中央美術學院的學生在三天內倉促完成，分拆後用腳踏三輪車運到廣場的。本來打算做為中國民主事業的永久紀念物，但在六月四日清場後被搗毀。

同時，運動的進程也開始發生變化。據鐵路官員估計，在這段時間有大約四十萬學生乘火車到達或離開北京，但到五月三十日離京的人要多於到達的人。[32]很多示威者擔心受到懲罰，希望通過談判軟化當局立場。到五月底，學生領袖就像他們所反對的宣傳部一樣，開始限制記者接觸普通示威者，以便對群眾所能得到的消息進行控制。但是消息很難控制，因為學生本身就不團結；那些脫穎而出的學生領袖做為大膽的演說家可以做到一呼百應，卻不是能夠制定長遠統一計畫的戰略家。學生無法就行動達成一致。為了取得最低限度的團結，仍留在廣場的學生接受了如下誓言：「我願用我全部的生命和忠誠，誓死保衛天安門，保衛首都北京，保衛共和國。」[33]

（626）

鎮壓：六月三日—四日

沒有證據表明鄧小平在決定向天安門派出武裝部隊時有任何遲疑。六月三日凌晨兩點五十分，他命令遲浩田「採取一切手段」恢復秩序。當時人在北京的西方學者、眼光獨到的墨寧（Melanie Manion）解釋了鄧小平的理由：「即使為了控制騷亂而在六月三日清空街道，也極有可能無法結束抗議運動。……抗議者只會暫時撤退，然後又會累積更大的力量。……六月四日動用武力，確實立刻一勞永逸地結束了這場運動。」[34]據鄧小平的家人說，不管鄧小平受到多少批評，他從未懷疑自己做出的決定是正確的。[35]很多觀察者看到五月底廣場上的人愈來愈少，認為不使用暴力清空廣場也是可能的。但鄧小平不僅擔心廣場上的學生，而且擔心國家權威的普遍弱化，他斷定為了恢復政府的權威，必須採取強硬行動。[36]

此時距蘇聯瓦解還有兩年，但是鄧小平在一九八九年就堅信，蘇聯和東歐領導人沒有為維護黨和國家的權力做出足夠的努力。在波蘭，一九八九年四月四日的圓桌會議使團結工聯取得政治控制權，將總統一職改為由選舉方式產生，隨後便是共產黨的解散。巧合的是，波蘭定於六月四日舉行大選，而中國軍隊則在這一天占領天安門廣場。曾在蘇聯留學的江澤民後來讚揚鄧小平行動果斷，使中國沒有像蘇聯那樣分崩離析。[37]

總數大約十五萬人的部隊已經在京郊集結待命。[38]他們大多數是乘火車來的，但也有一些士兵是在六月一日乘十架飛機從更遙遠的成都和廣州抵達北京。為了預防需要更多的軍隊，廣州機場從五月三十一日開始有六天沒有售票。軍隊來自七大軍區中的五個，不過所有軍區司令員都表示贊成動用軍隊控制廣場，因此並不存在某軍區事後反對鎮壓學生的風險。無論結果好壞，他們都在一條船上。

在鎮壓過程中，軍隊的戰略家為了不使道路被封堵，早在五月二十六日就派出小隊士兵滲透到北京市內。保密是關鍵。有些部隊乘坐的是沒有標記的卡車，武器也藏了起來。有些部隊為避免受到注意，穿著便裝步行或騎自行車三五成群地進城。有些士兵守在交通要道附近，戴著墨

（627）

鏡，穿得像地痞流氓。還有些人被允許穿著軍裝，但扮成外出進行常規跑步訓練的樣子。[39]幾天內，他們不斷以小規模分頭進城，但在六月二日即星期五，進城士兵的數量增加了。尤其是一大批士兵逐漸集結到天安門廣場以西約四英里的軍事博物館，這裡將成為部隊和裝備的重要集結地之一。很多受過特訓的部隊也開始通過地下通道到達天安門廣場旁邊的人民大會堂內，他們將以訓練有素的方式幫助天安門清場。還有一些穿便裝的士兵布置在全市一些重要地點，負責提供有關道路封鎖狀況和示威者動態的情報。

五月十九日軍隊第一次試圖實施戒嚴時是在夜間行動，他們誤以為人們都在睡覺，沒想到北京市民會借著月光湧上街頭。軍隊領導人第二次採取行動時選擇了六月三日夜間，按陰曆這應該是最黑的一個夜晚。這個日子還有一個好處，因為六月四日是星期日，如果秩序能在這一天恢復，那麼混亂就基本上被控制在週末而不是平常的工作日。

鄧小平在六月三日承認，即使天安門廣場和整個北京的秩序大體得到恢復，也需要幾個月甚至數年時間才能改變人們的想法。他並不著急，並且覺得沒有必要譴責那些參加絕食、示威或請願的人。他命令軍隊只把違法者和試圖顛覆國家的人視為目標。他告訴他們，鎮壓的理由是，為了繼續改革開放，實現國家的現代化，中國需要和平穩定的環境。

在解釋動用軍隊的理由時，鄧小平承認需要進行政治改革，但是他也要堅持四項基本原則：

（628）

堅持社會主義道路，堅持人民民主專政，堅持黨的領導，堅持馬列主義毛澤東思想。他說，如果讓示威和貼大字報的現象繼續下去，就沒有精力把事情做好。他說，黨的領導人要解釋恢復秩序的決定，說服各級幹部，讓他們相信對抗議者採取行動是正確的。[40]

在六月三日之前的幾天裡，學生開始覺察到軍隊調動的一些跡象，但是他們不清楚已經有多少士兵滲透進市中心。此外，大多數學生無法想像他們的抗議會導致開槍。在六月三日之前，學生有幾次投票表決是否繼續占領廣場。大多數人都投票贊成留下，因為主張離開的人已經用腳投票了。但是在六月四日前的幾天裡，一些學生領袖害怕受到懲罰，試圖與政府談判。離開廣場的條件是保證他們不受懲罰，並且學生組織得到正式承認。[41]但他們沒有獲得保證。

六月二日夜裡，街頭傳出一些部隊正開進北京的傳言。示威者及其支持者到處傳話，結果，軍隊試圖進城時有很多部隊車輛遭到堵截、推翻甚至燒毀。同時，政府官員則要求繼續推進。六月三日下午喬石召開緊急會議研究清場的最後方案。楊尚昆把方案交給鄧小平，立刻得到批准。[42]領導人在六月二日估計會遇到示威者一定程度的抵抗，但是低估了對抗的強度。據陳希同說，人們「圍困並毆打解放軍。……還有暴徒搶奪槍支彈藥和其他軍用物資。中央機關和一些重要部門遭到衝擊」。抵抗的規模和決心讓李鵬十分焦躁，他第一次使用了「反革命暴亂」的說法，這意味著要像對待敵人那樣對付抵抗者。他說：「我們必須堅定不移地鎮壓首都這場反革命暴亂。我們對付這

（629）

一小撮暴亂份子不可手軟。授權解放軍戒嚴部隊、武警、公安必要時運用任何方法去對付阻撓這項任務的人。」[43]

六月三日各集團軍司令也在北京軍區司令部開會，研究進攻計畫的細節：將用機動車把士兵分三批運進北京，每一批部隊都從東西南北四個方向同時行動。第一批將在下午五點到六點半之間從三環和四環出發，第二批在七點到八點之間出發，第三批在九點到十點半之間出發。早到的卡車上有些並不會配備武器，但前三批軍隊之後將有兩批武裝軍人趕到：一批將在十點半出發，另一批午夜後出發。[44]士兵要在黎明前清空廣場。

行動按計畫進行。六月三日下午六點半，廣播和電視發布緊急通告，為了保護生命安全，工人要堅守崗位，市民要留在家裡。中央電視台不停播放這條通告，廣場上的大喇叭也同樣廣播。[45]但是通告沒有具體說明部隊就要進城。由於政府已多次發出其他警告，很多人未能重視「保護你們的生命」這句話。

六月二日和三日，抗議的學生採用了他們自五月十九日以來學會的策略。儘管有無線對講機的人很少，但他們有效利用摩托車來傳遞部隊移動的消息。數百名稱為「飛虎隊」的摩托車騎士向各個地點傳送消息，告知部隊的動向，使人們能夠及時設置路障。當路障迫使領頭的卡車停下來時，人們便一擁而上，割破輪胎或放氣，使卡車無法繼續前進。然後人們又割斷線路或拆卸零

（630）

件，開始嘲弄車上的士兵，並朝他們扔磚頭石塊，有時候還攻擊坐在卡車後面的士兵。路障在一些地方很有效，不但擋住了第一批卡車，而且使後來出發的卡車也無法繞過前面動彈不得的車隊。[46]

最激烈的抵抗和暴力發生在六月三日夜晚到四日凌晨天安門以西四英里的大街上，這裡離木樨地立交橋不遠，附近的高樓居住著很多退休高幹。三十八軍的部隊在晚上九點半到達木樨地時，看到數千名市民聚集在這裡阻止他們前進。公車被拖到木樨地立交橋的路中央，擋住裝甲運兵車前行。解放軍先是放催淚瓦斯和橡皮子彈，但沒有多大效果，人們大膽地向部隊投擲石塊和雜物回應。有個軍官用擴音器命令人群散開，也沒有奏效。由於三十八軍軍長徐勤先以身體抱恙為由拒絕帶兵，這支從西面開過來的軍隊就像在中國內戰中向解放軍投誠的國民黨軍隊一樣，承受著需要證明自己忠誠的特殊壓力。大約十點半前後，木樨地立交橋附近的部隊開始對空鳴槍，投擲眩暈手榴彈，但並未造成死亡。

夜裡十一點時，仍然無法前進的部隊開始直接射擊人群，使用的是每分鐘能發射九十發子彈的AK－47自動步槍。有人中彈時其他人就會將傷者搬離危險區，抬上救護車或放在自行車和三輪車上，迅速送往最近的復興醫院。解放軍的卡車和裝甲運兵車也開始全速前進，壓過任何敢擋路的人。[47]即使開始使用真槍實彈、以致命武器對付同胞，部隊仍然花了大約四個小時，才走完從木樨地到天安門大約四英里的路程。[48]

在天安門廣場，雖然午夜之前到達的部隊人數有限，但一些員警和便衣早在幾小時前就已經來到這裡。晚上八點，燈光照亮了廣場和東長安街，到晚上九點時這條大街上已幾乎空無一人。在數英里外，當軍隊從東邊向廣場開進時，一些步槍裝甲運兵車和坦克開始載著部隊進入廣場。一些子彈擊中外國攝影師和記者所在大樓的窗戶；軍隊這是在警告他們不要靠近窗戶，因為那裡可以拍攝到廣場附近的屠殺畫面。一些穿便衣的軍官擋住外國人，告訴他們離開大街以免受傷，並警告他們不要拍攝軍事行動的照片。很多拍攝者的照相機和膠捲被沒收。[49]

在部隊開始進入廣場之前，廣場上仍有大約十萬名示威者。六月四日即星期日凌晨一點，軍人開始從不同方向到達廣場。在廣場四周、長安街和人民大會堂前，士兵開始朝著向他們謾罵、扔磚頭並朝拒絕離開的平民開槍。抗議者沒有想到士兵會用真槍實彈對付他們，當一些被打死或打傷的抗議者被抬走時，剩下的人才開始恐慌。

到凌晨兩點時廣場上只剩下幾千人。學生領袖柴玲宣布，想走的就走，想留的就留。台灣流行音樂人侯德健和其他幾位著名知識份子早在五月二十七日就來到天安門廣場，當時他們都認為這可能是學生占領廣場的最後幾天。[50]侯德健用麥克風警告仍然留在廣場上的人，武裝部隊正在向廣場推進。他說，現在聽他講話的人已經證明自己不怕死，但是血已經流得夠多了，留在這裡

（631）

的人應該和平撤離，不要留下任何可以被當作武器的東西。

當部隊步步逼近時，侯德健和另外三個人於三點四十分左右與戒嚴部隊見面，協商和平撤離天安門廣場。經過簡短的談判後，解放軍軍官表示同意。凌晨四點廣場燈光關閉。侯德健返回後不久就通過話筒宣布他們達成的協定，讓留在廣場的學生馬上離開。大約三千人跟隨著侯德健匆匆離開廣場。四點半軍隊和軍車向前推進，留下來的學生往西南方撤退。早上五點二十分時大約只剩兩百名無畏的示威者。他們被部隊強行趕走時，是黎明之前，五點四十分，正如清場命令要求的，廣場上不留一個示威者。[51]

據一些目擊者說，廣場上有人中彈，但政府發言人否認凌晨四點半到五點半之間廣場上有任何人中彈，這是含蓄承認此前和此後可能有人遭到射殺。[52]政府也不否認廣場附近的長安街上有人遇害。很多人想弄清楚那天晚上的死亡人數，但各種估計數目出入極大。中國官方在六月四日幾天後的報告中說死了兩百多人，包括二十名軍人和二十三名學生，大約兩千人受傷。[53]李鵬在七月二日對斯考克羅夫特說死了三百一十人，其中包括一些解放軍戰士和三名學生。[54]遇害人之一的母親丁子霖後來試圖蒐集當晚所有遇害人的姓名，截至二〇〇八年為止她總共蒐集到近三百個姓名。據三十八軍政委李志遠的報告，除了死傷的士兵，有六十五輛卡車和四十七輛裝甲運兵車被毀，另有四百八十五輛軍車受損。[55]認真研究過此一事件的外國觀察家所做出的最可靠估計是，遇害的示威者大約在三百人到兩千六百人之間，有數千人受傷。最初一些外國的報導說有上萬人死亡，後來都承認這是嚴重的誇大。當時在北京的加拿大學者卜正民（Timothy Brook）根據外國武官的估計以及來自北京所有十一所大醫院的資料報告說，這些醫院中至少有四百七十八人死亡，九百二十人受傷。[56]有些人相信死亡人數可能高於這些醫院記錄的數字，因為一些家庭擔心傷者或家人受到長期政治迫害，或私下治療，或通過非正常管道處理了死者的屍體。[57]

解放軍和員警在清場之後，花了幾天時間清掃示威期間遍地垃圾的廣場並搗毀民主女神像。雖然與當地市民發生少量扭打，但那晚的流血鎮壓之後，北京和天安門廣場很快就恢復了令人不安的平靜。

示威的學生領袖受到追捕；有些人被短期拘留，還有一些人被投入監獄。甚至一些著名知識份子，譬如在廣場上勸說學生撤離的戴晴，也遭到逮捕和監禁。鄧小平親自決定將趙紫陽的祕書鮑彤判刑七年，但他服刑期滿後仍然處在嚴密的監控下。趙紫陽的另外一些部下也被監禁，一些示威者在二十多年後仍未獲釋。通過「地下通道」提供的藏身處以及勇敢友人的幫助，包括柴玲和吾爾開希在內的一些學生領袖，以及像嚴家其和陳一咨那樣的知識份子領袖，設法成功逃往國外。而王丹被監禁幾年後獲釋，他流亡西方，繼續自己的學業。

溫室中的一代和被延遲的希望

參加一九八九年示威的學生以及較年長的知識份子，一如中國歷史上的文人，對國家命運懷有一種很深的責任感。然而，這些學生是溫室中長大的一代，沒有多少校園之外的經驗。與一九四〇年代後期的學生不同，他們沒有用多年時間建立奪權組織；也不同於一九八〇年代初的學生，他們沒有經歷過政治運動和文革的鬥爭，也沒有經受過上山下鄉的鍛鍊。他們是這一代人中最有才華的學生，卻只接受過考試的訓練，而缺少人生歷練。他們是在中國最好的中學和大學裡備受呵護的教育改革受益者。

此外，這些學生成長的這段歷史時期，並沒有為獨立的政治活動者提供空間，讓他們形成組織並檢驗自己的思想。示威者不是政治組織的成員，只是一群人中的一份子，領導者不斷變化，參與者鬆散結合。在運動中脫穎而出的人，不是因為他們展現了傑出的判斷力和戰略規畫能力，而是因為他們的即興辯才和敢作敢為。留在廣場上的人始終抱著一種幻想，以為國家領導人會承認他們的愛國熱情和高尚情操，與他們對話，認同他們對國家的關心是正當的，並解決他們提出的問題。[58]
（633）

這些溫室中長大的一代學生就像孫中山描述的一九二〇年代的中國：一盤散沙。趙紫陽的對手指責趙煽動學生，使他們把矛頭對準鄧小平；趙紫陽的擁護者則反過來指責對方激怒了學生，

（634）

使趙紫陽陷入尷尬的境地。趙紫陽的支持者和對手或許都想引導示威學生，但事實上他們都無法做到。學生踏著自己的鼓點前進。甚至學生自己的領袖也只能鼓動他們，卻不能控制他們。

「六四」之後，學生及其家人為死傷者而悲痛，也為失去中國在不久的將來變得更開放、更文明的希望而悲痛。當學生領袖思考「六四」之後該往何處去時，他們彼此承認自己挑戰國家領導人、期待他們放棄權力的做法太幼稚。這一代和後來的學生，都從這次可悲的經驗中汲取教訓：直接對抗國家領導人很可能引起暴力反應，付出不必要的代價。

因此，與蘇聯和東歐的抗議學生不同，中國的學生在「六四」之後不再跟共產黨對著幹了。很多學生逐漸相信，只有通過緩慢地建立基礎，通過改善更多人的經濟生活，通過加深人們對公共事務的理解，逐漸形成對民主和自由的經驗，才能取得進步。甚至很多不是黨員的學生也承認，領導人當時面臨國家失控的危險，只有共產黨才能維持促進經濟發展所不可或缺的穩定。很多人相信，儘管有腐敗和自私的幹部，但在共產黨領導下實施的改革開放政策，以及它所帶來的人民生活的改善，要比其他可能的選擇更可取。他們希望，接下來幾十年的穩定和經濟發展，能為自由社會形成一個更牢固的基礎。同時，絕大多數學生運動活躍份子都放棄集體行動，專注於追求個人前程。

很多知識份子、甚至一些黨的高級幹部也認為，向無辜群眾開槍的決定是不可饒恕的，黨遲早要為這場運動翻案。那些在決定動武中起積極作用的人，只要他們在世的一天，「六四」恐難平反。儘管如此，政府的立場已經有所軟化。在鎮壓後的二十年裡，很多坐牢的人都被釋放，對這一事件的說法也逐漸變得溫和：先是稱為「反革命暴亂」，然後改為「暴亂」，後來又成為「政治動亂」，最終變成「八九風波」。

天安門意象的力量

一九八九年六月四日的殘酷鎮壓，讓我們所有關心人類福祉的人瞠目結舌。天安門廣場的悲劇在西方掀起的抗議聲浪，遠大於亞洲過去那些規模相近的悲劇。[59]例如，一九四七年二月二十八日，已經接管台灣的國民黨為了消滅任何有可能抵抗的地方領袖，由國民黨將軍陳儀殺害了上千名當地的重要領袖。這一事件幾十年來一直使「本省人」和「外省人」之間心懷怨恨，但在台灣之外並沒有引起多大注意。南韓總統全斗煥在一九八〇年為消滅光州的反抗勢力也進行過血腥鎮壓，屠殺的人數遠遠多於一九八九年的天安門，但西方電視台並沒有報導光州事件，國際社會對南韓領導人的譴責也無法與天安門悲劇後中國領導人受到的譴責相比。

美國學者趙文詞（Richard Madsen）對這些事件進行分析比較後，提出一個問題：西方民眾為何對天安門悲劇做出如此強烈的情緒反應？他給出的回答是：這既與電視將該事件戲劇性地同步展示於觀眾眼前有關，也與學生認同西方理想有關。簡言之，趙文詞認為，北京的鎮壓觸動了人們的神經，因為它被解讀成對美國神話（即經濟的、思想的和政治的自由終將勝利）的攻擊。很多外國人以此視鄧小平為自由的敵人，因為他鎮壓捍衛他們信念的英勇學生。[60]

在文化大革命期間，儘管被野蠻行徑所傷害的人數遠遠多於「六四」事件，但當時能去中國採訪的外國媒體數量無法與後來相比。弔詭的是，鄧小平使中國向外國媒體開放，卻使外國記者得以把他在天安門廣場的鎮壓行動向全世界報導。

在一九八九年春天之前，外國記者在中國的活動和與中國人的接觸都受到極大限制。幹部迫於不允許洩露「國家機密」的壓力，很少與媒體對話，即使對話時也心存戒備。直到一九八九年四月以前，如果記者要會見想發布消息的異議人士，只能祕密見面，以免給這些人帶來麻煩。

因此，對試圖一窺幕後真相的外國記者來說，北京之春為他們提供一個千載難逢的機會。確實，對大多數駐京的外國記者來說，報導一九八九年四月十五日到六月之間的學生示威，是他們職業生涯中最興奮的時刻。在這段時間，他們在不利的環境下身心極度緊繃，使他們得以感同身受學生對自由民主的渴望，並在本國電視和平面媒體上報導這幕激動人心的大戲。

同時，一如記者熱中於報導學生，學生也熱切希望自己的觀點讓更多人知道。北京市民對學生毫不掩飾的大力支持，使記者和學生都難以想像政府會向自己的人民開槍。很多記者事後自我

（636）

批評，他們像自己所報導的學生一樣沉浸在興奮中，以至於看不到潛在的危險，未能讓西方觀眾對後果有所準備。

到五月底，西方的電視觀眾和報紙讀者已經完全認同為民主而戰的學生，因此他們把血腥的結局視為鎮壓「我們的」學生，學生的立場就是「我們的」立場。民主女神像尤其讓美國人感到親切，因為它顯然是對自由女神像所代表的一切的渴望。在西方觀眾看來，無畏的青年示威者是被冷酷的獨裁者射殺的。記者看到自己剛剛結識的學生被打和槍殺，無不感到義憤填膺，以至於情不自禁地誇大了恐怖。有人報導被殺害的示威者多達五千人甚至一萬人。六月四日之後，有關中國已處在內戰邊緣的說法，仍然頻頻出現在西方媒體上，甚至直到六月九日鄧小平會見各大軍區領導人時仍是如此。但對客觀的觀察者來說，局勢此時顯然已經穩定下來。[61]

在極力控制事態的中國領導人看來，外國媒體成為推波助瀾的「黑手」，因為中國的飯店職員、靠近香港的南部城市居民以及海外華人，都能夠收聽收看到這些節目。確實，很多中國人都熱切收聽VOA、BBC和CNN的報導。中國的專業記者羨慕那些能夠自由報導他們所見所聞的西方記者，並在自己寫報導時試圖擴大自由的尺度。

天安門事件之後，那些相信美國出於國家利益需要與中國政府合作的商人、學者和美國政府官員，很容易就會被指責為與北京的「邪惡獨裁者」沆瀣一氣。在冷戰即將結束之際，很多敢言的美國自由派主張：我們的政策應當反映我們的價值觀，我們不應縱容獨裁者，而是應站在民主和人權這一邊。欲表達西方人對這些理想的信念，還有比譴責負責天安門鎮壓的獨裁者更好的方式嗎？因此，鄧小平在「六四」後所面對的敵意，不但來自義憤填膺的中國年輕人和市民，而且來自與示威者秉持同樣價值觀的西方官員。

（637）

假如？

這場造成如此嚴重的人道災難並在全世界見證下的巨大悲劇，使所有關心人類福祉的人都會提出一個問題：這場大災難可否避免？尋找悲劇直接原因的人將之歸咎於鄧小平採用一切必要手段清空廣場的決定。批評鄧小平的人說，假如他在一九八九年四月二十六日沒有以如此強硬的態度對付「動亂」，假如他更願意聽聽學生的意見，或者，假如他能夠用盡一切非暴力手段，那麼天安門清場就不會發生如此嚴重的暴力，造成生命的消逝。批評趙紫陽的人認為，假如他對學生少一些鼓勵，以更果斷的方式對待他們，假如他不那麼關心自己的「開明領導人」形象，最後的悲劇也許能夠避免。批評李鵬的人稱，假如他沒有如此頑固地拒絕與學生對話並體諒他們的關切，沒有如此急迫地譴責他們，沒有如此斷然地推出「四二六社論」並給學生貼上「動亂」份子的標籤，沒有如此僵化地輕蔑學生且缺乏起碼的同情心，那麼悲劇可能就不會發生。批評陳希同和李錫銘的人則說，假如他們向鄧小平等老幹部彙報時沒有誇大事態的嚴重性和外國勢力捲入的程度，鄧小平等老幹部也許不會覺得必須做出如此強硬的反應。

批評學生領袖的人則說，假如他們不那麼虛榮、不那麼自視過高，對他們造成的危險不那麼無知，悲劇可能不會發生。還有人認為，假如學生和北京市民在五月二十日沒有阻擋試圖以和平方式恢復秩序的部隊，也許就能夠避免政府在兩週之後開槍。批評西方人的中國人認為，假如沒有西方人對學生的抗議煽風點火，沒有外國「黑手」試圖顛覆中共和社會主義制度，示威活動絕對不會失去控制。

尋找深層原因的人，將矛頭指向鄧小平和趙紫陽在一九八八年放任通膨加劇和放鬆對消費品價格控制的決定，這個決定使群眾感到憤怒和焦慮。還有人批評高層官員濫用權力和特權，恐嚇群眾，毫無必要地嚴密監控個人生活，讓自己的親友大發不義之財。有些保守派譴責市場改革走得太快，從而助長貪婪，導致官場腐敗。還有人相信，鄧小平沒有使國家更快地走向民主，在一九八六年沒有支持胡耀邦，才是那場衝突的最終原因。鄧小平確實認為，處於最高層的幹部有責任做出決定，儘管要傾聽建設性意見，但最終必須做他們認為對國家長遠利益有幫助的事。有些人說，假如鄧小平進行更多的選舉試驗，削弱集權主義領導體制的禁錮，引入法治，懲治貪官，國家也許能夠進步得更快，從而避免來自學生的挑戰。

還有一些幹部讚賞鄧小平處理天安門示威的方式。他們認為，當一九八九年五月底天安門廣場的形勢開始失控時，鄧小平採取的強硬措施是中國人民得以維護國家團結的唯一選擇。很多幹部認為，在鄧小平無法用不向人群開槍的戒嚴令恢復秩序之後，他已經別無選擇，只能以他最終所採用的方式維護國家的統一。當很多中國人把鄧小平對北京學生騷亂做出的反應與戈巴契夫和東歐領導人對付本國動亂的做法加以比較時，他們認為，中國人民和中華民族今天的情況要好得多。他們堅信，中國仍然處在早期發展階段，假如領導人讓知識份子享有他們所追求的自由，中國不可能維持統一。他們也承認一九八九年悲劇的嚴重性，但是他們相信，假如鄧小平在一九八九年六月未能終止持續兩個月的混亂，中國有可能發生更大的悲劇。

身為學者，我們和其他關心人類生命和自由的人一樣，都很想找出這場悲劇的明確原因，然而事實是我們誰也無法斷定，假如採取另一種做法會發生什麼。畢竟，這一事件才過去二十年，對鄧小平的決策所造成的長期影響尚無法蓋棺定論。假如中國人民在未來歲月裡獲得更多的自由，這條通向自由之路是否要比前蘇聯的道路少一些曲折？一九八九年春天的事件是不是一個重要因素？我們必須承認，我們不知道答案。

但我們確實知道的是，在天安門事件後的二十年裡，中國人享受著社會的相對穩定和經濟的快速成長，甚至是奇蹟般的成長。小規模的抗議不計其數，領導層為發生更大抗議的可能危險而

（639）

繃緊神經，但是中國在「六四」之後的二十年裡避免了大規模的騷亂。今天，億萬中國人的生活要比他們在一九八九年時舒適得多。與中國歷史上任何時期相比，他們都得到更多的國際資訊和觀念。教育水準和人均壽命也在繼續迅速提高。由於諸如此類的原因，中國人對民族成就的自豪感遠超過上個世紀。

我們也知道，中國人對更多的個人自由和更能代表他們的政府仍然懷著深切的渴望。官場腐敗引起的民怨自一九八九年以來有增無減。很多中國人擔心，沒有更加獨立的媒體和司法制度，很難在控制腐敗上取得進步。很多中國領導人顯然認為，鄧小平把經濟的快速成長與老百姓支持的增強聯繫在一起是正確的，但他們也擔心一個終極的「假如」：假如在成長的步伐放慢之前，他們無法在解決這些問題上取得進展，將會發生什麼事？

穩住陣腳

一九八九—一九九二

（640）

「六四」之後北京的氣氛一片肅殺，鄧小平所面對的民眾比共產黨掌權以來任何時候對黨都更加疏遠。到五月二十日，情況變得很清楚，政府失去了城市居民和年輕人的支持，領導人都擔心政權難保。六月四日動用武力威脅使群眾屈從，但此舉只不過加深了黨與人民之間的鴻溝。軍隊也士氣低落。軍人為了替黨保住權力而槍擊無辜平民，無論如何都不覺得這是英雄壯舉，徵兵也因此陷入谷底。在歷經一九八八年的通貨膨脹、胡耀邦之死和調動軍隊清空天安門廣場這些事件之後，民眾對鄧小平和中共的擁護跌至最低點，與一九八四年高漲的民意支持更有天壤之別。

鄧小平相信，為了重新贏得群眾的擁護，黨迫切需要立刻加快經濟發展。然而，在一九八八年的通膨之後，控制經濟政策的謹慎保守派卻在抑制成長速度。蘇聯和東歐共產黨受到的挑戰也使很多中國人懷疑，共產主義在中國是否還有未來。

（641）

同時，西方的人權團體和海外的中國留學生都支持中國的異議人士，西方政治家也對中國政府實行制裁。在西方人看來，在北京發生殺害為自由民主抗議的無辜學生，這種罪行更甚他們自己國家那些導致越南、柬埔寨等地大量平民死亡的決定。西方人權團體開始向中國人宣揚自由和對生命的尊重。西方高官停止訪中，並對出口技術、尤其是軍事技術加以限制。中國的外貿和旅遊業都蒙受損失。西方人沉溺於天安門悲劇的戲劇性場面，西方電視台不斷播放搗毀民主女神像、搬運鮮血淋淋的屍體、不知名青年試圖孤身一人擋住坦克的畫面。所有這一切只會加強外國政府的反華情緒。外國對異議人士的支持和對中制裁是難以輕易消除的。

鄧小平相信，外國對示威者的支持和對中國的制裁，使在中國維持控制變得更加困難。他知道外國人的批評會在中國贏得一些追隨者。但是在這個關鍵的交匯點，就像他下手鎮壓和頂住外國制裁一樣，鄧小平重新肯定堅持對外開放的重要性。在六月四日幾天之前他打算讓解放軍採取他認為必要的措施恢復秩序時就說過：「我們要開放，不能收，要比過去更開放。」[1]為了重新贏得人民的信任，他說，必須幹出點兒實事，要抓緊調查和懲治腐敗大案，不管涉及到誰。他重中第三代領導人必須繼續改革開放的政策。[2]

（642）

對首都戒嚴部隊軍級以上幹部的演講：一九八九年六月九日

「六四」之後的幾天裡，鄧小平和領導層仍忙於抓捕他們眼中的「動亂」份子、清理城市和恢復秩序。由於鄧小平未在公開場合露面，很快就傳出領導層發生嚴重分裂、政府面臨解體危險的流言。鄧小平在六月九日打破沉默，向領導鎮壓行動的軍級以上幹部發表演講。演講的部分內容在電視上播出，民眾在鎮壓之後第一次看到高層領導人。鄧小平感謝軍隊幹部在恢復秩序中發揮的關鍵作用。他還利用這個機會對群眾說，他們也應當感謝解放軍的貢獻，政府是穩定的，政策不會改變。

鄧小平首先說，他要向在這場鬥爭中為英勇捍衛黨和人民利益而犧牲的指戰員和公安幹警表示哀悼。他說，從國際大氣候和國內小氣候來看，這場衝突是不可避免的。鄧小平說，幸運的是發生衝突時很多有經驗的軍隊老同志還健在，他們有解決問題的能力和勇氣。他承認有些同志不理解這次行動的必要性，但是他表示，相信他們最終會支持此一行動。鄧小平說，麻煩在於一些壞人混在學生和圍觀的群眾中，他們的最終目的是推翻共產黨，顛覆社會主義制度，建立一個資產階級共和國，成為西方的附庸。鄧小平問道：「以後我們怎麼辦？我說，我們原來制定的基本路線、方針、政策，照樣幹下去，堅定不移地幹下去。」[3]他重申四項基本原則（堅持社會主義道路，堅持人民民主專政，堅持中國共產黨的領導，堅持馬列主義毛澤東思想）的重要性。[4]

對黨的領導人演講

一週以後，即六月十六日，鄧又對中央委員會的領導成員說，由於他本人就要退出日常工作，新的第三代領導人要完成平息「暴亂」的任務。要利用這次暴亂注意過去的錯誤並加以改正，但基本原則不能變。「只有社會主義才能救中國，只有社會主義才能發展中國。經濟不能滑坡（下滑）。……我們要用行動證明，我們的改革開放政策不但不會變，而且會進一步得到貫徹執行。」[5]鄧小平再次肯定黨的戰略目標是正確的，即從一九八〇年到二〇〇〇年使經濟成長四倍，到下個世紀中葉使中國成為中等開發國家。

在北京看過鄧小平演講的外國人說，他的語氣沉著自信，對自己採取的行動沒有絲毫悔意，對可能發生的情況沒有驚慌。[6]鄧小平似乎相信，六月四日的武力展示已經讓反對勢力安靜下來，使黨和解放軍能夠建立牢固的控制。他宣稱，軍事行動為中國贏得十到二十年的穩定。鄧小平的頑強與堅定，讓很多擔心中國可能陷入內亂的人感到放心。

鄧小平顯示出自信：中國有一九五〇年代和一九六〇年代幾乎與外界完全隔絕的經歷，一定能夠挺過一九八九年之後外國的制裁。他說，民主國家的政治變化很快，嚴厲的制裁最多只能延續幾年。他認為外國商人會向他們的政府施壓改善對中關係，以便他們能夠進入中國市場；外國政府也會重新認識到需要中國的合作。中國要站穩立場，鼓勵外國友人終止制裁，為好好利用將

(643)

來的每一個機會做好準備。

鄧小平的估計事後證明是正確的。美國國務卿詹姆斯・貝克（James Baker）在一九九〇年十一月為使要求伊拉克從科威特撤軍的決議在安理會通過，便與中國談判達成協議，以布希總統會見錢其琛為條件換取中國的支持。[7]雖然在這個協議之後大多數制裁措施仍繼續，但此事是向恢復中美工作關係邁出重要的一步。

在六月的兩次公開演講後，鄧小平很少再公開露面，有關他生病或去世的謠言不絕於耳，報紙不得不時常刊登聲明予以否認。其實，鄧小平在六月中旬出席了四中全會，七月初會見了布希總統的特使斯考克羅夫特，隨後便去了北戴河，那裡是高層官員夏季療養的地方。[8]

四中全會：一九八九年六月二十三日—二十四日

天安門悲劇過去三週後，中央委員會召開十三屆四中全會。會議肯定過去兩個月為制止動亂而採取的措施，聲稱是必要而恰當的。全會公報讚揚鄧小平等老幹部面對動亂時發揮的作用，讚揚軍隊和員警的貢獻。全會還正式批准高層的人事變動。趙紫陽免去一切職務，任命江澤民為黨的總書記，宋平和李瑞環得到提拔，與江澤民、李鵬和喬石共同組成政治局常委會。新的領導班子表示，要繼續沿著鄧小平及前人開闢的道路前進。江澤民在全會的演講中再次肯定要堅持

（644）

一九七八年十二月中共十一屆三中全會確立的目標：實行改革開放，推動經濟發展。[9]

然而大問題依然如故：很多中國人想得到更多自由，而黨內元老則毫不動搖，認為維持秩序必須收緊控制。如何彌合雙方的鴻溝？對瞭解鄧小平的人來說，他採取的戰略一點也不令人意外：他要推動經濟發展，加強「思想教育」。也就是說，他對知識份子實行西方式民主改革的呼籲不予理睬，並且要讓群眾相信現行的制度最適合當前的中國。

交棒江澤民

對如何使接班人維護團結，繼續實行改革開放，鄧小平有過很多思考。鑒於群眾對「六四」悲劇的反應，鄧很高興他們選擇了一個沒有參與鎮壓的接班人，這可以讓群眾感到有個新起點。雖然江澤民在六月四日之前就來到北京，但鄧小平要確保江澤民的名譽不因天安門事件而受損。為此，他個人承擔了在北京恢復秩序的責任，並且直到六月二十四日江澤民在四中全會上正式當選為總書記，才宣布對他的任命。[10]鄧小平在這時宣布自己的接班人，也是要向黨和群眾表明，他是按正常程序果斷移交了權力，並不是匆忙推出一個接班人。黨內元老似乎也同意要有一個強有力的中心人物。雖然他們在一九七八年不願授予鄧小平最高頭銜，擔心這會使權力過於集中，但是他們在一九八九年願意給江澤民這種頭銜，以便他能夠得到做為有效國家領導人所必需的權

（645）

威。

在「六四」後的幾週裡，鄧小平有理由對江澤民的表現感到滿意。江澤民學得很快並與推選他的黨內元老（除鄧小平之外，還有陳雲和李先念）建立良好的關係。他表現出良好的政治直覺，並借助曾慶紅為他出謀畫策。曾慶紅在黨內政治中人脈極廣，過去就在江澤民手下擔任上海市委副書記，隨他一起來到北京後，擔任中共中央辦公廳副主任。曾慶紅的父親曾山在黨內多年從事組織和安全工作，曾慶紅通過他知道很多黨內的人事內幕；他母親鄧六金是延安幼稚園的園長，許多現在的領導人都是當年從那裡出來的孩子。曾慶紅善用他的個人關係網，協助江澤民在北京政壇上周旋。江澤民難以與根基深厚的鄧小平相比；鄧在北京有幾十年的經驗，對同事有廣泛而深入的瞭解。所以江澤民要依靠曾慶紅等精明的下屬處理好這些關係。

一九八九年八月十七日上午，仍在北戴河休養的鄧小平把楊尚昆和王震叫來，對他們說，他打算在十一月的五中全會上把自己的軍委主席一職交給江澤民。[11] 黨內領導人明白，這不僅意味著將軍隊的控制權交給江澤民，而且是交出對中國的全部責任。

鄧小平等人從北戴河回來後，又在一九八九年九月四日把黨內的高層領導人，包括江澤民、李鵬、喬石、姚依林、宋平、李瑞環、楊尚昆和萬里，叫到自己家中商量他的退休計畫。剛開會，鄧小平就提醒他們，他過去多次說過，自己最後的責任之一就是建立硬性的退休制度，使老

（646）

幹部能夠自動把權力交給更年輕的領導人。鄧小平向他的同事表示，退休年齡沒有硬性規定是制度上一個重大缺陷，不但在毛澤東晚年是這樣，而且是帝制時代的通病。（批評鄧小平的人可能會補充說，他們讚賞鄧小平的退休決定，但是假如他再早幾年退休也許更好。）鄧小平說，假如他死在任上，有可能引起國際麻煩，最好還是在他仍然在世時交出職務。但儘管如此，他覺得自己仍可以通過會見他所熟悉的外國客人發揮一定作用。

鄧小平指示，預定於一九九二年召開的下一屆中共代表大會要解散中央顧問委員會。這個由陳雲擔任主任的委員會，只是做為「利用老一代革命家智慧」的臨時機構。鄧小平宣布，他在十一月的五中全會上退休時，就像政府其他部門的退休過程一樣，要愈簡單愈好。[12]然後鄧小平說出他的離別寄語：一定要讓群眾和外國人明白，中國領導人將堅持對外開放，這一點十分重要；他的接班人要維護黨中央和國務院的權威，如果沒有這種權威，中國就無法在困難時刻解決問題。[13]

鄧小平還指示他的接班人如何應付西方仍在繼續的制裁和可能的指責。他說：「概括起來就是三句話：第一句話，冷靜觀察；第二句話，穩住陣腳；第三句話，沉著應付。不要急，也急不得。要冷靜、冷靜、再冷靜，埋頭實幹，做好一件事，我們自己的事。」[14]

同日，鄧小平又與中央負責幹部談話，然後給全體政治局成員寫了一封信。他說：

以江澤民同志為首的領導核心，現已卓有成效地開展工作。經過慎重考慮，我想趁自己身體還健康的時候辭去現任職務，實現夙願。這對黨、國家和軍隊的事業是有益的。……做為一個為共產主義事業和國家的獨立、統一、建設、改革事業奮鬥了幾十年的老黨員和老公民，我的生命是屬於黨、屬於國家的。退下來以後，我將繼續忠於黨和國家的事業。……我們的改革開放事業剛剛起步，任重而道遠，前進中還會遇到一些曲折。但我堅信，我們一定能夠戰勝各種困難，把先輩開創的事業一代代發揚光大。15

鄧小平決心繼續進行科學技術的對外交流和新技術的引進。他知道華裔美國人有強烈的愛國心，儘管天安門悲劇之後有外國的制裁，他們依然願意與中國保持聯繫，因此他邀請諾貝爾獎得主李政道訪中。媒體在報導九月十六日鄧小平與李政道的談話時，宣布了鄧小平的退休決定。鄧小平知道，「六四」之後民眾惶恐不安，擔心國家的命運。他也記得毛澤東在大躍進帶來困難後曾一度隱退，有關他生病或死亡的謠言滿天飛，為此報紙上刻意刊登毛澤東游長江的照片。同樣的，不管鄧小平對「六四」之後中國的困難多麼擔憂，他與李政道的合影向世人展示出一副泰然自若的樣子。在向公眾公布的照片中，鄧小平站在北戴河的海水裡。在這場受到充分宣傳的會見裡，鄧對李政道說：「最近在北戴河每天游泳一小時。我不喜歡室內游泳池，喜歡在大自然裡游

（647）

泳。」他承認中國最近的事件使人警醒，但他接著說：「現在我可以肯定，經過動亂，中國的四個現代化和改革開放事業可以搞得更好。」[16]鄧小平的基本意思明白無誤：他對中國的前途仍然很樂觀，儘管有外國政客的批評，外國科技進入中國的大門仍然敞開。

在十一月七日的五中全會上，鄧小平將中央軍委主席一職交給江澤民。楊尚昆成為第一副主席，他的弟弟楊白冰取代他成為軍委祕書長。政治局表彰鄧小平身為第二代領導人做出的偉大貢獻。[17]十一月八日全會結束後，鄧小平來到人民大會堂與過去的同事合影留念，他們一個接一個走上前來與他握手。然後他回到家中，與家人一起舉行退休宴會，飯菜是由為他做了三十年飯的廚師準備的。兩天後，《人民日報》發表鄧小平致中央委員會的信：「我感謝同志們的理解和支持，我衷心感謝你們接受了我的辭職請求。我衷心感謝全體同志。」[18]鄧小平退休的這一天柏林圍牆被推倒，但他的退休並沒有引起任何麻煩。

鄧小平把權力交給江澤民一年後，新加坡總理李光耀也指定了自己的接班人吳作棟。此後李光耀盡量約束自己不去干涉接班人的工作，但是他說，自己仍然是個守門員，如果出了問題，他認為自己仍然有責任為維護新加坡的成就做一些必要的事情。同樣，鄧小平也對李政道說：「我主要就是希望完全退下來，但是動亂我要管。」[19]

鄧小平把權柄交給江澤民後，不再為重大事情拍板。他已經八十五歲高齡，行動不便，聽力也進一步下降，他把更多的時間用於休息。兩三年前他還以做事專注著稱，但現在已經做不到了。[20]一九八九年六月以後，鄧小平不再主導政治舞台，他不再參與重大問題的裁定、大政方針的制定、做出最後決定或控制媒體內容。不過，他確實繼續會見重要的外國客人，他仍能在全局性的重大問題上發揮影響——如果必要，他還會使用這種力量。

維持中美交流

天安門事件後不久，喬治·布希做了一件過去的任何美國領導人不曾對中共領導人做過的事——他試圖與鄧小平通電話。「六四」事件發生後，布希總統也立刻宣布暫停與中國的軍事訂單和高層交往，並為在天安門悲劇中受到傷害的中國人提供人道主義與醫療幫助。他在六月五日還接見中國留美學生，為他們提供政治避護權，並對那些受到迫害的中國同學給予支持。但是，與美國輿論、尤其是主張嚴厲制裁中國的報紙相反，布希說，他不想為了中國政府的行動而懲罰中國人民。布希瞭解中美關係的艱難歷程，他要避免將來有可能給恢復中美關係造成更大困難的任何對抗。他說，從長遠看，繼續接觸，能夠增加中國內部爭取更大自由的壓力。幾年後他回憶一九八九年的事件時說：「假如我沒有與那個人〔指鄧小平〕見過面，我也許不會那樣自信地認為，我們在天安門廣場事件後應當和他們保持聯繫。」[21]布希擔任美國駐中聯絡處主任的時

（649）

機（一九七四年九月二十六日至一九七五年十二月七日）很有利。他是在鄧小平開始接過周恩來會見外國領導人工作不久後上任的，而他離開北京時，恰好也是毛澤東再次讓鄧小平靠邊站的時候。布希的中國問題專家、在他擔任總統後派往北京當大使的李潔明說，布希和鄧小平「在一九七〇年代建立了一種非比尋常的親密關係，部分原因是他們都預感到對方將是他們各自國家未來的領導人」。[22]李潔明認為，事實上，在毛澤東、周恩來、尼克森和季辛吉退出政壇後，鄧小平和布希繼續維持著過去領導人為兩國建立的工作關係。他們兩人的關係輕鬆而友好；在一九七五年十二月六日為祝賀布希離開北京轉任中央情報局局長的告別宴會上，鄧小平對他開玩笑說：「你是不是一直在這裡搞間諜活動呀？」[23]布希篤信私人外交，他會偶爾給鄧小平遞送信件。鄧小平對這種私人交往方式並不做出回應，但他願意隨時與布希見面。[24]

鄧小平成為頭號領導人後，兩人繼續保持聯繫。鄧小平在一九七九年一月訪美時，請求在休士頓與布希進行私人會面，見面時鄧小平把他仍然保密的攻打越南計畫告訴布希。鄧小平去德州時，布希也邀請他到母親家裡做客。後來，雷根總統打算與台灣建立正常關係時，鄧小平和布希副總統努力維持中美關係不出軌。確實，當兩國關係變得十分緊張時，鄧小平和布希的會談使兩國關係轉危為安，從而為穩定兩國關係的一九八二年聯合公報鋪平了道路。[25]後來當布希準備競選總統時，他的妻子芭芭拉訪問亞洲期間轉往北京親自將丈夫的打算告訴鄧小平。一九八九年二

（650）

月，鄧小平向布希坦率說明中蘇關係的改善和中國準備迎接戈巴契夫訪中。[26]幾年後，當布希在電視上被問及他遇到的最偉大領導人是誰時，他先是說沒有哪個人特別傑出，然後又補充道，鄧小平是個不同凡響的領導人」。

但是，當布希在一九八九年六月想與鄧小平通電話時，鄧小平並未接聽。接聽外國領導人的電話不合中國領導人的慣例。於是布希在一九八九年六月二十一日給鄧小平寫了一封親筆信：

> 寫此信時我心情沉重。我本想與您親自討論此事，但很遺憾沒有做到。首先，我是本著真誠的友誼寫這封信的，因為我相信您一定知道，寫這封信的人強烈認為美中之間的良好關係符合兩國的根本利益。……我寫此信是想請您幫助維護這種我們雙方都認為十分重要的關係。……我請您……記住我們這個年輕國家的立國原則。這些原則就是民主和自由。……這些原則難免會影響美國人看待其他國家的事件和做出反應的方式。這不是傲慢自大的反應，也不是想強迫別人接受我們的信念，這僅僅是對那些原則的持久價值及其普遍適用性的信仰。[27]

布希接著又解釋，身為美國總統，他不得不實施制裁。「當朋友之間遇到麻煩時，例如現在的情況，我們必須想辦法說清楚。……在我們這樣一個開放的制度中，常常不可能做到事事保密；但這是一封沒有副本的特殊信件，在我的私人檔案之外沒有任何副本。」[28]布希在信中提議向北京派出一名私人特使。

布希發出此信的次日，就收到鄧小平回覆。他說，他準備接待派來的特使。布希很清楚，「六四」剛過就派出特使會激怒美國民眾，因此他對派特使一事進行保密，即使是美國駐北京大使館也沒有接到通知（中國方面對訪問保密並無困難）。國家安全顧問斯考克羅夫特和副國務卿勞倫斯．伊格爾伯格（Lawrence Eagleburger）飛往北京，於七月二日會見鄧小平。在會見斯考克羅夫特和伊格爾伯格之前，鄧小平對李鵬和錢其琛說，今天和美國人的會談只談原則，不講具體問題；中國要改善與美國的關係，但中國領導人既不怕美國人，也不怕制裁，外交人員要牢記這一點。[29]

據陪同斯考克羅夫特的美國人說，鄧小平親切問候斯考克羅夫特和伊格爾伯格，他說：「我把布希總統當作朋友，是因為自從我與他交往以來，我覺得他是個說話算數的人。……他很少說空話假話。」[30]但是鄧小平在評價中美關係時，態度仍很強硬，極其嚴肅。談及「六四」時，他說，那個事件「是一次地震，十分不幸的是，美國人也涉足太深。……美國對外政策的各個方面實際上是把中國逼入牆角。……那場反革命暴亂的目的是：顛覆中華人民共和國和我們的社會主義制度。如果讓他們得逞，就會天下大亂。坦白說，這有可能導致戰爭」。鄧小平接著譴責美國幫助那些試圖推翻中國政府的人，並且說，美國的媒體誇大了暴力程度，干涉中國內政。

鄧小平把布希決定向中國派出兩名特使視為一件好事。「看來仍有希望維持我們原來的良好關係。……我相信這是布希總統的願望。我本人也有同樣的願望。但這種性質的問題是不能從兩個人做朋友的角度加以解決的。」鄧小平說，兩國之間的分歧是美國引起的，美國「在很大程度上侵犯了中國的利益。……解鈴還需繫鈴人，這取決於美國不再火上澆油」。鄧小平又說，中華人民共和國的建立是打了二十二年仗、死了兩千萬人才換來的，任何力量都無法取代中國共產黨統治中國。這是一個深感其國家命運處於險境中之人發出的嚴厲訊息，他認為美國對中國的抗議者持續的支持加劇了這種危險。

斯考克羅夫特在答覆時重申，布希總統堅信應當與中國維持良好關係，這樣做符合美國的國家利益。布希也希望鄧小平理解美國總統當時受到的政治限制。[31]鄧小平請斯考克羅夫特轉達「我對我朋友布希總統的友情……無論我們兩國政府之間在這個問題上談得如何，只要他繼續把我當朋友，我也會同樣對待他」。[32]斯考克羅夫特試圖向鄧小平解釋美國為何對個人自由有如此深的感情，但他適可而止。鄧小平在會談結束時說，他不同意斯考克羅夫特的很多說法，「為了結束中美關係的這段不幸插曲，……要看美國採取何種行動」。[33]然後，據斯考克羅夫特說，鄧小平就和他道別。

（652）

當時，美中關係受到的傷害之一是：美國向中國提供軍事裝備的協議連續性受波及。從一九八三年到一九八九年期間，做為反蘇同盟，中美軍方做出安排由美國向中國出售航空電子設備、導彈和魚雷。其中最大一筆生意是F－8戰鬥機的雷達系統；中國還購買了西科斯基公司的黑鷹直升機。對處在當時經濟發展水準的中國來說，這是一筆開支很大的訂單。一九八九年以後，由於美國的制裁不允許向中國供應零配件，也包括西科斯基直升機的零件，這使中國無法使用已經購買的許多裝備。

從一九八九年到一九九三年，中美軍方實際上沒有任何高層接觸。軍方的交往在一九九三年恢復，但雙方的信任關係從未恢復到一九八三年至一九八九年的水準。事實上，一九八九年以後，中國轉而向蘇聯購買蘇愷27戰機，從以色列購買軍事設備和物資。中國不再願意從美國購買任何重要的軍事設備。[34]

天安門悲劇發生的一個多月後，在七月十四日法國召開的七國峰會上，主要的問題不是是否制裁中國，而是應當採取多麼嚴厲的制裁。與其他領導人相比，布希總統和日本首相宇野宗佑主張較溫和的制裁。布希總統確實支持取消世界銀行新的對中貸款，同意為美國的中國留學生提供永久居留權，但反對採取他認為可能導致美中關係徹底破裂的更強硬制裁手段。[35]

布希在七月二十八日再次致函鄧小平，重申他要維持兩國運作關係的願望。針對鄧小平所說的「解鈴還需繫鈴人」，布希寫道，他認為問題是由中國的行動造成的。鄧小平於八月十一日對布希做出誠懇的答覆，他對布希維護和發展兩國關係的願望表示感謝，但再次表示，是美國在制裁中國，傷害中國的利益和尊嚴。他說，希望這種局面能夠很快得到改善。[36]布希知道鄧小平對美蘇交往很敏感，他在答覆鄧小平時建議，十二月一日布希和戈巴契夫的馬爾他峰會之後，斯考克羅夫特可以飛往北京向他和江澤民通報會談結果。

在這期間，由於美國和日本決定不派高級官員訪中，鄧小平接待了一些美國前官員。他會見美國民主黨特使伍考克，還會見前總統尼克森以及前國務卿季辛吉，後者其實擔任著布希政府的牽線人。日本不存在強大的反對黨或能夠充當使者的前政治家，因此鄧小平會見了與日本政府有密切關係的日本商界領袖。這些客人來到北京時，鄧小平鼓勵他們與他的接班人江澤民合作，但他仍然主導著關鍵性的會談。

鄧小平在一九八九年十月會見美國前總統尼克森，陪同他的是卡特的中國問題助手奧克森伯格。尼克森強調說明美國為何要對「六四」鎮壓做出強烈反應，但雙方也探討了打破僵局的途徑。鄧小平說，中國處於弱勢的地位，不能採取主動；他堅持認為，處於強勢地位的美國應當先邁出第一步。[37]

不到兩週之後，十一月十日，也是鄧小平正式退休和柏林圍牆倒塌的第二天，他會見了美國前國務卿季辛吉。鄧小平向他保證，中國的改革開放政策將會繼續。他請季辛吉把一封信轉交布希，其中提出一連串外交設想：⑴中國允許正在美國大使館避難的異議人士、天體物理學家方勵之前往美國；⑵美國取消一部分對中制裁；⑶雙方設法簽訂一到兩項重要的經濟合作計畫；⑷江澤民訪問美國。[38]幾個月後的一九九〇年五月，布希宣布批准給予中國貿易最惠國待遇以及中國已經同意讓方勵之離開美國大使館出國的決定。[39]

斯考克羅夫特和伊格爾伯格在十二月十日第二次會見鄧小平時，事情已經取得一定的進展。斯考克羅夫特受命公布這次訪問，但美國有線電視則在十二月十八日爆出前一次祕訪的新聞。[40]許多美國人仍然對「六四」事件深感悲痛，在他們看來，美國政府代表祕密飛往這個在街頭槍擊手無寸鐵的民主擁護者的共產國家，是對道義的踐踏，尤其是這件事發生在布希宣布停止高層交往之後。[41]但是布希和斯考克羅夫特著眼於兩國的未來和兩國領導人之間密切的個人關係，他們認為這次訪問有助於避免與中國關係的破裂，這顯然符合美國的戰略、文化和經濟利益。[42]

（654）

在第二次訪問中，鄧小平對斯考克羅夫特和伊格爾伯格說，他們來北京訪問是一件好事，因為如果沒有牢固的中美關係，也難以維護世界的和平與穩定。他又說，並不是中國在威脅美國，而是美國的政策威脅著中國；此外，如果中國發生更多動亂，對全世界都有很大危害。鄧小平用和緩輕鬆的語氣，請斯考克羅夫特轉告布希，中國有一個退休老人相信中美關係很重要，雙方必須想辦法解決問題。[43]這次訪問剛過，美國就宣布同意賣給中國三顆通信衛星，美國將支持世界銀行向中國發放用於人道主義目的的貸款。不久之後，中國在一月初宣布北京解除戒嚴並釋放一九八九年春天時拘留的五百七十三人。[44]

在這些初步的變化之後，美中對話又陷入僵局大約一年。錢其琛外長抱怨，美國已經失去與中國會談的興趣。斯考克羅夫特則表示，中國領導人不再表現出靈活性。但雙方都認為產生僵局的原因是東歐和蘇聯的動亂。

東歐和蘇聯共產主義制度的崩潰

一九八九年到一九九一年發生在蘇聯和東歐的政治劇變，再加上一九八九年春天北京的示威運動，不但使外國人、也使很多中國人懷疑中國共產黨能否繼續存在下去。柏林圍牆的倒塌、東歐國家共產黨統治的結束和蘇聯的解體，讓很多西方人興高采烈，他們希望中國的民主派也能讓共產黨的統治壽終正寢。同時，中國領導層竭力控制住國內的問題，但他們的媒體向民眾所做的報導被那些發生在東歐和蘇聯的出人預料事件所壓倒，一次又一次讓他們陷入尷尬的境地。通過《參考資料》上每天從西方媒體翻譯過來的材料，中國的官員要比一般群眾更加瞭解真相。

讓中國人和鄧小平本人尤其震驚的是，發生在羅馬尼亞、反抗中國老朋友西奧塞古及其妻子

（655）

的群眾運動日益高漲，在十二月二十五日以兩人被槍決而達到頂點。西奧塞古是東歐領導人中唯一下令軍隊向平民開槍的人，中國領導人不可能不聯想到七個月以前北京類似的軍事行動。確實，羅馬尼亞的事態急轉直下，導致西奧塞古被處決，這讓中國領導人擔心自己能否免於和西奧塞古（他曾表示贊成北京六月四日的鎮壓）同樣的命運。

這種擔憂的程度，大概可以從政府對中國民眾掩蓋羅馬尼亞動亂的做法中看出。當西奧塞古在十二月十七日下令軍隊向平民開槍時，中國媒體未做報導，只是在四天以後簡單報導說，西奧塞古為了保衛社會主義制度，對抗恐怖活動，宣布國家進入緊急狀態。當無法避免報導羅馬尼亞的大規模衝突時，中國媒體僅僅承認新華社駐布加勒斯特辦事處的一些窗戶被子彈擊碎。十二月二十七日西奧塞古被槍決兩天後，《人民日報》在第四版下方發布一則只有一句話的報導：「羅馬尼亞電視台十二月二十五日宣布，羅馬尼亞特別軍事法庭判處西奧塞古及其妻子死刑，這一判決已經得到執行。」[45]斯考克羅夫特當時正在北京，據他說，中國領導人過去經常讚揚西奧塞古，說他證明共產黨能夠頂住自由派的猛攻，當他們聽說羅馬尼亞的事變後深感驚恐。[46]

西奧塞古遭到處決尤其令鄧小平感到不安。西奧塞古在一九八五年十月訪問北京時，曾向鄧小平頒發羅馬尼亞的最高勳章「羅馬尼亞社會主義共和國之星一級勳章」。早在一九六五年七月，當中國和華沙公約組織仍有一些交往時，在如何爭取對蘇聯和華約組織保持更大獨立性的問題上，鄧小平與西奧塞古觀點一致。西奧塞古在一九八二年和一九八五年訪中時，曾獲准在群眾大會上演講。也正是在西奧塞古一九八五年訪中時，鄧小平請他向戈巴契夫轉達改善中蘇關係的條件，這為戈巴契夫一九八九年的訪中鋪好了路。[47]《人民日報》在一九八九年九月引用過對西奧塞古的一次採訪，他當時宣布「共產黨和社會主義國家應當比過去更加緊密合作」。[48]同時，《參考資料》詳細翻譯了西方有關西奧塞古的反對派日益壯大的報導，但一般群眾是看不到這類報導的。[49]

十二月，羅馬尼亞反對派運動的嚴重程度大白於天下之後，鄧小平暫時停止公開會見的活動。據官方的《鄧小平年譜》，他在十二月的前半個月有六次會見活動，但從十二月十七日西奧塞古下令向人群開槍的那天，到來年的一月十八日他會見香港商界領袖李嘉誠之前，沒有任何會見的記錄。[50]因此，在羅馬尼亞危機期間的十二月二十一日是由江澤民接見香港記者，以便平息港人的擔憂，他們自「六四」以來對八年以後香港回歸大陸時會發生什麼一直憂心忡忡。和鄧小平一樣，江澤民要在緊張的局勢中表現出鎮靜；他解釋為何中國的情況與東歐有著根本的不同。他說，中國共產黨能夠在一九四九年建立政權，是依靠自己的軍隊而不是蘇聯軍隊取得勝利的結果；中國沒有受到資本主義國家的包圍，中國一直以來都在改善人民的生活。江澤民解釋，在中國實行戒嚴不是為了對付不守規矩的學生，而是為了維護秩序。就像一九五七年時的鄧小平一

（657）

樣，江澤民肯定民主是一個可取的目標，但能做到多大程度的民主，取決於國家的政局穩定。[51]

從一九八九年到一九九一年底蘇聯解體，北京負責宣傳工作的幹部感到很難處理從東歐和蘇聯傳來的消息。儘管很努力的掩蓋、淡化、拖延甚至歪曲新聞，但事件本身畢竟還是時常讓他們感到頭痛，因為這些事件使他們不可能再取信於民。一九八九年六月四日，鄧的軍隊鎮壓天安門廣場示威者的同一天，波蘭公民以民主投票方式選出議會，這也是二戰之後蘇聯占領東歐以來，東歐國家第一次舉行這樣的選舉。但是《人民日報》直到六月十日，即鄧小平向戒嚴部隊幹部發表演講之後，才向民眾報導此一選舉的消息，但仍然隻字不提反對黨候選人以壓倒性優勢擊敗共產黨候選人。早在一九八〇年代中期，當雅魯澤爾斯基取締深得民心的團結工聯時，北京的媒體曾為之拍手稱快；而在一九八九年十一月雅魯澤爾斯基被趕下台時，深感震驚的北京官員並沒有向中國民眾及時報導這一消息。[52]

從一九八九年九月底到十月初，當成千上萬的東德人湧入西德避難時，中國的報紙卻在繼續讚揚東德。例如，十月七日（東德共產黨統治四十週年紀念日）東德爆發大規模抗議時，《人民日報》不但隻字不提，反而誤導人們：「東德人民在黨的領導下，現在已經加強了團結。」然而，這種向中國民眾掩蓋東歐事態真相的做法只會對北京的領導產生不良影響。當十一月十一日柏林圍牆被推倒時，《人民日報》再也無法掩蓋此一消息了。[53]

一九九〇年二月的蘇共全會討論放棄黨對權力的壟斷問題，《人民日報》未做任何報導。全會結束那天，《人民日報》根本沒有提到蘇聯，而是宣布「在中國，沒有中國共產黨的堅強領導，肯定會發生新的動亂和戰爭，國家將陷入分裂，人民將遭受苦難，更談不上國家建設」。第二天報紙才登出莫斯科的蘇共全會同意放棄壟斷權力的消息。[54]蘇聯解體後，中國一些知識份子像很多西方人一樣高興。有人甚至向可靠的朋友重新提起一九五〇年代中國採用蘇聯式工業化時的一句著名口號：「蘇聯的今天就是我們的明天」，但含義卻非常不同。

鄧小平在一九八九年底辭職後不再積極參與處理東歐和蘇聯問題，但是他不可能迴避這些事態發展的後果。從一九八九年到一九九二年，他試圖加強群眾的信心，強調中國共產黨不同於東歐或蘇聯共產黨，它能挺過去。他沒有預言蘇聯或東歐會發生什麼事，但他從一九八九年底開始使用「不管東歐或蘇聯發生什麼」做為開頭語，以表明中國的情況不同。鄧小平堅信加快發展經濟是保持人民擁護的關鍵，因此他一再表示實行能使經濟不斷進步的政策的重要性。

在一個特別敏感的日子，即一九九一年八月二十日，蘇聯保守派發動政變將戈巴契夫軟禁在克里米亞一幢鄉間別墅裡的第二天，鄧小平把高層領導人，即不久前才從莫斯科回來的江澤民，還有楊尚昆和李鵬，叫到一起，讓他們增強決心，團結一致做好工作，避免發生分裂。鄧小平重申，儘管發生動亂，由於改革開放取得的成功，中國能夠頂住外部壓力。他承認中國有可能波浪

（658）

式前進，快速進步時期之後會進入調整期。他還指出，世界形勢的巨變給中國提供了前進的機遇，但是如果不抓住機遇，其他國家就會迎頭趕上，又把中國拋在後面。最後，鄧小平向他的同事重申，強調經濟成長不意味著中國要忘記馬克思、列寧和毛澤東。[55]

一九九一年十月五日，在愛沙尼亞、立陶宛和拉脫維亞脫離蘇聯、開啟蘇聯解體的過程幾個星期之後，鄧小平接待碩果僅存的幾個共產黨國家之一北韓領導人金日成。他對金日成說，中國仍將堅持經濟上改革開放，同時也要堅持四項基本原則。為證明中國需要共產主義體制，他說，中國當年發生水災時沒有哪個國家能為中國解決問題。中國能夠有效應對水災，是因為有共產黨的領導。[56]一九九一年十月二十六日，鄧小平又宣布對黨的體系的信念，他對泰國首相察猜說：「中國搞社會主義，是誰也動搖不了的。我們搞的是有中國特色的社會主義。」[57]

儘管中國領導人在向民眾報導蘇聯、東歐巨變時動作遲緩，但他們很快就根據新的現實調整中國的外交政策。當巴爾幹幾個共和國宣布獨立時，中國立刻給予承認；一九九一年十二月二十五日蘇聯總統戈巴契夫宣布辭職，俄羅斯國旗取代了克里姆林宮上的蘇聯國旗時，中國很快就從外交上承認俄羅斯和其他獨立國家。[58]

鄧小平在試圖說明蘇聯犯下的錯誤時宣稱，蘇聯沒有及時進行經濟改革，高層領導人沒有堅定維護共產黨。相反的，蘇聯領導人與美國搞軍備競賽，錢花在這種競賽上，而沒有用來改善一

（659）

般民眾的生活。蘇聯的領導層享受著優越的生活，但蘇聯人民並不是這樣。在天安門悲劇之後的困難時期和蘇聯解體的時期，鄧小平不斷重複著一句口頭禪：「冷靜觀察，穩住陣腳，沉著應付，有所作為。」[59]

無論鄧小平本人在「六四」後對中共的前途有何疑慮，但他對中共是否有能力克服東歐和蘇聯共產體制崩潰後所帶來的困難似乎不曾懷疑。他在公開場合總是表現得鎮定自若，他相信中共能夠挺過去，並最終取得勝利，經濟也將繼續成長。他記得自己三次受到批判，丟了官職，但每一次又都回來了；他見證過自己的部隊打了敗仗但取得最後的勝利；他見證過中國在大躍進和「文革」之後的復元。鄧小平在一九八九年「六四」之後的三年中，向公眾展示他的毅力、堅韌和十足的自信，在這種環境中能有如此表現的世界領導人並不多見。

對保守的經濟政策失去耐心：一九八九—一九九一

黨內的氣氛不允許鄧小平扭轉一九八八年放開物價後，為消除通膨和民眾恐慌而實行的保守經濟政策。但是鄧小平由衷認為，只有經濟的快速發展才能維持民眾的支持以避免東歐和蘇聯的命運。從一九八八年九月二十六日十三屆三中全會，正式開始實行的緊縮計畫是陳雲的得意之作。為了結束通膨，政府降低成長目標和支出，減少貨幣供給，收緊和強化財政控制，努力消除

（660）

財政赤字。此外，為安撫民怨打擊腐敗，政府發言人袁木宣布緊縮計畫也包括禁止各級政府興建樓堂館所。[60]

經驗豐富的經濟顧問薛暮橋為緊縮計畫中的「整頓」政策提供全面解釋。他說，一九八四年之後，新的體制和宏觀調控手段還沒有到位，以價格、稅收和信貸來調控經濟的行政手段就被削弱了。隨著權力下放，地方政府和企業，包括鄉鎮企業，過快地擴大投資，造成原料和能源短缺以及基礎設施不足的瓶頸，從而導致通貨膨脹，為避免通膨失控才採取緊縮措施。[61]總理李鵬在一九八九年底的計畫工作會議上忠實地推進緊縮計畫，他說，黨要集中力量提高品質標準，改善商品流通，加強黨對政治和意識型態領域的領導。他提出，儘管實行緊縮方案，黨仍然要繼續推動改革。工廠的管理者要做好有關技術和生產的關鍵決策，中國要堅持實行對外開放政策。[62]

「六四」之後西方國家對中國政府領導人的抨擊，導致一些人對西方「資本主義國家」和「資產階級思想」的反擊以及對市場開放的抵制。[63]已經在一九八七年靠邊站的保守派意識型態宣傳家鄧力群，又開始批評資產階級自由化和精神污染。陳雲的下屬則認為過分開放市場導致紀律鬆弛和學生示威。江澤民讓正統思想的捍衛者胡喬木為他起草一九九一年七月在慶祝中國共產黨建黨七十週年紀念活動上的演講。[64]

一九八八年實行的保守政策有助於緩解通膨壓力、加強投資控制和預算平衡。當時預計，一九八九年到一九九二年這個時期結束時，一旦調整完成，便可以用較溫和的步調重新開始各項改革，包括物價改革、企業經營權和所有權的分離、稅制改革以及銀行業改革。[65]但是，一九八九年「六四」之後西方國家的制裁進一步限制了中國的經濟成長，更何況經濟官員還在繼續實行謹慎的經濟政策。即使很想與鄧小平保持良好個人關係的江澤民，在經濟政策上也感到只能接受主流氣氛，而這種氣氛現在更有利於陳雲的慎重立場。結果是，國民生產總值的成長率從一九八八年的一一・二％降至一九八九年的三・九％。為防止在這種急速的下滑中出現政治騷亂，沒有讓大城市的國營企業職工丟掉工作，工資也沒有受到更動；但是在小鄉鎮和行政村一級，從一九八九年到一九九〇年有將近兩千萬人丟了飯碗。[66]這時鄧小平想不顧一切加快發展以維持民眾的支持，然而他在黨內缺少足夠的支持。

愛國主義教育

「六四」後幾週的危機時刻一過，鄧小平等領導人開始處理一個更大的問題：年輕人對政府和共產黨的疏遠。在談及導致「六四」事件的問題時，鄧小平提到沒有對青年進行「教育」，他這樣說的意思和毛澤東一樣，是指政治教育。但是鄧小平的這種教育觀並不集中在「意識型態」上，他認為那種教育過於僵化；他要提供的是公民和道德教育。在「六四」之後這意味著什麼？

東歐和蘇聯共產體制的崩潰表明，共產主義世界的年輕人已經失去對馬列主義、社會主義經濟和共產黨正統學說的信仰。鄧小平和他的黨內元老認識到，不能再指望用馬列主義毛澤東思想的政治教育打動中國的年輕人了。儘管鄧小平本人支持過反對地主資本家的階級鬥爭，但它也無法像毛澤東時代那樣引起年輕人的共鳴了。

為了贏得中國年輕人的心，需要用什麼取代馬列主義毛澤東思想呢？答案似乎不言自明：愛國主義。[67]強調西方帝國主義造成的百年屈辱史的愛國主義教育，在一九四〇年代就是宣傳的主題，而且從未消失過。但是它在一九五〇年代開始的社會主義建設中只起著次要作用。當鄧小平在一九八〇年代試圖加強與西方的關係時，它已經趨於沒落。然而在一九八九年之後，面對西方國家的制裁，出現了針對外國制裁的普遍愛國主義反應。在很多西方人看來，對中國的制裁是抨擊在「六四」中使用武力的中國領導人的一種方式，但是對中國人來說，制裁傷害的卻是全體中國人。就像抗戰時期共產黨人訴諸愛國主義和民族主義的結合以共同抵抗日本侵略一樣，此時的愛國主義「教育」把民族主義和共產黨聯繫在一起；反過來說，批評共產黨事實上就是不愛國。[68]

出現這種意識型態轉變的時機很有利。在鄧小平時代，正如學者班傑明．史華茲（Benjamin Schwartz）指出的，有一種「對中國歷史逐步的重新肯定」。被毛澤東視為剝削者的地主和資產階

（662）

級曾是受批判的歷史人物，而在鄧小平時代逐漸被重新解釋為「那個時代的進步力量」。換言之，在鄧小平時代，更易於用較客觀的方式研究中國歷史了；過去被定性為階級敵人的歷史人物，又成為具有優秀或至少可理解特質的人。在一九八〇年代末，甚至國共戰爭時的頭號敵人蔣介石也開始得到更加同情的對待，雖然毛澤東使他的成就黯然失色。[69]一九八九年之後，中宣部利用這種趨勢，鼓勵年輕人以中國歷史為榮。[70]

正如一位中國知識份子在談到中國思想狀況時所說，即便在一九八〇年代中國人批判自己的傳統、崇拜西方時，「在叛逆的言辭背後，……也跳動著新一代熱血青年躁動不安的心，他們懷著急迫的使命感，要重新找回做為中國人的自豪」。[71]即使沒有愛國主義教育，到一九八〇年代末很多中國人已經認識到，一九七八年開始實行對外開放以後，中國人過於美化西方了（就像一些宣傳幹部所說，有些年輕人認為「西方的月亮比較圓」）。但是隨著中國的快速發展和現代化，中國人自然而然開始對自己的國家更自豪。

「六四」之後外國人的制裁和批評，為鄧小平及其同事提供了強化這種愛國主義的有效手段。天安門悲劇後的幾週內，鄧小平開始強調他的愛國主義教導。中宣部巧妙宣傳外國人的反華言論，使很多中國人、甚至包括主張民主的學生感到憤怒。西方國家阻止中國加入關貿總協定（一九九四年後改為世界貿易組織）的做法被廣為宣傳，將民眾的怒火引向外國人對中國的偏見。外國

（663）

拒絕向中國提供現代技術，被說成是不公正地阻止中國分享現代化成果。外國人批評中國對待藏人、維吾爾人和其他少數民族的做法，被說成是外國列強企圖削弱中國的陰謀。西方對台灣的支持和對中國主張南沙和東海島嶼主權的抵制，在政府向中國民眾做出的解釋中，被說成是遏制中國的例證。諸如此類的宣傳取得了預期的效果。一九八九年後的幾年裡，當初高呼口號反對政府腐敗和爭取更多民主自由的學生，也開始支持黨和政府。他們喊出反對外國人的口號，因為他們認為外國人不公正地指責中國。

在喚起年輕人的愛國主義方面，特別成功的一件事是，官方媒體巧妙宣傳外國人因「六四」事件而反對北京主辦奧運會的言論。國家主席楊尚昆在一九九〇年向國際奧會宣布中國將申辦奧運會，之後卻受到外國的抵制，這讓年輕人怒不可遏。一九八九年時反政府的年輕人，現在又熱烈支持政府有關中國受到其他國家苛待的說法。

在這些進行愛國主義教育的努力中，最有效者莫過於重拾抗戰時期的反日宣傳。當日本政客參拜供奉著日本在二戰中陣亡官兵骨灰的靖國神社時，或是當極右翼政客否認南京大屠殺時，即使這種事在日本並沒有多少人在意，他們的言論仍會被公布在中國的媒體上，引起強烈的反日情緒和對中國領導人的支持。

一九九一年底，中宣部還制訂出一套更有系統的愛國主義教育方式，即利用教科書、講演和媒體。一九九一年十一月發布了〈充分利用文化遺產進行愛國主義和革命傳統教育〉的文件，後來又下發〈關於在全國中小學開展愛國主義教育的通知〉。這兩份文件的重點都是教育那些未經歷過抗日戰爭或內戰的青少年。

天安門悲劇之後鄧小平批評外國實行的制裁，沒有記錄表明他在一九九二年退休前反對宣傳部門激發愛國主義的做法，即使其中包含排外傾向。中國存在著像東歐和蘇聯那樣陷入分裂的危險，因此需要認真的努力重新贏得年輕人的支持。愛國主義、經濟發展和經濟機會的增加，共同構成解決問題的手段。但是，鼓動排外情緒的做法也遠遠超出鄧小平鼓勵的範圍，而且在他退出政壇後愈演愈烈。隨著外國在一九九〇年代逐漸減少制裁，中國必須在這種排外的愛國主義與努力恢復鄧小平在一九七七年後建立的對外友好關係之間取得平衡。

23. 鄧小平時代的終曲：南巡

一九九二

（664）

一九六五年，共產黨第一代領導人毛澤東對自己不能全面控制北京「資產階級」的政策感到不悅。他無法在中央黨報《人民日報》上傳播自己的觀點，便在上海的《文匯報》上發表了一篇文章，次日該文又由上海市黨報《解放日報》轉載。然後，七十一歲的毛澤東乘專列去了南方的杭州、韶山和武漢等幾個城市，為一九六六年發動的文化大革命點火。

這個故事在一九九一年又重演了一次。當時鄧小平對北京保守的經濟政策也感到不快，可是他對這些政策又不能完全說了算。他無法在《人民日報》上表達自己的觀點，便把它登在另一家報紙——上海的《解放日報》上。可是一九九一年這把火並沒有點著，心意已定的鄧小平在一九九二年又點了一把更大的火。他以八十七歲高齡乘專列南下，先去武漢，然後是深圳、珠海和上海，他在這些地方成功點燃了擴大市場開放和加快發展的熊熊烈火。

一九八八年通貨膨脹引起的恐慌，北京當局在一九八九年五月軍事戒嚴失敗後的幾近崩潰，蘇聯和東歐政權相繼垮台的新聞，這一系列事件使北京變得近乎絕望，氣氛高度緊張。陳雲仍是謹慎計畫官員的核心，鄧小平則吸引著大膽主張擴大開放、加快發展的人。在一九七〇年代末和一九八〇年代初，建設派大多是從事引進新工廠和新技術的中央幹部，到一九八〇年代末，沿海地方政府已累積起自己的財富，形成更強大的勢力基礎，使鄧小平能夠用來對抗謹慎的計畫官員。

陳雲手下謹慎的計畫官員認為，一九八八年的通膨失控要對一九八九年的悲劇負責，因此更堅定地要把國家控制在他們認為唯一安全的軌道上。鄧小平則認為，不加快國家的發展，共產黨的統治就會陷入危境，因此他同樣堅定地認為，只有加快發展和開放才能維持民眾的擁護，使國家得以生存下去。對政權可能突然崩潰的擔憂讓雙方關係更為緊張。[1]

鄧小平受挫：一九九〇—一九九一

一九九〇年一月二十一日至二月十三日在上海度假期間，鄧小平已經在爭取能使他壓倒保守派經濟政策的政治力量。他在上海與當地負責人討論開發浦東的大專案。[2]他知道上海的負責人急於開發浦東，但這必須得到北京的許可。浦東是上海境內一片大約五百平方公里的區域，靠近

（666）

地理位置優越的長江入海口。當時這個地區大體上仍是農村，易於開發，甚至早在上世紀初，孫中山就曾萌生在浦東建大港口的念頭。上海當地官員希望將它建成金融中心。[3]儘管上海一直受到中央政府的制約，但是在長江三角洲一帶，不但上海，連鄰近的江蘇和浙江，工業已經有了實質性成長。

鄧小平對如何加快經濟發展有著戰略考量。他知道，鑒於上海的巨大規模和人才儲備，它的任何進步都將對全國的發展產生直接的積極影響，不但能夠惠及鄰近的江、浙兩省，還有長江流域的數億人口。[4]一九二〇年代鄧小平赴法途中，曾在上海停留一週，第一次體驗到這個城市的活力；十年後他又在上海做了幾個月的地下工作；一九四九年他是中共接管上海的負責人；一九八〇年代末，當他冬季「休假」來到這座城市時，可以感受到生氣勃勃的上海人有待釋放的能量。即使頭腦不像鄧小平那樣敏銳的幹部也十分清楚，上海領導人對一九三〇年代上海做為商業大都會的優越地位懷有自豪感，而當時的香港不過是個無足輕重的小城市；一九八〇年代中央為廣東和福建率先進行試驗，開了綠燈，卻沒有讓上海這樣做，這使他們十分不快。上海的負責人並不諱言：上海有著比廣東和福建的任何城市更高的教育、科技和工業水準。上海領導人得到群眾的全力支持，是鄧小平加快發展經濟的強大同盟。

一九八四年，做為開放的十四個沿海城市之一，上海也獲得一定的發展空間，但是從

（667）

一九八四年到一九九〇年，上海沒有得到北京多少幫助，它的潛力幾乎沒有發揮出來。廣東較易於得到外國企業投資，在不發達的地區建新廠成本雖然高，但尚可做到。然而，對上海巨大的舊工業進行改造，需要只有政府才能提供的資本來支持。上海肩負著為國家財政做貢獻的重擔，得到的支持卻很少，這讓上海領導人感到不滿，他們一直要求北京改變政策。北京一些部委的領導也願意向上海投資，因為他們已經開始擔心正失去對廣東的控制，那裡的財政收入主要來自外邊而不是中央政府。假如北京為上海提供資本，國家的計畫官員對上海的控制能力要比對廣東大得多。

一九八八年和一九八九年鄧小平在上海過冬時，曾經與江澤民和接替江擔任上海市委書記的朱鎔基交談過。朱鎔基在北京擔任國家經委副主任時鄧小平就認識他，把他視為一個難得的人才，他既有充滿自信的領導能力，又有發展經濟的戰略眼光和難得的改革魄力。一九九〇年二月，鄧小平會見朱鎔基和上海其他黨政軍幹部，與他們討論如何為當地的發展點火。[5]

二月回到北京後不久，鄧小平對李鵬總理說：「我已經退休了，但有一件事還是要給你講一講，你要更多地關心一下上海浦東的發展。」[6]兩週後的三月三日，鄧小平把江澤民、楊尚昆和李鵬叫來，向他們宣講國際形勢和國內經濟：「人民現在為什麼還擁護我們？就是這十年有發展。……假設我們有五年不發展，或者是低速度發展，例如四%、五%，甚至二%、三%，會發生什麼影響？這不只是經濟問題，實際上是個政治問題。」他然後又說：「要用宏觀戰略的眼光分析問題，拿出具體措施。……要研究一下哪些地方條件更好，可以更廣大地開源。比如抓上海，就算一個大措施。上海是我們的王牌。」7

遺憾的是，一九九〇年的北京領導人對鄧老師上的課和上海領導人加速經濟發展的願望無動於衷。他們當時更想跟著謹慎的計畫派大師陳雲走。陳雲在上海郊區的青浦長大，經常回上海視察當地情況；在黨內，他在與上海有關的問題上享有特殊的權威。陳雲反對在上海建經濟特區，不僅因為這有可能給國家既有的重工業和稅收基礎造成風險，還因為身為一個在一九二〇和一九三〇年代在那裡工作過的人，他深知資本主義的罪惡和上海商人那種在他看來對洋人過分卑躬屈膝的「買辦習氣」。因此，陳雲擔心外國租界死灰復燃。可是鄧小平對陳雲的遲疑已經失去耐性。雖然沒有點名批評陳雲，但他在一九九〇年二月說，上海的發展落後於廣東。圈內人都知道，他這是在表達對陳雲反對開放上海的不滿。8

定於一九九〇年十二月二十五日至三十日召開的七中全會，將研究五年計畫和十年規畫的草案。在會議前夕的十二月二十四日，鄧小平又把江澤民、楊尚昆和李鵬叫來，再次給他們上課，說明加快發展的道理。他強調在二〇〇〇年以前讓經濟加倍成長的重要性，鼓勵他的接班人不要害怕擔風險。9鄧小平重申，如果中國的經濟成長不夠快，經濟停滯就會變成政治問題，而緊縮

（668）

政策加上外國制裁的負作用，正放慢經濟成長的速度。鄧小平認為，只有放棄保守的經濟政策才能避免重蹈蘇聯和東歐的覆轍。[10]但是鄧小平上的課依然沒有起多大作用。儘管他多次請求，七中全會仍然受到謹慎的保守派主導，他們更擔心的不是成長速度放慢，而是經濟過熱。

鄧小平於一九九一年一月二十八日乘專列去上海，一直住到二月二十日。他既是為了冬季休養，也是想再次為經濟成長點火。聽過朱鎔基的彙報後，他視察了航空和汽車工廠，還有將成為世界第三大吊橋的南浦大橋建設工地。[11]鄧小平重申他在一九九〇年說過的話：一九七九年開放四個經濟特區時沒有開放上海，是他犯的一個錯誤，他原本應該利用上海的人才優勢。他強調開發浦東不但對上海市，而且對整個長江流域都很重要。他說，金融（他有意避免使用容易引發不滿情緒的「資本」一詞）是現代經濟的核心，中國想在金融領域獲得國際地位，全國都得靠上海。[12]

鄧小平在一九九一年並未能使他的星星之火變成燎原之勢。除夕時他和楊尚昆、李先念一起給上海負責人拜年的畫面上了全國電視，但並沒有提到他要加快上海發展的努力。[13]鄧小平的意見甚至沒有出現在《人民日報》上。不過，他在一九九一年也取得兩個小小的收穫：他爭取到足夠的支持，把朱鎔基調到北京擔任副總理；他還讓上海的報紙發表了幾篇文章，儘管用的是化名。一九九一年三月和四月，上海的幹部讓《解放日報》根據鄧小平不久前在上海的演講，整理出四篇系列文章。這些文章沒有暴露與鄧小平的關係，而是署名「皇甫平」（意思是「黃浦評論」，又可指「輔助鄧小平」）。[14]第一篇皇甫平的文章發表於三月三日，批評「一些同志」把市場說成資本主義。文章說，計畫和市場只是利用資源的兩種不同方式，不是社會主義或資本主義的標籤。政治圈內人在猜測「皇甫平」的文章背後究竟為何人，但當時只有極少數人知道那是鄧小平。

中宣部動員《人民日報》和《光明日報》對「皇甫平」的文章進行反駁。一九九一年十一月，在雄偉的上海南浦大橋通車儀式上，替北京的保守派領導人說話的李鵬總理公開批評皇甫平的文章，他說，這些文章讓人誤以為北京的政治氣氛發生了變化。[15]

一九九一年，黨的幹部開始籌備將於次年年底召開的中共十四大。鄧小平明確表示，假如江澤民致力於加快發展和擴大開放，他會支持他，否則就要支持黨的其他領導人。但是其他領導人也都受制於當時的主流氣氛。例如，朱鎔基到北京擔任副總理後，仍忠實執行元老們保守政策的李鵬總理便感受到來自鄧小平的壓力（這是要用朱鎔基取代他領導經濟），但李鵬頂住了壓力，朱鎔基在一九九一年別無選擇，只能執行當時的謹慎政策。

陳雲和鄧小平都避免公開鬥爭，但各自的擁護者卻在公開替他們說話。一九九一年十月，國家主席楊尚昆藉紀念辛亥革命八十週年之機，支持更大膽地實行改革開放。[16]為另一方說話的鄧力群則在一九九一年十月二十三日的《人民日報》上撰文警告，階級鬥爭很尖銳，存在著「和平演變」的危險，即用資本主義逐漸取代社會主義，這正是自由派夢寐以求的事。[17]一九九一年年底，

（670）

當幹部為即將召開的黨代會做準備時，戰線變得明朗起來。保守派在十一月二十五日至二十九日的八中全會上仍占上風，於是鄧小平拿出他的慣用手段：不把時間浪費在爭論上，他要採取行動爭取支持。

鄧小平南巡：一九九二年一月—二月

當鄧小平的專列於一九九二年一月十七日駛離北京站時，北京的其他中央領導並沒有收到通知，甚至連江澤民也不例外。這次出行全由武警部隊一手操辦。北京的其他領導人和南方負責接待他的幹部只知道，鄧小平夫妻、他們的四個子女（只有小兒子鄧質方沒有隨行）及其配偶和孩子，一行十七人，要出門散心觀光，進行「家庭度假」。誰能反對這個老領導的家庭去度假呢？

鄧小平南行的第一站是武漢，這裡是華中地區的鐵路樞紐，也是一九一一年辛亥革命爆發的地點。鄧小平於一月十八日上午抵達武昌火車站。儘管只是家庭度假之旅，但對待鄧小平這樣顯赫的人物，湖北省委書記關廣富和省長郭樹言還是前往月台迎接鄧小平的到來。鄧小平只在月台上停留二十分鐘，時間雖短，卻足以讓他發一頓脾氣。鄧小平說：「電視一打開，盡是會議，會議多，文章太長，演講也太長，而且內容重複，……你們要多做少說。……周總理四屆人大〔一九七四年〕的報告，毛主席指定我負責起草，要求不超過五千字，我完成了任務。……現在

（671）

文件多如牛毛。」他提到這樣的情況：省委書記去農村考察一個星期回來，文件就堆成山，讓他頭痛。[18]鄧小平一向反對空話、長篇報告和不做認真準備的會議，他說過：「沒有話就把嘴巴一閉。……會議和演講是為了解決問題的。」[19]發了一頓脾氣後，鄧小平說出他的要點：「誰反對改革，就讓誰下台。」儘管他是在向武漢當地的人說話，這話也沒有登在公開的媒體上，但很快就引起江澤民的注意。兩天後江澤民對手下的幹部說，要加快開放步伐，恢復對外開放政策，減少會議的數量。[20]

列車於當天下午抵達長沙火車站，鄧小平花十分鐘時間接見湖南省委第一書記熊清泉等省級幹部。鄧小平聽到一九九一年儘管有自然災害，湖南還是取得大豐收後十分高興。但鄧老師還是給他們上了一課：他指示熊清泉，湖南「搞改革開放的膽子要更大一些……要加快經濟發展」。[21]

一月十九日星期一上午，鄧小平在廣州短暫停留後，與陪同他的省級領導一起，開始對最有活力的特區深圳和珠海為期十一天的視察。當地幹部一週前才接到通知為鄧小平的到來做準備，他們在鄧小平要去的所有地方安排保安及包括痰盂在內的必要設施。他們只接到通知要為接待鄧小平一家人前來度假做準備，但是當鄧小平到達深圳時，他們已經收到在武漢和長沙與鄧小平見過面的幹部的詳細報告，他們意識到，這並非一次尋常的家庭度假。[22]

廣東省委書記謝非、省委副祕書長陳開枝和其他幾位省裡幹部與一些當地幹部一起在深圳為鄧小平做嚮導。在迎接鄧小平的幹部中，有些人在一九八四年就接待過鄧小平，他那次來時肯定了經濟特區的成就。鄧小平到達下榻的賓館後休息了十分鐘，然後與謝非等人在賓館的花園裡散步。鄧小平的女兒鄧楠提醒父親，八年前他在這裡題過詞。鄧小平隨口便背誦出他當年的題字：「深圳的發展和經驗證明，我們建立經濟特區的政策是正確的。」這引來高興的東道主一片喝采，他們把鄧視為最強大的推進力，不同於那些試圖限制他們投資的北京官員。

鄧小平為了保持體力，只在每天上午遊覽三小時，然後與家人一起吃飯、午睡，下午休息。在當地一次外出遊覽時，家人在一塊標識上看到用鄧小平筆跡複製的「深圳」二字，女兒鄧楠說：「你應該收利息，你有知識產權（智慧財產權）啊。」[23]鄧小平笑了。後來他們在仙湖植物園看到從成都運來的竹子，鄧小平對當地導遊開玩笑說，你們也要給四川支付知識產權費啊。[24]鄧小平這個玩笑是深有寓意的。人們都知道鄧小平對西方要求中國支付大筆知識產權費的批評，鄧小平提醒西方人，其他國家模仿中國的火藥和印刷術一類的發明，中國並沒有為此收過費。但是鄧小平也明白中國需要適應新的國際秩序。在視察深圳一家生產CD光碟的工廠時，他問他們是否從外國買了版權，並提醒工廠經理：「一定要遵守有關知識產權的國際規則。」[25]

在廣東，鄧小平到處都被喜歡和感激他的人團團包圍。在一九八二年和一九八三年，他雖然最初沒有為特區辯護，但是當一九八四年特區受到北京保守派的嚴厲批評時，他卻表揚了特區。

（672）

廣東人有一個說法：遇到綠燈往前走，看到黃燈抓緊走，碰上紅燈繞著走。然而在一九九二年，廣東人仍然擔心來自北京的黃燈和紅燈，渴望看到綠燈。鄧小平支持他們的事業，支持擴大對外開放和加快經濟發展，他們就以成為鄧南巡計畫的啦啦隊回報。

按照北京為「家庭度假」制訂的官方原則，鄧小平只帶了一名記者和一名攝影記者，也沒有舉行記者招待會。但是當他開始視察深圳時，估計有五十到六十名攝影記者緊緊尾隨著他的「家庭度假」，很多人甚至買了卡式錄音機，以便能夠捕捉鄧小平的每一句話。[26]

鄧小平興奮地觀看當時在中國還不多見的高樓大廈，認真仔細地視察新技術，聽當地幹部彙報情況。當地幹部告訴鄧小平，一九八四年時深圳的人均收入只有六百元，一九九二年時已經達到二千元。鄧小平不可能不為自己加快發展的夢想可能變為現實的前景而歡欣鼓舞。在為鼓勵加快發展的南行途中，當鄧小平看著那些高樓大廈時，他也在享受自己用改革開放政策所播下的種子結出的碩果。

鄧小平來訪的消息不脛而走，每當他從工廠和辦公樓走出來時，都有大批一般市民等著他。他在五十三層的深圳世貿中心旋轉餐廳俯瞰這座城市的新建築，走出大樓時，有大批群眾向他鼓掌歡呼。[27]雖然鄧小平有不善言談的名聲，但在女兒鄧楠的幫助下（她不斷湊到耳邊，把他因耳聾聽不清楚的話大聲告訴他）他完全融入與當地幹部和充滿感激群眾的交談中。在北京的許多幹部眼中，

（673）

鄧小平是個嚴厲的司令員，深圳的群眾卻親切地向他呼喊「叔叔好」、「爺爺好」，在他們看來，他熱情機智，平易近人，對所有新事物有著濃厚的興趣。

但是，在乘車時的私下場合，他憤怒批評了北京的保守派。他要求隨行的當地幹部（他們都支持他的想法）不要公開他的私下談話。不過即使在公開場合，他也表明自己的擔憂，他說，左的政策會造成可怕的後果，甚至會葬送社會主義。[28]他警告：「要警惕右，但主要是防止左。」[29]在與地方幹部的坦率交談中，針對那些把特區說成搞資本主義、受到外國人控制的批評，他說，只有四分之一的投資來自外國人。他又說，中國在政治上控制著所有外國公司，可以確保它們對中國有益。他不僅不擔心現在的外資水準，還主張增加外資數量，建立更多的合資企業。外國企業不但繳稅，還能為工人提供就業崗位和工資。[30]

與在北京參加黨內會議的鄧小平相比，已經退休的鄧伯伯和當地幹部的交談要隨意得多。鄧小平心情放鬆，不拘一格，風趣的言談常引起當地領導的共鳴。鄧小平上了他的最後一堂課：他敦促幹部們大膽工作，努力試驗。他重複他在各地說過的話：堅持改革開放，保持一個精幹的政府，培養年輕人，少說多做。參觀了世貿中心大廈後，鄧小平在返回賓館的巴士上再次談到他的很多基本觀點：計畫不等於社會主義，市場也不等於資本主義。資本主義也有計畫，社會主義也有市場。貧窮不是社會主義。要走共同富裕的社會主義道路。為了達到這個目標，先富起來的地

（674）

方要多繳稅，用來幫助落後地區。但各地的情況不可能很快拉平，不能搞「大鍋飯」，這會打擊人們的熱情。鄧小平鼓勵幹部進行試驗，敢於冒險，不要怕犯錯誤，有錯改了就好。[31]

鄧小平鼓勵深圳在二十年內趕上香港、新加坡、南韓和台灣這亞洲四小龍。他說：「新加坡的社會秩序算是好的。他們管得嚴。我們應該借鑒他們的經驗，而且比他們管得更好。」聽過有關深圳貪污受賄和腐敗問題的彙報後，鄧小平說：「你們要堅持兩手抓，一手抓改革開放，一手抓打擊各種犯罪活動，兩手都要硬。」[32]

在深圳度過五天後，一月二十三日深圳市委書記李灝向鄧小平介紹他改造、規範和擴充司法體制的計畫。鄧小平彷彿仍在擔任國家領導人一樣，表示完全同意這些想法，並鼓勵李灝大膽落實。北京的很多幹部批評深圳走得太快，但鄧小平送給李灝的離別語是：「你們要搞快一點。」李灝回答：「我們一定會加快步伐。」[33]鄧小平的下一站是珠海，該市市委第一書記梁廣大來到深圳，陪同鄧小平一家人和省裡官員，乘船一小時跨過寬闊的珠江三角洲，來到珠海。當船經過清代海關舊址時，鄧小平再次提到他離別語的要點：中國過去受到外國帝國主義的欺負，但那個時代已經過去了，「落後就要挨打啊。……我們已經窮了上千年，不能再窮下去了，如果不重視科學技術和教育，還要挨打」。[34]

廣東省委書記謝非和梁廣大十分清楚，鄧小平也擔心日益加劇的經濟不平等現象；他們知道他一直在鼓勵先富幫後富。他們在船上告訴鄧小平，一派繁榮氣象的珠江三角洲地區正大力幫助廣東北部和西部的貧困山區。鄧小平回答，改革開放以來取得的進步，靠的是各地願意搞試驗的人的創造性，靠的是政府將行之有效的做法進行宣傳、把各種新思想推廣到全國其他地區的能力。[35]

澳門比香港小得多，也不像香港那樣喧鬧。與此相似，毗鄰澳門的珠海比深圳小，也不像深圳那樣繁忙。在珠海二十九層貿易中心的頂層旋轉餐廳，鄧小平和家人眺望建設中的高樓大廈。就像在深圳，鄧小平與群眾熱情相處。在珠海的一家工廠，有人估計他和上百人握了手；在大街上，保護他的員警不得不限制他走進人群和更多人握手。

鄧小平在詢問當地居民時，想搞清楚沿海城市的經濟發展能以多快的速度向偏遠地區擴展，也想推斷未來的發展對群眾意味著什麼。他已經看到很多跡象，各種消費品，包括自行車、洗衣機、收音機、手錶等工業製品，正走進農民家庭。[36]他高興地聽到窮困地區的農民工在沿海地區找到就業機會。海外留學青年回來報效祖國的報告也讓他大受鼓舞。他得知富創業精神的中國人所領導的工廠已經接近世界技術水準。他表揚當地領導利用市場推動社會主義事業所取得的成就，而從中受益的社會主義制度又能使市場更加成功。他說，從集中人力抓緊辦事這方面說，資本主義趕不上社會主義。他還指出，如果沒有從一九八四年到一九八八年取得的進步，一九八九

(675)

年到一九九二年這個艱難時期的事情就不會那麼順利。

從珠海驅車前往廣州途中，鄧小平在珠海以北的兩個縣中山和順德停留片刻，經濟特區的活力向臨近地區的快速擴散使這兩個地方蒸蒸日上。在廣州與省領導層交談一個小時後，鄧小平登上列車前往上海，途中在江西東部的鷹潭做了短暫停留。[37]

到達鷹潭時，鄧小平也在車站會見當地幹部，他們向鄧小平彙報去年的大豐收和對抗洪災取得的成績。鄧小平對他們的工作給予表揚，但也說，要多種樹，這能防止造成洪災的水土流失。鄧小平還說，幹部要走得更快一點，放開膽子進一步開放。鄧楠這時插嘴說，父親一路上老是在重複這些話；她又說，父親很關心江西，六十年前他就在江西蘇區工作過，文革中又在江西生活了三年半。事實上，鄧小平一路上講了不少自己一九三二年在瑞金和會昌的往事。[38]鄧楠提醒父親，一九七三年二月十九日，在歷經文革期間「下放」農村的歲月後，他們一家人就是從鷹潭踏上返京的列車。如今他們從鷹潭乘坐列車前往上海，當他們抵滬時，鄧小平在廣東播下的擴大對外開放種子已經開始結出果實了。

突破

鄧小平在一九九〇年和一九九一年未能讓國家回到改革開放的快車道上，但是由於香港的媒

（676）

體和珠海的一次會議，讓他在一九九二年取得戲劇性突破。

按照行程安排，鄧小平沒有舉行記者招待會，但他在深圳的消息一傳出，香港記者便蜂擁越過邊境前來報導他的南行。一月二十二日，鄧小平到達深圳三天後，香港的《明報》就爆出他南行的消息和加快開放的意見。該報還說楊尚昆也在深圳陪同鄧小平。敏感的香港讀者立刻意識到，鄧小平的南行並非尋常的家庭外出度假。

香港左派報紙的編輯仍記得很多同事因支持「六四」示威而被解雇，因此在報導鄧小平的行程和演講時忐忑不安，但他們仍然在一月二十三日與香港電視台一起報導鄧小平來到深圳的消息。由於中國的宣傳部門無法在毗鄰香港的大陸地區遮掉香港的電視信號，廣東南部有數百萬人在香港電視台上看到鄧小平在深圳的部分畫面。

北京那些站在謹慎計畫官員一邊的宣傳幹部面臨艱難的選擇：儘管鄧小平南行的消息已在華南各地傳開，但他們可以繼續裝聾作啞；或者承認這次南行，但盡量淡化鄧小平對那些在改革開放上立場更保守者的抨擊。[39]同時，鄧小平的支持者——那些希望允許他們加快發展的南方當地幹部，則願意冒險把鄧小平的意見傳播出去。

由於鄧小平在深圳和珠海引起的關注，保守的媒體負責人很難對他的南行佯裝不知，但他們還是努力遮掩。二月三日，北京的電視台播出鄧小平和楊尚昆與上海領導人參加春節團拜會的消

（677）

息，但隻字未提他的深圳和珠海之旅或推動改革的努力。同一天，英文版《中國日報》登出一幅楊尚昆和鄧小平在深圳拍攝的照片，但並未注明照片日期。二月四日，上海市委下屬的《解放日報》的編輯很聰明，他們沒有提鄧小平南行，但在頭版登出一篇文章讚揚鄧小平解放思想的努力，這是得到三中全會批准的，也可以視為上海尋求大型新事業的一大助力。[40]不過，當時廣東和上海的當地媒體都極想傳播鄧小平南行的消息，加之鄧小平南行在華南已是家喻戶曉，北京的宣傳部門也無法阻擋外界知曉鄧小平南行的目的。

在珠海，鄧小平召開一個表面上與軍事規畫（在江澤民領導下，這項工作又熱了起來）有關的會議。鄧小平把他在武漢說過話又重複一次：「誰不改革，誰就下台。……我們的領導看上去像是在做事，但他們沒做任何有用的事。」[41]鄧小平在珠海出席的這次有關「軍事規畫」的會議，是由六名中央政治局常委之一的喬石主持的。由於喬石分管國內治安，開這樣的會也順理成章，但喬石也被很多人認為具備擔任最高領導人的素質，是江澤民的潛在競爭者，所以這次會議也可能和中國的領導層人事安排有關。對江澤民來說更意味深長的是，出席會議的還有國家主席兼軍委副主席楊尚昆和另一名軍委副主席劉華清將軍。與會的還有楊尚昆的弟弟、解放總政治部主任兼中央軍委祕書長楊白冰。這些幹部都與安全問題有關，但他們對加快改革的必要性認識也與鄧小平意見一致。[42]

中國出版的有關鄧小平南巡的書中沒有提到珠海會議，官方的《鄧小平年譜》中也沒有相關記錄。這種省略不難理解，中共領導人不想向群眾透露黨內矛盾。但是，會議的與會者和珠海的觀察者所透露的消息，從江澤民在會後幾週內的反應中得到證實。出席會議的軍隊領導人的強大陣容表明，如有必要，軍隊高層願意擁護一個新的領導人。

（678）

江澤民的回應

亟欲得知珠海會議確切內容的江澤民，說服福建省委第一書記賈慶林給了他一份會議錄音；此後不久官方就宣布賈慶林入選政治局。江澤民並沒有在春節給鄧小平打電話的習慣，但是在二月三日，即鄧小平離開珠海五天後，江澤民打電話向鄧小平拜年。他後來承認，這次通話並非隨意而為。[43]此後江澤民便成為更大膽的改革派。

鄧小平於一月三十一日到達上海，在那裡休息了三週。與在特區時相比，他邁著更加從容的步伐視察浦東的開發，審閱他在深圳和珠海演講的文稿。[44]他還遊覽了剛完工的浦東大橋以及楊浦大橋的建設工地。[45]他再次做了「自我批評」，說過去沒有把上海建成特區是個錯誤，但是他提出，上海現在起步可以利用它做為後來者的優勢，從廣東的經驗中學習，能夠把事情辦得更好。

同時，由做過華國鋒和胡耀邦祕書的鄭必堅領頭的一個寫作班子，寫出一份稿子，系統總結鄧小平在深圳和珠海的演講。他們先是拿到廣東幹部準備的一份兩到三萬字鄧小平南行演講紀要，和鄧小平一起做了數次修改後，濃縮為一份七千字的報告。與鄧小平在行程中的生動演講相比，這份報告看上去官方色彩更濃一些，它在鄧小平離開上海前完成。[46]

鄧小平在上海停留期間，陳雲也住在上海，但鄧小平沒有安排與他見面。不過楊尚昆主席和上海市委書記吳邦國親自去給陳雲拜年。[47]像陳雲這樣老練的領導人，自不難理解鄧小平這些精心謀畫的動作在政治上的微妙之處，也不難瞭解鄧小平加快改革的努力所得到的軍界強力支持，以及浦東開發計畫所得到的上海市委的熱烈擁護。

鄧小平十年來一直忙於工作，從未逛過商店，但是他有一天上午去了當時中國最大的零售商店——上海第一百貨公司。他在這裡可以看到琳琅滿目的消費品，這與十四年前改革剛開始時消費者在貨架上看到的可憐供應狀況形成鮮明對比，這只會使他對中國的進步感到更加自豪。[48]在女兒鄧榕的幫助下，他給孫子們買了幾支筆做為禮物。

當鄧小平踏上回京的列車時，他有理由期待自己的南行達成目的，現在江澤民要加快發展與改革了。[49]確實，從二月二十日鄧小平離滬回京到三月六日，《深圳特區報》的人員對鄧小平會取得最後的勝利相當樂觀，大膽發表了八篇詳細報導鄧小平南行的系列文章。[50]雖然北京宣傳部門的領導試圖阻止這些文章進入北京，最終仍無法避免全國的讀者看到，當然也包括首都北京的人。

二月中旬，鄧小平回京前幾天，江澤民已經公開說，他擁護鄧小平進一步改革的呼籲。[51]江澤民通過從珠海得到的報告認識到，鄧小平已經下定決心，假如他不大膽推進改革開放，鄧小平就會讓他靠邊站。江澤民從鄧小平的南行中看到他爭取到北京和地方重要領導人的很多支持。後來江澤民也承認，當時他斷定鄧小平的觀點會占上風，他的明智之舉就是支持這些觀點。[52]

鄭必堅整理出的鄧小平特區演講概要完成後，江澤民經政治局批准，把稿子發給人數有限的最高層幹部。與鄧小平的即興演講相比，整理後的講稿已不那麼咄咄逼人，但依然有力，直截了當。當黨內領導層開始意識到鄧小平南行所受到的關注並讀過報告後，他們認識到鄧小平儘管年邁，但正在發動一場決定性戰役，他的擁護者正迅速增加中。[53]上海、廣東等地的領導人希望加快市場開放，對其結果更加樂觀，所以都站在鄧小平這一邊。即使沒有鄧小平的南行，外國制裁的逐漸取消和保守派在降低通膨壓力上取得的成功，也會使中國的領導層提高發展目標。但是鄧小平的南行及其成功地讓江澤民轉變立場，使變化來得更早，並以更快的步伐持續下去。

儘管江澤民開始轉向鄧小平的觀點，全國性媒體仍遲遲沒有宣傳鄧小平的南行和演講內容。二月二十日，鄧小平回京的前一天，保守派的雙月刊《當代思潮》為維護計畫官員的謹慎觀點做

（680）

出最後抵抗，發表了鄧力群一篇無疑是反映陳雲觀點的文章。該文稱，主要危險不是來自左，而是來自右。「信奉自由主義執迷不悟的人，正是打著反左的幌子，反對黨的領導和社會主義制度。……如不加以反擊，結果必然是各種反共思想的大氾濫。」[54]

然而潮流已變。文章登出後，保守派的聲音日漸衰落，因為江澤民及其同事開始讓民眾做好準備，他們要回應鄧小平加快發展的呼籲。二月二十一日，即鄧小平回京當天，《人民日報》刊發根據鄭必堅整理的演講稿所撰寫的社論，題為〈更大膽地進行改革〉。[55]社論仍然未提及已被香港媒體大肆報導一個月的鄧小平南行。但是一週後的二月二十八日，北京領導人下發了根據鄧小平一週前的演講寫成的中央二號文件，在更多的高層幹部中傳閱。就像大多數黨的文件，它措辭慎重，四平八穩，沒了鄧小平最初演講的力道與活力。文件的標題是〈關於傳達和學習鄧小平同志重要演講的通知〉。它只印發給全體中央委員和個別團體，例如中央黨校的兩千名學員和教師。[56]

在三月九日至十日的政治局會議上，全部十五名政治局委員討論二號文件時，形成一致支持文件的意見。鄧小平以地方幹部的支持做為後盾奮力前行，他利用香港媒體並動員軍隊的支持。但是他也利用了經濟領域傳來的喜訊：不但通膨在陳雲的努力下得到控制，工業也開始成長，出口強勁，外國開始放鬆制裁。經濟擴張的氣氛已經大為改善。

在政治局會議上，楊尚昆主席首先發言大力支持文件，江澤民隨後也表示完全擁護鄧小平的意見，承認自己在推動改革上行動不力。[57] 政治局一致肯定鄧小平南行演講中加快改革開放步伐的觀點，同意把它做為將在年底召開的中共十四大的核心內容。鄧小平後來也同意將二號文件做為三卷本的《鄧小平文選》的最後一篇文章。熟悉鄧小平言行的人，不會對他的意見的基本思想感到意外：更大膽地實行改革和對外開放。

三月的政治局會議之後，鄧小平南行演講的要點就成為官方政策的指導方針。三月十一日，政治局會議後的第二天，也是鄧小平開始南行兩個月後，新華社終於正式報導鄧小平南行的新聞，並在相關社論中提出要更大膽地實行改革開放。但是直到三月三十一日，《人民日報》才終於「歸隊」，刊登了鄧小平視察深圳的詳細報導。

氣氛的變化

隨著鄧小平南行的消息得到全面報導以及政策開始發生變化，鄧小平的演講也成為著名的「南巡談話」。「南巡」是帝制時代皇帝巡視南方（指長江流域，不像鄧小平南下那麼遠）時使用的說法。為了消除鄧小平像個皇帝的印象，官方的說法換成更為中性的「南方談話」。

保守派幹部意識到鄧小平演講得到的普遍擁護，勉強同意反映鄧小平演講精神的文件。在三

（682）

月二十日全國人大的年度會議上，人大代表間的政治氣氛反映著鄧小平南行帶來的幹勁。[58]知識份子和軍隊幹部利用已經變化的氣氛，在各自單位向左傾思想發起進攻。楊白冰在三月二十三日宣布，軍隊要捍衛改革，支持改革，這是在明確警告那些扯後腿的人。

五月底，黨中央印發了旨在貫徹鄧小平政策的四號文件。文件宣布開放長江沿岸的五個內陸城市和九個邊境城市，並宣布三十個省會城市一律享有和經濟特區同樣的特殊政策。[59]

南行後的幾個月裡，鄧小平並沒有與江澤民見面，告訴他如何進一步推動改革開放，也沒有明確表示支持江澤民。實際上，據江澤民說，他覺得鄧小平仍在考驗他，潛在威脅猶在：假如江澤民不全力支持改革，得到軍隊擁護的鄧小平有可能用喬石取代他。

江澤民決心在鄧小平的最後考試中過關。春季，在公開場合，他變成進一步改革開放的大力鼓吹者。他仔細擬定六月九日在中央黨校省部級學員畢業班上的演講。[60]在這篇題為〈深刻領會和全面落實鄧小平同志演講的重要精神，把經濟建設和改革開放搞得更快更好〉的演講中，他全面說明貫徹鄧小平南巡演講精神需要做些什麼，總結了鄧小平自一九七八年三中全會以來的貢獻。江澤民說，要加快改革步伐，把成長目標提高到每年九％至一〇％（當時五年計畫的官方目標仍是李鵬在全國人大會議上所說的六％）。江澤民說，要大膽學習資本主義國家的先進經驗，沒有必要討論改革姓「資」還是姓「社」。江澤民進而把這些想法概括為一個他估計能得到鄧小平贊成的說法：「社會主義市場經濟」。61

六月十二日，在做了這次重要演講三天後，江澤民這位抱著希望的晚輩領導人前去問師傅，是否同意「社會主義市場經濟」的說法，顯然是打算用它來取代陳雲的「有計畫的社會主義市場經濟」。鄧小平說他喜歡江澤民的演講，這讓江澤民如釋重負；鄧又說：「其實深圳就是社會主義市場經濟。」江澤民的考試過了關。隨後，鄧小平彷彿仍然是最後的決策者那樣，讓江澤民把中央黨校的演講在內部傳閱，如果迴響好的話，可以作為十四大的主題。不出意外，迴響果然不錯。

陳雲是謹慎保守的政壇元老，但也是一向擁護中央決策且嚴守紀律的黨員，他接受政治局關於加快改革開放的一致決定。一九九二年初他為過冬去上海住了數月，看到浦東的進步，與負責開發浦東的上海幹部進行交談。四月二十六日，陳雲回京的前一天，聽了上海市委書記吳邦國和市長黃菊的彙報後，不但贊成他們搞活上海的努力，而且要他們膽子更大一些。

大約三個月後的七月二十一日，陳雲在紀念他的長期同事、一個月前去世的李先念的文章中寫道：他和李先念從未去過特區，但都認為這種試驗是必要的，「我們要從特區的經驗中學習，把它們辦成功」。他說，他對深圳的現代建築、它所取得的出口成長率遠高於進口成長率的巨大成就印象深刻。他還說：「中國的經濟發展變得規模更大，比過去更複雜，很多過去有效的做法

（683）

已經不能適應當前改革開放的形勢。新的形勢要求我們不斷學習探索，解決新問題。」[62]陳雲一直在努力讓通貨膨脹降下來，使計畫體制平穩運行。一九九二年，多虧他在一九八八年開始實行的緊縮政策，通膨得到控制，出口克服了外國制裁的影響開始成長。陳雲在他的畢生事業即將結束時，承認中國正進入一個更加複雜的新時期。實際上他是給下一代領導人投下信任票，他們將帶領中國走上與他過去為之奮鬥的大不相同的另一條道路。

到夏天，鄧小平已鞏固了自己的勝利。地方幹部獲准提高投資比例，擴大對外貿易，沿海地區的試驗也推廣到內地。鄧小平可以把精力用於國家在今後幾十年將面對的另一些問題了。七月二十四日，在看到為即將召開的十四大準備的文件草稿後，鄧小平提出幾個有待思考的問題：農村體制、他本人在中國發展中的作用、統治制度和國家安全。

關於農村政策，鄧小平承認，包產到戶和取消公社對調動農民的積極性是必要的。但是由於新農業技術的出現和發展，耕作小塊土地的農戶單靠自身財力無法提升技術，到時候仍然需要大的集體組織。鄧小平建議領導人在這件事上不要操之過急，要等待農戶主動要求改變體制。

在考慮自己的思想遺產時，鄧小平說，領導人不能誇大個人的作用，要實事求是。推動改革開放是個宏大而複雜的過程，沒有哪一個或幾個領導人能設想到所有事情。例如，誰也沒有事先深入思考過要依靠鄉鎮企業，它們卻成為中國發展的重要因素。一九七八年以來中國取得的成

（684）

功，是來自廣大人民群眾的經驗。他本人的作用只是把這些發展做總結，向更多人推廣。

關於統治和自由的問題，鄧小平說，「民主集中制」仍是「最合理的制度」，要做為治國的基本原則加以堅持。領導人要想辦法鼓勵人們表達自己的觀點，但是決定一旦做出，就應當服從集體決定。

鄧小平還談到中國的安全問題。他說，各國之間的勢力制衡正發生重大變化，仔細研究這些變化十分重要。在當前形勢下，他認為中國可以繼續縮小軍隊規模，但同樣重要的是提高軍隊人員的素質，增強戰鬥力，準備好在必要時能夠保衛國家。[63]

鄧小平審閱並批准江澤民將在十四大上做的報告。報告的核心內容是他南行時表明的觀點：加快改革開放。

中共十四大：一九九二年十月十二日—十八日

一如以往，中共十四大對有關當前和未來政策的文件做了認真討論，但首先是對鄧小平及其成功政策的公開頌揚（實際上，是為他的退休召開的歡送會。大會的主要發言，即江澤民所做的政治報告，充滿對鄧小平及其政策的讚揚，此一政策將成為中國未來五年的指導路線）建設「社會主義市場經濟」。當然，江澤民的演講也反映出與保守派的某種妥協。鄧小平原來提出的年成長率是一〇％，江澤民的報告

（685）

則建議把目標定為八％或九％，但仍比李鵬早先提出的六％高出許多。[64]

江澤民不但讚揚鄧小平是中國改革開放的總設計師，而且把他的觀點上升到「鄧小平理論」的高度。知情者都清楚，鄧小平是個實幹家，不是意識型態宣傳家；與共產黨國家的很多領導人不同，他並不認為擔任最高領導人必須成為理論家。但是對於江澤民來說，把鄧小平的觀點上升到理論高度，能夠加強它的重要地位，使之可以與「毛澤東思想」平起平坐，讓人們能夠像幹革命一樣集中精力搞四化。

鄧小平的功績是，他提出「有中國特色的社會主義」理論，採用「社會主義初級階段」的說法。鄧小平「理論」正是按他所希望的樣子完成的：它們為支持繼續擴大市場的實用主義政策提供意識型態的合法性。江澤民還重申鄧小平關於有些事不要管它姓「社」姓「資」的觀點。公有制仍然是主要的所有制形式，但要繼續使國有企業變成更加獨立的經濟單位。要在試驗的基礎上引入股份制，不但要擴大商品市場，還要發展資本、技術、勞動力、資訊和住房市場。科學技術不但是生產力，而且是第一生產力。[65]總之，這次大會是對鄧小平基本觀點的明確肯定。毛澤東的基本信念階級鬥爭和不斷革命，在他去世之前就已經式微，並且隨著他的去世而消失。相反的，鄧小平的基本政策和人民的經濟需求與願望產生共鳴，在後來十幾二十年裡繼續指導著政府的決策。

（686）

在天安門悲劇剛過去三年的這次大會上，江澤民像鄧小平一樣，更加強調穩定而不是政治改革。在十四大上，他沒有再提趙紫陽在上次大會上提出的黨政分開和黨企分開。一如鄧小平，江澤民用嚴厲的措詞譴責一九八九年的「反革命暴亂」，但仍然堅持主要威脅不是來自右，而是來自左。[66]

雖然鄧小平的精神主導著中共十四大，但他直到大會結束時才到場。鄧小平進入會場時，走到江澤民身邊站了大約二十分鐘，讓電視攝影機拍下他們兩人在一起的鏡頭。鄧小平把衣缽傳給江澤民，這則新聞傳遍全國，傳向世界。[67]江澤民已經表明要堅定地繼續實行改革開放，鄧小平現在表明他完全支持江澤民。從那一刻起，江澤民不再需要回頭看鄧小平是否同意；權杖已傳到這個人手裡，鄧小平等人現在稱他為黨的第三代「領導核心」。[68]

在中共十四大之前不久，鄧小平迫使他的長期盟友、與他一起南行的楊尚昆和楊白冰兄弟退休。[69]鄧小平指定七十七歲的劉華清（他能聽從江澤民的領導）和江澤民的親信曾慶紅取代他們。[70]江澤民長久以來一直覺得，比他資格老的楊氏兄弟是礙手礙腳的對手。鄧小平早先曾對江澤民說：「毛主席當家時是他說了算，我當家時是我說了算，如果你當家後也能說了算，我就放心了。」[71]鄧小平與楊尚昆和楊白冰關係密切，但是對他來說，一個強大團結的國家領導班子要比私人友情更重要。他做了他能做的一切，讓江澤民獲得能指揮一班人、為國家提供有效領導所必需的全部權威。

毛澤東去世後，他選出的接班人不是被捕就是被排擠到一邊，鄧小平選出的接班人則繼續領導國家二十多年。在一九九七年的中共十五大上，江澤民再次當選為新一屆領導人，他幹完十年任期，外加趙紫陽留給他的兩年。儘管鄧小平在一九九二年春天之前有一些擔憂，但江澤民在天安門悲劇後的艱難時期，面對世人的懷疑和外國制裁，成功維護了國家的團結並領導著國家。他堅定地執行鄧小平的改革開放政策，表現出傑出的政治才幹。鑒於天安門悲劇和蘇東共產主義政權全面崩潰後的各種不確定因素，江澤民能成功掌舵穩定前行，堪稱一項了不起的成就。

一九九二年六月，受鄧小平信賴、在一九九一年調到北京的經濟領導人朱鎔基，擔任新組建的經貿辦公室主任，這個部門成為在監管經濟工作方面權力最大的機構。[72]後來，一九九三年三月的全國人大會議上宣布新的政府人事任命，李鵬再次當選總理，朱鎔基成為第一副總理。李鵬在鎮壓「六四」示威中發揮過重要作用，所以只要有他擔任總理，鄧小平便不必擔心為「六四」平反的問題。朱鎔基在管理經濟上成績卓著，尤其是他既克服了通膨壓力，又沒有使經濟像一九八八年至一九八九年那樣硬著陸。朱鎔基在一九九七年中共十五大上成為國務院總理。

鄧小平在十四大選定的政治局常委中最年輕的成員是胡錦濤，他成為繼江澤民之後的接班人。那次大會時他只有五十歲，比成員平均年齡小八歲。胡錦濤努力爭取其他老領導對他的繼續支持，後來經中共十六大和十七大通過，他做為第四代領導人核心擔任了兩屆總書記。如此這般，鄧小平選定的接班人在一九九二年之後得到三屆黨代表大會的認可。

正如鄧小平計畫的，中共十四大也標誌著任期終身制的結束。為老一代革命家表達意見提供正式管道（因此也緩解了他們從一線退下後的心情）的中央顧問委員會正式解散。不但鄧小平，而且包括鄧小平的對手陳雲在內的老一代領導人，全都退出政壇。此後，包括最高領導人在內的所有任命都有任期限制。一九九二年當選的另一些擔任重要職務的幹部，都是根據鄧小平的人事政策（把在原崗位表現突出的人一步步提拔到更高的崗位）選出來的。

一九九二年當選的政治局委員，都是與鄧小平的政策完全步調一致的人。進入政治局的兩名政府部長，即外交部長錢其琛和外貿部長李嵐清，以外交事務和擴大對外開放做為本職工作。在一九九二年以前的政治局委員中，有一名代表內陸省分的成員，但他在一九九二年落選，新增的五名擔任省級職務的政治局成員，都來自在鄧小平開放政策下蓬勃發展的沿海省市：廣東的謝非、北京的陳希同、上海的吳邦國、天津的譚紹文和山東的姜春雲。仍然留在政治局的北京幹部也都是來自沿海地區：喬石、楊白冰和劉華清，他們曾於鄧小平南巡期間在珠海與他一起策畫戰略。這些資深領導人的年齡使他們不會忘記大躍進的失敗。他們在一九六〇年代早期就擔任重要職務，在文革中受過衝擊。一九七八年之後他們成為堅定的改革派，決心貢獻餘生糾正錯誤的政

（688）

策，推動中國的現代化。

相較於這些人，江澤民手下後來成為第四代領導人的都不是老革命，而是在鄧小平那一代領導人建立的體制下成長的好學生。他們出生在戰爭年代，卻是在一九四九年後共產黨的領導下接受教育。他們年齡太小，沒有趕上去蘇聯或東歐學習的機會；他們年齡太大，錯過了去西方留學的年代。他們上學時，西方的法學、經濟學和商業管理等學科還沒有引入中國，但他們在任職期間通過文件、會議和短訓班的形式學習了這方面的知識。他們是既能幹又眼界開闊的技術官僚，大多數人是學工程技術出身，接受現有體制並希望維持它的有效運轉。做為一個群體，他們的優點是做事負責，與同事和下級都能搞好關係，不會挑戰上級。他們沒有經歷過嚴重危機的考驗，也不準備挑戰現行體制。他們只是在鄧小平那一代人建立的框架內，務實而勤奮地工作著。

南巡的成果

按照中共十四大和一九九三年三月全國人大會議把成長率定為八％或九％的政策，更多的地方投資和建設項目得到批准。在鄧小平一九九二年南巡後的幾年裡，中國取得世界上史無前例的成長率，其規模也是前無古人的。實際上，從一九九二年到一九九九年，每年的經濟成長率都超過一〇％。

（689）

	國內生產總值成長率％	消費者物價指數％
一九九一	九·二	三·四
一九九二	一四·二	六·四
一九九三	一三·五	一四·七
一九九四	一二·六	二四·一
一九九五	一〇·五	一七·一

資料來源：國家統計局，轉引自 Jinglian Wu, *Understanding and Interpreting Chinese Economic Reform*（Mason, Ohio: Thomson/South-Western, 2005）, p. 373.

天安門悲劇後的一九八九年至一九九一年，外國對中的直接投資陷入停滯，平均每年只有四十億美元；但是從一九九二年到一九九九年，由於中國的對外開放政策和外國制裁的逐漸減弱，每年吸引的外資平均為三百五十億美元。快速成長引發又一輪經濟過熱和通膨壓力，但朱鎔基在一九九五年以軟著陸方式控制住這些壓力。

允許一些指定企業直接與外國公司做生意的決定，使對外貿易突飛猛進。在此之前，從事進出口的企業都要通過國營外貿公司進行交易，因此難以及時把握國外市場的機會。此外國營外貿企業也應付不了外貿的迅速擴張。不過，漸漸地，先是某些指定企業被允許直接與外企做生意，然後這類企業的數量不斷增加。在改革派實行新政策後，住房建設也開始快速發展。一九九五年以前，住房都是由工作單位或城市的幹部分配，這一年之後政府放開住房市場，國家雇員得以按補貼價買下自己的房子。由於私人房地產市場的建立和從建房中獲利機會的到來，新住宅的建設速度令人瞠目結舌。73

鄧小平的南巡並沒有使謹慎的計畫派和保守的意識型態宣傳家閉口不言，卻使可以接受哪些目標和手段的爭論再次轉移方向；不論有多麼勉強，即使最審慎的計畫派也開始逐漸接受讓市場和外貿發揮更大作用。隨著無數中國人從國內外市場中受益，改革開放成為不可逆轉的政策，重新關上一九七八年後打開的大門已經不可能了。

追憶鄧小平

在二十世紀後幾十年的時間裡，中國的不斷革命葬送了它的許多英雄。鄧小平本人就歷經三起三落，但他在晚年要比任何一位同儕更幸運，他們很多人結局淒慘甚至是悲劇。一九七六年「四五」示威之後，毛澤東在生前最後幾個月所面對的現實是，北京的老百姓拋棄了他的文化大革命和階級鬥爭，他們更喜歡周恩來的四個現代化。周恩來在去世前知道自己仍然受到毛澤東和他奉獻了一生的黨的批評。劉少奇在「文革」中受到批判，因得不到適當治療在軟禁中死去。胡耀邦被無情罷免後，最後兩年受到與他共事過的領導人的冷落。趙紫陽在監禁中去世，生前官方對他閉口不談，只允許他接待寥寥幾個經過選擇的客人。華國鋒靠邊站後受到羞辱。葉帥愉快地退休，在他熟悉的家鄉安享晚年，但他對北京的變化已不再感到舒心。

(690)

鄧小平知道，他對一九八九年天安門示威運動的處理方式，會讓很多人認為是他一生中的巨大污點。無論國內國外，很多人認為他在一九八九年六月過分關心維護社會秩序、同意向街頭的無辜百姓開槍是不可饒恕的行為。他們認為他有機會推動民主事業，卻沒有做出足夠的努力。他沒有解決腐敗和不公等這類的根本問題。相反，為鄧小平辯護的人則讚揚他敢於承擔責任的勇氣，他為維持國家的統一做了不得不做的事。

然而，不管對天安門悲劇的看法如何，很多人欽佩他以八十七歲高齡毅然踏上南行之路以確保中國在加快改革開放的道路上繼續前行。確實，在生前的最後幾年裡，鄧小平也如願看到自己選定的接班人仍遵循他所制訂的政策，推動著中國的進步。最後幾年他與家人一起度過，並受到黨和人民的愛戴。他引導中國完成了艱難過渡，從落後、封閉、僵化的社會主義制度走向一個有國際影響力的現代化經濟強國。假如中國人要感謝某一個領導人改善了他們的日常生活，這個人就是鄧小平。在為改善如此之多的人民生活做出貢獻方面，二十世紀是否還有其他領袖能夠與他相比？二十世紀是否還有其他領袖對世界史產生如此巨大而持久的影響？

鄧小平曾說，他要讓人們記住一個真實的他。他希望人們好好記住他，但不想讓人們像吹捧毛澤東那樣為他大唱讚歌。毛主席自視為功高蓋世的皇帝，鄧小平則從不自視為「天子」。他只想讓人們記住他是個凡人，是「中國人民的兒子」。

（690）

鄧小平最後一次公開露面是一九九四年春節。此後他的健康狀況惡化，再也沒有力氣參加會議了。他於一九九七年二月十九日午夜後去世，享壽九十二歲，死因是帕金森氏症候群和肺部感染。[74]他要求自己的葬禮簡單樸素。毛澤東的遺體經過處理後安放在特別建造的毛主席紀念堂供人瞻仰。但不會有鄧小平紀念堂。二月二十五日，大約一萬名經過挑選的黨員在人民大會堂參加了鄧小平的追悼會。江澤民強忍淚水唸完悼詞。[75]追悼會通過電視轉播，有關鄧小平生平的報導在此後數天一直占據媒體的主要版面。按照鄧小平的遺願，他的眼角膜捐出供眼科研究，內臟捐出供醫學研究，遺體火化，骨灰盒上覆蓋著中國共產黨黨旗。一九九七年三月二日，他的骨灰撒入大海。

鄧小平的歷史地位

24. 轉型的中國

（693）

鄧小平於一九九二年退出政治舞台時，完成一項使命，這卻是過去一百五十年來其他中國領導人未盡之業：他和同事找到一條富民強國的道路。在達成這個目標的過程中，鄧小平也引領中國的根本轉型，不論在外交方面，還是本身的治理結構和社會型態。在鄧小平領導下出現的這種結構性轉變，確實稱得上是自兩千多年前漢帝國形成以來，中國最根本的變化。

鄧小平時代發生的轉型是由多種因素共同塑造：高度發達的中國傳統，中國社會的規模和多樣性，當時世界形勢的本質，共用技術和管理方式的全球化，中國共產黨的本質，無數創意人和勤奮工作者的貢獻等等。但這種轉型發生在一個過渡期，當時這位最高領導人被賦予相當大的自由去引導政治進程，並擁有最終決定權，所以這一轉型也是由鄧小平這位領導者塑造的。當然，此一巨變的思想基礎來自很多人，而且沒有人能完全預見事情的發展。改革開放並非由鄧小平啟動，它在鄧小平上台前由華國鋒領導起步的。鄧小平也不是手持偉大藍圖、主宰變革的設計師；事實上，這個變革的時代並沒有清晰、完整而現成的設計。

不如說，鄧小平為轉型過程提供全面領導。他把各種想法進行梳理和總結，用他團隊和群眾所能接受的步調和方式呈現。他在最高層提供穩定領導，使人們能夠在經歷巨變時保持信心。他的工作是選拔和指導一個團隊，讓他們齊心協力開創並落實各項改革。他是解決難題的人，努力找出有利於國內外相關者的解決方案。他幫助建立強有力的統治結構，使之得以適應迅速變化的新環境而保有控制。他在確定問題的輕重緩急、制定戰略以達成最重要目標上發揮領導作用。他向民眾解釋政策，以淺白的方式講明他們面對的整體形勢和需要採取的具體措施。如果出現爭議，他是裁決者，並盡量將可能導致國家分裂的分歧化小。他對激勵人心的努力大表支持，也支持給人們提供的希望是建立在切實可行的基礎上，以免日後失望。他贊成給各種專家足夠的自由，如科學家、經濟學家、管理者和知識份子，使他們能做好自己的工作；但是當他擔心脆弱的社會秩序可能遭破壞時，也會限制其自由。在改善與其他大國的交往、與其領導人建立切實可行的關係時，鄧小平扮演著核心角色。鄧小平的全部工作都受一種深刻信念的指導：採用世界最先進的科學技術與最有效的管理方式，將給中國帶來最大進步；而這一過程可能給中國的體制造成的破壞不僅是可以控制的，為了全體中國人民也是值得的。

（695）

無論中外，在鄧小平謝幕之後長大的人，都很難體會鄧小平踏上這個旅程時面對的是多麼嚴重的問題：一個把全然不同的新思維拒之門外的國家，文革中受迫害者與迫害者之間的深刻裂痕，驕狂的軍隊幹部對裁軍和減少軍費的抵制，民眾對帝國主義和外國資本家的敵視，城鄉社會保守的社會主義結構，城市居民對接受兩億農民工的抗拒，以及因部分人依然窮困而另一些人先富起來所引發的紛爭。

但是，當鄧小平全面接手中國轉型的工作時，也有一些極有利的條件：他接過由毛澤東統一起來、能夠有效運轉的全國性政黨和政府；他有很多經驗豐富、像他一樣贊同深刻變革的老幹部共事；他上台時有一個開放的世界貿易體系，其他國家願意與中國分享資本、技術和管理，並歡迎中國加入國際體系。

鄧小平還有一些令人難忘的個人素質，使他得以引領中國的轉型。很難說除他之外還有哪個人能如此成功地把一系列特質組合起來：權威、豐富經驗、戰略意識、自信心、人際關係和領導中國轉型所需的政治判斷力。那麼，鄧小平領導的此一轉型本質到底是什麼呢？

從亞洲文明的中心走向世界大國

帝制時代的中國從來不是個全球大國，甚至不是全球事務的積極參與者，它只是亞洲的一個大國。鴉片戰爭之前，在主導對外關係的「天下秩序」中，周邊小的政治實體要向這個「天朝上國」的皇帝進貢，以這種方式承認中國文明相對於周邊地區的優越地位。中國允許這些政治實體享有自治與太平以為交換。[1]

中國皇帝鮮有興趣向亞洲大陸以外的地區擴張。在十五世紀的一段短暫時期裡，中國的皇帝一度允許建造遠洋船舶，七次派太監鄭和遠航，遠抵中東和非洲東海岸。但後來的皇帝不但禁止這種遠洋活動，而且禁止建造遠洋大船。對他們來說，想管好中國漫長的邊境就夠麻煩的，更不要說和遠在海外的國家建立聯繫了。一七九三年當英國特使馬戛尼來到中國提議通商時，乾隆皇說：「天朝物產豐盈，無所不有……不藉外夷貨物。」[2]

在一八三九年到一八四二年和一八五六年到一八六〇年的兩次鴉片戰爭之後，歐洲列強迫使中國開放部分沿海岸，但中國政府幾乎從來不想主動走出它在亞洲的疆域。當工業革命使西方國家崛起時，做為一個國家，中國未能有效應對挑戰。由於中國回應軟弱，西方帝國主義列強主宰了對中關係，甚至主宰了中國沿海的產業和貿易。

毛澤東在韓戰時關閉中西交往的大門，結束了帝國主義對中國的影響。此後中國開始在共產主義國家中發揮一定作用，一九五〇年代和六〇年代一度在第三世界也有一定影響力。六〇年代與蘇聯關係惡化後，中國在共產世界的作用陡降。一九七八年之前，中國政府對境外事務的參與

（697）

十分有限。例如，在文革期間很長的一段時間內，中國只派出一個大使，駐於埃及。

雖然毛澤東在一九六九年中蘇邊境衝突後開始向西方開放，中國在一九七一年也重新取得聯合國的席位，但是毛澤東在世時中國的大門僅僅打開了一條縫。毛去世後，華國鋒也接受對外開放的做法，但只有鄧小平才真正打開了國家的大門，領導中國積極參與國際事務。直到鄧小平時代，中國政府的領導人，才超越帝國主義時代的痛苦記憶，以足夠的政治眼光與魄力，開始跟其他國家發展持久而積極的新型合作關係，從而使中國成為二次大戰後世界新秩序中的一員。

在鄧小平領導下，中國真正加入國際社會，成為各種國際組織以及由貿易、金融和各種公民交往活動構成的全球體系中活躍的一員。中國成為世界銀行和國際貨幣基金組織的成員國。中國開始在世界衛生組織以及其他領域重要國際組織活動中扮演積極的角色。雖然鄧小平退休近十年後中國才加入世界貿易組織，但是申請加入的準備工作是從鄧小平掌權時開始的。

中國在參與國際組織最初幾年的工作是熟悉這些組織的實際運作。當時中國仍然是個窮國，首要任務是維護自身利益。到了鄧小平接班人的時代，領導人才認識到國際體系對中國的好處，開始考慮中國身為國際體系和全球組織的一員能夠為加強這些組織做些什麼。在中國加入世界銀行和國際貨幣基金這一類機構之前，一些成員國擔心中國的加入可能具有破壞性，會給這些組織的運作帶來麻煩。但事實上儘管它提出自身的利益訴求，中國的加入的確強化了這些組織；它遵守這些組織的規則。

鄧小平在一九七八年成為頭號領導人時，中國的外貿額總共不到一百億美元；三十年後這個數字成長了一百倍。一九七八年，中國促請美國接受幾百名中國留學生；鄧小平去世十年後，估計有一百四十萬中國學生在海外留學，大約三十九萬人學成歸國。[3] 一九九二年時，中國已經在全球學術對話與全球貿易體系中長期扮演積極角色，而最初的突破都是在鄧小平擔任頭號領導人時取得的。

在鄧小平時代，為適應新的全球角色，中國也歷經內部的變化，中國領導人稱之為「接軌」，這個說法來自一九三〇年代中國軌制不同的鐵路間的銜接。在一九八〇年代，中國用這個說法描述為參與各種國際組織和全球體系而做出的調整。

一九七八年後的最初幾年，中國開始與國際組織建立聯繫時，致力於發展各種專門的機構，它們實際上成為對外交往的緩衝器。外國企業被安排在特區之類的特定區域，政府還設置了與外國企業打交道的整套制度，形同人為設置了一道阻止外國人與整個中國接觸的圍牆。在華外國人只能與各地的政府、大學和大公司中的外事辦公室打交道。例如，外事服務局負責管理在外國企業工作的國內員工。為了獲得更多中國極為短缺的外匯，外國人受到鼓勵用他們的貨幣兌換「外匯券」，在指定的「友誼商店」購物，他們在這裡可以買到一般中國人買不到的外國商品。國營

（698）

外貿公司控制著與外國人的大量生意，大部分外國人在半年一次的廣交會上購買中國商品。中國的外貿部在監督這些「外事」機構與外國人交往的政府活動中發揮重要作用，這些機構有懂外語並熟悉外國習俗的官員。

在一九八〇年代末，中國的對外交往開始迅速擴大，很快超出這些專門機構的範圍。外國人的旅行不再局限於某些區域，更多的中國企業能夠與外國企業直接做生意。以經濟特區為起點、後來擴大到一九八四年開放的十四個沿海城市的很多做法，開始向全國傳播。外國人蜂擁而至，專門的「外事辦」變得難以處理與之相關的全部事務。現今外事部門大多仍然存在，但工作大多限於從事官方資料的蒐集。

在鄧小平退休之前，中國的各類機構都開始為適應外國的常規而進行「接軌」。外貿企業要學習外國的法律、財會和組織方法。[4]向外國教育機構輸送留學生的大學和高中，開始為學生設立因應入學考試和申請程序的培訓計畫。體育教練開始致力於培養最優秀的運動員，以參加各種國際體育賽事。中國興建了能夠接待國內外遊客、符合國際標準的旅遊設施。國內消費者也愈來愈容易買到外銷用商品。就像二次大戰後美國擴大學術和研究機構，以加強其全球大國的角色一樣，在鄧小平時代，中國的學術和研究機構也有極大發展，從而加深了中國對世界的瞭解。

鄧小平在推動中國的全球化過程中，比印度、俄國和巴西這些大國的領導人更有魄力。這個過程在鄧小平時代之後仍在繼續，但是基本的突破在鄧小平退休時已經完成。

黨的集體領導

中國共產黨在一九五六年就開始從革命黨轉向執政黨，可是毛澤東很快又再次將它領入革命。然而在一九七八年之後，經過老幹部復出、不善治理國家的革命家退出和新領導人加入的這個過程，在鄧小平領軍下，中共轉變為以治理國家為中心的政黨。

美國行政、立法和司法三權分立的制度，是由擔心權力過度集中的領袖所設計。而由毛澤東設計、鄧小平及其同事做重大修正的體制，則是為了解決相反的問題：為動亂不已、舉步維艱、地區差異巨大的中國，提供統一的領導。與美國人不同，鄧小平及其同事相信，最終決策應以最高領導層對全局的政治判斷力為基礎，這要比以法律規範政府行為的獨立司法制度更有益於國家。他們認為，立法機構制定法律但不負責執行法律的體制，不如集立法與執行於一身的體制更為有效。

美國是由保留著獨立權力的各州所組成，而中國千百年來一直有個控制地方的中央政府。毛澤東進一步加強中央集權制，並深入擴展至全國。鄧小平則要將這種試圖到處滲透的統治結構拉回來。他沒有制定地方必須遵守的嚴密規章制度，而是建立另一種體制：由上級選拔領導班子，

（700）

授予他們相當大的獨立性，只要他們的工作能使經濟快速成長即可。

一如毛澤東時代，鄧小平在北京建立的核心領導結構以政治局和書記處為中心。它通過領導班子網絡與地方聯繫在一起，這些領導班子存在於政府各個層級和各個地區的所有主要機構。每個領導班子不但負責本級黨的工作，還要監督其下的政府機關（或經濟和文化單位）。這個班子要就全局性問題做出判斷，並使轄區內的工作為四化建設做出全面貢獻。

黨的上級部門下達如何開展工作的規定，不斷向每一級領導班子發布指示。它們也與下級召開會議，有時讓下級領導參加上級的會議，或是派上級幹部到下面視察。如果上級幹部認為某個問題很重要，他們可以、也確實會干預。但是對下面的監督很難面面俱到，因此領導班子在領導本級工作時，一般享有相當大的自由度。

北京控制各省的關鍵手段，是任免領導班子成員的權力。領導班子的成員通常有若干年的任職期限，但隨時可能被上一級領導撤換。黨的領導班子裡各個成員負責不同部門的工作，評價的依據不僅是他們管理相關部門的工作表現，還有整個班子及其下級單位的表現。在鄧小平時代和此後的二十年裡，這種評價主要基於領導班子對全國的經濟成長做出多大貢獻。近年來一些次要標準也變得日益重要，如培養下一代幹部、環境保護、處置社會騷亂和對突發事態的反應。5

一如鄧小平，他的接班人也認為正確選拔、培養和監督幹部，能夠使幹部產生服務國家整體目標的覺悟。由於下級幹部對如何開展自己的工作享有很大自主權，因此在選拔和培養領導班子成員上相當審慎。每一級年輕幹部，假如他在整體思想能力、抗壓性、判斷力、與同事共事的能力以及獻身於黨和國家的精神等方面有不俗表現，就有可能獲選接受特別的栽培、指導和考驗。

培養各級幹部確實花費大量時間。指導者的任務是：向年輕的下級幹部提供如何提高工作表現和技能的建議。最有前途的年輕幹部可以陪同上級參加各種上面的會議和黨內的非正式聚會。他們還會參加黨校的培訓班。被認為最有前途擔任國家級領導人的幹部，可以進京學習中央黨校的課程；被認為能夠擔任省市級領導職務的人，則去各自地區的黨校學習。並不是所有黨員（鄧小平上台時中共有三千七百萬名黨員）都能分享通過與上級幹部的聚會或是成為黨校學員而培養出來的同志情誼。進入黨校學習的人不但能瞭解同屆與上下屆的同學，而且能結識來到黨校的上級幹部，後者會借助黨校幹部的評價，對學員未來的任職進行推薦。雖然組織部的幹部保存人事檔案，能夠進行推薦，但各級領導班子的成員掌握著他們轄區內哪些人能得到提拔的最終決定權。

然而，讓地方幹部享受較多自由也存在著風險。鄧小平建立的這種延續至今的體制，更重視結果而不是遵循規則，它所培養的幹部要具有評估問題的全局觀和創業精神，能夠支持快速發展。但由於缺少上面的嚴密監督，很多幹部在想辦法造福國家之餘，卻也可能造福自己與朋黨並排擠其他勢力。

這種黨的領導班子體制並不是由鄧小平所創，但他穩定了這種體制，使其工作更加專業化，把評價幹部的基本標準從對政治運動的貢獻轉變為對經濟成長的貢獻。這一基本體制被他的接班人沿用至今。

（702）

現代的菁英治國

到鄧小平退休時，年輕的中共幹部為了證明自己的能力，首先必須考上較好的高中和大學。鄧小平重視菁英治國的做法在中國有悠久傳統。中國是世界上第一個按考試成績選拔官員的國家。早在西元六〇五年，隋朝便以科舉決定哪些有抱負的競爭者有資格成為朝廷官員的首要標準。但是在鄧小平出生的第二年，科舉制廢除了。此後直到他重新登上權力舞台，中國一直不具備足夠的穩定性，領導人也沒有政治決心為選拔官員重新建立一個全國性的菁英主義基礎。毛澤東在世時，不可能以教育成績做為選拔幹部的主要標準。很多為中共事業做出貢獻、登上高位的人，在一九三〇年代和四〇年代戰火紛飛的革命時期，根本沒有機會上大學。此外，毛澤東認為「紅」比「專」更重要，他喜歡工人農民甚於受過較好教育但「出身不好」的人（地主和資本家的子女）。因此，考試並未成為選拔和提拔幹部的主要標準。實際上，一九四九年後，很多幹部是來自共產黨軍隊或游擊隊的老兵，其中有文化的人很少。假如舉行考試，他們及其子女不可能勝過

（703）

「階級出身不好」但受過更多正式教育的人。毛澤東去世後，鄧小平大膽取消「階級出身好」這條選拔幹部的標準，嚴格依照用入學考試來衡量的辦法。根據鄧小平在一九七七年採取的新路線，很多「階級出身不好」的家庭之子女得以通過考試進入好大學並當上幹部。

事實上，鄧小平在各級建立了一套高度競爭性的菁英考試制度，從小學、大學直到官場。他的目標不是促進社會平等，而是挑選最有才華的人，為其提供最好的教育機會。小學、初中、高中和大學都舉行入學考試，考進競爭最激烈學校的學生能夠享用最好的教師和設施。

鄧小平於一九七七年恢復的統一高考制度，並不是專為選拔幹部而設，而是為各行各業的大機構選拔最有才華的年輕人。但是，所有獲選為幹部的人，都要先在各級教育考試中證明自己。甚至在當上幹部的人之間，出身名校的最優秀畢業生可以在中央機關就業，而入讀較差大學的人則要從較低級別的機關做起。隨著大學畢業生的數量在一九八〇年代末以後迅速增加，從大學畢業生中選拔政府公務員時又增加新的重要考試。不過，一個人一旦成為幹部，升遷便不再需要通過進一步的考試，而是根據他的工作表現。這種制度鄧小平的接班人也沿用了。

在一九八〇年代中期，很多有抱負有才華的年輕人想通過「下海」經商取得成功，但是儘管存在這種有吸引力的職業選擇，「幹部」身分仍被人們所看重。這不僅因為它所提供的權力和經濟保障，還因為既能幹又有志於服務社會的人深受中國人的敬重。由此可見，鄧小平留給他的接班人的，是一種菁英主義的幹部選拔制度，它遵循著與帝制時代同樣的原則，通過考試選拔幹部。但是，這種制度，在內容和結構上又完全不同於科舉制度。此外，這種體制也把菁英治理的原則擴展到幹部選拔系統之外，貫穿各行各業的人才選拔與培訓體系。

開放的全國性城市社會

中國自有歷史記錄以來直到一九九〇年代，基本上是個在方言和文化上地區差異極大的農業社會。一九四九年之前，落後的運輸系統使大多數商品只能在從當地鄉鎮市場步行可及的區域內生產和消費，很多人幾乎一輩子生活在這個範圍內。[6]毛澤東對人口流動的嚴格管制，使一九四九年以前就極有限的人口流動變得更加緩慢。在毛一九七六年去世時，農村人口仍然占總體人口的八〇％以上，農村生活也受到村莊、家庭和集體的控制，很少與外界往來。在毛澤東時代，即使城市中的單位，如政府機關、學校、工廠和軍隊駐地，也都是相對自足的大院，很多單位設有傳達室，來客造訪之前要向門衛報告。這些封閉的社區為職工及其家屬提供基本必需品，如住房、食品、托兒所、學校、醫療和福利。居民很難在自己的工作單位之外得到這些服務。一如農村居民，大多數城市居民缺少換工作的機會，幾乎別無選擇只能服從各自單位的領導。流動受到限制、在農村和城市單位中對上級的依賴，以及與外界缺少溝通，這一切使生活變得死氣沉

（704）

沉。毛澤東鼓吹革命的意識型態，可是他對人口流動的控制，卻進一步鞏固了封閉的「封建」社會。

鄧小平退休時，經濟成長帶來的新經濟機會和他所允許的人口流動，已經使中國走上從農業社會轉變為城市社會的道路。在鄧小平時代估計有兩億人遷入城鎮，而且此過程日後仍快速進行。到二〇一五年，即鄧小平退休二十年後，估計將有七億人，即一半人口將成為城市居民。鄧小平退休時，九〇%的家庭擁有電視，使城市文化迅速進入農村。沿海地區年輕的農民工返鄉探親時，也從城市帶回來最流行的時裝、家居用品、電子產品和他們在城裡新發現的食物。[7]總之，農村地區在文化上也城市化了。

在一九七八年改革開始之後，城市的領導人擔心大批流入的農民將使城市設施和食品供應不堪負荷，因而保留了城市戶籍制度，這種制度長期限制著人們是否能得到城市住房、就業和子女教育等各種服務。一九八〇年代初期，糧食和食用油的配給量幾乎只能滿足人們的基本需求，食品供應尚不足以養活進城投靠親友的農民。但是一九八三年後，隨著食品供應的增加，政府開始允許沒有城市戶口的農民進城。當時，沿海地區的出口產業能夠吸引大量進城務工、希望過上好日子的農村青年。中國歷史上有過戰亂和饑荒導致數百萬人遷徙的現象，但從未達到一九七八年之後那樣的遷徙規模。

（705）

在毛澤東時代，儘管缺少社會流動，仍然逐漸形成一種深層的國家文化——中國人民的共同文化。到一九六〇年代末，很多城市家庭都有收音機，沒有收音機的城市和農村家庭也能透過廣播喇叭收聽有關國家大事的新聞和一些音樂。更多人能看到電影，分享共同的國家文化，人人都在政治運動中學習同樣的口號和歌曲。小學的數量迅速增加，因此在毛澤東去世時，大約有八成年輕人識字。

鄧小平時代教育體系不斷擴張。在一九八〇年代多數年輕人不但可以讀小學，而且能念完初中。一九八〇年代後期電視的快速普及，用普通話播送官方新聞的全國性電視頻道的建立，均大大擴展了民眾共同的資訊基礎。到鄧小平退休時，不但學校和政府機關，連國營企業和商店都已普遍使用普通話，大多數人都可以用標準的普通話相互交流。鄧小平時代交通運輸體系的擴展，使工業製品能在更廣的地理範圍內流通，從而擴大了外貿和內需的生產規模。一九八〇年代之前中國只有很少的商業品牌，但是到鄧小平退休時，具有國內外認可的品牌工業產品已出現在全國各地。

隨著城市裡封閉大院的開放和各地人口的交融，地方差異逐漸被共用的國家文化取而代之。在一九七八年以前，當地人只吃當地飯菜是再正常不過的事。但是就像在二十世紀後期，西方世界一些原本只在本國內流行的食品，比如披薩、甜甜圈、貝果和壽司，成為國際食品一樣，在

（706）

一九八〇和九〇年代的中國，很多地方食品開始在全國流行。南方人學會吃北方的主食饅頭，北方人也開始吃南方人的主食米飯。同樣，一些過去只有當地人觀賞的地方劇種在全國都有觀眾。鄧小平退休後，更大規模的人口流動，以及手機、電腦和全球資訊網的普及，使國家文化繼續擴張。就像世界其他地方的人民一樣，中國人保留對自己所屬村莊、縣、方言群體或省分的認同感；少數民族成員總是認同自己的族群。但是在鄧小平時代，一種真正的國家文化的成長，以及對異域文化的更多瞭解，大大加強了人們對整個國家的認同。

當鄧小平退出政壇時，大批在沿海地區打工數年的年輕人返回家鄉，他們不但帶回沿海地區的商品，而且帶入使他們能夠自己創業、為內地建立新標準的觀念和生活方式。這個過程加快了全國性城市文化的傳播速度。雖然內地居民錢不多，仍能緊隨沿海地區居民之後買到一些產品，那往往是以更便宜方式生產的仿製品。可想而知，昂貴的商品，比如汽車，向內地擴散的速度要比小型消費品慢得多。但是在鄧小平時代結束時，甚至這類商品也開始慢慢進入中國內地。可是在鄧小平退休的一九九二年，符合國際一般舒適標準的農村住宅建設才剛剛起步，農村地區的小學條件仍然大大落後於城市中較好的學校。

從農業社會向城市社會轉型，以及一種更強大的國家文化的發展，並非來自鄧小平或其同事的計畫。鄧小平確實想打破軍隊中的地域觀念，使士兵能夠服從來自其他地域的司令員。他也確

（707）

實鼓勵推廣普通話教學，使各地居民能夠與外地人交流。但是城市化和國家文化的成長並不是由計畫所致，更多是來自城市中的新機會和城市生活對眾多農村青年的吸引力。不過，這些變化一旦發生，官員便相應做出調整以適應正在變化的現實。他們開始改進地區管理，將城市周邊的農村地區納入管理範圍，允許鄉鎮和縣城在升格為城市時做出調整。

有意思的是，鄧小平時代開始的開放性流動，與毛澤東那種為社會設置重重障礙的所謂革命相比，對社會結構產生更為深遠的革命性影響。從農村社會向城市社會的過渡以及共同國家文化的傳播，是中國社會自西元前二二一年統一以來發生的最根本變化之一。

無章法的社會

中國在一九八〇年代實行開放時，食品、醫藥、產品及工廠安全、勞動環境、最低工資、建築規章等領域幾乎毫無規則可言。[8] 一九八〇年代初，如果創業者拿一些可口可樂空瓶，再灌進顏色相似的液體，並不存在相關法律禁止他把這種東西當可口可樂或類似飲料銷售。在十九世紀的美國和歐洲，旨在保護民眾、對企業的逐利行為加以限制的法律法規也是緩慢形成的。鄧小平統治時期的中國，經歷著類似十九世紀美國和歐洲的掠奪式資本主義，當時既沒有反壟斷法，也沒有保護工人的法律。在一九八〇年代的中國，當市場爆炸式地成長時，不可能立刻制定出適合中國國情的完備法律法規，也不可能馬上訓練出執行這些法律法規的官員。從某些方面看，鄧小平時代的中國類似十九世紀地方法律和法院都尚未建立的美國西部。就像美國塵土飛揚的偏遠小鎮裡帶槍的地方治安官一樣，中國地方官員也管理著地方市場；由於不存在健全的司法系統，法律由他們說了算。

從地方幹部和商人的角度看，這種無章法的狀態有個好處，就是與那些擁有精密法律體系的國家領導人相比，它可以使少數幾個掌權的領導人更快做出決定，而不必受制於「法定訴訟程序」的要求。當鄧小平退休時，在西方受過訓練的年輕法學家，幾乎為每個重要的經濟領域制定了法律法規，但地方官員的執行卻遠遠落後，因為很多人認為這些規則過於複雜，也不符合他們的個人利益。在某些領域，例如必須與外方密切合作的對外貿易領域，中國很快就採用國際規則和法律。隨著經濟交往，從相互認識和瞭解的小群體擴展到更大的群體，而開始涉及地區、國家乃至全球的合作者時，便需要某些法律法規以便使協議能夠得到執行，並培養起相關各方的相互信任。

文革之後，很多人仍然害怕受到搞資本主義的指責，因此鄧小平在中國建立更靈活、更具活力的經濟實非易事。鄧小平很清楚，如果幹部過於嚴格地執行法規，中國經濟將難以起飛。他一向更加關心取得成果，而不是照章辦事。他認為一定的腐敗在所難免，正如他所言：「只要你打

（708）

開門，就會有蒼蠅飛進來。」他需要的是敢闖敢幹的幹部，他願意承擔讓一些蒼蠅飛進來的代價。鄧小平的子女受過利用個人關係為自己牟利的指控，但沒有證據表明鄧小平為自己或家人斂財。

鄧小平也知道，為了讓地方幹部積極支持改革和創業，必須使他們得到一定的機會去改善自己的生活條件。蘇聯和東歐的官員阻撓改革，甚至使其半途而廢，就是因為他們看不到改革能給自己帶來什麼好處。鄧小平要讓幹部致力於改革，為群眾謀福利，因此他允許一些地方幹部先富起來，只要他們能為當地帶來經濟成功即可。鄧小平很重視維護地方幹部在群眾中的威信。在鄧小平看來，公開揭露其為現代化做出切實貢獻時所犯的錯誤，會讓他們更難以開展工作。但是鄧小平並不想包庇激起民憤的幹部，他會隨時對因為無視公共利益而受到群眾反對的幹部進行嚴肅查處。死刑在中國的使用遠比其他國家頻繁，以便警告可能犯下類似罪行的人。

在這種無章法的社會中，謀取私利的機會幾乎無窮無盡。掌握土地的幹部在批准土地使用權時經常收賄。國企「私有化」時，其單位職工往往能得到遠低於市場價格的企業股份。國企負責人在完成國家指標後，被允許在市場上出售產品，於是他們常常把大量精力用在這一類生意上。公家的卡車在完成單位的主要工作後，可以跑運輸做生意，以便改善單位職工的生活。就像俗話所說，毛澤東時代是一切「向前看」，鄧小平時代則是一切「向錢看」。

鄧小平給他的接班人留下的這種體制，沒有對公私利益做出嚴格區分。地方幹部對於能從他們管轄的企業拿多少好處，看法上千差萬別：收受春節禮物？給親戚朋友找工作？拿紅包？如果能拿，拿多少現金為宜？子女上好學校或擁有出國留學的機會？公器私用？由於司法不獨立，民眾往往不願意冒險挑戰為個人撈好處的當權者。對於因建設新項目而被迫搬遷的居民，中國所提供的保護極差，開發商能夠和政府官員聯合起來迅速把土地搞到手，而對搬遷戶或原土地使用者的補償充其量也就是中等水準。從中國領導人的角度看，地方政府和建築商的這種勾結未必不當，它可以使企業迅速開工，從而更快為當地居民提供就業。

一些靠關係或特權發財的官員及其家屬公開炫耀財富，例如美酒佳餚、汽車、高檔服飾或豪宅，這讓反對腐敗的人憤憤不平。經過勤奮學習通過考試並完成工作、真正有資格升遷的人，看到無能之輩因為跟當權者有特殊關係而得到提拔或更多特權，他們也會怒火中燒。

中國的城市和公共場所的建設步伐遠遠快於其他大多數國家。例如，在廣州或蘭州這樣的城市，沿江十幾公里的區域，政府在幾年內就能拆掉全部老建築，改造為公園。在地鐵建設的高峰期，像廣州和北京這類大城市能夠在幾年內以平均一年一條路線的速度建設地鐵。有些大學，例如擁有上萬名學生的南昌大學和華東師範大學，能夠在五年內就建起全新的校園，其中行政大樓、教學大樓、大講堂、學生宿舍、教職員宿舍、體育館和校園空間一應俱全。有了這些令人瞠目的成功故事，在鄧小平及其接班人看來，這些土地原使用者的合法權利不應妨礙他們所認為的最大多數人的利益。

對外國專利和版權疏於保護並非中國獨有的現象。類似問題也曾出現在日本、南韓、台灣和其他尋求使用國外最新技術的國家和地區。一些中國公司願意尊重西方的專利和版權，支付費用，以不侵犯合作者利益的方式使用外國技術。然而很多中國企業並不這麼重視。有些中國人在受雇於外國企業後會開辦自己的公司，非法使用他們從外國企業學到的技術。甚至在執行法律比大陸嚴格得多的香港，也難以杜絕盜版歌曲和電影；複製的CD、DVD和唱片的售價僅相當於專利產品價格的零頭，為從事此類非法行為的人提供極大的利潤空間。當外國公司和政府指責中國侵犯版權法並施加壓力時，中國官員會趕緊查封生產和銷售這類產品的企業，搗毀複製機器。
（710）可是沒過多久，另一些無所畏懼的中國企業又會在別的地方幹起同樣的生意。

中國工人的勞動條件，包括工作時限、工廠環境和安全標準，往往比西方十九世紀早期工業革命時可怕的勞動條件好不到哪裡去。有些企業利用相關勞動法規的缺失，讓工人住在擁擠的宿舍裡，提供的勞動環境也幾乎沒有安全或品質標準可言。[9]對數千萬青年農民工來說，能在沿海地區的工廠生活和打工，即使工作很辛苦，報酬也很低，仍然比農村毫無希望的貧困生活強不少。他們願意超時勞動，甚至因為害怕被解雇而忍氣吞聲。

（711）

利用西方和日本的資本建立並由外國人管理的工廠，儘管也在使用廉價勞動力，但普遍提供比當地企業更好的工作條件。很多外資工廠空間寬敞、通風良好，在炎熱的夏季，室溫會維持在室外酷熱的溫度以下。這類工廠普遍採用有關工作日工時、勞動條件以及工人安全的標準，在克服最嚴重的超時工作問題上也取得可觀的進展。在這些工廠裡，一些來自貧困地區的年輕人也養成現代生活的基本習慣，如守時、清潔衛生和遵守紀律等。[10]

有大批外國企業在中國建廠。截至二〇〇〇年，美國商會海外的最大分會是在上海，日本海外的最大商會也在上海，規模是美國商會的兩倍。但上海的美國人、日本人和歐洲人的數量與台灣商人相比仍然微不足道。為何會有這麼多境外商人湧向一個法規仍不健全、專利保護也很差的國家？吸引他們的是這裡的勃勃生機：決策速度快，落實決策不必受複雜法律程序拖累，還有規模巨大的市場正迅速發展。有些外國企業家抱怨自己被中方合作夥伴和當地政府利用，但也有一些人發現，一定的法律保護，與精明、善於解決問題的地方官員的可靠關係，以及向上級部門投訴的可能管道，這一切加在一起，足以提供誘人的機會，所以他們願意為此承擔任何風險。

鄧小平接班人面臨的挑戰

鄧小平所帶來的轉型的一個結果是，在他退出權力舞台後，他的接班人將在未來很多年面臨一系列嚴重挑戰。這些挑戰包括：

提供全民社會保障和公共醫療。在鄧小平時代，政府雇員，包括大型國企的職工，都能享受單位提供的公費醫療和福利，但這些人只占總人口的一小部分。[11]政府預算的規模過小，根本不足以為每個人提供退休保障、醫療和其他福利。一九八〇年代末，隨著市場作用的擴大，高收入者能夠購買良好的醫療服務並自己解決福利問題。但是廣大群眾仍得不到醫療和其他福利。

鄧小平的接班人面對的問題是，享受不到這些福利的人怨聲愈來愈大。人口流動的增加所需要的保障措施，是單一工作單位無法提供的，政府預算和合格醫務人員的數量仍不足以滿足日益增長的需求。隨著農村公社的取消，農村不再存在能夠及時提供急救和基本公共醫療服務的單位。隨著住房私有化和國企在開放的市場競爭中面對的壓力，連大的工作單位也不再能提供足夠的福利。因此中國領導人面對的挑戰是，增加合格的專業醫療人員的數量，更新設備，建立能夠造福包括邊遠地區窮人在內的全民醫療和社會保障體系。所有這一切都受到國家預算的約束。[12]達到這個目標可能需要幾十年時間，因此隨之而來的挑戰是，如何以使人覺得公平合理的方式分配現有的資源和設施。[13]

重新畫定和堅守自由的界線。鄧小平曾面對的最大麻煩大概就是為自由畫定界線，使其既能滿足知識份子和一般民眾的要求，又能讓領導人維持社會秩序。天安門悲劇之後，民眾普遍害怕要求更多自由，但這種膽怯不會永遠存在。出版品數量的增多，網路和手機的驚人擴張，使中共更加難以控制官方認定的危險思想的傳播。

和鄧小平一樣，鄧的接班人擔心，如果容忍各種不同觀點的自由表達，就會釋放出公眾反對聲音的狂潮，像一九八九年那樣再次導致破壞社會秩序的示威活動。中國領導人面對的挑戰是，如何找到能讓民眾感到合理而願意接受的邊界，然後想辦法守住這條得到認可的界線。如今現代通訊技術日臻複雜先進，意圖逃避控制的人又極具創造力，政治領導人能夠做到控制民眾的思想，以避免發生變亂嗎？

遏制貪腐。鄧小平掌權時一直贊成懲辦貪腐大案，但是當地方幹部為了促進四化、加快經濟發展而悄悄違法時，他寧願視而不見。鄧小平接班人所面對的問題是，各級幹部都在想方設法地撈外快。政府官員、醫師和國企領導人都經常收紅包。掌握著土地和建設項目批准權的幹部不但

（713）

直接拿好處，還以低於市場的價格購買股份和資產，接受宴請，享用豪華車。無論地方還是部隊的幹部，都會向有權提拔幹部的人送好處。年輕人要給徵兵的人送錢才能入伍。高層幹部面對的挑戰是，這些做法現已氾濫，眾多幹部或其家屬牽涉其中，使克服這類問題變得極為困難。

保護環境。在鄧小平時代，雖然他本人確實關心植樹造林和擴大綠地，但普遍的貧困使發展經濟的要求極為強烈，因而對經濟成長的渴望完全壓過對污染的防治。自鄧小平時代以來，隨著工業的巨大擴展，煙塵、水資源短缺、河流污染、酸雨及環境污染對健康的損害和食品污染等等問題有增無減，公眾這方面的覺悟也在同步增加。官員面對的問題是，如何改變造成嚴重環境破壞的做法。一些貧困地區出現極為麻煩的問題，那裡的礦業和煤炭等其他資源的開採與使用造成嚴重的環境破壞，但是要求這些做法延續下去的經濟壓力同樣巨大。中國現在已經是溫室氣體的最大排放國，道路上每年新增數百萬輛汽車，重工業的發展很可能還會增加煤炭的使用，中國將如何應對來自其他國家的批評？

維持統治的合法性。毛澤東靠打贏國共戰事、趕走外國帝國主義和統一全中國取得統治的合法性。鄧小平獲得合法性，靠的是在文革的混亂之後恢復秩序，以務實的方式處理國家面臨的嚴重問題，並實現經濟的高速成長。在這個新的時代，鄧小平的接班人該如何建立自身的合法性呢？

鄧小平的接班人受到壓力的原因是，他們未能更成功地遏止貪腐的氾濫，也沒有為解決不平等的問題採取更多措施。克服這些問題在將來有可能變得更加困難。在全球經濟危機中，中國面對的風險是，很大一部分人還沒有機會享受早先經濟成長時期帶來的好處，經濟就開始走下坡了。為了應對這種可能性，中國領導人必須從經濟成長以外尋找合法性來源，盡快在解決某些公眾最關心的問題上取得進展：減少貪腐和不平等，提供合理水準的普遍醫療和福利，想辦法證明在選拔官員時是尊重民意的。

超級大國——中國：鄧小平的遺產

在鄧小平的領導下，中國出現了非比尋常的高速發展，他的最後一次努力（南巡）使經濟發展進一步加快。這種成長帶來一個問題：當中國的經濟規模開始與美國匹敵時，中國將如何作為？鄧小平如果還活著，他會做什麼？

鄧小平認為，領土糾紛應當先放到一邊，讓更聰明的後人以和平方式加以解決。他所理解的大局是，不要對邊界糾紛過於激動，重要的是和其他國家搞好關係。

(714)

鄧小平相信，與鄰國保持和睦關係，集中精力搞和平發展，符合中國的利益。他在一九七四年對法國的短暫訪問和次年的國事訪問中，加強了與歐洲的關係。他不但在一九七八年改善中日關係，成為第一個訪問日本的中國領導人，而且支持推動文化交流以全面加強兩國關係。他實現了中美關係正常化，通過成功訪美加強中美關係。他開放與南韓的貿易，為他南巡後不久兩國建交鋪路。他最大的成就之一是，在經過三十年的緊張關係之後，於一九八九年與蘇聯恢復正常交往。總之，他改善了中國與每一個重要國家的關係。

一九七四年，做為第一位在聯合國大會發言的中國領導人，鄧小平說，中國絕不稱霸，如果中國壓迫和剝削其他國家，全世界尤其是開發中國家，可以把中國視為「社會帝國主義」國家，與中國人民一道推翻它的政府。一九九一年八月，聽到蘇聯領導人亞納耶夫（Gennady Yanayev）對戈巴契夫發動政變的消息後，王震給黨中央發電報，提出中國應當表示支持亞納耶夫的政變，鄧小平回答：「韜光養晦，絕不當頭，有所作為。」[14]在鄧小平看來，中國不應插手其他國家的內部事務。

在鄧小平之後的年代，由於中國變得更加強大，中國的一些安全專家就像他們的美國某些同行一樣，開始爭論中國在強大之後應當繼續韜光養晦，還是採取更強硬的立場。從二〇一〇到二〇一一年，經過幾個月的爭論，其中一些中國領導人主張更加採取攻勢，這場討論以贊成中國繼續與各國保持和諧友好的關係收場。人們無法預見中國未來的領導人將如何回答這個問題，但是假如鄧小平還活著，他一定會說：中國絕不應當稱霸，干涉他國內部事務，應當與各國保持和睦關係，集中精力搞好國內的和平發展。

附錄

鄧小平時代的關鍵人物

王洪文

（738）王洪文第一次引起毛澤東的注意，是一九六七年七月毛在電視上看到王洪文帶領三千名工人召開批鬥大會。此前一年，三十一歲的王洪文是上海一家國營棉紡廠的保衛幹部，在廠裡批鬥過「走資派」。[1]一九六六年十一月九日他當選為上海工人革命造反總司令部的頭頭，幾週後便成為上海市奪權鬥爭中的大人物。隔年二月他擔任上海市革命委員會副主任，該委員會是後來重新組建的上海市政府的核心。[2]毛澤東在電視上看到王洪文沉著老練，身材魁梧，領導著上海最大的工人造反派組織，便向上海市黨委領導張春橋打聽王洪文，張春橋向他做了簡單介紹後，毛對聽到的情況很滿意。

王洪文符合毛的幹部標準：年輕，是堅定的造反派領袖，農民出身，參加過抗美援朝（韓，又有正宗的工人身分。張春橋覺察到毛澤東看好王洪文，便讓他率領上海代表團參加了一九六九年四月的中共九大。當年十一國慶期間，王洪文帶領上海代表團進京觀禮時，毛澤東第一次接見了他。[3]

（739）一九七一年九月十三日林彪墜機後，王洪文立刻被召到北京，被委派回上海抓捕林彪餘黨。[4]

（733）

王洪文這項工作幹得十分出色，進一步加強了毛澤東對他的好感。[5] 一年後的一九七二年九月七日，毛澤東把王洪文調到北京並親自接見了他。毛知道王洪文文化水準不高，叫他多看馬列之流的理論著作，還建議他讀一讀《後漢書》中劉盆子的故事。劉盆子是個放牛的牧童，十五歲時突然當了皇帝，由於他毫無準備，很快便被人拋在一邊。寓意不言自明：希望王洪文不要像劉盆子那樣，他要加強學習，做好準備，而毛澤東會觀察他的表現。[6] 在一九七二年十二月二十八日北京軍區的黨委會議上，王洪文被推上了顯要位置。周恩來和葉劍英在會上說，要協助王洪文為擔任領導角色做好準備。[7] 此後王洪文便遵照毛的指示，每天至少花兩小時學習馬列和毛澤東思想的著作。

一九七三年三月，時任上海市革命委員會（當時相當於上海市政府）主任的王洪文開始與華國鋒和吳德一起列席政治局會議，他們都是被毛澤東看中有潛力的領導人。[8] 五月，王洪文奉命籌備一九七三年八月召開的中共第十次代表大會。在這次大會上，王洪文這個名不見經傳的年輕人突然扶搖直上成為黨的副主席，排名甚至在康生和葉劍英之前。雖然王洪文盡力做好毛澤東為他指派的角色，但其他高層幹部並不尊重他。毛澤東在一九七五年夏天便讓他退出了重要工作。

毛遠新

一九七六年初，毛澤東的侄子毛遠新只有三十六歲，已經擔任遼寧省革命委員會主任，與當

（734）

地的激進派（但不是「四人幫」）結盟。他大概是毛澤東最聰明、最有見識和經驗的後輩親戚。他有力而自信，毛澤東早就與他關係親近。9

毛遠新的父親毛澤民是毛澤東的胞弟，是個堅定的共產黨員，一九四三年遭新疆軍閥盛世才殺害。毛澤東的次子毛岸青患有精神疾病，長子毛岸英死於韓戰後，因身邊無子而孤獨的毛澤東便讓正在上中學的侄子和自己同住，因此毛遠新在伯父家裡住了好幾年。當時毛澤東並不與他談政治，而是跟他講一些有關中國歷史和古典文學的話題。毛遠新逐漸對伯父有了依賴感，卻與江青合不來，認為江青喜怒無常，不可理喻，好幾年不曾跟她說話。後來毛遠新考入清華大學，卻轉學至受到高幹子女青睞的哈爾濱軍事工程學院。文革爆發時他還是一名大學生，後來當上一個造反派組織的頭頭。

毛遠新在文革剛開始時對老幹部還抱有同情，毛澤東把他叫到一邊，向他說明了這些老幹部的問題後，毛遠新轉而趨向激進。毛澤東第一次想聽毛遠新對政治問題的看法是在一九六八年，當時二十九歲的毛遠新在遼寧省當幹部。毛澤東讓他談談東北政治形勢中的具體問題。答畢，毛澤東對他深入瞭解問題的程度留下了印象。一九六九年後，解放軍試圖讓不同的造反派組織大聯合，毛遠新與當時負責這項工作的周恩來建立了良好的工作關係。在消除東北最有勢力的兩大領導人（陳錫聯和宋任窮）的分歧上，毛遠新也發揮了關鍵作用。

一九七三年，考生張鐵生在高考中交了白卷，他解釋，自己要下地幹活，沒有時間學習。時任遼寧省革委會主任的毛遠新覺得此事很有象徵意義，也是為工人撐腰的機會，於是對他表示支持，並引起全國關注。當毛澤東請他進京擔任發言人時，他已經成為有名的激進派。

（734）

任仲夷

任仲夷在一九八〇年之前從未在廣東住過，也僅去過廣東一次，但是在帶領廣東發揮特殊作用、進行新體制試驗方面，他卻發揮了核心作用。他在一九八五年退休後定居於廣東，直到二〇〇五年去世。他是堅定的改革派、出類拔萃的省級領導人，堪稱領導廣東的不二人選。一九七八年到八〇年任仲夷擔任遼寧省委第一書記，當時遼寧是中國工業最發達的省分之一，遠非廣東可比。他在遼寧時就曾提議將遼寧建成經濟特區。他第一次見到鄧小平是在一九七七年去（735）遼寧赴任之前，鄧小平一九七八年九月在東北為改革「點火」時，他也是隨行者之一。從該年秋天遼寧省黨刊發表的文章中可以看出，任仲夷是最早贊成鄧小平的改革目標、批評「兩個凡是」的省級領導人之一。在這一年年底的中央工作會議上，任仲夷任東北組組長，陳雲正是在任仲夷所在的小組會議上提出了華國鋒不想解決的歷史問題。[10]

任仲夷去廣東任職是趙紫陽總理推薦的。兩人是在同任省委書記時相識，趙並得知任對於改革必要性的看法跟自己一致。趙紫陽曾長期在廣東工作，故對那裡的發展特別關心。

任仲夷是一個很有魅力的領導人，他一出現，現場氣氛立刻就活躍起來。即使他晚年得拄著枴杖走路，因為癌症動過幾次手術，他仍有著令人捧腹的幽默感。在胃切除手術後他開玩笑說，自己做到了「無畏」（無胃），一眼失明後，自嘲能夠「一目了然」。

任仲夷一九一四年出生於天津附近的河北魏縣，年紀輕輕就擔任了黨領導職位。他在北平的中國大學讀過三年政治經濟學，以愛國青年身分參加過一九三五年的「一二・九」學生愛國運動。他於一九三六年入黨，成為支部書記，下轄五名黨員。他一向有黨內進步知識份子的名聲，所崇尚的理想，是主張各社會階級之間進行合作的新民主主義，因此，延安時期對真誠的青年知識份子的批評曾經讓他感到困惑。[11]

在抗戰期間，任仲夷加入了在日據鐵路線一帶活動的遊擊隊。後來他又擔任泰西區八路軍第六縱隊政治學校校長。一九四九年任大連市長，一九五三年三十八歲時成為哈爾濱市委第一書記。有人批評他右傾，但是他總能受到上級賞識其傑出領導才能，加以保護。文革前的幾年，他不但是哈爾濱市委書記，而且是黑龍江省委常務書記。文革期間他被「揪出來」，被批為右派份子和哈爾濱最不肯悔改的「走資派」，戴著高帽遊街示眾被批鬥了五百多次，還有一次批鬥時間超過六小時。他被下放農村勞改，在牛棚裡住了兩年。

（736）

隨著文革逐漸收場，他的命運也再次發生改變。他被任命為黑龍江省委第一書記，一九七八年改革派回到高層後他又擔任了遼寧省委第一書記，交給他的任務是，清除陳錫聯和毛遠新掌權時留下的極左思潮。

陶鑄一九五一年南下廣東擔任領導人時，帶了數千名與當地人格格不入的北方人。相比之下，任仲夷在一九八〇年去廣東時只帶了一名助手雷宇。地方主義在一九八〇年已不再對中央構成威脅。任仲夷按葉帥的建議，大量起用不久前被習仲勛釋放的廣東當地幹部，這讓他們對任仲夷心存感激。任仲夷與胡耀邦關係密切，保護黨內知識份子。他在退休後曾大膽地公開倡言，為什麼不能像搞經濟特區那樣，也搞一搞政治特區試驗。

任仲夷享有這樣的名聲：他具備出色的戰略決策能力，在無例可循，需要揣摩上級容許尺度時尤其如此。在困難條件下，任仲夷不但為促進改革與經濟發展盡心盡力，而且能夠承受一切批評，保護負責落實新做法的部下，從而贏得了普遍的尊重。任仲夷到廣東後，先用了幾個月的時間視察全省，瞭解情況，與當地幹部談話，看各種報告。為了加快經濟發展，他集中力量建橋樑、道路和發電廠。他還鼓勵手下的幹部辦事要靈活，大膽招商引資。他對害怕受到北京批評的部下說：「沒有明令禁止的事先幹起來再說，得到允許的事則要用足全力。」[12]

李先念

（731）在三中全會後的中國權力格局中，李先念的排名僅次於鄧小平和葉劍英。他具有不凡的本事，能與很多不同理念甚至相互對立的領導人相處，如毛澤東和他的對頭張國燾、毛澤東和周恩來、華國鋒和鄧小平、鄧小平和陳雲。自一九五四年進京後，李先念一直從事經濟工作。[13]他出生在湖北省東部一個貧苦的農民家庭，一九二七年入黨，國共分裂後他在鄂豫皖根據地打過游擊，後來加入了當時人數遠多於毛澤東的張國燾部隊。張國燾賞識李先念的能力，提拔他當紅四軍的團政委。[14]在長征期間，張國燾率領紅四軍脫離毛澤東的軍隊西進，被當地軍閥們尤其是馬步芳的騎兵打得一敗塗地。李先念帶領其中約一千五百名狼狽不堪的士兵穿過西北，到達新疆時只剩下四百人。他們在那裡遇到了陳雲，後者為他們提供食物和醫療，使他們恢復元氣。李先念接著去了延安。毛澤東與張國燾鬧翻後，李先念極其小心地向毛澤東輸誠，避免任何可能引起猜疑的行動。

在國共戰爭的後期，李先念率領手下的部隊來到冀中平原，離他家鄉不遠的地方。當時劉鄧（732）大軍挺進大別山時遇到了嚴重困難，李先念利用自己的地緣關係為他們提供支援，也因此他被提拔為劉鄧大軍的副司令員。一九四九年中共獲勝後，李先念留在湖北任省委書記。此後幾年他又在武漢市、湖北省和中南局擔任過不同的高層職務，他在中南局時曾與林彪共事。

李先念在武漢時負責處理經濟問題，一九五四年鄧小平辭去財政部長一職後，李先念便奉調回京接替鄧小平職務，同時接任國務院財經委員會副主任受陳雲領導。在一九五六年中共八大之後召開的中央全會上，李先念成為政治局十七名成員之一。他與陳雲不同，在外交上扮演著積極角色，他曾接待外國代表團，並出國訪問數次。例如他在一九七二年就陪同尼克森總統遊覽長城。在外國人的記憶中，李先念是個親切和藹的人，很用心於自己的本職工作。此外，他不會強烈表明自己的意見，避免採取擁護某個領導人而反對另一人的政治立場。李先念是個善於求生存的人，總是能夠隨政治風向而動。

文革期間，李先念被周恩來留在業務組全面負責經濟工作。一九六六年至一九七〇年經濟工作受到嚴重破壞，甚至沒有開過黨內會議討論未來一年或數年經濟計畫。李先念的任務是在受到各種政治干擾的情況下維持經濟的運轉，不過，七〇年以後，李先念得以恢復經濟計畫工作。李先念能被很多高層幹部所接受，是因為他本來就是周恩來手下的老幹部，不是因文革而發跡。在文革中發跡的人同樣能接受他，因為他在業務組時跟他們很合作。鄧小平在一九七五年掌握了權力，但仍受制於毛澤東，李先念在幫助鄧小平取得對鐵路和鋼鐵工業的控制權中發揮了重要作用。一九七五年底毛澤東開始對鄧小平產生懷疑時，李先念也十分賣力地批判鄧小平。可是當一九七六年批鄧擴大化時，他自己也受到了批判。在毛澤東去世前的幾個月，即一九七六年二月

（733）

到九月，李先念自願靠邊站，以便讓華國鋒領導政府的日常工作。

毛澤東一去世，華國鋒就曾派李先念與葉帥商量如何對付「四人幫」。從鄧小平一九七六年初下台到七八年，李先念在華國鋒的領導下擔任副總理，負責政府日常工作。這兩年他在引進化纖和化肥廠的決定中起著核心作用，從一九七八年開始，他又與「石油幫」的成員一起做出引進更多外國工廠設備的安排。當年夏天，在華國鋒的領導下，李先念在制定十年規畫、派代表團出國、進口大量外國工廠設備和生產線的工作中也十分關鍵。在一九七八年夏天的經濟工作會議上，因為沒有邀請陳雲到會，李先念及時向陳雲通報了會議情況。

三中全會之後，當陳雲批評華國鋒的粗心和過於樂觀的計畫時，李先念做為華國鋒手下的負責幹部也受到牽連。他雖努力保住自己的職位，但不得不退居守勢。他為自己過分樂觀的估計做了檢討，將全面負責領導中國經濟的工作交給了他過去的導師——四十年前在新疆幫他恢復了健康的陳雲。一九七九年三月李先念和陳雲聯名致信黨中央，要求成立一個由陳雲領導、李先念任副手的新財經委員會。

不論李先念與鄧小平合作關係如何，他不可能完全擺脫自己過去的思想以及個人與在文革中未下台的領導人關係。一九七八年後實行的很多改革，難免要否定他在文革時擁護的政策以及他曾效力工作的組織。例如，他支持大寨和大慶樣板，而鄧小平等改革派則認為它們已經不符合新時代的要求。他與推動市場進一步開放的趙紫陽的關係頂多只能算勉強湊合。但是他與陳雲和鄧小平關係特殊，前者是他在一九三〇年代的恩人，後者在大別山的艱難時刻受過他的幫助；加上他的資歷、適應力和才幹，都足以使他留在高層。在一九七八年以後的改革派中李先念是比較保守的一位。此外他也不是很贊成鄧小平排擠華國鋒。他的觀點更接近他的老長官陳雲，而不是鄧小平。像陳雲一樣，李先念從未去過經濟特區，儘管他曾支持在蛇口成立拆船工廠，而蛇口後來成為深圳經濟特區的一部分。

李先念做人很靈活，這使他能夠加入鄧小平的改革團隊之中，但他不是一個全心全意的改革家。儘管如此，他擁有的資歷、知識以及經驗對鄧小平和其他更堅定的改革派是有用的，他也從未挑戰過他們的領導地位。

（741）

余秋里

余秋里在長征途中的一次戰鬥左臂受了重傷，他拖著殘臂行走一百九十二天，終於到達醫療站，在那兒動了截肢手術。以剛毅果斷、足智多謀著稱。[15] 鄧小平認識余秋里，也知道他能在逆境中完成任務的名聲。一九四九年余秋里隨第一野戰軍入川，先是在同年年底被派往川西工作，繼而擔任西南軍區後勤部部長，當時鄧小平任西南局黨委書記兼西南軍區司令員。余秋里一直在

（742）

部隊做後勤工作，一九五二年鄧小平回京後，他很快也被調回北京。一九六一年四月鄧小平視察大慶油田時，余秋里已經離開油田工地，但他過去的得力助手康世恩向鄧小平仔細介紹了余秋里的工作。在規畫「三線」工作時（在西南內地發展工業和國防產業，以免受到外國勢力的軍事打擊），鄧小平也與余秋里有密切的合作。鄧小平的作息規律，余秋里則是個工作廢寢忘食的人，會和助手一起制定計畫，確保任務完成；一旦出現問題時余秋里往往是焚膏繼晷，直到問題解決。

余秋里由於一九六〇年代初開發大慶油田有成，一九六三年十二月毛澤東公開稱他國家英雄，因而聞名全國。油田一般位於受到軍隊保護的偏遠地區，石油對軍隊的運輸又至關重要，因此軍隊在石油鑽探和生產上十分重要。在軍隊擔任負責保障供給要職的余秋里，於一九五八年被任命為石油工業部部長。一九六〇年蘇聯撤走專家、終止石油供應後，開發油田成為當務之急，而最被看好的油田便是位於黑龍江地區的大慶油田。當時中國缺少開發大慶必要的設備、道路、運輸工具、電力和訓練有素的人員。幹部和工人都住在工地的工寮裡，後來又搬進自建的泥屋。身為石油工業部部長的余秋里親自到大慶擔任黨委書記，成為專案負責人。他想方設法完成石油生產任務，表現出飽滿的幹勁和決斷精神。六〇年余秋里剛去大慶時，大慶生產的石油只占全國產量九％，經過余秋里三年的努力，大慶產量提高到全國產量的四六％。[16]

毛澤東對領導計畫工作、向來謹慎的平衡派感到厭煩，於是在一九六四年十二月任命余秋里為國家計委副主任兼祕書長。不僅余秋里不願接受，那些批評他的謹慎派計畫官員更是反對，因為他們認為余秋里沒有整體規畫工作的背景。毛澤東回答說：「誰說他只是一員猛將、闖將？石油部也有計畫工作嘛。」[17]余秋里還主管著「小計委」，這是國家計委內部的一個領導小組。儘管謹慎的計畫派並不像毛澤東那樣看重余秋里，他在這裡主持制定了第三個五年計畫。一九六五年越戰爆發後，毛澤東指示，計畫要以國防需要為主，包括國防相關產業要進一步遷往內地。余秋里和他的管理團隊在逆境中完成了這些「三線」工廠的搬遷工作。當余秋里受到紅衛兵的批鬥時，周恩來安排余秋里住進中南海。雖然不再受到紅衛兵的威脅，但他也離開了自己的家人。

一九七〇年他又得到提拔，擔任了國家計委主任。

一九七一年九月林彪死後，由於余秋里在解放軍總後勤部有很高威望，他又被調回部隊，肅清後勤部裡與林彪關係密切的幹部。一九七二年，隨著進口新技術的前景看好，余秋里在中國獲取這些技術的工作中發揮了一定作用。一九七五年余秋里訪問日本，為引進日本鋼鐵技術打下基礎。鄧小平一九七五年一月擔任第一副總理後曾與余秋里密切合作，余秋里不但繼續做國家計委主任，而且也擔任了副總理。一九七七年八月鄧小平復出後，余秋里又被提拔為政治局委員。雖然陳雲和謹慎的計畫官員以渤海灣鑽井平台倒塌事故為由，解除了余秋里國家計委主任一職，但鄧小平又安排他回到軍隊任總政治部主任一職。

（725）

胡喬木

胡喬木擔任過毛澤東的祕書，是起草官方文件的「大幕僚」，最權威的黨史專家，享有比鄧力群更高的頭銜和名望。[18]胡喬木是學識廣博的出色學者。做為中共幹部，他感到有責任維護黨的權威和黨的言論的正統地位；做為學者，他閱讀廣泛，不斷求知；做為朋友，他對想表達不同觀點的人十分體貼周到，為使他們的觀點能被最高領導人接受提出建議；做為正統思想的捍衛者，他會攻擊那些批評黨的知識份子；做為競爭者，他以黨的正統思想最權威的代言人和大幕僚的身分打壓對手。

他與黨的很多高層領導有私交，這可追溯至他在延安擔任毛澤東祕書的時代。他早年加入共青團，一九三六年自動成為中共黨員。一九四九年後的最初幾年，毛澤東把他當作中共觀點的衛道者，讓他主持《人民日報》。他利用自己熟知毛澤東文章和中共文件的優勢，於一九五一年寫出《中國共產黨的三十年》一書，為自己奠定了黨史大家的地位。他也是四卷《毛澤東選集》的編者之一。

雖然胡喬木比其他高層領導更熟悉理論和黨史，但他在加進個人觀點時比鄧力群更慎重。儘管如此，胡喬木在記錄領導人的即興演說時往往也很靈活，以便使他們的講話與黨的理論、歷史和用語相一致。高層領導人都知道他的才能、黨史知識淵博又善解人意，因此都尋求他的幫助，

(726)

為自己的言行正名。例如鄧小平就借重胡喬木的才華，讓他領導自己的政治研究室，不斷請他在意識型態觀點方面把關，以使他的發言和文件既能表達自己的觀點，又不會在毛澤東死後招致背離中共正統思想的批評。

鄧力群愛恨分明，為了義氣不惜接受懲罰；胡喬木則不同，他很圓滑，總想跟當權者搞好關係。他認為誰掌握了大權，就會忙不迭地對其表示忠心，但是他對政治的嗅覺並不是很靈驗。一九七五年時他擁護鄧小平，但在隔年的反右傾翻案風運動中他又加入了批鄧的行列。鄧小平復出後，胡喬木請鄧力群帶道歉信給鄧小平，但鄧小平知道他並未出賣機密，說那不是問題，連看也沒看就把信退了回去。[19]後來趙紫陽擔任總理時，胡喬木不但趕緊去拜訪，甚至對鄧小平四項基本原則的講話作用表示懷疑，而這篇講稿正是他本人為鄧小平起草的。

胡喬木考入北京大學物理系，但後來改學歷史。他在浙江大學學過英語和其他歐洲語言，還學過歐洲的文學與歷史。他也能夠運用自己在政黨史、科學、經濟學和哲學的廣博知識，部分是來自他閱讀中文、俄文和西方語言的文獻。他在延安時協助起草過〈關於若干歷史問題的決議〉的第一份文件，因此不難理解為何鄧小平在一九八〇年至八一年讓他擔任了評價毛澤東歷史作用的第二份文件《關於建國以來黨的若干歷史問題的決議》的主要起草人。奇怪的是，他雖然能夠從自己閱讀的很多相互矛盾的著作中看到價值，自己卻從未形成一套前後一致的系統觀點。私底

（726）

下，他有時會表達比很多批評他的人更自由的立場。他在文革期間受到激進派攻擊，後來又受到「四人幫」的批評。但在公開場合中他仍是正統思想的衛道士，肩負維護黨的權威的重責大任，因此更常參與打擊自由派的運動。

即使在壓力之下胡喬木仍能下筆如流。他手下有一大批從事寫作和研究的人，為他查找歷史文獻，核對先例，蒐集當前的資訊，寫出草稿，但他通常要對重要文件和演講做最後的編輯，使之首尾一貫，發出平衡不同觀點的權威聲音。由於他擁有深厚的黨史知識，他對某件事與黨的傳統是否一致的判斷很少受到質疑。胡喬木工作緊張而專注，但比較情緒化。他在反駁對手、捍衛黨的正統思想時很教條，對於任何向他的黨內頭號幕僚地位發起挑戰的人，他會毫不客氣地予以反擊。

胡耀邦

胡耀邦十四歲便加入了共青團和紅軍。[20]他充滿獻身精神，率性而又熱情，做事全力以赴，願意盡心盡力幫助受迫害的同志，因此在一九八〇年代後期，大概沒有其他高層領導人擁有比胡耀邦更多的忠實崇拜者。確實，胡耀邦受人愛戴，被視為中共的良知。當一九八七年胡耀邦下台時，很多黨員，甚至與他沒有親密關係的人，都認為他像周恩來一樣受到了不公正的對待。胡耀邦講話時神采飛揚，十分坦率而真誠，放眼其他中國領導人都難以像他那樣打動聽眾。例如，當他回顧自己在文革中挨批或一九三二年被判死刑（多虧有同僚代為說情才使他免遭厄運）的感受時，都能夠深深感染聽眾。[21]

就連一些崇拜胡耀邦的人也承認，他缺少最高領導人所應有的沉穩與莊重。他講話時手舞足蹈，讓人覺得他是個沒經驗的青年。批評他的人蔑稱他為「蟋蟀」。趙紫陽在回憶中說，胡耀邦是個致力於改革的理想主義者，但他認為因為胡耀邦從未做過全面負責一個地區的領導人，所以無法充分權衡政治穩定和團結的重要性。[22]其實，胡耀邦曾短暫擔任陝西省委書記（一九六四年十一月至一九六五年六月），也是在那裡受到了保守幹部的批評，說他過分強調生產，保護幹部，不抓階級鬥爭。胡耀邦沒有當過軍隊司令，但有些幹部說，假如他當過，也會是一個隨時準備衝鋒陷陣的將軍，而不是權衡所有利弊、做出周密計畫的傑出戰略家。

一九五二年到一九六六年胡耀邦擔任共青團中央書記時，他的任務是動員青年，幫助他們參加政治活動，使他們願意獻身於黨和國家。他沒有擔負鄧小平所承擔的那種重任：為國家擘畫全局，維護秩序，抵禦外侮。敬佩胡耀邦的部下也承認，他不是個有組織能力的行政管理者，他也不設法保護自己的部下免於他人攻擊。胡耀邦最嚴厲的批評者說，他常常說個沒完，信口開河，不能充分考慮影響。他昔日的部屬說，胡耀邦用心於熟悉政策，按政策辦事，在這方面他要比他

（728）

的批評者願意承認的更好，而且他願意給知識份子更多自由，允許下級幹部以自己的方式去解決問題。澳大利亞總理羅伯特·霍克問過胡耀邦的副手胡啟立，對胡耀邦脫稿演說有什麼感覺，胡啟立說：「可怕。」[23]

胡耀邦一九一五年出生於湖南瀏陽縣，在左傾老師的鼓勵下參加了愛國活動。十四歲那年他離開學校，越過省界去了江西蘇區。他以「紅小鬼」身分參加過長征，擔任為老兵服務的工作。在延安他是毛澤東的寵兒之一。離開青年團的工作後，毛澤東安排他去解放軍政治部。內戰期間胡耀邦在賀龍的第二方面軍（後來的第一野戰軍）當一名低階政委，並隨這支部隊一起從北路入川。一九五〇年胡耀邦在川北擔任黨委書記時，上級的鄧小平就認識了他（當時，鄧小平出任黨委書記的西南局總部設在四川）。一九五二年六大區的幹部奉調回京時，鄧小平也回到中央任職，胡耀邦則被任命為共青團中央第一書記。

胡耀邦有一次和客人開玩笑說，鄧小平看上他是因為他身高只有一百五，是唯一比鄧小平還矮的幹部。[24]其實鄧小平有很多理由選中胡耀邦：他在江西和延安蘇區工作過多年，和其他高層領導的關係都不錯。此外，鄧小平知道胡耀邦學習力強，很刻苦；精力旺盛，獻身於改革，凡是能推動國家前進的事，他都會全力以赴。他被公認為那一代人中最能幹的幹部，他從一九五二年至六六年一直擔任共青團第一書記，其中有十年（一九五六—六六）鄧小平恰好一直擔任黨的總書記。胡耀邦在一九六〇年代初離開共青團去湖南省湘潭市擔任黨委書記，後又去陝西擔任省委書記，這段時間他也幹得不錯。一九六七年初紅衛兵搞了一個批鬥鄧小平支持者的名單，排名第一的人就是胡耀邦。[25]

一九七五年七月胡耀邦恢復工作後，將心灰意冷的科學家又動員起來，因為現代化迫切需要他們。七七年至七八年他在中央黨校時，也鼓勵幹部們做好準備，使黨和政府在文革後重新煥發活力。七七年十二月被任命為組織部長後，胡耀邦毫不倦怠地投身平反文革冤假錯案的工作。他還領導理論工作，推出〈實踐是檢驗真理的唯一標準〉一文。在一九七八年十二月三中全會之前召開的中央工作會議上，胡耀邦在消除分歧上發揮重要作用，促進了人事任命的共識，並協助起草華國鋒、葉劍英和鄧小平這三個主要發言人的演講稿。[26]可見，胡耀邦對黨的工作各方面都具備廣泛的知識，他在軍隊工作過，還當過黨的宣傳和組織部門的領導。

擔任總書記後，胡耀邦最初得到了所有關鍵領導人的支持。一九六二年至一九六四年他和華國鋒同為湖南省的領導幹部，此後一直與華保持良好的關係。他還得到了葉劍英的大力支持，他們都是客家人，在延安時就相互熟悉。陳雲也是在延安時就認識胡耀邦，當時胡是解放軍政治部的組織部長，而陳雲則是中央組織部部長。一九七八年陳雲曾與胡耀邦緊密配合，從事平反冤案的工作，他在一九八〇年也支持任命胡耀邦為黨的主席。[27]在一九八二年中共十二大取消「黨主

（728）

席」一職後，胡耀邦成為總書記。

毛澤東充分利用了周恩來和康生這一類人，他們在受到批評時都比較脆弱，為了避受批判幾乎什麼事都肯幹。胡耀邦沒有這樣的弱點。但是與一向自信沉著、具有權威感的鄧小平相反，胡耀邦缺少相應的自信，總想證明自己有資格進入黨的最高領導層。[28]他喜歡讀書，尤其喜歡深入閱讀歷史、理論和文學著作，努力證明他具備與高層領導人職位相稱的理論素養。工作繁忙時他連家也不回，就睡在中南海辦公室裡，儘管他步行就能到家。[29]

（730）

紀登奎

一九七五年，五十二歲的紀登奎成為最年輕的副總理之一，並被視為更高職位的可能人選。[30]一九五二年毛澤東去河南視察時，他一開始對地方幹部那些含糊籠統的回答頗為不滿，直到他與紀登奎的談話。當時紀登奎只有二十九歲，是煤礦機械廠的黨委書記。紀登奎在彙報時講得十分具體，顯然很熟悉情況；大多數幹部對毛澤東說話時戰戰兢兢，紀登奎卻敢於直截了當的回答。毛澤東問了紀登奎一系列問題：他是否參與對別人的嚴厲批判？他是否受過別人嚴厲批判？殺過人嗎？在殺人時是否犯過錯誤？紀登奎對所有問題一概答「是」，並舉出各種例子。毛澤東本來只想跟他談十到十五分鐘，但紀登奎的回答令他產生好感，於是讓紀登奎陪同搭乘火車去武漢，就又談了四個小時。紀登奎是個能幹的人，在河南省的黨組織中穩步提升，人們認為他的工作能力強過他在湖南的對手、年齡相仿的華國鋒。毛澤東每次去河南都會把紀登奎叫來談話，有人估計兩人總共交談過五十多次。大躍進到尾聲時，毛澤東問紀登奎，問題是否很嚴重，紀登奎說，由於政策錯誤，他的幾個家人也營養不良了。毛澤東又問紀登奎，從大躍進恢復過來需要多久，紀回答，如果一切順利，需要兩三年；不順利則需要三到五年。毛澤東曾當眾比較過紀登奎的觀點（事後證明他是正確的）和陳雲的觀點（他曾說需要十年），從那以後紀登奎便與陳雲關係不好。紀登奎在文革開始時也受到迫害，但很快就在官場上轉危為安，一九七〇年，毛澤東把他調到了國務院。

鄧小平在內戰開始前不久的一九四六年就見過紀登奎和其友趙紫陽，當時兩人都是鄧小平領導下的冀魯豫邊區的河南幹部。後來紀登奎去莫斯科學習一年，又被派到河南的第一機械工業部下屬的單位工作。鄧小平瞭解紀登奎的能力，曾支持把他派到浙江開展工作，而他也具備領導這個派系嚴重的省府工作所需的資格：經驗、技巧以及高層領導人的支持。

陳雲（717）

鄧小平和陳雲自一九三〇年代就結下不解之緣，當時他們都在上海，都參加了周恩來領導的

(718)

中共地下黨。[31]從那時起直到一九八〇年代，他們在黨內鬥爭中大都站在一起。兩人在一九五三年要求毛澤東揭發高崗，從而阻止了中共在一九五〇年代可能發生的最嚴重的一次分裂。在一九六〇年代中期，兩人都受到毛澤東的排擠，但也都免於滅頂之災。不過從一九八一年到八二年開始，這兩位領導人的長期關係開始出現裂痕：他們對發展速度的意見分歧。一九八四年以後，當鄧小平開始推動城市改革和加快發展時，兩人的分歧日益尖銳。他們分別成為中共高層幹部中更廣泛團體的代言人，真的成為「一山二虎」。

陳雲和鄧小平繼續為黨的利益而合作，盡量不讓外界知道他們之間的分歧。但是在一九八〇年代，尤其是一九八四年以後，這種分歧成為黨內政治路線的分界線。陳雲一向擔心冒進，他不太願意冒險，對遏制通貨膨脹更為堅決；他對蘇聯有較多好感，不願跟資本主義國家加強聯繫，不願擴大市場作用，更堅定地按共產黨模式辦事。鄧小平則更喜歡進行試驗，突破框架，向西方敞開大門，敢闖敢幹。陳雲和鄧小平都是摸著石頭過河，但陳雲在落腳之前，要搞清楚每一塊石頭是否牢靠。

陳雲在黨內享有崇高威望，不僅是因為他在經濟上的非凡成就，也因為他在高層長期任職：一九三〇年代促使蘇聯接受毛澤東，在延安建立中共組織系統，在中共占領全國的過程中建立起城市管理體制時發揮的作用，以及他為了防止毛澤東在大躍進中走極端所做的努力。有些人認為他過於謹小慎微，但人們普遍尊敬他的政治判斷力和獨立分析能力，以及他堅守原則奉獻於黨的精神。那些擔心鄧小平不顧其他領導人的意見就搞大動作的高層幹部，就從陳雲那裡尋求支援，而在一九八〇年代後期希望進行大膽的市場化試驗者則視陳雲為敵。即使鄧小平想讓陳雲靠邊站，能否做得到卻令人懷疑。一九八四年以後，儘管路線分歧使兩人沮喪，但他們盡量做到和平相處。

陳雲出身寒門，與地主出身的鄧小平形成鮮明對比。他兩歲喪父，四歲喪母，後由外祖母養育。七歲那年外祖母也去世了，此後他與舅舅一起生活到十四歲。他的老師在這一年安排他去上海商務印書館當學徒，陳雲從印刷廠幹到後來成為店員。

商務印書館是中國最大的學術出版商，中國學術生活的一個中心，陳雲也利用這個機會自學，讀書聽課，參加有關外部世界的辯論。他對商務印書館最高層的資本家賺多少錢進行了估計，並推算出資本家對工人的剝削程度。他的計算與共產黨對帝國主義的解釋一致。他在世界觀形成時期是上海的小店員，他從未失去反帝熱情，總擔心他在上海看到的罪惡資本主義有一天會捲土重來。

一九二五年五月三十日英租界警察向上海民眾開槍，射殺了幾名中國人後，陳雲參加了示威活動，同年年底他加入中國共產黨時，年方二十。他發表演說，寫文章，講帝國主義如何欺壓中

（719）

國和資本家，使工人遭受苦難。

一九二七年國共決裂後，陳雲被迫轉入地下工作，經常變換姓名和住址。他還在周恩來的領導下，負責暗殺可能殺害過中共黨員的國民黨官員。與在資本主義國家生活過五年的鄧小平不同，陳雲憎惡他在一九二〇年代的上海看到的資本主義，所以他從未去過資本主義國家，後來也不參與和西方領導人的會談。

國共決裂後的一九二八年，來自蘇聯的共產國際代表建議中共要依靠工人，因為知識份子多數出身地主和資產階級家庭，不是革命運動的可靠基礎。當時的中國工廠數量極少，也幾乎沒有受過足夠教育、能夠擔起領導責任的工人，中共迫切需要聰明的「工人」進入領導層。陳雲在商務印書館時就是勞工領袖，又在那裡的環境中受過良好教育，因此迅速得到提拔。事實上，儘管他比鄧小平小一歲，但在他一九三一年當選中央委員後的二十年裡，他在黨內的排名一直遠遠高於鄧小平。

一九三三年在江西，陳雲因唯一具有「工人背景」的高層幹部，很快就被提拔為政治局常委，成為中共的七名最高領導人之一。在一九三五年長征途中著名的遵義會議前夕，陳雲參加了一次重要會議，會議決定擴大參加遵義會議的人數，其中包括更多擁護毛澤東的人，這為毛澤東在遵義取得優勢鋪平了道路。遵義會議之後，勢孤力單的中共為了維持共產國際的支援，需要有

（720）

人與上海的共產國際重新建立聯繫，向它彙報中共領導層的變動；而陳雲可以裝扮成會講上海話的當地商賈，因此被選定前往上海向共產國際彙報工作。可是他到了上海後處境險惡，很多投靠國民黨的前中共黨員很容易把他認出來。於是他聽別人的建議乘貨輪去了海參崴，又從那兒轉赴莫斯科的共產國際，向蘇聯領導人彙報遵義會議的情況，尤其是毛澤東的崛起。他在莫斯科駐留了兩年。

鄧小平在莫斯科時，那裡正在實行「新經濟政策」；而陳雲在莫斯科時，史達林已經建成社會主義體制並制定了蘇聯的五年計畫。鄧小平去蘇聯時是學生，陳雲去蘇聯時則是中共高層幹部，可以跟蘇聯領導人交往，甚至見過史達林。離開莫斯科後他在新疆住了半年，試圖在那裡建一條中蘇之間的固定運輸通道，但這項工作因為地方軍閥馬步芳的勢力而失敗。

後來，陳雲在一九五〇年代初中國的經濟計畫中發揮了領導作用，他與蘇聯顧問有著良好的關係，在他們的幫助下制定了中國的第一個五年計畫。與六〇年代初領導過中蘇論戰的鄧小平不同，陳雲一直與蘇聯領導人關係良好。他三〇年代去延安成為毛澤東麾下，負責組織部的工作。延安的局勢比江西蘇區更穩定，這使他得以建立起黨員的人事檔案，由於當時的組織部也管黨員的個人生活，包括他們的家庭關係和婚姻，所以陳雲十分瞭解中共所有的重要領導人。陳雲積極發展來自城市的青年知識份子入黨；雖然他承認需要清除國民黨的奸細，但在整風運動中他感到很難整肅許多經自己介紹入黨的人，於是請病假休養了數月，被熱心參加運動的彭真所取代。陳雲有商務印書館的經歷，處理過帳目，當過四處奔走的銷售員，因此後來被安排從事經濟工作。他的一大重要任務是打破國民黨經濟封鎖，辦法是讓封鎖區外的商人用他們自己的貨幣買賣鴉片和共產黨的其他產品以獲利。成功突破封鎖後，他又被指派負責整個西北地方（延安所在地）的經濟發展。

抗戰之後，毛澤東派陳雲等中共高幹去了東北（當時的滿洲）。他們利用這個地區毗鄰蘇聯，和日本人留下的工業設備，為國共戰爭打下基礎。隨著東北根據地的擴大，陳雲領導當地的經濟發展。中共在東北取得軍事勝利後，陳雲建立起糧食等物資的供應網，為共軍南下提供支援。

當中共軍隊奪下第一座城市哈爾濱後，穩定經濟成為當務之急。富有經驗的陳雲扛起了中共統治的過渡工作，包括確保當地的各種設施繼續運轉，這也使得他必須與很多過去在國民黨統治下工作的官員合作。在中共軍隊接管了更大的城市瀋陽時，陳雲又負責按中共的原則實行城市管理。在這個困難任務的過程他表現得十分成功，使瀋陽的接管工作成為中共攻占南方和西部、統一全國的過程中接管其他城市的楷模。

當中共建都北平時，陳雲已經建立東北的經濟秩序，接著開始主管全國的經濟工作。他最迫切的問題是解決如同脫韁野馬的通貨膨脹，軍閥混戰時它從未被馴服，抗戰後則完全失控。陳雲

(721)

採用嚴厲的行政處罰強迫商人停止漲價，但他們拒不服從，於是他轉而利用市場：大量投放庫存貨物到市場上，終於使價格直線下降，從而粉碎了商人的抵抗。通過行政管制和市場手段雙管齊下，中共在陳雲領導下於一九五二年完成了國民黨和軍閥多年來一直辦不到的事——控制住通貨膨脹。

陳雲接下來的工作是建立社會主義經濟計畫體制，以及一九五五年至五六年大型企業的國有化，和小企業與農村的集體化。前者的實施必然需對重要物資供應進行管制。也由於他的努力，整個經濟體系都被納入社會主義計畫中。從五〇代初到大躍進以前，陳雲統一了全國的糧食收購體系，確保了從農村徵購足夠的糧食供應城市。這種進步，再加上從蘇聯引進的工業項目，使中國經濟快速增長，直到一九五八年大躍進時，毛澤東把謹慎的陳雲推到一邊，計畫部門失效，重創了經濟。就在災難延續之際，毛澤東又把陳雲叫回來領導恢復經濟。陳雲在一九六〇年代初再次恢復了經濟秩序。毛澤東曾問：為什麼好像只有陳雲能搞好經濟？

陳雲生性敏感，處事穩健、審慎，一遇到壓力，尤其是受到毛的批評時，就會自稱心臟不好，閉門休養數週甚至數月。一九六二年，當陳雲提出實行包產到戶的可能性遭致毛澤東批評時，他萬分沮喪，兩個星期不能說話，過了很久才恢復過來。毛澤東曾說，陳雲太膽小，一片樹葉落下來也怕砸到自己頭上。陳雲也是個不合群的人，他很少接待來客，常常獨自一人吃飯。

（722）

鄧小平每天要看十五種報紙和很多報告，而陳雲只反覆閱讀《人民日報》。他的一名助手每天只給他五份最重要的報告，供他細讀。他當過管帳的店員，當過把一切事情納入正軌並監督體制正常運行的計畫官員，這些經歷都加強了他天生細心的特點。鄧小平認為，軍隊如果等到把事情搞得一清二楚、蒐集到全部必要的情報之後再行動，就有可能貽誤戰機。陳雲則喜歡說「交換，比較，反覆」。做為中國的計畫經濟之父，陳雲多年致力於把一切搞得井然有序，所以他對這種曾經行之有效的體制懷有可以理解的感情，絕不允許任何人毀掉他苦心經營的作品，然而它在大躍進時卻毀於一旦。

雖然陳雲的資歷高於鄧小平，但從未被嚴肅考慮過出任黨內最高職務。他沒有任何實際的軍事經驗，與西方也無任何交往，而後者被視為將在新時代發揮重要作用。他雖身體多病，但頭腦要比他的批評者所承認的更具想像力、更靈活，然而他缺少鄧小平那種能把人團結在自己身邊的領導魅力，也缺少領導一個獨立部門或地方的經驗。毛澤東去世後，陳雲本人也宣稱，鄧小平是唯一適合做黨的最高領導的人選。

鄧小平和陳雲都是在革命英雄主義年代，如史詩般鬥爭中倖存下來的人。他們為自己的成就感到自豪，比在穩定的組織中登上高位的普通官僚自豪得多；如果不是這樣，反而有悖於人之常情。一九七九年，鄧小平登上《時代》雜誌的封面，成為「年度風雲人物」時，陳雲聽任鄧力群在中央黨校發表了一系列大肆吹捧自己的講話，說他在經濟領域的貢獻可以與毛澤東在政治領域的貢獻相媲美，但並沒有給予鄧小平相應的讚美。《陳雲文選》甚至比《鄧小平文選》早出版。雖然鄧小平和陳雲從未公開鬧翻，但不難理解他們的關係中暗藏機鋒，所以他們各自也成為中國現代化觀點互異的核心人物：一方主張大膽前進，另一方則主張避免冒險。

習仲勛

（739）

一九三四年習仲勛才二十一歲，便在陝西的一個小根據地擔任高崗和劉志丹手下的高層幹部，他們在這裡迎來了長征後筋疲力盡的毛澤東部隊。毛澤東認為習仲勛很有前途，很快就提拔為西北局黨委書記。在對日抗戰和國共戰爭期間，習仲勛一直在西北工作。

一九五〇年，西北局最高負責人的彭德懷奉命率軍赴北韓參戰，習仲勛因此短暫擔任了西北局的領導，而當時西南局的最高領導人是鄧小平。同年稍後，習仲勛奉調回京擔任了中宣部部長，一九五三年他被任命為政務院（後更名為國務院）祕書長。一九五九年他擔任了副總理兼國務院祕書長。

（740）

劉志丹的弟媳在一九六二年發表了一本有關劉志丹的小說，除了歌頌劉的事蹟，也講述毛澤東對他的迫害。毛懷疑小說的發表是習仲勛在背後搞鬼，就把他貶為洛陽一家工廠的副廠長。這次打擊使習仲勛心理深受傷害，直到一九七八年他才得到平反，得以離開洛陽去廣東任職。他在(740)建設廣東成全國試驗區，協調北京官員上發揮了關鍵作用。他的兒子習近平在二〇〇七年當選為最年輕的政治局常委，成為最有可能在二〇一三年接任胡錦濤國家主席一職的人。

華國鋒

(729)華國鋒就像他那一代的很多幹部一樣，也是因抗日愛國心入的黨。他上完小學後又念了三年中學。他原名蘇鑄，一九三八年十七歲入黨後改名「華國鋒」，取「中華衛國先鋒」之意。他入黨前不久，中共的八路軍剛在他的家鄉山西建立總部。入黨後分配到的工作是為部隊徵兵，為當地的遊擊隊找人手以及召募和培養年輕黨員。華國鋒在一九三七年至一九四九年的戰鬥歲月中參加過遊擊活動，也與正規軍共事過，但並未加入其中。國共戰爭結束時他成為當地的縣委書記，和趙紫陽、萬里的情況一樣。

共軍在一九四九年執掌全國後，華國鋒被派往湖南，先是在湘陰縣當縣委書記，後於一九五二年前往毛澤東的家鄉湘潭縣，擔任縣委書記。同年他被提拔為湘潭地區的行署專員和黨委副書記，下轄十二個縣，五五年成為湘潭地委書記。他在湘潭大搞集體化，毛澤東有一次回鄉時注意到他，隔年華就被提拔到省工作，先是文教工作，後擔任省委統戰部部長，一九五八年轉任湖南省經濟領導小組組長。同年他當了副省長，隔年秋天成為湖南省委副書記。為避免受到外國可能的攻擊，一批工廠從沿岸遷到了湖南，一九六四年，華國鋒在促進這些三線工業發展中發揮了一定作用。

一九五九年夏，華國鋒陪毛澤東回到故鄉湘潭縣。當時中國還沒有空調設備，據說華國鋒因為擔心天氣太熱和毛澤東的安全，在臥室外通宵為毛站崗，以便毛開窗睡覺。在華國鋒的領導下，湘潭的毛澤東故居成為中國的聖地，華國鋒將周邊也變成旅遊景點，還在毛的家鄉韶山興建水利灌溉工程。

華國鋒早在一九六七年初已是湖南省第二高位，在六九年四月的中共九大上當選為中央委員。一九七〇年他成為省委第一書記。總之，華國鋒是個天才，在官場上步步高升，具備在所有重要部門的工作經驗：農業、工業、財政、文教和科技。[32]

一九七一年林彪墜機一個月後，毛澤東讓華國鋒擔任湖南省軍區第一政委，以確保林彪餘黨不能控制當地軍隊。華國鋒從一九七三年到七六年在政治局的工作經歷，使他得以廣泛瞭解全國性的政策問題，同時有機會結識其他高層幹部。他沒有外交經驗，也從未在正規軍工作過。在一九七五年一月的全國人民代表大會上，他當選為副總理和公安部部長。華國鋒不屬於出類拔萃的領導人，但在毛澤東看來，華國鋒是他政治運動堅定可靠的擁護者。不過與毛澤東這位浪漫主義革命家不同，華國鋒享有的名聲來自他親自調查研究並解決問題的實幹作風。

（736）

萬里

跟趙紫陽一樣，萬里第一次引起鄧小平的注意也是在一九四六年，當時鄧小平正在晉冀魯豫多山的邊區領導中共活動。[33]鄧小平注意到，有些部隊的糧食和其他必需品的供應比別的地方好得多。他經過調查後發現，是萬里動員當地人徵購糧食和其他物品，將它們運送給正在前線作戰的劉鄧大軍。國共戰爭期間，由於缺少正常的鐵路和卡車運輸，萬里動員了約一百四十萬人次的運輸隊運送武器和其他物品，少部分靠驢車或牛車，但大量的運輸則是靠人背肩挑。萬里是個務

（737）

實、直率且堅強的人，樂意為民服務。

萬里比鄧小平小十二歲，生於山東西部東平縣山區的農民家庭，該地以《水滸傳》中綠林好漢出沒的水泊梁山而聞名。一九三三年萬里的父親去世後，母親含辛茹苦，不但供他在當地讀完小學，又讓他去曲阜第二師範學校就讀，一九三六年他在該校加入了中共。[34]畢業後他到一所現代的綜合小學教書，同時祕密吸收愛國青年入黨。幾年後萬里成為家鄉的縣工委書記。他比在河北省擔任縣委書記的趙紫陽資歷稍老一些，屬於同一個邊區。萬里的縣有二十四名黨員，其中十人是萬里介紹入黨的。後來他被提拔為運西地區的黨委副書記，同時兼任人民解放軍的軍分區政

委。在國共戰爭期間，萬里為劉鄧大軍（後來成為第二野戰軍）提供後勤服務。中共軍隊西進時，幹部們也被派往各地負責接管工作，萬里被短期派到南京，擔任財經委員會副主任和建委主任。

一九五〇年鄧小平擔任西南局書記時，萬里擔任西南地區工業部副部長，負責發展當地的工業生產。當時西南地區工廠很少，新的工廠項目多優先建在東北和沿海地區。萬里的工作是讓當地為數不多的設備保持運轉，工廠能夠得到必要供應。萬里很瞭解完成建設專案需要做什麼，自己嚴守紀律，在動員群眾完成工作時表現也很出色。一九五二年十一月進京後他擔任建設部副部長，一九五六年時兼任北京市副市長和市委副書記，負責北京市的重大建設項目和天安門廣場周圍最著名的建築項目，包括人民大會堂和中國歷史博物館。完成後得到了毛澤東的高度讚揚。

萬里上過師範學校，有過短暫的教書經歷，因此喜歡與知識份子來往，甚至和一些異議份子也交情不錯。在高層領導人中，他屬於贊成給予知識份子較多自由的人。

鄧小平很器重萬里組織和完成重大專案的能力。他在一九七五年任命萬里擔任鐵道部長，萬里成功突破了鐵路運輸的瓶頸，保障運輸通暢。一九七七年六月華國鋒又任命萬里擔任安徽省委書記，那是饑荒最嚴重的省分之一。萬里能體恤百姓疾苦，他去各地視察，親自瞭解情況。鄧小平成為頭號領導人後，鼓勵萬里採用一切最有效的政策消除饑荒。

萬里也頗能勝任接待外國首領的工作；他是個不錯的網球手，往往和外賓以球會友，如澳大

（738）

利亞總理霍克和曾任美國駐北京聯絡處主任的布希。他也喜歡打橋牌，一九五二年以前他在四川與鄧小平做鄰居時，鄧小平就常請萬里去打牌；五二年進京後他們也時常湊在一起打牌。通常他們各有一名專業牌手做搭檔兼非正式的教練；雖然有時是萬里贏，不過他承認還是鄧小平贏得多，橋牌打得比他好。他們在八〇年代仍一起玩牌，但打牌時他們並不談論人事問題。鄧小平是萬里的上級，萬里亦從未將鄧小平定位為自己的摯交。[35]

（740）

葉劍英

一九七一年林彪事件之後，毛澤東知道可以依靠葉劍英元帥去團結軍隊，因為葉有掌握大局的能力和出色的判斷力，忠誠、沒有個人野心。[36]在長征期間，葉放棄了原先對毛澤東的對手張國燾的忠誠，轉而效忠毛澤東，此後他便一直保持著毛對他的信任。毛澤東說，葉劍英是「大事不糊塗」。他在林彪墜機後對軍隊的整頓中，在毛去世後幫助華國鋒逮捕「四人幫」的工作中，以及一九七三年和七七年鄧小平的復出中都發揮了關鍵作用。葉劍英避免插手具體事務，他更願意把責任交給別人去承擔。他不表達明確的意見，但隨時願意提供建議。

葉劍英是個隨和的人，他能夠爭取到並保持背景十分不同的人的信任，這種能力廣為人知。他在文革期間自願選擇靠邊站，沒有參與到是非之中；文革時他沒有擔任要職，因此也不是受到嚴厲批判的對象。葉劍英常說「伴君如伴虎」，他明白涉足政治的危險，更願意保持低姿態。

葉劍英生於一八九七年，雲南軍事學院畢業。他曾與周恩來一起任職於黃埔軍校，當時林彪是該校學生。他在一九二七年參加過武昌和廣州的起義，但是在當選為元帥的十個軍隊領導人中，是唯一沒有率軍征戰經驗的人。雖然打過仗的司令官不把他視為自己人，但他們尊重他長期擔任軍隊高層領導所扮演的談判專家和顧問的角色。在一九三七至四九年的抗戰期間，葉劍英與周恩來密切配合，將軍事知識具體運用在對國民黨和外國人的談判中。

葉劍英出生於廣東北部山區的梅縣，這裡是客家人的非正式首府，出過很多將軍和華僑。葉的祖父在馬來亞做礦工，不少家人在大馬經商，葉與他們在馬來亞住過幾個月，因此比其他大多數軍隊領導人有更開闊的眼光。一九四九年到一九五二年，葉劍英在華南局（轄廣西和他的家鄉廣東兩省）任第一書記時，華南局受林彪的中南局領導，所以他認識林彪手下的很多高層幹部。葉劍英的這種特殊關係，對於他在林彪墜機後使林的親信保持效忠有良好作用。一九七一年十月三日，林彪逃亡失敗剛過兩週，毛澤東和葉劍英就成立了一個新的部門「軍委辦公室」，用他們認為忠於毛澤東的人取代林彪的追隨者。毛在第二天召開軍委辦公會議發動運動，肅清林彪在解放軍領導層可能留下的殘餘影響。[37] 一九七二年二月，葉劍英召開會議對林彪的錯誤進行清算，並向軍隊發出新的指示。會議召開幾天後，按照葉劍英的指示下發了一個文件，其中列舉林彪領導軍隊十二年間所犯的錯誤，以及開展軍隊整頓運動的內容和程序。[38]

（741）葉劍英一直得到毛澤東的善待，毛澤東去世後他又在逮捕「四人幫」中發揮關鍵作用。他後來成為國王的人馬，一個為華國鋒出謀畫策的可敬元老。在為鄧小平一九七七年復出鋪路他也起了關鍵作用，但他並不支持鄧小平後來排擠華國鋒的做法。華國鋒靠邊站後葉劍英也退休，在廣東家鄉度過晚年。

（743）

趙紫陽

一九八九年，趙紫陽寧肯接受懲罰也不願動用軍隊來結束天安門示威，由此聞名天下。[39]儘管他在一九八六年領導過高層政治改革的研究，但是在一九八九年以前，他並沒有大力提倡自由民主的名聲。外國領導人所瞭解的趙紫陽，是一個對國際經濟問題有出色把握的人。鄧小平讓他擔任總理，是因為他是傑出而又堅定的改革家，一個經驗豐富的幹部，他具備銳利的分析能力，能夠為落實鄧小平大膽的經濟改革提供引導。在一九八〇年，中央政府的幹部習於按常規辦事，不會主動進行改革，趙紫陽則是早就開始試驗新方法的省級領導人。他在四川時，在北京允許的範圍內，試驗過向工業企業下放自主權，允許農村的生產隊分散經營。任何其他各省領導人在這些方面都不能與趙紫陽相比。

（744）

共產黨在一九四九年控制全國後，鄧小平從未與趙紫陽直接共事，但他早就知道趙紫陽是一個出色的省級領導人的名聲。鄧小平第一次遇到趙紫陽是在一九四六年，當時年方二十七的趙紫陽是河南省滑縣縣委書記和周邊幾個縣的區委書記，而滑縣當時歸鄧小平領導的晉冀魯豫邊區管轄。一九五二年鄧小平回京後，逐漸瞭解了剛過三十歲、在廣東擔任省委副書記的趙紫陽作為。鄧小平也關注著趙紫陽之後的發展，趙於一九六五年被提拔為廣東省委書記。鄧小平在一九七五年讓趙紫陽擔任了四川省委第一書記，那是中國人口最多的省分，也是讓鄧小平牽掛的地方：那是鄧小平的家鄉，一九四九年至五二年鄧小平還擔任過那個地區的負責人。

當鄧小平一九七七年恢復工作，並開始認真考慮下一代領導人時，他支持趙紫陽成為政治局候補委員，當時政治局的正式成員是十七人。這一職位使趙紫陽有資格參加政治局會議，熟悉中央事務。但是他還需要做出一些有說服力的事情，才能接過這一職務。一九七八年一月鄧小平取道四川去尼泊爾訪問途中，有機會與趙紫陽交換有關改革的看法。趙紫陽說，「騎老虎」靠近權力中心固然讓人興奮，但也很危險。他知道有很多幹部都是毀在這個過程中，如林彪和劉少奇，還有他在廣東的長期導師與後台陶鑄。文革前夕陶鑄被毛澤東調到北京，幾乎成為權力排名第四的人物，後來卻被文革大潮吞噬，受到批判和監禁，又因得不到適當醫治於一九六九年去世。後來鄧小平力促趙紫陽進京加入新時代的改革，在一九八〇年初，趙紫陽最終答應了鄧小平。

趙紫陽於一九一九年生於河南一個富裕的地主家庭，是天生的領袖人物。他具有非凡的遠見卓識，總能表現出自信從容的魅力。他就讀於開封初中和武漢高中。假如他在美國，也許能進入私立預校和長春藤聯盟（他的兩個孫子後來都走了這條道路），不必費多大力氣就能成為優等生和學生領袖。趙紫陽在一九三八年已經擔任家鄉河南滑縣的縣委書記。內戰結束後，三十二歲的趙紫陽被新上任的廣東省委第一書記陶鑄看中，成為陶的親密助手。一九五一年，當西南最有前途的年輕官員之一胡耀邦在川北搞土改時，趙紫陽也正領導廣東北部的土地改革。

從一九五一年到六五年，陶鑄讓趙紫陽歷練不同的領導職務；一九六五年，中南局書記的陶鑄工作太忙，趙紫陽便成為廣東省委第一書記，是全國擔任此職最年輕的幹部。他也是文革受到批判的幹部中較早恢復工作者：他在一九七二年就成為內蒙古自治區革命委員會的書記，一九七四年又成為廣東省委第一書記。有野心的地方領導人為了自己的升遷，往往會跟上級「拉關係」，但趙紫陽過去有陶鑄的全力支持，不需政治算計就得到提升，也從來沒有變成善於耍政治手腕的人。如果說胡耀邦是靠真心和良知得到提拔，趙紫陽靠的則是他的頭腦以及他領會國外經驗和構想新方案的強大能力。

儘管不像胡耀邦那樣熱情洋溢，但趙紫陽同樣受到部下的喜愛。他不拘一格，平易近人，願意傾聽別人意見，不論建議者職位高低。他尤能夠迅速領會某種戰略的意義。他不是政壇上的快拳手，但有著報效整個國家的崇高意識。他個人雖然享受特權，但也為照顧窮人、學生和知識份子的利益而努力。例如，他在大躍進期間草擬過克服糧食短缺的全國性政策。[40]美國大使伍考克這個來自資本主義大國的前工會領袖，在第一次與共產中國的無產階級代表趙紫陽會談後，對一名助手說：「你看到他的手沒有？這傢伙一輩子沒有幹過一天活。」[41]

雖然趙紫陽做人和藹可親，但有些同事認為他有點兒不合群，喜歡為自己著想。文革開始時趙紫陽要部下抵抗紅衛兵，但令部下氣憤的是，趙本人很快就把辦公室的鑰匙交給紅衛兵。

在一九五〇年代，所有的省級領導人都深度參與農村工作，毛澤東也承認趙紫陽是個很懂農業的幹部。但是，對趙紫陽在後來改革時期的工作來說，更有意義的是他早期領導在香港市場經濟環境中工作的共產黨組織的經驗，這些組織包括中國銀行、華潤集團、新華社、「愛國學校」和工會。這些組織除了向北京彙報工作，也要向廣東彙報，通過與他們的接觸，趙紫陽瞭解到香港的市場氣氛。從一九五七年開始，廣東每年舉辦半年一次的廣交會，這也使趙紫陽比其他省委書記對國外的工商業有更深入的瞭解。

一九八〇年，趙紫陽以受人尊敬的省級領導人進了北京，但他不屬於北京老圈子裡的人。一九七七年八月他成為政治局候補委員後，逐漸熟悉了北京的情況，直到一九七九年他才成為政治局正式委員。與大多數在北京共事多年的幹部不同，他和在中南海內外工作的人沒有舊交情。

他也不是北京政壇和各種計謀的積極參與者。他的子女都是在省長大，也沒有通過上學或社交認識其他高幹子女。他的家人不但在十年文革中因他受苦，也在一九八九年後跟著他倒楣；趙紫陽在天安門悲劇前夕受到清洗並軟禁後，北京最高層的政治家庭都未向他們表示過任何支持。

（745）

趙紫陽在一九八〇年擔任總理後，除了領導政府各部門的日常工作和會見外國官員，還負責調整政府的政策與機構。過去周恩來在管理政府工作上表現出色，對大量資訊掌握得一清二楚，但當時的政策都是出自毛澤東，周恩來不必領導政府進行根本性的方向調整。相反的，趙紫陽花了很多時間與智囊團和官僚體制外的人一起工作（如經濟體制改革委員會和農村發展研究中心），以便確定哪一些國外的觀念和做法能被納入中國的現行體制之中。趙紫陽要負責構想新的體制，而這項工作會影響到一些官僚，他們擔心他的改革有可能讓他們丟掉飯碗。

（722）

鄧力群

鄧力群在一九八〇年以後擔任中央書記處研究室的負責人，一九八三年至一九八五年任中宣部部長。他並非中共的最高一級官員，但他的影響力卻大大超過他的職位，這不僅因為他主管著來自從中央書記處到最高領導人重要的、一天兩期的情況簡報，也不僅因為他幫助起草過鄧小平的很多演講，將毛澤東的女兒李訥、陳雲的妻子于若木和陳雲的一個祕書都羅織到自己麾下；鄧力群的影響力，還因為他無懼於闡明自己的觀點，精通理論，且他時常為之代言的陳雲和王震都給他撐腰。只要他認準的事，他會堅持到底，不惜為此丟官、獲刑或勞改。他井井有條，長於戰略安排，愛護和關心部下，所以他們對他心存感激，盡忠追隨。

鄧小平覺得，鄧力群在遏制知識份子對黨的批評上是個可用之材。由於鄧力群頭腦聰明，無所畏懼，說話直率，會寫演講稿，又不是負責一線工作的幹部，所以鄧小平與他的交往要比負責一線工作的幹部更輕鬆。相較其他職位更高的官員，鄧小平更常徵求鄧力群的意見。由於有強大的保守派支持，鄧力群不但敢於攻擊知識份子，甚至敢批評胡耀邦總書記。他甚至成為胡耀邦主要的批評者，充當那些認為胡耀邦允許過多的自由、沒有盡力維護黨的權威的保守派老幹部的代言人。鄧力群大力提倡維護黨紀的重要性，在攻擊對黨有批判意見的知識份子和幹部時從不手軟。宣導自由的知識份子認為，鄧力群在鼓動老幹部毫無必要地壓制自由時，發揮了很不好的作用。在陰險的康生死後，最令知識份子和自由派官員痛恨的人便是鄧力群。

鄧力群一九一五年生於湖南省桂東縣，他的出身被畫定為富農，但是他家的祖宅有三百年歷史、二十多間房。鄧力群的父親中過科舉，但從未做官；一八九八年戊戌變法失敗後，他在家鄉創辦了第一所西式學堂。鄧力群的哥哥是國民黨時代的湖南省政府民政廳廳長和國民黨中央委員。鄧力群到北平進入美國傳教士辦的學校讀書，一九三五年考入北京大學讀經濟，但他第一年還沒讀完，就發生了「一二·九」反日示威，不久後他便離校去了延安。[42]

在延安，鄧力群於一九三六年入黨，後進入馬列學院並從事祕密調查工作。當鄧力群祕密調查在延安整風運動中受到批評的李銳時，他找來李銳的妻子談話，表面上是繼續調查，其實是向她示愛，最終兩人短暫同居。鄧力群後來為此做過檢討。

內戰時期鄧力群被派往東北，他在那裡與陳雲會合，擔任過遼東省委政治研究室主任等不同職務。一九四九年夏天他被派到新疆任宣傳部長和自治區黨委祕書長。[43]他與被派去平定新疆的王震密切合作。當時要爭取少數民族合作的毛澤東在得知王震將軍過早開展民族改革，殺了大批維吾爾族人後大為惱火。鄧力群告訴毛澤東說，不是王震，而是自己做出肅清大批有可能反抗中共統治的當地人的決定。鄧力群大膽保護王震，自擔罪名，為此丟了烏紗，過了一段時間才得以重返官場。但是他贏得了像他一樣講義氣的王震堅定支持。鄧力群讀遍《水滸傳》和幾乎所有古代俠義小說，養成了一種重義氣的信念且畢生信守不渝。[44]

新疆平定之後鄧力群回到了北京，先是在劉少奇手下的中央辦公廳工作，然後受楊尚昆的領導。他幫助起草黨部文件，後來又去了黨刊《紅旗》雜誌。劉少奇在文革中受到批判時，劉的兩個高級祕書立刻與他反目，但第三個祕書鄧力群再次義氣當先，拒絕批劉。他為此受到批評，下放到「五七幹校」接受再教育並參加勞動。下放結束後，他為了掌握馬列主義理論而自願留在

（724）

五七幹校，在那裡又待了一年才回到北京。

返京之後，鄧力群在一九七五年應胡喬木之邀，成為鄧小平政治研究室的第七位、也是最後一位要員。這一年年底鄧小平受到批判時，鄧最親密的助手都被要求加入批鄧行列，他們全都從命，唯有鄧力群除外。鄧力群為堅持此立場不惜坐牢，但他只是丟了工作。鄧小平在一九七七年恢復工作後不久，鄧力群便成為他的幕僚圈，幫他寫講稿。[45] 一九八〇年六月鄧力群擔任了中央書記處研究室負責人，每天編發供高層傳閱的簡報，為領導人蒐集調查研究資料，從事自己的研究，主編四份雜誌，同時寫作理論著作。[46]

像鄧力群這一類寫作班底裡的人，固然要聽從鄧小平和陳雲等人的指示，但是身為精通黨史和理論的專家，他們也有機會影響文件內容。由於胡喬木和鄧力群被尊為中共正統思想的衛道士，高層幹部都不敢說他們兩個人把關的文件和演講會違反黨的理論和先例。

鄧力群既不是「沒頭腦的」保守派，也不是衝動的民族主義者。他和其子鄧英陶都曾在北京大學讀過農業經濟學，是農村改革的早期支持者。在農村改革的初期階段，鄧力群主張讓市場發揮更大的作用。鄧小平一九七八年十月訪日後不久，他也前往日本考察，回國後便大力讚揚日本的效率、品質標準以及日本人的精神和組織方式。但是鄧力群也支持陳雲對於放棄計畫經濟的慎重態度。此外，一九八〇年鄧力群在中央黨校做了一系列有關陳雲經濟思想的講座，聽上去像是

（725）

在鼓勵對陳雲的個人崇拜。後來，陳雲總是大力支持鄧力群。

中共的宣傳幾十年來一直讚美工人、農民，但這並沒有完全抹去鄧力群對胡耀邦這類人的輕視。鄧力群曾就讀於北京大學，出身名門，而胡耀邦十四歲就離開學校，處事有失穩重。陳雲和王震等保守派相信鄧力群能夠勝任總書記一職，自由派幹部也不懷疑他有此野心。鄧力群則否認自己有此意圖，但他並不掩飾對胡耀邦的輕視，這種強烈的輕視明顯不光是客觀分析而已。

中共中央會議列表

中國共產黨第八次全國代表大會：
1956年9月15日-9月27日

一中全會：1956年9月28日
二中全會：1956年11月10日-11月15日
三中全會：1957年9月20日-10月9日
四中全會：1958年5月3日

八大二次會議：
1958年5月5日-5月23日

五中全會：1958年5月25日
六中全會：1958年11月28日-12月10日
七中全會：1959年4月2日-4月5日
八中全會：1959年8月2日-8月16日
九中全會：1961年1月14日-1月18日
十中全會：1962年9月24日-9月27日
十一中全會：1966年8月1日-8月12日
十二中全會：1968年10月13日-10月31日

中國共產黨第九次全國代表大會：
1969年4月1日-4月24日

一中全會：1969年4月28日
二中全會：1970年8月23日-9月6日

中國共產黨第十次全國代表大會：
1973年8月24日-8月28日

一中全會：1973年8月30日
二中全會：1975年1月8日-1月10日
三中全會：1977年7月16日-7月21日

中國共產黨第十一次全國代表大會：
1977年8月12日-8月18日

一中全會：1977年8月19日
二中全會：1978年2月18日-2月23日
三中全會：1978年12月18日-12月22日
四中全會：1979年9月25日-9月28日
五中全會：1980年2月23日-2月29日
六中全會：1981年6月27日-6月29日
七中全會：1982年8月6日

中國共產黨第十二次全國代表大會：
1982年9月1日-9月11日

一中全會：1982年9月12日-9月13日
二中全會：1983年10月11日-10月12日
三中全會：1984年10月20日
四中全會：1985年9月16日

全國代表會議：

1985年9月18日-9月23日

五中全會：1985年9月24日
六中全會：1986年9月28日
七中全會：1987年10月20日

中國共產黨第十三次全國代表大會：

1987年10月25日-11月1日

一中全會：1987年11月2日
二中全會：1988年3月15日-3月19日
三中全會：1988年9月26日-3月30日
四中全會：1989年6月23日-6月24日
五中全會：1989年11月6日-11月9日
六中全會：1990年3月9日-3月12日
七中全會：1990年12月25日-12月30日
八中全會：1991年11月25日-11月29日
九中全會：1992年10月5日-10月9日

中國共產黨第十四次全國代表大會：

1992年10月12日-10月18日

英文文獻縮寫對照

DNSA: Digital National Security Archive (Proquest in cooperation with the National Security Archive) [美國國家安全檔案資料庫], The George Washington University, Washington, D. C.

DXPCR: Rong Deng, *Deng Xiaoping and the Cultural Revolution: A Daughter Recalls the Critical Years* 中文版書名《我的父親鄧小平，文革歲月》(Beijing: Foreign Languages Press, 2002).

DXPSTW: Yu Guangyuan, *Deng Xiaoping Shakes the World: An Eyewitness Account of China's Party Work Conference and the Third Plenum* (November–December 1978) 中文版書名《1978我親歷的那次歷史大轉折：十一屆三中全會的台前幕後》(Norwalk, Conn.: East Bridge, 2004).

FBIS: Foreign Broadcast Information Service [情報檔案資料庫].

JPRS: Joint Publications Research Service [聯合出版物研究服務部].

LWMOT: Carter Administration China Policy Oral History Project, Leonard Woodcock and Michel Oksenberg Tapes [卡特政府對華政策口述史項目，伍考克與奧克森伯格訪談錄音], Walter P. Reuther Library Archives, Wayne State University.

Memcon: Memorandum of Conversation [會談備忘錄].

SWCY: Chen Yun, Selected Works of Chen Yun [陳 雲 文 選], 3 vols. (1926–1949, 1949–1956, 1956–1994) (Beijing: Foreign Languages Press, 1988, 1997, 1999).

SWDXP-2: *Deng Xiaoping*, *Selected Works of Deng Xiaoping*, 1975–1982 [鄧小平文選（1975–1982）] (Beijing: Foreign Languages Press, 1984).

SWDXP-3: *Deng Xiaoping*, *Selected Works of Deng Xiaoping*, 1982–1992 [鄧小平文選（1982–1992）] (Beijing: Foreign Languages Press, 1994).

TP: Liang Zhang, comp., and Andrew J. Nathan and Perry Link, eds., The Tiananmen Papers [天安門文件] (New York: Public Affairs, 2001).

注釋

前言

1. *SWDXP-3*, p. 307.

導言

1. 從1931年到1997年去世，鄧小平一直使用「鄧小平」這個名字。父親為他起的名字是「鄧先聖」，他按私塾先生的建議改為「鄧希賢」，這也是他上學和在法國時使用的名字。他去蘇聯時的名字是「克列佐夫」（Krezov），在莫斯科中山大學的名字是「伊萬·謝爾蓋耶維奇·杜佐羅夫」（Ivan Sergeevich Dozorov）。1927年回國後他使用了「鄧小平」這個姓名。有人認為這個名字很適合他，因為他身材矮小，理著平頭。他在1927年至1931年從事地下工作時還使用過一些化名。
2. 2001年3月筆者對麥理浩手下外交官的採訪。
3. 就像很多與鄧小平名字聯繫在一起的格言，這個說法也不是由他首創。鄧小平使用這一說法的最早記錄是1966年3月22日，見中共中央文獻研究室編：《鄧小平年譜，1904–1974》上中下冊（北京：中央文獻出版社，2009），下冊，第1902頁。
4. 中共中央文獻研究室編：《毛澤東傳，1949–976》上下冊（北京：中央文獻出版社，2003），下冊，第1674頁。
5. Benjamin I. Schwartz, *In Search of Wealth and Power: Yen Fu and the West* (Cambridge: Belknap Press of Harvard University Press, 1964). 關於中國帝制時代的歷史及相關文獻可參見John King Fairbank, ed., *The Chinese World Order: Traditional China's Foreign Relations* (Cambridge: Harvard University Press, 1968); John King Fairbank and Merle Goldman, *China: A New History*, 2d exp. ed. (Cambridge: Harvard University Press, 2006); Jonathan D. Spence, *The Search for Modern China* (New York: W. W. Norton, 1990); Paul A. Cohen, *China Unbound: Evolving Perspectives on the Chinese Past* (Stanford, Calif.: Stanford University Press, 2002); Denis Twitchett and John King Fairbank, eds., *The Cambridge History of China* (New York: Cambridge University Press, 1978–); and Gungwu Wang, *To Act Is to Know: Chinese Dilemmas* (Singapore: Times Academic Press, 2002). 近年來對清代的研究也可參見Mark C. *Elliott, Emperor Qianlong: Son of Heaven, Man of the World* (New York: Longman, 2009); R. Kent Guy, *Qing Governors and Their Provinces: The Evolution of Territorial Administration in China, 1644–1796* (Seattle: University of Washington Press, 2010);

William T. Rowe, *China's Last Empire: The Great Qing* (Cambridge: Belknap Press of Harvard University Press, 2009). 關於孫中山見Marie-Claire Bergère, *Sun Yat-sen* (Stanford, Calif.: Stanford University Press, 1998). 關於蔣介石見Jay Taylor, *The Generalissimo: Chiang Kai-shek and the Struggle for Modern China* (Cambridge: Belknap Press of Harvard University Press, 2009). 關於中國革命，參見Lucian Bianco, *Origins of the Chinese Revolution, 1915–1949* (Stanford, Calif,: Stanford University Press, 1971). 毛澤東的傳記參見Philip Short, *Mao: A Life* (New York: Henry Holt and Co., 1999). 毛澤東的著作和演講見Stuart R. Schram, ed., *Mao's Road to Power: Revolutionary Writings 1912–1949* (Armonk, N.Y.: M. E. Sharpe, 1992–2005), 此書計畫出版10卷，已出版的7卷包括1912–1941年這個時期的文獻。

6. 據代表團成員Merle Goldman提供給我的筆記。

第一章　革命者、建設者、改革者：1904–1969

1. 鄧小平出生時，牌坊村這個小村落叫「姚坪里」，屬於更大的行政村望溪鄉。後來分別改為「牌坊村」和「協興鎮」。見中共中央文獻研究室編：《鄧小平年譜（1904–1974）》（上中下冊）（北京：中央文獻出版社，2009），1904年8月22日，第1頁。
2. 鄧小平的女兒鄧榕（毛毛）在*Deng Xiaoping: My Father* (New York: Basic Books,1995)中，記述了她的家庭背景。這部分內容也利用了我在廣安縣的兩次訪問，其中一次去過鄧小平的家和當地的博物館；還有與當地歷史學家和鄧榕的交談，時間為2002年至2006年。
3. 《鄧小平年譜（1904–1974）》，1915年，第5頁。
4. 同上，1919年11月17–18日，第7頁。
5. Geneviève Barman and Nicole Dulioust, "*Les années Françaises de Deng Xiaoping*," *Vingtième Siècle: Revue d'histoire*, no. 20 (October–December 1988): 19;《鄧小平年譜（1904–1974）》，1920年10月19日，第10頁。鄧榕也講述過父親在法國的學習和工作經歷，見Deng Rong, *Deng Xiaoping: My Father*, pp. 58–79。
6. 《鄧小平年譜（1904–1974）》，1921年1月12日，第11頁。
7. 同上，1921年4月2日，第12頁。
8. 同上，1923年2月17–19日，第17頁。
9. 同上，1923年3月7日，第17–18頁。
10. 同上，1923年6月11日，第18頁；1924年2月1日，第19頁。
11. 同上，1924年7月13–15日，16日，第19頁。
12. Marilyn Levine, *The Guomindang in Europe: A Sourcebook of Documents* (Berkeley, Calif.: Institute of East Asian Studies, 2000), pp. 90–93; Barman and Dulioust, "*Les années Françaises de Deng Xiaoping*," p. 30; interviews with Marilyn Levine, n.d.
13. Barman and Dulioust, "*Les années Françaises de Deng Xiaoping*," p. 34.

14. 關於中國學生在法國生活和活動的記述，見Marilyn A. Levine, *The Found Generation: Chinese Communists in Europe during the Twenties*. (Seattle: University of Washington Press, 1993); Genevieve Barman and Nicole Dulioust, "The Communists in the Work and Study Movement in France," *Republican China* 13, no. 2 (April 1988): 24–39; Deng Rong, *Deng Xiaoping: My Father*.
15. Alexander V. Pantsov and Daria Alexandrovna Spuchnik, "*Deng Xiaoping in Moscow: Lessons from Bolshevism*," trans. Steven I. Levine, 譯稿現存Fairbank Collection, Fung Library, Harvard University。Pantsov和Spuchnik可以看到有關留蘇中國學生的全部蘇共檔案。另見對Alexander Pantsov的訪談，無日期。
16. Pantsov and Spuchnik, "*Deng Xiaoping in Moscow*".
17. Ibid., p. 12.
18. Ibid., p. 11.
19. Ibid.
20. Deng Rong, *Deng Xiaoping: My Father*.
21. Teng Hxiao Ping [*Deng Xiaoping*], "Economic Reconstruction in the Taihang Region," in Stuart Gelder, ed., *The Chinese Communists* (Westport, Conn.: Hyperion Press, 1946), p. 201.
22. 作者對太行山區黨史專家的採訪，無日期。
23. Jay Taylor, *The Generalissimo: Chiang Kai-shek and the Struggle for Modern China* (Cambridge: Belknap Press of Harvard University, 2009).
24. 中共中央文獻研究室鄧小平研究組編：《鄧小平自述》（北京：解放軍出版社，2005），第1頁。
25. 對這一過程的詳細描述見Ezra F. Vogel, *Canton under Communism* (Cambridge: Harvard University Press, 1969).
26. 《鄧小平年譜（1904–1974）》，第1065頁。
27. 參見同上，1953年9月16日，第1133頁。
28. Vladislav M. Zubok, "*Deng Xiaoping and the Sino-Soviet Split*, 1956–63," *Cold War International History Project Bulletin*, no. 10 (1997): 152–162; Jian Chen, "*Deng Xiaoping and Mao's 'Continuous Revolution' and the Path toward the Sino-Soviet Split: A Rejoinder*," *Cold War International History Project Bulletin*, no. 10 (1997): 162–182.
29. 關於鄧小平在中共八大各項活動中發揮的作用，見《鄧小平年譜（1904–1974）》，1955年8月17日，第1249–1250頁；1955年10月14日，第1261頁；1956年2月6日，第1272頁；1956年8月10日–9月28日，第1303–1318頁。大會文件見*Eighth National Congress of the Communist Party of China* (Peking: Foreign Languages Press, 1956), pp. 1–390.
30. *Khrushchev Remembers: The Last Testament*, trans. and ed. Strobe Talbott (Boston: Little, Brown, 1974), p. 253.
31. Ibid., p. 281.

32. Jasper Becker, *Hungry Ghosts: Mao's Secret Famine* (New York: Free Press, 1996); Frank Dikötter, *Mao's Great Famine: The History of China's Most Devastating Catastrophe, 1958–1962* (New York: Walker, 2010); 楊繼繩：《墓碑：中國六十年代大饑荒紀實》（上下冊）（香港：天地圖書有限公司，2008）。
33. 對鄧榕的訪談，2002–2006年。
34. Zubok, "*Deng Xiaoping and the Sino-Soviet Split, 1956–63*," pp. 152–162; Chen, "*Deng Xiaoping and Mao's 'Continuous Revolution' and the Path toward the Sino-Soviet Split*," pp. 162–182.
35. Roderick MacFarquhar and Michael Schoenhals, *Mao's Last Revolution* (Cambridge: Belknap Press of Harvard University Press, 2006).

第二章　從放逐到返京：1969–1974

1. *DXPCR*, pp. 108,117.
2. Ibid., pp. 106–115；另據作者2008年11月訪問這家工廠及與當地人交談的筆記。
3. *DXPCR*, pp.133–147.
4. Ibid., pp. 148–154.
5. Ibid., p. 185.
6. 為鄧小平和陳毅擔任過翻譯的冀朝鑄，曾對鄧小平和陳毅做過比較。作者在2002年4月、2006年11月和2009年4月對冀朝鑄的採訪。
7. 2001年3月和2002年1月對李慎之的採訪。
8. *DXPCR*, pp. 120–132；巫猛、熊誠、李小川：《鄧小平在江西新建縣的日子》，《百年潮》，2003年第1期，後收入楊天石編：《鄧小平寫真》（上海：上海辭書出版社，2005），第55頁；另據作者2002–2006年對鄧榕的採訪。
9. *DXPCR*, p. 179.
10. 2007年7月作者對鄧林的採訪。
11. 作者2002–2008年對鄧榕的採訪。
12. *DXPCR*, p. 103.
13. Ibid., p. 181.
14. Ibid., pp 140–145.
15. Ibid., pp. 191–194；2007年12月作者對申再望的採訪，他是去看望鄧家的李井泉三個子女之一。
16. 2007年7月作者對鄧林的採訪。
17. 毛毛：《我的父親鄧小平：文革歲月》（北京：中央文獻出版社，2000），第223頁。
18. Benjamin Yang（楊炳章）, *Deng: A Political Biography* (Armonk, N.Y.: M. E. Sharpe, 1998), pp. 215, 267. 楊炳章是鄧樸方在北京大學的同學。
19. 2002–2006年作者對鄧榕的採訪。

20. *DXPCR*, p. 244.
21. 史雲、李丹慧：《中華人民共和國史．第8卷：難以繼續的「繼續革命」——從批林到批鄧（1972–1976）》（香港：香港中文大學當代中國文化研究中心，2008），第197頁。
22. 中共中央文獻研究室鄧小平研究組編：《鄧小平自述》（北京：解放軍出版社，2005），第125頁。
23. *DXPCR*, p. 192.
24. Philip Short, *Mao: A Life* (New York: Henry Holt, 2000), pp. 588–599.
25. 關於鄧小平被告知不要再寫信的事，見*DXPCR*, p. 187。關於他所發的信件，見*DXPCR*, pp. 182–184。對林彪墜機前後事件的記述，見Harrison E. Salisbury, *The New Emperors: China in the Era of Mao and Deng* (Boston: Little, Brown, 1992), pp. 275–306。另見Frederick C. Teiwes and Warren Sun, *The Tragedy of Lin Biao: Riding the Tiger During the Cultural Revolution, 1966-1971* (Honolulu: University of Hawaii Press, 1996)。Teiwes和Sun認為林彪本想疏遠政治，是毛澤東把他拖進了政治，林彪並沒有偏離毛的政策，林彪死前最後一年的緊張關係，是毛澤東為削弱林的勢力而主動出擊造成的。
26. *DXPCR*, p. 184.
27. 毛澤東的私人醫生李志綏說，毛「在林彪事件後身體突然垮了，他一整天躺在床上……在床上幾乎躺了兩個月」。見Zhisui Li, with the editorial assistance of Anne F. Thurston, *The Private Life of Chairman Mao: The Memoirs of Mao's Personal Physician* (New York: Random House, 1994), pp. 542–543. 關於林彪墜機前一年毛對林彪的日益猜疑，見Short, *Mao: A Life* (Henry Holt, 1999), pp. 588–599.
28. 中共中央文獻研究室編：《毛澤東傳（1949–1976）》（上下冊）（北京：中央文獻出版社，2003），下冊，第1610、1616–1618頁。關於毛澤東的醫療條件，參見Li, with the editorial assistance of Thurston, *The Private Life of Chairman Mao*.
29. 高文謙：《晚年周恩來》（Carle Place, N.Y.: 明鏡出版社，2003），第356–357頁。據毛澤東的醫生說：「只要毛澤東因逆境病倒在床，他總會想出一套新的政治戰略。」見Li, with the editorial assistance of Thurston, *The Private Life of Chairman Mao*, p. 543.
30. 作者2002年4月、2006年11月和2009年4月對周恩來翻譯員冀朝鑄的採訪。
31. *DXPCR*, pp. 191–192.
32. Ibid.
33. 高文謙：《晚年周恩來》，第363–364頁。
34. *DXPCR*, p. 242.
35. 《毛澤東傳（1949–1976）》，下冊，第1621頁。
36. 高文謙：《晚年周恩來》，第362頁。
37. 同上，第356–357頁。

38. 同上，第359–368頁。

39. Frederick Teiwes and Warren Sun, *The End of the Maoist Era: Chinese Politics during the Twilight of the Cultural Revolution, 1972–1976* (Armonk, N.Y.: M.E. Sharpe, 2007), p. 59.

40. Teiwes和Sun記述了周恩來要修改一張他與尼克森合影照片的事，周要把翻譯員冀朝鑄從照片上去掉，換上王海容的照片。王海容是得到毛澤東信賴的親戚，但事實上她並不是出色的翻譯員。見Teiwes and Sun, *End of the Maoist Era*, pp. 29–30。

41. 高文謙：《晚年周恩來》，第356–358頁。

42. 與John Holdridge的私人通信，無日期。

43. *DXPCR*, pp. 192-193; 高文謙：《晚年周恩來》，第364–368頁。

44. 毛毛：《我的父親鄧小平：文革歲月》，第222頁。

45. *DXPCR*, pp. 198–200.

46. Ibid., pp. 201–202.

47. 《鄧小平同志的信：1972年8月3日》，未公開，現藏於Fairbank Collection, Fung Library, Harvard University。

48. *DXPCR*, pp. 209–210.

49. 史雲、李丹慧：《國史・第8卷》，第202頁。

50. 《毛澤東傳（1949–1976）》，下冊，第1650頁。

51. 史雲、李丹慧：《國史・第8卷》，第202頁。

52. *DXPCR*, pp. 214–239.

53. 舒惠國：《紅色大地偉人行》，收入中共中央文獻研究室編：《回憶鄧小平》（上中下冊）（北京：中央文獻出版社，1998），下冊，第199頁。鄧小平說：「我還可以幹二十年。」

54. *DXPCR*, pp. 242–243. 江青後來說，她當初並不反對鄧小平回來，而且是支持他的（Teiwes and Sun, *End of the Maoist Era*, pp. 180, 202），但黨史專家同意鄧榕的觀點，她認為江青反對讓他回來。參見《毛澤東傳（1949–1976）》，下冊，第1650頁。

55. 高文謙：《晚年周恩來》，第504–505頁；*DXPCR*, pp. 246–247.

56. *DXPCR*, pp. 242–243.

57. 《鄧小平年譜（1904–1974）》，1973年3月28、29日，第1973頁。

58. 同上，1973年3月29日，第1973頁。

59. *DXPCR*, pp. 244–246. 西哈努克宴會的情況見外交部檔案館編：《偉人的足跡：鄧小平外交活動大事記》（北京：世界知識出版社，1998）。

60. 《偉人的足跡：鄧小平外交活動大事記》，第71–81頁；《鄧小平年譜（1904–1974）》，第1974–1990頁。

61. 高文謙：《晚年周恩來》，英譯縮寫本是*Zhou Enlai: The Last Perfect Revolutionary; A Biography* (New York: PublicAffairs, 2007)。

62. 2006年10月、12月作者對章含之的採訪，她是毛澤東的英語教員和英語翻譯之一，她第一次見到毛澤東是在1963年10月和12月。另見Gao, *Zhou Enlai*, pp.237–

240。

63. 2006年10月作者對章含之的訪談。

64. 這裡的敘述主要根據《晚年周恩來》和該書英譯本。高文謙在中央文獻研究室擔任副主任長達10年，有評論者認為，高文謙的一些解釋有悖於史實，還可以做出更合理的解釋。例如，高文謙說毛澤東放鞭炮慶賀周恩來去世，但人們過春節時都會出來放鞭炮，這才是毛澤東放鞭炮的原因。

65. 高文謙：《晚年周恩來》。

66. *DXPCR*, p. 210.

67. 《毛澤東傳（1949–1976）》，下冊，第1655頁。

68. Barbara Barnouin and Changgen Yu, *Ten Years of Turbulence* (New York: Kegan Paul Internatioanl, 1993), pp. 248–249.

69. *DXPCR*, pp. 252–254; Richard Evans, *Deng Xiao Ping and the Making of Modern China* (New York: Viking,1994), pp. 196–197.

70. 《毛澤東傳（1949–1976）》，下冊，第1661頁。

71. Teiwes and Sun, *End of the Maoist Era*, p. 97.

72. 《毛澤東傳（1949–1976）》，下冊，第1654頁。對這次大會更完整的記錄見同上，第93–109頁。

73. 《鄧小平年譜（1904–1974）》，下冊，第1976–1977頁。

74. 《毛澤東傳（1949–1976）》，下冊，第1661頁。

75. Evans, *Deng Xiaoping and the Making of Modern China*, p. 197.

76. Patrick Tyler, *A Great Wall: Six Presidents and China; An Investigative History* (New York: PublicAffairs, 1999), pp. 159–164. William Burr, ed., *The Kissinger Transcripts: The Top Secret Talks with Beijing and Moscow* (New York: New Press, 1998), pp. 124–128.

77. Tyler, *A Great Wall*, pp. 168–169. 另見Burr, *The Kissinger Transcripts*, pp. 166–169。季辛吉與毛澤東的會談見該書pp. 179–199。

78. DNSA, CH00277, Kissinger and *Zhou Enlai*, November 11, 1973.該檔案中的很多會議記錄也見於Burr, *The Kissinger Transcripts*。

79. DNSA, CH00278, November 12, 1973; DNSA, CH00284, November 14, 1973.

80. 季辛吉本人後來對這些訪問的記述見Kissinger, *Year of Renewal* (New York: Simon and Schuster, 1999), pp. 136–166。很多帶有評注的文件後收入Burr, *The Kissinger Transcripts*.

81. 高文謙：《晚年周恩來》，第461頁。

82. 同上，第502頁。

83. 很多在「文革」中挨過整的幹部對一直跟毛澤東做事的人（包括周恩來在內）深惡痛絕。鄧小平對季辛吉說：「周恩來確實改善了很多人的命運，但他從未想過改變那些造成痛苦的政策。」見Kissinger, *Years of Renewal*, p. 160。

84. 高文謙：《晚年周恩來》，第472頁；Gao, *Zhou Enlai*, pp. 242–247.

85. 高文謙：《晚年周恩來》，第505–506頁；Gao, *Zhou Enlai*, pp. 247.（關於鄧小平當時就進入中央軍委還是一年以後，Warren Sun有疑問。）

86.《鄧小平年譜（1904–1974）》。

87. Salisbury, *The New Emperors*, p. 296.

88. Evans, *Deng Xiaoping and the Making of Modern China*, p. 197.

89. 高文謙：《晚年周恩來》，第473–474頁。

90. Teiwes and Sun, *End of the Maoist Era*, pp. 131–139. 同上，第473–474、531–533頁。

91. Gao, *Zhou Enlai*, pp. 256–259, 262.

92. 高文謙：《晚年周恩來》，第531–533頁。

93. 同上，第506–507、527–528頁。

94. *DXPCR*, pp. 264–265.

95. 2006年12月作者對章含之的採訪。外交部長喬冠華的第一任妻子去世後，她於1973年嫁給喬冠華。

96. *DXPCR*, pp. 264–265.

97. Ibid., pp. 266–268.

98. 2002年1月作者在中央黨校對姜長斌的採訪。

99. Kissinger, *Years of Renewal*, p. 164.

100. Ibid., pp. 869–886.

101. Ibid., p. 868.

102. Ibid., p. 164.

103. Ibid., pp. 163–164.

104. Ibid., p. 163.

105. 2007年12月作者針對這次訪問對鄧小平的隨行翻譯施燕華的訪談。

106. 2006年10月和12月作者對喬冠華妻子章含之的採訪，她也是代表團的翻譯。

107. *DXPCP*, pp. 268–270.

108.《偉人的足跡：鄧小平外交活動大事記》，第88–117頁。

109. 1974年11月4日鄧小平與美國大學校長代表團的談話。在此要感謝Merle Goldman，她是代表團的一員，讓我分享了她的筆記。

110. 程中原、夏杏珍：《歷史轉折的前奏：鄧小平在1975》（北京：中國青年出版社，2003），第1頁。

111. 同上，第1–16頁。

112. *DXPCP*, p. 274.

113. Short, Mao, A Life, p. 618.

114. 高文謙：《晚年周恩來》，第528–530頁。

115. 同上。另參見*DXPCP*, pp. 276–277；史雲、李丹慧：《國史．第8卷》，第377–409頁。

116. *DXPCP*, p.281.

117. Evans, *Deng Xiaoping and the Making of Modern China*, pp. 202–203.

118. *DXPCP*, pp. 275–280.

119. 高文謙：《晚年周恩來》，第501–509頁。

第三章　在毛澤東手下整頓秩序：1974–1975

1. 參見程中原、夏杏珍：《歷史轉折的前奏：鄧小平在1975》（中國青年出版社，2003），第25頁；張化：《鄧小平與1975年的中國》（北京：中共黨史出版社，2004）。

2. 高文謙：《晚年周恩來》（Carle Place, N. Y.: 明鏡出版社，2003）。

3. 同上。

4. 對能看到毛澤東和江青之間通信的黨史專家的採訪。

5. 程中原、夏杏珍：《歷史轉折的前奏》，第178頁。

6. 周恩來：《政府工作報告》，1975年1月13日。見*Documents of the First Session of the Fourth National People's Congress of the People's Republic of China* (Peking: Foreign Languages Press, 1975)。

7. 程中原、夏杏珍：《歷史轉折的前奏》，第44–45頁；2002年4月作者對唐聞生的訪談。

8. 中共中央文獻研究室編：《鄧小平年譜（1975–1997）》（上下冊）（北京：中央文獻出版社，2004），1975年2月1日，第14–16頁。

9. 《鄧小平年譜（1975–1997）》，1975年5月29日，第50–51頁；另參見 程中原、夏杏珍：《歷史轉折的前奏》，第45–47頁。

10. 張化：《鄧小平與1975年的中國》，第70–74頁。

11. 《鄧小平年譜（1975–1997）》，1975年1月25日，第10–11頁；*SWDXP*-2, pp.11–13.

12. Jonathan D. Pollack, "Rebuilding China's Great Wall: Chinese Security in the 1980s," in Paul H.B. Godwin, ed., *The Chinese Defense Establishment: Continuity and Change in the 1980s* (Boulder, Colo.: Westview, 1983), pp. 3–20; Paul H. B. Godwin, "Mao Zedong Revised: Deterrence and Defense in the 1980s," in Godwin. ed., *The Chinese Defense Establishment*, pp. 21–40; June Teufel Dreyer, "*Deng Xiaoping: The Soldier*," *The China Quarterly*, no. 135 (September 1993): 536–550.

13. 《鄧小平年譜（1975–1997）》，1975年1月25日，第10–11頁；中共中央文獻研究室、中國人民解放軍軍事科學院編：《鄧小平軍事文集》（三卷本）（北京：軍事科學出版社、中央文獻出版社，2004），第3卷，第4–6頁，1975年1月19日。

14. 程中原、夏杏珍：《歷史轉折的前奏》，第424–425頁。另見《鄧小平年譜（1975–1997）》，1975年1月12日，第4–5頁。

15. 《鄧小平軍事文集》，第3卷，第1–3頁。

16. 鄧小平：〈當前軍事工作的幾個問題〉，此文是1975年1月14日鄧小平聽取總參謀部工作人員的彙報後的批覆要點，見同上，第1–3頁；鄧小平：〈國防工業和軍隊裝備工作的幾點意見〉，此文是1975年5月4日對軍委常委會彙報的批覆，見同上，第20–25頁；鄧小平：〈要建立嚴格的科學管理和科研生產制度〉，此文是1975年5月19日聽取科學技術委員會和七機部（主管導彈研發和製造）的彙報後對軍委常委會的演講，見同上，第26–27頁。

17. William Burr, ed., *The Kissinger Transcripts: The Top Secret Talks with Beijing and Moscow* (New York: New Press, 1998), p. 308. 關於此次會談的背景和談話備忘錄，見 pp. 265–321。

18. 程中原、夏杏珍：《歷史轉折的前奏》，第398頁。

19. 例如在總參謀部的一次座談會上，鄧小平明確宣布，軍隊不必急著備戰。見《鄧小平軍事文集》，第3卷，第9頁。

20. 同上，第9–13頁。

21. 程中原、夏杏珍：《歷史轉折的前奏》，第404–405頁；《鄧小平年譜（1975–1997）》，1975年1月19日、25日，第8–9、10–11頁；《鄧小平軍事文集》，第3卷，第6–8頁；*SWDXP-2*, pp. 27–28。

22.《鄧小平軍事文集》，第3卷，第1–3頁。

23. 程中原、夏杏珍：《歷史轉折的前奏》，第407–408頁。

24. 同上，第415–417頁。

25. 同上，第416頁。

26.《鄧小平軍事文集》，第3卷，1975年5月19日，第26–27頁。

27. 程中原、夏杏珍：《歷史轉折的前奏》，第408、412–415頁。

28. 同上，第94頁。

29. 同上，第107–108頁；《鄧小平年譜（1975–1997）》，1975年5月19日，第46–47頁。

30. 2006年對當代中國研究所副所長張星星的採訪。

31. Harrison E. Salisbury, *The New Emperors: China in the Era of Mao and Deng* (Boston: Little, Brown, 1992), p. 334.

32. 程中原、夏杏珍：《歷史轉折的前奏》，第55–56頁。

33. Salisbury, *The New Emperors*, pp. 333–334; Salisbury1987年10月7日對萬里的採訪。

34. 王立新：《要吃米找萬里：安徽農村改革實錄》（北京：北京圖書館出版社，2000），第22頁。

35. 程中原、夏杏珍：《歷史轉折的前奏》，第57–59頁。

36. 同上，第54–56頁。

37. 同上，第57–61頁。

38. 中國各省省委書記（省一級黨的最高職務）的稱謂經常變動，各省也不盡相同。一般說來，1982年之前各省都有數名省委書記，其中一名稱為「第一書記」。有時其他書記也有排序，有時則都稱為「副書記」，有時又稱為「書記處書記」。每一名書記分管一個「系統」，如政法、工業運輸、商業或文化教育。

頭銜的變化往往並不反映工作責任的變化。即使中國的作者也不總是採用準確的稱謂。1982年中共十二大重新強調集體領導後，大多數省份都逐漸放棄「第一書記」的稱謂，1985年後不再使用，但仍有一名書記全面負責。我在本書中提到職位最高的書記時，都用「第一書記」，不考慮時間因素，其他書記簡稱省委書記。

39. 程中原、夏杏珍：《歷史轉折的前奏》，第62頁。

40. *SWDXP*-2, pp. 14–17. 鄒讜在評論《鄧小平文選》時說，與原始文稿相比變動很小。見Tang Tsou, "Review: The Historic Change in Direction and Continuity with the Past," *The China Quarterly*, no. 98 (April 1984): 320–347。

41. 程中原、夏杏珍：《歷史轉折的前奏》，第58、67–68頁。

42. 同上，第64、68頁。

43. *DXPCR*, pp. 298–299.

44. 程中原、夏杏珍：《歷史轉折的前奏》，第68–69頁。

45. 同上，第69–70頁。

46. 同上，第70頁。

47. *DXPCR*, p. 299.

48. 程中原、夏杏珍：《歷史轉折的前奏》，第70–71頁。

49. 同上，第71、77頁。

50. 《鄧小平年譜（1975–1997）》，1975年3月22日，第28–29頁；《歷史轉折的前奏》，第73–74頁。

51. 《鄧小平年譜（1975–1997）》，1975年4月18日–26日，第36–37頁。

52. 程中原、夏杏珍：《歷史轉折的前奏》，第81–84頁。

53. 同上，第429–445、465頁。

54. 同上，第456頁。

55. 同上，第76、82、126頁。

56. 同上，第113–114頁。

57. 同上，第125頁。

58. 同上，第118–120頁。

59. 同上，第126–133頁。

60. 同上，第142–153頁。

61. 同上，第125頁。

62. 同上，第147–149頁。

63. 同上，第150–152頁。

64. 《鄧小平年譜（1975–1997）》，1975年5月21日，第47–48頁。

65. 同上，1975年5月29日，第50–51頁。

66. 程中原、夏杏珍：《歷史轉折的前奏》，第163–166頁。

67. 同上，第166頁。

68. 同上，第169頁。
69. 同上，第169–170頁。
70. 同上，第443–465頁；Frederick Teiwes and Warren Sun, *The End of the Maoist Era: Chinese Politics during the Twilight of the Cultural Revolution, 1972–1976* (Armonk, N.Y.: M. E. Sharpe, 2007), pp. 245–251, 274–282; Keith Forster, *Rebellion and Factionalism in a Chinese Province: Zhejiang, 1966–1976* (Armonk, N.Y.: M. E. Sharpe, 1990); 2007年10月對紀登奎之子紀虎民的採訪。
71. 程中原、夏杏珍：《歷史轉折的前奏》，第445頁。
72. 同上，第445–446頁。
73. 同上，第446頁。
74. 據程中原的採訪，見《歷史轉折的前奏》，第454頁。
75. 同上，第465頁。
76. 《鄧小平年譜（1975–1997）》，1975年4月18–26日，第36–37頁。
77. 同上，1975年4月18日，第35頁。
78. 同上，1975年4月27日。第38–39頁。
79. 同上，1975年5月3日，第40–41頁。
80. 同上，1975年5月27日、6月3日，第49–50頁。
81. 同上，1975年5月12日–18日，第42–46頁；外交部檔案館編：《偉人的足跡：鄧小平外交活動大事紀》（北京：世界知識出版社，1998），1975年5月12–18日。
82. 《中國日報》對席哈克的採訪，2004年8月23日。

第四章　在毛澤東手下規畫未來：1975

1. 程中原、夏杏珍：《歷史轉折的前奏：鄧小平在1975》（北京：中國青年出版社，2003），第202–203頁；于光遠：《我憶鄧小平》（香港：時代國際出版有限公司，2005），第5頁。
2. *SWDXP*-2, pp. 24–26.
3. 程中原、夏杏珍：《歷史轉折的前奏》，第537–540頁。
4. 同上，第208頁。
5. 有關政研室的這一節資料來自作者與政研室資深成員于光遠、政研室理論組黨組書記朱佳木的交談。另參見于光遠：《我憶鄧小平》。胡喬木的生平參見本書「鄧小平時代的關鍵人物」。
6. 程中原、夏杏珍：《歷史轉折的前奏》，第213頁。
7. 同上，第204–208頁。
8. 同上，第212–213頁。
9. 中共中央文獻研究室編：《鄧小平年譜（1975–1997）》（上下冊）（北京：中央文獻出版社，2004），1975年7月13、18日，8月8日，第69頁註腳；同上，第213–215頁。

10. 這些會議分別召開於1975年6月29日，7月23日，8月26日，9月13、19、25、26日，10月10、14、24日，11月10、15日和1976年1月17日。
11. 程中原、夏杏珍：《歷史轉折的前奏》，第233–272頁；Frederick Teiwes and Warren Sun, *The End of the Maoist Era: Chinese Politics during the Twilight of the Cultural Revolution, 1972–1976* (Armonk, N.Y.: M.E. Sharpe, 2007), pp. 324–339.
12. 程中原、夏杏珍：《歷史轉折的前奏》，第241–243頁。
13. 《鄧小平年譜（1975–1997）》，1975年9月20日，第102頁。
14. *SWDXP*-2, pp. 41–44.
15. 關於兩份草稿的差別，見程中原、夏杏珍：《歷史轉折的前奏》，第265–266頁。
16. 同上，第252–256頁。
17. 同上；《鄧小平年譜（1975–1997）》，1975年12月25日，第138頁。
18. 程中原、夏杏珍：《歷史轉折的前奏》，第242–243頁。對收入較高的地方做了一些讓步，允許它們有更多的支出。見第239–241頁。
19. 同上，第353–357頁。
20. 同上，第353頁。
21. 同上，第353–357頁。
22. 同上，第222–224頁。
23. 同上，第367頁。
24. 同上，第364–365頁。
25. 同上，第366–367頁。
26. 同上，第374–380頁；于光遠：《我憶鄧小平》，第68–70頁。
27. 程中原、夏杏珍：《歷史轉折的前奏》，第371–374頁。
28. 同上，第381–386頁。
29. 同上，第390頁。
30. 同上。
31. 同上，第389–392頁。
32. 同上，第390–392頁。
33. 同上，第392–394頁；吳德：《吳德口述：十年風雨紀事；我在北京工作的一些經歷》（北京：當代中國出版社，2004），第166–173頁；于光遠：《我憶鄧小平》，第94–97頁。
34. 程中原、夏杏珍：《歷史轉折的前奏》，第226–232頁。
35. 同上，第275頁。
36. 同上，第282–286頁。
37. 同上，第274–282、341頁。與江青的談話錄音，後經毛澤東做了一些修訂，收錄在1975年11月15日發表的談話中，見《建國以來毛澤東文稿》（北京：中央文獻出版社，1987–1998），第13冊，第447–449頁。
38. 程中原、夏杏珍：《歷史轉折的前奏》，第343–346頁。

39. 同上，第291–298頁。這封信的原文附於第295–296頁。

40. 毛澤東的私人醫生李志綏講述過毛做眼科手術的背景，見Li, with the editorial assistance of Anne F. Thurston, *The Private Life of Chairman Mao: The Memoirs of Mao's Personal Physician* (New York: Random House, 1994), pp. 604–605.

41. 程中原、夏杏珍：《歷史轉折的前奏》，第296–298頁。

42. 同上，第329–339頁。

43. 同上，第273頁。

44. 同上，第339–341頁。

45. 同上，第471–473頁。

46. 這是美國國家科學院代表團的科學家得出的結論，作者是代表團成員之一。

47. 中央文獻研究室、湖南省委、湖南電視台製作的大型電視片《鄧小平十章》（湖南電視台，2004），第3集，〈破冰〉。

48. 程中原、夏杏珍：《歷史轉折的前奏》，第473–474頁。

49. 同上，第477–478、495頁。

50. 同上，第478–480頁。

51. 同上，第480–482、第488–490頁。

52. 同上，第490–496頁。

53. 中國問題專家Merle Goldman與該代表團一起參加會見，他友善地讓我看了會談記錄。

54. 程中原、夏杏珍：《歷史轉折的前奏》，第498頁；*SWDXP*-2, pp. 45–47.

55. 程中原、夏杏珍：《歷史轉折的前奏》，第581–582頁。

56. 同上，第499–502頁。

57. 同上，第499–502、506頁。

58. 對《水滸》事件更具體的描述，見Merle Goldman, *Chinese Intellectuals: Advise and Dissent* (Cambridge: Harvard University Press, 1981).

59. 程中原、夏杏珍：《歷史轉折的前奏》，第507–512頁；史雲、李丹慧：《中華人民共和國史・第8卷：難以繼續的「繼續革命」：從批林到批鄧（1972–1976）》（香港：香港中文大學當代中國文化研究中心，2008），第577–580頁。按後一著作，是蘆荻而非毛澤東挑起了這一討論並記下毛的觀點，是姚文元和江青而不是毛澤東發動了公開的辯論。但至少毛澤東允許公開辯論的發生，並且知道它的政治含義。

60. 程中原、夏杏珍：《歷史轉折的前奏》，第512–517頁。

61. 高文謙：《晚年周恩來》，第565頁。

62. 關於評《水滸》運動的各種記載，見Teiwes and Sun, *End of the Maoist Era*, pp. 363–374; Merle Goldman, "The Media Campaign as a Weapon in Political Struggle: The Dictatorship of the Proletariat and Water Margin Campaign," in Godwin C. Chu and Francis L.K. Hsu, eds., *Moving a Mountain: Cultural Change in China* (Honolulu: University Press of Hawaii, 1979), pp

191–202. Barbara Barnouin and Changgeng Yu, *Ten Years of Turbulence: The Chinese Cultural Revolution* (New York: Kegan Paul International, 1993), pp. 283–285.

63. Wenqian Gao, *Zhou Enlai: The Last Perfect Revolutionary* (New York: PublicAffairs, 2007), p. 166.

64. 程中原、夏杏珍：《歷史轉折的前奏》，第512–517頁。

65. 2006年1月作者從一位瞭解毛遠新觀點的幹部那裡得知這是毛遠新的看法。

66. 對這場鬥爭的不同講述，見中共中央文獻研究室：《毛澤東傳（1949–1976）》（上下冊）（北京：中央文獻出版社，2003），下冊，第1753–1755頁；*DXPCR*, pp. 350-351；Teiwes and Sun, *End of the Maoist Era*, pp. 388–399; Jiaqi Yan and Gao Gao, *Turbulent Decade: A History of the Cultural Revolution* (Honolulu: University of Hawaii Press, 1996), pp.471–473; Roderick MacFarquhar and Michael Schoenhals, *Mao's Last Revolution* (Cambridge: Belknap Press of Harvard University Press, 2006), pp.404–407; 程中原、夏杏珍：《歷史轉折的前奏》，第560–563頁。

67. 史雲、李丹慧：《國史．第8卷》，第406頁。

68. 《毛澤東傳（1949–1976）》，下冊，第1754頁。

69. 同上。

70. 這一節內容依據的是2006年1月作者對一位瞭解毛遠新立場的幹部的採訪，以及《毛澤東傳（1949–1976）》，下冊，第1752–1758頁；*DXPCR*, pp. 350-355; Teiwes and Sun, *End of the Maoist Era*, pp. 374–381, 399–410; 程中原、夏杏珍：《歷史轉折的前奏》，第560–579頁；史雲、李丹慧：《國史．第8卷》，第592–598頁；《鄧小平年譜（1975–1997）》，1975年11月1–28日，第125–134頁。

71. 2006年1月對一名知情官員的採訪；另參見Teiwes and Sun, *End of the Maoist Era*, p. 517.

72. *DXPCR*, p. 361.

73. 《鄧小平年譜（1975–1997）》，1976年1月1、2日，第139–140頁；Teiwes-Sun, *End of the Maoist Era*, p. 516.

74. 1980年評價歷史問題時，陳雲、葉劍英等人擔心，如果結論是毛遠新只是簡單轉達毛的意見，會有損於毛的威望。最終毛遠新同意承擔影響毛澤東的責任，因此也得到比較好的待遇。2008年12月對熟悉黨內文件的歷史學家的採訪。

75. 對「朝陽樣板」的討論，見Teiwes-Sun, *End of the Maoist Era*, p.340。

76. 這一節內容取材自作者2006年1月對一位看過很多有關檔案的黨史學者採訪。

77. *DXPCR*, p. 351.

78. 2006年1月對一位瞭解毛遠新狀況的幹部採訪；《毛澤東傳（1949–1976）》，下冊，第1754–1755頁；*DXPCR*, pp. 352–353.

79. *DXPCR*, p. 362;《鄧小平年譜（1975–1997）》，僅提到這次來訪發生在11月初。

80. *DXPCR*, p. 352.

81. 《鄧小平年譜（1975–1997）》，1975年11月1、2日，第1頁；《毛澤東傳（1949–

1976）》，下冊，第1755頁。

82.《毛澤東傳（1949–1976）》，下冊，第1755–1756頁。

83. 同上，下冊，第1756頁。

84. David S. Zweig, "The Peita Debate on Education and the Fall of Teng Hsiao-p'ing," *The China Quarterly*, no. 73 (March 1978): 140–159.

85.《鄧小平年譜（1975–1997）》，1975年11月16、17日，第31頁。

86. 同上，1975年11月20日，第131–132頁；*DXPCR*, p. 361。

87. 薄一波：《若干重大決策與事件的回顧》（上下冊）（北京：中共中央黨校出版社，1991），下冊，第1249頁。

88. *DXPCR*, p. 366.

89. Patrick Tyler, *A Great Wall: Six Presidents and China; An Investigative History* (New York: PublicAffairs, 1999), p. 226.

90. Henry Kissinger, *Years of Renewal* (New York: Simon and Schuster, 1999), pp. 890–891.

91. 程中原、夏杏珍：《歷史轉折的前奏》，第574頁。

92. *DXPCR*, pp. 364–365；程中原、夏杏珍：《歷史轉折的前奏》，第575–576頁；《鄧小平年譜（1975–1997）》，1975年11月24日，第132–134頁；2002年4月對唐聞生的採訪。

93. 程中原、夏杏珍：《歷史轉折的前奏》，第576–577頁；*DXPCR*, p. 365.

94. 程中原、夏杏珍：《歷史轉折的前奏》，第583–586頁。

95. 同上，第579–580頁；另參見吳德：《吳德口述》，第194–199頁。

96. 程中原、夏杏珍：《歷史轉折的前奏》，第579–582頁。

97. 鄧小平的演講錄音仍保存在中央檔案館，這裡的講述是根據程中原的概括，而程中原的概括則是根據這一錄音的整理稿；《鄧小平年譜（1975–1997）》，無1976年12月20日記錄。

98. *DXPCR*, pp. 367–368.

99. 程中原、夏杏珍：《歷史轉折的前奏》，第571–579頁。

100. 鄧小平和季辛吉的會談備忘錄，DNSA, CH00366, CH00367, CH00369, and CH00373, October 20–22, 1975.

101. 季辛吉國務卿與毛澤東會談的分析和要點，DNSA, CH00368, October 22, 1975; 季辛吉和毛澤東的會談紀要，DNSA, CH00372, October 17, 1975; DNSA, CH00398, December 3, 1975.

102. Ibid.

103. 吉拉德·福特和亨利·季辛吉與鄧小平會談備忘錄，DNSA, CH00398, December 3, 1975.

104. 毛澤東與福特的會談，DNSA, CH00395, December 2, 1975; 福特和季辛吉與鄧小平會談備忘錄，DNSA, CH00396, December 3, 1975; DNSA, CH00398, December 3, 1975; 吉拉德·福特和亨利·季辛吉與鄧小平會談備忘錄，DNSA, CH00399, December 4, 1975;

《鄧小平年譜（1975–1997）》，1975年12月1日–5日，第134–135頁；Kissinger, *Years of Renewal*, pp. 886–894. Tyler, *Great Wall*, pp. 215–219.

105. 喬治・布希的報告，DNSA, CH00402, December 9, 1975.

106. DNSA, CH00402, December 9, 1975.

107.《鄧小平年譜（1975–1997）》，1976年1月1、2日，第139–140頁。

108. 程中原、夏杏珍：《歷史轉折的前奏》，第420–422頁。

第五章　在毛時代終結時靠邊站：1976

1. 中共中央文獻研究室編：《鄧小平年譜（1975–1997）》（上下冊）（北京：中央文獻出版社，2004），1976年1月8日，第141頁。

2. 毛澤東對汪東興的評價，見高文謙：《晚年周恩來》（Carle Place, N. Y.: 明鏡出版社，2003），第7–8、602–604頁。

3. Jiaqi Yan and Gao Gao, *Turbulent Decade: A History of the Cultural Revolution* (Honolulu: University Press of Hawaii, 1996), p. 482.

4.《鄧小平年譜（1975–1997）》，1976年1月5日，第140–141頁。

5. 同上，1976年1月9日，第141–142頁。

6. 關於周恩來晚年與毛澤東的關係，參見《晚年周恩來》。

7. 吳德：《吳德口述：十年風雨紀事，我在北京工作的一些經歷》（北京：當代中國出版社，2004），第203–204頁。

8. 加塞德（Roger Garside）是1976年至1979年的英國駐中外交官；David Zweig是加拿大交流學生，兩人都會講漢語，那幾天的大多數時間他們都在天安門廣場。參看Roger Garside, *Coming Alive: China after Mao* (New York: McGraw-Hill, 1981).

9. 吳德：《吳德口述》，第203頁。

10. 關於不允許佩戴黑紗的禁令，見同上，第204頁。

11. Garside, *Coming Alive*, pp. 10–13.

12.《鄧小平年譜（1975–1997）》，1976年1月12日，第142–143頁。

13. Qiaozhu Ji（冀朝鑄）, *The Man on Mao's Right: From Harvard Yard to Tiananmen Square, my life inside China's Foreign Ministry* (New York: Random House, 2008), p. 285；2002年4月對冀朝鑄的採訪。

14.《鄧小平年譜（1975–1997）》，1976年1月15日，第143–144頁；Ji, *The Man on Mao's Right*, p. 285.

15. Garside, *Coming Alive*, pp. 12–13.

16.《鄧小平年譜（1975–1997）》，1976年1月14日，第143頁。

17. *DXPCR*, p. 372.

18.《鄧小平年譜（1975–1997）》，1976年1月20日。

19. 對黨史學者的採訪，無日期。

20. *DXPCR*, pp. 372, 380–388; Frederick Teiwes and Warren Sun, *The End of the Maoist Era:*

Chinese Politics during the Twilight of the Cultural Revolution, 1972–1976 (Armonk, N.Y.: M. E. Sharpe, 2007), pp. 414–415.

21.《鄧小平年譜（1975–1997）》，1976年1月20日，第145頁。

22. 同上，1976年1月21日，第145–146頁。

23. 同上，1976年1月21日，1月–4月，第146頁。

24.《人民日報》，1976年月1月26日。

25.《鄧小平年譜（1975–1997）》，1976年1月21日，第146頁。

26. 同上，1976年2月2日，第147頁。

27. *DXPCR*, pp. 380–388;《鄧小平年譜（1975–1997）》，1976年1月15、21日，2月2日，第143–147頁。。

28. Teiwes and Sun, *End of the Maoist Era*, pp. 443–447.

29. 程中原、夏杏珍：《歷史轉折的前奏：鄧小平在1975》（北京：中國青年出版社，2003），第584頁。

30.《鄧小平年譜（1975–1997）》，1976年2月2日，第147頁。

31. 同上，1976年2月25日–3月初，第147–148頁。

32. Garside, *Coming Alive*, pp. 18–24.

33. Ibid., pp. 110–115. David S. Zweig, "The Peita Debate on Education and the Fall of Teng Hsiao-p'ing," *The China Quarterly*, no. 73 (March 1978): 154.

34.《鄧小平年譜（1975–1997）》，1976年3月26日，第148頁。

35. 吳德：《吳德口述》，第204–206頁。

36. Garside, *Coming Alive*, p. 115.

37. 關於鄧小平告訴家人不要去天安門廣場，見《鄧小平年譜（1975–1997）》，1976年3月下旬——4月初，第148–149頁。

38. Zweig, "The Peita Debate on Education and the Fall of Teng Hsiao-p'ing," pp. 154–158, Garside, *Coming Alive*, pp. 125–128.

39. Garside, *Coming Alive*, pp. 125–126.

40. 吳德：《吳德口述》，第207–211頁。

41.《鄧小平年譜（1975–1997）》，1976年4月5日，第149頁。

42. 吳德：《吳德口述》，第210–214頁。據Garside說，廣播是從下午6點半開始，9點35分時打了探照燈，在紫禁城裡集結待命的民兵向廣場前進。見Garside, *Coming Alive*, pp. 128–135.「四人幫」被捕後，吳德多次為污蔑鄧小平做過檢討，但也替自己辯解說4月5日那天他別無選擇，只能服從毛主席和政治局的決定。儘管有人說4月5日那天有大量流血，但對這一事件的3份調查報告，包括在醫院和火葬場及其他幾處的調查，都沒有找到有任何人死於鎮壓的證據。吳德說，中共中央黨史研究室所編的《中共黨史大事年表》（北京：人民出版社，1987）中一些記述的混亂，是由於中央政治局在4月4日和5日兩次會議被混在一起，讓人以為這兩次會議都是在4月4日召開的，還因為一些「四人幫」作出的批評沒有被記錄在案。見吳德：《吳德口述》，第218–221頁。

43. 2006年10月21日對章含之的採訪。
44. 2006年1月對一位熟悉毛遠新觀點的幹部的採訪。
45. 《鄧小平年譜（1975–1997）》，1976年4月6日，第149頁。
46. 高文謙：《晚年周恩來》，第308頁。
47. 即使是高層幹部也不知道鄧小平的去向，因此在外國人之間謠言四起，說鄧小平避走廣州，受到他的老友和支持者、1974年1月至1980年2月擔任廣東軍區司令員的許世友將軍保護。不僅香港的報紙，連一些西方分析家也報導過這些傳言。見Garside, The *Coming Alive*, p. 140; Harrison E. Salisbury, *The New Emperors: China in the Era of Mao and Deng* (Boston, Little, Brown, 1992), p. 367. 鄧小平的女兒後來糾正了這些誤解。
48. 《鄧小平年譜（1975–1997）》，1976年4月7日，第150頁；吳德：《吳德口述》，第216–218頁。
49. Zweig, "The Peita Debate on Education and the Fall of Teng Hsiao-p'ing," p. 158.
50. 中共中央文獻研究室：《毛澤東傳（1949–1976）》（上下冊）（北京：中央文獻出版社，2003），下冊，第1778頁。
51. 毛澤東的醫生李志綏說毛澤東是在4月30日給華國鋒寫下這些話的。見Zhisui Li, with the editorial assistance of Anne F. Thuston, *The Private Life of Chairman Mao: The Memoirs of Mao's Personal Physician* (New York: Random House, 1994), p.5.
52. 《鄧小平年譜（1975–1997）》，1976年4月7日、8日，第150頁。
53. 同上，1976年7月6日，9月9日，第151頁。
54. 同上，1976年9月9日，第151頁。
55. 吳德：《吳德口述》，第197頁。
56. Teiwes and Sun, *End of the Maoist Era*, p. 390.
57. 《鄧小平年譜（1975–1997）》，1976年9月9日，第151頁。
58. Roxane Witke, *Comrade Chiang Ch'ing* (Boston, Little, Brown, 1977), p. 449. 關於「四人幫」被捕的背景和過程的簡要記敘，見史雲、李丹慧：《中華人民共和國史．第8卷：難以繼續的「繼續革命」——從批林到批鄧（1972–1976）》（香港：香港中文大學當代中國文化研究中心，2008），第647–716頁；武健華：《粉碎「四人幫」策畫實施過程》，《中華兒女》，2001年第10、11期，後收入李海文：《中共重大歷史事件親歷記（1949–1980）》（上下冊）（成都：四川人民出版社，2006），下冊，第248–281頁；范碩：《葉劍英在關鍵時刻》（瀋陽：遼寧人民出版社，2001）；吳德：《吳德口述》。英文文獻見Yan and Gao, *Turbulent Decade*, pp. 519–528; Teiwes and Sun, *End of the Maoist Era*, pp. 536–594; and Richard Baum, *Burying Mao: Chinese Politics in the Age of Deng Xiaoping* (Princeton, N.J.: Princeton University Press, 1994), pp.40–45.
59. 范碩：《葉劍英在關鍵時刻》，第363–364頁。Li, with the editorial assistance of

Thurston, *The Private Life of Chairman Mao*, pp. 3–30, 615–625；2007年10月對紀登奎之子紀虎民的採訪。

60. 范碩：《葉劍英在關鍵時刻》，第367頁。

61. 同上，第369–370頁。

62. Yan and Gao, *Turbulent Decade*, p.524; 程中原、王玉祥、李正華：《1976–1981年的中國》（北京：中央文獻出版社，2008），第4–5頁；Teiwes and Sun, *End of the Maoist Era*, pp.551–594.

63. 范碩：《葉劍英在關鍵時刻》，第368頁。是華國鋒還是葉劍英首先提議採取行動，以及兩人中誰發揮了更重要的作用，西方和中國學者有不同看法。華國鋒掌權時，中國媒體強調他起的作用更大，他下台之後同一批媒體又強調葉劍英的作用。兩人顯然都發揮了重要作用。對這個問題討論可參見Teiwes and Sun, *End of the Maoist Era*, pp. 536–594.

64. 范碩：《葉劍英在關鍵時刻》，第377–380頁。

65. Garside, *Coming Alive*, p. 154與Salisbury, *The New Emperors*, p. 274都提到未經證實的報導，稱毛遠新本想逃跑，在試圖登上一架前往東北的飛機時被捕。但是看過很多黨內文件的范碩沒有提到這些傳言，香港《明報》和《爭鳴》雜誌曾經將這條傳聞和關於捉捕江青的戲劇化報導一同刊出，相關的概要介紹見Garside, *Coming Alive*, pp. 152–167。黨史專家也沒有證實這些傳言。另參見Teiwes and Sun, *End of the Maoist Era*, p. 580。

66. Teiwes and Sun, *End of the Maoist Era*, p. 582.

67. Roderich MacFarquhar, *The Politics of China: The Era of Mao and Deng*, 2d ed.(New York: Cambridge University Press, 1997), p. 312.

68. 關於這些工人民兵的背景，見Elizabeth J. Perry, *Patrolling the Revolution: Worker Militias, Citizenship, and the Modern Chinese State* (Lanham, Md.: Rowman and Littlefield, 2006).

69. 程中原、李正華、王玉祥：《1976–1981年的中國》，第11–14頁；Teiwes and Sun, *End of the Maoist Era*, pp. 582–590.

70. Garside, *Coming Alive*, pp. 154–167.

71. 《鄧小平年譜（1975–1997）》，1976年10月21日，第152頁；Garside, *Coming Alive*, pp. 165–166.

72. Teiwes and Sun, *End of the Maoist Era*, pp 586–587.

73. 《鄧小平年譜（1975–1997）》，1976年10月26日，第152–153頁。

74. 同上，1976年10月，粉碎「四人幫」之後，第153頁。

75. *DXPCR*, pp. 440–441.

76. 《鄧小平年譜（1975–1997）》，1976年10月7、10日，第152頁。轉引自Baum, *Burying Mao*, p. 43.

77. 同上，1976年12月7、12、13、14、24日，第153–154頁。

78. 同上，1976年12月24日以後，第154頁。

第六章　在華國鋒時期復出：1977–1978

1. U.S. Dept. of State, "Ambassador Gates' Discussion in Peking," DNSA, doc. CH00407, Secret, Action Memorandum, April 22, 1976.
2. 對華國鋒當政兩年的深入分析，見程美東：《1976–1978年中國社會的演化：兼論華國鋒的時期政治環境的變動與十一屆三中全會的召開》，《學習與探索》，2008年第6期，第32–41頁。感謝孫萬國提供給我的有關華國鋒支持改革的證據。
3. 在另一些層級和部門，例如經濟部門，個人權力仍然很大。參見Andrew G. Walder, *Communist Neo-Traditionalism: Work and Authority in Chinese Industry* (Berkeley: University of California, 1986)。「中譯本：《共產黨社會的新傳統主義：中國工業中的工作環境和權力結構》，華爾德著，龔小夏譯，香港牛津大學出版社，1996。——中文版編者注」
4. 葉劍英的傳記作者認為葉在籌畫逮捕「四人幫」上具首要作用。一些黨史研究者相信葉的作用大，另一些人則認為華的作用大，泰維斯和孫萬國研究了這些看法後，認為華的作用更大一些；他是領導人並採取了主動。見Teiwes and Warren Sun, *The End of the Maoist Era: Chinese Politics During the Twilight of the Cultural Revolution*, 1972-1976 (Armonk, N. Y.: M. E. Sharpe, 2007), pp. 591–594。類似的結論見高原明生：《現代中國史の再檢討—華國鋒と鄧小平、そして1978年の畫期性について》(再論中國現代史：華國鋒與鄧小平，及1978年之畫時代意義)，《東亞》, 2008年9月，第495期，頁32–40。
5. 例如參見于光遠：《我對華國鋒的印象》，《領導文萃》，2008年第16期，第68–70頁。
6. 「兩個凡是」有多種英文翻譯，作者採用的是*SWDXP*-2一書第137頁中所用的官方譯法。
7. 2005年10月對程中原的採訪。
8. 中共中央文獻研究室編：《鄧小平年譜（1975–1997）》(上下冊)(北京：中央文獻出版社，2004)，1976年10月逮捕「四人幫」以後。
9. Richard Baum, *Burying Mao: Chinese Politics in the Age of Deng Xiaoping* (Princeton, N. J.: Princeton University Press, 1994), p. 43.
10. 中國人民解放軍軍事科學院編：《葉劍英年譜（1897–1986）》(上下冊)(北京：中央文獻出版社，2007)，1976年12月12日。
11. 沈寶祥：《真理標準問題討論始末》(北京：中國青年出版社，1997)，第331–332頁。
12. 2005年10月對程中原的訪談。
13. 中共中央文獻研究室編：《陳雲傳》(上下冊)(北京：中央文獻出版社，2005)，下冊，第1447–1450頁。

14. Teiwes and Sun, *End of the Maoist Era*., pp. 238–240.
15. 程美東：《1976–1978年中國社會的演化》，第34頁。
16. 程中原、王玉祥、李正華：《1976–1981年的中國》（北京：中央文獻出版社，2008），第43頁。
17. 同上，第44頁。
18. 《陳雲傳》，下冊，第1447–1448頁；中共中央文獻研究室編：《陳雲年譜（1905–1995）》（上中下冊）（北京：中央文獻出版社，2000），1977年3月17日。陳雲對上海代表團也說過同樣的話，見《陳雲年譜（1905–1995）》，1977年3月13日。另參見程中原、王玉祥、李正華：《1976–1981年的中國》，第44頁；《鄧小平年譜（1975–1997）》，1977年3月10日至20日。沈寶祥：《真理標準問題討論始末》，第4頁。
19. 程中原、王玉祥、李正華：《1976–1981年的中國》，第44–45頁；另參見《鄧小平年譜（1975–1997）》，1977年3月10日至20日。
20. 《陳雲年譜（1905–1995）》，1977年3月17日。
21. 《鄧小平年譜（1975–1997）》，1977年3月10日至20日，第156頁；程中原、王玉祥、李正華：《1976–1981年的中國》，第45–46頁。
22. 《鄧小平年譜（1975–1997）》，1977年4月7日，第156–157頁。
23. 鄧小平在1977年7月21日的三中全會上更全面闡明了這些觀點。見他的《完整地準確地理解毛澤東思想》一文，*SWDXP*-2, pp. 55–60。
24. 《鄧小平年譜（1975–1997）》，1976年4月10日，第157頁。
25. 同上，1976年4月10日後，第157頁。
26. 例如李德生：《偉大的轉折，歷史的必然：回憶十一屆三中全會的召開》，收入于光遠等編：《改變中國命運的41天：中央工作會議，十一屆三中全會親歷記》（深圳：海天出版社，1988），第230頁。
27. 程中原、王玉祥、李正華：《1976–1981年的中國》，第46頁。
28. 《鄧 小 平 年 譜（1975–1997）》，1977年5月24日， 第159–160頁；*SWDXP*-2, pp. 51–52.
29. 《中發十五號 —— 鄧小平致華國鋒的兩封信（一）》（1977年5月3日，鄧小平由汪東興轉華國鋒），未出版文件，藏於Fairbank Collection, Fung Library, Harvard University。
30. 《鄧小平年譜（1975–1997）》，1977年4月10日，第157頁。
31. 程中原、王玉祥、李正華：《1976–1981年的中國》，第44–45頁。另參見《鄧小平年譜（1975-1997）》，1977年3月10日–20日，第156頁。
32. 《鄧小平年譜（1975–1997）》，1977年5月12日，第157–159頁。
33. 同上。
34. 中共中央文獻研究室、中國人民解放軍軍事科學院編：《鄧小平軍事文集》（三卷本）（北京：軍事科學出版社；中央文獻出版社，2004），第3卷，第53–87頁。

35.《鄧 小 平 年 譜（1975–1997）》，1977年5月24日，第159–161頁；*SWDXP*-2, pp. 53–54.
36. 鄧力群，《十二個春秋，1975–1987：鄧力群自述》（香港：博智出版社，2006），第86–96頁。
37.《鄧小平年譜（1975–1997）》，1977年7月16–21日，第162–163頁；程中原、王玉祥、李正華：《1976–1981年的中國》，第47頁。
38. 程中原、王玉祥、李正華：《1976–1981年的中國》，第47–48頁；《鄧小平年譜（1975–1997）》，1977年7月16–21日，第162–163頁；*SWDXP*-2, pp. 55–60.
39. 程中原、王玉祥、李正華：《1976–1981年的中國》，第47–48頁；《鄧小平年譜（1975–1997）》，1977年7月16–21日，第162–163頁。
40.《鄧小平年譜（1975–1997）》，1977年7月30日；與一些當時在場者的交談，無日期。
41. 沈寶祥：《真理標準問題討論始末》，第10頁。
42. "Closing Address at the 11th National Congress of the Communist Party of China", in *The Eleventh National Congress of the Communist Party of China* (Peking: Foreign Languages, 1977), pp. 189–195.
43.《鄧小平年譜（1975–1997）》，1977年7月23日，第164頁。
44. *SWDXP*-2, p. 82.
45.《鄧小平年譜（1975–1997）》，1977年10月10日，第221–220頁。
46. *SWDXP*-2, p. 61.
47. 同上，54頁；《鄧小平年譜（1975–1997）》，1977年5月24日，第160–161頁。
48.《鄧小平年譜（1975–1997）》，1977年7月23日，第165頁。
49. 吉偉青：《教育戰線推翻「四人幫」兩個估計前後》，《炎黃春秋》，2003年第5期，第40–42頁。關於鄧小平在1997年努力推動教育的概述，見夏杏珍：《鄧小平與教育戰線的撥亂反正》，《當代中國史研究》，2004年第4期，第50–58頁。
50. *SWDXP*-2, p. 85.
51.《鄧小平年譜（1975–1997）》，1977年7月27日，第166頁。
52. 同上，1977年8月1日，第169頁。
53. 同上，1977年7月29日，第167頁。
54. 同上，1977年8月4日，第172–173頁；另見他在1977年8月9日的講話；英文版可見於*SWDXP*-2, pp. 61–72。
55. *SWDXP*-2, p. 82–83.
56. *SWDXP*-2, pp. 83.
57. 程中原、王玉祥、李正華：《1976–1981年的中國》，第55–56頁；中央文獻研究室、湖南省委、湖南電視台：大型電視片《鄧小平十章》，第3集《破冰》（湖南電視台，2004）。
58. *SWDXP*-2, p. 82.

59. 第3集《破冰》。

60. 程中原、王玉祥、李正華：《1976–1981年的中國》，第56–77頁。

61. 同上，第57頁。

62. 這遵循了日本、南韓、台灣和東亞各國的社會模式，那些地方的大專聯考也有類似作用。參見Ezra F. Vogel, *Japan's New Middle Class: The Salary Man and His Family in a Tokyo Suburb* (Berkeley: University of California Press, 1963), pp. 40–67, Thomas P. Rohlen, *Japan's High Schools* (Berkeley: University of California Press, 1983), Denise Potrzeba Lett, *In Pursuit of Status: The Making of South Korea's "New" Urban Middle Class* (Cambridge, Mass.: Asia Center, Harvard University, 1998)。

63. *SWDXP*-2, pp. 64.

64. 《鄧小平年譜（1975–1997）》，1977年9月19日，第204頁。

65. 他的很多思想在1977年8月8日有關教育和科學的講話中有闡述，見*SWDXP*-2, p. 61–72.

66. 程中原、夏杏珍：《歷史轉折的前奏》（北京：中國青年出版社，2003），第223–230頁。

67. *SWDXP*-2, pp. 101–116.

68. 《鄧小平年譜（1975–1997）》，1977年7月23日，第164–165頁。

69. 對中央黨校和其他黨校的概述，見David Shambaugh, "Training China's Political Elite," The China Quarterly, no. 196 (December 2008): 827–844。

70. 2006年8月對孫長江的採訪。另參見馬立誠、淩志軍：《交鋒：當代中國三次思想解放實錄》（北京：今日中國出版社，1998），第49–61頁。

71. 我在正文中用"Practice is the sole criterion for judging truth"，但更直接的翻譯應是："Experience is the sole criterion for testing truth"。

72. 2006年8月對孫長江的採訪；沈寶祥：《真理標準問題討論始末》；Michael Schoenhals, "The 1978 Truth Criterion Controversy," *The China Quarterly*, no. 126 (June 1991): 243–268.

73. 沈寶祥：《真理標準問題討論始末》，第107–108頁；Party History Research Center, comp., *History of the Chinese Communist Party: A Chronology of Events*, 1919–1990 (Beijing: Foreign Languages Press, 1991), May 11, 1978.

74. Schoenhals, "The 1978 Truth Criterion Controversy," 252–260; 沈寶祥：《真理標準問題討論始末》。

75. 沈寶祥：《真理標準問題討論始末》，第122頁。

76. 同上，第127–129頁；《鄧小平年譜（1975–1997）》，1978年7月22日，第345–346頁。

77. 馬立誠、淩志軍：《交鋒》，第41頁。

第七章　三個轉振點：1978

1. Paul A. Cohen, *Between Tradition and Modernity: Wang T'ao and Reform in Late Ch'ing China* (Cambridge: Council on East Asian Studies, Harvard University, 1987).
2. 《李先念傳》編寫組編：《李先念傳1949–1992》（上下冊）（北京：中央文獻出版社，2009），下冊，第1049頁；Nina P. Halpern, "Learning from Abroad: Chinese Views of the East European Economic Experience, January 1977–June 1981," Modern China 11, no. 1 (January 1985): 77–109.
3. *Deng Xiaoping*, South China Elites Weekly, August 17, 2004，轉引自林重庚：《序言：中國改革開放過程中的對外思想開放》，載吳敬璉編：《中國經濟50人看30年：回顧與反思》（北京：中國經濟出版社，2008）。
4. 李向前、韓鋼：《新近發現鄧小平與胡耀邦等三次談話記錄》，《百年潮》，1999年第3期，第4–11頁，收入楊天石編：《 鄧小平寫真》（上海：上海辭書出版社，2005），第192頁。
5. DXPSTW, pp. 55–56.
6. 關於中國經濟學家對東歐改革的看法，可以參見Jinglian Wu, *Understanding and Interpreting Chinese Economic Reform* (Mason, Ohio: Thomson/South-Western, 2005), pp. 17–30.
7. Xinhua General Overseas News Service, March 9 to April 6, 1978.
8. 谷牧：《小平同志領導我們抓對外開放》，中共中央文獻研究室編：《回憶鄧小平》，（上中下冊）（北京：中央文獻出版社，1998），上冊，第155–156頁。另參見谷牧：〈小平同志領導我們抓開放〉，《百年潮》，1998年第1期，第4–11頁，後收入楊天石編：《鄧小平寫真》（上海：上海辭書出版社，2005），第203–204頁。
9. 張根生：《聽谷牧談親歷的幾件大事》，《炎黃春秋》，2004年第1期，3–5頁。
10. 徐瑷：《不看不知道：訪原國家輕工部部長楊波》，載宋曉明、劉蔚編：《追尋1978：中國改革開放紀元訪談錄》（福州：福建教育出版社，1998），第539頁。
11. Xinhua General Overseas News Service, May 2 to June 7, 1978.
12. 徐瑷：《不看不知道》，第540頁。
13. 《李先念傳》編寫組：《李先念傳1949–1992》，下冊，第1050–1054頁。
14. 谷牧：〈小平同志領導我們抓開放〉，第203–204頁。
15. Xinhua General Overseas News Service, May 2 to June 7, 1978.
16. 程中原、王玉祥、李正華：《1976–1981年的中國》（北京：中央文獻出版社，2008），第263–266頁。
17. 崔榮慧：《改革開放，先行一步：訪原廣東省省委書記王全國》，載宋曉明、劉蔚編：《追尋1978：中國改革開放紀元訪談錄》，第558頁。
18. 徐瑷：《不看不知道》，第541頁。

19. 同上，第541頁；崔榮慧：《改革開放，先行一步》，第558頁。
20. 崔榮慧：《改革開放，先行一步》，第559頁。
21. 谷牧：《小平同志領導我們抓對外開放》，第156頁。
22. 張根生：《聽谷牧談親歷的幾件大事》，第3頁。
23. 程中原、王玉祥、李正華：《1976–1981年的中國》，第70頁；蕭冬連：《1979年國民經濟調整方針的提出與爭論：大轉折紀實之一》，《黨史博覽》，2004年第10期，第4–10頁。
24. 蕭冬連：《1979年國民經濟調整方針的提出與爭論》。
25. 谷牧：《小平同志領導我們抓對外開放》，第156–157頁。
26. 中共中央文獻研究室編：《鄧小平年譜（1975–1997）》（上下冊）（北京：中央文獻出版社，2004），1978年9月20日，第387–388頁。
27. 蕭冬連：《1978–1984年中國經濟體制改革思路的演進：決策與實施》，《當代中國史研究》，2004年第4期，第59–70頁；DXPSTW，pp. 53–61.
28. 《鄧小平年譜（1975–1997）》，1978年9月20日，第388頁。
29. 中共中央文獻編輯委員會編：《陳雲文選》（三卷本）（北京：人民出版社，1995），第3卷，第235頁。
30. 同上，第3卷，第252頁。
31. 蘇台仁編：《鄧小平生平全紀錄：一個偉人和他的一個世紀》（上下冊）（北京：中央文獻出版社，2004），第625頁。
32. 這時很多地方還有「革委會」，即包括很多擁有軍職的地方幹部和被授予軍職的地方幹部的政府機關。
33. 蘇台仁編：《鄧小平生平全紀錄》，第2卷，第623–624頁。
34. 王恩茂（時任吉林省委第一書記）：《決定中國命運的「工作重點轉移」》，載于光遠等：《改變中國命運的41天：中央工作會議、十一屆三中全會親歷記》（深圳：海天出版社，1998），第204–206頁；*SWDXP*-2, pp.141–144.
35. 李德生：《偉大的轉折，歷史的必然：回憶十一屆三中全會的召開》，載于光遠等：《改變中國命運的41天》，第231–235頁。
36. DXPSTW, pp.131. 于光遠的中文原著是《1978：我親歷的那次歷史大轉折；十一屆三中全會的台前幕後》，（北京：中央編譯出版社，1998）。李向前、韓鋼：《新發現鄧小平與胡耀邦的三次談話記錄》，第190–200頁。
37. DXPSTW, pp.131。另見朱佳木：《我所知道的十一屆三中全會》（北京：中央文獻出版社，1998），第46–181頁。
38. 《鄧小平年譜（1975–1997）》，10月底，第415頁；蘇台仁：《 鄧小平生平全紀錄》，第2卷，第625頁。
39. 李向前、韓鋼：《新發現鄧小平與胡耀邦的三次談話記錄》，第129–148頁；DXPSTW, pp. 128–148.
40. *SWDXP*-2, pp. 167–168.

41. DXPSTW, pp. 18–22.
42. Ibid., pp. 29–32.
43. 這一資訊來自我與一些東南亞官員的交談，鄧小平訪問這一地區時曾與他們會談。
44. 朱佳木：《胡喬木在十一屆三中全會上》，載于光遠等：《改變中國命運的41天》，第304頁；DXPSTW, p. 21.
45. *SWDXP*-2, pp. 80–86.
46. DXPSTW, p. 24.
47. Ibid., pp. 23–28.
48. Ibid., pp. 51–53.
49. 于光遠：《改變中國命運的41天》；DXPSTW, pp. 39–42.
50. 王全國：《十一屆三中全會與廣東的改革開放》，載于光遠等：《改變中國命運的41天》，第198–203頁。
51. 這個資訊來自與葉選基的交談，當時他正與他的叔父葉劍英一起工作。另見他的文章：《葉帥在第十一屆三中全會前後：讀于光遠〈1978：我親歷的那次歷史大轉折〉有感》，載《南方週末》，2008年10月30日，D23。于光遠是鄧小平的講話起草人之一，對談話都認真做筆記，但是他不知道11月11日的會議。
52. 錢江：《張聞天冤案是怎樣平反的》，《縱橫》，2001年第2期，第4–6頁。早在6月25日鄧小平就讀了有關61人案件的報告。鄧小平看報告時說，這些案子必然解決，但事實上直到6個月後的中央工作會議上才得到解決。這61個人是否為獲釋出獄而與國民黨配合過於密切的問題，中央領導人早在1936年4月已有結論，認為他們是清白的。但是林彪、康生和江青在1967年3月再次宣布他們是叛徒。
53. DXPSTW, pp. 63–65. 另見于光遠：《1978：我親歷的那次歷史大轉折》，第77–79頁。
54. DXPSTW, p. 70.
55. Ibid., pp. 71–72.
56. 于光遠：《1978：我親歷的那次歷史大轉折》，第85–86頁。
57. 同上，第90–91頁。
58. 中國人民解放軍軍事科學院編：《葉劍英年譜（1897–1986）》（上下冊）（北京：中央文獻出版社，2003），1978年11月10至15日，第1155–1156頁；1978年11月12至13日，第1156頁。
59. DXPSTW, pp.72–76.
60. Ibid., pp. 46–51, 74–76, 78–79, 166.
61. 于光遠：《1978：我親歷的那次歷史大轉折》，第86頁。
62. DXPSTW, pp. 80–90, 108; 又同上，第115–125頁。
63. DXPSTW, pp 163–165.
64. 《鄧小平年譜（1975–1997）》，1978年12月22日，第457頁。

65. DXPSTW, pp. 39–46.
66. 吳象：《萬里談三中全會前後的農村改革》，載于光遠等：《改變中國命運的41天》，第286–287頁。
67. 梁靈光：《一次畫時代的中央會議》，載于光遠等：《改變中國命運的41天》，第273–274頁。
68. 任仲夷：《追尋1978年的歷史轉軌》，載于光遠等：《改變中國命運的41天》，第216頁。
69. DXPSTW, p. 127.
70. 朱學勤：《30年來的中國改革，有兩個階段》，《南方都市報》，2007年12月16日。
71. 《葉劍英年譜（1897–1986）》，第1157頁，1978年11月中旬。
72. 同上，1978年11月27日。
73. 同上，1978年11月25日；DXPSTW, pp. 76–78收錄了鄧小平評論的原文。
74. DXPSTW, p. 78.
75. 此處對鄧小平講話稿的準備工作的討論以及所引用的鄧小平講話，見同上pp. 129–148。我這裡的討論也利用了于光遠的採訪。見于光遠：《我憶鄧小平》（香港：時代國際出版有限公司，2005）；另見韓鋼：《一份鄧小平珍貴手稿的發現》，《百年潮》，1997年第4期，第4–6頁，載楊天石：《鄧小平寫真》（上海：上海辭書出版社，2005），第186–189頁；李向前、韓鋼：《新發現鄧小平與胡耀邦的三次談話記錄》，載《鄧小平寫真》，第190–200頁。
76. DXPSTW, pp. 185-190.
77. Ibid., pp. 129–143.
78. 《解放思想，實事求是，團結一致向前看》，*SWDXP*-2, pp. 151–165。
79. DXPSTW, pp. 132–139.
80. Ibid., pp. 168-172. 梁靈光：《一次畫時代的中央會議》，第175頁。
81. Robert D. Novak, *The Prince of Darkness: 50 Years Reporting in Washington* (New York: Crown Forum, 2007), pp. 324, 326.
82. 任仲夷：《追尋1978年的歷史轉軌》，第215–216頁。
83. DXPSTW, pp. 205–207.

第八章　為自由設限：1978–1979

1. Roger Garside, *Coming Alive: China after Mao* (New York: McGraw-Hill, 1981).
2. Ibid.
3. Ibid., pp. 237, 243–244.
4. Ibid., p. 241.
5. Ibid.
6. Ibid., pp. 196–197; Robert D. Novak, *The Prince of Darkness: 50 Years Reporting in Washington*

(New York: Crown Forum, 2007); Merle Goldman, "Hu Yaobang's Intellectual Network and the Theory Conference of 1979," *The China Quarterly*, no. 126 (June 1991): 223.

7. Goldman, "Hu Yaobang's Intellectual Network," pp. 223–225, 237, 243–244.
8. Ibid., pp. 220–221.
9. 胡績偉：《胡耀邦與西單民主牆》，http://www.shufa.org/bbs/viewthread.php?tid=85030（2010年8月6日訪問）。
10. 2001年1月對于光遠的採訪。
11. 此文收入Garside, *Coming Alive*, p. 247。
12. Ibid., p. 255.
13. Ibid., pp. 431–434.
14. 2001年1月對于光遠的採訪。
15. Garside, *Coming Alive*, pp. 231–233, 263–284.
16. Ibid., p. 257.
17. Ibid., pp. 257–259.
18. 一位西方學者的觀察，無日期。
19. Garside, *Coming Alive*, p. 259.
20. 朱佳木：《胡喬木在十一屆三中全會上》，載于光遠等：《改變中國的41天：中央工作會議、十一屆三中全會親歷記》（深圳：海天出版社，1998），第308頁。
21. 2001年1月對于光遠的採訪。
22. 鄧力群：《十二個春秋，1975–1987：鄧力群自述》（香港：博智出版社，2006），第133頁。
23. 沈寶祥：《真理標準問題討論始末》（北京：中國青年出版社，1997），第321–325頁。對務虛會的記述見盛平編：《胡耀邦思想年譜（1975–1989）》（上下冊）（香港：泰德時代出版社，2007），上冊，第293–315、341–347頁；鄭仲兵編：《胡耀邦年譜資料長編》（上下冊）（香港：時代國際出版有限公司，2005），上冊，第355–367、385–387頁；蕭冬連：《中華人民共和國史．第10卷：歷史的轉軌：從撥亂反正到改革開放》（香港：香港中文大學當代中國文化研究中心，2008），第69–82頁；Merle Goldman, *Sowing the Seeds of Democracy in China: Political Reform in the Deng Xiaoping Era* (Cambridge: Harvard University Press, 1994), pp. 47–61；程中原、王玉祥、李正華：《1976–1981年的中國》（北京：中央文獻出版社，1998），第273–356頁。
24. 沈寶祥：《真理標準問題討論始末》，第328頁。
25. 發言全文見鄭仲兵編：《胡耀邦年譜資料長編》，上冊，第355–367頁。
26. Goldman, "Hu Yaobang's Intellectual Network," p. 229–237; 沈寶祥：《真理標準問題討論始末》，第323–327頁。
27. 沈寶祥：《真理標準問題討論始末》，第370–371頁。
28. 盛平編：《胡耀邦思想年譜（1975–1989）》，上冊，第306頁；《國史．第10

卷》，第67頁；2001年11月作者對王若水的採訪。

29. 盛平編：《胡耀邦思想年譜（1975–1989）》，上冊，第306頁；《國史．第10卷》，第67頁。

30. 沈寶祥：《真理標準問題討論始末》，第342–347頁。

31. 同上，第321–333頁。他的講話部分內容見第321–323頁。

32. Goldman, *Sowing the Seeds of Democracy in China*, pp. 50–54.

33. Goldman, "Hu Yaobang's Intellectual Netowrk," pp. 229–235.

34. 沈寶祥：《真理標準問題討論始末》，第367–370頁。

35. 《國史．第10卷》，第65–74頁。

36. 盛平編：《胡耀邦思想年譜（1975–1989）》，上冊，第322–324頁。

37. DXPNP-2，1979年3月16日，第493頁。

38. Ming Ruan, *Deng Xiaoping: The Chronicle of an Empire* (Boulder, Colo.: Westview, 1994), p. 56.

39. DXPNP-2，1979年3月27日，第498–500頁。

40. *SWDXP*-2, pp. 183–184.

41. *SWDXP*-2, pp. 181–183.

42. 鄧力群：《十二個春秋》，第136–139頁。（葉劍英不記得鄧小平說過這樣的話。見第137頁。）

43. 《胡耀邦同志在黨的理論工作務虛會上的結束語》，1979年4月3日。這個發言的摘要見盛平編：《胡耀邦思想年譜（1975–1989）》，第345–347頁。

44. 鄧力群：《十二個春秋》，第138–139頁。

45. Goldman, "Hu Yaobang's Intellectual Network," pp. 236–237.

46. 《國史．第10卷》，第165–247頁。

47. 鄧力群：《十二個春秋》，第135–137頁。

48. 同上，第155–156頁。

49. 見Goldman, *Sowing the Seeds of Democracy in China*; 及Merle Goldman, *From Comrade to Citizen: The Struggle for Political Rights in China* (Cambridge: Harvard University Press, 2005)。

第九章　蘇聯和越南的威脅：1978–1979

1. 鄧小平正式接手外交工作是從1978年3月10日開始，但他恢復工作後不久就主持了與萬斯的會談並處理與美國相關的事務，這被認為是中國最重要的對外政策問題。

2. Hua Huang, *Huang Hua Memoirs* (Beijing: Foreign Languages Press, 2008).

3. George Bush and Brent Scowcroft, *A World Transformed* (New York: Knopf, 1998), p. 93.

4. Huang Hua, *Huang Hua Memoirs*, p. 289.

5. Nayan Chandra, *Brother Enemy: The War after the War* (San Diego: Harcourt Brace Jovanovich,

1986), p. 259.

6. Robert S. Ross, *Indochina Tangle: China's Vietnam Policy, 1975–1979* (New York: Columbia University Press, 1988), p. 67; Jian Chen, "China and the First Indo-China War, 1950–54," *The China Quarterly*, no. 133 (March 1993): 85–110.

7. Henry J. Kenney, "Vietnamese Perceptions of the 1979 War with China," in Mark A. Ryan, David M. Finklestein, and Michael A. McDevitt, eds., *Chinese Warfighting: The PLA Experience Since 1949* (Armonk, N. Y.: M. E. Sharpe, 2003), p. 218.

8. 外交部文件案館編：《偉人的足跡：鄧小平外交活動大事記》（北京：世界知識出版社，1998），1965年4月18、19、22、23日。

9. Kuan Yew Lee, *From Third World to First* (New York: HarperCollins, 2000), p. 661. 整個援助計畫，可參見軍事科學院軍事歷史研究所：《中華人民共和國軍事史要》（北京：軍事科學出版社，2005），第549–570頁。美國的文獻普遍低估了越戰期間中國派出的軍隊數量。例如一個估計是五萬人。見Kenny, "Vietnamese Perceptions of the 1979 War with China," p. 217; Donald S. Zagoria and Sheldon W. Simon, "Soviet Policy in Southeast Asia," in Zagoria, ed., *Soviet Policy in East Asia* (New Haven, Conn.: Yale University Press, 1982), pp. 153–173.

10. Chen Jian, *Mao's China and the Cold War* (Chapel Hill: University of North Carolina Press, 2001), pp. 221–229.

11. William J. Duiker, *Ho Chi Minh* (New York: Hyperion, 2000), pp. 541, 550.

12. Chen, *Mao's China and the Cold War*, pp. 229–237.

13. M. Taylor Fravel, *Strong Borders, Secure Nation: Cooperation and Conflict in China's Territorial Disputes* (Princeton, N.J.: Princeton University Press, 2008), pp. 276–287.

14. Chanda, *Brother Enemy*, pp. 13–18. Ross, *The Indochina Tangle*, pp. 64–65.

15. 《偉人的足跡：鄧小平外交活動大事記》，1975年9月22–25日。

16. 同上，1975年9月25日。

17. Ross, *The Indochina Tangle*, pp. 67–68.

18. Chandra, *Brother Enemy*, pp. 134–135; Kenney, "Vietnamese Perceptions of the 1979 War with China," pp. 26–28, 222–223; Ross, *The Indochina Tangle*, p. 67.

19. Chanda, *Brother Enemy*, p. 28.

20. Ross, *The Indochina Tangle*, p. 75.

21. 例如可參見1976年5月李光耀與華國鋒長達七小時的談話紀錄：Lee, *From Third World to First*, pp. 642–650。

22. Chanda, *Brother Enemy*, pp. 27–28.

23. Ross, *The Indochina Tangle*, p. 68.

24. Ibid., p. 127; Chanda, *Brother Enemy*, pp. 88–89.

25. Ross, *The Indochina Tangle*, pp. 128–129.

26. Chanda, *Brother Enemy*, pp. 187–188, 240–245.

27. Ross, *The Indochna Tangle*, pp. 130–131.

28. Chanda, *Brother Enemy*, p. 189.

29. Lee, *From Third World to First*, p. 661.

30. 范宏偉：〈周恩來與緬甸華僑〉，《當代中國史研究》，2008年第1期，第31–37頁。

31. 參見 Wayne Bert, "Chinese Policy toward Burma and Indonesia: A Post-Mao Perspective," *Asian Survey* 25, no. 9 (Sept. 1985): 963–980; Bertil Lintner, "Burma and Its Neighbors," in Surjit Mansingh, ed., *Indian and Chinese Foreign Policies in Comparative Perspective* (New Delhi: Radiant Publishers, 1998)；田曾佩：《改革開放以來的中國外交》（北京：世界知識出版社，2005年），第70–72頁；《偉人的足跡：鄧小平外交活動大事記》，1978年1月26–31日；W. R. Heaton, "China and Southeast Asian Communist Movements: The Decline of Dual Track Diplomacy," in *Asian Survey* 22, no. 8 (Aug. 1982): 779–800。

32. Xinhua News Service, February 4, 6, 1978.

33. Ibid., February 6, 1978.

34. 中共中央文獻研究室編：《鄧小平年譜（1975–1997）》（上下冊）（北京：中央文獻出版社，2004），1975年4月18–26日，第36–37頁。

35. Don Oberdorfer, *The Two Koreas* (New York: Basic Books, 1997), p. 96.

36. Dae-Sook Suh, *Kim Il Sung: The North Korean Leader* (New York: Columbia University Press, 1988), pp. 262, 391, n26.

37.《偉人的足跡：鄧小平外交活動大事記》，1977年8月7日。

38. 同上，1978年9月8–13日；《鄧小平年譜（1975–1997）》，1978年9月8–13日，第370–373頁。

39.《鄧小平年譜（1975–1997）》，1978年9月12日，第372–373頁。

40. 潘敬國：《共和國外交風雲中的鄧小平》（哈爾濱：黑龍江出版社，2004），第379頁。

41. Chanda, *Brother Enemy*, p. 318; Ross, *The Indochina Tangle*, p. 208.

42. Ross, *The Indochina Tangle*, pp. 207–208.

43. Ibid., p. 208.

44.《偉人的足跡：鄧小平外交活動大事記》，1978年10月3日。

45. 同上，1978年3月29日至4月1日。

46. Xinhua News Service, March 30, 1978.

47. *Facts on File World News Digest*, July 21, 1978.

48. Chanda, *Brother Enemy*, p. 325.

49. Xinhua News Service, November 9, 1978.

50.《偉人的足跡：鄧小平外交活動大事記》，1978年11月5–9日；Xinhua News Service, November 9, 1978; Chanda, *Brother Enemy*, pp. 325-6. Lee, *From Third World to First*, p. 662.

51. Heaton, "China and Southeast Asian Communist Movements," p. 785.
52. Xinhua News Service, November 9, 1978.
53. Lucian W. Pye, *Guerrilla Communism in Malaya: Its Social and Political Meaning* (Princeton, N. J.: Princeton University Press, 1956).
54. Heaton, "China and Southeast Asian Communist Movements," pp. 786-790.
55. *Facts on File World News Digest*, November 24, 1978.
56. Xinhua News Service, November 10, 11, 1978.
57. Ibid., November 12, 1978.
58. Chanda, *Brother Enemy*, p. 325.
59. Stephen Leong, "Malaysia and the People's Republic of China in the 1980s: Political Vigilance and Economic Pragmatism," *Asian Survey* 27, no. 10 (October 1987): 1109-1126.
60. Xinhua News Service, November 12, 1978.
61. Lee, *From Third World to First*, pp. 662–665. 另據作者2004年11月與新加坡官員的交談。
62. Lee, *From Third World to First*, pp. 660–662. 另見2004年11月與新加坡官員的討論。
63. 2004年11月與新加坡官員的交談。
64. Lee, *From Third World to First*, p. 667.
65. Ibid., p. 668.
66. Ibid.
67. 2004年11月同參加過與鄧小平會談的新加坡官員的交談。
68. Lee, *From Third World to First*, pp. 668–669.
69. Ross, *The Indochina Tangle*, p. 154.

第十章　向日本開放：1978

1. 中國經常提到的「反霸權」一詞，最初是由季辛吉向周恩來總理提出。見Henry Kissinger, "The China Connection," *Time*, October 1, 1979。
2. 裴華編：《中日外交風雲中的鄧小平》(北京：中央文獻出版社，2002)，第50–54頁。
3. 同上，第47–50頁。
4. 園田直的回憶見園田直：《世界日本愛》(東京：第三政經研究會，1981)，第174–185頁。
5. 黃華對中日關係談判的記述，見Hua Huang, *Huang Hua Memoirs* (Beijing: Foreign Languages Press, 2008), pp. 308–342。
6. 據布里辛斯基說，1978年5月他訪問北京後在東京停留，給日本人留下的印象是美國贊成「迅速簽署條約」。他說，日本此後很快便「同意了條約」。Zbigniew Brzezinski, *Power and Principle: Memoirs of the National Security Advisor, 1977–1981*, rev. ed. (New York: Farrar, Straus, Giroux, 1985), p. 218. 日本在3月就決定加快條約的完成，

但直到7月才使問題得到解決。5月2日和3日福田赳夫在華盛頓會見萬斯和卡特時，也討論過這些問題。見裴華：《中日外交風雲中的鄧小平》，第65–66頁。

7. Kazuhiko Togo, *Japan's Foreign Policy 1945–2003: The Quest for a Proactive Policy* 2d ed. (Leiden: Brill, 2005), pp. 134–135; 裴華：《中日外交風雲中的鄧小平》，第80頁。

8. Chae-Jin Lee, *China and Japan: New Economic Diplomacy* (Stanford, Calif.: Hoover Institution Press, 1984), pp. 26–27.

9. *Togo, Japan's Foreign Policy*, pp. 134–135.

10. George R. Packard, Edwin O., *Reischauer and the American Discovery of Japan* (New York: Columbia University Press, 2010).

11. 一本講述鄧小平拜會天皇的日本著作十分詳細地記錄了此事。見永野信利：《天皇と鄧小平の握手：實錄・日中交渉祕史》（天皇與鄧小平的握手：日中交涉祕史實錄）（東京：行政問題研究所，1983）。

12. 講述鄧小平日本之行的權威中文文獻是裴華所著：《中日外交風雲中的鄧小平》，第115–209頁。

13. 同上，第120頁。

14. 同上，第121–122頁。

15. 同上，第122頁。

16. 同上，第125頁。

17. Huang, *Huang Hua Memoirs*, pp. 333–334；同上，第137–140頁。

18. Huang, *Huang Hua Memoirs*, pp. 334–335.

19. 裴華：《中日外交風雲中的鄧小平》，第126頁。

20. 同上，第147–148頁。

21. 同上，第182頁。

22. 同上，第151頁。

23. 同上，第150–153頁。

24. 同上，第154–155頁。

25. 同上，第150–155頁。

26. 同上，第156–159頁。

27. 同上，第202頁。

28. 同上，第165–174頁。（譯者按：關於毛澤東的一句不見於裴著。）

29. 同上，第165–172頁。

30. 同上，第165–174頁。

31. 1979年6月對松下幸之助的採訪。

32. 松下幸之助：《松下幸之助は語る：情熱がなければ人は動かん》（松下幸之助說：沒有熱情人就不會行動）（東京：講談社，1985），第137頁；裴華：《中日外交風雲中的鄧小平》，第194–197頁。

33. 2004年10月對Hanai Mitsuyu 和千速晃（時任新日鐵總裁和日本貿易振興會中國部

部長）的採訪。第二世界大戰結束時Hanai住在東北，當時年僅13歲，離家加入了吉林省北部的解放軍，直到1949年後才離開解放軍進入北京中國人民大學學習。Hanai 1957年回到日本，1962被八幡製鐵錄用，在公司做翻譯，八幡合併為新日鐵後依然擔任這一職務。

34. 同上。
35. 2004年10月30日對Hanai Mitsuyu, Chihaya和Sugimoto Takashi的採訪。在80年代寶山鋼鐵廠的談判中，Sugimoto擔任新日鐵的中文翻譯和談判代表。另見裴華：《中日外交風雲中的鄧小平》，第174–178頁。
36. 裴華：《中日外交風雲中的鄧小平》，第164頁。
37. 鄧力群：《十二個春秋（1975–1987）：鄧力群自述》（香港：博智出版社，2006），第190–195頁；鄧力群：〈訪日歸來的思索〉，《經濟管理》，1979年第3期，第7–14頁。
38. 〈第一回閣僚會議〉，日本外務省亞洲局中國課未公開文件。第二次內閣會議舉行於1981年12月14–17日。
39. Lanqing Li, *Breaking Through: The Birth of China's Opening-Up Policy* (New York: Oxford University Press, 2009), pp. 318–324.

第十一章　向美國敞開大門：1978–1979

1. Memcon, Carter with Huang Zhen, 2/8/77, vertical file, China, box 40, Jimmy Carter Library, Atlanta; Memo, Michel Oksenberg to Zbigniew Brzezinski, no. 17, "The Road to Normalization"（談判完成不久後寫下的9頁會談總結）, vertical file, China, Jimmy Carter Library, the Fairbank Collection, Fung Library, Harvard University也有收藏。
2. Memcon, Secretary Vance's meeting with Huang Hua, 8/24/77, vertical file, China, Jimmy Carter Library. 關於引導談判和完成關係正常化談判的協商的不同記述，見Cyrus Vance, *Hard Choices: Critical Years in America's Foreign Policy* (New York: Simon and Schuster, 1983), pp. 75–83; Jimmy Carter, *Keeping Faith: Memoirs of a President* (Fayetteville: University of Arkansas Press, 1995), pp. 190–197; Zbigniew Brzezinski, *Power and Principle: Memoirs of the National Security Advisor, 1977–1981* (New York: Farrar, Straus, Giroux, 1983); Robert S. Ross, *Negotiating Cooperation: The United States and China, 1969–1989* (Stanford, Calif.: Stanford University Press, 1995); Patrick C. Tyler, *A Great Wall: Six Presidents and China: An Investigative History* (New York: PublicAffairs, 1999); Jimmy Carter, Zbigniew Brzezinski, and Richard N. Gardner, "Being There," *Foreign Affairs 78*, no. 6 (November–December 1999): 164–167; Brent Scowcroft and Patrick Tyler, "Safe Keeping," *Foreign Affairs 79*, no. 1 (January–February 2000): 192–194; James Mann, *About Face: A History of America's Curious Relationship with China from Nixon to Clinton* (New York: Alfred Knopf, 1999); Richard H. Solomon, *U.S. PRC Political Negotiations, 1967–1984: An Annotated Chronology* (Santa Monica, Calif.: Rand, 1985)，此文獻原來保密，後被解密；Richard H. Solomon, *Chinese*

Negotiating Behavior: Pursuing Interests through "Old Friends" (Washington, D. C.: United States Institute of Peace Press, 1999); Nicholas Platt, *China Boys: How U.S. Relations with the PRC Began and Grew* (Washington, D. C.: New Academia, 2009); Jeffrey T. Richelson, project director, *China and the United States: From Hostility to Engagement*, 1960–1998 (Alexandria, Va.: Chadwyck-Healey, 1999)。有關台灣問題的記述，見Nancy Bernkopf Tucker, *Strait Talk: United States–Taiwan Relations and the Crisis with China* (Cambridge: Harvard University Press, 2009) 及 Alan D. Romberg, *Rein in at the Brink of the Precipice: American Policy toward Taiwan and U. S.-PRC Relations* (Washington, D. C.: Henry L. Stimson Center, 2003)。在撰寫本章內容時，我曾與一些官員交談，如卡特總統、孟代爾、布里辛斯基、芮孝儉（Stapleton Roy）、查斯・弗里曼（Chas Freeman）、理查・索樂文（Richard Solomon）、溫・勞德（Win Lord）、米歇爾・奧克森伯格（Michel Oksenberg）和尼古拉斯・普拉特（Nicholas Platt）。我也與中國外交官員黃華以及中國翻譯員冀朝鑄、唐聞生、章含之和施燕華交談。此外，我還利用了「卡特政府對中政策口述史項目」（Carter Administration China Policy Oral History Project, LWMOT），該項目是由奧克森伯格和伍考克離任後，為記錄他們所參與的中美關係正常化過程這段歷史，從1981年秋天到1982年夏天進行的39次交談的錄音。這些交談的錄音現藏於韋恩州立大學（Wayne State University）圖書館，一部分屬於伍考克本人的私人文件，他的遺孀莎朗・伍考克（Sharon Woodcock）慷慨地提供閱讀。

3. Memcon, Meeting of Teng Xiao-ping and Secretary Vance, 8/24/77, vertical file, China, Jimmy Carter Library; Vance, *Hard Choices*, p. 82.
4. Solomon, *Chinese Negotiating Behavior*.
5. 外交部文件案館編：《偉人的足跡：鄧小平外交活動大事記》（北京：世界知識出版社，1998），1977年8月24日。
6. 轉引自中共中央文獻研究室編：《鄧小平年譜（1975–1997）》（北京：中央文獻出版社，2004），1977年8月24日，第188–189頁。
7. Vance, *Hard Choices*, p. 82; Solomon, *U.S.-PRC Political Negotiation, 1967–1984*, p. 62.
8. 《偉人的足跡：鄧小平外交活動大事記》，1977年8月24日。
9. Vance, *Hard Choices*, pp. 82–83; Ross, *Negotiating Cooperation*, pp. 110–111.
10. 《鄧小平年譜（1975–1997）》，1977年8月24日，第188–189頁。
11. Robert S. Ross, *Indochina Tangle: China's Vietnam Policy, 1975–1979* (New York: Columbia University Press, 1988);《人民日報》，1975年11月26日。
12. Memcon, Meeting of Teng Xiao-ping and Secretary Vance, 8/24/77, vertical file, China, Jimmy Carter Library;《偉人的足跡：鄧小平外交活動大事記》，1977年9月17日。
13. Tyler, *A Great Wall*, pp. 249–250.
14. 1977年11月18日布里辛斯基致伍考克大使的電文，Brzezinski Collection, Geo file, "Brzezinski's Trip [11/19/77–5/14/78]," box 9, Jimmy Carter Library.
15. 2009年4月對卡特的採訪，以及與芮孝儉和伍考克遺孀的幾次交談。這些事件的很多內容可見於Ross, *Negotiating Cooperation*, pp. 126–132。有關布里辛斯基與萬斯對立的討論，見Tyler, *A Great Wall*, pp. 237–239。

16. Memo, Michel Oksenberg to Zbigniew Brzezinski, "Impressions on our China Policy to Date," 8/23/78, Jimmy Carter Library, the Fairbank Collection, Fung Library, Harvard University亦有藏；Michel Oksenberg, "A Decade of Sino-American Relations," *Foreign Affairs 61*, no. 11 (Fall 1982): 184.

17. 2008年10月對芮孝儉的採訪，芮孝儉負責向國會領袖通報情況。

18. Memcon, Meeting of Zbigniew Brzezinski and Vice Premier Teng Hsiao P'ing, 5/25/78, vertical file, China, Jimmy Carter Library.

19. Memo, Cyrus Vance to the President on "Next Moves on China" Woodcock's Approach, 6/13/78, NSA Staff Material, Far East-Armacost, "Armacost Chron. File [6/14–6/30/78]," box 7, Jimmy Carter Library.

20. 雖然美方採取了嚴格的保密措施，但華盛頓少數政府官員也參與過幾次討論，包括理查·霍爾布魯克（Richard Holbrooke），宋賀德（Harry Thayer），蘇禮文（Roger Sullivan），李潔明（James Lilley），Charles Neuhauser，和沈大偉（David Shambaugh）。

21. Memcon, Dr. Brzezinski's meeting with Foreign Minister Huang Hua, May 21, 1978, 9:52 a.m. to 1:20 p.m., vertical file, China, Jimmy Carter Library; Solomon, *U. S. PRC Political Negotiations, 1967–1984*, p. 64; Brzezinski, *Power and Principle*, p. 212. 布里辛斯基寫道，他對黃華說，遠東的和平依靠美國繼續保持信用，他以這種委婉方式解釋美國要保留繼續對台售武的權利。12月中國對美國打算繼續對台售武表示不解。見他們的談話記錄和Tyler, *A Great Wall*, pp. 254–255。

22. Carter, *Keeping Faith*, p. 200.

23. Brzezinski, *Power and Principle*, pp. 213–214.

24. 《偉人的足跡：鄧小平外交活動大事記》，1978年5月21日。

25. Oksenberg to Brzezinski, "The Road to Normalization."

26. 轉引自Memcon, Meeting of Zbigniew Brzezinski and Vice Premier Teng Hsiao P'ing, 5/25/78。

27. Brzezinski, *Power and Principle*, p. 215.

28. 《偉人的足跡：鄧小平外交活動大事記》，1978年5月22日。

29. 同上，2005年8月6日。

30. Solomon, *U. S. PRC Political Negotiations*, 1967–1984, pp. 65–69.

31. *SWDXP*-2, pp. 101–107.

32. 《鄧小平年譜（1975–1997）》，1978年7月10日，第339–340頁。

33. Katlin Smith, "The Role of Scientists in Normalizing U. S.-China Relations: 1965–1979," in Allison L. C. de Cerreno and Alexander Keynan, eds., "The Role of Scientists in Mitigating International Discord," *Annals of the New York Academy of Sciences 866* (December 1998):

120; 作者2005年12月對Anne Keatley Solomon的採訪，她當時是負責安排這次訪問的美國國家科學院成員；Richard C. Atkinson (新聞界代表的成員之一), "Recollection of Events Leading to the First Exchange of Students, Scholars, and Scientists between the United States and the People's Republic of China," at http://www.rca.ucsd.edu/speeches/Recollections_China_student_exchange.pdf, 訪問時間2011年3月22日。我多年擔任對中學術交流委員會成員，參加過1973年5月首個訪問中國的科學家代表團。中國科學家在文革期間受到壓制，但仍抱有希望，儘管直到1978年兩國關係才開始升溫。為響應鄧小平要派學者去深造的要求，1978年10月中旬北京大學校長周培源率一個中國學者代表團訪美。由於文革時期的教育貧乏，第一年的人數不足700，而且很多實際成行者的英語準備不足。美國政府計畫通過政府項目，管理雙方的交流，就像處理美蘇交流那樣，但是在芝加哥大學拿過博士學位的周培源去華盛頓之前，在西海岸與一些學者私下接觸，發現可以做出大量私人安排，無需正式的政府關係（2005年對Anne Keatley Solomon的採訪）；Atkinson, "Recollection of Events"; 又見Memo, Frank Press to the President, 10/16/78, Staff Offices Collection: Science and Technology Adviser, Jimmy Carter Library。

34. 2009年4月對吉米・卡特的訪談。
35. LWMOT, tape 15, p. 25.
36. Ross, *Negotiating Cooperation*, p. 159.
37. Vance to Woodcock, 6/28/78, Brzezinski Collection, box 9, doc. 4, China, Alpha Channel [2/72–11/78], Jimmy Carter Library.
38. Woodcock to the White House, 7/25/78, Brzezinski Collection, box 9, doc. 4, China, Alpha Channel [2/72–11/78], Jimmy Carter Library.
39. 黃華的自傳：《親歷與見聞》（北京：世界知識出版社，2007）。英譯本為Hua Huang, *Huang Hua Memoirs* (Beijing: Foreign Languages Press, 2008)。
40. Vance, *Hard Choices*, p. 117.
41. Memcon, USLO Peking, "Transcript of CODEL Wolff Meeting with Teng Hsiao-píng," 7/10/78, vertical file, China, box 40, Jimmy Carter Library.
42. 2008年10月對芮孝儉的採訪。
43. Richard Holbrooke and Michel Oksenberg to Ambassador Woodcock, 9/7/78, vertical file, China, box 40, doc. 24, Jimmy Carter Library.
44. Memcon, "Summary of the President's Meeting with Ambassador Ch'ai Tsemin," 9/19/78, vertical file, China, box 41, Jimmy Carter Library.
45. Memcon, Summary of Secretary Vance's Meeting with Foreign Minister Huang Hua, 10/3/78, vertical file, China, Jimmy Carter Library.
46. Ross, *Negotiating Cooperation*, pp. 134–136.
47. 作者對芮孝儉的採訪。
48. Robert D. Novak, *The Prince of Darkness: 50 Years Reporting in Washington* (New York:

Crown Forum, 2007), pp. 324–332;《偉人的足跡：鄧小平外交活動大事記》，1978年11月27日。

49. Leonard Woodcock to Cyrus Vance and Zbigniew Brzezinski, "Sixth Session: December 4 Meeting with Han Nianlong," Brzezinski Collection, Alpha box 9 cont. [12/78–1/79], docs. 3A, 4A, 5, and 6, Jimmy Carter Library.

50. Ross, *Negotiating Cooperation*, pp. 136–137.

51. Solomon, *U.S. PRC Political Negotiations*, 1967–1984, p. 71; ibid., pp. 136–137.

52. Leonard Woodcock to Cyrus Vance and Zbigniew Brzezinski, "My Meeting with Teng Xiaoping December 13," vertical file, China, box 40, Jimmy Carter Library.

53. Ibid.

54. LWMOT, tape 19, p. 8.

55. Leonard Woodcock to Cyrus Vance and Zbigniew Brzezinski, "To the White House Immediate," 12/14/78, vertical file, China, box 40, Jimmy Carter Library.

56. Ibid.

57. LWMOT, tape 18, p. 28.

58. Cable, Woodcock to Vance and Brzezinski, 12/15/78, "Full Transcript of December 15 Meeting with Teng," vertical file, China, box 40, Jimmy Carter Library.

59. Ibid.

60. 這段話和所有會談中的引語，見Leonard Woodcock to Cyrus Vance and Zbigniew Brzezinski, "Full Transcript of December 15 meeting with Teng," 12/15/78, vertical file, China, box 40, Jimmy Carter Library。

61. Carter, *Keeping Faith*, p. 205.

62. Telephone Record, Peking to Secretary of State, 1/11/79, vertical file, China, Jimmy Carter Library.

63. Memo, Vance to Carter, 1/26/79, Scope Paper for the Visit of Vice Premier Deng Xiaoping of the People's Republic of China, January 29–February 5, 1979, vertical file, China, Jimmy Carter Library.

64. 出席儀式的Richard Solomon講述了這件事；據作者2010年10月與他的私人交流。

65. Don Oberdorfer, "Teng and Khrushchev," *The Washington Post*, Feb. 5, 1979, A1.

66. Chaozhu Ji, *The Man on Mao's Right: From Harvard Yard to Tiananmen Square, my life inside China's Foreign Ministry* (New York: Random House, 2008).

67. Orville Schell, "Watch Out for the Foreign Guests!" *China Encounters the West* (New York: Pantheon Books, 1980).

68. Carter, *Keeping Faith*, p. 214.

69. Michel Oksenberg, "I Remember Deng," *Far Eastern Economic Review*, March 6, 1977, 35; Brzezinski, *Power and Principle*, pp. 405–406.

70. Brzezinski, *Power and Principle*, p. 406.

71. Carter, *Keeping Faith*, p. 207.

72. Ibid., pp. 209–210.

73. 《鄧小平年譜（1975–1997）》，1979年1月24日，第473–474頁。

74. Letter, Carter to Deng, Brzezinski Collection, China, Pres. Meeting w/ *Deng Xiaoping*, box 9, Jimmy Carter Library.

75. Carter, *Keeping Faith*, pp. 211–213; Brzezinski, *Power and Principle*, pp. 409–410.

76. Brzezinski, *Power and Principle*, pp. 412–415.

77. Solomon, *U.S. PRC Political Negotiations*, 1967–1984, p. 76.

78. Carter, *Keeping Faith*, p. 211; Brzezinski, *Power and Principle*, p. 407. 出席國宴的人員名單中包括22名國會議員，可見*New York Times*, January 30, 1979。

79. Carter, *Keeping Faith*, p. 213.

80. Ibid., p. 212; *The Washington Post*, Nov. 1, 1979. *New York Times* January 30, 1979.

81. 尼克森和卡特的通信，見"Staff Office on Chinese Normalization" Collection, box 34A, Jimmy Carter Library。

82. LWMOT, tape 21, p. 7.

83. Brzezinski, *Power and Principle*, p. 407; Tyler, *A Great Wall*, p. 275.

84. Memcon, Mondale and Deng in Beijing, 8/28/79, vertical file, China, box 41, Jimmy Carter Library.

85. Solomon, *U.S. PRC Political Negotiations*, 1967–1984, p. 76.

86. Tip O'Neill, *Man of the House: The Life and Political Memoirs of Speaker Tip O'Neill* (New York: Random House, 1987), pp. 306–307.

87. Arthur Hummel and David Reuther in Nancy Bernkopf Tucker, ed., *China Confidential: American Diplomats and Sino-American Relations, 1945–1996* (New York: Columbia University Press, 2001), p. 329; Carter, *Keeping Faith*, p. 213.

88. 作者也是當時在場的人之一。美中關係全國委員會副主席白麗娟（Jan Berris）友好地同我分享了她與這一事件有關的文件和回憶。

89. Don Oberdorfer, "Teng Tried But Satisfied, Leaves U.S.," *The Washington Post*, February 6, 1979, A12.

90. Karen Elliott House, "Teng to Return to China with Assurances of U.S. Economic, Political Cooperation," *Wall Street Journal*, February 5, 1979, 6.

91. 會講中文的國務院官員安德生（Donald Anderson）曾陪同鄧小平一行人遊覽了各地。見Tucker, ed., *China Confidential*, p. 330; *New York Post*, January 29, 1979。

92. Fox Butterfield, "Teng Inspects Boeing 747 Factory," *New York Times*, February 6, 1979, A1.

93. Don Oberdorfer, "Teng and Khrushchev."

94. Richard L. Strout, *Christian Science Monitor*, February 5, 1979.

95. Harry F. Rosenthal, Associated Press, Atlanta, February 1, 1979.

96. *Atlanta Constitution and Atlanta Journal*, February 1, 2, 1979.

97. LWMOT, Tape 22, p. 6.
98. Schell, *Watch Out for the Foreign Guests*, p. 124.
99. *Houston Post*, February 3, 1979.
100. Oberdorfer, "Teng and Khrushchev."
101. Associated Press, Seattle, February 5, 1979.
102. LWMOT, tape 22, p. 14.
103. Carter, *Keeping Faith*, p. 207. 更完整的日記後來出版，見Jimmy Carter, *White House Diary* (New York: Farrar, Straus, and Giroux, 2010)。
104. Carter, *Keeping Faith*, p. 207.
105. Ibid., p. 216.
106. 據奧伯多弗，他曾以記者身分全程跟隨赫魯雪夫和鄧小平的訪問。見Oberdorfer, "Teng and Khruschev"; Richard L. Strout, *Christian Science Monitor*, February 5, 1979。
107. Smith, "The Role of Scientists in Normalizing U.S.-China Relations."
108. David M. Lampton, *A Relationship Restored: Trends in U.S.-China Educational Exchanges, 1978–1984* (Washington, D.C.: National Academy Press, 1986), pp. 30–32.
109. Harry Thayer and Arthur Hummel, in Tucker, *China Confidential*, pp. 326–328. 這些問題以及對中國人權記錄的關切，也在《基督教科學箴言報》(*Christian Science Monitor*) 1979年1月29日的社論中提出。
110. 2008年2月對鄧的英語翻譯員施燕華（後任中國駐盧森堡大使）的採訪，和2006年11月及2009年4月對鄧小平訪美之行的翻譯員冀朝鑄的採訪。

第十二章　組建領導班子：1979–1980

1. 蕭冬連：《中華人民共和國史．第10卷：歷史的轉軌：從撥亂反正到改革開放》（香港：香港中文大學當代中國文化研究中心，2008），第194–204頁。
2. 中共中央文獻研究室編：《鄧小平年譜（1975–1997）》（上下冊）（北京：中央文獻出版社，2004），1979年7月12–15日，第535頁。
3. 學者中孫萬國（Warren Sun）是第一個注意到鄧小平登黃山的政治意義。
4. *SWDXP*-2, pp. 197–201.
5. 鄧力群：《十二個春秋（1975–1987）：鄧力群自述》（香港：博智出版社，2006），第157頁。
6. 2002–2006年對鄧小平女兒鄧榕的採訪。
7. *SWDXP*-2, pp. 197–201.
8. 中共中央文獻研究室編：《鄧小平年譜（1975–1997）》（上下冊）（北京：中央文獻出版社，2004），1979年9月5日–10月7日，第553頁。（編者按：出現葉帥的內容在第554–555頁，屬於1979年9月12日。）胡耀邦在1979年10月5日座談會結束時的講話，見鄭仲兵編：《胡耀邦年譜資料長編》（上下冊）（香港：時代國際出版有限公司，2005），上冊，第412–421頁。

9. 鄧力群：《十二個春秋》，第150–152頁。
10. LWMOT, tape 29, pp. 7–8.
11. Xinhua General Overseas News Service, September 30, 1979, pp. 1–22.
12. Ibid., pp. 6–7.
13. Ibid., p. 2.
14. Ibid., p. 6.
15. 鄧力群：《十二個春秋》，第160頁。
16. 對準備黨史報告的精采討論，見蕭冬連：《國史・第10卷》，第249–258頁。
17. 鄧力群：《十二個春秋》，第160頁。
18. LWMOT, tape 31, pp. 16–17.
19. 《鄧小平年譜（1975–1997）》，1979年10月下旬，第574頁。
20. 同上，1979年10月12日，第566頁；1979年11月10日，第578頁。
21. *SWDXP*-2, pp. 225–226.
22. Ibid., p. 251.
23. Ibid., pp. 241–242.
24. Ibid., p. 242.
25. Ibid., p. 233.
26. Ibid., pp. 253–254.
27. Ibid., pp. 252–257.
28. 作者對Edwin Lim（林重庚）的採訪，他在1980年代初是世界銀行中國部主任，世界銀行駐北京辦事處剛建立時他任該辦事處主任。
29. *SWDXP*-2，pp. 260–261.
30. Ibid., pp. 260–265.
31. Ibid., pp. 280, 281.
32. Ibid., pp. 273–283.
33. 《鄧小平年譜（1975–1997）》，1980年2月28日，第604頁；1980年5月17日，第634–635頁。關於平反冤案的大背景，見蕭冬連：《國史・第10卷》，第258–267頁。
34. 他在日本會談的解密文件案，見〈華國鋒總理訪日：「主腦會談等における發言」〉（華國鋒總理訪日：在首腦會談等會議上發言），1980年5月27日（日本外務省亞洲局中國課），日本外務省解密文件案。
35. 文件最終的定稿為〈關於建國以來黨的若干歷史問題的決議〉，1981年6月27日，*Beijing Review* 北京週報，no. 27 (1981年7月6日)。
36. Oriana Fallaci, "Deng: Cleaning up Mao's Feudal Mistakes," *Washington Post*, August 31, 1980; *SWDXP*-2, August 21, 23, 1980, pp. 326–334.
37. 《鄧小平年譜（1975–1997）》，1980年10月25日，第684–685頁。
38. *SWDXP*-2, pp. 290–292；鄧力群：《十二個春秋》，第160–162頁。

39. *SWDXP*-2, p. 295.
40. Ibid., pp. 295–297；鄧力群：《十二個春秋》，第164–166頁。
41. 很多幹部的意見的詳細總結，見《中直機關討論歷史決議（草案）簡報》，未公開的文件，藏於Fairbank Collection, Fung Library, Harvard University。
42. 鄧力群：《十二個春秋》，第103–104頁；*SWDXP*-2, pp. 289–290.
43. Resolution on CPC History (1949–81) (Beijing: Foreign Languages Press, 1981), pp.28, 32.
44. 鄧力群：《十二個春秋》，第165頁。
45. 鄧小平以這種籠統的方式承認了自己的錯誤，但他沒有為自己的錯誤舉出具體事例，除非他處在壓力之下。
46. *SWDXP*-2, pp. 342–349.
47. 錢其琛：〈一次極不尋常的談話〉，載中共中央文獻研究室編：《回憶鄧小平》（三卷本）（北京：中央文獻出版社，1998），第1卷，第35–41頁。
48. 《政府工作報告》，中共中央文獻研究室編：《三中全會以來重要文件彙編》（北京：人民出版社，1982），1979年6月18日，上冊，第198–222頁。
49. 鄧力群：《十二個春秋》，第166–169頁；日本外務省亞洲局中國課，1980年5月27–29日，日本外務省解密文件案。
50. *SWDXP*-2, June 22, 1981, pp. 306–308.
51. 鄧力群：《十二個春秋》，第169頁；Ibid., p. 297.
52. *SWDXP*-2, pp. 304–305；鄧力群：《十二個春秋》，第196頁。
53. 〈胡耀邦在中央政治局會議上的發言〉，1982年11月19日，中共中央文獻研究室編：《三中全會以來重要文件彙編》，下冊，第735–747頁。
54. 2006年1月對毛遠新身邊人的採訪。
55. 鄧力群：《十二個春秋》，第169–171頁。
56. 同上。
57. Richard Baum, *Burying Mao: Chinese Politics in the Age of Deng Xiaoping* (Princeton, N.J.: Princeton University Press, 1994), pp. 116–117.

第十三章　鄧小平的治國術

1. *SWDXP*-2, p. 329.
2. 據耳鼻喉科專家Dr. Samuel Rosen的診斷。這是2010年11年我從沈大偉（David Shambaugh）那裡獲悉的。
3. Carol Lee Hamrin, "The Party Leadership System," in Kenneth G. Lieberthal and David M. Lampton, eds., Bureaucracy, Politics, and Decision Making in Post-Mao China (Berkeley: University of California Press, 1992), pp. 95–124.關於中共中央委員會、政治局和政治常委會成員名單，見每年的*China Directory, in Pinyin and Chinese* (Tokyo: Radiopress, 1979–present)。對於這些機構功能的總體概述，見Kenneth Lieberthal, *Governing China: From Revolution through Reform*, 2d ed. (New York: W.W. Norton, 2004)。關於晚

近發展的情況，見Richard McGregor, *The Party: The Secret World of China's Communist Rulers* (New York: Harper, 2010)。

4. 關於「系統」這個概念，即「垂直功能等級體系」(vertical functional hierarchy)見A. Doak Barnett, with a contribution by Ezra F. Vogel, Cadres, Bureaucracy, and Political Power in Communist China (New York: Columbia University Press, 1967). 另參見Lieberthal, Governing China。
5. Hamrin, "The Party Leadership System," pp. 95–124.
6. 2006年8月、2007年7月與吳明瑜的交談，他是鄧小平的橋牌牌友之一。
7. 2002–2006年對鄧小平女兒鄧榕的採訪。
8. 對鄧小平下屬的採訪；Ezra F. Vogel, "From Friendship to Comradeship: The Change in Personal Relations in Communist China," *The China Quarterly*, no. 21 (January–March 1965): 46–60.
9. 汪文慶、劉一丁：《改革開放初期的人事制度改革 —— 訪原國家人事局局長焦善民》，《百年潮》，2007年第5期，第42–47頁。焦善民時任國家人事局局長。
10. 這是Leonard Woodcock的觀察，見LWMOT。
11. *SWDXP*-3, p. 97.

第十四章　廣東和福建的試驗：1979–1984

1. 蕭冬連：《中華人民共和國史 · 第10卷：歷史的轉軌：從撥亂反正到改革開放》(香港：香港中文大學當代中國文化研究中心，2008)，第760頁。
2. 中共中央文獻研究室編：《鄧小平年譜 (1975–1997)》(上下冊)(北京：中央文獻出版社，2004)，1977年11月8日、17日、20日，第236、237–239、240頁。蕭冬連：《國史 · 第10卷》，第760頁。
3. 蕭冬連：《國史 · 第10卷》，第760頁。
4. 同上。
5. 參見Ezra F. Vogel, *Canton under Communism: Programs and Politics in a Provincial Capital*, 1949–1968 (Cambridge: Harvard University Press, 1969).
6. 楊尚昆：《楊尚昆回憶錄》(北京：中央文獻出版社，2001)；楊尚昆：《楊尚昆日記》(上下冊)(北京：中央文獻出版社，2001)。
7. 楊繼繩：《中國改革年代的政治鬥爭》(香港：卓越文化出版社，2004)，第235–236頁；《習仲勳主政廣東》編委會：《習仲勳主政廣東》(北京：中共黨史出版社，2007)。
8. 谷牧對建立特區過程中重要事件的概述，見谷牧：〈小平同志領導我們抓開放〉，《百年潮》，1998年第1期，第4–11頁。此文後收入楊天石編：《鄧小平寫真》(上海：上海辭書出版社，2005)，第204–211頁。
9. 蕭冬連：《國史・第10卷》，第764頁。
10. 中共中央文獻研究室編：《回憶鄧小平》(上中下冊)(北京：中央文獻出版社，

1998），中冊，第383頁；《鄧小平年譜（1975–1997）》，第510頁。

11. 1987年12月對楊立的採訪，他後來擔任廣東省副省長，當時是代表團成員之一。
12. 1979年7月15日50號文件發布後，國務院和中央又發了一系列有關廣東、福建和特區的文件。1981年7月19日發布了解釋理論問題的27號文件，1982年3月1日發布了有關犯罪與走私的17號文件，1982年12月3日發布了肯定特區作用的50號文件。這些文件的發布都是在谷牧的領導下。見Lawrence Reardon, ed., "China's Coastal Development Strategy, 1979–1984 (I)," *Chinese Law and Government 27*, no. 3 (May–June 1994) and "China's Coastal Development Strategy, 1979–1984 (II)," *Chinese Law and Government 27*, no. 4 (July–August 1994).
13. 《鄧小平年譜（1975–1997）》，1979年4月17日，第506頁；谷牧：〈小平同志領導我們抓對外開放〉，《回憶鄧小平》，上冊，第157–158頁。鄧小平後來對這件事的說明，見*SWDXP*-3, June 12, 1987, pp. 236–237.
14. Reardon, ed., "China's Coastal Development Strategy, 1979–1984 (I)," pp. 19–44.
15. Ibid., pp. 45–58.
16. Sebastian Heilmann, "From Local Experiments to National Policy: The Origins of China's Distinctive Policy Process," *China Journal*, no. 59 (January 2008): 1–30.
17. 歐大軍、梁釗：《鄧小平經濟特區理論》，《當代中國史研究》，2004年第4期，第41–49頁。
18. 高伯文：〈20世紀80年代沿海地區經濟發展戰略的選擇及其效應〉，《當代中國史研究》，2005年第4期，第92–100頁。
19. 余茂輝、余維生：〈鄧小平區域經濟協調發展思想形成的條件〉，《當代中國史研究》，2004年第4期，第80–85頁。
20. China Data Center, *National and Provincial Statistics* (Ann Arbor: University of Michigan, various years).
21. 谷牧：《谷牧回憶錄》(北京：中央文獻出版社，2009），第256頁。
22. Reardon, "China's Coastal Development Strategy, 1979–1984 (I)," pp. 21–32.
23. 《回憶鄧小平》，中冊，第383頁。
24. 王碩：〈特事特辦：胡耀邦與經濟特區〉，《炎黃春秋》，2008年第4期，第37頁。
25. Christine Loh, *Underground Front: The Chinese Communist Party in Hong Kong* (Hong Kong: Hong Kong University Press, 2010), pp. 152–153.
26. Reardon, ed., "China's Coastal Development Strategy, 1979–1984 (I)," p. 22.
27. 這些觀察是根據1980年代至1990年代作者去廣東的實地研究。1980年我在那裡待了兩個月。1980年代初我有若干次實地訪問，從1985年到整個1990年代，我至少每年去實地訪問一次。1986年我在廣東住了半年，有機會到每一個地區旅行，並訪問了大約30個縣的企業。
28. Reardon, ed., "China's Coastal Development Strategy, 1979–1984 (II)," pp. 32–33.

29. 盧荻：《偉人的膽識和胸懷：記任仲夷回憶鄧小平》，《百年潮》，2008年8月號，第18–19頁；蕭冬連：《國史．第10卷》，第771–772頁。

30. 關於日益增多的財富對家庭的影響，包括新消費模式，見Charlotte Ikels, *The Return of the God of Wealth: The Transition to a Market Economy in Urban China* (Stanford, Calif.: Stanford University Press, 1996).

31. Rachel Murphy, *How Migrant Labor Is Changing Rural China* (New York: Cambridge University Press, 2002); Leslie T. Chang, *Factory Girls: From Village to City in a Changing China* (New York: Spiegel and Grau, 2008).

32. 中共中央文獻研究室編：《陳雲年譜（1905–1995）》（上中下卷）（北京：中央文獻出版社，2000），1981年12月22日，第284–285頁。

33. SWCY, 3:303.

34. Ibid., 3:307.

35. Ibid., 3:303.

36. 王碩：〈特事特辦：胡耀邦與經濟特區〉，第36–37頁。

37. 關山：〈任仲夷談鄧小平與廣東的改革開放〉，《炎黃春秋》，2004年第8期，第8–17頁；作者2006年7月17日和11月11日對杜潤之的採訪。杜潤生當時也是廣東省委委員，與任仲夷一起參加過廣東和北京的會議。

38. 關山：〈任仲夷談鄧小平與廣東的改革開放〉，第8–17頁。

39. Reardon, ed., "China's Coastal Development Strategy, 1979–1984 (I)," pp.46–58；作者與這些文件的譯者及編輯Lawrence Reardon的交談。

40. 《陳雲年譜（1905–1995）》，1982年1月5日，第287頁；《鄧小平年譜（1975–1997）》，1982年1月5日，第796頁。

41. 《鄧小平年譜（1975–1997）》，1982年1月18日，第799頁。

42. 關山：〈任仲夷談鄧小平與廣東的改革開放〉，第10頁。

43. 王碩：〈特事特辦：胡耀邦與經濟特區〉，第38頁；另見盧荻：《偉人的膽識和胸懷：記任仲夷回憶鄧小平》，第16–22頁。

44. 《陳雲年譜（1905–1995）》，1982年1月25日，第289–290頁。

45. 此說來自京劇經典折子「二進宮」，故有本節標題。

46. 《陳雲年譜（1905–1995）》，1982年2月11–13日，第291頁。任仲夷退休後我曾數次與他交談，但他從來不提北京的會議，也沒有抱怨過北京對他施壓。他只是說，他想盡力貫徹黨的意見，解決走私和腐敗問題。有關任仲夷奉命進京的情況，取材自其他幹部發表的文章。

47. 關山：〈任仲夷談鄧小平與廣東的改革開放〉，第14頁；2006年7月和11月對杜瑞志的採訪。

48. 楊繼繩：《中國改革年代的政治鬥爭》，第238–239頁；關山：〈任仲夷談鄧小平與廣東的改革開放〉，第11–12頁。

49. 谷牧：〈小平同志領導我們抓開放〉，第206頁。

50. 王碩：〈特事特辦：胡耀邦與經濟特區〉，第39頁。
51. 對當時引起極大關注的海南汽車走私案的介紹，見Ezra F. Vogel, *One Step Ahead in China: Guangdong under Reform* (Cambridge: Harvard University Press, 1989). [中文譯本：《廣東改革》，傅高義著，徐澤榮譯，天下文化出版社，2006年第1版。——中文版編注]
52. 盧荻：《偉人的膽識和胸懷：記任仲夷回憶鄧小平》，第20頁。
53. 同上。
54. 董輔礽編：《中華人民共和國經濟史》(上下冊)(北京：經濟科學出版社，1999)，第138頁。
55. 《鄧小平年譜(1975–1997)》，1984年1月22日 至2月17日， 第954–961頁；*SWDXP*-3, February 24, 1984, p. 61.
56. 《鄧小平年譜(1975–1997)》，1984年1月22日至2月24日，第954–964頁。
57. 同上，1984年2月14日，第960頁。
58. 同上，1984年2月24日，第963–964頁；*SWDXP*-3, pp. 61, 64–65.
59. Reardon, "China's Coastal Development Strategy, 1979–1984 (II)," pp. 49–66.
60. Ibid., pp. 49–66.
61. 谷牧：《小平同志領導我們抓對外開放》，第152–174頁。
62. 根據作者觀看這些運動會的筆記。

第十五章　經濟調整和農村改革：1978–1982

1. 這是1990年底鄧質方對美國駐北京大使館貿易參贊(1989–1992年)Timothy Stratford(夏尊恩)說的話。
2. 為求合乎作者本意，本書將the builders、the balancers直譯為「建設派」、「平衡派」，不採用「改革派」、「穩健派」的譯法。——譯者注
3. 關於計畫派(the planners)和建設派(the builders)之間的分歧，可參見陳志淩：《姚依林》，載中共黨史人物傳研究會編：《中共黨史人物傳》(北京：中央文獻出版社，2000)，第72輯，第1–120頁。
4. Kenneth Lieberthal and Michel Oksenberg, *Policy Making in China: Leaders, Structures, and Processes* (Princeton, N.J.: Princeton University Press, 1988), p. 45.
5. Dorothy J. Solinger, "The Fifth National People's Congress and the Process of Policy Making: Reform, Readjustment, and the Opposition," *Asian Survey* 22, no. 12 (December 1982): 1238–1275; Hua Kuo-Feng, "Unite and Strive to Build a Modern Powerful Socialist Country!" Peking Review 21, no. 10 (March 10, 1978): 24–26.
6. Jinglian Wu, *Understanding and Interpreting Chinese Economic Reform* (Mason, Ohio,: Thomson/South-western, 2005)；武力主編：《中華人民共和國經濟史(1949–1999)》(北京：中國經濟出版社，1999)，上冊，第773頁；Barry Naughton, *Growing Out of the Plan: Chinese Economic Reform*, 1978–1993 (New York: Cambridge University Press,

1995), p. 67. Thomas Rawski, "Reforming China's Economy: What have we learned?" *China Journal*, no. 41 (January 1999): 139–156.

7. 五年計畫或年度計畫是具體規定投入的來源以及資金和資源的具體用途。十年規畫是由國家計委單獨的部門所制定的。
8. Naughton, *Growing Out of the Plan*, pp. 70–71.
9. 中共中央文獻研究室編：《陳雲年譜（1905–1995）》（上中下卷）（北京：中央文獻出版社，2000），1978年12月10日，第228–230；SWCY, 3:237–239.
10. 中共中央文獻研究室編：《鄧小平年譜（1975–1997）》（上下冊）（北京：中央文獻出版社，2004），1979年1月6日，第465–467頁；蕭冬連：《1979年國民經濟調整方針的提出與爭論》，《黨史博覽》，2004年第10期，第4–10頁。
11. Denis Fred Simon, "China's Capacity to Assimilate Foreign Technology: An Assessment," in U.S. Congress, Joint Economic Committee, *China under the Four Modernizations: Selected Papers*, 2 vols. (Washington, D.C.: Government Printing Office, 1982), 1:523; Chae-Jin Lee, *China and Japan*: New Economic Diplomacy (Stanford, Calif.: Hoover Institution Press, 1984), pp. 47–49.
12. 《陳雲年譜（1905–1995）》，1979年3月14、21–23日，第240–243頁；SWCY, 3:248–254頁。全文見中共中央文獻研究室編：《三中全會以來重要文件彙編》（上下冊）（北京：人民出版社，1982），上冊，第109–147頁。〔本段由作者摘編——中文版編者注〕
13. 董輔礽編：《中華人民共和國經濟史》（上下冊）（北京：經濟科學出版社，1999），下冊，第8頁；Barry Naugton, The Chinese Economy: Transitions and Growth (Cambridge: MIT Press, 2007).
14. Gene Tidrick and Chen Jiyuan, eds., *China's Industrial Reform* (New York: Oxford University Press, 1987), p. 2.
15. 鄧力群：《十二個春秋（1975–1987）：鄧力群自述》（香港：博智出版社，2006），第143頁。鄧力群出席了這次會議，並且是會議報告的起草人之一。對無錫會議的記述見Joseph Fewsmith, *Dilemmas of Reform in China: Political Conflict and Economic Debate* (Armonk, N.Y.: M. E. Sharpe, 1994), pp. 62–68.
16. 鄧力群：《十二個春秋》，第144頁。
17. 董輔礽：《中華人民共和國經濟史》，下冊，第8–9頁。
18. 允許各省「分灶吃飯」（父母去世後兄弟常常會分灶各自吃飯）的過程，見Susan L. Shirk, *The Political Logic of Economic Reform in China* (Berkeley: University of California Press, 1993), pp. 162–175.
19. Fewsmith, *Dilemmas of Reform*, pp. 92–96.
20. 容生：《鄧力群談陳雲經濟思想》，《爭鳴》，1981年5月1日，第32期，第43–44頁。英譯文見JPRS: China Report, *Political, Sociological and Military Affairs*, no. 200 (JPRS 78410), June 29, 1981, pp. 35–40.
21. 武力：《中華人民共和國經濟史（1949–1999）》，上冊，第776頁。

22. 本刊特邀記者：《改革初期的工業學大慶活動：訪袁寶華同志》，《百年潮》，2002年第8期，第9頁。有關康世恩的情況，見溫厚文：《康世恩傳》（北京：當代中國出版社，1988）。
23. Fewsmith, *Dilemmas of Reform*, pp. 100–109.
24. 全國人大常委會辦公廳研究室：《中華人民共和國人民代表大會文獻資料彙編（1949–1990）》（北京：中國民主法制出版社，1991），第785頁。
25. Fewsmith, *Dilemmas of Reform*, p. 100.
26. 中共中央文獻研究室編：《陳雲傳》（上下冊）（北京：中央文獻出版社，2005），第1561、1600頁。
27. 《陳雲年譜（1905–1995）》，1980年11月28日，第262–263頁。鄧小平在1979年10月4日對經濟工作的批示中同意陳雲的意見，見《鄧小平年譜（1975–1997）》，1979年10月4日，　第563–564頁；Deng Xiaoping, *Selected Works of Deng Xiaoping*, 1975-1982 (Beijing: Foreign Languages Press, 1994; 2nd ed., 1995), pp. 201–208.
28. 《陳雲年譜（1905–1995）》，1980年12月16日，第263–265頁；SWCY, 3:275–280；董輔礽編：《中華人民共和國經濟史》，下冊，第25頁。
29. *SWDXP*-2, pp. 335–339. 鄧小平在11月28日的講話中也強烈支持了陳雲的調整政策。見《陳雲年譜（1905–1995）》，1980年11月28日，第262–263頁；《鄧小平年譜（1975–1997）》，1980年11月28日，第695–696頁。
30. Lee, *China and Japan*, pp. 49–50.
31. 《鄧小平年譜（1975 –1997）》，1980年9月4日，第670頁。
32. Lee, *China and Japan*, p. 62; Ryosei Kokubun, "The Politics of Foreign Economic Policy-Making in China: The Case of Plant Cancellations with Japan," *The China Quarterly*, no. 105 (March 1986): 19–44;《鄧小平年譜（1975–1997）》，1981年2月12日，第712頁。作者引用了1983年8月與大來佐武郎的交談。
33. Okada Takahiro, "Interview with Okita Saburo," Chuo Koron (April 1981): 116–121; Saburo Okita, *Saburo Okita: A Life in Economic Diplomacy* (Canberra: Australia-Japan Research Centre, Australian National University, 1993), pp. 118–121.
34. Lee, *China and Japan*, p. 64;《人民日報》，1981年3月13、14、15日；《鄧小平年譜（1975–1997）》，1981年3月18日，第722頁。
35. 《鄧小平年譜（1975–1997）》，1981年4月14日，第732–733頁。
36. 寶山鋼鐵廠的發展見Lee, *China and Japan*, pp. 30–75.
37. 2004年11月與Sugimoto Takashi的交談，他是會講漢語的新日鐵官員，因與中方談判鋼鐵廠引進事宜在中國住了數年。
38. World Steel Association, "World Steel in Figures, 2009," at www.worldsteel.org, accessed April 13, 2011.
39. Roger Garside, *Coming Alive: China after Mao* (New York: McGraw-Hill, 1981), p. 366.
40. Susan Greenhalgh, *Just One Child: Science and Policy in Deng's China* (Berkeley: University of

California Press, 2008), p. 229.

41. 《鄧小平年譜（1975 –1997）》，1979年3月23日，第497頁。

42. *SWDXP*-2, p. 172, March 30, 1979; 同上，1979年7月28日，第539–540頁；Grennhalgh, Just One Child, p. 357 n6.

43. 淩志軍、馬立誠：《呼喊：當今中國的五種聲音》（廣州：廣州出版社，1999），第72、78頁。

44. 王立新：《要吃米找萬里：安徽農村改革實錄》（北京：北京圖書館出版社，2000），第28頁。

45. 吳象等：《萬里談十一屆三中全會前後的農村改革》，載于光遠等編：《改變中國命運的41天：中央工作會議，十一屆三中全會親歷記》（深圳：海天出版社，1998），第281頁；Dali L. Yang, *Calamity and Reform in China: State, Rural Society, and Institutional Changes since the Great Leap Famine* (Stanford, Calif.: Stanford University Press, 1996); William L. Parish, ed., *Rural Development: The Great Transformation* (Armonk, N.Y.: M. E. Sharpe, 1985). 對農村政策變化的全面描述，尤其是研究部門的作用，見Fewsmith, *Dilemmas of Reform*, pp. 19–56.

46. 萬里的女兒萬叔鵬曾隨父親訪問過安徽最貧窮的農村地區，她多年後談到自己當時的所見所聞時仍然心存不安。2003年10月與作者的交談。吳象等：《萬里談十一屆三中全會前後的農村改革》，第281–289頁。另參見劉長根、季飛：《萬里在安徽》（香港：開益出版社，2001）；萬里：《萬里文選》（北京：人民出版社，1995）；中共安徽省委黨史研究室編：《安徽農村改革口述史》（北京：中共黨史出版社，2006）。

47. 吳象等：《萬里談十一屆三中全會前後的農村改革》，第283頁。

48. 劉長根、季飛：《萬里在安徽》，第80–82頁。

49. 同上，第83頁。

50. 同上，第80頁。

51. 吳象等：《萬里談十一屆三中全會前後的農村改革》，第284–286頁。

52. 《鄧小平年譜（1975–1997）》，1978年2月1日，第261–262頁。

53. 杜星垣（當時是趙紫陽在四川的副手）：《民意如潮，歷史巨變》，載于光遠等編：《改變中國命運的41天》，第218–223頁；劉長根、季飛：《萬里在安徽》，第83頁。

54. 《人民日報》，1979年1月31日，China News Analysis, no. 1149 (March 2, 1979), in Jürgen Domes, *Socialism in the Chinese countryside: Rural Societal Policies in the People' Republic of China, 1949-1979* (London: C. Hurst, 1980), p. 102.

55. 劉長根、季飛：《萬里在安徽》，第89頁。

56. 淩志軍、馬立誠：《呼喊》，第81頁。

57. Domes, *Socialism in the Chinese Countryside*, pp. 81–106.

58. 劉長根、季飛：《萬里在安徽》，第96–97頁。

59. 同上，第144、155、163頁。
60. 同上。
61. 2009年4月對姚監復的採訪，他出席過這次會議。
62. 童懷平、李成關：《鄧小平八次南巡紀實》(北京：解放軍文藝出版社，2002)，第281頁。
63. 吳象等：《萬里談十一屆三中全會前後的農村改革》，第288頁。
64. Mao Zedong, *The Question of Agricultural Cooperation* (Peking: Foreign Languages Press, 1956).
65. *SWDXP*-2, pp. 297–299;《鄧小平年譜(1975–1997)》，1980年5月31日，第641–642頁。
66. 2009年4月對姚監復的採訪，他是杜潤生的幕僚之一；這種體制有時又稱「承包制」。匈牙利在1960年代中期也採用過類似的體制。
67. 吳象等：《萬里談十一屆三中全會前後的農村改革》，第289頁；劉長根、季飛：《萬里在安徽》，第178–179頁；楊繼繩：《鄧小平時代：中國改革開放20年紀事》(上下冊)(北京：中央編譯出版社，1998)，上冊，第187–188頁。
68. 武力：《中華人民共和國經濟史(1949–1999)》，下冊，第838–840頁。
69. 化肥產量加倍見State Statistical Bureau, *Statistical Yearbook of China 1985* (Oxford: Oxford University Press, 1985), p. 339. 1979年糧食收購價提高20%，見Zhang-Yue Zhou, *Effects of Grain Marketing Systems on Grain Production: A Comparative Study of China and India* (New York: Food Products Press, 1997), p. 33.
70. 楊繼繩：《鄧小平時代》，上冊，第188頁；Parish, Chinese Rural Development.
71. 見吳象等：《萬里談十一屆三中全會前後的農村改革》，第287–288頁。
72. State Statistical Bureau of the People's Republic of China, *Statistical Yearbook of China, 1987* (Beijing: China Statistical Information & Consultancy, 1986); Ross Garnaut and Ma Guonan, "China's Grain Demand: Recent Experience and Prospects to the Year 2000," in Ross Garnaut, Guo Shutian, and Ma Guonan, eds., *The Third Revolution in the Chinese Countryside* (New York: Cambridge University Press, 1996), pp. 38–62.
73. 董輔礽編：《中華人民共和國經濟史》，下冊，第116頁；武力：《中華人民共和國經濟史(1949–1999)》，下冊，第1506頁。
74. 2006年9月對杜潤生的採訪，他自1950年代就是農業政策的領導人之一，曾在趙紫陽手下擔任國家農委副主任。
75. *SWDXP*-3, p. 236, June 12, 1987. 對鄉鎮企業的討論見Naughton, *Growing Out of the Plan*, pp.137–169; and Wu, Understanding and Interpreting Chinese Reform, pp. 118–138.
76. 對取消公社前夕農村工業的介紹，見American Rural Small-Scale Industry Delegation, *Rural Small-Scale Industry in the People's Republic of China* (Berkeley: University of California Press, 1977); Jon Sigurdson, "Rural Industrialization in China," in U.S. Congress Joint Economic Committee, *China, a Reassessment of the Economy: A Compendium of Papers*

Submitted to the Joint Economic Committee, Congress of the United States, July 10, 1975 (Washington, D.C.: Government Printing Office, 1975), pp. 411–435. 我受廣東省經濟委員會之邀，在1987–1988年間有機會走訪廣東的許多鄉鎮企業。毛澤東在1960年指示過農村地區必須有五小工業：小鋼鐵、小水電、小農機、小水泥、小化肥，不過大躍進退潮後鄉鎮很少還有小鋼鐵廠。

77. Justin Yifu Lin, Fang Cai, and Zhou Li, *The China Miracle: Development Strategy and Economic Reform* (Hong Kong: Published for the Hong Kong Centre for Economic Research and the International Center for Economic Growth by the Chinese University Press, 1996), p. 190. [簡體中文版，林毅夫、蔡昉、李周：《中國的奇跡：發展戰略與經濟改革》，上海三聯書店/上海人民出版社，1994年。——中文編者注]
78. 武力：《中華人民共和國經濟史（1949–1999）》，下冊，第1520–1521頁。
79. Lin, Cai, Li, *The China Miracle*, p. 189.
80. Naughton, *Growing Out of the Plan*, p. 90.
81. 例如參見Charlotte Ikels, *The Return of the God of Wealth: The Transition to a Market Economy in Urban China* (Stanford, Calif.: Stanford University Press, 1996); Willy Kraus, *Private Business in China: Revival between Ideology and Pragmatism* (Honolulu: University of Hawaii Press, 1991).
82. 鄧力群：《十二個春秋》，第558–587頁。

第十六章　加快經濟發展和開放：1982–1989

1. Barry Naughton, *Growing Out of the Plan: Chinese Economic Reform, 1978–1993* (New York: Cambridge University Press, 1995).
2. 這次會議記錄在案的召開日期是8月26日。見盛平編：《胡耀邦思想年譜（1975–1989）》（香港：泰德時代出版社，2007），下冊，第537–538頁。
3. 中共中央文獻研究室編：《鄧小平年譜（1975–1997）》（上下冊）（北京：中央文獻出版社，2004），1980年7月17日–20日，第656–657頁；盛平編：《胡耀邦思想年譜（1975–1989）》，第537–538頁。
4. Yizi Chen, "The Decision Process behind the 1986–1989 Political Reforms," in Carol Hamrin and Suisheng Zhao, eds., *Decision-Making in Deng's China: Perspectives from Insiders* (Armonk, N.Y.: M. E. Sharpe, 1995), p. 138.
5. 朱佳木、遲愛萍、趙士剛：《陳雲》（北京：中央文獻出版社，1999），第186頁。
6. 鄧力群：《向陳雲同志學習做經濟工作》（廣東：中共中央黨校出版社，1981），第93頁。
7. 《中華人民共和國史稿》編委會編：《鄧力群國史講談錄》（七冊本）（北京：無出版社，2000），第7冊，第204–205頁。
8. 中共中央文獻研究室編：《陳雲年譜（1905–1995）》（上中下卷）（北京：中央文獻出版社，2000），1982年11月4日，第309頁。

9. 《中人民共和國史稿》編委會編：《鄧力群國史講談錄》，第7冊，第247頁。
10. 對林重庚2008年8月、Ross Garnaut 2011年6月、Laurence Lau 2007年3月的採訪。世界銀行的林重庚與趙紫陽的交情超過任何外國人，Ross Garnaut在1985至1988年任澳大利亞駐中大使，是曾與總理霍克（Robert Hawke）一起推動澳洲經濟自由化的專業經濟學家。劉遵義（Laurence Lau）是史丹福大學經濟學教授，後來任香港中文大學校長。
11. Milton and Rose D. Friedman, *Two Lucky People: Memoirs* (Chicago: The University of Chicago Press, 1999), p. 543.
12. Joseph Fewsmith, *Dilemmas of Reform in China: Political Conflict and Economic Debate* (Armonk, N.Y.: M. E. Sharpe, 1994), pp. 34–41.
13. 對這些智囊團的討論見同上。作者也曾採訪過杜潤生（2006年9月）、盧邁（2006年8月）、姚監復（2006年8月）和鄧英淘（2003年10月）。
14. 中共中央黨史研究室：《中國共產黨新時期歷史大事記（1978.12–2002.5）》（修訂版）（北京：中共黨史出版社，2002），1982年3月18日。
15. 孟禎：《出國留學30年》，《人民日報（海外版）》，2008年6月26日，第6版。
16. 鄧小平也支援中國加入國際貨幣基金組織以加強中國與國際金融界的聯繫。1981年10月25日，鄧小平會見了國際貨幣組織總裁Jacques de Larosière，表示贊成雙方開展合作，見《鄧小平年譜（1975–1997）》，1981年10月25日，第780頁。
17. Edwin Lim, "Learning and Working with the Giants," in Indermit S. Gill and Tood Pugatch, *At the Frontlines of Development: Reflections from the World Bank* (Washington, D. C.: World Bank, 2005), pp. 89–119；林重庚：《序言：中國改革開放過程中的對外思想開放》，收入吳敬璉編：《中國經濟50人看三十年：回顧與分析》（北京：中國經濟出版社，2008）; Pieter Bottelier, "China and the World Bank: How the Partnership Was Built," working paper 277, Stanford Center for International Development, April 2006; Robert McNamara, *Oral History Recording*, October 3, 1991, pp. 16–18. 當中與林重庚有關的部分，2009年8月對林重庚的訪談。關於中國加入國際貨幣基金組織、關貿總協定以及世界銀行的談判的大背景，見Harold K. Jacobson and Michel Oksenberg, *China's Participation in the IMF, the World Bank, and GATT: Toward a Global Economic Order* (Ann Arbor: University of Michigan Press, 1990).
18. 這個團隊的官方領導人是Shahid Husain，他是世界銀行東亞區業務副主任，但中國的工作，包括在中國的團隊，都由林重庚領導。見Jacobson and Oksenberg, *China's Participation in the IMF, the World Bank, and GATT*.
19. Fewsmith, *Dilemmas of Reform*, p. 130.
20. Edwin Lim et al., *China: Long-Term Development Issues and Options: The Report of a Mission Sent to China by the World Bank* (Baltimore: Published for the World Bank by the Johns Hopkins University Press, 1985). 這份報告包含教育、農業、能源、交通運輸、經濟專案和經濟結構幾個分冊。

21. Fewsmith, *Dilemmas of Reform*, p. 137. 這次莫干山會議召開於1984年9月3–10日。

22. Saburo Okita, *Saburo Okita: A Life in Economic Diplomacy* (Canberra: Australia-Japan Research Center, Australian National University, 1993), pp. 112–123. 1991年8月作者與下河邊淳的交談。

23. 鄧力群：《十二個春秋，1975–1987：鄧力群自述》(香港：博智出版社，2006)，第125–126頁。1987年至1988年我參觀中國工廠時，見到工廠裡貼有很多布告牌，有關基本管理原則，以及根據員工遵從日本範例的表現而進行等級評定。

24. 同上，第125–126、156頁。

25. Chae-Jin Lee, *China and Japan*: New Economic Diplomacy (Stanford, Calif.: Hoover Institution Press, 1984), p. 138; Okita, *Saburo Okita: A Life in Economic Diplomacy*.

26. 董輔礽編：《中華人民共和國經濟史》(上下冊)(北京：經濟科學出版社，1999)，下冊，第152–153頁。

27. 《陳雲年譜(1905–1995)》，1983年6月30日，第328–329頁；《鄧小平年譜(1975–1997)》，1983年6月30日，第918–919頁。

28. 《鄧小平年譜(1975–1997)》，1983年12月22日，第949–950頁。

29. 同上，1984年6月30日，第987頁；*SWDXP*-3, pp. 72–75.

30. Naughton, *Growing Out of the Plan*.

31. 中共中央文獻研究室編：《十二大以來重要文獻選編》(上中下冊)(北京：人民出版社，1986)，中冊，第610–619頁；鄧力群：《十二個春秋》，第545–557頁；Fewsmith, *Dilemmas of Reform*, pp.137–138.

32. Xiaokang Su and Luxiang Wang, *Deathsong of the River: A Reader's Guide to the Chinese TV Series "Heshang"* (Ithaca, N.Y.: East Asia Program, Cornell University, 1991).

33. *SWDXP*-3, pp. 90–99.

34. Jinglian Wu, *Understanding and Interpreting Chinese Economic Reform* (Mason, Ohio: Thomson/South-Western, 2005), pp. 357–369; 董輔礽編：《中華人民共和國經濟史》，下冊，第310–311頁。

35. Wu, *Understanding and Interpreting Chinese Economic Reform*, p. 357.

36. Barry Naughton, "False Starts and Second Wind: Financial Reforms in China's Industrial System," in Elizabeth J. Perry and Christine Wong, eds., *The Political Economy of Reform in Post-Mao China* (Cambridge, Mass.: Council on East Asian Studies, Harvard University, 1985), pp. 223–252; David Bachman, "Implementing Chinese Tax Policy," in David M. Lampton, ed., Policy Implementation in Post-Mao China (Berkeley: University of California Press, 1987), pp. 119–153; Penelope B. Prime, "Taxation Reform in China's Public Finance," in U.S. Congress, Joint Economic Committee, *China's Economic Dilemmas in the 1990s: The Problems of Reforms, Modernization and Interdependence* (Washington, D.C.: Government Printing Office, 1991; and Armonk, N.Y.: M. E. Sharpe, 1992), pp. 167–185.

37. 《陳雲年譜(1905–1995)》，1985年2月18日，第375–376頁。

38. 董輔礽編：《中華人民共和國經濟史》，下冊，第311–312頁；Wu, *Understanding and Interpreting Chinese Economic Reform*, pp. 363, 949–952.
39. 《鄧小平年譜（1975–1997）》，1985年1月23日，第1027–1028頁。
40. 對廣東幹部的採訪，無日期。
41. Fewsmith, *Dilemmas of Reform*, p. 152; Richard Baum, *Burying Mao: Chinese Politics in the Age of Deng Xiaoping* (Princeton, N.J.: Princeton University Press, 1994), pp. 181–182.
42. Ezra F. Vogel, *One Step Ahead in China: Guangdong under Reform* (Cambridge: Harvard University Press, 1989), pp. 291–294.〔中文譯本：《廣東改革》，傅高義著，徐澤榮譯，台灣：天下文化出版社。〕
43. Fewsmith, *Dilemmas of Reform*, p. 153.
44. 《鄧小平年譜（1975–1997）》，1985年6月29日、8月1日，第1055–1056、1063–1065頁。
45. SWCY, 3:340–344;《陳雲年譜（1905–1995）》，第3卷，第383–384頁。
46. *SWDXP*-3, pp. 144–150.
47. Ibid., p. 203.
48. Ziyang Zhao, *Prisoner of the State: The Secret Journal of Zhao Ziyang*, trans. and ed. Bao Pu, Renee Chiang, and Adi Ignatius (New York: Simon and Schuster, 2009), pp. 122–123.
49. *SWDXP*-3, May 19, 1988, pp. 257–258.
50. Ibid.
51. 董輔礽編：《中華人民共和國經濟史》，下冊，第316頁。
52. 吳國光：《趙紫陽與政治改革》（香港：太平洋世紀研究所，1997），第526–531頁。
53. *SWDXP*-3, pp. 271–272;《鄧小平年譜（1975–1997）》，1988年9月12日，第1247–1248頁。
54. Wu, *Understanding and Interpreting Chinese Economic Reform*, p. 368.
55. Fewsmith, *Dilemmas of Reform*, p. 228.
56. 《陳雲年譜（1905–1995）》，1988年10月8日，第416–417頁。
57. 中共中央文獻研究室編：《十三大以來重要文獻選編》（上中下冊）（北京：人民出版社，1991–1993），上冊，第253–255頁。
58. 董輔礽編：《中華人民共和國經濟史》，下冊，第321–322頁；Wu, *Understanding and Interpreting Chinese Economic Reform*, p. 369。
59. 對這些不同選擇更全面的介紹見William H. Overholt, *The Rise of China: How Economic Reform Is Creating a New Superpower* (New York: W.W. Norton, 1993), pp. 32–45。

第十七章　一國兩制：台灣、香港和西藏

1. 關於中國領土糾紛的說明，見M. Taylor Fravel, *Strong Borders, Secure Nation: Cooperation and Conflict in China's Territorial Disputes* (Princeton, N.J.: Princeton University

Press, 2008)。

2. 關於台灣和中美關係的一般背景，參見Ralph Clough, *Island China* (Cambridge: Harvard University Press, 1978); Nancy Bernkopf Tucker, *Taiwan, Hong Kong and the United States, 1945–1992: Uncertain Friendships* (New York: Twayne, 1994); Robert S. Ross, *Negotiating Cooperation: The United States and China, 1969–1989* (Stanford, Calif.: Stanford University Press, 1995); Richard C. Bush, *Untying the Knot: Making Peace in the Taiwan Strait* (Washington, D.C.: Brookings Institution Press, 2005); Michel Oksenberg, "Taiwan, Tibet, and Hong Kong in Sino-American Relations," in Ezra F. Vogel, ed., *Living with China: U.S.-China Relations in the Twenty-first Century* (New York: W.W. Norton, 1997), pp. 53–96; Alan D. Romberg, *Rein in at the Brink of the Precipice: American Policy toward Taiwan and U.S.-PRC Relations* (Washington, D.C.: Henry L. Stimson Center, 2003); and Nancy Bernkopf Tucker, *Strait Talk: United States–Taiwan Relations and the Crisis with China* (Cambridge: Harvard University Press, 2009)。

3. 中共中央文獻研究室、中國人民解放軍軍事科學院編：《鄧小平軍事文集》（三卷本）（北京：軍事科學出版社、中央文獻出版社，2004），第3卷，1979年1月1日，第141頁。

4. 同上，1979年1月9日，第151頁。

5. 同上，1979年1月16日，第164–166頁。

6. 中共中央文獻研究室編：《鄧小平年譜（1975–1997）》（上下冊）（北京：中央文獻出版社，2004），1979年1月9日，第467–468頁；Robert Cottrell, *The End of Hong Kong: The Secret Diplomacy of Imperial Retreat* (London: John Murray, 1993); LWMOT, tape 19, p.21.奧克森伯格和伍考克卸任後，在1981年秋天到1982年夏天間聚談了39次，記錄下他們在美中關係正常化過程中的經歷。

7. Robert A. Madsen, "Chinese Chess: U.S. China Policy and Taiwan, 1969–1979," Ph.D. thesis, Trinity College, Oxford University, 1999, pp. 274–275.

8. Tucker, *Strait Talk*, p. 108.

9. 與英國前首相希思的談話，見《鄧小平年譜（1975–1997）》，1983年9月10日，第931–932頁。

10. Tucker, *Strait Talk*, pp. 132–133.

11. James Lilley, with Jeffrey Lilly, *China Hands: Nine Decades of Adventure, Espionage, and Diplomacy in Asia* (New York: PublicAffairs, 2004), pp. 218–220. 另參見John H. Holdridge, *Crossing the Divide: An Insider's Account of Normalization of U.S.-China Relations* (Lanham, Md.: Rowman and Littlefield, 1997), pp. 197–198。

12. *Deng Xiaoping, Selected Works of Deng Xiaoping*, 1975-1982 (Beijing: Foreign Languages Press, 1994; 2nd ed., 1995), pp. 371–372;《鄧小平軍事文集》，第3卷，第181–185頁。

13. Holdridge, *Crossing the Divide*, pp. 199–201.

14. 新華社，1981年9月30日。

15. 《鄧小平年譜（1975–1997）》，1981年6月16日，第748–749頁。
16. Ross, *Negotiating Cooperation*, p. 182.
17. Kuan Yew Lee, *From Third World to First: The Singapore Story, 1965–2000* (New York: Harper Collins, 2000), pp. 527–531.
18. Ross, *Negotiating Cooperation*, pp. 184–185; Holdridge, *Crossing the Divide*, pp. 211–215; Alexander M. Haig, Jr., *Caveat: Realism, Reagan, and Foreign Policy* (New York: Macmillan, 1984); Patrick Tyler, *A Great Wall: Six Presidents and China: An Investigative History* (New York: Public Affairs, 1999).
19. Holdridge, *Crossing the Divide*, pp. 211–215; Ross, *Negotiating Cooperation*, pp. 186–187.
20. Holdridge, *Crossing the Divide*, pp. 215–222.
21. Ibid., pp. 222–226. 何志立陪同布希訪中。
22. 類似的解釋見 ibid., p. 240; Ross, *Negotiating Cooperation*, pp. 190–258。
23. 關於協定具體內容的談判，是在恒安石大使和中方對等官員之間進行的，中方將談判結果送鄧小平批准。
24. Holdridge, *Crossing the Divide*, pp. 230–241. Ross, *Negotiating Cooperation*, pp. 189–200. 三個公報收入Ross, *Negotiating Cooperation*, pp. 265–272及Holdridge, *Crossing the Divide*, pp. 263–279。
25. 《鄧小平年譜（1975–1997）》，1984年4月28日，第971頁。
26. 2008年12月與美國國防部官員Eden Woon的訪談。
27. Lee, *From Third World to First*, pp. 677–679.
28. 齊鵬飛：《鄧小平與香港回歸》（北京：華夏出版社，2004），第66頁。
29. 同上，第66頁。對香港工作的一般介紹，見宗道一等編：《周南口述：身在疾風驟雨中》（香港：三聯書店，2007），第265–267頁。我關於香港問題的討論大大得益於衛奕信爵士、Sin Por Shiu和Dalena Wright對香港局勢的深刻見解。
30. 齊鵬飛：《鄧小平與香港回歸》，第56頁。
31. Christine Loh, *Underground Front: The Chinese Communist Party in Hong Kong* (Hong Kong: Hong Kong University Press, 2010).
32. Sin Por Shiu, "The Macao Formula and an Assessment of the Sino-British Negotiation over Hong Kong" unpublished paper, Kennedy School of Government, Harvard University, May 2006; Steve Shipp, *Macao, China: A Political History of the Portuguese Colony's Transition to Chinese Rule* (Jefferson, N. C.: McFarland, 1997).
33. 齊鵬飛：《鄧小平與香港回歸》，第56–57頁。
34. 同上，第248頁。
35. 作者2008年11月對Edgar Cheng的採訪，他是包玉剛的女婿，經常陪同包玉剛拜訪鄧小平。
36. 後來寫就的文件強調鄧小平政策的一致性和連續性；有些文件甚至認為他已經做出香港回歸的決定。但當時公布的文件不支持這種觀點。當時尚未就這個做出決定。

37. Cottrell, *The End of Hong Kong*, pp. 38–40.

38. 齊鵬飛：《鄧小平與香港回歸》，第65–66頁。

39. 據中共駐港最高官員許家屯說，1983年時香港大約有6000名中共黨員。見Jiatun Xu, "Selections from Serialized Memoirs," *Lianhebao*, translated in JPRS-CAR, 93-050, 93-070, 93-073, 93-091, 94-001, 94-010, 94-016, and 94-017, 1993–1994，後來結集出版，見許家屯：《許家屯香港回憶錄》(上下冊)(台北：聯經出版公司，1993)。

40. 這在許家屯的著作中說得很清楚。許在1983年由北京派去香港領導中共的工作，他敢於向北京提供香港1980年代初輿情的更準確報告，見同上。

41. Sin Por Shiu, "The Macao Formula," pp. 14–15.

42. Cottrell, *The End of Hong Kong*, p. 54–55.

43. Percy Cradock, *Experiences of China* (London: John Murray, 1994).

44. Cottrell, *The End of Hong Kong*, p. 56.

45. Ibid., p. 57.

46. 《鄧小平年譜(1975–1997)》，1981年4月3日，第729頁。

47. Xu, "Selections from Serialized Memoirs."

48. 齊鵬飛：《鄧小平與香港回歸》，第70頁；Sin Por shiu, "The Macao Formula," p. 21.

49. Cottrell, *The End of Hong Kong*, pp. 66–67.

50. Ibid., pp. 67–68.

51. Sin Por Shiu, "The Macao Formula," p. 22. 另參見《鄧小平年譜(1975–1997)》，1982年5月21日、6月2日、9月24日，第824、826、854–855頁。

52. 齊鵬飛：〈鄧小平與香港「後過渡時期」的中英外交鬥爭〉，《當代中國史研究》，2004年第4期，第59–71頁。

53. 《鄧小平年譜(1975–1997)》，1982年4月6日，第812–813頁。

54. 2007年11月作者對唐納德(Alan Donald)爵士的採訪，他於1974年至1977年擔任港府顧問，1988–1991年任駐中大使，曾負責為1982年柴契爾夫人的訪中做準備。

55. 同上。

56. Frank Ching, *Hong Kong and China: "One Country, Two System"* (New York: Foreign Policy Association, 1996), pp. 11–12, Cottrell, *The End of Hong Kong*, pp. 85–86.

57. Cradock, *Experience of China*, p. 179. 在她的回憶錄中，柴契爾夫人用戲劇性的對抗來形容與鄧小平的會面。又見Margaret Thatcher, *The Downing Street Years* (New York: Haper Collins, 1993)。儘管如此，當時的外交官說，雙方都在正常外交會談的範圍內表現出慎重、理性。

58. Cottrell, *The End of Hong Kong*, pp. 87–88.

59. Ibid., p. 88. 作者對唐納德的採訪。

60. *SWDXP*-3, pp. 23–25.

61. Cottrell, *The End of Hong Kong*, p. 89.

62. Ibid., p. 87.
63. Ching, *Hong Kong and China*, p. 11；對唐納德的採訪。
64. Cottrell, *The End of Hong Kong*, pp. 91–92.
65. Ibid., p. 89.
66. Ibid., pp. 94, 97.
67. Ibid., pp. 99–102.
68. Ibid., pp. 101–107. Mark Roberti, *The Fall of Hong Kong: China's Triumph and Britain's Betrayal* (New York: J. Wiley, 1994) p. 64; 對唐納德的採訪。
69. 許家屯：《許家屯香港回憶錄》，上冊，第1–12頁。
70. Cottrell, *The End of Hong Kong*, pp. 113–114.
71. 許家屯：《許家屯香港回憶錄》，上冊，第3頁；許家屯：《許家屯回憶與隨想錄》（Brampton, Ont.: 明鏡出版社，1998）。
72. Cottrell, *The End of Hong Kong*, pp. 113–114.
73. Roberti, *The Fall of Hong Kong*, p. 155.
74. Xu, "Selections from Serialized Memoirs," *Lianhebao*, May 14, 1993, translated in JPRS-CAR, 93-056, July 16, 1993.
75. Ibid., May 27, 1993, translated in JPRS-CAR, 93-050, July 16, 1993. 當地一句俏皮話將私營企業形容為「聯合國」，因為這個詞的意思可以是聯接、合併或者國有化，也就是沒收。
76. 許家屯：《許家屯香港回憶錄》，上冊，第12–28頁。
77. 《鄧小平年譜（1975–1997）》，1983年9月10日，第931–932頁。
78. Cottrell, *The End of Hong Kong*, pp. 129–132. Ching, *Hong Kong and China*, pp. 19–20.
79. Cottrell, *The End of Hong Kong*, pp. 132–146.
80. 《鄧小平年譜（1975–1997）》，1984年4月18日，第970–971頁。
81. Cottrell, *The End of Hong Kong*, pp. 148–153.
82. Xu, "Selections from Serialized Memoirs," *Lianhebao*, June 1, 1993, translated in JPRS-CAR, 93-070, September 21, 1993; Robert, *The Fall of Hong Kong*, pp. 92–93;《鄧小平年譜（1975–1997）》，1984年5月25日，第978頁。
83. 宗道一等編：《周南口述》，第263–269頁；*SWDXP*-3, June 22–23, 1984, pp. 68–71.
84. Cottrell, *The End of Hong Kong*, p. 154–174.
85. Ibid., pp. 163–174; Ching, *Hong Kong and China*, p. 27.
86. 《聯合聲明》的文本和附件，見Ching, *Hong Kong and China*, pp. 81–96; Cottrell, *The End of Hong Kong*, pp. 205–223。
87. 《鄧小平年譜（1975–1997）》，1984年10月3日，第998–999頁；*SWDXP*-3, October 3, 1984, pp. 80–84.
88. Cottrell, *The End of Hong Kong*, pp. 106–109, 199–204. Roberti, *The Fall of Hong Kong*, pp. 125–126.

89.《鄧小平年譜（1975–1997）》，1985年7月5日，第1058頁；Roberti, *The Fall of Hong Kong*, pp. 145–148.

90. 李後：《百年屈辱史的終結：香港問題始末》（北京：中央文獻出版社，1999），第170–171頁。

91. Roberti, *The Fall of Hong Kong*, pp. 191–192.

92. *SWDXP*-3, pp. 214–220; 李後：《百年屈辱史的終結》，第172–173頁。

93. 李後：《百年屈辱史的終結》，第185頁。

94. *SWDXP*-3, pp. 340.

95. 李後：《百年屈辱史的終結》，第198頁。

96. Roberti, *The Fall of Hong Kong*, pp. 280–291; 同上，第166–207頁。

97. Qian Qichen, *Ten Episodes in China Diplomacy*, foreword by Ezra F. Vogel (New York: Harper Collins, 2005), pp. 254–255.

98. Xu, "Selections from Serialized Memoirs," *Lianhebao*, September 3, 1993, translated in JPRS-CAR, 94-015, March 8, 1994.

99.《鄧小平年譜（1975–1997）》，1990年1月18日，第1306–1307頁。

100. Qian Qichen, *Ten Episodes in China Diplomacy*, pp. 257–260; 李後：《百年屈辱史的終結》，第205–207頁。

101. 彭定康的解釋見Chris Patten, *East and West: China, Power, and the Future of Asia* (New York: Times Books, 1998)。

102. Qian, *Ten Episodes in China Diplomacy*, p. 279.

103.《鄧小平年譜（1975–1997）》，1978年11月28日，第442頁。關於這個時期的西藏工作，我發現以下著作對我最有幫助：Melvyn C. Goldstein, *The Snow Lion and the Dragon: China, Tibet, and the Dalai Lama* (Berkeley: University of California Press, 1997); Tashi Rabgey and Tseten Wangchuk Sharlho, *Sino-Tibetan Dialogue in the Post-Mao Era: Lessons and Prospects* (Washington, D.C.: East-West Center, 2004); 丹曾編：《當代西藏簡史》（北京：當代中國出版社，1996）；Tsering Shakya, *The Dragon in the Land of Snows: A History of Modern Tibet since 1947* (New York: Columbia University Press, 1999)。我也要感謝與Melvyn Goldstein的多次交談，他無私地向一位中國問題專家傳授有關西藏的知識。另見陳為人：《胡耀邦與西藏》，收入蘇紹智、陳一咨、高文謙編：《人民心中的胡耀邦》（Carle Place, N.Y.: 明鏡出版社，2006），第166–185頁；王力雄：《天葬：西藏的命運》（Mississauga, Ont.: 明鏡出版社，2006）；Barry Sautman and June Teufel Dreyer, eds., *Contemporary Tibet*: Politics, *Development, and a Disputed Region* (Armonk, N.Y.: M. E. Sharpe, 2006); and Robert Barnett and Shirin Akiner, eds., *Resistance and Reform in Tibet* (Bloomington: Indiana University Press, 1994)。達賴喇嘛在1992年9月11日寫給鄧小平和江澤民的信中概述了對西藏與中國關係的看法，該信見Andy Zhang, *Hu Jintao: Facing China's Challenges Ahead* (San Jose, Calif.: Writer's Club Press, 2002), appendix 5, pp.133–148。關於西方對西藏的看法，見Orville

Schell, *Virtual Tibet: Searching for Shangri-la from the Himalayas to Hollywood* (New York: Metropolitan Books, 2000)。

104. Melvyn C. Goldstein, *The History of Modern Tibet, vol. 2: The Calm before the Storm, 1951–1955* (Berkeley: University of California Press, 2007), pp. 98–99.

105. 丹曾編：《當代西藏簡史》，第132–146頁。

106. 中央情報局官員John Kenneth Knaus講述過這方面的計畫，見其*Orphans of the Cold War: America and the Tibetan Struggle for Survival* (New York: PublicAffairs, 1999)。

107.《鄧小平年譜（1975–1997）》，1975年12月1日–5日、1977年9月27日，第134–135、207–208頁。

108. 同上，1979年3月12日。

109. 同上，1979年3月17日。

110. Memcon, Summary of the Vice President's Meeting with People's Republic of China Vice Premier Deng Xiaoping, 8/27/79, vertical file, China, Jimmy Carter Library, Atlanta.

111. 鄭仲兵主編：《胡耀邦年譜資料長編》（上下卷）（香港：時代國際出版有限公司，2005），1980年5月21、22日，上卷，第482–483頁。

112. Shakya, *The Dragon in the Land of Snows*, p. 126.

113. 鄧力群：《十二個春秋（1975–1987）：鄧力群自述》（香港：博智出版社，2006），第207–208頁。

114. Goldstein, *The Snow Lion and the Dragon*, p. 67.

115. Ibid., pp. 69–71.

116. Xiaojiang Hu and Miguel A. Salazar, "Market Formation and Transformation: Private Business in Lhasa," in Sautman and Dreyer, *Contemporary Tibet*, pp. 166–190; June Teufel Dreyer, "Economic Development in Tibet under the People's Republic of China," in Sautman and Dreyer, *Contemporary Tibet*, pp. 128–151; also Xiaojiang Hu, "The Little Shops of Lhasa, Tibet: Migrant Businesses and the Formation of Markets in a Transitional Economy," Ph.D. thesis, Department of Sociology, Harvard University, 2003.

第十八章　為軍事現代化做準備

1. 作者感謝以下研究中國軍事的專家的意見：Kenneth Allen, Dennis Blasko, John Corbett, Andrew Erickson, David Finklestein, Taylor Fravel, Paul Godwin, Ellis Joffe（已故）, John Lewis, Nan Li, David Shambaugh, Eden Woon, Larry Wortzel, and Xue Litai。對中國軍隊的一般介紹，可參見James. C. Mulvenon and Andrew N. D. Yang, *The People's Liberation Army as Organization* (Santa Monica, Calif.: Rand, 2002)。對中國戰略思想的全面評估，見Michael D. Swaine and Ashley J. Tellis, *Interpreting China's Grand Strategy: Past, Present, and Future* (Santa Monica, Calif.: Rand, 2000)。對80年代中國國防的一般介紹，見Paul H. B. Godwin, ed., *The Chinese Defense Establishment: Continuity and Change in the 1980s* (Boulder, Colo.: Westview Press, 1983)。有關中國軍隊的一般性著作，見

David Shambaugh, *Modernizing China's Military: Progress, Problems, and Prospects* (Berkeley: University of California Press, 2002); and Andrew Scobell, *China's Use of Military Force beyond the Great Wall and the Long March* (New York: Cambridge University Press, 2003)。

2. 中共中央文獻研究室編：《鄧小平年譜(1975–1997)》(上下冊)(北京：中央文獻出版社，2004)，1977年7月23日，第164–165頁。支紹曾、雷淵深：《中央軍事委員會》，收入《中國軍事百科全書》編審委員會編：《中國軍事百科全書》(三卷本)(北京：軍事科學出版社，1997)。

3. *SWDXP*-2, p. 75.

4. 中共中央文獻研究室、中國人民解放軍軍事科學院編：《鄧小平軍事文集》(三卷本)，(北京：軍事科學出版社、中央文獻出版社，2004)，第3卷，1977年8月23日，第62–69頁；程中原、夏杏珍：《歷史轉折的前奏：鄧小平在1975》(北京：中國青年出版社，2003)，第417–419頁。

5. 《鄧小平軍事文集》，第3卷，1977年8月23日，第53–72頁。

6. 見Ellis Joffe, *The Chinese Army after Mao* (Cambridge: Harvard University Press, 1987); Harlan W. Jencks, *From Muskets to Missiles: Politics and Professionalism in the Chinese Army, 1945–1981* (Boulder, Colo.: Westview, 1982)。

7. 參見劉華清：《劉華清回憶錄》(北京：解放軍出版社，2004)。

8. *SWDXP*-2, pp. 75–79.

9. Ibid., p. 74.

10. 《鄧小平軍事文集》，第3卷，1978年3月20日，第95頁。

11. 同上，1979年1月2日，第144–145頁。

12. 這些數字引自Ji You, *The Armed Forces of China* (London: I.B. Taurus, 1999); http://www.chinatoday.com/arm/index.htm, accessed September 30, 2010; "The 'Inside Story' on the Reduction in the Size of the PLA," *Wen Wei Po* (Hong Kong), April 29, 1987; Ellis Joffe, "Radical Reforms Underway," *Financial Times*, December 9, 1985; John D. Friske, ed., *China Facts and Figures Annual, vol. 17* (1993) (Gulf Breeze, Fla.: Academic International Press, 1993), p. 61。

13. Harlan W. Jencks, "China's 'Punitive' War on Vietnam: A Military Assessment," *Asian Survey* 20, no. 10 (October 1980): 965–989. 越南人對這場戰爭的看法，見Henry J. Kenny, "Vietnamese Perceptions of the 1979 War with China," in Mark A. Ryan, David M. Finkelstein, and Michael A. McDevitt, eds., *Chinese Warfighting: The PLA Experience Since 1949* (Armonk, N.Y.: M. E. Sharpe, 2003), pp. 217–240; Edward C. O'Dowd, ed., "People's Liberation Army Documents on the Sino-Vietnamese Conflict, 1979 (I)," *Chinese Law and Government 42, no. 5* (September–October 2009): 3–100; and Edward C. O'Dowd, ed., "People's Liberation Army Documents on the Third Indochina Conflict, 1979 (II)," *Chinese Law and Government 42, no. 6* (November–December 2009): 3–116。對這場戰爭的政治視角比較，可參看Scobell, *China's Use of Military Force*, pp. 119–143。

14. Edward C, O'Dowd, "The Last Maoist War: Chinese Cadres and Conscripts in the Third Indochina War, 1978–1981," Ph.D. thesis, Princeton University, 1994, p. 132.
15. 鄧小平在總結這場戰爭的講話中說，他們在籌畫戰爭時最擔心的問題，就是蘇聯可能的反應；他們的判斷是，蘇聯介入的可能極低。見〈鄧小平在中越邊境作戰情況報告會上的講話〉，1979年3月16日，未公開的講話，藏於Fairbank Collection, Fung Library, Harvard University。
16. John Wilson Lewis and Litai Xue, *Imagined Enemies: China Prepares for Uncertain War* (Stanford, Calif.: Stanford University Press, 2006), pp. 127–133.
17. Xiaoming Zhang, "Deng Xiaoping and China's Decision to Go to War with Vietnam," *Journal of Cold War Studies* 12, no. 3 (Summer 2010): 3–29.
18. O'Dowd, "The Last Maoist War," pp. 99, 106–109, 171.
19. Ibid. 對這場戰爭的概述，見Edward C. O'Dowd and John F. Corbett, Jr., "The 1979 Chinese Campaign in Vietnam: Lessons Learned," in Laurie Burkitt, Andrew Scobell, and Larry M. Wortzel, eds., *The Lessons of History: The Chinese People's Liberation Army at 75* (Carlisle, Penn.: Strategic Studies Institute, U.S. Army War College, 2003), pp. 353–378。
20. 與Mark Mohr 2007年10月的通信，他當時是國務院官員，也是曼斯斐爾與鄧小平會談時除外長黃華和翻譯員冀朝鑄之外唯一在場的人。
21. Lewis and Xue, *Imagined Enemies*, p. 127.
22. 《鄧小平年譜（1975–1997）》，1978年底、1979年1月2日，第459–460、462–464頁。
23. Michael Leifer, "Kampuchia, 1979: From Dry Season to Dry Season," *Asian Survey* 20, no. 1 (January 1980): 33–41.
24. King Chen, "China's War against Vietnam, 1979: A Military Analysis," occasional paper, University of Maryland School of Law, 1983, pp. 1–33; Kenny, "Vietnamese Perceptions of the 1979 War with China."
25. Elizabeth Wishnick, *Mending Fences: The Evolution of Moscow's China Policy from Brezhnev to Yeltsin* (Seattle: University of Washington Press, 2001), p. 63.
26. Xiaoming Zhang, "China's 1979 War with Vietnam: A Reassessment," *The China Quarterly*, no. 184 (December 2005): 866–867.
27. Kenny, "Vietnamese Perceptions of the 1979 War with China," p. 228; O'Dowd, "The Last Maoist War," pp. 114–132.
28. O'Dowd, "The Last Maoist War," pp. 165–166. 關於弱點部分，詳見Lewis and Xue, *Imagined Enemies*, pp. 132–133; Zhang, "China's 1979 War with Vietnam," pp. 869–874。
29. 2006年秋天在北京的採訪。
30. 作者感謝Michael Lampton，這是他當時在北京的觀察。
31. Kuan Yew Lee, *From Third World to First*: *The Singapore Story, 1965–2000* (New York: HarperCollins, 2000), pp. 669–670.

32. James C. Mulvenon, *Soldiers of Fortune: The Rise and Fall of the Chinese Military-Business Complex, 1978–1998* (Armonk, N.Y.: M. E. Sharpe, 2001), p. 53. 國防開支每年大約增長10%，但1979年因對越戰爭增長了559億元，大約比平均年份多出40億元，前者占全年軍費預算的四分之一。1978年的國防開支是1678億元，1979年2227億元，1980年1933億元。對越戰爭的額外支出由南部的廣東、廣西和雲南等省承擔。資料見財政部長張勁夫在1979年6月21日第五屆全國人大常委會第二次會議上關於1978年決算和1979年預算的報告，見"Quarterly Chronicle and Documentation," *The China Quarterly*, no. 79 (September 1979): 661–663；以及財政部長王丙乾1980年8月30日向第五屆全國人大常委會第三次會議所做的財政工作報告，見"Quarterly Chronicle and Documentation," *The China Quarterly*, no. 84 (December 1980): 799–802。

33. M. Taylor Fravel, *Strong Borders, Secure Nation: Cooperation and Conflict in China's Territorial Disputes* (Princeton, N.J.: Princeton University Press, 2008), p. 217.

34.《鄧小平軍事文集》，第3卷。

35. 對解放軍學到的教訓的說明，見O'Dowd and Corbett, Jr., "The 1979 Chinese Campaign in Vietnam: Lessons Learned," pp. 353–378。

36. 1978年2月16日傑克遜參議員會見鄧小平時。（出自2010年10月與Dwight Perkins的通信，他是代表團成員之一。）

37. O'Dowd, "The Last Maoist War," p. 101.

38. Zhang, "China's 1979 War with Vietnam," pp. 867–888.

39. O'Dowd, "The Last Maoist War," pp. 179–184.

40. Meeting with Vice President Mondale, August 27, 1979; Memcon, Summary of the Vice President's Meeting with People's Republic of China Vice Premier Deng Xiaoping, 8/27/79, vertical file, China, Jimmy Carter Library, Atlanta.

41. *SWDXP*-2, p. 92–93.

42. 他在許多場合都說過同樣的話。例如在1980年1月16日一次中央幹部工作會議上，見《鄧小平軍事文集》，第3卷，第165頁。

43. Huang Hua, *Huang Hua Memoirs* (Beijing: Foreign Language Press, 2008), p. 294.

44. 沈志華編：《中蘇關係史綱（1917–1991）》（北京：新華出版社，2007），第406–407頁。

45. Robert S. Ross, *Negotiating Cooperation: The United States and China, 1969–1989* (Stanford, Calif.: Stanford University Press, 1995), p.172.

46. 沈志華編：《中蘇關係史綱（1917–1991）》，第408頁。

47. 同上，第408–411頁。

48. *SWDXP*-2, p, 224–226, January 16, 1980.

49. Ibid., p. 270, March 12, 1980.

50. 張星星：〈中國軍隊大裁軍與新時期經濟建設〉，《當代中國史研究》，2006年第1期，第21–28頁。另參見Huang, *Huang Hua Memoirs*, p. 291。

51. 正如前面提到的，鄧小平願意採取主動以減少衝突的危險，但是他仍然堅持為全面恢復正常關係，蘇聯必須離開阿富汗並從中蘇邊境撤軍，越南也必須離開柬埔寨。這些條件直到1980年代末才成熟。見Qichen Qian, *Ten Episodes in China's Diplomacy*, foreword by Ezra Vogel (New York: HarperCollins, 2005), pp. 1–31。

52. Ibid., pp. 13–14.

53. Memcon, Summary of the Vice President's Meeting with People's Republic of China Vice Premier Deng Xiaoping, 8/27/79, vertical file, China, Jimmy Carter Library.

54. Memcon, Secretary of Defense Harold Brown to the President, 1/8/80, National Security Archive, Brzezinski Material, Far East, Brown (Harold) Trip file, box 69, Jimmy Carter Library.

55. Ibid.

56. Memcon, Meeting between Secretary of Defense and Vice Premier Geng Biao, 5/29/80, National Security Archive, Brzezinski Material, Far East, Geng Biao Visit file, box 70, Jimmy Carter Library; Memcon, Meeting between Secretary of Defense Dr. Harold Brown and Vice Premier of the People's Republic of China, Geng Biao, 5/27/80, National Security Archive, Brzezinski Material, Far East, Geng Biao Visit file, box 70, Jimmy Carter Library; Memo, Brzezinski to Carter, Summary of Dr. Brzezinski's Conversation with Vice Premier Geng Biao of the People's Republic of China, 5/29/80, National Security Archive, Brzezinski Material, Far East, Geng Biao Visit file, box 70, Jimmy Carter Library.

57. 《鄧小平軍事文集》，第3卷，第154–155、168–174頁。

58. Joffe, *The Chinese Army after Mao*, pp. 58–59.

59. Ibid., pp. 60–61.

60. Information Office, State Council, *2008 nian Zhongguo guofang* (Chinese National Defense in 2008) (Beijing: January 2009), appendix 5, at http://www.gov.cn/jrzg/2009-01/20/content_1210075.htm, accessed April 9, 2011.

61. William H. Overholt, *The Rise of China: How Economic Reform Is Creating a New Superpower* (New York: W.W. Norton, 1993), pp. 340–344.

62. Robert J. Skebo, Gregory K. S. Man, and George H. Stevens, "Chinese Military Capabilities: Problems and Prospects," in U.S. Congress, Joint Economic Committee, *China's Economic Dilemmas in the 1990s: The Problems of Reforms, Modernization and Interdependence* (Washington, D.C.: Government Printing Office, 1991 and Armonk, N.Y.: M. E. Sharpe, 1992), p. 665.

63. Cheng Li and Scott Harold, "China's New Military Elite," China Security 3, no. 4 (Autumn 2007): 79. 對政治接班的一般論述，見Michael D. Swaine, *The Military and Political Succession in China: Leadership, Institutions, Beliefs* (Santa Monica, Calif.: Rand, 1992)。對野戰軍人事背景重要性的介紹，一本早期的全面研究是William W. Whitson, with Chen-hsia Huang, *The Chinese High Command: A History of Communist Military Politics*, 1927–71 (New York: Praeger, 1973)。

64. Cheng Li and Lynn White, "The Army in the Succession to Deng Xiaoping: Familiar Fealties and Technocratic Trends," *Asian Survey* 33, no. 8 (August 1993): 772.

65. Morton H. Halperin, *China and the Bomb* (New York, Praeger, 1965).

66. Evan A. Feigenbaum, *China's Techno-Warriors: National Security and Strategic Competition from the Nuclear Age to the Information Age* (Stanford, Calif.: Stanford University Press, 2003).

67. 但是鄧小平在1975年必須解決負責導彈和航太工業的七機部的派系鬥爭，見Ibid.；另見程中原、夏杏珍：《歷史轉折的前奏》，第87–112頁。

68. Feigenbaum, China's Techno-Warriors. 對中國在邊境地區行動的論述，見Fravel, *Strong Borders, Secure Nation*。

69. M. Taylor Fravel, *Active Defense: Exploring the Evolution of China's Military Strategy* (Princeton, N.J.: Princeton University Press, forthcoming).

70. Ellis Joffe, "People's War under Modern Conditions: A Doctrine for Modern War," The China Quarterly, no. 112 (December 1987): 555–571; Harlan W. Jencks, "People's War under Modern Conditions: Wishful Thinking, National Suicide or Effective Deterrent?" *The China Quarterly*, no. 98 (June 1984): 305–319; Paul H. B. Godwin, "Mao Zedong Revisited: Deterrence and Defense in the 1980s," in Godwin, ed., *The Chinese Defense Establishment: Continuity and Change in the 1980s*, pp. 21–40. 另參見U.S. Department of State, Bureau of Intelligence and Research, "Chinese Military Reforms: Social and Political Implications," Confidential Intelligence Report 1205-AR, December 6, 1985, available in DNSA。

71. Joffe, *The Chinese Army after Mao*, pp. 85–86; Godwin, "Mao Zedong Revisited."

72. Joffe, "People's War under Modern Conditions," pp. 568–569; John Wilson Lewis and Litai Xue, *China's Strategic Seapower: The Politics of Force Modernization in the Nuclear Age* (Stanford, Calif.: Stanford University Press, 1994); Alexander C. Huang, "The PLA Navy at War, 1949–1999: From Coastal Defense to Distant Operations," in Ryan, Finkelstein, and McDevitt, Chinese Warfighting, pp. 241–269.

73. 《鄧小平軍事文集》，第3卷，1979年7月29日，第161頁。

74. Joffe, "People's War under Modern Conditions," p. 565.

75. 發展核潛艇和潛基彈道導彈計畫的具體內容，見Lewis and Xue, *China's Strategic Seapower*。

76. *SWDXP*-3, p. 132.

77. Skebo, Man, and Stevens, "Chinese Military Capabilities: Problems and Prospects," pp. 663–675.

78. *SWDXP*-2, p. 269–275.

79. Ibid.

80. 《鄧小平軍事文集》，第3卷，1980年10月15日，第179頁。

81. *SWDXP*-3, p. 131–133.

82. 張星星：〈中國軍隊大裁軍與新時期經濟建設〉，第7頁。

83. Richard Baum, *Burying Mao: Chinese Politics in the Age of Deng Xiaoping* (Princeton, N.J.: Princeton University Press, 1994), pp. 121–124.
84. *SWDXP*-3, p. 104–105, November 1, 1984;《鄧小平年譜（1975–1997）》，1984年11月1日，第1011–1012頁。
85. *SWDXP*-2, p. 271, March 12, 1980.
86. Ibid. 對1980年代軍隊教育的一般介紹，見William R. Heaton, "Professional Military Education in the People's Republic of China," in Godwin, *The Chinese Defense Establishment*, pp. 121–137. Dennis J. Blasko, Philip T. Klapakis, and John F. Corbett, Jr., "Training Tomorrow's PLA: A Mixed Bag of Tricks," *The China Quarterly*, no. 146 (June 1996): 488–524。
87. 《鄧小平軍事文集》，第3卷，第130頁。
88. Lewis and Xue, *China's Strategic Seapower*, p. 100.
89. Mulvenon, *Soldiers of Fortune*, pp. 91–104.
90. John Frankenstein and Bates Gill, "Current and Future Challenges Facing Chinese Defence Industries," *The China Quarterly*, no. 146 (June 1996): 394–427.
91. Tai Ming Cheung, *Fortifying China: The Struggle to Build a Modern Defense Economy* (Ithaca, N.Y.: Cornell University Press, 2009), p. 76. See also Frankenstein and Gill, "Current and Future Challenges Facing Chinese Defence Industries," pp. 394–427.
92. Cheung, *Fortifying China*, p. 57. 這個時期的大趨勢，見pp. 50–77。事實上，對所有這些活動難以進行監督，尤其對於基層單位，因此並不存在準確的數字。
93. Ezra F. Vogel, *One Step Ahead in China: Guangdong under Reform* (Cambridge: Harvard University Press, 1989).
94. Mulvenon, *Soldiers of Fortune*, pp. 59–63.
95. Barry Naughton, "The Third Front: Defence Industrialization in China's Interior," *The China Quarterly*, no. 115 (September 1988): 382.
96. Ibid.; Cheung, *Fortifying China*, pp. 60–63.
97. 《鄧小平年譜（1975–1997）》，1978年6月28–29日，第334–335頁。
98. Cheung, *Fortifying China*, pp. 52–100.

第十九章　政治的潮起潮落

1. *SWDXP*-2, p. 310.
2. Ming Ruan, *Deng Xiaoping: Chronicle of an Empire* (Boulder, Colo.: Westview, 1994), pp. 93–94.
3. 鄭仲兵編：《胡耀邦年譜資料長編》（上下冊）（香港：時代國際出版有限公司，2005），1980年9月24日，上冊，第497頁。
4. Ruan, *Deng Xiaoping*, pp. 91–103; "Implement the Policy of Readjustment, Ensure Stability and Unity," *SWDXP*-2, pp. 335–355.

5. *SWDXP*-2, p. 303. 關於這個問題的背景和解決過程，見Melanie Manion, *Retirement of Revolutionaries in China: Public Policies, Social Norms, and Private Interests* (Princeton, N. J.: Princeton University Press, 1993), esp. pp. 48–49。

6. *SWDXP*-2, p. 332.

7. Ibid., pp. 341–342.

8. Richard Baum, *Burying Mao: Chinese Politics in the Age of Deng Xiaoping* (Princeton, N.J.: Princeton University Press, 1994), p. 145.

9. Manion, *Retirement of Revolutionaries in China*, pp. 55–56; ibid., pp. 144–145.

10. 《紅旗》雜誌，1982年第6期，第5頁，轉引自Wolfgang Bartke and Peter Scheier, *China's New Party Leadership: Biographies and Analyses of the Twelfth Central Committee of the Chinese Communist Party* (Armonk, N.Y.: M. E. Sharpe, 1985), p. 26。

11. 鄧力群：《十二個春秋（1975–1987）：鄧力群自述》（香港：博智出版社，2006），第208頁；楊繼繩：《鄧小平時代：中國改革開放20年紀實》（上下冊）（北京：中央編譯出版社，1998），下冊，第479–480頁；*SWDXP*-2, p. 368–369; Richard Kraus, "Bai Hua: The Political Authority of a Writer," in Carol Lee Hamrin and Timothy Cheek, eds., *China's Establishment Intellectuals* (Armonk, N.Y.: M. E. Sharpe, 1986), pp. 185–211. 劇本的部分內容見Michael S. Duke, *Blooming and Contending: Chinese Literature in the Post-Mao Era* (Bloomington: Indiana University Press, 1985); Merle Goldman, *Sowing the Seeds of Democracy in China: Political Reform in the Deng Xiaoping Era* (Cambridge: Harvard University Press, 1994), pp. 88–112; W. J. F. Jenner, "1979: A New Start for Literature in China?" *The China Quarterly*, no. 86 (June 1981): 274–303。

12. 這類文學的部分作品見Xinhua Lu et al., *The Wounded: New Stories of the Cultural Revolution, 77–78* (Hong Kong: Joint Publishing, 1979); Perry Link, ed., *Stubborn Weeds: Popular and Controversial Chinese Literature after the Cultural Revolution* (Bloomington: Indiana University Press, 1983); Perry Link, ed., *Roses and Thorns: The Second Blooming of the Hundred Flowers in Chinese Fiction, 1979–80* (Berkeley: University of California Press, 1984); Binyan Liu, *People or Monsters? And Other Stories and Reportage from China after Mao* (Bloomington: Indiana University Press, 1983)。對這些作品的背景說明，見Link著作的導言 以及 Merle Goldman, *Chinese Intellectuals: Advise and Dissent* (Cambridge: Harvard University Press, 1981)。另參見Goldman, *Sowing the Seeds of Democracy in China*。對這位作家的作用和寫作背景的說明，見Perry Link, *The Uses of Literature: Life in the Socialist Chinese Literary System* (Princeton, N.J.: Princeton University Press, 2000)。

13. Link, *Stubborn Weeds*, pp. 21–23.

14. Ruan, *Deng Xiaoping*, pp. 116–117.

15. Ibid., pp. 120–121.

16. Ibid.

17. 同上。另據作者在1993年至1994年對阮銘的採訪。

18. 楊繼繩：《鄧小平時代》，第177–179頁；作者2006年8月對孫長江的採訪。
19. Ruan, *Deng Xiaoping*, pp.121–130.
20. 中共中央文獻研究室編：《鄧小平年譜（1975–1997）》（上下冊）（北京：中央文獻出版社，2004），1983年3月14日，第859頁。
21. 同上，1983年3月15日，第859頁；Ziyang Zhao, *Prisoner of the State: The Secret Journal of Zhao Ziyang*, trans. and ed. Bao Pu, Renee Chiang, and Adi Ignatius (New York: Simon and Schuster, 2009), pp. 115–116.
22. Ruan, *Deng Xiaoping*, pp. 129–130；鄧力群：《十二個春秋》，第256–258頁；中共中央文獻研究室編：《陳雲年譜（1905–1995）》（上中下卷）（北京：中央文獻出版社，2000），1983年3月17日，下卷，第322–323頁。
23. 《陳雲年譜（1905–1995）》，1983年3月17日，下卷，第322–323頁。
24. 鄧力群：《十二個春秋》，第258–259頁。
25. 盛平編：《胡耀邦思想年譜（1975–1989）》（上下冊）（香港：泰德時代出版社，2007），1986年11月，下冊，第1293頁。
26. 同上，第1215頁。
27. 轉引自Goldman, *Sowing the Seeds of Democracy in China*, p. 117。
28. Ibid., pp. 119–120.
29. Ibid., pp. 270–272.
30. *SWDXP*-3, pp. 47–58. Goldman, *Sowing the Seeds of Democracy in China*, pp. 122–127.
31. *SWDXP*-3, pp. 47–58.
32. Ibid., p. 47; 鄧力群：《十二個春秋》，第274–275頁。
33. Ruan, *Deng Xiaoping*, p. 135; Binyan Liu, *A Higher Kind of Loyalty: A Memoir by China's Foremost Journalist* (New York: Pantheon, 1990), p. 173; Goldman, *Sowing the Seeds of Democracy in China*, pp. 121–128. 鄧力群：《十二個春秋》，第269–312頁。
34. 鄧力群：《十二個春秋》，第338頁。
35. 同上，第315、336–343頁。
36. Goldman, *Sowing the Seeds of Democracy in China*, pp. 137–165; 同上，第320–322頁。
37. 《鄧小平年譜（1975–1997）》，1985年1月2日，第1023頁；Goldman, *Sowing the Seeds of Democracy in China*, pp. 138.
38. 盛平編：《胡耀邦思想年譜（1975–1989）》，下冊，第1310頁。
39. 同上，下冊，第1080–1086頁。
40. 鄧力群：《十二個春秋》，第320–322、346–347頁。
41. 同上。
42. 同上，第336–343頁。
43. 作者2006年8月和9月對朱厚澤的採訪。
44. 鄧力群：《十二個春秋》，第370頁。
45. 同上。鄧力群說是鄧小平讓胡喬木準備這篇講稿的，但是據編輯過這個文件的胡耀邦友人說，鄧小平說胡喬木在反對精神污染中犯了一個錯誤，他要自己修改講稿，而不是請胡喬木去做。見盛平編：《胡耀邦思想年譜（1975–1989）》，下冊，第1085頁。

46. *SWDXP*-3, pp. 146, 148.

47. Ibid., p. 148.

48. 鄭仲兵編：《胡耀邦年譜資料長編》，1985年9月18日，下冊，第1042–1045頁。

49. 盛平編：《胡耀邦思想年譜（1975–1989）》，下冊，第1310頁。

50. 同上，下冊，第1113、1303–1310頁。訪談全文見第1110–1116頁。鄧力群：《十二個春秋》，第445–446頁。

51. 據唐・凱瑟爾（Don Keyser）報告，2010年2月，他當時是美國駐中使館的官員。

52. Baum, *Burying Mao*, pp. 187–188.

53. 盛平編：《胡耀邦思想年譜（1975–1989）》，1987年1月16日，下冊，第1310頁。

54. 鄧力群：《十二個春秋》，第347頁。

55. "Younger People Elected to Party Central Committee," Xinhua, September 22, 1985; Daniel Southerland, "China Replaces 91 in Party Committee: Move Seen Strengthening Deng's Control," *The Washington Post*, September 22, 1985, A17.

56. 2001年6月和2002年11月對澳大利亞總理霍克的訪談，他曾陪同胡啟立在澳大利亞訪問。

57. 《鄧小平年譜（1975–1997）》，1985年9月18日，第1078–1080頁。

58. 鄧力群：《十二個春秋》，第365頁。

59. *SWDXP*-3, p. 163;《鄧小平年譜（1975–1997）》，1986年6月10日，第1120–1121頁。

60. 盛平編：《胡耀邦思想年譜（1975–1989）》，1986年5月，下冊，第1212頁；1987年1月16日，下冊，第1311頁。

61. *SWDXP*-3, p. 167;《鄧小平年譜（1975–1997）》，1986年6月28日，第1125–1126頁。

62. 吳國光：《趙紫陽與政治改革》（香港：太平洋世紀研究所，1997），第21、27–35頁。

63. Yizi Chen, "The Decision Process behind the 1986–1989 Political Reforms," in Carol Lee Hamrin and Suisheng Zhao, eds., *Decision-Making in Deng's China: Perspectives from Insiders* (Armonk, N.Y.: M. E. Sharpe, 1995), p. 135; Guoguang Wu, "Hard Politics with Soft Institutions: China's Political Reform, 1986–1989," Ph.D. thesis, Department of Politics, Princeton University, 1995, ch. 2. 吳國光是政治研究室的成員之一，1989年春來到美國。研究室的成員還有嚴家其和陳一諮。見Guoguang Wu and Helen Lansdowne, eds., *Zhao Ziyang and China's Political Future* (London: Rout-ledge, 2008)。

64. 1986年9月13日鄧小平會見財經領導小組的主要成員趙紫陽、姚依林、田紀雲等人，討論經濟問題和十三大的準備工作，鄧小平再次談到要黨政分開，下放權力，理順政府職能。他說，黨應當只管黨員的紀律，法律問題應當留給政府去做。見《鄧小平年譜（1975–1977）》，1986年9月13日，第1137頁；*SWDXP*-3, p.179；中共中央文獻研究室鄧小平研究組編：《鄧小平自述》（北京：解放軍出版社，2005），第200–201頁。

65. Wu, "Hard Politics with Soft Institutions," ch. 2.

66. Ibid.; 吳國光：《趙紫陽與政治改革》。

67. 同上。

68. 吳國光：《趙紫陽與政治改革》。

69. 鄧力群：《十二個春秋》，第480頁。

70. David Bachman, "Differing Visions of China's Post-Mao Economy: The Ideas of Chen Yun, Deng Xiaoping, and Zhao Ziyang," *Asian Survey* 26, no. 3 (March 1986): 292–321.

71. *SWDXP*-3, p. 213.

72. Wu, "Hard Politics with Soft Institutions," ch. 2, n100.

73. 電視機數量的資料取自Link, *The Uses of Literature*, p. 35; and Robin Munro, "Political Reform, Student Demonstrations and the Conservative Backlash," in Robert Benewick and Paul Wingrove, eds., *Reforming the Revolution: China in Transition* (Chicago: Dorsey, 1988), p. 71。Munro是當時的駐中記者。

74. 2004年10月對新加坡官員的採訪。另見楊繼繩：《中國改革年代的政治鬥爭》（香港：卓越文化出版公司，2004），第317–326頁。

75. Wu, "Hard Politics with Soft Institutions"; 吳國光：《趙紫陽與政治改革》。對當時社會狀況的研究，參見Deborah Davis, Thomas B. Gold, Gail Henderson, Charlotte Ikels, Richard Madsen, and Andrew Walder等人的文章，載Deborah Davis and Ezra F. Vogel, ed., *Chinese Society on the Eve of Tiananmen: The Impact of Reform* (Cambridge: Council on East Asian Studies, Harvard University, 1990); Ezra F. Vogel, *One Step Ahead in China: Guangdong under Reform* (Cambridge: Harvard University Press, 1989), p. 403。

76. 見Stanley Rosen, "The Impact of Reform Policies on Youth Attitudes," in Davis and Vogel, *Chinese Society on the Eve of Tiananmen*, p. 292。

77. Benedict Stavis, *China's Political Reforms: An Interim Report* (New York: Praeger, 1988), pp. 89–107. Stavis從1986年9月到1987年1月在上海復旦大學，經歷過這些事件。

78. 盛平編：《胡耀邦思想年譜（1975–1989）》，1986年12月27日，下冊，第1297頁；鄭仲兵編：《胡耀邦年譜資料長編》，下冊，第1179頁。

79. *SWDXP*-3, pp. 194–196.《鄧小平年譜（1975–1997）》，1986年12月30日，第1160–1162頁。

80. 鄭仲兵編：《胡耀邦年譜資料長編》，1987年1月2日，下冊，第1182頁；盛平編：《胡耀邦思想年譜（1975–1989）》，1987年1月2日，下冊，第1302頁。

81. 盛平編：《胡耀邦思想年譜（1975–1989）》，1987年1月6日，下冊，第1302頁。

82. 見Stavis, *China's Political Reforms*, pp. 90–96。又見 Goldman, *Sowing the Seeds of Democracy in China*, pp. 194–203; 盛平編：《胡耀邦思想年譜（1975–1989）》，下冊，第1279、1301頁。

83. 盛平編：《胡耀邦思想年譜（1975–1989）》，1987年1月10日，下冊，第1306頁。
84. 鄭仲兵編：《胡耀邦年譜資料長編》，下冊，第1182頁。
85. 同上，1987年1月9日，下冊，第1182頁。
86. 盛平編：《胡耀邦思想年譜（1975–1989）》，1987年1月10日，第1303–1304頁。
87. 鄭仲兵編：《胡耀邦年譜資料長編》，下冊，第1195–1196頁。
88. 鄧力群批評胡耀邦的全文，見鄧力群：《十二個春秋》，第417–445頁。
89. 楊繼繩：《中國改革年代的政治鬥爭》，第568–622頁，此書的摘譯，見Qiren Mei, ed., "Three Interviews with Zhao Ziyang," *Chinese Law and Government* 38, no.3 (May–June 2005); 宗鳳鳴：《趙紫陽：軟禁中的談話》（香港：開放出版社，2007）；Zhao, *Prisoner of the State*, pp. 176–182。
90. 鄭仲兵編：《胡耀邦年譜資料長編》，1987年1月15日，下冊，第1185頁。
91. 鄧力群：《十二個春秋》，第447–448頁。
92. 鄭仲兵編：《胡耀邦年譜資料長編》，1987年1月16日，下冊，第1186頁。
93. 盛平編：《胡耀邦思想年譜》（1975–1989），1986年1月16日，下冊，第1307–1309頁。
94. Wu, "Hard Politics with Soft Institution," ch. 2, n101.
95. 鄭仲兵編：《胡耀邦年譜資料長編》，1987年1月16日，下冊，第1187–1188頁；中共中央黨史研究室編：《中國共產黨新時期歷史大事記（1978.12–2002.5）》（北京：中共黨史出版社，2002修訂版），1987年1月16日，第224頁。
96. 3號文件見盛平編：《胡耀邦思想年譜（1975–1989）》，下冊，第1313–1314頁。
97. 同上，1986年1月19日，下冊，第1313–1314頁。
98. 鄭仲兵編：《胡耀邦年譜資料長編》，下冊，第1189–1190頁；同上，第1313–1314、1319–1320頁。
99. 對朱厚澤（2006年8月、9月）、吳明瑜（2006年8月、2007年7月）、于光遠（2003年2月、10月、2005年6月）和李銳（2006年2月、8月和2007年7月）的採訪。
100. 滿妹：《思念依然無盡：回憶父親胡耀邦》（北京：北京出版社，2005），第473頁；鄭仲兵編：《胡耀邦年譜資料長編》，下冊，第1190–1195頁。
101. 杜導正：《杜導正日記：趙紫陽還說過什麼》，（香港：天地圖書公司，2010），第151頁。
102. James Tong, ed., "Party Documents on Anti-Bourgeois Liberalization and Hu Yaobang's Resignation," *Chinese Law and Government 21*, no. 1 (Spring 1988): 29–38.
103. 《中國共產黨新時期歷史大事記》，1987年1月13日，第224頁。
104. Stavis, *China's Political Reforms*, pp. 111–128; Goldman, *Sowing the Seeds of Democracy in China*, pp. 214–225; Baum, *Burying Mao*, p. 209.
105. 盛平編：《胡耀邦思想年譜（1975–1989）》，1987年3月29日，下冊，第1319頁。
106. Goldman, *Sowing the Seeds of Democracy in China*, pp. 204–214.

107. Baum, *Burying Mao*, pp. 211–215; ibid., pp. 225–232.

108. 鄧力群：《十二個春秋》，第467–468頁；作者在2006年2月、8月和2007年7月對李銳的訪談。

109. 杜導正：《杜導正日記》，第160頁。

110. 同上，第173–174頁。

111. 盛平編：《胡耀邦思想年譜（1975–1989）》，1986年11月11日，下冊，第1290頁。

112. 同上，1987年1月16日，下冊，第1306頁。

113. *SWDXP*-3, p. 395, n. 117.

114. 鄧力群在5月13日講話的觀點，見鄧力群：《十二個春秋》，第459–460頁。

115. Anthony J. Kane, "1987: Politics Back in Command," in Anthony J. Kane, ed., *China Briefing, 1988* (New York: Asia Society, 1988), p. 11.

116. 2004年10月對新加坡官員的採訪；《鄧小平年譜（1975–1997）》，1987年5月29日，第1191頁。

117. Chi Huang, "Deng's Ideas on Political Restructuring," *Beijing Review* 30, no. 39 (September 29, 1987): 14–15.

118. Ziyang Zhao, "Advance along the Road of Socialism with Chinese Characteristics," *Beijing Review 30*, no. 45 (November 9–15, 1987): xv–xxi. 關於事件之後不久寫下的有關政治改革的記述，見 Tony Saich, "Reforming the Political Structure," in Benewick and Wingrove, *Reforming the Revolution*, pp. 27–47。

119. Saich, "Reforming the Political Structure," pp. 27–47.

120. Wu, "Hard Politics with Soft Institutions," ch. 2; 鄧力群：《十二個春秋》，第472–473頁。

121. 鄧力群顯然受到了傷害，他在《十二個春秋》中對這件事的背景做了很詳細的描述，見該書467–478頁。

第二十章　北京之春：1989年4月15日–5月17日

1. 來自高層人士的兩個文獻是：Zhao Ziyang, *Prisoner of the State*, The Secret Journal of Zhao Ziyang, translated and edited by Bao Pu, Renee Chiang, and Adi Ignatius (New York: Simon and Schuster, 2009)，這是根據他軟禁期間的錄音所翻譯的文獻；以及李鵬這個時期的日記：《李鵬六四日記》，可在Fairbank Collection, Fung Library, Harvard University查閱。關於1989年春天北京示威運動最有用的文獻是：Michel Oksenberg, Lawrence R. Sullivan, and Mark Lambert, eds., *Beijing Spring, 1989, Confrontation and Conflict: The Basic Documents* (Armonk, N.Y.: M.E. Sharpe, 1990)，尤其是Melanie Manion, "Introduction: Reluctant Duelists", pp. xiii-xlii; Suzanne Ogden, et al., eds., *China's Search for Democracy: The Student and the Mass Movement of 1989* (Armonk, N. Y.:M. E. Sharpe, 1992); Minzhu Han, ed.,*Cries for Democracy: Writings and Speeches from the 1989 Chinese Democracy Movement* (Princeton, N.J.: Princeton University Press, 1990); Orville Schell, *Mandate of Heaven: A Generation of Entrepreneurs, Dissidents, Bohemians, and*

Technocrats Lays Claim to China's Future (New York: Simon and Schuster, 1994); Binyan Liu, with Ming Ruan and Gang Xu, *Tell the World: What Happened in China and Why* (New York: Pantheon, 1989); Tony Saich, ed., *The Chinese People's Movement: Perspectives on Spring 1989* (Armonk, N.Y.: M.E. Sharpe, 1990); Long Bow Group, *The Gate of Heavenly Peace*, video recording produced and directed by Richard Gordon and Carma Hinton (San Francisco: NAATA/CrossCurrent Media, 1996); Mike Chinoy, *China Live: Two Decades in the Heart of the Dragon* (Atlanta: Turner Publishing, 1997); Tang Tsou, "The Tiananmen Tragedy," in Brantly Womack, ed., *Contemporary Chinese Politics in Historical Perspective* (New York: Cambridge University Press, 1991); Richard Baum, *Burying Mao: Chinese Politics in the Age of Deng Xiaoping* (Princeton, N.J.: Princeton University Press, 1994); Melinda Liu "Beijing Spring: Loss of the Mandate of Heaven," in David and Peter Turnley, *Beijing Spring* (New York: Stewart, Tabori & Chang, 1989), pp. 44-172; Jonathan Unger, ed., *The Pro-Democracy Protests in China: Reports from the Provinces* (Armonk, N.Y.: M. E. Sharpe, 1991); Dingxin Zhao, *The Power of Tiananmen: State-Society Relations and the 1989 Beijing Student Movement* (Chicago: University of Chicago Press, 2001); James Lilley, with Jeffrey Lilley, *China Hands: Nine Decades of Adventure, Espionage, and Diplomacy in Asia* (New York: PublicAffairs, 2004), pp. 297–392。(李傑明於1989年5月2日到中國擔任美國大使，一直待到1991年5月。)對現有文獻的仔細分析，見Robert L. Suettinger, *Beyond Tiananmen: The Politics of U.S.-China Relations, 1989–2000* (Washington, D.C.: Brookings Institution Press, 2003); 美國政府的「天安門文件」中包括現藏於國家安全局的政府解密文件，帶有導讀，收入Michael L. Evans, ed., "The U.S. 'Tiananmen Papers': New Documents Reveal U.S. Perceptions of 1989 Chinese Political Crisis," A National Security Archive Electronic Briefing Book, June 4, 2001, at http://www.gwu.edu/~nsarchiv/NSAEBB/NSAEBB47/, 訪問日期March 16, 2010。Tony Saich和Nancy Hearst所編1989年6月4日之後一年的文獻目錄，見Saich, *The Chinese People's Movement*, pp.190–196。最全面的文獻集，包括一個大事年表，是Liang Zhang, comp., and Andrew J. Nathan and Perry Link, eds., *The Tiananmen Papers* (New York: PublicAffairs, 2001)。這些文件由中國的改革派收集並送給編者用來在西方出版。有些文件肯定是真的，但還有一些文件，尤其是記錄八老開會和電話交談的文件，其真實性受到質疑。據鄧小平的女兒鄧榕說，她父親在討論人事問題時，是與每個人單獨交換意見，而不是像這些文件中描述那樣與很多人一起商量。中文版張良編：《中國六四真相》(上下冊)(香港：明鏡出版社，2001)比英文版更完整。中文版第988頁用「南韓」一詞指南朝鮮，但這個說法只在1992年中國與南韓關係正常化後才在大陸使用，過去都是用「南朝鮮」一詞。由於台灣和香港在1989年使用「南韓」一詞，這至少給一部分文件的真實性帶來疑問。事實上，無論在李鵬和趙紫陽於他們對高層政治的可靠記錄中，還是官方的年鑑文獻中，都沒有提到八老會議，這使人懷疑是否真正有過這樣的會，但也有可能這些會議的機密文件尚未被外界所知，或者李鵬

和趙紫陽也不知情。Alfred L. Chan與Andrew Nathan進行交流時，也對其可靠性表示懷疑，見 Alfred L. Chan and Andrew J. Nathan, "The Tiananmen Papers Revisited," *The China Quarterly*, no. 177 (March 2004): 190-214。Nathan和Link在編輯和校對譯文上做了十分仔細的工作，由於這是一本方便的總集，因此我利用了這本書中的很多文件，但不包括其中的八老會議記錄和電話記錄，因為材料不完全可靠。

2. *TP*, p. 21.
3. 鄧力群：《十二個春秋（1975–1987）：鄧力群自述》（香港：博智出版社，2006），第466–467頁。
4. 李銳：〈胡耀邦去世前的談話〉；張黎群等編：《懷念耀邦》（四集）（香港：一、二集：淩天出版社，1999；三、四集：亞太國際出版有限公司，2001），第四集，第277–278頁。
5. 對這個時期中國知識份子的深入討論，見Perry Link（林培瑞），*Evening Chats in Beijing: Probing China's Predicament* (New York: Norton, 1992)。林培瑞有極為出色的普通話水準，在1988年和1989年一直住在北京，他與中國知識份子的交往沒有哪個外國人能與他相比。一本討論當時一般老百姓看法的出色文集，見Perry Link, Richard Madsen, and Paul G. Pickowicz, eds., *Unofficial China: Popular Culture and Thought in the People's Republic* (Boulder, Colo.: Westview, 1989)。美國駐中大使洛德（Winston Lord）的妻子包柏漪也與許多鼓吹民主的知識份子有來往。在2009年1月為中美關係正常化30週年舉辦的慶祝會上，洛德大使對我說，學生得到了廣泛的支持，包括中國媒體的人員，因此對這個政權會做出一些改變，允許更多民主，很難不抱有一定希望。林培瑞在回顧往事時說，他們當時低估了最高領導人進行鎮壓的決心。
6. 董輔礽編：《中華人民共和國經濟史》（北京：經濟科學出版社，1999），第2卷，第348頁。
7. Ogden et al., *China's Search for Democracy*, pp. 57–59, 87–88.
8. Nicholas D. Kristof and Sheryl WuDunn, *China Wakes: The Struggle for the Soul of a Rising Power* (New York: Times Books, 1994), p. 78.
9. 《李鵬六四日記》，1989年4月18日。
10. 同上，1989年4月18日、19日、20日。
11. Liu, Ruan, and Xu, *Tell the World What Happened in China and Why*, p. 9.
12. 2006年11月對姚監復的採訪；Ogden et al., *China's Search for Democracy*, pp. 95–96 and Oksenberg, Sullivan, and Lambert, *Beijing Spring, 1989*, pp. 27–28, 都是根據學生的說法，他們並不知道全國人大委員與請願者見過面了。另見Baum, *Burying Mao*, pp.248–249; Saich, The Chinese People's Movement, pp.165–166。
13. 據1993年12月16日與趙紫陽交談過的楊繼繩的說法。見楊繼繩：《中國改革年代的政治鬥爭》（香港：卓越文化出版公司，2004），摘要譯文見Qiren Mei,, ed., "Three Interviews with Zhao Ziyang," *Chinese Law and Government* 38, no. 3 (May–June

2005)。另見與趙紫陽有密切工作關係的孫長江的文章：《趙紫陽口述與胡耀邦關係》，載《動向》，2006年第5期，第28–32頁。另見Zhao, *Prisoner of the State*, pp. 6–7。

14. *TP*, p. 55; Oksenberg, Sullivan, and Lambert, eds., *Beijing Spring, 1989*, p. xvi. 關於廣場上不同時間的人數，沒有官方記錄；對人群規模的估計，以及當天事件發生的確切時間和聯合會所代表的學校數量，也有差異。我所採用的人群估計數是與幾位目擊者的共識最為接近的數字。

15. 《李鵬六四日記》，1989年4月23日。

16. 同上。

17. 同上，1989年4月24日。

18. 同上，1989年4月25日。*TP*, pp. 78–79; Larry M. Worzel, "Review: Quelling the People," *Australian Journal of Chinese Affairs*, no. 31 (January 1994), p. 125; Timothy Brook, *Quelling the People: The Military Suppression of the Beijing Democracy Movement* (Stanford, Calif.: Stanford University Press, 1998), pp. 39–40; Kristof and WuDunn, China Wakes, p. 79.

19. 1989年4月26日《人 民 日 報》 社 論；Domestic Radio 0930 GMT, FBIS, April 25, pp. 23–24.

20. *TP*, pp. 76, 80–81.

21. Saich, *The Chinese People's Movement*, p. 167; Long Bow Group, *The Gate of Heavenly Peace*.

22. *TP*, pp. 95–96.

23. Ibid., pp. 86–95.

24. 1989年6月採訪劉賓雁。

25. 《李鵬六四日記》，1989年4月23日。

26. Zhao, *Prisoner of the State*, pp. 5–9.

27. *TP*, pp. 74.

28. Zhao, *Prisoner of the State*, pp. 8–14.

29. Ibid., pp. 100, 107–108.

30. 這篇講稿收入Oksenberg, Sullivan, and Lambert, eds., *Beijing Spring, 1989*, pp. 244–251。

31. 對外國人講話不要求經過其他領導人圈閱，但考慮到當時的緊張局勢，趙紫陽不徵求別人意見的做法，加重了外人覺得他不按政治局常委中其他成員的意願行事的印象。據*TP*, p. 108, 趙紫陽其實在5月1日已將講稿送交政治局常委其他成員。

32. 原文見Oksenberg, Sullivan, and Lambert, eds., *Beijing Spring, 1989*, pp. 254–256。

33. Ibid., pp. 69–70.

34. *TP*, p. 154.

35. Brook, *Quelling the People*, p. 37.

36. Ogden et al, *China's Search for Democracy*, pp. 215–217.

37. 關於這份聲明和簽名者，見Han, *Cries for Democracy*, pp. 207–208。相關分析見 Tsou,

"The Tiananmen Tragedy," pp. 308。

38. David Zweig, "The Hunger Strike: From Protest to Uprising,", in Ogden, ed., *China's Search for Democracy*, pp. 194–195, 尤見 footnote 29; *TP*, p. 176。
39. *TP*, p. 202.
40. 2006年11月採訪姚監復。
41. Lilley, *China Hands*, p. 301.
42. Qian Qichen, *Ten Episodes in China's Diplomacy*, foreword by Ezra F. Vogel (New York: HarperCollins, 2005), pp. 1–31.
43. George Bush and Brent Scowcroft, *A World Transformed* (New York: Knopf, 1998), pp. 91–96; 中共中央文獻研究室編：《鄧小平年譜（1975–1997）》（上下冊）（北京：中央文獻出版社，2004），1989年2月26日，第1266–1267頁。
44. 沈志華仔細評估過他們的會談，認為這確實是鄧小平對戈巴契夫說過的話。官方的會談記錄稱，鄧小平說最初的辯論包含著「一些空話」。
45. Qian, *Ten Episodes in China's Diplomacy*, pp. 29–31.
46. Tsou, "The Tiananmen Tragedy," p. 306.
47. *TP*, p. 173.
48. Oksenberg, Sullivan, and Lambert, eds., *Beijing Spring, 1989*, p. 261.
49. Zhao, *Prisoner of the State*, pp. 35–44.
50. 《李鵬六四日記》，1989年5月16日。
51. Zhao, *Prisoner of the State*, p.48.
52. 2007年8月與王丹和其他學生運動領袖的交談。
53. *TP*, p. 194.
54. 同上, pp. 163–175.

第二十一章　天安門悲劇：1989年5月17日—6月4日

1. Ziyang Zhao, *Prisoner of the State: The Secret Journal of Zhao Ziyang*, trans. and ed. Bao Pu, Renee Chiang, and Adi Ignatius (New York: Simon and Schuster, 2009), p. 27.
2. Timothy Brook, *Quelling the People: The Military Suppression of the Beijing Democracy Movement* (Stanford, Calif.: Stanford University Press, 1998), p. 34.
3. Zhao, *Prisoner of the State*, pp. 27–28.
4. 《李鵬六四日記》，1989年5月17日，現藏Fairbank Collection, Fung Library, Harvard University.
5. James Lilley with Jeffrey Lilly, *China Hands: Nine Decades of Adventure, Espionage, and Diplomacy in Asia* (New York: PublicAffairs, 2004), p. 309.
6. Zhao, *Prisoner of the State*, pp. 28–29. 李鵬對這些會議的記述，則是從一個批評趙紫陽不願為恢復秩序採取必要措施的觀點來闡述的，見《李鵬六四日記》，1989年5月17日、18日、19日。

7. Zhao, *Prisoner of the State*, pp. 25–34; 2006年10月、2007年7月採訪趙紫陽的女兒王雁南。
8. 據Beijing TV Service, reported in FBIS, May 19, pp. 13–14, reprinted in Michel Oksenberg, Lawrence R. Sullivan, and Mark Lambert, eds., *Beijing Spring, 1989, Confrontation and Conflict: The Basic Documents* (Armonk, N.Y.: M. E. Sharpe, 1990), pp. 288–290; Mike Chinoy, *China Live: Two Decades in the Heart of the Dragon* (Atlanta: Turner Publishing, 1997), p. 217; Brook, *Quelling the People*, pp. 42–43.
9. Zhao, *Prisoner of the State*, pp. 27–34.
10. *TP*, p. 277.
11. Zhao, *Prisoner of the State*, pp. 48–87.
12. 《李鵬六四日記》，1989年5月18日。
13. 同上，1989年5月19日、20日。
14. *TP*, p. 222.
15. 《李鵬六四日記》，1989年5月20日。
16. 據Sandra Burton接受Amy Zegert採訪時所言。Amy Zegert允許我查閱她為哈佛大學甘迺迪政治學院修倫斯坦中心所做的23次採訪，採訪對象是1989年在北京做報導的記者。在此對她深表謝意。
17. Brook, *Quelling the People*, pp. 48–78. 卜正民（Timothy Brook）6月4日之前一直在北京，6月4日之後對軍隊在天安門事件中所起的作用做了大量採訪。當時駐北京的一位美國武官對卜正民的書所做的評論見Larry Wortzel, "Review: *Quelling the People*", *Australian Journal of Chinese Affairs*, no. 31 (January, 1994), pp. 123–126.
18. 《李鵬六四日記》，1989年5月22日。
19. Brook, *Quelling the People*, pp. 43–77.
20. *TP*, p. 265.
21. 《李鵬六四日記》，1989年5月21日。
22. 同上，1989年5月19日，25日。
23. *TP*, pp. 277–279, 291.
24. Ibid., p. 305.
25. 《李鵬六四日記》，1989年5月31日。
26. 同上，1989年5月19日。
27. *TP*, pp. 297, 308–314.
28. 《李鵬六四日記》，1989年5月31日。
29. *TP*, pp. 323–328. 對鄧向李、姚解釋的另一個譯文見Oksenberg, Sullivan, and Lambert, *Beijing Spring, 1989*, pp. 333–338.
30. Robert Lawrence Kuhn, *The Man Who Changed China: The Life and Legacy of Jiang Zemin* (New York: Crown, 2004). 雖然這不是一本學術著作，但它所報導的情況大多準確。
31. Brook, *Quelling the People*, pp. 87–88。

32. *TP*, p.319.
33. Ibid., pp. 288–289.
34. Melanie Manion, "Introduction: Reluctant Duelists," in Oksenberg, Sullivan, and Lambert, *Beijing Spring, 1989*, p. xl.
35. 作者在2007年7月對鄧小平女兒鄧林的採訪。
36. 當我在5月最後一週見到劉賓雁時，他預見到流血事件，因為他相信鄧小平要嚇阻群眾。
37. 2006年11月採訪江澤民。
38. Brook, *Quelling the People*, pp. 73–74, 80.
39. Ibid., pp. 89–91.
40. *TP*, pp. 359–362.
41. Ibid., pp. 353–354.
42. 《李鵬六四日記》，1989年6月3日。
43. *TP*, pp. 368–369。
44. Brook, *Quelling the People*, pp. 108–113。
45. *TP*, p. 368–371; Andrew Scobell, *China's Use of Military Force: Beyond the Great Wall and the Long March* (New York: Cambridge University Press, 2003), pp. 150–151.
46. *TP*, p. 365; Brook, *Quelling the People*, pp. 114–120.
47. Brook, *Quelling the People*, pp. 121–122.
48. Ibid., pp. 114–130; *TP*, pp. 372–377.
49. Brook, *Quelling the People*, pp.118–120.
50. Ibid., p. 94.
51. Long Bow Group, *The Gate of Heavenly Peace*, video recording, produced and directed by Richard Gordon and Carma Hinton (San Francisco: Distributed by NAATA/CrossCurrent Media, 1996); ibid., p. 145; *TP*, pp. 377–382, 389–391. 雖然這些文獻的記述大體一致，但對事情發生的時間估計有所不同。
52. Brook, *Quelling the People*, pp. 133–148.
53. *TP*, pp. 383–385。
54. George Bush and Brent Scowcroft, *A World Transformed* (New York: Knopf, 1998), p. 109.
55. Brook, *Quelling the People*, p. 130.
56. Ibid., p. 161.
57. Ibid., pp. 151–169.
58. 很多領袖人物都出現在Long Bow Group的電影《天安門》（*The Gate of Heavenly Peace*）中，這部電影多年來一直受到人們的認真研究。
59. 這一部分內容我使用了Amy Zegert對當時記者們的採訪，但是她不對我這裡任何解釋承擔責任。關於美國有線電視（CNN）的報導見Chinoy, *China Live*.
60. Richard Madsen, *China and the American Dream: A Moral Inquiry* (Berkeley: University of

California Press, 1995), pp. 1–27.

61. 例如《紐約時報》記者Nicholas D. Kristof和Sheryl WuDunn的報導：「〔6月4日的〕這些屠殺行動可能標誌著結束中共統治的起點。」見Nicholas D. Kristof and Sheryl Wudunn, *China Wakes: The Struggle for the Soul of a Rising Power* (New York: Times Books, 1994).

第二十二章　穩住陣腳：1989—1992

1. *SWDXP*-3, May 31, 1989, p. 289.

2. Ibid., p. 291.

3. Ibid., June 9, 1989, p. 299.

4. Ibid., pp. 294–299.

5. Ibid., pp. 302–303, June 16, 1989.

6. Timothy Brook, *Quelling the People: The Military Suppression of the Beijing Democracy Movement* (Stanford, Calif.: Stanford University Press, 1998), pp. 196–197.

7. Qichen Qian, *Ten Episodes in China's Diplomacy*, foreword by Ezra Vogel (New York: HarperCollins, 2005), pp. 143–146; George Bush and Brent Scowcroft, *A World Transformed* (New York: Knopf, 1998), p.414.

8. 中共中央文獻研究室編：《鄧小平年譜（1975–1997）》（上下冊）（北京：中央文獻出版社，2004），1989年7月16日，第1285頁。

9. 同上，1989年6月23日至24日。

10. Robert Lawrence Kuhn, *The Man Who Changed China: The Life and Legacy of Jiang Zemin* (New York: Crown, 2004), p. 173.

11.《鄧小平年譜（1975–1997）》，1989年8月17日，第1286頁。

12. 同上，1989年9月4日，第1286–1287頁；*SWDXP*-3, pp. 305–311. 他還說，他的喪事也要越簡單越好。

13.《鄧小平年譜（1975–1997）》，1989年9月4日，第1287頁；*SWDXP*-3, pp. 305–311.

14. *SWDXP*-3, p. 311.

15. Ibid., pp. 312–313.

16.《鄧小平年譜（1975–1997）》，1989年9月16日，第1289–1290頁。

17. 同上，1989年11月6日至9日，第1295–1296頁。

18. Rong Deng, *Deng Xiaoping: My Father* (New York: Basic Books,1995), pp.1–5.

19. *SWDXP*-3, p. 315.

20. 據奧克森伯格所說，他陪同尼克森總統在1989年10月會見了鄧小平。這是奧克森伯格第14次、也是最後一次與鄧小平會談。見Michel Oksenberg, "I Remember Deng," *Far Eastern Economic Review*, March 6, 1997, 35.

21. George Bush, *The China Diary of George H. W. Bush: The Making of a Global President* (Princeton, N.J.: Princeton University Press, 2008), p. 461.

22. James Lilley with Jeffrey Lilly, *China Hands: Nine Decades of Adventure, Espionage, and Diplomacy in Asia* (New York: PublicAffairs, 2004), p. 378.
23. Bush and Scowcroft, *A World Transformed*, p. 93.
24. 2010年11月與斯塔普萊頓・羅伊大使的私人交談。
25. John H. Holdridge, *Crossing the Divide: An Insider's Account of Normalization of U.S.-China Relations* (Lanham, Md.: Rowman and Littlefield, 1997), pp. 225–226; Lilley, *China Hands*, pp. 222–223, 378.
26. Bush and Scowcroft, *A World Transformed*, pp. 91–99. 另參見Perry Link, *Evening Chats in Beijing: Probing China's Predicament* (New York: Norton, 1992), pp. 29–38; Robert L. Suettinger, *Beyond Tiananmen: The Politics of U.S.-China Relations, 1989–2000* (Washington, D.C.: Brookings Institution Press, 2003), pp. 24–28.
27. Bush and Scowcroft, *A World Transformed*, pp.98–102. 另參見Bush, *China Diary of George H.W.Bush*; Lilley, *China Hands*.
28. Bush and Scowcroft, *A World Transformed*, p.102.
29. Qian, *Ten Episodes in China's Diplomacy*, pp. 131–146.
30. Bush and Scowcroft, *A World Transformed*, p. 106.
31. Ibid., pp. 106–111;《鄧小平年譜(1975–1997)》，1989年7月2日，第1284頁；Qian, *Ten Episodes in China's Diplomacy*, pp. 131–139. 關於天安門事件對美中關係的影響，見Robert L. Suettinger, *Beyond Tiananmen*.
32. Bush and Scowcroft, *A World Transformed*, pp. 106–107.
33. Ibid., p. 109; 另見Suettinger, *Beyond Tiananmen* 中的訪問報告，pp. 79–83.
34. 2008年12月對Eden Woon的採訪，他是國防部官員，在這些談判中扮演著重要角色。
35. Bush and Scowcroft, *A World Transformed*, p. 128.
36. Ibid., p. 157.
37. 《鄧小平年譜(1975–1997)》，1989年10月31日，第1294–1294頁；"The United States Should Take the Initiative in Putting an End to the Strains in Sino-American Relations," *SWDXP*-3, p. 321; Suettinger, *Beyond Tiananmen*, p. 81.
38. 《鄧小平年譜(1975–1997)》，1989年11月10日，第1297頁。
39. Lilley, *China Hands*, pp. 358–362.
40. Suettinger, *Beyond Tiananmen*, p. 100.
41. Richard Madsen, *China and the American Dream: A Moral Inquiry* (Berkeley: University of California Press, 1995).
42. Bush and Scowcroft, *A World Transformed*, p. 157.
43. 《鄧小平年譜(1975–1997)》，1989年12月10日，第1304頁；"Sino-U.S. Relations Must Be Improved," *SWDXP*-3, pp. 338–339.
44. Suettinger, *Beyond Tiananmen*, pp. 100–101.

45. 轉引自 ibid., p. 51.

46. Bush and Scowcroft, *A World Transformed*, p. 179.

47. Qian, *Ten Episodes in China's Diplomacy*, p.179;《鄧小平年譜（1975–1997）》，1985年10月9日，第1085–1086頁；James A. R. Miles, *The Legacy of Tiananmen: China in Disarray* (Ann Arbor: University of Michigan Press, 1996), pp. 46–48.

48. 周榮子：〈齊奧塞斯庫和蒙博托表示支持中國平息反革命暴亂〉，《人民日報》，1989年9月23日，第3版。

49. Miles, *Legacy of Tiananmen*, pp. 47–48.

50. 《鄧小平年譜（1975–1997）》，第1303–1306頁。

51. "Jiang Zemin and Li Ruihuan Interviewed by Hong Kong Journalists," BBC Summary of World Broadcasts, FE/0650/B2/1, December 30, 1989.

52. Miles, The *Legacy of Tiananmen*, p. 41. 這裡的內容以及下面幾段主要依靠此書，該作者當時在北京密切觀察過中國對蘇聯和東歐變化的反應。中國人對東歐和蘇聯變化的較為冷靜的記述，見黃宏編：《硬道理：南方談話回眸》（濟南：山東人民出版社，2002），第3–38頁。

53. 黃宏：《硬道理：南方談話回眸》，第44–46頁。

54. Miles, *Legacy of Tiananmen*, pp. 59–60.

55. 《鄧小平年譜（1975–1997）》，1991年8月20日，第1330–1331頁；*SWDXP*-3, pp. 356–357. Kuhn, *The Man Who Changed China*, pp. 206–207.

56. 《鄧小平年譜（1975–1997）》，1991年10月5日，第1332頁。

57. *SWDXP*-3, p. 318.

58. Qian, *Ten Episodes in China's Diplomacy*, pp. 170–171, 174–177.

59. 陳國焱：〈鄧小平對東歐的戰略方針及其意義〉，載《鄧小平外交思想研究論文集》（北京：世界知識出版社，1996），第270–275頁；Qian, *Ten Episodes in China's Diplomacy*, pp. 172–174.

60. "Regulations on Construction of Expensive Buildings Issued," Xinhua General Overseas Service, September 25, 1988. 對官方的措施及支持緊縮政策的分析的評論，見武力主編：《中華人民共和國經濟史（1949-1999）》（上下冊）（北京：中國經濟出版社，1999），下冊，第983–1010頁。

61. 薛暮橋：〈牢記歷史經驗，堅決執行治理整頓的方針〉，見《人民日報》，1989年12月18日，第6版。

62. 《新華社內參》，1989年12月26日，見FBIS, 3 January 1990 pp. 12–18。

63. Suettinger, *Beyond Tiananmen*, pp. 120–125.

64. Richard Baum, *Burying Mao: Chinese Politics in the Age of Deng Xiaoping* (Princeton, N.J.: Princeton University Press, 1994), p. 337.

65. 例如參見《光明日報》，1989年12月9日，見FBIS, January 4, 1990, pp.27–28.

66. Simon Long in the Economist Intelligence Unit, May 1992, 轉引自Miles, The *Legacy of*

Tiananmen, pp. 62, 326.

67. 中國的「愛國主義」，字面上的意思是「愛國家」。因為中國是由很多個民族組成的，所以不使用「民族主義」這個詞，該詞在英語裡譯作nationalism，但字面的意思是「愛自己的民族」。

68. Suisheng Zhao, "A State-Led Nationalism: The Patriotic Education Campaign in Post-Tiananmen China," *Communist and Post Communist Studies* 31, no. 3 (September 1998): 287–302; Paul A. Cohen, *China Unbound: Evolving Perspectives on the Chinese Past* (New York: Rout-ledge Curzon, 2003), pp. 166–169 and n181, n182; Parks Coble, "China's 'New Remembering' of the Anti-Japanese War of Resistance, 1937–1945," *The China Quarterly*, no. 190 (June 2007): 394–410; Suisheng Zhao, *A Nation-State by Construction: Dynamics of Modern Chinese Nationalism* (Stanford, Calif.: Stanford University Press, 2004), pp. 213–247.

69. Coble, "China's 'New Remembering,'" pp. 400–402.

70. 關於中國作家對上面提示做出的反應的細微差別，見Perry Link, *The Uses of Literature: Life in the Socialist Chinese Literary System* (Princeton, N.J.: Princeton University Press, 2000), pp. 68–81.

71. Shuqing Zhang, "Marxism, Confucianism, and Cultural Nationalism," in Zhiling Lin and Thomas W. Robinson, eds., *The Chinese and Their Future: Beijing, Taipei, and Hong Kong* (Washington, D.C.: The AEI Press, 1994), pp. 82–109.

第二十三章　鄧小平時代的終曲—南巡，1992

1. Joseph Fewsmith, *China since Tiananmen: From Deng Xiaoping to Hu Jintao*, 2d ed. (New York: Cambridge University Press, 2008).

2. 中共中央文獻研究室編：《鄧小平年譜（1975–1997）》（上下冊）（北京：中央文獻出版社，2004），1990年1月20、26日，2月13日，第1307–1308頁。

3. Victoria Wu, "The Pudong Development Zone and China's Economic Reforms," *Planning Perspectives* 13, no. 2 (April 1998): 133–165; 中央文獻研究室科研部圖書館編：《鄧小平人生紀實》（三卷本）（南京：鳳凰出版社，2004），第三卷，第2019–2052頁。

4. 童懷平、李成關：《鄧小平八次南巡紀實》（北京：解放軍文藝出版社，2002），第214–216、220頁。另一記錄見中央文獻研究室科研部圖書館編：《鄧小平人生紀實》。

5. 《鄧小平年譜（1975–1997）》，1990年1月26日，第1307頁。

6. 童懷平、李成關：《鄧小平八次南巡紀實》，第216頁。

7. *SWDXP*-3, pp. 342–343;《鄧小平年譜（1975–1997）》，1990年3月3日，第1309–1311頁。

8. 《鄧小平年譜（1975–1997）》，1990年2月13日，第1308頁。

9. *SWDXP*-3，December 24, 1990, pp. 350–352.

10. Robert Lawrence Kuhn, *The Man Who Changed China: The Life and Legacy of Jiang Zemin*

(New York: Crown, 2004), p. 205.

11. 童懷平、李成關：《鄧小平八次南巡紀實》，第204– 222頁；黃宏主編：《硬道理：南方談話回眸》（濟南：山東人民出版社，2002），第127–149頁。

12. *SWDXP*-3, pp. 353–355.

13. 《鄧小平年譜（1975–1997）》，1991年2月10、12、14日，第1327–1328頁。

14. 同上，1991年2月15日，3月2日，3月22日，4月12日〔年譜中1991年並無這四天的條目。——中文編者注〕；黃宏編：《硬道理：南方談話回眸》，第130–136頁。

15. James A. R. Miles, *The Legacy of Tiananmen: China in Disarray* (Ann Arbor: University of Michigan Press, 1996), pp. 78–83; Suisheng Zhao, "*Deng Xiaoping*'s Southern Tour: Elite Politics in Post-Tiananmen China," *Asian Survey* 33, no. 8 (August 1993): 748–749.

16. Fewsmith, *China since Tiananmen*, p. 54.

17. Ibid., p. 232.

18. 童懷平、李成關：《鄧小平八次南巡紀實》，第226頁。

19. 同上，第226頁。這話說於1980年2月29日。

20. 同上，第227–228頁。

21. 同上，第228–229頁。

22. 2003年10月對陳開枝和另一些當地幹部的採訪，陳開枝曾陪同鄧小平視察。

23. 童懷平、李成關：《鄧小平八次南巡紀實》，第231–232頁。

24. 同上，第243頁。

25. Miles, The *Legacy of Tiananmen*, pp. 96–97.

26. 2003年10月對陳開枝的採訪，鄧小平南巡時他任廣東省委副秘書長，負責安排鄧小平在深圳和珠海的行程。另參見岑隆業編：《閱愛無價》（北京：作家出版社，2001），第182–190頁；關於攝影記者和答錄機的記述見Zhao, "*Deng Xiaoping*'s Southern Tour," p. 750. 記錄這次視察的另一份文獻見黃宏編：《硬道理：南方談話回眸》，第150–190頁。

27. 童懷平、李成關：《鄧小平八次南巡紀實》，第234–235頁。

28. 2003年11月在廣州對一位與鄧小平隨行幹部的採訪。

29. *SWDXP*-3, pp. 362–363.

30. 童懷平、李成關：《鄧小平南八次巡紀實》，第232頁；Kuhn, *The Man Who Changed China*, p. 212.

31. 童懷平、李成關：《鄧小平八次南巡紀實》，第240、245–246頁。

32. 同上，第232–233頁。

33. 同上，第246–248頁。

34. 岑隆業編：《閱愛無價》，第186頁。

35. 童懷平、李成關：《鄧小平八次南巡紀實》，第248–249頁。

36. 同上，第251–253頁。

37. 《鄧小平年譜（1975–1997）》，1992年1月29日，第1338頁。
38. 童懷平、李成關：《鄧小平南巡紀實》，第279–282頁。
39. Miles, *Legacy of Tiananmen*, p. 95.
40. Ibid., p. 95; Zhao, "*Deng Xiaoping*'s Southern Tour," p. 749; 童懷平、李成關：《鄧小平八次南巡紀實》，第286頁。
41. Kuhn, *The Man Who Changed China*, pp. 212–213.
42. Miles, *Legacy of Tiananmen*, pp. 95–96; Zhao, "*Deng Xiaoping*'s Southern Tour," p. 749; ibid., p. 213.
43. Kuhn, *The Man Who Changed China*, p. 214.
44. 鄧小平在1985年去上海時，有機會看到他在1984年前一次去上海的訪問和決定開放14個沿海城市所取得的初步成果，但是1986年冬天他去了桂林和重慶。1987年他因為將胡耀邦撤職而帶來的麻煩沒有離開北京。見《鄧小平年譜（1975–1997）》，1985年1月31日，1986年1月24日，1986年1月31日，1988年2月10日，1988年2月23日，1989年1月21日，1989年2月16日，1990年1月20日，1990年2月13日。
45. 同上，1992年2月7日，第1339頁。
46. 2003年10月對陳開枝的採訪。
47. 中共中央文獻研究室編：《陳雲年譜（1905–1995）》（上中下卷）（北京：中央文獻出版社，2000），1992年2月3日，第441頁。
48. 我本人曾在1973年去這家商店，當時裡邊只陳列著樸素的棉布和熱水瓶。
49. 童懷平、李成關：《鄧小平八次南巡紀實》，第285–294頁；《鄧小平年譜（1975–1997）》，1992年2月21日，第1341頁。
50. 香港、深圳和外國報導的目錄見黃巨集主編：《硬道理：南方談話回眸》，第192–200頁；Fewsmith, *China since Tiananmen*, p. 242, n.65.
51. 陳毛弟：〈江澤民考察上海時強調全黨要始終不移全面貫徹黨的基本路線進一步解放思想加快改革開放步伐〉，《人民日報》，1992年1月20日，第1版；Kuhn, *The Man Who Changed China*, pp. 214–215.
52. Kuhn, *The Man Who Changed China*, p. 214.
53. Ibid., pp. 213–214.
54. 1992年2月20日，轉引自Miles, *Legacy of Tiananmen*, p. 101.
55. Zhao, "*Deng Xiaoping*'s Southern Tour," p. 750; Miles, *Legacy of Tiananmen*, pp. 100–101; 另參見黃宏：《硬道理：南方談話回眸》，第195頁。
56. 對這份文件的權威性概述見《鄧小平年譜（1975–1997）》，1992年2月28日，第1341頁。鄧小平在深圳和珠海演講稿的定稿見*SWDXP*-3, pp. 358–370.
57. Miles, *Legacy of Tiananmen*, pp. 99–100, n50.
58. Ibid., p.102.
59. 黃宏編：《硬道理：南方談話回眸》，第237頁；Fewsmith, *China since Tiananmen*, p. 62.

60. Kuhn, *The Man Who Changed China*, pp. 219–220.
61. 中共中央文獻研究室編：《十三大以來重要文獻選編》（上中下冊）（北京：人民出版社，1991–1993年），下冊，第2055–2089頁。
62. SWCY, 3:370.
63. 《鄧小平年譜（1975–1997）》，1992年7月23–24日，第1349–1351頁。
64. Tony Saich, "The Fourteenth Party Congress: A Programme for Authoritarian Rule," *The China Quarterly*, no. 132 (December 1992): 1141–1142; Richard Baum, *Burying Mao: Chinese Politics in the Age of Deng Xiaoping* (Princeton, N.J.: Princeton University Press, 1994), pp. 364–368.
65. Saich, "The Fourteenth Party Congress," pp. 1142–1146.
66. Ibid., pp. 1146–1148.
67. Kuhn, *The Man Who Changed China*, p. 222.
68. 例如見《鄧小平年譜（1975–1997）》，1993年1月22日，第1359頁。
69. 吳國光：《逐鹿十五大：中國權力棋局》（香港：太平洋世紀研究所，1997）。
70. Kuhn, *The Man Who Changed China*, p. 223; Fewsmith, *China since Tiananmen*, pp. 67–68.
71. 朱健國：〈李銳談「焦國標討伐」：痛感始皇難絕緣〉，http://www.newcenturynews.com/Article/gd/200710/20071005150035.html，2010年8月16日訪問。
72. Saich, "The Fourteenth Party Congress," p. 1154.
73. Ding Lu, "China's Institution Development for a Market Economy since *Deng Xiaoping*'s 1992 Nanxun," in John Wong and Yongnian Zheng, eds., *The Nanxun Legacy and China's Development in the Post-Deng Era* (Singapore: World Scientific, 2001), pp. 51–73.
74. 《鄧小平年譜（1975–1997）》，1997年2月19日，第1375頁。
75. 同上，1997年2月25日；Jim Lehrer, host, "Transcript on Deng's Legacy, February 25, 1997," *On Line Focus*, at http://www.pbs.org/newshour/bb/asia/february97/deng_2–25.html, 2010年3月5日訪問。

第二十四章　轉型的中國

1. John K. Fairbank, ed., *The Chinese World Order: Traditional China's Foreign Relations* (Cambridge: Harvard University Press, 1968); Thomas J. Barfield, *Perilous Frontier: Nomadic Empires and China* (Cambridge, Eng.: Basil Blackwell, 1989); Paul Cohen, *China Unbound: Evolving Perspectives on the Chinese Past* (New York: Rout-ledge Curzon, 2003).
2. 轉引自E. Backhouse and J.O. P. Bland, *Annals & Memoirs of the Court of Peking* (Boston: Houghton Mifflin, 1914)。
3. Linda Jacobson and Dean Knox, "New Foreign Policy Actors in China," SIPRI (Stockholm International Peace Research Institute) Policy Paper no. 26 (September 2010), p. 22.
4. 關於國際貿易體系，請參見Edward S. Steinfeld, *Playing Our Game: Why China's Rise Doesn't Threaten the West* (New York: Oxford University Press, 2010)。
5. 有關中共的一般著作，見Richard McGregor, *The Party: The Secret World of China's*

Communist Rulers (New York: HarperCollins, 2010); Yongnian Zheng, *The Chinese Communist Party as Organizational Emperor* (London and New York: Routledge, 2010)。

6. 參見G. William Skinner, "Marketing and Social Structure in Rural China," parts 1, 2, and 3, *Journal of Asian Studies* 24, no. 1 (November 1964): 3–44; 24, no. 2 (February 1965): 195–228; 24, no. 3 (May 1965): 363–399。
7. 關於將城市的先進物質帶到鄉村，可以參考Rachel Murphy, *How Migrant Labor Is Changing Rural China* (New York: Cambridge University Press, 2002), and Leslie T. Chang, *Factory Girls: From Village to City in a Changing China* (New York: Spiegel and Grau, 2008)。
8. 有關的法律著作，見Stanley B. Lubman, *Bird in a Cage: Legal Reform in China after Mao* (Stanford, Calif.: Stanford University Press, 1999); Randall Peerenboom, *China's Long March toward Rule of Law* (New York: Cambridge University Press, 2002); Jianfu Chen, *Chinese Law: Context and Transformation* (Boston: Martinus Nijhoff, 2008)。
9. Anita Chan, *China's Workers under Assault: The Exploitation of Labor in a Globalizing Economy* (Armonk, N.Y.: M. E. Sharpe, 2001); Chang, *Factory Girls*.
10. Ezra F. Vogel, *One Step Ahead in China: Guangdong under Reform* (Cambridge: Harvard University Press, 1989). 有關在中國外企工廠曝光的超時用工現象，見*Chan, China's Workers under Assault*。
11. Martin King Whyte, *Small Groups and Political Rituals in China* (Berkeley: University of California Press, 1974); Gail E. Henderson and Myron S. Cohen, *The Chinese Hospital: A Socialist Work Unit* (New Haven: Yale University Press, 1984); Andrew G. Walder, *Communist Neo-Traditionalism: Work and Authority in Chinese Industry* (Berkeley: University of California Press, 1986).
12. Deborah S. Davis, *The Consumer Revolution in Urban China* (Berkeley: University of California Press, 2000); Scott Rozelle and Jikun Huang, "The Marketization of Rural China: Gain or Pain for China's Two Hundred Million Farm Families?" in Jean C. Oi, Scott Rozelle, and Xueguang Zhou, eds., *Growing Pains: Tensions and Opportunity in China's Transformation* (Stanford, Calif.: Walter H. Shorenstein Asia-Pacific Research Center, Stanford University, 2010), pp. 57–85.
13. Martin King Whyte, *Myth of the Social Volcano: Perceptions of Inequality and Distributive Justice in Contemporary China* (Stanford, Calif.: Stanford University Press, 2010).
14. 作者2010年12月與中共黨史專家沈志華的交談。

鄧小平時代的關鍵人物

1. Elizabeth J. Perry, *Shanghai on Strike: The Politics of Chinese Labor* (Stanford, Calif.: Stanford University Press, 1993), pp. 256–257.
2. 巴努茵（Barbara Barnouin）、余長更：*Ten Years of Turbulence: The Chinese Cultural Revolution* (New York: Kegan Paul International, 1993), p. 248.《十年亂動：中國文化大

革命》

3. 史雲、李丹慧：《難以繼續的繼續革命》，《國史》第8卷（香港中文大學出版社，2008年），95頁。

4. 徐景賢：《十年一夢：前上海市委書記徐景賢文革回憶錄》（香港：時代國際出版有限公司，2003年），第276-282頁，轉引自Frederick C. Teiwes and Warren Sun, *The End of the Maoist Era: Chinese Politics during the Twilight of the Cultural Revolution, 1972–1976* (Armonk, N.Y.: M. E. Sharpe, 2007), p. 95.

5. 史雲、李丹慧《難以繼續的繼續革命》第206頁。

6. 同上，第206-07頁。

7. 巴努茵、余長更：《十年亂動》英文版, pp. 248–249。

8. Richard Evans, *Deng Xiaoping and the Making of Modern China* (New York: Viking, 1994); Parris H. Chang, "Political Profiles: Wang Hung-wen and Li Teh-sheng," *The China Quarterly*, no. 57 (March 1974): 124–128; Short, Mao: A Life, pp. 608–609.

9. 這些傳記資料來自筆者於2006年1月與一位瞭解毛遠新想法的官員交談。

10. 關山：〈任仲夷談鄧小平與廣東的改革開放〉，《炎黃春秋》，2004年第8期，第8頁。這裡有關任仲夷的記述是根據他退休後我對他和他身邊幹部的幾次採訪。任仲夷對自己的成就很謙虛，對他所取得的成功的評價是來自他手下的人。甚至在退休之後，他也從不批評黨或另一些幹部，這些批評往往也是來自他手下的人。

11. 李銳，《李昌和一・二九那代人》，《炎黃春秋》，2008年第4期，第1-4頁。

12. 2005年12月對任仲夷的採訪。

13. 有關李先念生平的更為具體的官方文獻，見《李先念傳》編寫組編：《李先念傳，1949-1992》，上下冊（北京：中央文獻出版社，2009年）。

14. 張國燾：《我的回憶》，第二冊，中國共產黨的崛起（Lawrence: University Press of Kansas, 1971–1972），188–189頁。

15. 這一節的內容依據雷厲：《歷史風雲中的余秋里》（北京：中央文獻出版社，2008年）；2008年12月對余秋里女兒余小霞的採訪；同上；Frederick Teiwes and Warren Sun, *The End of the Maoist Era: Chinese Politics during the Twilight of the Cultural Revolution, 1972–1976* (Armonk, N.Y.: M.E. Sharpe, 2007); 程中原、夏杏珍：《歷史轉折的前奏：鄧小平在1975》（北京：中國青年出版社，2003年）。

16. Kenneth Lieberthal and Michael Oksenberg, *Policy Making in China* (Princeton, N.J.: Princeton University Press, 1988), pp. 175–181. 對大慶故事進行歪曲宣傳報告的資料，忽略了康世恩等人的作用。不過，余秋里下基層，監督開發油田的事蹟，也得到後來學者的證實。揭穿了有關後來大寨大隊的成就神話。

17. 雷厲：《歷史風雲中的余秋里》，第15頁。

18. 有關胡喬木的這段記述，部分根據劉中海、鄭惠、程中原編：《回憶胡喬木》（北京：當代中國出版社，1994年）；胡喬木：《中國共產黨的三十年》（北京：人民出版社，1951年）。

19. 胡喬木在1976年對鄧小平的批評收入了他曾經的一位同事所寫的書中，見馮蘭瑞：《別有人間行路難：1980年代前後中國思想理論風雲及其他》（香港：時代國際，2005年），第38-83頁。
20. 盛平編：《胡耀邦思想年譜，1975-1989》，上下冊（香港：泰德時代出版社，2007年）；鄭仲兵編：《胡耀邦年譜資料長編》，上下冊（香港：時代國際出版有限公司，2005年）；張黎群等，《胡耀邦傳》，未出版的文稿，可在Fairbank Collection, Fung Library, Harvard University查閱；胡耀邦友人的回憶錄文集見張黎群等編，《懷念耀邦》，四冊（香港：一、二冊，淩天出版社，1999年；三、四冊，亞太國際出版有限公司，2001年）
21. 他的女兒滿妹是一名醫生，在黨史專家的幫助下寫過父親的生平，見滿妹：《思念依然無盡：回憶父親胡耀邦》（北京：北京出版社，2005年）；*Zhong Mei Yang, Hu Yao Bang: A Chinese Biography* (Armonk, N.Y.: M.E. Sharpe, 1988); 筆者2007年7月分別對胡耀邦兩個兒子胡德平和胡德華的採訪；盛平編，《胡耀邦思想年譜》；鄭仲兵編：《胡耀邦年譜資料長編》；張黎群等編，《胡耀邦傳》；張黎群等編，《懷念耀邦》。
22. 趙紫陽：《國家的囚徒：趙紫陽的祕密錄音》（New York: Simon and Schuster, 2009／台灣：時報文化出版）。
23. 2002年11月對霍克的採訪。
24. 2005年11月對Frank Gibney的訪談。
25. Printing Committee of the Canton Area Workers Revolutionary Committee, Thirty-three "Leading Counterrevolutionary Revisionists," March 1968, translated into English in Current Background 874 (March 17, 1969); "Disclosure of Teng Hsiao-ping's Dark Scheme to Form a 'Petofi Club,'" Tung Fang Hung [Dong Fang Hong] 20 (February 18, 1967), translated into English in Survey of China Mainland Press 3903 (March 21, 1967): 1–6; 清華大學井岡山兵團「梅花笑」戰鬥組編，《觸目驚心：鄧小平言行錄》（北京：清華大學井岡山兵團「梅花笑」總隊印，1967年），第21頁。
26. 于光遠：《1978我親歷的那次歷史大轉折：十一屆三中全會的台前幕後》原文中為：DXPSTW (Norwalk, Conn.: EastBridge, 2004), pp. 105–112, 207–208.
27. 史雲、李丹慧：《難以繼續的繼續革命：從批林到批鄧，1972-1976》，《中華人民共和國史：第8卷》（香港：香港中文大學當代中國文化研究中心，2008年），第359-361頁。（原文中為：LZQ, pp. 359-361）
28. 2007年7月在中南海附近胡耀邦的家中對其子胡德華的採訪。
29. 同上。
30. 這一節內容的材料取自筆者2007年10月對紀登奎之子紀虎民的採訪。
31. 對陳雲生平更多的介紹，包括更完整的文獻，見Ezra F. Vogel, "Chen Yun: His Life," *Journal of Contemporary China 24*, no. 45 (November 2005): 751–759.
32. Michel Oksenberg and Sai-cheung Yeung, "Hua Kuo-feng's Pre-Cultural Revolution Hunan

Years, 1949–66: The Making of a Political Generalist," *The China Quarterly*, no. 69 (March 1977): 3–53.

33. 這一節有關萬里生平的資料來自於劉長根、季飛：《萬里在安徽》（香港：開益出版社，2001年）；Harrison E. Salisbury, *The New Emperors: China in the Era of Mao and Deng* (Boston: Little, Brown, 1992); 以及2003年10月我對萬里之女萬淑鵬的採訪和2001年6月、2002年11月對澳洲總理霍克的採訪。

34. 2003年10月對萬淑鵬的採訪。

35. 同上。

36. 對葉劍英的背景介紹見《葉劍英傳》。對葉劍英1965年以前的生平和在新資料出現之前有關他的背景介紹，見Donald W. Klein and Anne B. Clark, *Biographic Dictionary of Chinese Communism*, 1921–1965, 2 vols. (Cambridge: Harvard University Press, 1971), 2:1004–1009。此外資料還來自2002年4月與葉劍英之子葉選廉的訪談，以及2008年12月、2009年9月與葉劍英之侄葉選基的訪談。

37. 鄧榕：《我的父親鄧小平，文革歲月》((北京：中央文獻出版社，1995年)，第190頁（原文：DXPCR, p. 190)；范碩 、丁家棋：《葉劍英傳》(北京：當代中國出版社，1995年)，第605-606頁。

38. 范碩 、丁家棋：《葉劍英傳》(北京：當代中國出版社，1995年)，第608頁。

39. 除了前面提到的著作，我也參考了2006年10月和2007年7月我對趙紫陽的女兒王燕楠的採訪，在趙紫陽被軟禁的16年裡她一直與父母同住。我還依據了2006年8月對杜導正的採訪，他在廣東就認識趙紫陽，並且幫他把談話錄音帶到香港，我在2006年12月也採訪了宗鳳鳴，他自趙年輕時就是好友，寫過《趙紫陽：軟禁中的談話》(香港：開放出版社，2007年)，在趙紫陽軟禁期間他去看望趙紫陽的次數比任何人都多。

40. Ezra F. Vogel, *Canton under Communism: Programs and Politics in a Provincial Capital, 1949–1968* (Cambridge, Mass.: Harvard University Press, 1969) (the Wade-Giles transliteration is used; see index entries under Chao Tzu-yang). See also David L. Shambaugh, *The Making of a Premier: Zhao Ziyang's Provincial Career* (Boulder, Colo.: Westview, 1984).

41. 2003年10月對伍考克在這次會談中的助手、美國大使館官員William McCahill的採訪。據說，文革期間趙紫陽曾在湖南湘中機械廠的鉗工車間勞動了數年。

42. 鄧力群，《十二個春秋，1975-1987：鄧力群自述》(香港：博智出版社，2006年)，第540-552頁。

43. 儲峰、盧文華：《蘇聯與新疆的和平解放》，載《黨史縱覽》2005年第3期，第53-55頁。

44. 2006年7月對程中原的採訪，他一直為鄧力群工作，負責給他整理文件和寫傳記。

45. 1978年三中全會後不久胡喬木就被派去負責領導起草黨的文件；鄧力群在政治研究室是胡喬木的手下。見鄧力群，《十二個春秋》。

46. 同上，見第213-215頁。

索引

* 本索引使用的頁碼均指英文版頁碼，即本書邊碼。

一畫

二畫

三畫

四畫

五畫

六畫

七畫

八畫

九畫

十畫

十一畫

十二畫

十三畫

十四畫

十五畫

十六畫

十七畫

十八畫

十九畫

二十畫及以上

國家圖書館出版品預行編目資料

鄧小平改變中國／傅高義（Ezra F. Vogel）作；馮克利譯.
-- 第一版. -- 臺北市：遠見天下文化, 2012.05
面；　公分. --（社會人文；335）
譯自：Deng Xiaoping and the transformation of China
ISBN 978-986-216-936-0（精裝）

1. 鄧小平　2. 傳記

782.887　　101007286

社會人文 335B

鄧小平改變中國

作　者／傅高義（EZRA F.VOGEL）
譯　者／馮克利、顧淑馨（序）
主　編／香港中文大學出版社編輯部譯校
總編輯／吳佩穎
責任編輯／陳宣妙、陳錦輝（特約）、楊慧莉（特約）
封面暨內頁美術設計／張議文

出版者／遠見天下文化出版股份有限公司
創辦人／高希均・王力行
遠見・天下文化・事業群　董事長／高希均
事業群發行人／CEO／王力行
天下文化社長／林天來
天下文化總經理／林芳燕
國際事務開發部兼版權中心總監／潘欣
法律顧問／理律法律事務所陳長文律師　著作權顧問／魏啟翔律師
社　址／台北市104松江路93巷1號2樓
讀者服務專線／(02)2662-0012
傳　真／(02)2662-0007；2662-0009
電子信箱／cwpc@cwgv.com.tw
直接郵撥帳號／1326703-6號　遠見天下文化出版股份有限公司

電腦排版／立全電腦印前排版有限公司
製版廠／東豪印刷事業有限公司
印刷廠／祥峰印刷事業有限公司
裝訂廠／精益裝訂股份有限公司
登記證／局版台業字第2517號
總經銷／大和書報圖書股份有限公司　電話／(02)8990-2588
出版日期／2020年11月15日第三版第2次印行

定價／1100元
EAN：4713510945742
書號：BGB335B
Deng Xiaoping and the Transformation of China / 港版：鄧小平時代

天下文化官網　bookzone.cwgv.com.tw

天下文化

BELIEVE IN READING